U0946940

THE WHOLE PROCESS OF FINANCIAL ACCOUNTING AND

TAX TREATMENT FOR REAL ESTATE ENTERPRISES

房地产企业全程会计核算与税务处理 |第六版|

主编 / 蔡昌　　副主编 / 黄洁瑾

中国市场出版社
China Market Press
·北京·

图书在版编目（CIP）数据

房地产企业全程会计核算与税务处理／蔡昌主编. -- 6 版. -- 北京：中国市场出版社有限公司，2022.4

ISBN 978-7-5092-2213-3

Ⅰ. ①房… Ⅱ. ①蔡… Ⅲ. ①房地产企业-会计-中国②房地产企业-税务处理-中国 Ⅳ. ①F299.233.3②F812.423

中国版本图书馆 CIP 数据核字（2022）第 058157 号

房地产企业全程会计核算与税务处理（第六版）

FANGDICHAN QIYE QUANCHENG KUAIJI HESUAN YU SHUIWU CHULI

主　　编　蔡　昌

副 主 编　黄洁瑾

责任编辑　张　瑶（zhangyao9903@126.com）

出版发行　中国市场出版社 China Market Press

社　　址　北京月坛北小街 2 号院 3 号楼　　**邮政编码**　100837

电　　话　编 辑 部（010）68032104　读者服务部（010）68022950

发 行 部（010）68021338　68020340　68053489

68024335　68033577　68033539

总 编 室（010）68020336

盗版举报（010）68020336

印　　刷　河北鑫兆源印刷有限公司

规　　格　185 mm×260 mm　16 开本　　**版　　次**　2022 年 4 月第 6 版

印　　张　40.75　　**印　　次**　2022 年 4 月第 1 次印刷

字　　数　891 千字　　**定　　价**　128.00 元

书　　号　ISBN 978-7-5092-2213-3

• 专业技术支持单位 •

税收筹划与法律研究中心

北京中经阳光税收筹划事务所

融智华尔街（北京）
创业投资有限责任公司

廣東廣悅律師事務所

云帐房

广州君锐税务师事务所

新疆致通振业税务师事务所

江西君浩晖帆税务师事务所

江西太平洋宇洪建设有限公司

艺拓企业管理咨询有限公司

昌泰税务书院

北京中崇信会计师事务所

PREFACE

前　言

一份来自专业领域的深层警示和忠告：面对薄弱的房地产会计核算现状，房地产业界高管务必意识到会计核算的质量不容忽视

自 2006 年《企业会计准则》颁布实施以来，房地产企业据此进行会计核算。但是，由于房地产企业的业务流程与税收操作的特殊性以及房地产企业财税人员对该行业特殊性不够熟悉，房地产企业会计核算及纳税处理的质量令人担忧。一些房地产企业会计科目随意使用，会计账务错漏百出，纳税申报率性而为，其不规范程度远远超出想象；一些财务人员分不清房地产开发成本与期间费用的区别；更多的财务人员为会计核算与税务处理的差异所困，对税收计缴的账务处理不够熟练，对增值税、企业所得税的预缴、汇算清缴及土地增值税清算申报更是稀里糊涂。这种混乱的状况严重影响了房地产企业的会计核算及会计信息质量，影响了房地产企业正常的纳税活动，更谈不上通过会计核算来合法节税、控制纳税风险和有效降低税负。

本书作者长期从事房地产企业的政策研究、财税管理、财税培训及财税顾问工作，对上述房地产企业财务人员的困惑多有了解，同时发现国内房地产企业会计税收类的专业图书在实操性、针对性方面存在一定的缺陷和不足。基于此，作者决心根据多年积累的专业知识及实践经验，撰写一本系统讲解房地产企业全程会计核算与税务处理的图书，以期为房地产开发企业的财务人员提供专业性帮助。本书就是在这样的背景下问世的。

初稿写作历时两年，五易其稿。2013 年 9 月初版问世后，立即受到国内房地产财税界人士的欢迎，很多会计人员将该书作为其账务处理和纳税申报的指导教程；2015 年底，我们根据财税政策的变化修订推出了第二版，销售火爆；2016 年 5 月，我国全面推开营改增试点改革，许多老读者打电话或发 E-mail 询问修订情况，但由于日常工作和琐事缠身，第三版于 2017 年 10 月完成修订工作。第三版出版后不到 5 个月（2018 年春节后）即告售罄，我们应广大读者的要求，修改和完善了第三版的一些错漏和遗缺之处，对数以百计的读者反馈和来信予以回复，对读者关注的事项和问题也相应予以增补、调整，这些一并反映在第四版修订内容中。2019 年夏季，随着“减税降费”政策的推行，增值税政策多次调整，企业所得税、土地增值税等税收政策也不断颁布实施，本书进行第五版修订，我们对涉及营改增及相关财税政策的内容一一予以修订，同时补充了一些土地增值税、企业所得税的新发展以及房地产前沿财税热点和典型案例。2022 年春天，我们根据《契税法》《城市维护建设税法》《印花税法》等法律文件修订推出第六版，第六版的特色是增补了一些实操案例，以及房地产企业税收筹划案例，使本书内容、结构更加完整。第六版应该是截至目前最翔实、最有实用价值的一本房地产会计与税务领域的实操图书。在此，对大家多年来的支持与厚爱，表示我们最衷心的感谢！同时也对来信来函的读者朋友致以诚挚的谢意，正是读者的反馈和督促，才使得本书经过不断再版修订日臻完善，赢得更多读者的认可与喜爱。

本书特色与价值：多位会计界高手的做账实战经验与纳税技巧和盘托出，囊括全套的会计科目、完整的账务体系和经典的实战案例，以及生动的税收筹划实操方案

1. 按房地产开发企业的业务流程讲解会计处理，内容全面系统、主线分明，有助于房地产财会人员快速掌握房地产会计的核算技巧。

2. 提供了房地产开发企业的会计科目表及成本核算明细科目，便于房地产企业建立完善的账务核算体系。

3. 每章都特别注重房地产企业涉税业务的会计处理，帮助房地产财会人员在会计处理过程中掌握纳税技巧与实践操作。

4. 案例分析以企业的实际案例为基础加工整理而成，能够指导读者进行房地产会计与税收筹划的实践操作。比如在建项目转让，房地产企业合并、分立与资产划转等方面都有税收筹划案例及具体操作讲解。

本书集中了团队的智慧，凝聚了大家的经验。在此，我们对团队各成员付出的辛勤劳动表示诚挚的谢意。蔡昌、黄洁瑾、景志伟、阴长霖、牛鲁鹏等参加了本书初稿撰写工作；第六版的修订工作主要由蔡昌、黄洁瑾完成。本书在编写过程中得到了北京中经阳光税收筹划事务所、北京中财润基顾问有限公司、昌泰税务书院以及中央财经大学税收筹划与法律研究中心、北京大数据协会财税大数据专业委员会的大力支持，在此表示诚挚的谢意！

本书的修订还得到了广东君锐税务师事务所所长林晓君女士、江西太平洋宇洪建设公司董事长余洪钢先生、北京中财润基顾问有限公司总裁蔡承宇先生、江西君浩税务师事务所所长宋玉先生、新疆致通振业税务师事务所所长蒋莹女士、广东广悦律师事务所高级合伙人马晓艳女士、深圳艺拓企业管理咨询有限公司总经理田茵女士与杨卓翰先生、中鼎集团财务总监柯晓彬女士、江苏新能源置业集团财税总监刘铎先生、厦门市企业发展战略研究会秘书长、厦门阳光九九企业管理咨询有限公司总经理陈思帆女士、昆明平策经济信息咨询有限公司总经理黄昌树先生、内蒙古赤峰地税局钱晓丽主任、甘肃省律协政府法律顾问专业委员会副主任刘兵律师、深圳市国鸿泰土地房地产评估有限公司董事长胡亦滨先生等的大力支持，在此表示诚挚的谢意。本书的出版，还要感谢中国市场出版社的编辑们，正是他们的精心审读与出色编排，才使本书增色不少。

本书以房地产、建筑施工企业的财会人员为主要读者对象，也适合房地产、建筑施工企业的高管阅读，还可作为高等院校会计专业、税务专业及房地产专业的教材。限于作者的学识水平，书中不足之处在所难免，恳请广大读者将阅读时遇到的问题及改进意见及时反馈给我们，以便再版时修改完善（联系邮箱：13910862160@126.com）。我们在此期待您的宝贵意见和建议，欢迎不吝赐教。

蔡 昌 黄洁瑾

2022 年春于北京中关村

CONTENTS

目 录

第一章 房地产企业会计核算与税务处理概述

第二章 企业设立阶段的会计核算与税务处理

第三章 取得土地使用权阶段的会计核算与税务处理

第六章 销售（预售）阶段的会计核算与税务处理

第七章 自持物业阶段的会计核算与税务处理

第八章　纳税活动的会计核算

第九章 土地增值税清算的会计核算

第十章 利润形成及分配阶段的会计核算与税务处理

第十一章 企业所得税的预缴与汇算清缴

第十二章　房地产特殊业务的会计核算与税务处理

第十三章　房地产开发项目税负测算与盈利预测实战案例

附　录　相关法规文件

延伸阅读目录

第一章
房地产企业会计核算与税务处理概述

The Whole Process of Financial Accounting and Tax Treatment for Real Estate Enterprises

TAXING

第一节 房地产开发经营概述

一、房地产开发企业的类型与主要业务

（一）房地产开发企业的类型

房地产开发企业是指依法设立、从事房地产开发和经营、具有独立法人资格的经济实体。不同的房地产开发企业具有不同的经营模式，但总体上可以概括为以下两类：

1. 销售开发产品模式

房地产开发企业通过购买土地、规划设计、组织施工、竣工验收、产品销售等五个阶段，将开发完成的房地产开发产品移交给购买者，并一次性取得销售收入。房地产企业销售开发产品是为了回收资金、实现盈利。

2. 自持物业模式

房地产开发企业将开发完成的房地产留作自用，通过出租、联营、自营等方式分期取得经营收入，持有房地产的目的在于获取长期的租金收入或增值收益。2015 年以来，越来越多的房地产企业选择了自持物业模式，并完成了从开发商向不动产商的转变。

（二）房地产开发企业的主要业务

房地产开发企业可以将土地和房屋合在一起开发，也可以将土地和房屋分开开发。它既是房地产产品的开发者，又是房地产商品的经营者。

1. 土地的开发与经营

房地产开发企业利用有偿获得的土地使用权完成开发后，既可将土地使用权再次有偿转让给其他单位使用，也可自行组织建造房屋和其他设施，然后作为开发产品对外出售，还可以开展土地使用权出租业务。

2. 房产的开发与经营

房产的开发指房产的建造，房产的经营指房产的销售与出租。企业开发完成房产后，可作为商品作价出售、自持使用或对外出租。房地产企业开发的房产，按用途可分为商品房、出租房、安置房和代建房等。

3. 城市的开发和建设

房地产企业既开发可以有偿转让的城市配套设施，也开发不能有偿转让的、为开发产品服务的公共配套设施。总之，房地产企业越来越多地为城市开发和建设服务。

4. 代建工程项目的开发

房地产开发企业接受政府和其他单位委托，代为开发建设工程项目。

这里所指的代建项目，必须同时符合下列条件：

(1) 以委托方的名义办理房屋立项及相关手续；

(2) 与委托方不发生土地使用权、产权的转移；

(3) 与委托方事前签订委托代建合同；

(4) 不以受托方的名义办理工程结算；

(5) 受托方不垫付资金。

二、房地产开发业务的主要特征

1. 开发产品类型多，用途多样

开发产品按类型可划分为商品房、配套设施、代建工程、车库等；按用途可划分为销售、出租、自用。

2. 投资成本巨大，成本项目较多

项目开发时间长，多以分期滚动开发方式进行，成本项目及分摊复杂，项目清算前难以精确计算成本。开发前期应按项目成本对象编制开发成本预算，开发过程中按预算执行或根据变化情况及时修订预算并执行，实际开发成本在项目完工办理成本决算后才能最终确认。

3. 销售收入种类多，销售行为受到政府监管

房地产开发企业的收入主要包括土地转让收入、房屋销售收入、配套设施的销售收入、车库的销售收入、代建工程开发收入、出租商品房的租金收入等。

商品房的预售首先要获得房屋的销售许可证（预售许可证）审批，然后签订统一格式的销售（预售）合同并在房产管理部门备案。竣工后经建设管理部门验收合格之后，按实际测量面积结算房款，交付业主后须办理房屋的产权过户手续，完成房屋的最终销售。所以，房地产企业的收入确认相对于普通的生产型企业具有一定特殊性。

三、房地产开发经营的主要流程

房地产企业在开发过程中涉及土地管理、城市规划、建设管理、市政管理、房地产

管理等政府部门，房地产企业开发过程中各政府部门的职能如图 1-1 所示。

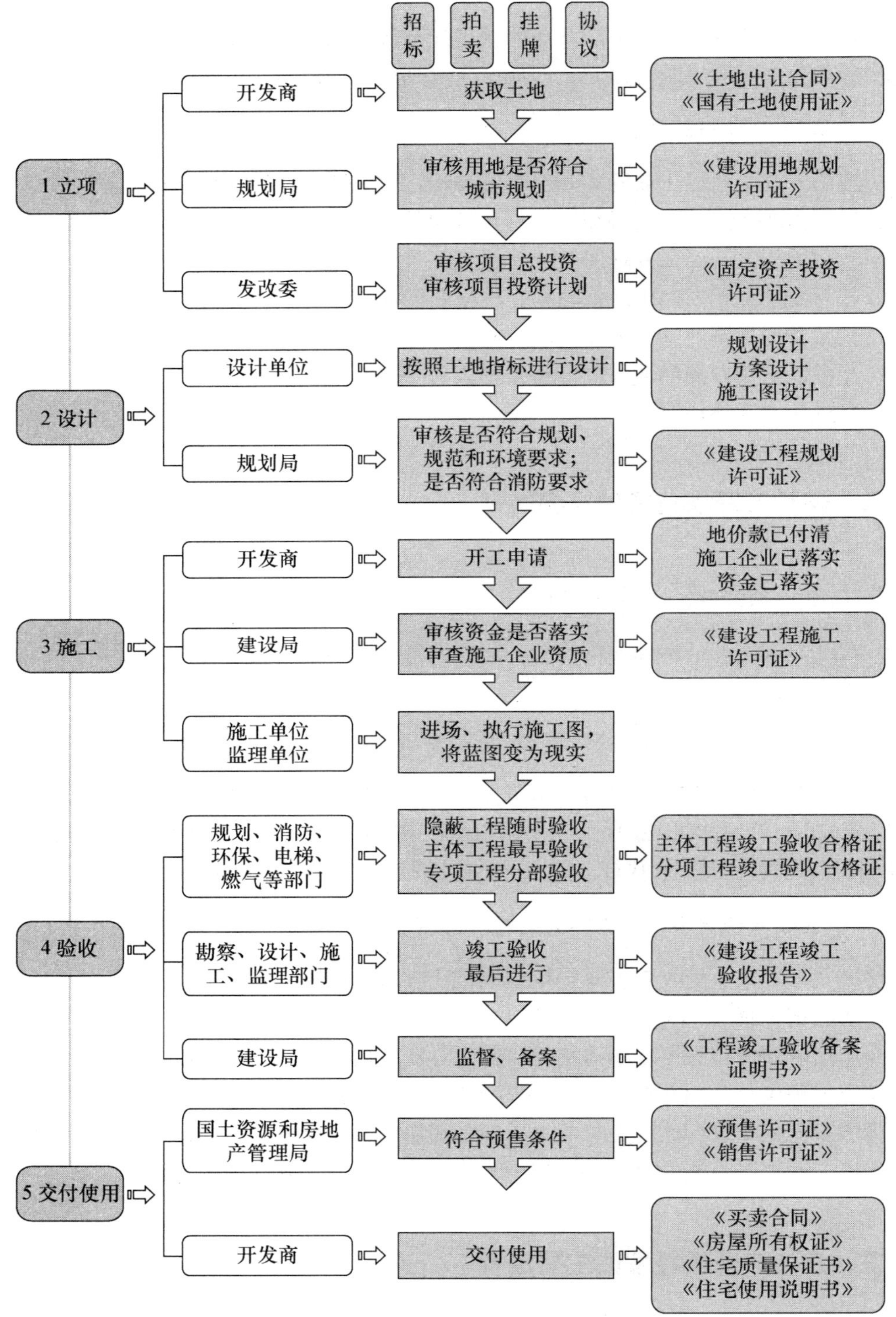

图 1-1　房地产开发流程与各政府部门的职能

房地产开发企业将自有资金投资于具体的房地产项目，其主要开发流程包括土地使用权取得阶段、前期准备阶段、建设施工阶段、房产销售（预售）阶段、项目清算阶段、自持物业阶段。

（一）取得土地使用权阶段

取得土地使用权阶段的主要工作是通过各种方式获得开发性质的用地，以拿到土地使用权为目标。取得土地使用权的方式有多种，包括购入方式、置换方式、接受土地使用权投资方式、非货币资产换入方式等。

（二）前期准备阶段

前期准备阶段的工作主要包括房地产项目的立项及可行性分析、项目设计等。同时，房地产开发企业要根据具体情况对投资来源、建设方式、经营模式等方面进行详细的规划和战略决策。战略决定成败，前期准备阶段是项目运作的首要环节，也是房地产开发项目取得成功的关键。

（三）建设施工阶段

在该阶段，房地产开发企业要根据已经确定的规划和设计方案，通过自建、委托代建、发包等方式完成开发产品的建造过程，并使其达到验收标准。该阶段是房地产项目开发的中心环节，决定着开发项目的质量与档次。

（四）房产销售（预售）阶段

在该阶段，房地产开发企业通过出售房产，回笼资金、获取利润。这个阶段一般会采取房产预售方式获取现金流。

（五）项目清算阶段

项目清算阶段一般涉及土地增值税的清算、企业所得税的汇算清缴工作。这一阶段是形成最终财务、税务结果的阶段，其过程比较复杂。

（六）自持物业阶段

对于自持物业，房地产开发企业通过招商、招租、开办新企业、拓展新项目等方式，取得租金或经营收入。

第二节　房地产开发企业会计核算制度的演进

房地产开发企业会计核算制度就是房地产开发企业专用的会计核算程序与方法，是房地产开发企业发展过程中自然演变而成的会计核算规范。房地产开发企业会计核算制度的形成和发展过程，既是同中国会计改革与发展紧密相联系的过程，也是从简单账务核算过渡到全面系统反映财务绩效的过程，还是从行业会计制度演进到《企业会计准则》，再演进到与国际会计准则趋同的过程。中国会计变革促进了房地产企业会计核算制度的发展。总体来看，房地产企业会计核算制度经历了四个发展阶段。

一、房地产开发企业会计制度形成的准备阶段

房地产开发企业会计制度形成的准备阶段具体指的是国营城市建设综合开发企业会计制度施行之前的阶段。

这一阶段曾执行过三项会计制度，即1983年年底以前执行的《基本建设简易会计制度》，1984年1月1日至1986年年底执行的《国营建设单位会计制度——会计科目和会计报表》，1987年1月1日至1988年年底执行的修订后的《国营建设单位会计制度——会计科目和会计报表》。

这一阶段房地产业处于复苏和初步发展时期，会计核算要求不高，会计科目也比较简单，会计报表主要是资金平衡表、基建投资表和专用基金表，其中资金平衡表后期不再保持三段平衡式。尽管1987年修订的会计制度增设了基建借款情况表和投资包干情况表，但是并未根本改变会计核算方法。此阶段属于会计核算工作的初级阶段。

1988年8月《国营城市建设综合开发企业成本管理暂行办法》的颁布实施，使房地产企业会计核算迈上了新的台阶，为后期行业会计制度的出台奠定了基础。

二、房地产开发企业会计制度实施阶段

1989年1月1日开始施行的《国营城市建设综合开发企业会计制度——会计科目和会计报表》，可以说是房地产开发企业的第一项行业性会计制度，尽管尚不全面，但对房地产行业会计核算的影响很大。

1993年7月1日《房地产开发企业会计制度》的实施，更进一步规范了房地产行业会计核算制度，直至2005年企业全面实行统一会计制度。这一阶段也是整个房地产业快速发展并不断走向成熟的时期，特别是1993年中国进行的会计改革，改变了以计划经济为基础的会计模式，将原来的资金平衡表体系改变为资产负债表体系。

这一阶段进一步规范了开发产品成本核算，建立开发成本一级科目来强化成本核算和管理，明确开发贷款利息分摊方法，允许采取加速折旧和谨慎性会计原则，房地产行业中的股份制企业开始计提四项资产损失或减值准备。建立了企业资本金制度，确立了所有者权益和资本保全制度。

这一阶段财政部发布并修订了16项具体会计准则和1项基本准则，其中有7项具体会计准则和1项基本准则在所有的企业施行，房地产企业中的股份有限公司则同时施行会计制度与会计准则，相对稳定的行业会计制度开始实施。此阶段是形成行业会计制度和会计准则并存的阶段，也是股份有限公司和上市公司中的房地产企业会计制度变革较大的阶段。

三、房地产开发企业实施统一会计制度阶段

2005年1月1日起执行统一的《企业会计制度》。这次改革实现了与国际会计惯例的充分协调，统一了企业会计标准和会计政策，促进了企业公平竞争和现代企业制度的建立，为企业自主经营创造条件，适应市场经济发展的要求。

（1）在房地产开发企业会计核算方面，增加执行原只在上市公司施行的其余9项具体会计准则，改为执行16项具体会计准则和1项基本准则，还修改或增加了关于债务重组、非货币交易和以“放弃非现金资产”的方式取得的长期股权投资的会计处理等方面的内容。

（2）“实质重于形式”是一项重要的国际会计惯例，《企业会计制度》对收入确认原则做出了规定，房地产企业商品房的销售收入确认也执行这项规定。

（3）房地产开发企业在房产开发过程中发生的借款费用有了具体准则的规定，对于借款费用的构成范围、资本化的金额和时点做出了具体明确的规定。

四、房地产开发企业执行《企业会计准则》阶段

现行《企业会计准则》是由1项基本准则和42项具体准则及12项准则解释构成的一个完整的会计准则体系。房地产开发企业中的上市公司已成为第一批执行《企业会计准则》的企业。结合房地产业上市公司执行《企业会计准则》的实践，会计准则体系主要具有以下特点：

（1）引进《国际财务报告准则》的一些新概念和新方法。对中国原有的会计准则中与《国际财务报告准则》不同的计量方法进行了较大幅度的调整，使之尽可能地符合国际惯例，体现了与《国际财务报告准则》的趋同。

（2）大量应用公允价值计量方法。经分析，在42项具体会计准则中，涉及公允价值计量的有收入、企业合并、债务重组、投资性房地产、金融工具确认与计量、长期股权投资、非货币性资产交换、资产减值等具体会计准则，这对房地产企业的会计核算有重大影响。

（3）引入投资性房地产的概念。《企业会计准则》将为赚取租金或资本增值或两者

兼有而持有的房地产单独归类为投资性房地产核算，并规范其确认、计量和披露，有条件地引入公允价值计量的模式，并进一步规定公允价值模式一经确定不能随意变更。

第三节　房地产开发企业的财税管理特征及“金税三期”、智慧税务的影响

一、房地产开发企业的财税管理特征

1. 多元化业务需要精细的财税管理

房地产开发企业的开发、经营活动主要包括：规划设计、征地拆迁、工程建造、房产销售、物业管理、自持物业经营等。房地产业横跨生产和流通两个领域，其经营范围广，经营业务多元化，投资主体复杂，需要精细的财税管理流程与之相适应。

2. 融资需求及财务风险很大

项目前期开发现金流开支大，现金流入发生在中后期，资金融资需求大，贷款利息支出相应也大。为此，保持现金流稳定，合理调配现金流是房地产企业财务管理的重要内容。

3. 开发产品成本核算复杂

房地产企业开发产品种类多，成本组成项目复杂，开发成本占销售收入的比重较大。再加上成本核算的时间跨度长，成本核算及分摊方法对成本结果、会计利润以及税负有重大影响。

4. 存货和预收账款核算具有特殊性

房地产开发企业的开发经营周期长，一般土地使用权计入开发成本，在竣工之前作为存货核算，未完工的开发成本投入部分也全部计入存货价值。房地产开发企业采取预售制度，在确认收入之前会形成较大的预收账款余额，且税款采取预缴方式，造成收入确认与税款核算的不同步。

5. 开发周期长，会计方法对损益的影响直接且明显

由于房地产开发周期长（我国商品房的平均经营周期为 4～5 年），这一特点决定了会计核算的跨期摊配较为常见，收入和成本的确认、费用的摊销会直接影响各期损益的计量。

6. 房地产开发企业涉及税种繁多，税务风险大

房地产开发企业涉及的税种有增值税、企业所得税、土地增值税、城市维护建设

税、契税、房产税、城镇土地使用税、印花税、个人所得税等。房地产开发企业在取得预售房款时，应按预售房款预先计算缴纳增值税、税金及附加、企业所得税、土地增值税；项目交付时确认房地产销售收入及利润，并清算项目各种应交税金。在开发期间要缴纳城镇土地使用税，自用、出租时要缴纳房产税等。

二、房地产企业税务工作总览与缴纳的主要税种

面对复杂的开发业务，房地产企业的税务工作也是千头万绪、复杂多变。为了更好地帮助房地产企业财务人员把握税务工作的要旨，我们把房地产企业税务工作概括为以下六大模块（见图 1-2）：一是实现岗位标准化：整理岗位文件及制定工作标准，实现税务管理的制度化、模式化；二是税收法规整理：依靠企业内部资源和外部中介机构的力量，完成税收法规的收集整理工作；三是税收法规解析：及时对新颁布的行业重大税收法规进行解读，深刻领悟其政策精神，以备在实践中灵活应用；四是实现涉税零风险：针对重大业务出具税务风险防范报告，降低涉税风险；五是税收筹划：合理合法开展节税活动，创造税收价值；六是建立税务数据库：构建税务数据的集成系统，实现税务数据的及时、多维度查询。

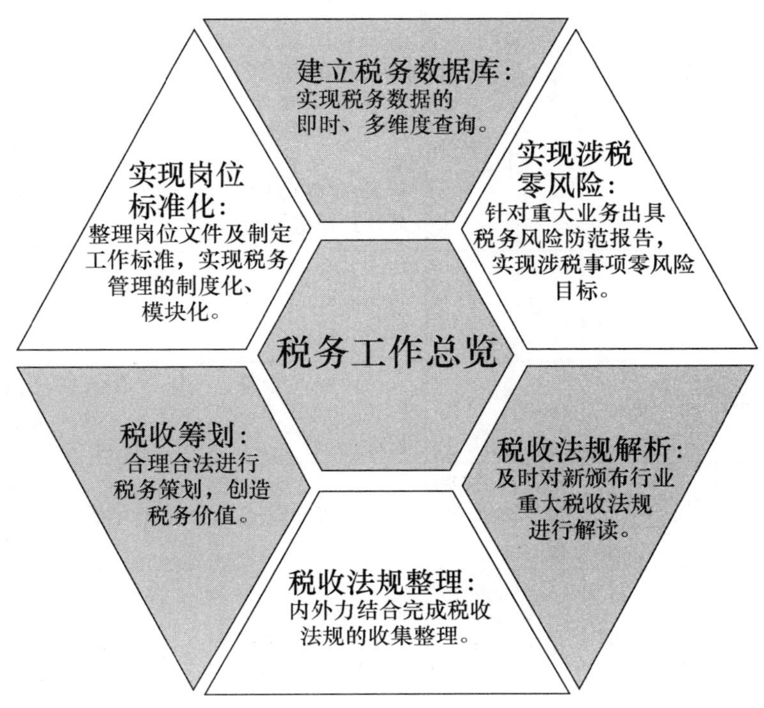

图 1-2 房地产企业税务工作总览

房地产企业涉及多个纳税环节，与其他行业企业相比，纳税活动更加复杂。房地产

开发企业缴纳的主要税种如表1-1所示。

表1-1　房地产开发企业涉及的主要税种

序号	涉税环节	税种	纳税对象	计税依据	税率（额）/征收率	纳税时间
1	前期准备阶段	契税	转移不动产权属	不动产的价格	3%～5%	发生不动产权属转移的当天
2	建设施工阶段	城镇土地使用税	城镇土地	实际占用的土地面积	0.6～30元	实际占用土地的次月起
3	预售阶段	增值税	预收款	销售预收款及与销售有关的款项（如：定金、订金、VIP卡、看房费等）	3%	取得预收款的次月（定金、订金一般计入预收款，VIP卡、看房费在实务操作中较多企业未计入预收款而是计入其他应付款，按实质重于形式原则，也应视为预收款性质。）
4	销售阶段	增值税（一般计税）	房产	全部价款和价外费用，减去向政府部门支付的土地使用权价款和在取得土地使用权时向其他单位或个人支付的拆迁补偿费用的余额计算销售额	9%	确认销售额的次月
		增值税（简易计税）	房产	销售额	5%	确认销售额的次月
5	自持阶段	房产税	房产	自营：房产余值。出租：房产租金收入	房产余值的1.2%，租金收入的12%	房产投入使用的次月起
6	预缴、清算阶段	企业所得税	生产经营所得和其他所得	应纳税所得额	25%	分月或分季预缴，年度汇算清缴
7		土地增值税	转让房地产	转让房地产取得的增值额	30%～60%	未达到清算条件前预缴，符合清算条件的，进行土地增值税清算

（1）房地产企业除了缴纳增值税、土地增值税、企业所得税、个人所得税外，还要

缴纳城市维护建设税、教育费附加和地方教育附加，即以增值税为计税依据，依所在地区分别适用7%（城区）、5%（县城、镇）、1%（城区或者镇以外的地区）的税率缴纳城市维护建设税，依照3%的比率缴纳教育费附加，依照2%的比率缴纳地方教育附加。

（2）城镇土地使用税按年计算，分期向土地所在地主管税务机关缴纳。《国家税务总局关于房产税、城镇土地使用税有关政策规定的通知》（国税发〔2003〕89号）第二条第三款规定，出租、出借房产，自交付出租、出借房产之次月起计征房产税和城镇土地使用税。

（3）土地增值税采用四级超率累进税率（见表1-2），计算公式为：

应纳土地增值税额＝增值额×适用税率－扣除项目金额×速算扣除系数

其中，　增值额＝转让房地产总收入－扣除项目金额

表1-2　土地增值税计算表

级次	增值额占扣除项目金额的比例	税率	速算扣除数
1	50%以下部分	30%	0
2	超过50%，未超过100%部分	40%	5%
3	超过100%，未超过200%部分	50%	15%
4	超过200%部分	60%	35%

三、“金税三期”上线的影响、“金税四期”特征及税务稽查重点

1.“金税三期”上线对房地产企业的影响

（1）“金税三期”产生的数据会成为税务稽查和纳税评估的数据来源，政府税收管理的针对性更强。

（2）“金税三期”使得发票开具与发票数据上传实现即时性，会时刻提醒纳税人可能存在的涉税问题。

（3）“金税三期”对增值税专用发票采用全要素认证，包括企业之间业务关联性、货物或劳务与本企业产品或服务的相关性、滞留票等都会进行认证，会对税收监管产生巨大影响。

（4）“金税三期”将职工的工资薪金税前扣除金额与个人所得税申报情况，以及“五险一金”的缴纳情况实现相互监督和关联，税务稽查的针对性更强。

（5）“金税三期”上线后，对企业应当进行调整而没有申报调整的大多数事项都能够自动提示，可以提高税收管理的效率。

（6）“金税三期”上线后，国税、地税合并数据完成对接，原来漏掉的涉税问题可能会被梳理出来。

（7）“金税三期”上线后，费用与生产经营活动的相关性分析会加强，包括费用发生地点与交易对方是否相关、费用资本化与收益化的处理是否匹配、货物的进出相关性等。

（8）“金税三期”上线后，税务机关的自由裁量权受到限制，税收征管更为公平。

（9）“金税三期”上线后，对失控发票及异常凭证的管理措施更加严格。

（10）“金税三期”上线与电子发票推广对税务稽查提出了新的要求。

（11）“金税三期”上线后，股权转让成为税务关注点且暴露在税收监管的显微镜下。

（12）“金税三期”上线后，企业必须关注财税风险防范，从事后控制转到事前控制，建立财税风险事前防范机制。

2.“金税四期”的特征

“金税四期”是“金税三期”的升级，能够借助大数据技术实现税收征管的数字化、自动化和智能化。“金税四期”作为数字化税收征管体系的典范，具有以下显著特征：

（1）第三方信息与信息共享完美结合。

银税互联，真正实现资金与税务的全网、全程监控。

私人账户被广泛关注，尤其是空壳企业开户，能够识别企业身份，揭示法人公司之间及其与个人的关联性。

（2）税务大数据实现全业务、全流程、全数据、全国联网，实现全国税务业务通办，不断优化营商环境。

（3）将纳税人的业务证据链上传，形成完整的证据链监督体系。

（4）为纳税人画像，形成税收信用的雏形。

（5）扫描公司所有开具的发票和收到的发票，税务风控系统将自行从成本、费用倒推企业的收入。因此，收入和费用一定要配比，若费用比例过高，风控系统将自动识别并推送至税务稽查局，企业则接受自查补税。因此，“金税四期”将更加注重业务的真实性、逻辑合理性，强化税务合规性要求。

“金税四期”将重点查处以下九类“问题企业”：

（1）虚假开户企业：核查企业的真实性，识别企业是否有开户资格。

（2）空壳企业：利用空壳法人公司诈骗、虚开发票、偷逃税款等。

（3）个税与社保费欠缴企业：社保入税，员工的工资长期在5 000元/月或工资额度长期不变的企业，将被重点抽检。

（4）库存账实不符的企业：库存及其变化无法说清楚。

（5）收入与成本严重不匹配的企业：重点费用异常（如加油费、差旅费、个人生活消费支出等）；与同行业对比费用异常。

（6）虚开发票的企业：发票与经营业务不符。

虚开发票主要有三种情况：①没有真实交易；②有真实交易，但开票数量与金额不符；③进行实际交易，让别人代开发票。

（7）异常申报的企业：除大税种之外，小税种也要关注，比如印花税、契税、房产税等。

（8）税负率异常的企业：上下期税负率浮动超过20%。

（9）常亏不倒的企业：亏损成为常态，最易引起税务局的关注。

综上，“金税四期”使得“税务”与“非税”均进入监控范围，开启多维化、全方位、全流程税务监控模式。这意味着以“数据画像”为核心的智慧税务与智能监管时代的到来，未来每一家企业在税务面前都是透明的，新时代也被称为“企业家裸奔”时代。银税互联互通，信息共享，银税互动，资金严监管时代到来了。数据“云”化，云端存储，云计算盛行。

3. 近期税收征管形势的变化及房地产企业风险应对

（1）税务机关充分利用现有的征管软件基础数据，筛选出纳税零申报、低税负、长亏不倒以及易发生涉税问题的行业确定年度常规检查计划。

（2）税务机关的专项检查包括房地产业、建筑安装业和股权转让业务。税务机关指导性检查项目为高收入者个人所得税、营改增行业。

（3）税务机关界定的重点税源企业为：加大检查重点税源库企业的力度，注重对多年未查过的重点税源企业进行轮查。

（4）税务机关的发票检查重点：一是在日常检查、专项检查、重点税源企业检查、税收自查、专项整治工作中，认真核查发票使用情况，对比对不符的发票认真查找原因源头，对受票方和开票方实行“双打”机制，属于异地发票的及时发出协查函；二是对发票违法犯罪线索及时立案查处；三是继续配合公安机关、财政、审计、监察等有关部门做好虚假发票的整治工作。

四、深化税收征管改革措施与智慧税务建设

中共中央办公厅、国务院办公厅联合下发《关于进一步深化税收征管改革的意见》，提出我国深化税收征管改革的总目标，即以服务纳税人缴费人为中心、以发票电子化改革为突破口、以税收大数据为驱动力的具有高集成功能、高安全性能、高应用效能的智慧税务，深入推进精确执法、精细服务、精准监管、精诚共治，大幅提高税法遵从度和社会满意度，明显降低征纳成本，充分发挥税收在国家治理中的基础性、支柱性、保障性作用，为推动高质量发展提供有力支撑。

深化税收征管改革的主要目标：到2022年，在税务执法规范性、税费服务便捷性、税务监管精准性上取得重要进展。到2023年，基本建成“无风险不打扰、有违法要追究、全过程强智控”的税务执法新体系。到2025年，深化税收征管制度改革取得显著

成效，基本建成功能强大的智慧税务，形成国内一流的智能化行政应用系统，全方位提高税务执法、服务、监管能力。

深化税收征管改革的具体措施与行动包括：

（1）稳步实施发票电子化改革。2021 年，已建成全国统一的电子发票服务平台，实现了 24 小时在线免费为纳税人提供电子发票申领、开具、交付、查验等服务。制定出台电子发票国家标准，有序推进铁路、民航等领域发票电子化，2025 年基本实现发票全领域、全环节、全要素电子化，着力降低制度性交易成本。

（2）深化税收大数据共享应用。探索区块链技术在社会保险费征收、房地产交易和不动产登记等方面的应用，并持续拓展在促进涉税涉费信息共享等领域的应用。不断完善税收大数据云平台，加强数据资源开发利用，持续推进与国家及有关部门信息系统互联互通。

（3）建成税务部门与相关部门常态化、制度化数据共享协调机制。依法保障涉税涉费必要信息获取；健全涉税涉费信息对外提供机制，打造规模大、类型多、价值高、颗粒度细的税收大数据，高效发挥数据要素驱动作用。加强智能化税收大数据分析，不断强化税收大数据在经济运行研判和社会管理等领域的深层次应用。

（4）加快推进智慧税务建设。充分运用大数据、云计算、人工智能、移动互联网等现代信息技术，着力推进内外部涉税数据汇聚联通、线上线下有机贯通，驱动税务执法、服务、监管制度创新和业务变革，进一步优化组织体系和资源配置。

延伸阅读

智慧税务的本质与特征

智慧税务，是指基于互联网技术打破时空限制，以大数据为基本治税工具，以服务纳税人为核心，系统构建的以精确执法为主体、以重点监管为补充的数字化、智能化税收征管体系。

智慧税务的四大特征如下：

（1）感知全面：税收征纳双方信息交流全面、透彻、充分，纳税人及时准确获知税收政策和征管要求，税务机关及时了解税源变化和服务需求，征纳双方信息对称。

（2）识别准确：在全面感知的基础上，税务机关运用先进的技术手段克服税务人员经验不足、业务水平不高、疏忽大意等固有缺陷和对事物认知存在的片面性，准确了解纳税人的服务需求和识别纳税不遵从行为。

（3）应对及时：税务机关根据对信息的准确识别，及时做出正确判断和决策，对税源实施有效控制。

（4）持续创新：税务机关能够进行知识、技术和经验的有效传承，建立有利于发明、创新的体制机制，适应现代科学技术、经济社会发展以及由此带来的税源变化，实现税收征管和税制自动调整、自我完善。

2022 年基本实现法人税费信息“一户式”、自然人税费信息“一人式”智能归集。

2023 年基本实现税务机关信息“一局式”、税务人员信息“一员式”智能归集，深入推进对纳税人缴费人行为的自动分析管理、对税务人员履责的全过程自控考核考评、对税务决策信息和任务的自主分类推送。

2025 年实现税务执法、服务、监管与大数据智能化应用深度融合、高效联动、全面升级。

以数治税就是金税工程四期的主要效能，实现自动分析监控，智能化治税，促进纳税人从“被动遵从”到“主动遵从”，让数据全面驱动税务执法、服务于监管制度创新和业务变革，全面提升税收征管效能和税收治理水平。

智慧税务未来能实现自动“算税”。税务局正在致力于利用企业经营指标等大数据，依照税法制度规定，依托新的算法，逐步实现信息系统自动提取数据、自动计算税额、自动生成申报，经纳税人确认或补正后即可线上提交，大幅降低纳税人办税缴费负担。

延伸阅读

支撑智慧税务的大数据技术方法

1. 语音识别与自然语言处理

通过语音识别技术，并基于自然语言处理技术，将海量涉税语音咨询电话和各种用户单据内容结构化，打上各类标签，挖掘分析有价值信息，为纳税服务与税务管理等提供数据与决策支持。

2. 计算机视觉与生物特征识别

计算机视觉与生物特征识别（如人脸识别）提供了智能化的纳税人认证与识别渠道。这类智能技术应用既是发票领用、代开发票、完税证明等各种纳税自助服务的重要入口，也是提供纳税提醒、企业信用等级、待办事项等个性化服务的基础。

3. 机器学习与神经网络

通过大规模采用机器学习，导入海量税收大数据，使用包括深度学习在内的各种算法，可以从税收大数据中自动发现税收经济规律和行为模式，并提前进行预测，提供相应的税收对策。该类智能技术应用不仅是构建税收知识图谱的重要基础，还可以实现“纳税人画像”等应用，通过了解纳税人特征，提高纳税服务和风险管理的智能化水平。

4. 实体机器人

通过综合运用各项技术，在纳税服务厅投放实体机器人，以可见的形式，实现指定区域自动巡航功能，可为纳税人提供导税服务，进行语音互动交流。

5. 流程自动化（RPA）

监测不同的涉税应用软件输入界面，提供强大的功能使涉税软件的手动操作流程自动化，最典型的应用就是预填式的自动涉税单据填写服务。

6. 虚拟现实（VR）

除了利用实体机器人和RPA之类的“软件机器人”提供纳税服务外，税务部门还可以通过虚拟现实（VR）技术模拟办税服务厅的真实场景，为纳税人提供身临其境式的咨询和辅导。

7. 区块链技术

在区块链中设置税源监控的应用站点，促进税源的自动监控；利用区块链的智能合约运行机制，促进纳税方的合作性遵从；在区块链中设置纳税评估子节点，提升纳税评估效能；运用区块链底层技术，全面推行电子发票。

8. 物联网

物联网通过智能感知、识别技术将道路、电力、交通、货物、人力等各要素的运行数据转化为实时的动态数据，通过云计算分析动态数据并实时监控各系统的运营状况。具体到税收征管领域，尝试搭建物联网税收平台，与纳税人、通讯、能源、交通等物联网系统对接，实时监控比对纳税申报信息与企业生产经营状况的一致性，及时排查应对涉税风险点，保证税收数据采集的真实和全面。

9. 云计算和大数据

依托云计算和大数据技术，打造多层级的系统框架。一是将现阶段各个税务系统的数据库采用“松耦式”的分布设计接入统一的云计算平台，消除各系统之间的数据鸿沟；二是归集公安、人社、住建、金融、物流等领域的多方公共数据，将“公共数据归集库”与“垂直数据基础库”在相同结构的数据层面进行脱敏交互，提升数据的交互效率，夯实智慧税务的数据基石；三是对收集交换得到的原始数据进行清洗和处理，形成具备一定特征的数据集，提升数据调取的效率。

五、国地税合并对房地产企业及政府行为的影响

2018年6月15日，全国各省、自治区、直辖市进行国税和地税机关的合并。运行了24年的国税、地税机构分设状况发生改变。国地税合并按照国家机构改革方案的要求稳步推进：“将省级和省级以下国税地税机构合并，具体承担所辖区域内的各项税收、非税收入征管等职责。国税地税机构合并后，实行以国家税务总局为主与省（区、市）人民政府双重领导管理体制。”

税务机构合并，总体上打造了一个规范、高效、统一的税收征管机构：在征管层面，做到应收尽收，减少地方政府对税法权威性的干扰，缩小法定税率与实际税率的差异；在税制方面，用减税政策降低法定税率，使得实际税负不会出现太大的波动；在结构方面，进一步增加直接税的征收比重，从而为降低间接税比重奠定基础。

推动国地税合并的第一重要因素是两者的业务范围和人员规模对比悬殊。在2015

年营改增之前，全国国税系统的人员规模为46万，地税系统为41万，两者相差无几，2016年营改增之后，国税系统以一半的人员征收了全国近75%的税收收入，国税系统的征管压力增加，而地税系统却正好相反。第二个重要因素是支撑地方政府财政的地方税种减少，必须大力培育新税源。2017年的环境保护税就交由地税系统征管，但是在房地产税没有大范围开征的前提下，这些地方税种还难以改变国地税财政收入的失衡状况与征管要求。2018年之后，税务机关的统一征管制度逐步完善，人员结构趋于合理。

推动国地税合并的内部深刻原因是地税机关征管效率低下。这种低效率一方面与税种特性相关，地税机关的税种总体上征收成本更高；另一方面，地税机关处在一个被扭曲的管理体制下，既要向上级税务机关负责，尽可能做到应收尽收，也要对同级地方政府负责，尽可能照顾地方经济的发展。在四十年改革开放过程中，地方政府为了完成本地经济增长的目标，往往在招商引资中承诺一些税收优惠，不仅破坏了税收的公平性，而且扭曲了企业的投资行为。在2016年营改增实施过程中，很多企业抱怨税负上升，其原因在于先前地税机关在征收营业税时未做到应收尽收，导致营改增试点后企业理论上本该减税，实际上却因应收尽收而税负上升，冲抵了减税效应。

国地税合并看上去仅仅是税务机构的简单整合，实际上会对未来企业发展和推进政府行为产生深远影响。

首先，国地税合并意味着彻底废除了地方政府的税收征管权，地方政府不能再采用以前的税收优惠来招商引资。地方政府为了拉动地方经济发展，往往用财政补贴的方式替代企业的税收优惠。

其次，国地税合并也会对其他部门产生一些间接影响。国地税合并强调合并后的税务机关将负责辖区的税收和非税收入的征收，这里的非税收入主要限定于一般公共预算中的非税收入以及社保基金等。以社保基金为例，不同省份社保基金的征收机构也有差异，有的省份设立了专门的经办机构，另外一些省份则直接交由地税局代征。国地税合并之后税务机关的征管范围势必扩大，即社保基金的征收放到税务局统一征收，这有利于建立可持续的社保基金制度。

再次，从更长远的角度来说，国地税合并有利于形成一个规范、高效的税收治理机制。地税系统的征收率过低，没有做到应征尽征，表面上造成了法定税率和实际税率的脱节，实质上也对税法的权威性产生冲击。国地税合并之后，企业在纳税过程中与地方政府讨价还价的情况不再出现，增强了财政收入预期的准确性。垂直管理的体制将在很大程度上规避这些问题，征收率的提升会缩小法定税率和实际税率的差异。

最后，国地税合并有利于完善我国的税制结构，减税降费政策也能落到实处。税务机关目前存在的“只征税不退税”奇怪现象也能得到根治，为我国完善公平的退税机制奠定基础，企业不再为多缴税款而困扰，多缴的税款可以及时得到退还或冲抵其他应纳税款，形成了科学的税收征管机制。

第四节 房地产开发企业的会计科目设置及核算内容

一、房地产开发企业的会计科目设置

为了对房地产开发企业的经营活动进行会计核算，必须设置相应的会计科目。会计科目按其提供会计信息的详细程度不同，可以分为总分类会计科目和明细分类会计科目。根据《企业会计准则——应用指南》的统一规定，并结合房地产开发企业经营的特点和会计核算的需要，房地产开发企业设置以下五大类会计科目（见表 1-3）。

表 1-3　　房地产开发企业会计科目表

序号	编号	会计科目
		一、资产类
1	1001	库存现金
2	1002	银行存款
3	1012	其他货币资金
4	1101	交易性金融资产
5	1121	应收票据
6	1122	应收账款
7	1123	预付账款
8	1131	应收股利
9	1132	应收利息
10	1221	其他应收款
11	1231	坏账准备
12	1401	材料采购
13	1402	在途物资
14	1403	原材料
15	1404	材料成本差异
16	1405	开发产品
17	1406	库存商品
18	1407	发出商品
19	1409	周转房
20	1411	存货跌价准备
21	1421	合同履约成本
22	1422	合同履约成本减值准备
23	1431	合同取得成本

续表

序号	编号	会计科目
24	1432	合同取得成本减值准备
25	1441	应收退货成本
26	1451	合同资产
27	1452	合同资产减值准备
28	1521	债权投资
29	1522	债权投资减值准备
30	1523	其他债权投资
31	1524	其他权益工具投资
32	1525	长期股权投资
33	1526	长期股权投资减值准备
34	1527	投资性房地产
35	1528	投资性房地产累计折旧（摊销）
36	1531	长期应收款
37	1532	未实现融资收益
38	1601	固定资产
39	1602	累计折旧
40	1603	固定资产减值准备
41	1604	在建工程
42	1605	工程物资
43	1606	固定资产清理
44	1701	无形资产
45	1702	累计摊销
46	1703	无形资产减值准备
47	1711	商誉
48	1801	长期待摊费用
49	1811	递延所得税资产
50	1901	待处理财产损溢
		二、负债类
51	2001	短期借款
52	2101	交易性金融负债
53	2201	应付票据
54	2202	应付账款
55	* * * *	合同负债
56	2205	预收账款
57	2211	应付职工薪酬
58	2221	应交税费
59	2231	应付股利
60	2232	应付利息
61	2241	其他应付款

续表

序号	编号	会计科目
62	2501	递延收益
63	2601	长期借款
64	2602	应付债券
65	2711	专项应付款
66	2801	长期应付款
67	2802	预计负债
68	2901	递延所得税负债
		三、所有者权益类
69	4001	实收资本
70	4002	资本公积
71	* * * *	其他综合收益
72	4101	盈余公积
73	4103	本年利润
74	4104	利润分配
75	4201	库存股
		四、成本类
76	5001	开发成本
77	5101	开发间接费用
78	5201	劳务成本
79	5301	研发支出
		五、损益类
80	6001	主营业务收入
81	6051	其他业务收入
82	6101	公允价值变动损益
83	6111	投资收益
84	6301	营业外收入
85	6401	主营业务成本
86	6402	其他业务成本
87	6405	税金及附加
88	6601	销售费用
89	6602	管理费用
90	6603	财务费用
91	6701	资产减值损失
92	6702	信用减值损失
93	6711	营业外支出
94	6801	所得税费用
95	6901	以前年度损益调整

1. 资产类科目

资产类科目用来核算和反映企业各类不同的资产增减变化情况，其中包括流动资产和各项长期资产。在资产类科目中，“开发产品”“周转房”这两个科目是房地产开发企业特别设置的会计科目。其他科目则是各类企业通用的会计科目。

2. 负债类科目

负债类科目用来核算和反映企业各类不同的负债增减变化情况，其中包括各项流动负债和各项长期负债。负债类科目是各类企业通用的会计科目。

3. 所有者权益类科目

所有者权益类科目是用来核算各项所有者权益增减变化的科目。这些科目也是各类企业通用的科目。

4. 成本类科目

成本类科目主要有“开发成本”和“开发间接费用”。这两个科目是房地产开发企业特有的会计科目，主要用于房地产开发项目的成本核算。如果房地产企业本身也有施工队伍和施工业务，那么还需要在成本类科目中增设“工程施工”“施工间接费用”“工程结算”等科目。

5. 损益类科目

损益类科目是用于计算企业损益的会计科目。损益类科目在会计期末都要转入“本年利润”科目，不留余额。这些科目也是各类企业通用的会计科目。

信用减值损失是2019年新增的损益类科目。很多不属于第八号准则规定范围的减值都放在这里。信用减值损失不同于资产减值损失，计提的损失准备可以转回，确认为减值利得。

需要说明的是，许多会计科目需要设置明细科目，以便更细致地反映有关会计信息。如房地产开发企业在“原材料”总账科目下可设置“设备”“钢材”“水泥”等二级科目，以对库存的各种不同的建筑材料和设备分别进行核算和反映。在二级科目下，还可以设置三级科目进行核算，如在“原材料——设备”二级科目下还可以设置“照明设备”“安全监控设备”等三级科目，以更详细地反映各种不同设备的情况。

二、主要会计科目的核算内容

（一）开发成本

本科目核算房地产开发企业在土地、房屋、配套设施和代建工程的开发过程中所发生的各项成本。本科目借方登记开发过程中发生的各项成本，贷方登记开发完成已竣工验收的开发产品的成本。借方余额反映未完开发项目的实际成本。本科目应按开发项目的种类，如“土地开发”、“房屋开发”、“配套设施开发”和“代建工程开发”等设置二级明细科目，并在二级明细科目下，设置如下明细成本项目：

（1）土地征用及拆迁补偿费：包括土地使用权出让金、土地征用费、拆迁安置补偿费。

（2）前期工程费：指土地、房屋开发前发生的规划、设计、可行性研究以及水文地质勘察、测绘、场地平整等费用。

（3）基础设施费：指土地、房屋开发过程中发生的供水、供电、供气、排污、排洪、通信、照明、绿化、环卫设施以及道路等基础设施费用。

（4）建安工程费：指直接用于建安工程建设的总成本费用。主要包括建筑工程费（建筑、特殊装修工程费）、设备及安装工程费（给排水、电气照明、电梯、空调、燃气管道、消防、防雷、弱电等设备及安装）以及室内装修工程费等。

（5）公共配套设施费：指在开发小区内发生，可计入土地、房屋开发成本的不能有偿转让的公共配套设施费用，如水塔、居委会、派出所、幼托、消防、自行车棚、公厕等设施支出。

（6）开发间接费用：指房地产开发企业内部独立核算单位及直接组织和管理开发现场为开发房地产而发生的各项间接费用，包括现场管理机构人员工资、福利费、折旧费、修理费、办公费、水电费、劳动保护费、周转房摊销和资本化利息等。

（二）开发产品

开发产品是指企业已经完成全部开发建设过程，并已验收合格，符合国家建设标准和设计要求，可以按照合同规定的条件移交订购单位，或者作为对外销售、出租的产品。房地产开发企业应于竣工验收时，按实际成本借记本科目，贷记“开发成本”科目。《房地产开发经营业务企业所得税处理办法》（国税发〔2009〕31号文件发布）第三条规定，除土地开发之外，其他开发产品符合下列条件之一的，应视为已经完工：（1）开发产品竣工证明材料已报房地产管理部门备案；（2）开发产品已开始投入使用；（3）开发产品已取得初始产权证明。

房地产开发企业“开发产品”科目应设置二级明细科目，如“普通住宅”“非普通住宅”“商铺”“写字楼”等。本科目借方登记完工开发产品成本（开发成本贷方转出至本科目借方），贷方登记已对外销售开发产品（销售成本结转）或转作出租（投资性房地产）、自用（固定资产）的开发产品。

（三）投资性房地产

本科目主要核算已出租的土地使用权、持有并准备增值后转让的土地使用权、已出租的物业或建筑物。投资性房地产的后续计量有成本模式和公允价值模式，通常采用成本模式计量，满足条件时可以采取公允价值模式计量。

按照《企业会计准则第3号——投资性房地产》第四条的规定，作为存货的房地产不属于投资性房地产。房地产开发企业的开发产品，在资产负债表中反映为存货，因此，房地产企业自行开发的开发产品，在未销售之前临时性的出租行为，不作为投资性房地产核算。

（四）开发间接费用

开发间接费用是指企业为直接组织和管理开发项目所发生的，且不能归属于特定成本对象的成本费用性支出。主要包括管理人员工资、职工福利费、折旧费、修理费、办公费、水电费、劳动保护费、工程管理费、周转房摊销以及项目营销设施建造费等。

在实际工作中，一定把握好“直接组织和管理开发项目所发生的”这一要点。有的房地产开发企业将工程部门人员报销的所有费用都计入“开发间接费用”，如招待费、电话费、差旅费、汽油费、过路过桥费等，这些费用在土地增值税清算中都将被剔除。

“开发间接费用”根据项目情况的不同，可以作为一级科目，也可以是“开发成本”科目下的二级科目。

（五）税金及附加

税金及附加是指企业经营活动应负担的相关税费，包括消费税、资源税、土地增值税、房产税、城镇土地使用税、车船税、印花税、城市维护建设税、教育费附加等。

“税金及附加”科目核算企业经营活动发生的消费税、资源税、土地增值税、房产税、城镇土地使用税、车船税、印花税、城市维护建设税、教育费附加等相关税费。期末，应将“税金及附加”科目余额转入“本年利润”科目，结转后，“税金及附加”科目无余额。

当企业经营活动发生相关税费时，一般先计提税费，相应账务处理如下：借记“税金及附加”科目，贷记“应交税费——应交消费税、资源税、土地增值税、房产税、土地使用税、车船税、印花税、城市维护建设税、教育费附加”等科目。缴纳税费时，借记“应交税费——应交消费税、资源税、土地增值税、房产税、土地使用税、车船税、印花税、城市维护建设税、教育费附加”等科目，贷记“银行存款”科目。

（六）应交税费

本科目核算增值税、企业所得税、土地增值税、消费税、资源税、车船税、印花税、城市维护建设税、教育费附加、房产税、土地使用税等税种及附加的发生额和余额。本科目借方登记预交税费（按预收账款计算）或已交税费（按土地和房产等计算），贷方登记计提的应交税费。

项目预售取得预售房款时，按实际收到的预售房款计算预缴增值税、企业所得税、土地增值税。实际测量后按实际结算房款计算应预缴的增值税、企业所得税、土地增值税。

需要提醒的是，预售房款收到后，必须预交土地增值税、增值税和企业所得税。

（七）主营业务收入

本科目下设“土地转让收入”“普通住宅销售收入”“非普通住宅销售收入”“商铺

销售收入”“写字楼销售收入”等明细科目。房屋销售收入应按已销售商品房实测面积结算收入登记贷方。

房地产开发企业销售未完工产品取得的收入，在“预收账款”科目核算，待满足完工产品的确认条件后，将未完工产品收入从“预收账款”科目结转到“主营业务收入”科目。

（八）其他业务收入

本科目核算开发产品出租或固定资产出租收入、其他服务收入等。

三、收入准则新增会计科目及其具体核算

近年来，财政部先后对多项具体会计准则进行修正。与房地产企业关系比较大的有《企业会计准则第14号——收入》，主要的变化之处是以控制权转移替代风险报酬转移作为收入确认时点的判断标准，按照履约进度对合同收入进行确认和计量。这对房地产企业的收入核算产生一定的影响。

（一）收入准则新增会计科目

1. 合同履约成本

核算企业为履行当前或预期取得的合同所发生的、不属于其他企业会计准则规范范围且按照收入准则应当确认为一项资产的成本。这是一个资产类科目。初始确认是按摊销期限，不超过一年或一个正常营业周期的，列示为存货；一年或一个正常营业周期以上的，列示为其他非流动资产。合同履约成本列报在资产负债表“存货”或“其他非流动资产”项目中。

2. 合同履约成本减值准备

核算与合同履约成本有关的资产的减值准备。

3. 合同取得成本

核算企业取得合同发生的、预计能够收回的增量成本。合同取得成本列报在资产负债表“其他流动资产”或“其他非流动资产”项目中。

4. 合同取得成本减值准备

核算与合同取得成本有关的资产的减值准备。

5. 应收退货成本

核算销售商品时预期将退回商品的账面价值，扣除收回该商品预计发生的成本（包

括退回商品的价值减损）后的余额。应收退货成本列报在资产负债表“其他流动资产”或“其他非流动资产”项目中。

6. 合同资产

核算企业已向客户转让商品而有权收取对价的权利。仅取决于时间流逝因素的权利不在本科目核算。

7. 合同负债

核算企业已收或应收客户对价而应向客户转让商品的义务。

合同资产和合同负债同时还是报表项目。同一合同下的合同资产和合同负债应当以净额列示，其中：净额为借方余额的，应当根据其流动性在“合同资产”或“其他非流动资产”项目中填列，已计提减值准备的，还应减去“合同资产减值准备”科目中相关的期末余额后的金额填列；净额为贷方余额的，应当根据其流动性在“合同负债”或“其他非流动负债”项目中填列。

（二）合同履约成本与合同取得成本的具体核算

1. 合同履约成本

如果企业发生的成本，不属于其他企业会计准则规范范围且同时满足下列条件的，应当作为合同履约成本确认为一项资产：

（1）该成本与一份当前或预期取得的合同直接相关；

（2）该成本增加了企业未来用于履行（包括持续履行）履约义务的资源；

（3）该成本预期能够收回。

合同履约成本其实就是企业为了履行合同义务发生的成本。

例如，某建筑公司承揽了一项工程，施工过程中发生的材料费和人工费计入“合同履约成本”，会计分录如下：

借：合同履约成本

　贷：原材料、应付职工薪酬等

2. 合同取得成本

企业为取得合同发生的增量成本预期能够收回的，应当作为合同取得成本确认为一项资产。

合同取得成本必须是增量成本，也就是企业不取得合同就不会发生的成本，如销售佣金等。

企业发生的销售佣金，会计分录如下：

借：合同取得成本

贷：应付职工薪酬

需要说明的是，为简化实务操作，合同取得成本摊销期限不超过一年的，可以在发生时计入当期损益。

（三）应收退货成本的具体核算

对于附有销售退回条款的销售，企业应当合理估计退货率，并且将预期退回商品转让时的账面价值减去收回该商品时预计发生的成本（例如运费、损失等），确认为一项资产，即应收退货成本。

同时，按照转让商品时商品的账面价值减去应收退货成本的净额结转成本。会计分录如下：

借：主营业务成本

　　应收退货成本

　贷：库存商品

（四）合同资产与合同负债的具体核算

1. 合同资产与应收账款

合同资产：指企业已向客户转让商品而有权收取对价的权利，且该权利取决于时间流逝之外的其他因素。

应收账款：代表的是无条件收取合同对价的权利。

简单来说，从收取款项的确定性来讲，合同资产要弱于应收账款。仅仅随着时间流逝即可收款的是应收账款，即应收账款只承担信用风险；而合同资产除了信用风险外，还要承担其他的风险，比如履约风险等。

【例 1-1】 甲公司与客户签订合同，向其销售 A、B 两项商品，合同价款为 2 000 元。合同约定，A 商品于合同开始日交付，B 商品在一个月之后交付，只有当 A、B 两项商品全部交付之后，甲公司才有权收取 2 000 元的合同对价。A 商品和 B 商品的交易价格分别为 400 元和 1 600 元。

分析： 甲公司将 A 商品交付给客户之后，与该商品相关的履约义务已经履行，但是需要等到后续交付 B 商品时，企业才具有无条件收取合同对价的权利。

因此，甲公司应当将因交付 A 商品而有权收取的对价 400 元确认为合同资产，而不是应收账款，相应的账务处理如下：

（1）交付 A 商品时：

借：合同资产　　400

　贷：主营业务收入　　400

（2）交付 B 商品时：

借：应收账款　　2 000

贷：合同资产　　400

　　主营业务收入　　1 600

【例 1-2】 乙公司与客户签订合同，以每件产品 150 元的价格向其销售产品；在合同开始日，乙公司交付了共 10 万件产品。

分析： 乙公司将产品交付给客户时取得了无条件的收款权，即乙公司有权按照每件产品 150 元的价格向客户收取款项，乙公司交付产品时的账务处理为：

借：应收账款　　15 000 000

　贷：主营业务收入　　15 000 000

2. 合同负债与预收账款

合同负债，是指企业已收或应收客户对价而应向客户转让商品的义务。

【例 1-3】 企业与客户签订不可撤销的合同，向客户销售其生产的产品，合同开始日，企业收到客户支付的合同价款 1 000 元，相关产品将在 2 个月之后交付给客户。

分析： 这种情况下，企业应当将该 1 000 元作为合同负债进行处理。相关财务处理如下：

借：银行存款　　1 000

　贷：合同负债　　1 000

合同负债与预收账款的区别在于：在合同成立前已收到的对价仍作为预收账款，合同一旦正式成立，及时将预收账款转入合同负债中。此外，确认预收账款的前提是收到了款项，确认合同负债则不以是否收到款项为前提，而以合同中履约义务的确立为前提。

四、收入准则在建筑工程合同中的应用

【例 1-4】 2×20 年 1 月 1 日，荣华公司与客户签订一项大型工程（A 项目）承包合同，根据合同约定，该工程的含税造价为 6 867 万元，其中增值税额 567 万元，工程期限为 3 年，预计 2×22 年 12 月 31 日竣工。荣华公司负责工程的施工及全面管理，客户按照第三方工程监理公司确认的工程完工量，每年末与荣华公司结算一次。假定该建造工程整体构成单项履约义务，并属于在某一时段履行的履约义务，荣华公司采用成本法确定履约进度，增值税税率为 9%，不考虑其他相关因素。

荣华公司各施工年度的相关资料及账务处理为：

2×20 年 12 月 31 日，工程累计实际发生成本 1 500 万元，预计可能发生的总成本为 4 000 万元。荣华公司与客户结算合同价款 2 725 万元，荣华公司实际收到价款 2 180 万元，假定在收取工程款时产生增值税纳税义务。

(1) 2×20 年 1 月 1 日至 12 月 31 日实际发生工程成本时：

借：合同履约成本——工程施工（A项目） 15 000 000
　贷：原材料、应付职工薪酬等 15 000 000

（2）2×20年12月31日，计算确认合同收入并结转主营业务成本：

履约进度＝15 000 000÷40 000 000＝37.5％

合同收入＝63 000 000×37.5％＝23 625 000(元)

借：合同资产——收入结转 25 751 250
　贷：主营业务收入 23 625 000
　　应交税费——应交增值税（待转销项税额） 2 126 250

借：主营业务成本 15 000 000
　贷：合同履约成本——工程施工（A项目） 15 000 000

（3）办理工程结算手续后，确认应收账款：

借：应收账款 27 250 000
　贷：合同资产——价款结算 27 250 000

（4）收取工程款，确认增值税销项税额：

借：银行存款 21 800 000
　贷：应收账款 21 800 000

借：应交税费——应交增值税（待转销项税额） 1 800 000
　贷：应交税费——应交增值税（销项税额） 1 800 000

“合同资产”科目的期末余额为贷方149.875万元（27 250 000元－25 751 250元），表明荣华公司已经与客户结算但尚未履行履约义务的金额为149.875万元，由于荣华公司预计该部分履约义务将在2×21年内完成，因此，应在资产负债表中作为合同负债列示。

第二章
企业设立阶段的会计核算与税务处理

The Whole Process of Financial Accounting and Tax Treatment for Real Estate Enterprises

TAXING

第一节 企业设立条件

房地产开发企业是指依法设立、具有企业法人资格的经济实体；是以营利为目的，从事房地产开发和经营的企业。

设立房地产开发企业，应当向工商行政管理部门申请设立登记。工商行政管理部门对符合规定条件的，应当予以登记，发放营业执照；对不符合规定条件的，不予登记。注册设立房地产开发企业需要符合以下法律法规要求：《中华人民共和国公司法》（以下简称《公司法》）、《中华人民共和国城市房地产管理法》（以下简称《城市房地产管理法》）、《城市房地产开发经营管理条例》、《房地产开发企业资质管理规定》等。

一、内资房地产企业设立的法律要求

（一）《公司法》有关规定

《公司法》自 2014 年 3 月 1 日起将注册资本实缴登记制改为认缴登记制。除法律、行政法规以及国务院决定对公司注册资本实缴有另行规定的以外，取消了关于公司股东（发起人）应自公司成立之日起两年内缴足出资，投资公司在五年内缴足出资的规定；取消了一人有限责任公司股东应一次足额缴纳出资的规定。转而采取公司股东（发起人）自主约定认缴出资额、出资方式、出资期限等，并记载于公司章程的方式。

《公司法》取消了“注册资本最低限额”和“出资期限”的要求，同时取消了“全体股东的货币出资金额不得低于公司注册资本的 30%”的规定。

自 2014 年 3 月 1 日起，“有限责任公司的股东”和“发起设立的股份有限公司的发起人”实缴出资时无须验资。

2016 年 6 月 30 日，国务院办公厅颁布《关于加快推进“五证合一、一照一码”登记制度改革的通知》（国办发〔2016〕53 号），在全面实施工商营业执照、组织机构代码证、税务登记证“三证合一”登记制度改革的基础上，再整合社会保险登记证和统计登记证，实现“五证合一、一照一码”，从 2016 年 10月 1 日起正式实施。

（二）《城市房地产管理法》有关规定

《城市房地产管理法》第三十条规定，设立房地产开发企业，应当具备下列条件：

（1）有自己的名称和组织机构；

（2）有固定的经营场所；

（3）有符合国务院规定的注册资本；

（4）有足够的专业技术人员；

（5）法律、行政法规规定的其他条件。

设立有限责任公司、股份有限公司，从事房地产开发经营的，还应当执行《公司法》的有关规定。

房地产开发企业在领取营业执照后一个月内，应当到登记机关所在地方县级以上地方人民政府规定的部门备案。

（三）《城市房地产开发经营管理条例》有关规定

《城市房地产开发经营管理条例》第五条规定，设立房地产开发企业，除应当符合有关法律、行政法规规定的企业设立条件外，还应当具备下列条件：

（1）有100万元以上的注册资本；

（2）有4名以上持有资格证书的房地产专业、建筑工程专业的专职技术人员，2名以上持有资格证书的专职会计人员。

省、自治区、直辖市人民政府可以根据本地方的实际情况，对设立房地产开发企业的注册资本和专业技术人员的条件做出高于上述条件的规定。

房地产开发企业应当自领取营业执照之日起30日内，持下列文件到登记机关所在地的房地产开发主管部门备案：

（1）营业执照复印件；

（2）企业章程；

（3）验资证明；

（4）企业法定代表人的身份证明；

（5）专业技术人员的资格证书和聘用合同。

房地产开发主管部门应当根据房地产开发企业的资产、专业技术人员和开发经营业绩等，对备案的房地产开发企业核定资质等级。房地产开发企业应当按照核定的资质等级，承担相应的房地产开发项目。

（四）《房地产开发企业资质管理规定》有关规定

《房地产开发企业资质管理规定》规定，房地产开发企业应当按照该规定申请核定企业资质等级。未取得房地产开发资质等级证书（以下简称资质证书）的企业，不得从事房地产开发经营业务。房地产开发企业按照企业条件分为一级、二级、三级、四级4个资质等级。

新设立的房地产开发企业应当自领取营业执照之日起30日内，持下列文件到房地产开发主管部门备案：

（1）营业执照复印件；

（2）企业章程；

（3）企业法定代表人的身份证明；

（4）专业技术人员的资格证书和劳动合同；

（5）房地产开发主管部门认为需要出示的其他文件。

房地产开发主管部门应当在收到备案申请后30日内向符合条件的企业核发《暂定资质证书》。申请《暂定资质证书》的条件不得低于四级资质等级企业的条件。

延伸阅读

四级资质等级企业的条件

1. 注册资本不低于100万元；

2. 从事房地产开发经营1年以上；

3. 已竣工的建筑工程质量合格率达100%；

4. 有职称的建筑、结构、财务、房地产及有关经济类的专业管理人员不少于5人，持有资格证书的专职会计人员不少于2人；

5. 工程技术负责人具有相应专业中级以上职称，财务负责人具有相应专业初级以上职称，配有专业统计人员；

6. 商品住宅销售中实行了《住宅质量保证书》和《住宅使用说明书》制度；

7. 未发生过重大工程质量事故。

《暂定资质证书》有效期为1年。房地产开发主管部门可以视企业经营情况延长《暂定资质证书》有效期，但延长期限不得超过2年。

房地产开发企业应当在《暂定资质证书》有效期满前1个月内向房地产开发主管部门申请核定资质等级。房地产开发主管部门应当根据其开发经营业绩核定相应的资质等级。

自领取《暂定资质证书》之日起1年内无开发项目的，《暂定资质证书》有效期不得延长。

二、外商投资房地产企业的设立要求

近年来，快速发展的中国房地产市场吸引了外资的加入。外商投资设立房地产开发企业的，除应当符合以上对内资房地产企业的规定外，还应当依照外商投资企业法律、行政法规的规定，办理有关审批手续。

（一）注册资本要求

根据《关于规范房地产市场外资准入和管理的意见》（建住房〔2006〕171号）规定，外商投资房地产企业投资总额与注册资金的比例如下：

（1）投资总额在1 000万美元（含1 000万美元）以上的，其注册资本应不低于投资总额的50%；

（2）投资总额在 300 万美元至 1 000 万美元的，其注册资本应不低于投资总额的 50%；

（3）投资总额在 300 万美元以下（含 300 万美元）的，其注册资本应不低于投资总额的 70%。

（二）设立备案程序

设立外商投资房地产企业，由商务主管部门和工商行政管理机关依法批准设立和办理注册登记手续，颁发一年期《外商投资企业批准证书》和《营业执照》。企业付清土地使用权出让金后，凭上述证照到土地管理部门申办《国有土地使用证》，根据《国有土地使用证》到商务主管部门换发正式的《外商投资企业批准证书》，再到工商行政管理机关换发与《外商投资企业批准证书》经营期限一致的《营业执照》，到税务机关办理税务登记。

2017 年 7 月 30 日，商务部颁布的《外商投资企业设立及变更备案管理暂行办法》规定：

设立外商投资企业，在取得企业名称预核准后，应由全体投资者或外商投资股份有限公司的全体发起人指定的代表或共同委托的代理人在营业执照签发前，或由外商投资企业指定的代表或委托的代理人在营业执照签发后 30 日内，通过综合管理系统，在线填报和提交《外商投资企业设立备案申报表》及相关文件，办理设立备案手续。

外商投资企业或其投资者在线提交设立申报表及相关文件后，备案机构对填报信息形式上的完整性和准确性进行核对，并对申报事项是否属于备案范围进行甄别。属于该办法规定的备案范围的，备案机构应在 3 个工作日内完成备案。不属于备案范围的，备案机构应在 3 个工作日内在线通知外商投资企业或其投资者按有关规定办理，并通知相关部门依法处理。

备案完成后，外商投资企业或其投资者可凭外商投资企业名称预核准材料（复印件）或外商投资企业营业执照（复印件）向备案机构领取《外商投资企业设立备案回执》。

经审批设立的外商投资企业发生变更，且变更后的外商投资企业不涉及国家规定实施准入特别管理措施的，应办理备案手续；完成备案的，其《外商投资企业批准证书》同时失效。

延伸阅读

注册资本与利息的税前扣除

根据《国家税务总局关于企业投资者投资未到位而发生的利息支出企业所得税前扣除问题的批复》（国税函〔2009〕312 号）的规定，关于企业由于投资者投资未到位而发生的利息支出扣除问题，根据《中华人民共和国企业所得税法实施条例》（以下简称《企业所得税法实施条例》）第二十七条的规定，凡企业投资者在规定期限内未缴足其应缴资本额的，该企业对外借款所发生的利息，相当于投资者实缴资本额与在规定期限内应缴资本额的差额应计付的利息，其不属于企业合理的支出，应由企业投资者负担，不得在计算企业应纳税所得额时扣除。“规定期限”应该以公司章程中规定的“出资时间”为准。

具体计算不得扣除的利息，应以企业一个年度内每一账面实收资本与借款余额保持不变的期间作为一个计算期，每一计算期内不得扣除的借款利息按该期间借款利息发生额乘以该期间企业未缴足的注册资本占借款总额的比例计算。

$$\text{企业每一计算期不得扣除的借款利息}=\text{该期间借款利息额}\times\text{该期间未缴足注册资本额}\div\text{该期间借款额}$$

企业一个年度内不得扣除的借款利息总额为该年度内每一计算期不得扣除的借款利息额之和。

【例 2-1】 北京欣嘉房地产开发公司于 2021 年 1 月 1 日成立，注册资本 2 000 万元，注册时一次性到位 1 200 万元，7 月 1 日又到位 400 万元，其余投资截至 2021 年年底尚未到位。2021 年 3 月 1 日，该公司从金鑫公司拆借款 1 800 万元（其中 1 000 万元为固定资产借款），利率 9%（商业贷款利率为 7%），贷款期限 1 年。则 2021 年 1 月 1 日至 12 月 31 日共发生贷款利息：1 800×9%÷12×10＝135（万元）。

其中，应当分期扣除或者计入有关资产成本的资本化的利息支出为：1 000×9%÷12×10＝75（万元）；超过标准的收益性利息支出为：800×(9%－7%)÷12×10＝13.33（万元）。

2021 年 1 月 1 日至 6 月 30 日不得扣除的利息为：[(1 800－1 000)×7%÷12×4]×800÷800＝18.67（万元）；

2021 年 7 月 1 日至 12 月 31 日不得扣除的利息为：[(1 800－1 000)×7%÷12×6]×400÷800＝14（万元）。

2021 年合计不得扣除的利息费用为：75＋13.33＋18.67＋14＝121（万元）。

三、项目资本金的要求

在投资项目的总投资中，除项目法人（依托现有企业的扩建及技术改造项目，现有企业法人即为项目法人）从银行或资金市场筹措的债务性资金外，还必须拥有一定比例的资本金。投资项目资本金，是指在投资项目总投资中，由投资者认缴的出资额，对投资项目来说是非债务性资金，项目法人不承担这部分资金的任何利息和债务；投资者可按其出资的比例依法享有所有者权益，也可转让其出资，但不得以任何方式抽回。

根据 2015 年 9 月 9 日国务院颁布的《国务院关于调整和完善固定资产投资项目资本金制度的通知》（国发〔2015〕51 号）的规定，目前保障性住房和普通商品住房项目的最低资本金比例为 20%，其他房地产开发项目的最低资本金比例为 25%。

房地产开发项目实行资本金制度的目的是防止房地产开发企业因开发资金不足而可能对项目投资人、贷款人、购房人等的合法利益造成损害。

作为计算资本金基数的总投资，是指投资项目的固定资产投资与铺底流动资金之和，具体核定时以经批准的动态概算为依据。

投资项目资本金可以用货币出资，也可以用实物、工业产权、非专利技术、土地使用权作价出资，但必须经过有资格的资产评估机构依照法律、法规评估其价值，且不得高估或低估。

房地产开发项目资本金实行专款专用，只能用于本项目建设使用，由建设部门主管。房地产开发企业不得以任何方式挪作他用，更不得擅自抽回、调出。房地产开发项目依法转让的，转让方在受让方按照上述规定存储相应数额项目资本金后，方可调出存储的项目资本金。

房地产开发企业自行选择项目资本金专户存储银行，并报房地产开发主管部门备案。房地产开发商取得国有土地使用权出让书、建设用地规划许可证和建设工程规划许可证后，在向建设部门申请建筑工程施工许可证时，需要提供的证明材料应当包括银行出具的项目资本金证明，否则建设部门不予颁发建筑工程施工许可证。对于分期实施的房地产开发项目，其项目资本金可按项目分期实施情况分期存入。房地产开发项目扩大投资规模时，应及时补充项目资本金。

项目资本金的使用需要申请，申请文件应当包括该项目的工程监理单位出具的工程款支付证明和项目建设进度情况的说明，建设主管部门可以根据项目进度分批解冻，并出具房地产开发项目资本金拨付使用通知书，开发商凭房地产开发项目资本金拨付使用通知书向银行申请解冻相应数额的资金。按照当地房地产开发项目资本金监督管理规定，在项目建设过程中，项目资本金最多只能申请使用95%，剩余的5%作为项目建设保证金，在城市规划行政主管部门确认项目已按照规划要求全部建设完成并交付使用后，方可申请提取使用。

延伸阅读

设立房地产公司的程序

一、发起人向市建委提出申请设立房地产开发公司报告。

二、市建委对申请报告无异议的，提出书面意见。

三、发起人凭市建委书面意见到市（县）工商部门领取企业名称预先核准通知书。

四、企业到市建委申领房地产开发企业资质审查意见书，需具备下列条件：

1. 有符合法人登记的名称和组织机构；

2. 有固定的办公经营用房；

3. 有与企业资质等级相当的注册资本（一级5 000万元、二级2 000万元、三级800万元、四级100万元）；

4. 有4名以上持有资格证书的房地产、建筑工程专业的专职专业人员，2名以上持有资格证书的专职会计人员；

5. 有专业统计人员；

6. 开发企业资质申报表。

以上资料均一式四份。

五、企业持《房地产开发企业资质审查意见书》到市（县）工商部门申请设立登记，领取企业法人营业执照。

六、企业在领取企业法人营业执照后30日内再到市建委申请资质证书，并提供下列资料：

1. 营业执照复印件；

2. 企业章程、部门规章制度；

3. 验资证明；

4. 企业办公经营场所证明；

5. 企业法定代表人的身份证明；

6. 企业专业技术人员资格证书和聘用合同；

7. 开发企业资质申报表。

第二节　企业设立阶段的会计核算

一、会计科目的设置

房地产开发企业在注册成立时，为了对设立阶段的业务进行核算，应当设置“实收资本（或股本）”“资本公积”科目。这两个科目可按不同投资者进行明细核算。

（一）实收资本（或股本）

（1）实收资本是指企业按照章程规定或合同、协议约定，接受投资者投入企业的资本。实收资本的构成比例即投资者的出资比例或股东的股权比例，是确定所有者在企业所有者权益中份额的基础，也是企业进行利润或股利分配的主要依据。

本科目核算投资者投入资本的增减变动情况。本科目的贷方登记实收资本的增加数额，借方登记实收资本的减少数额。

股份有限公司应设置“股本”科目，核算公司实际发行股票的面值总额。企业收到投资者投入的资金，超过其在注册资本中所占份额的部分，应作为资本溢价，在“资本公积”科目核算，不记入“实收资本”科目。

（2）本科目可以按不同的投资者进行明细核算。

（3）实收资本的主要账务处理如下：

①投资者以现金投入的资本，应以实际收到或者存入企业开户银行的金额，借记“银行存款”科目，按投资者应享有企业注册资本的份额计算的金额，贷记“实收资本”科目，按其差额，贷记“资本公积——资本溢价”科目。

②投资者投入的外币，合同约定汇率的，应按收到外币当日的即期汇率折算为记账本位币金额，借记“银行存款”等科目，贷记“实收资本”科目，按其差额，借记或贷记“资本公积（外币资本折算差额）”科目；合同没有约定汇率的，应按收到出资额当日的汇率折合的记账本位币金额，借记“银行存款”科目，贷记“实收资本”科目。

③投资者以非现金资产投入的资本，应按投资各方确认的价值，借记有关资产科目；按投资者应享有企业注册资本的份额计算的金额，贷记“实收资本”科目，按其差额，贷记“资本公积——资本溢价”科目。

④企业按照法定程序报经批准减少注册资本的，借记“实收资本”科目，贷记“库存现金”“银行存款”等科目。

（4）本科目期末贷方余额，反映企业实际收到的资本或股本总额。

延伸阅读

认缴制下实收资本没收到如何做账务处理

目前有些企业在工商部门注册成立时，选择了注册资本认缴，当企业没有实际收到股东的注册资金时，“实收资本”科目余额为0。但在实际工作中，我们常常见到以下错误的会计处理。例如，某公司成立，认缴注册资金100万元。会计人员进行了如下的账务处理：

借：其他应收款——股东 1 000 000

贷：实收资本——股东 1 000 000

上述会计处理的错误之处在于，将股东并未实际到位的投资擅自记入“实收资本”账户核算。在认缴制下，按照实际收到的认缴资本额做账务处理，不能把没有收到的注册资本额挂账处理。若没有收到实收资本，就不进行账务处理，报表显示的实收资本项目金额就为零。

（二）资本公积

“资本公积”科目，核算企业收到投资者出资额超出其在注册资本或股本中所占份额的部分，以及直接计入所有者权益的收益和损失等。

本科目贷方登记房地产开发企业接受投资者投入资本形成的资本公积；借方登记房地产开发企业用资本公积转增资本、股份有限公司采用收购本公司股票方式减资应减少的资本公积；期末贷方余额反映房地产开发企业的资本公积。

本科目一般应当划分“资本溢价（或股本溢价）”“其他资本公积”进行明细核算。

二、注册资本的核算

注册资本的核算包括对设立登记出资、增加注册资本的核算，以及减少注册资本的核算。

（一）设立登记时出资的核算

房地产开发企业接受投资者出资，借记“银行存款”“固定资产”“无形资产”“长期股权投资”等科目，贷记“实收资本”或“股本”等科目，具体按照投资者不同的出资方式进行不同的会计处理。

1. 投资者以货币出资

房地产开发企业收到投资者投入的货币资金，应在工商登记手续办理完毕后，依据银行加盖受理章的现金缴款单，或者银行进账单回单的金额，借记“银行存款”科目；按投入资本在注册资本或股本中所占份额，贷记“实收资本”或“股本”科目，按其差额，贷记“资本公积——资本溢价”或“资本公积——股本溢价”等科目。

在设立登记时采用货币出资的，需要把出资人的出资先转入临时账户（即验资账户），待公司成立后开立基本存款账户，要分两步进行账务处理。

（1）有限责任公司。

【例 2-2】 2021 年 9 月 20 日，甲、乙、丙三公司共同出资设立欣嘉房地产开发有限公司，注册地址在石家庄市长安区广安街××号。公司注册资本为 10 000 000 元，甲、乙、丙持股比例分别为 55%、25%和 20%，各投资者于 9 月 15 日一次性缴足款项。

根据上述资料，工商登记手续办理完毕后，依据银行进账单回单，欣嘉房地产公司应做以下账务处理：

借：银行存款——××银行（验资户）　　10 000 000
　贷：实收资本——甲公司　　5 500 000
　　　　　　　——乙公司　　2 500 000
　　　　　　　——丙公司　　2 000 000

待公司成立后，开立基本存款账户，需要将临时存款账户的资金转入基本存款账户。

借：银行存款——××银行（基本户）　　10 000 000
　贷：银行存款——××银行（验资户）　　10 000 000

（2）股份有限公司。

当公司发行股票收到现金等资产时，按股票面值和核定的股份总额的乘积计算的金额确认股本；按实际收到的金额与该股本之间的差额确认资本公积。

【例 2-3】 乙股份有限公司委托证券公司代理发行普通股 5 000 万股，每股面值 1 元，每股发行价格 5 元。假定乙股份有限公司按发行收入的 1%向证券公司支付发行费用，证券公司从发行收入中抵扣。股票发行成功，股款已划入乙股份有限公司的银行账户。乙股份有限公司的账务处理如下：

计入股本的金额＝50 000 000×1＝50 000 000(元)

股票发行费用＝50 000 000×5×1%＝2 500 000(元)

实际收到的股款＝50 000 000×5－2 500 000＝247 500 000(元)

计入资本公积的金额＝247 500 000－50 000 000＝197 500 000(元)

借：银行存款　247 500 000

　贷：股本　50 000 000

　　　资本公积——股本溢价　197 500 000

2. 投资者以非货币资产出资

以非货币资产出资，一般是以各种类型的实物资产出资，如固定资产、无形资产、长期股权投资、存货等。以实物资产出资，应在办理财产转移手续时，按照评估确认的价值或合同、协议或公司章程约定的价值，借记“固定资产”“无形资产”“长期股权投资”等有关资产科目；按投入资本在注册资本或股本中所占份额，贷记“实收资本”或“股本”科目；按其差额，贷记“资本公积——资本溢价”或“资本公积——股本溢价”等科目。

（1）投资者以实物资产出资。

【例 2-4】 甲、乙、丙三家公司共同出资设立欣嘉房地产开发有限公司，公司注册资本为 10 000 000 元，甲、乙、丙持股比例分别为 35%、35%和 30%。甲、乙以货币资金出资，丙以不需要安装的设备进行投资，该设备公允价值为 3 100 000 元。在甲、乙投资者一次性缴足款项的同时，丙办理财产转移手续。

欣嘉房地产公司应做以下账务处理：

借：银行存款　7 000 000

　贷：实收资本——甲公司　3 500 000

　　　　　　——乙公司　3 500 000

丙公司办妥财产转移手续时，依据财产评估证明和财产转移清单，欣嘉房地产公司做以下账务处理：

借：固定资产　3 100 000

　贷：实收资本——丙公司　3 000 000

　　　资本公积——资本溢价　100 000

（2）投资者以土地使用权出资。

【例 2-5】 甲、乙、丙三家公司共同出资设立欣嘉房地产公司，公司注册资本为 10 000 000元，甲、乙、丙持股比例分别为 50%、30%和 20%。甲以土地使用权出资，土地使用权经评估，价值为 5 000 000 元，乙、丙以货币资金出资。在乙、丙投资者一次性缴足款项的同时，甲办理财产转移手续。

欣嘉房地产公司应做以下账务处理：

借：开发成本　　5 000 000
　　银行存款　　5 000 000
　贷：实收资本——甲公司　　5 000 000
　　　　　　　——乙公司　　3 000 000
　　　　　　　——丙公司　　2 000 000

（3）投资者以股权出资。

【例 2-6】 甲、乙、丙三家公司共同出资设立欣嘉房地产公司，注册资本为 10 000 000 元，甲、乙、丙持股比例分别为 20%、30%和 50%。甲、乙以货币资金出资，丙公司以其持有的华正公司的长期股权投资作价出资。丙公司对华正公司的长期股权投资账面价值为 6 000 000 元，三方在投资合同中约定，该项长期股权投资作价 5 000 000 元。

根据上述资料，在办理完股权交割后，欣嘉房地产公司应做以下账务处理：

借：长期股权投资——华正公司　　5 000 000
　　银行存款　　5 000 000
　贷：实收资本——甲公司　　2 000 000
　　　　　　　——乙公司　　3 000 000
　　　　　　　——丙公司　　5 000 000

这里需要注意的是，投资者投入的长期股权投资，应当按照投资合同或协议约定的价值作为初始投资成本，但合同或协议约定的价值不公允的除外。

（二）注册资本增加的核算

房地产开发企业增加资本一般有三种方式：

第一，所有者（包括原企业所有者和新投资者）投入。

第二，将资本公积转为实收资本或者股本。会计上借记“资本公积——资本溢价”或“资本公积——股本溢价”科目，贷记“实收资本”或“股本”科目。

第三，将盈余公积或未分配利润转增资本。借记“盈余公积”“未分配利润”科目，贷记“实收资本”或“股本”科目。

需要注意的是，资本公积、盈余公积和未分配利润均属于所有者权益项目，转为实收资本或者股本时，应按原投资者所持股份同比例增加各股东的股权。自然人股东在增资环节要缴纳个人所得税，这就是我们在实务中常说的“先分后转”，即先分配后转增。

房地产开发企业在增加注册资本时应按照增加注册资本的不同方式，进行不同的会计处理。

1. 投资者（包括原股东和新投资者）投入

所有者（包括原企业所有者和新投资者）接受投资者投入的资本，会计分录与公司新设时一致。增加注册资本时如果有新投资者加入，新加入的投资者缴纳的出资额大于其按约定比例计算的其在注册资本中所占的份额部分，应作为资本公积，记入“资本公积——资本溢价”科目。

（1）投资者以货币出资。

房地产开发企业增加注册资本的，应在投资者将货币存入准备设立的公司在银行开立的临时账户时，依据银行加盖受理章的现金缴款单，或者银行进账单回单的金额，借记“银行存款”科目；按投入资本在注册资本或股本中所占份额，贷记“实收资本”或“股本”科目，按其差额，贷记“资本公积——资本溢价”或“资本公积——股本溢价”等科目。

【例 2-7】 欣嘉房地产公司注册资本为 10 000 000 元，有甲、乙两个股东。甲、乙出资分别为 6 000 000 元、4 000 000 元。经协商，甲、乙吸收丙公司为新股东，丙投入货币资金 3 000 000 元，丙公司持股比例为 20%，投资后的注册资本为 12 500 000元。

根据上述资料，丙公司投入资本时，欣嘉房地产公司应做以下账务处理：

借：银行存款　　3 000 000

　贷：实收资本——丙公司　　2 500 000

　　　资本公积——资本溢价　　500 000

（2）投资者以非货币财产出资。

以非货币财产增资时，股东或者发起人应当在依法办理财产转移手续后，依据财产移交清册，借记“固定资产”“无形资产”“长期股权投资”等科目，贷记“实收资本”或“股本”等科目。

【例 2-8】 欣嘉房地产公司由甲、乙共同投资设立，原注册资本为 10 500 000 元。甲、乙出资分别为 6 000 000 元、4 500 000 元。经协商，甲、乙吸收丙为新股东，丙投入土地使用权 5 000 000 元，丙公司持股比例为 30%，企业注册资本增加为 15 000 000 元。企业作为投资性房地产核算。欣嘉房地产公司将土地使用权作为投资性房地产核算。

根据上述资料，欣嘉房地产公司应做以下账务处理：

借：投资性房地产　　5 000 000

　贷：实收资本——丙公司　　4 500 000

　　　资本公积——资本溢价　　500 000

（3）以债权出资。

以债务转为资本方式进行债务重组的，应区分以下情况处理：

第一，债务人为股份有限公司时，债务人应将债权人因放弃债权而享有股份的面值总额确认为股本；股份的公允价值总额与股本之间的差额确认为资本公积。重组债务的账面价值与股份的公允价值总额之间的差额确认为债务重组利得，计入当期损益，贷记“营业外收入——债务重组利得”科目。

第二，债务人为其他企业时，债务人应将债权人因放弃债权而享有的股权份额确认为实收资本；股权的公允价值与实收资本之间的差额确认为资本公积。重组债务的账面价值与股权的公允价值之间的差额作为债务重组利得，计入当期损益。

【例 2-9】 乙公司应付甲公司账款 60 000 元，由于乙公司发生财务困难，无法偿付应付账款。经双方协商同意，采取将乙公司所欠债务转为乙公司股本的方式进行债务重组，乙公司普通股的面值为 1 元，乙公司以 20 000 股抵偿该项债务，股票每股市价为 2.5 元。股票登记手续已办理完毕，甲公司对其作为长期股权投资处理。

乙公司股票的公允价值减去股票的面值总额，应计入资本公积 30 000 元（50 000－20 000）；

乙公司债务账面价值减去股票的公允价值为应确认的债务重组利得 10 000 元（60 000－50 000）；

乙公司应做如下会计处理：

借：应付账款——甲公司	60 000	
贷：股本		20 000
资本公积——股本溢价		30 000
营业外收入——债务重组利得		10 000

2. 将资本公积转增资本

将资本公积转增资本，在办理增资手续后，应依据股东大会决议，借记“资本公积——资本溢价”或“资本公积——股本溢价”科目，贷记“实收资本”或“股本”科目。

【例 2-10】 欣嘉房地产公司由甲、乙、丙三位自然人股东共同投资设立，原注册资本为 1 000 万元，甲、乙、丙出资分别为 500 万元、300 万元、200 万元。为了扩大经营规模，经批准，欣嘉房地产公司按照原出资比例将资本公积 500 万元转增资本。

根据上述资料，依据股东会决议，欣嘉房地产公司应做如下会计处理：

借：资本公积	5 000 000	
贷：实收资本——甲		2 500 000
——乙		1 500 000
——丙		1 000 000

提醒注意的是，在资本公积转增资本时，涉及甲、乙、丙三位自然人股东的个人所得税。

3. 将盈余公积、未分配利润转增资本

将盈余公积、未分配利润转增为实收资本，在办理增资手续后，应依据股东大会决议，借记“盈余公积”“未分配利润”科目，贷记“实收资本”或“股本”科目。

【例 2-11】 欣嘉房地产公司由甲、乙、丙三位自然人股东共同投资设立，甲、乙、丙持股比例分别为 50%、30%和 20%。2021 年 3 月 20 日，经股东会决议批准，将盈余公积 500 万元转增资本，同时向个人收取个人所得税 100 万元。

根据上述资料，欣嘉房地产公司应做如下会计处理：

借：盈余公积	5 000 000	
贷：实收资本——甲		2 500 000

——乙 1 500 000

——丙 1 000 000

借：其他应收款——甲 500 000

——乙 300 000

——丙 200 000

贷：应交税费——应交个人所得税 1 000 000

提醒注意的是，现实中也可能会涉及盈余公积转增资本时代扣代缴个人所得税，但此时转增资本的金额为扣除20%个人所得税后的余额，即会计处理为：

借：盈余公积 5 000 000

贷：实收资本——甲 2 000 000

——乙 1 200 000

——丙 800 000

应交税费——应交个人所得税——甲 500 000

——乙 300 000

——丙 200 000

（三）实收资本减少的核算

房地产开发企业实收资本减少有两种原因：一是资本过剩；二是企业发生重大亏损。企业因资本过剩而减资，一般要返还股款。公司减少注册资本，应当符合《公司法》规定的程序。

第三节 企业设立阶段的税务处理

一、企业设立阶段的纳税计算

房地产开发企业在设立阶段，根据《中华人民共和国印花税法》（自 2022 年 7 月 1 日起施行，以下简称《印花税法》）及其相关规定，应当缴纳印花税。企业在接受出资者土地使用权或者房产等不动产出资时，还会涉及契税。

（一）印花税

2016 年 11 月 29 日，《国家税务总局关于发布〈印花税管理规程（试行）〉的公告》（国家税务总局公告 2016 年第 77 号）发布，《财政部 税务总局关于对营业账簿减免印花税的通知》（财税〔2018〕50 号）规定，自 2018 年 5 月 1 日起，对按万分之五税率贴花的资金账簿减半征收印花税，对按件贴花 5 元的其他账簿免征印花税。

1. 营业账簿

营业账簿指房地产开发企业记载开发经营活动的财务会计核算账簿。营业账簿按其反映内容的不同，可分为记载资金的账簿和其他账簿。记载资金的账簿是指反映生产经营单位资本金数额增减变化的账簿。记载资金的账册应按“营业账簿”税目中“记载资金的账册”，按照实收资本和资本公积合计金额的0.5‰减半在账簿启用时贴花。计算公式如下：

记载资金的账簿应纳印花税＝(实收资本＋资本公积)×0.05%×50%

根据《印花税法》，其他账簿、日记账簿和各明细分类账簿等不再贴花。

【例2-12】 甲、乙、丙三家公司共同出资设立欣嘉房地产公司，公司注册资本为10 000 000元，该公司设置总账一本，日记账簿10本。

记载资金的账簿应纳印花税＝10 000 000×0.025%＝2 500(元)

日记账簿免征印花税。

2. 土地使用权合同

在房地产开发企业设立阶段，如果接受出资人的土地使用权出资，还应按照《印花税法》、《财政部 国家税务总局关于印花税若干政策的通知》（财税〔2006〕162号）的规定，对土地使用权出让合同、土地使用权转让合同按产权转移书据征收印花税，按合同记载金额的0.05%贴花。

在计提印花税时，借记“税金及附加”科目，贷记“应交税费——应交印花税”科目。

在缴纳印花税时，借记“应交税费——应交印花税”科目，贷记“库存现金”或“银行存款”科目。

（二）契税

在房地产开发企业设立阶段，如果接受出资人的土地使用权等不动产出资，根据《中华人民共和国契税法》（以下简称《契税法》）的规定，接受出资的房地产开发企业应当按照国有土地使用权出让、土地使用权转让、房屋买卖成交价格的3%～5%适用税率缴纳契税，契税的适用税率，由省、自治区、直辖市人民政府在上述规定的幅度内按照本地区的实际情况确定，并报财政部和国家税务总局备案。

说明：契税是土地、房屋权属转移时向其承受者征收的一种税收，在中国境内取得土地、房屋权属的企业和个人，应当依法缴纳契税。

【例2-13】 甲、乙、丙三家公司共同出资设立欣嘉房地产公司，公司注册资本为10 000 000元，甲、乙、丙持股比例分别为50%、30%和20%。甲以位于长安区广安街88号的土地使用权出资，土地使用权的评估价值为5 000 000元，乙、丙以货币资金出资。乙、丙一次性缴足投资款项的同时，甲办理财产转移手续，欣嘉房地产按时缴纳契税，当地契税的税率为4%。

应纳契税＝5 000 000×4%＝200 000(元)

对于房地产开发企业，其取得土地使用权所发生的支出，包括其缴纳的契税，应当计入开发成本。

欣嘉房地产公司设立时应做如下账务处理：

借：开发成本——土地征用及拆迁补偿费——土地出让费　　5 000 000
　　银行存款　　5 000 000
　贷：实收资本　　10 000 000

接受土地使用权投资缴纳契税时的账务处理：

借：开发成本——土地征用及拆迁补偿费——契税　　200 000
　贷：银行存款　　200 000

二、不同出资方式的税务处理

《公司法》第二十七条规定，股东可以用货币出资，也可以用实物、知识产权、土地使用权等可以用货币估价并可以依法转让的非货币财产作价出资；但是，法律、行政法规规定不得作为出资的财产除外。

对作为出资的非货币财产应当评估作价，核实财产，不得高估或者低估作价。法律、行政法规对评估作价有规定的，从其规定。

股东出资入股的形式包括：

(1) 以货币出资；

(2) 以货物出资；

(3) 以除土地使用权以外的无形资产出资；

(4) 以土地使用权和不动产出资；

(5) 以发行权益性证券出资；

(6) 以投资权出资；

(7) 以债权出资。

房地产开发企业的具体出资方式与涉税情况见表2-1。

表2-1　　不同出资方式涉税分析

出资方式	出资方涉及税种		接受出资方涉及税种
货币	印花税		印花税
房地产	企业所得税[a]	土地增值税[b]	印花税
	增值税	印花税	契税

续表

出资方式	出资方涉及税种		接受出资方涉及税种
固定资产	企业所得税[a]	增值税[c]	印花税
	印花税	城市维护建设税	
存货	企业所得税[a]	增值税[d]	印花税
		城市维护建设税	
	消费税[e]	印花税	
知识产权	企业所得税	增值税	印花税
	印花税	城市维护建设税	
股权	企业所得税	印花税	印花税
债权	企业所得税[f]	印花税	企业所得税、印花税
债转股	企业所得税[g]	印花税	企业所得税、印花税

a. 房地产评估值大于或小于出资方财务账上登记的金额，就会产生损益，影响出资方的企业所得税事项。

b.《财政部 国家税务总局关于继续实施企业改制重组有关土地增值税政策的公告》（财政部 税务总局公告 2021 年第 21 号）规定：按照法律规定或者合同约定，两个或两个以上企业合并为一个企业，且原企业投资主体存续的，对原企业将房地产转移、变更到合并后的企业，暂不征土地增值税；按照法律规定或者合同约定，企业分设为两个或两个以上与原企业投资主体相同的企业，对原企业将房地产转移、变更到分立后的企业，暂不征土地增值税；单位、个人在改制重组时以房地产进行投资，对其将房地产转移、变更到被投资的企业，暂不征土地增值税；上述改制重组有关土地增值税政策不适用于房地产转移任意一方为房地产开发企业的情形。

c.《财政部 国家税务总局关于全国实施增值税转型改革若干问题的通知》（财税〔2008〕170 号）规定，自 2009 年 1 月 1 日起，纳税人销售自己使用过的固定资产（以下简称已使用过的固定资产），应区分不同情形征收增值税：

（1）销售自己使用过的 2009 年 1 月 1 日以后购进或者自制的固定资产，按照适用税率征收增值税；

（2）2008 年 12 月 31 日以前未纳入扩大增值税抵扣范围试点的纳税人，销售自己使用过的 2008 年 12 月 31 日以前购进或者自制的固定资产，按照 3%征收率减按 2%征收增值税；

（3）2008 年 12 月 31 日以前已纳入扩大增值税抵扣范围试点的纳税人，销售自己使用过的在本地区扩大增值税抵扣范围试点以前购进或者自制的固定资产，按照 3%征收率减按 2%征收增值税；销售自己使用过的在本地区扩大增值税抵扣范围试点以后购进或者自制的固定资产，按照适用税率征收增值税。

（根据《中华人民共和国城市维护建设税法》和《征收教育费附加的暂行规定》的规定，若缴纳增值税，还需要缴纳城市维护建设税和教育费附加。）

d. 出资方以存货出资时，视同出资方对外销售存货而征收增值税。对出资方而言，应当将接受出资的公司视为存货的购买方，在价款以外向接受出资方收取增值税。对接受出资方而言，可凭出资方开具的增值税发票，作为进项抵扣。另外应注意的是，出资方的出资额应当等于其交付存货资产的净额加增值税额。

e. 若出资方的存货为其自己生产的应税消费品，出资方应缴纳消费税。若缴纳消费税，则应附加缴纳城市维护建设税（消费税额的 1%～7%）和教育费附加（消费税额的 3%）。

f. 在出资方以自己对第三方的债权对外出资的情况下，由于债权资产表现为一种请求权，不仅存在不能受偿的风险，而且可能发生主张权利的费用。因此，债权资产的评估作价一般会低于其本身的价值额。因此，出资方以债权出资绝大多数不仅不会产生企业所得税的纳税义务，反而会因为损失产生递延所得税资产。

g. 债转股是以自己对目标公司的债权向目标公司出资，因此若债权为货币，则属于货币出资，无须评估；若属于非货币资产，则应评估。

三、分支机构设立的税务处理

随着房地产企业规模的扩大，开发项目的增加，企业需要成立分支机构。子公司与分公司是现代大公司企业经营组织的重要形式。根据《公司法》的规定，企业可以设立分公司，也可以设立子公司。分公司与子公司的会计核算方法存在根本的不同。

（一）分公司

分公司是相对于总公司而言的，没有独立法人资格，一般不具有独立核算条件，企业所得税由总公司汇总缴纳。对于房地产企业来讲，负责具体项目开发的分公司，通常叫作项目经理部，简称项目部。

分公司是总公司下属的直接从事业务经营活动的分支机构或附属机构。虽然分公司名称中有“公司”字样，但它不是真正意义上的公司，因为分公司不具有企业法人资格，不具有独立的法律地位，不独立承担民事责任。在税务上，分公司发生的利润与亏损要与总公司合并计算，即“汇总报表”。

企业会担心，分公司如果有风险及相关法律责任，可能会牵连到总公司，分公司的开发业务涉及的纳税风险乃至经营风险会牵连到总公司。但随着我国公司法的不断完善以及房地产企业抵抗风险能力的不断加强，越来越多的大型房地产企业选择分公司的开发模式。

（二）子公司

子公司是与母公司相对应的法律概念。对于房地产企业来讲，负责具体项目开发的子公司，通常叫作项目公司。子公司具有法人资格，可以独立承担民事责任，这是子公司与分公司的重要区别。母公司、子公司各为独立的法人，并且子公司受母公司的实际控制。根据股东会多数表决原则，拥有股份越多，对公司事务的决定权越大。母公司控制子公司通常就是基于股权的占有或控制协议。母公司对子公司的一切重大事项拥有实际上的决定权，其中尤为重要的是能够决定子公司董事会的组成。除股份控制方式之外，通过订立某些特殊契约或协议而使某一公司处于另一公司的支配之下，也可以形成母公司、子公司的关系。

虽然子公司处于受母公司实际控制的地位，许多方面都要受到母公司的管理，有的甚至类似于母公司的分支机构，但法律上，子公司仍是具有法人地位的独立公司企业，它有自己的公司名称和公司章程，并以自己的名义进行经营活动，其财产与母公司的财产彼此独立，有自己的资产负债表。在财产责任上，子公司和母公司也各以自己的财产为限承担各自的财产责任，互不连带。

目前大多数房地产企业在开发项目时选择成立项目公司，一旦项目销售完毕，项目公司就立即进行清算注销，如果项目公司在日常经营中出现不规范或者偷逃税款的情况，也不会连累总公司。

子公司与分公司的区别如表 2-2 所示。

表 2-2　　子公司与分公司的对比分析

比较项目	子公司	分公司
法律地位	有独立法人资格，以独立的财产、独立的名义从事经营活动，独立承担责任。	无独立法人资格，与总公司在法律上为一体。
涉诉风险	有诉讼主体资格，一旦涉入债权债务纠纷（如成为债务人），则独立承担法律责任，与母公司并无关联。母公司涉诉风险较小。	虽有诉讼主体资格，但其财产不足以偿付债务时，总公司必须承担偿付责任。总公司涉诉的风险较大。
设立方式	成立一个新的公司，在公司名称预审核、出资验资、办理工商税务登记等方面严格。	属于设立分支机构，在公司名称、办理税务登记等方面程序较为简便，设立成本较低。
股权结构	在控股子公司的形式下，可以采用员工持股方式，能够吸收其他社会资金。	与总公司相同，原结构不会发生改变，无员工持股激励之效。
管控方式	通过子公司股东大会管理；通过子公司董事会管理；通过母公司董事会管理；业绩指导与考核；向子公司派遣高层管理人员。 适合经营领域跨度较大的业务。	授权控制；预算管理；会计核算；审计监督。 适合经营同类业务或者强相关业务。
业务权限	无须任何授权，业务权限较大，独立性强、自主性高。	只能在总公司的业务授权范围内经营，容易出现无权代理、表见代理等法律风险。
财务管理	独立财务核算机构；编制资产负债表、利润表、现金流量表。成本相对较高。	无对外的独立财务核算机构；可以在内部编制各类财务报表，但对外由总公司统一核算。成本相对较低。
税收成本	是一个独立税务核算单位，负担完全的居民企业赋税。税收成本较高，但可享受递延纳税之惠。	以总公司为单位，一并进行税务申报核算，不涉及资产所有权的变动，故分公司税负成本较低。

（三）分支机构设立的税务分析

在市场竞争日趋激烈的形势下，一切合法的有利于提高企业经济效益的措施均是企业考虑的重点，选择有利于纳税优惠的组织形式，正是达到这一目标的重要途径之一。子公司和分公司的税收利益存在较大差异，公司企业在选择组织形式时应仔细比较、统筹考虑、正确筹划。

税法规定，公司的下属分支机构缴纳企业所得税有两种形式：一是独立申报纳税；二是合并到总公司汇总纳税。而采用哪种形式缴税则取决于公司下属分支机构的性质——是否为企业所得税独立的纳税义务人。

需要注意的是，由于分公司不是独立法人，它实现的盈亏要同总公司合并计算纳税，而子公司是独立法人，母、子公司应分别纳税，而且子公司只有在税后才能按股东占有的股份进行利润分配；跨地区的开发项目的税收管辖权，除企业所得税外均在当地。

具体到组织形式的选择，重点应考虑以下因素：

（1）一般情况下，分支机构设立初期，因为只有支出没有收入，容易发生经营亏损，如果此时设立的是分公司，能够与总公司“合并报表”，由总公司汇总缴纳企业所得税，可以合理减轻总公司企业所得税负担。经过两三年的经营，分公司开始转亏为盈时，再把分公司变更注册为子公司，这样可以降低分支机构对总机构的法律影响。

（2）如果预知分支机构在设立后能够很快取得收入并实现盈利，那么设立子公司较为合适。一是子公司作为独立法人经营，较为便利，在子公司盈利的情况下，可享受到当地政府提供的各种税收优惠和财政返还；二是母公司收到子公司的利润分配可享受所得税免税待遇。

（3）总机构享有税收优惠的，设立分公司也可以享受总机构的税收优惠；分支机构所在区域享有税收优惠的，可考虑设立子公司享受税收优惠。除了在开办初期要对分支机构的组织形式精心选择外，在企业的经营、运作过程中，随着整个集团或下属企业的业务发展，盈亏情况的变化，总公司仍有必要通过资产的转移、兼并等方式，对下属分支机构进行调整，以获得更多的税收利益。

第四节 筹办期的界定与开办费的处理

一、筹办期的概念

筹办期，是指从企业被批准筹办之日起至开始生产、经营（包括试生产、试营业）之日止的期间。筹办期结束日的认定通常有三个时间：一是取得营业执照之日；二是取得第一笔收入之日；三是房地产企业拿到土地的日期，即取得土地使用证的日期。在实务中被普遍接受的是筹办期结束日为取得营业执照之日。

辽宁省地税局发布的《关于做好2010年度企业所得税汇算清缴工作的通知》（辽地税发〔2011〕16号）规定：“以纳税人正式取得的工商营业执照上标明的设立日期为企业筹办期结束。”

但是，也有特殊情况。例如河北省国家税务局在《企业所得税若干政策问题解答》（冀国税函〔2013〕161号）中明确规定：“房地产开发经营企业取得营业执照后已具备取得开发资质的条件，筹办期结束。”

二、开办费的开支范围

开办费（organization expenses），也称组建成本（organization cost），是指为设立一家公司而发生的费用支出。包括筹办期人员工资薪金及其各种社会保险，董事会费用，企业登记费用（注册费、验资费等），企业公证费用，银行开户费，印花税，筹措资本费用，筹建期间发生的办公费、培训费、差旅费、印刷费、通讯费、广告费、业务招待费，以及其他与筹建有关的费用，如资讯调查费、诉讼费、庆典费等。

其中，筹措资本费用主要是指筹资支付的手续费，以及不计入固定资产和无形资产购建成本的汇兑损益和利息支出等。

三、开办费的会计核算

《企业会计准则——应用指南》附录——“会计科目与主要账务处理”中关于“管理费用”的规定如下：

（1）企业在筹建期间内发生的开办费，包括人员工资、办公费、培训费、差旅费、印刷费以及不计入固定资产价值的借款费用等，借记“管理费用”科目，贷记“银行存款”科目。

（2）开办费首先在“管理费用”科目核算，然后计入当期损益，不再按照摊销处理。

筹建期间发生的费用，分为两种情况：如果新公司筹建期较长，记入“长期待摊费用——开办费”科目；如果新公司筹建期很短，并且费用的金额不大，也可以直接记入“管理费用——办公费”科目。

例如，企业筹办期发生支出 200 000 元，其中广告宣传费 40 000 元、业务招待费 60 000 元、其他费用 100 000 元。

一般情况下，企业可以在生产经营的当年一次性税前扣除 176 000 元（100 000＋40 000＋60 000×60％），但企业在会计核算时仍然反映为 20 万元。

借：管理费用——开办费　　200 000

　　贷：银行存款/现金/应付账款　　200 000

也可依据规定按不低于 3 年的期限税前扣除，假定分 4 年摊销，即每年可税前扣除 44 000 元。

确认长期待摊费用时：

借：长期待摊费用——开办费　　200 000

　　贷：银行存款/现金/应付账款　　200 000

每年摊销时：

借：管理费用——开办费　　50 000

　　贷：长期待摊费用——开办费　　50 000

四、开办费的税务处理

《国家税务总局关于企业所得税若干税务事项衔接问题的通知》（国税函〔2009〕98号）第九条“关于开（筹）办费的处理”规定，税法中开（筹）办费未明确列作长期待摊费用，企业可以在开始经营之日的当年一次性扣除，也可以按照新税法有关规定，自开始生产经营之日起，按照不低于3年的时间均匀摊销。但摊销方法一经选定，不得改变。

《国家税务总局关于贯彻落实企业所得税法若干税收问题的通知》（国税函〔2010〕79号）第七条“企业筹办期间不计算为亏损年度问题”规定，企业自开始生产经营的年度，为开始计算企业损益的年度。企业从事生产经营之前进行筹办活动期间发生筹办费用支出，不得计算为当期的亏损，应按照国税函〔2009〕98号文件第九条规定执行。

因此，新设立的房地产企业，对于开办费的税务处理，应该优先考虑计入当期损益，一次性扣除，并不再做纳税调整。这样，“开办费”的会计处理与税务处理就协调一致了，以后在开办费方面不存在税会差异，不再进行纳税调整。

知识链接

2008年4月25日，国家税务总局在其网站上解答了网友提出的新企业所得税法实施过程中的相关问题：“新税法中不再将开办费列举为长期待摊费用，而与会计准则及会计制度的处理一致，即企业可以从生产经营当期一次性扣除。”

2008年4月27日，国家税务总局在其网站上答复“如何理解‘企业自开始生产经营的年度’”时指出：“《国家税务总局关于贯彻落实企业所得税法若干税收问题的通知》（国税函〔2010〕79号）第七条规定的‘企业自开始生产经营的年度’，应是指企业的各项资产投入使用开始的年度，或者对外经营活动开始年度，而不是营业执照的日期，也不是取得第一笔经营收入的日期。”

政策依据

《国家税务总局关于企业所得税应纳税所得额若干税务处理问题的公告》（国家税务总局公告2012年第15号）第五条“关于筹办期业务招待费等费用税前扣除问题”规定：

企业筹办期发生的与筹办活动有关的业务招待费可按实际发生额的60%、广告费和业务宣传费按实际发生额，计入筹办费，按照《国家税务总局关于企业所得税若干税务事项衔接问题的通知》（国税函〔2009〕98号）第九条规定的筹办费税务处理办法进行税前扣除。发生的广告费和业务宣传费，可按实际发生额计入企业筹办费，并按有关规定在税前扣除。

第三章
取得土地使用权阶段的会计核算与税务处理

The Whole Process of Financial
Accounting and Tax Treatment
for Real Estate Enterprises

TAXING

土地使用权是房地产开发企业最重要、最根本的生产资源，是房地产开发的首要条件。房地产开发企业取得土地使用权的方式不同，不仅会影响土地成本的会计处理，而且会影响增值税、土地增值税、契税、企业所得税等税种的计算与缴纳。

第一节　我国土地制度概述

一、土地所有制

《中华人民共和国宪法》（以下简称《宪法》）、《中华人民共和国民法典》（以下简称《民法典》）和《中华人民共和国土地管理法》（以下简称《土地管理法》）规定了中国现行土地所有制的性质、形式和不同形式的土地所有制的适用范围，以及土地的使用与管理制度。

《土地管理法》第二条规定："中华人民共和国实行土地的社会主义公有制，即全民所有制和劳动群众集体所有制。"

1. 国有土地

全民所有制的土地被称为国家所有土地，简称国有土地，其所有权由国务院代表国家行使。《土地管理法》第二条规定，全民所有，即国家所有土地的所有权由国务院代表国家行使。城市市区的土地属于国家所有。《宪法》《民法典》都明确规定，城市的土地属于国家所有。《土地管理法》第八条更明确规定，城市市区的土地属于国家所有。这里所说的城市是指国家设立市建制的城市，不同于某些法律、法规中的城市含义。建制镇不属于《宪法》《土地管理法》所说的城市范畴，也不属于其所说的农村和城市郊区的范畴。《中华人民共和国土地管理法实施条例》第二条进一步明确了国有土地的范畴，包括：

（1）城市市区的土地；

（2）农村和城市郊区中已经依法没收、征收、征购为国有的土地；

（3）国家依法征收的土地；

（4）依法不属于集体所有的林地、草地、荒地、滩涂及其他土地；

（5）农村集体经济组织全部成员转为城镇居民的，原属于其成员集体所有的土地；

（6）因国家组织移民、自然灾害等原因，农民成建制地集体迁移后不再使用的原属于迁移农民集体所有的土地。

2. 集体土地

劳动群众集体所有制的土地采取的是农民集体所有的形式，该种所有制的土地被称为农民集体所有土地，简称集体土地。农民集体有以下三种：

（1）村农民集体；（2）村内两个以上农村集体经济组织的农民集体；（3）乡（镇）农民集体。

《土地管理法》第十条规定，农民集体所有的土地依法属于农民集体所有的，由村集体经济组织或者村民委员会经营、管理；已经分别属于村内两个以上农村集体经济组织的农民集体所有的，由该农村集体经济组织或者村内村民小组经营、管理；已经属于乡（镇）农民集体所有的，由乡（镇）农村集体经济组织经营、管理。

二、土地管理的基本制度

1. 土地登记制度

根据《土地管理法》和《土地登记规则》，国家依法对国有土地使用权、集体土地所有权、集体土地使用权和土地他项权利进行登记。土地登记由县级以上人民政府登记造册，确认有关土地权利。属于国有土地的，核发《国有建设用地使用证》，确认国有建设用地使用权；属于农民集体所有土地的，核发《集体建设用地所有证》，确认集体土地所有权；使用集体土地的，核发《集体建设用地使用证》，确认集体土地使用权；属于土地他项权利的，核发土地他项权利证明书，确认土地他项权。他项权利包括抵押权、承租权以及法律、行政法规规定需要登记的他项权利。

2. 土地有偿有限期使用制度

除国家核准的划拨用地以外，凡新增土地和原使用的土地改变用途或使用条件、进行市场交易等，均实行有偿有限期使用。

《土地管理法》第二条规定，国家依法实行国有土地有偿使用制度。但是，国家在法律规定的范围内划拨国有土地使用权的除外。《城镇国有土地使用权出让和转让暂行条例》第八条也明确规定，土地使用权出让是指国家以土地所有者的身份将土地使用权在一定年限内让与土地使用者，并由土地使用者向国家支付土地使用权出让金的行为。

3. 土地用途管理制度

《土地管理法》第四条规定：国家编制土地利用总体规划，规定土地用途，将土地分为农用地、建设用地和未利用地。严格限制农用地转为建设用地，控制建设用地总量，对耕地实行特殊保护。

（1）农用地是指直接用于农业生产的土地，包括耕地、林地、草地、农田水利用地、养殖水面等；

（2）建设用地是指建造建筑物、构筑物的土地，包括城乡住宅和公共设施用地、工矿用地、交通水利设施用地、旅游用地、军事设施用地等；

（3）未利用地是指农用地和建设用地以外的土地。

《土地管理法》第八条规定：城市市区的土地属于国家所有。农村和城市郊区的土地，除由法律规定属于国家所有的以外，属于农民集体所有；宅基地和自留地、自留山，属于农民集体所有。

第十条规定：农民集体所有的土地依法属于村农民集体所有的，由村集体经济组织或者村民委员会经营、管理；已经分别属于村内两个以上农村集体经济组织的农民集体所有的，由村内各该农村集体经济组织或者村民小组经营、管理；已经属于乡（镇）农民集体所有的，由乡（镇）农村集体经济组织经营、管理。

《土地管理法》第九条规定：国有土地和农民集体所有的土地，可以依法确定给单位或者个人使用。使用土地的单位和个人，有保护、管理和合理利用土地的义务。第十二条规定：依法改变土地权属和用途的，应当办理土地变更登记手续。

4. 耕地保护制度

十分珍惜、合理利用土地和切实保护耕地是我国的基本国策。国家对耕地实行特殊保护，严格限制农用地转为建设用地，控制建设用地总规模。各省、自治区、直辖市人民政府严格执行土地利用总体规划和土地利用年度计划，采取措施，确保本行政区域内耕地总量不减少。国家实行占用耕地补偿制度，非农业建设经批准占用耕地的，按照“占多少，垦多少”的原则，实行基本农田保护制度，并严格管理划入基本农田保护区的耕地，将基本农田保护制度上升为法律。

延伸阅读

新《土地管理法》《城市房地产管理法》的修订

2019 年 8 月 26 日，十三届全国人大常委会第十二次会议审议通过《中华人民共和国土地管理法》修正案（以下简称新《土地管理法》），自 2020 年 1 月 1 日起施行。新《土地管理法》确立了以土地公有制为基础、耕地保护为目标、用途管制为核心的土地管理基本制度。

新《土地管理法》坚持土地公有制不动摇，坚持农民利益不受损，坚持最严格的耕地保护制度和最严格的节约集约用地制度，在充分总结农村土地制度改革试点成功经验的基础上，做出了多项重大突破：

一是破除集体经营性建设用地进入市场的法律障碍。新《土地管理法》规定：农村集体经营性建设用地在符合规划、依法登记，并经本集体经济组织三分之二以上成员或者村民代表同意的条件下，通过出让、出租等方式交由集体经济组织以外的单位或者个人直接使用。同时使用者在取得集体经营性建设用地之后还可以通过转让、互换、抵押的方式进行再次转让。此规定是一个重大制度创新，它结束了多年来集体建设用地不能与国有建设用地同权同价同等入市流转的二元体制，为推进城乡一体化发展扫清了制度性的障碍。

二是改革土地征收制度。宪法规定：国家为了公共利益的需要可以对土地实行征收或者征用并给予补偿。新《土地管理法》增加第四十五条，首次对土地征收的公共利益进行界定，采取列举方式明确：因军事和外交、政府组织实施的基础设施、公共事业、扶贫搬迁和保障性安居工程建设需要以及成片开发建设等六种情形，确需征收的，可以依法实施征收。这一规定将有利于缩小征地范围，限制政府滥用征地权。明确征收补偿的基本原则是“保障被征地农民原有生活水平不降低，长远生计有保障”。并以区片综合地价取代原来的年产值倍数法，在原来的土地补偿费、安置补助费、地上附着物和青苗补偿费的基础上，增加农村村民住宅补偿费用和将被征地农民社会保障费用的规定，从法律上为被征地农民构建更加完善的保障机制。改革土地征收程序。将原来的征地批后公告改为征地批前公告，多数被征地的农村集体经济组织成员对征地补偿安置方案有异议的，应当召开听证会修改，进一步落实被征地的农村集体经济组织和农民在整个征地过程的知情权、参与权和监督权。倡导和谐征地，征地报批以前，县级以上地方政府必须与拟征收土地的所有权人、使用权人就补偿安置等签订协议。

三是完善农村宅基地制度。长期以来，宅基地一户一宅、无偿分配、面积法定、不得流转的法律规定，导致农村宅基地大量闲置浪费，农民宅基地的用益物权难落实。新《土地管理法》完善了农村宅基地制度，在原来一户一宅的基础上，增加宅基地户有所居的规定，明确：人均土地少、不能保障一户拥有一处宅基地的地区，在充分尊重农民意愿的基础上可以采取措施保障农村村民实现户有所居。这是对一户一宅制度的重大补充和完善。考虑到农民变成城市居民真正完成城市化是一个漫长的历史过程，新《土地管理法》规定：国家允许进城落户的农村村民自愿有偿退出宅基地，这一规定意味着地方政府不得违背农民意愿强迫农民退出宅基地。同时，在总结试点经验的基础上，新《土地管理法》下放宅基地审批权限，明确农村村民住宅建设由乡镇人民政府审批。

四是将基本农田提升为永久基本农田。实行最严格的耕地保护制度，确保国家粮食安全是《土地管理法》的核心和宗旨。为了提升全社会对基本农田永久保护的意识，新《土地管理法》将基本农田提升为永久基本农田，增加第三十五条明确：永久基本农田经依法划定后，任何单位和个人不得擅自占用或者改变用途。永久基本农田必须落实到地块，纳入数据库严格管理。各省、自治区、直辖市划定的永久基本农田一般应当占本行政区域内耕地的80%以上，具体比例由国务院根据各省、自治区、直辖市耕地实际情况确定。

五是合理划分中央和地方土地审批权限。新《土地管理法》适应放管服改革的要求，对中央和地方的土地审批权限进行了调整，按照是否占用永久基本农田来划分国务院和省级政府的审批权限。今后，国务院只审批涉及永久基本农田的农用地转用，其他的由国务院授权省级政府审批。同时，按照谁审批谁负责的原则，取消省级征地批准报国务院备案的规定。

六是土地督察制度正式入法。新《土地管理法》在总则中增加第五条，对土地督察制度做出规定：国务院授权的机构对省、自治区、直辖市人民政府以及国务院确定的城市人民政府土地利用和土地管理情况进行督察。以此为标志，国家土地督察制度正式成为土地管理的法律制度。

《城市房地产管理法》第九条修改为：“城市规划区内的集体所有的土地，经依法征收转为国有土地后，该幅国有土地的使用权方可有偿出让，但法律另有规定的除外。”

新《土地管理法》《城市房地产管理法》的此次修订，对依法保障农村土地征收、集体经营性建设用地入市、宅基地管理制度等改革在全国范围内实行，对促进乡村振兴和城乡融合发展具有重大意义。中国坚持土地公有制性质不改变、耕地红线不突破、农民利益不受损，做好法律宣传，制定、完善配套法规、规章，确保法律制度正确、有效实施。

三、土地的承包经营

《土地管理法》第十四条规定：农民集体所有的土地由本集体经济组织的成员承包经营，从事种植业、林业、畜牧业、渔业生产。土地承包经营期限为三十年。发包方和承包方应当订立承包合同，约定双方的权利和义务。承包经营土地的农民有保护和按照承包合同约定的用途合理利用土地的义务。农民的土地承包经营权受法律保护。

在土地承包经营期限内，对个别承包经营者之间承包的土地进行适当调整的，必须经村民会议三分之二以上成员或者三分之二以上村民代表的同意，并报乡（镇）人民政府和县级人民政府农业行政主管部门批准。

《土地管理法》第十五条规定：国有土地可以由单位或者个人承包经营，从事种植业、林业、畜牧业、渔业生产。农民集体所有的土地，可以由本集体经济组织以外的单位或者个人承包经营，从事种植业、林业、畜牧业、渔业生产。发包方和承包方应当订立承包合同，约定双方的权利和义务。土地承包经营的期限由承包合同约定。承包经营土地的单位和个人，有保护和按照承包合同约定的用途合理利用土地的义务。

农民集体所有的土地由本集体经济组织以外的单位或者个人承包经营的，必须经村民会议三分之二以上成员或者三分之二以上村民代表的同意，并报乡（镇）人民政府批准。

四、土地征收和建设用地供应制度

《土地管理法》第四十三条规定：任何单位和个人进行建设，需要使用土地的，必须依法申请使用国有土地；但是，兴办乡镇企业和村民建设住宅经依法批准使用本集体经济组织农民集体所有的土地的，或者乡（镇）村公共设施和公益事业建设经依法批准使用农民集体所有的土地的除外。

依法申请使用的国有土地包括国家所有的土地和国家征收的原属于农民集体所有的土地。

《土地管理法》第四十四条规定：建设占用土地，涉及农用地转为建设用地的，应当办理农用地转用审批手续。省、自治区、直辖市人民政府批准的道路、管线工程和大型基础设施建设项目、国务院批准的建设项目占用土地，涉及农用地转为建设用地的，由国务院批准。

在土地利用总体规划确定的城市和村庄、集镇建设用地规模范围内，为实施该规划而将农用地转为建设用地的，按土地利用年度计划分批次由原批准土地利用总体规划的机关批准。在已批准的农用地转用范围内，具体建设项目用地可以由市、县人民政府批准。

小产权房的未来

1. 小产权与大产权的区别。

一般把开发商取得的房屋所有权称为“大产权”，把买房人取得的房屋所有权称之为“小产权”，这种分法主要是从数量上来界定的，在实际的权利行使上，两者没有质的区别。国家发产权证的叫大产权，国家不发产权证的，由乡镇政府发证书的叫小产权。购房人要注意的是乡镇政府发证书的房产实际上没有真正的产权。这种房没有国家发的土地使用证和预售许可证，国家也不会给予备案。

2. 小产权的房子能买吗？

小产权房不是依照国家规定建造的，所以其存在本身国家就不予认可，购买此类房屋的人的利益也将不受国家法律所保护。因此，在目前购买时的低价优势中，潜藏着房屋质量、物业管理、违规拆迁等诸多风险。

3. “小产权房”未来将有更细致的法律解释。

“小产权房”只是没有国家批准的建设用地指标，但并没有违反现有法律，而且只要购房者与乡政府签订的集体土地流转合同符合双方意愿，那么这份合同就是有效的，应当受到法律保护，同时购房人也应当取得相应的转让、出租、抵押、继承、赠予等权利。

1. 集体土地征收

征收集体土地是国家为了公共利益的需要，依法将集体所有土地转为国有土地并给予补偿的行为。

征收集体土地的特点包括：①强制性。征地是国家的特有行为，被征地单位和人员要服从国家的需要。②要妥善安置被征地单位和人员的生产和生活，用地单位向被征地单位给予经济补偿，保证被征地农民的生活水平不因征收土地而降低。③被征收后的土地所有权发生转移，即集体土地变为国有土地。

土地补偿费的范围、补助标准的确定，是征地工作的主要内容，也是一项难度较大的工作，涉及国家、集体、个人的利益。组织征地的地方政府必须按征地协议书如数支付补偿费，被征地单位不得额外索取。在征地告知后，凡被征地农村集体经济组织和农民在拟征土地上抢栽、抢种、抢建的地上附着物和青苗，征地时一律不予补偿。

《土地管理法》第四十八条规定：征收土地应当给予公平、合理的补偿，保障被征地农民原有生活水平不降低、长远生计有保障。

征收土地应当依法及时足额支付土地补偿费、安置补助费以及农村村民住宅、其他地上附着物和青苗等的补偿费用，并安排被征地农民的社会保障费用。

征收农用地的土地补偿费、安置补助费标准由省、自治区、直辖市通过制定公布区片综合地价确定。制定区片综合地价应当综合考虑土地原用途、土地资源条件、土地产值、土地区位、土地供求关系、人口以及经济社会发展水平等因素，并至少每三年调整或者重新公布一次。

征收农用地以外的其他土地、地上附着物和青苗等的补偿标准，由省、自治区、直辖市制定。对其中的农村村民住宅，应当按照先补偿后搬迁、居住条件有改善的原则，尊重农村村民意愿，采取重新安排宅基地建房、提供安置房或者货币补偿等方式给予公平、合理的补偿，并对因征收造成的搬迁、临时安置等费用予以补偿，保障农村村民居住的权利和合法的住房财产权益。

县级以上地方人民政府应当将被征地农民纳入相应的养老等社会保障体系。被征地农民的社会保障费用主要用于符合条件的被征地农民的养老保险等社会保险缴费补贴。被征地农民社会保障费用的筹集、管理和使用办法，由省、自治区、直辖市制定。

根据《土地管理法》的规定，征收耕地的补偿费用包括土地补偿费、安置补助费以及地上附着物和青苗的补偿费。

征收耕地的补偿费范围

征收耕地的补偿费包括土地补偿费、安置补助费以及地上附着物和青苗的补偿费。征收耕地的土地补偿费，为该耕地被征收前三年平均年产值的六至十倍。征收耕地的安置补助费，按照需要安置的农业人口数计算。需要安置的农业人口数，按照被征收的耕地数量除以征地前被征收单位平均每人占有耕地的数量计算。每一个需要安置的农业人口的安置补助费标准，为该耕地被征收前三年平均年产值的四至六倍。但是，每公顷被征收耕地的安置补助费，最高不得超过被征收前三年平均年产值的十五倍。

征收其他土地的土地补偿费和安置补助费标准，由省、自治区、直辖市参照征收耕地的土地补偿费和安置补助费的标准规定。

被征收土地上的附着物和青苗的补偿标准，由省、自治区、直辖市规定。

征收城市郊区的菜地，用地单位应当按照国家有关规定缴纳新菜地开发建设基金。

按规定支付土地补偿费和安置补助费，尚不能使需要安置的农民保持原有生活水平的，经省、自治区、直辖市人民政府批准，可以增加安置补助费。但是，土地补偿费和安置补助费的总和不得超过土地被征收前三年平均年产值的三十倍。

国务院根据社会、经济发展水平，在特殊情况下，可以提高征收耕地的土地补偿费和安置补助费的标准。

征地补偿安置方案确定后，有关地方人民政府应当公告，并听取被征地的农村集体经济组织和农民的意见。

《民法典》还规定：除要依法足额支付上述补偿费外，还应当安排被征地农民的社会保障费用，保证被征地农民的生活，维护被征地农民的合法权益。

《土地管理法》第六十三条规定：农民集体所有的土地的使用权不得出让、转让或者出租用于非农业建设；但是，符合土地利用总规划并依法取得建设用地的企业，因破产、兼并等情形致使土地使用权依法发生转移的除外。

拆迁补偿是指房屋征收部门自身或者委托房屋征收实施单位依照我国集体土地和国有土地房屋拆迁补偿标准的规定，在征收国家集体土地上单位、个人的房屋时，对被征收房屋所有权人给予公平补偿。《国有土地上房屋征收与补偿条例》规定：从 2011 年 1 月 21 日起，我国实行国家拆迁制度，不再实行拆迁许可制度，即国家应出让净地。市、县级人民政府负责本行政区域的房屋征收与补偿工作。市、县级人民政府确定的房屋征收部门组织实施本行政区域的房屋征收与补偿工作。房屋征收部门可以委托房屋征收实施单位，承担房屋征收与补偿的具体工作。房屋征收实施单位不得以营利为目的。

2. 建设用地供应

（1）建设用地使用权出让。

建设用地使用权出让，是指国家将国有土地使用权在一定年限内出让给土地使用者，由土地使用者向国家支付土地使用权出让金的行为。土地出让必须以宗地为单位提供规划条件、建设条件和土地使用标准，严格执行商品住房用地单宗出让面积规定，不得将两宗以上地块捆绑出让，不得“毛地”出让。拟出让地块要依法进行土地调查和确权登记，确保地类清楚、面积准确、权属合法、没有纠纷。

（2）建设用地使用权的出让方式。

《民法典》规定，工业、商业、旅游、娱乐和商品住宅等经营性用地以及同一土地有两个以上意向用地者的，应采取招标、拍卖等公开竞价的方式出让。

招标出让：指市、县人民政府国土资源行政主管部门（出让人）发布招标公告，邀请特定或者不特定的自然人、法人和其他组织参加国有建设用地使用权投标，根据投标结果确定国有建设用地使用权人的行为。招标出让方式的特点是有利于公平竞争，适用于需要优化土地布局、重大工程的较大地块出让。

拍卖出让：指出让人发布拍卖公告，由竞买人在指定时间、地点进行公开竞价，根据出价结果确定国有建设用地使用权人的行为。拍卖出让是按规定的时间、地点，利用公开场合由政府的代表者——土地行政主管部门主持拍卖（指定）地块的土地使用权（也可以委托拍卖行拍卖），由拍卖主持人首先叫底价，诸多竞买人轮番报价，最后一般出价最高者取得土地使用权。出让方一般用叫价的办法将土地使用权拍卖给出价最高者（竞买人）。拍卖方式的特点是有利于公平竞争，它适用于区位条件较好，交通便利的闹市区，土地利用上有较大灵活性的地块的出让。竞买人不足三人，或者竞买人的最高应价未达到底价时，应当中止拍卖。

挂牌出让：指出让人发布挂牌公告，按照公告规定的期限将拟出让宗地的交易条件在指定的土地交易场所挂牌公布，接受竞买人的报价申请并更新挂牌价格，根据挂牌期限截止时的出价结果或者现场竞买结果确定国有建设用地使用权人的行为。挂牌时间不少于10个工作日，挂牌期间，土地管理部门可以根据竞买人竞价情况调整加价幅度。

协议出让：指政府作为土地所有者（出让人）与选定的受让方磋商用地条件及价款，达成协议并签订土地使用权出让合同，有偿出让土地使用权的行为。协议出让方式的特点是自由度大，不利于公平竞争。但对一些缺乏竞争的行业来说仍然是土地使用权出让的方式之一。这种方式适用于公共福利事业和非营利性的社会团体、机关单位用地和某些特殊用地。应当以招标、拍卖、挂牌方式（也称招、拍、挂方式）出让国有建设用地使用权而擅自采用协议方式出让的，对直接负责的主管人员和其他直接责任人员依法给予处分；构成犯罪的，依法追究刑事责任。

（3）建设用地使用权的出让年限。

①居住用地70年；

②工业用地50年；

③教育、科技、文化卫生、体育用地50年；

④商业、旅游、娱乐用地40年；

⑤综合或者其他用地50年。

出让土地使用权的最高年限不是唯一年限，具体出让项目的实际年限由国家根据产业特点和用地项目情况确定或与用地者商定。土地使用权出让的实际年限不得突破规定的最高年限，而只能限于最高年限的范围内。

五、土地供应的程序

1. 编制并公布供地计划

（1）编制供地计划。市、县人民政府国土资源行政主管部门应当根据经济社会发展计划、国家产业政策、土地利用总体规划、土地利用年度计划、城市规划和土地市场状况，编制国有建设用地使用权供地计划，报同级人民政府批准后组织实施。国有建设用地土地使用权供应计划包括年度土地供应总量，以及不同用途土地供地面积、地段和供地时间等内容。

（2）公布供地计划。国有建设用地使用权供应计划经批准后，市、县人民政府国土资源行政主管部门应当在中国土地市场网、当地土地有形市场等指定场所，或者通过报纸、互联网等媒介向社会公布。

2. 用地单位、个人提出用地申请

国有建设用地使用权供地计划公布后，需要使用土地的单位和个人可以在市、县人民政府国土资源行政主管部门规定的时限内，向市、县人民政府国土部门提出意向用地申请。

3. 确定供地方式

（1）划拨供应。符合《划拨用地目录》的建设项目，方可以划拨方式供地；不符合的，应当一律以出让、租赁等方式供地。

（2）有偿供应。以出让、租赁等有偿方式供地的，应当依法采用招标、拍卖、挂牌或双方协议等方式。

4. 编制供地方案

编制供地方案主要包括四个层次：

（1）确定申请用地的项目是否符合国家产业政策和供地政策，是否属于《限制供地目录》或者《禁止供地目录》范围外的建设项目，即供地是否具有可行性。

（2）确定申请用地的项目应提供的土地面积，即根据工程项目的性质、规模和工程项目用地标准，应提供多少土地。

（3）确定拟供应土地的方式，即如符合《划拨供地目录》，可以划拨方式供地；如不符合划拨目录，则应以有偿方式供地。

（4）确定拟有偿使用的具体方式，即要明确拟有偿使用的建设用地是采取出让、租赁还是采取国家土地使用权作价出资（入股）；确定采取出让、出租方式有偿使用的，还应明确具体的供地方式，即采取协议方式还是采取招标、拍卖、挂牌方式供地。

5. 实施供地

供地方案得到批准后，市、县国土部门应按照经过批准的供地方案实施供地。

（1）划拨供地。市、县土地行政主管部门向用地者发放《建设用地批准书》，签发《国有建设用地使用权划拨决定书》，并依法提供建设用地。

（2）协议出让、租赁供地。对符合协议出让条件的，市、县人民政府土地行政主管部门按照《协议出让国有建设用地使用权规定》和《协议出让国有土地使用权规范》规定的原则、程序，以协议方式出让、租赁国有建设用地，并与受让人或承租人签订国有建设用地使用权出让合同或租赁合同。

（3）招标、拍卖、挂牌出让、租赁供地。对符合招标、拍卖、挂牌出让或租赁条件的，市、县人民政府国土资源行政主管部门按照《招标拍卖挂牌出让国有建设用地使用权规定》和《招标拍卖挂牌出让国有土地使用权规范》规定的原则、程序，以招标、拍卖、挂牌方式出让、租赁国有建设用地，并与受让人或承租人签订国有建设用地使用权出让合同或租赁合同。

6. 履行合同，严格发证

（1）规范履行合同。现行法律政策规定，国有建设用地使用权出让合同或者租赁合同签订后，市、县国土资源管理部门作为出让方或出租方，土地使用权人作为受让方或承租方，必须严格履行合同约定的权利和义务。其中，出让方或出租方的义务包括必须按照合同约定的时间交付土地，所交付的土地必须达到合同约定的条件。受让方或承租方的义务包括必须按期缴纳土地出让价款，并按照合同约定的用途和使用条件使用土地。土地使用权人改变用途，必须取得出让方和市、县人民政府城市规划行政主管部门的同意，签订土地使用权出让合同变更协议或者重新签订出让合同，相应调整土地使用权出让金。

（2）核发国有土地使用证。未按合同约定缴清全部土地价款的，不得发放土地证书，也不得按土地价款缴纳比例分割发放土地证书。因此，受让人必须按照合同约定付清全部国有建设用地使用权出让价款后，方可申请办理出让国有建设用地使用权登记，领取土地使用证。

六、二级市场土地使用权转让的法律规定

《城市房地产管理法》第三十八条规定，以出让方式取得土地使用权的，转让房地产时，应当符合下列条件：

（1）按照出让合同约定已经支付全部土地使用权出让金，并取得土地使用权证书。

（2）按照出让合同约定进行投资开发，属于房屋建设工程的，完成开发投资总额的25%以上，属于成片开发土地的，形成工业用地或者其他建设用地条件。转让房地产时房屋已经建成的，还应当持有房屋所有权证书。

最高人民法院《关于土地转让方未按规定完成土地的开发投资即签订土地使用权转让合同的效力问题的答复》（法函〔2003〕24号）明确规定，以出让方式取得土地使用权，转让方未同时符合上述两个条件的，转让合同无效。

第二节　取得土地使用权的途径

房地产开发企业取得国有土地使用权的法律途径有出让、划拨和转让。

一、以出让方式取得国有土地使用权

土地使用权的出让方式有招标、拍卖、挂牌、协议等。

（一）以招标、拍卖、挂牌方式取得土地使用权

以招标、拍卖、挂牌出让土地使用权的范围包括：

（1）供应商业、旅游、娱乐、工业用地和商品住宅等各类经营性用地以及有竞争要求的工业用地；

（2）供地计划公布后一宗地有两个或者两个以上意向用地者的；

（3）划拨土地使用权改变用途，《国有土地划拨决定书》或法律、法规、行政规定等明确应当收回土地使用权，实行招标、拍卖、挂牌出让的；

（4）划拨土地使用权转让，《国有土地划拨决定书》或法律、法规、行政规定等明确应当收回土地使用权，实行招标、拍卖、挂牌出让的；

（5）出让土地使用权改变用途，《国有土地划拨决定书》或法律、法规、行政规定等明确应当收回土地使用权，实行招标、拍卖、挂牌出让的；

（6）法律、法规、行政规定明确应当招标拍卖挂牌出让的其他情形。

（二）以协议方式取得国有土地使用权

1. 协议出让国有土地使用权的范围

出让国有土地使用权，除依照法律、法规和规章的规定应当采用招标、拍卖、挂牌方式出让的，还可采取协议方式出让，主要包括以下情况：

（1）供应商业、旅游、娱乐和商品住宅、工业用地等各类经营性用地以外用途的土地，其供地计划公布后同一宗地只有一个意向用地者的；

（2）原划拨、承租土地使用权申请办理协议出让，经依法批准，可以采取协议方式，但《国有土地计划决定书》、《国有土地租赁合同》、法律、法规、行政规定等明确应当收回土地使用权重新公开出让的除外；

（3）划拨土地使用权转让申请办理协议出让，经依法批准，可以采取协议方式，但《国有土地划拨决定书》、法律、法规、行政规定等明确应当收回土地使用权重新公开出让的除外；

（4）出让土地使用权人申请续期，经审查准予续期的。

2. 关于协议出让国有土地使用权的禁止性规定

（1）协议方式出让国有土地使用权的出让金，不得低于按国家规定所确定的最低价。

（2）协议方式出让国有土地使用权的最低价，不得低于新增建设用地的土地有偿使用费、征地（拆迁）补偿费用以及按照国家规定应当缴纳的有关税费之和，有基准地价的地区，协议出让最低价，不得低于出让地块所在级别基准地价的70%。低于最低价时，国有土地使用权不得出让。

二、以划拨方式取得国有土地使用权

（1）土地使用权划拨，是指县级以上人民政府依法批准，在土地使用者缴纳补偿、安置等费用后将该幅土地交付其使用，或者将土地使用权无偿交付给土地使用者使用的行为。即划拨土地使用权不需要使用者出钱购买土地使用权，而是经国家批准其无偿地、无年限限制地使用国有土地。但取得划拨土地使用权的使用者依法应当缴纳土地使用税。

（2）以划拨方式取得土地使用权的，除法律、行政法规另有规定外，没有使用期限的限制。虽然无偿取得划拨土地使用权没有年限限制，但因土地使用者迁移、解散、撤销、破产或者其他原因而停止使用土地的，国家应当无偿收回划拨土地使用权，并可依法出让。

因城市建设发展需要和城市规划的要求，也可以对划拨土地使用权无偿收回，并可依法出让。无偿收回划拨土地使用权的，其地上建筑物和其他附着物归国家所有，但应根据实际情况给予适当补偿。

（3）以划拨方式取得国有土地使用权的，根据《城市房地产管理法》第二十四条的规定，下列建设用地的土地使用权，确属必需的，可以由县级以上人民政府依法批准划拨：①国家机关用地和军事用地；②城市基础设施用地和公益事业用地；③国家重点扶持的能源、交通、水利等项目用地；④法律、行政法规规定的其他用地。以划拨方式取得土地使用权的，经主管部门登记、核实，由同级人民政府颁发土地使用权证。

（4）关于转让、出租、抵押的限制性规定。划拨土地使用权一般不得转让、出租、抵押，但符合法定条件的也可以转让、出租、抵押，即土地使用者为公司、企业、其他组织和个人，领有土地使用权证，地上建筑物有合法产权证明，经当地政府批准其出让并补交土地使用权出让金或者以转让、出租、抵押所获收益抵交出让金。未经批准擅自转让、出租、抵押划拨土地使用权的，没收其非法收入，并根据其情节处以相应罚款。

三、以转让方式取得国有土地使用权

（1）土地使用权转让，是指土地使用者将土地使用权再转移的行为，即土地使用者将土地使用权单独或者随同地上建筑物、其他附着物转移给他人的行为。原拥有土地使用权的一方称为转让人，接受土地使用权的一方称为受让人。

（2）转让方式包括出售、交换和赠与等。

（3）土地使用者通过转让方式取得的土地使用权，其使用年限为土地使用权出让合同规定的使用年限减去原土地使用者已使用年限后的剩余年限。

（4）“房地一并转移”。土地使用权转让时，其地上建筑物、其他附着物所有权随之转让。地上建筑物、其他附着物的所有人或者共有人，享有该建筑物、附着物使用范围内的土地使用权。土地使用者转让地上建筑物、其他附着物所有权时，其使用范围内的土地使用权随之转让，但地上建筑物、其他附着物作为动产转让的除外。

（5）土地使用权转让价格明显低于市场价格的，市、县人民政府有优先购买权。土地使用权转让的市场价格不合理上涨时，市、县人民政府可以采取必要的措施。

（6）禁止性规定。未按土地使用权出让合同规定的期限和条件投资开发、利用土地的，土地使用权不得转让。

第三节 取得土地使用权阶段的税务处理

一、契 税

（一）纳税义务人

《契税法》规定，在中华人民共和国境内转移土地和房屋权属，承受的单位和个人为契税的纳税义务人。转移土地和房屋权属是指下列行为：（1）土地使用权出让；（2）土地使用权转让，包括出售、赠与、互换；（3）房屋买卖；（4）房屋赠与；（5）房屋互换；（6）以作价投资（入股）、偿还债务、划转、奖励等方式转移土地、房屋权属的行为。其中第二项土地使用权转让，不包括土地承包经营权和土地经营权的转移。

（二）税率

契税税率为3％～5％。契税的适用税率，由省、自治区、直辖市人民政府在规定的幅度内按照本地区的实际情况确定，并报财政部和国家税务总局备案。

（三）计税依据

《契税法》中契税的计税依据为：（1）土地使用权出让、土地使用权出售、房屋买卖，为成交价格；（2）土地使用权赠与、房屋赠与，由征收机关参照土地使用权出售、房屋买卖的市场价格核定；（3）土地使用权互换、房屋互换，为所互换的土地使用权、房屋的价格的差额。上述成交价格明显低于市场价格并且无正当理由的，或者所互换土地使用权、房屋的价格的差额明显不合理并且无正当理由的，由征收机关参照《税收征收管理法》的规定核定。

（四）征收管理

（1）契税的纳税义务发生时间：纳税人签订土地、房屋权属转移合同的当天，或者纳税人取得其他具有土地、房屋权属转移合同性质凭证的当天。

（2）契税的纳税期限：纳税人应当自纳税义务发生之日起10日内，向土地、房屋所在地的契税征收机关办理纳税申报，并在契税征收机关核定的期限内缴纳税款。

纳税人办理纳税事宜后，契税征收机关应当向纳税人开具契税完税凭证。纳税人应当持契税完税凭证和其他规定的文件材料，依法向土地管理部门、房产管理部门办理有关土地、房屋的权属变更登记手续。纳税人未出具契税完税凭证的，土地管理部门、房产管理部门不予办理有关土地、房屋的权属变更登记手续。

（五）计税依据解读

（1）根据《财政部 税务总局关于贯彻实施契税法若干事项执行口径的公告》（财政部 税务总局公告 2021 年第 23 号）第二条规定，与土地使用权相关的若干计税依据的具体情形包括：

以划拨方式取得的土地使用权，经批准改为出让方式重新取得该土地使用权的，应由该土地使用权人以补缴的土地出让价款为计税依据缴纳契税。

先以划拨方式取得土地使用权，后经批准转让房地产，划拨土地性质改为出让的，承受方应分别以补缴的土地出让价款和房地产权属转移合同确定的成交价格为计税依据缴纳契税。

先以划拨方式取得土地使用权，后经批准转让房地产，划拨土地性质未发生改变的，承受方应以房地产权属转移合同确定的成交价格为计税依据缴纳契税。

土地使用权及所附建筑物、构筑物等（包括在建的房屋、其他建筑物、构筑物和其他附着物）转让的，计税依据为承受方应交付的总价款。

土地使用权出让的，计税依据包括土地出让金、土地补偿费、安置补助费、地上附着物和青苗补偿费、征收补偿费、城市基础设施配套费、实物配建房屋等应交付的货币以及实物、其他经济利益对应的价款。

土地使用权互换、房屋互换，互换价格相等的，互换双方计税依据为零；互换价格不相等的，以其差额为计税依据，由支付差额的一方缴纳契税。契税的计税依据不包括增值税。

【例 3-1】 某房地产开发公司以公开竞价方式取得了一块 4 000 平方米的国有土地使用权。成交的竞拍价格为 10 000 万元，出让合同关于土地状态条款规定为净地出让，但实际拆迁补偿工作并未完成，返还拆迁补偿费 2 000 万元，安置补助费 400 万元，市政配套建设费 300 万元另行支付。契税税率为 4%。

应纳契税＝(10 000＋300＋400)×4%＝428(万元)

如果土地出让状态为毛地，取得土地使用权后发生的拆迁补偿费应补缴契税。

【例 3-2】 某房地产开发公司以公开竞价方式取得了一块 4 000 平方米的国有土地使用权。成交的竞拍价格为 10 000 万元，出让合同关于土地状态条款规定为现状出让，拆迁补偿工作并未完成，取得土地使用权后发生拆迁补偿费 2 000 万元，安置补助费 400 万元，市政配套建设费 300 万元另行支付。契税税率为 4%。

应纳契税＝(10 000＋400＋2 000＋300)×4%＝508(万元)

【例 3-3】 某房地产开发企业对一块 4 000 平方米的旧城区进行拆迁，实际支付拆迁补偿费 2 000 万元，安置补助费 400 万元。以公开竞价方式取得该地块的国有土地使用权。成交的竞拍价格为12 400万元，实际支付10 000万元。契税税率为4%。

应纳契税=12 400×4%=496(万元)

(2)《国家税务总局关于免征土地出让金出让国有土地使用权征收契税的批复》(国税函〔2005〕436号)规定，根据《契税法》的有关规定，对承受国有土地使用权所应支付的土地出让金要计征契税。不得因减免土地出让金而减免契税。

【例3-4】 某房地产开发企业以公开竞价方式取得该市开发区一块10 000平方米的国有土地使用权。成交的竞拍价格为7 000万元，由于该地块基础设施建设薄弱，开发区政府同意减免土地出让金4 000万元。契税税率为4%。

应纳契税=7 000×4%=280(万元)

(六)契税的会计处理

企业和事业单位取得土地使用权、房屋按规定缴纳的契税，应计入所取得土地使用权和房屋的成本。企业取得土地使用权、房屋按规定缴纳的契税，借记“固定资产”“无形资产”等科目，贷记“银行存款”科目。

由于契税是在办理土地使用权证之前一次性缴纳的，并且作为取得土地使用权所支付全部经济利益的组成部分，因此房地产开发企业按规定缴纳的契税，可以不通过“应交税费”科目核算。所以，在例3-1情境下，实际缴纳时其会计处理如下：

借：开发成本——土地征用及拆迁补偿费——契税　　4 280 000

　贷：银行存款　　4 280 000

《中华人民共和国土地增值税暂行条例实施细则》(以下简称《土地增值税暂行条例实施细则》)第七条规定，取得土地使用权所支付的金额是指纳税人为取得土地使用权所支付的地价款和按国家统一规定缴纳的有关费用。

房地产开发企业为取得土地使用权而支付的契税计入“取得土地使用权所支付的金额”，准予扣除。

二、耕地占用税

(一)纳税义务人

占用耕地建房和从事其他非农业建设的单位和个人，为耕地占用税的纳税人。根据《土地管理法》和《国务院关于促进节约集约用地的通知》(国发〔2008〕3号)的有关规定，未利用的土地出让前，应当完成必要的前期开发，经过前期开发的土地，才能依法由市、县人民政府国土资源部门统一组织出让。因此，通过招拍挂方式取得的土地都是国有建设用地，不属于直接取得耕地。目前，地方土地储备中心征用耕地后，对应缴纳的耕地占用税有两种处理方式，一种方式是由地方土地储备中心缴纳，作为土地开发成本费用的一部分，体现在招拍挂的价格当中；另一种方式是由受让土地者缴纳耕地占用税，在招拍公告和出让合同中明确约定由受让土地者缴纳耕地占用税。

《关于加强土地成交价款管理规范资金缴库行为的通知》（财综〔2009〕89号）第二条规定：契税、耕地占用税等税款应当按照有关规定及对应的政府收支分类科目，分别缴入地方国库，不得与土地成交价款混库。由市、县人民政府作为用地申请人缴纳耕地占用税的，所需缴纳的税款可以通过土地出让支出预算予以安排；已缴税款在土地出让时计入土地出让底价，不得在土地成交价款外单独收取。由农用地转用审批文件所标明的建设用地人缴纳耕地占用税的，所缴税款不列入土地成交价款。

该条规定了耕地占用税由农用地转用审批文件所标明的建设用地人缴纳，当房地产开发企业作为农用地转用审批文件所标明的建设用地人时，由房地产开发企业缴纳。

根据《中华人民共和国耕地占用税法》（以下简称《耕地占用税法》）“占用耕地建设建筑物、构筑物或者从事非农业建设的单位和个人为耕地占用税的纳税人”的规定，土地收购储备中心、各类土地开发公司等属于耕地占用税的纳税人，应依法缴纳耕地占用税。

（二）征税范围

《耕地占用税法》第二条规定，该法所称耕地，是指用于种植农作物的土地；第十二条规定，占用园地、林地、草地、农田水利用地、养殖水面、渔业水域滩涂以及其他农用地建设建筑物或构筑物或从事非农业建设的，依照该法的规定缴纳耕地占用税。

（三）计税依据

《耕地占用税法》第三条规定，耕地占用税以纳税人实际占用的耕地面积为计税依据按照适用的税额一次性征收，应纳税额为纳税人实际占用的耕地面积（平方米）乘以适用税额。经申请批准占用耕地的，一般以农用地转用审批文件中标明的用地面积计征耕地占用税。但纳税人实际占地面积大于批准占地面积的，按实际占地面积计税；实际占地面积小于批准占地面积的，按批准占地面积计税；未经批准占用耕地的，则应以实际占地人为耕地占用税的纳税人，以纳税人实际占用耕地的面积计征耕地占用税。

（四）税率

耕地占用税实行定额税率，按照省政府核定的各县（市、区）适用税额执行。例如，河北省耕地占用税的平均税额为22.5元/平方米，秦皇岛市山海关区为40元/平方米、北戴河新区为35元/平方米。

【例3-5】 秦皇岛市某房地产开发企业在山海关区，经申请批准占用渔业养殖水面

6 000 平方米土地使用权进行房地产开发。

应纳耕地占用税额＝6 000×40＝240 000(元)

各省、自治区、直辖市耕地占用税平均税额如表 3-1 所示。

表 3-1 各省、自治区、直辖市耕地占用税平均税额表

省、自治区、直辖市	平均税额（元/平方米）
上海	45
北京	40
天津	35
江苏、浙江、福建、广东	30
辽宁、湖北、湖南	25
河北、安徽、江西、山东、河南、重庆、四川	22.5
广西、海南、贵州、云南、陕西	20
山西、吉林、黑龙江	17.5
内蒙古、西藏、甘肃、青海、宁夏、新疆	12.5

（五）征收管理

（1）纳税义务发生时间：经批准占用耕地的，耕地占用税纳税义务发生时间为纳税人收到自然资源主管部门办理占用耕地手续的书面通知的当日。

（2）纳税期限：获准占用耕地的单位或者个人应当自纳税义务发生之日起 30 日内申报缴纳耕地占用税。自然资源主管部门凭耕地占用税完税凭证或者免税凭证和其他有关文件发放建设用地批准书。

（3）纳税地点：纳税人占用耕地或其他农用地，应当向耕地或其他农用地所在地主管税务机关申报纳税。

（六）耕地占用税的会计处理

房地产开发企业缴纳的耕地占用税可否作为房地产开发项目土地的成本，目前没有明确的文件规定，这就导致了在实际工作中房地产开发企业财务人员的困惑，即耕地占用税可否作为土地增值税的扣除项目。笔者认为，房地产开发企业缴纳的耕地占用税，是房地产开发企业为取得土地使用权所发生的直接相关的费用支出，应该作为土地成本的组成部分，因此，本书将耕地占用税记入“土地征用及拆迁补偿费”科目，不通过“应交税费”科目核算。一般在实际缴纳时进行会计处理，例 3-5 中的会计处理如下：

借：开发成本——土地征用及拆迁补偿费——耕地占用税　　240 000

　贷：银行存款　　240 000

三、城镇土地使用税

（一）纳税义务人

《中华人民共和国城镇土地使用税暂行条例》（以下简称《城镇土地使用税暂行条例》）第二条规定，在城市、县城、建制镇、工矿区范围内使用土地的单位和个人，为城镇土地使用税的纳税人。

《财政部 国家税务总局关于集体土地城镇土地使用税有关政策的通知》（财税〔2006〕56号）规定，在城镇土地使用税征税范围内实际使用应税集体所有建设用地、但未办理土地使用权流转手续的，由实际使用集体土地的单位和个人按规定缴纳城镇土地使用税。

（二）征税范围

房地产企业占用位于城市、县城、建制镇、工矿区范围内的土地。

（三）计税依据和税额

城镇土地使用税以纳税人实际占用的土地面积为计税依据，依照规定税额计算征收。

《城镇土地使用税暂行条例》规定，城镇土地使用税每平方米年税额如下：

（1）大城市1.5～30元；

（2）中等城市1.2～24元；

（3）小城市0.9～18元；

（4）县城、建制镇、工矿区0.6～12元。

省、自治区、直辖市人民政府，应当在上述规定的税额幅度内，根据市政建设状况、经济繁荣程度等条件，确定所辖地区的适用税额幅度。

市、县人民政府应当根据实际情况，将本地区土地划分为若干等级，在省、自治区、直辖市人民政府确定的税额幅度内，制定相应的适用税额标准，报省、自治区、直辖市人民政府批准执行。

（四）征收管理

1. 纳税义务发生时间

《财政部 国家税务总局关于房产税、城镇土地使用税有关政策的通知》（财税〔2006〕186号）规定，以出让或转让方式有偿取得土地使用权的，应由受让方从合同约定交付土地时间的次月起缴纳城镇土地使用税；合同未约定交付土地时间的，由受让方从合同签订的次月起缴纳城镇土地使用税。房地产开发企业应自取得建造商品房用地土地使用权的次月起按规定缴纳城镇土地使用税。

《国家税务总局关于通过招拍挂方式取得土地缴纳城镇土地使用税问题的公告》（国家税务总局公告 2014 年第 74 号）规定，通过招标、拍卖、挂牌方式取得的建设用地，不属于新征用的耕地，纳税人应按照《财政部 国家税务总局关于房产税、城镇土地使用税有关政策的通知》（财税〔2006〕186 号）第二条规定，从合同约定交付土地时间的次月起缴纳城镇土地使用税；合同未约定交付土地时间的，从合同签订的次月起缴纳城镇土地使用税。

《城镇土地使用税暂行条例》规定：（1）征用的耕地，自批准征用之日起满 1 年时开始缴纳土地使用税；（2）征用的非耕地，自批准征用次月起缴纳土地使用税。

《国家税务总局关于房产税、城镇土地使用税有关政策规定的通知》（国税发〔2003〕89 号）规定：购置新建商品房，自房屋交付使用之次月起计征房产税和城镇土地使用税。

2. 纳税义务截止时间

《财政部 国家税务总局关于房产税、城镇土地使用税有关问题的通知》（财税〔2008〕152 号）规定，纳税人因房产、土地的实物或权利状态发生变化而依法终止房产税、城镇土地使用税纳税义务的，其应纳税款的计算应截止到房产、土地的实物或权利状态发生变化的当月末。即将开发产品交付给购买者并办理权属转移登记手续的次月。看似简单的规定，在实际操作中确理解不一，操作不一。

“实物或权利状态发生变化”以什么时间为标志？以下是几个常见的时间点：

（1）商品房买卖合同签订时间；

（2）预售发票开具时间；

（3）房管部门备案时间；

（4）商品房买卖合同约定的房屋交付时间；

（5）房屋实际交付使用时间；

（6）契税缴纳时间；

（7）房产证、土地使用权证中记载的发证日期。

这七个时间点都有不同的支持者，各地税务机关对城镇土地使用税纳税义务截止时间有不同的理解，导致各地城镇土地使用税的政策差异很大。在实际工作中，税务机关与企业基本都认可的时间点为房屋实际交付使用的时间。

应交纳的城镇土地使用税计算公式如下：

$$\text{应交纳城镇土地使用税}=[\text{总土地面积}-\text{总土地面积}\times(\text{已售房屋建筑面积}\div\text{总的建筑面积})]\times\text{当地所适用的每平方米应纳税金额}$$

对于扣除的已销售房屋的占地面积，可以参考以下政策：

《北京市关于房地产开发企业开发用地征收城镇土地使用税有关问题的通知》（京地

税地〔2005〕550号）规定，房地产开发企业已销售房屋的占地面积，可从房地产开发企业的计税面积中扣除。

已销售房屋的占地面积计算公式如下：

$$\text{已销售房屋的占地面积}=\left(\text{已销售房屋的建筑面积}\div\text{开发项目房屋总建筑面积}\right)\times\text{总占地面积}$$

（五）城镇土地使用税的会计处理

企业按规定缴纳的城镇土地使用税在“税金及附加”科目中列支。

四、印花税

（一）税目和税率

房地产企业以出让、受让方式取得土地，须签订土地使用权出让合同、土地使用权转让合同。根据《财政部 国家税务总局关于印花税若干政策的通知》（财税〔2006〕162号）第三条的规定，对土地使用权出让合同、土地使用权转让合同按产权转移书据征收印花税，税率为0.5‰。

（二）征收管理

印花税实行据实征收和核定征收两种方式。据实征收可采取“三自”纳税和汇总缴纳；核定征收可采取核定比例征收和定期定额征收。征收方式由县以上地方税务机关审核确定并通知纳税人。征收方式一经确定，未经税务机关同意，纳税人不得自行变更。

财务制度健全、账簿资料完整、应税凭证保存齐全、印花税应税凭证登记簿管理规范的纳税人可采取“三自”纳税，即自行计算应纳税额，自行购买印花税票和自行划销。

同一种类应纳税凭证需频繁贴花的，由纳税人提出申请，经县以上地方税务机关核准，发给“印花税汇总缴纳专用章”后，可汇总缴纳印花税。

（三）印花税的会计处理

印花税应在“税金及附加”和“应交税费——应交印花税”科目中核算。

计提印花税时：

借：税金及附加——印花税

　贷：应交税费——应交印花税

缴纳印花税时：

借：应交税费——应交印花税

　贷：银行存款

值得注意的是，《财政部 国家税务总局关于土地增值税一些具体问题规定的通知》（财税字〔1995〕48号）规定，允许扣除的印花税，是指在转让房地产时缴纳的印花税。土地增值税纳税义务人在计算土地增值税时允许扣除在转让房地产时缴纳的印花税。

按照财会〔2016〕22号文件的规定，印花税也可通过“应交税费——应交印花税”科目核算。

五、个人所得税

《财政部 国家税务总局关于城镇房屋拆迁有关税收政策的通知》（财税〔2005〕45号）规定，对被拆迁人按照国家有关城镇房屋拆迁管理办法规定的标准取得的拆迁补偿款，免征个人所得税。如果房地产企业在城镇拆迁补偿中超过当地政府规定的补偿标准进行补偿，应按《中华人民共和国个人所得税法实施条例》第六条第（九）项规定，属于其他偶然性质的所得，缴纳个人所得税。扣缴义务人向个人支付应纳税所得（包括现金、实物和有价证券）时，不论纳税人是否属于本单位人员，均应对超过补偿标准部分代扣代缴其应缴纳的个人所得税税款。

【例3-6】 某房地产开发公司通过竞拍获得一块待拆迁地块，为推进拆迁进程，该公司发布拆迁公示，对于前100户签订拆迁补偿协议的居民按《城市房屋拆迁补偿安置暂行规定》规定的标准进行补偿外，每户另外奖励5 000元。奖励共支出50万元。

个人获得的拆迁奖励属于偶然所得，应代扣代缴个人所得税。

应代扣代缴个人所得税额＝50×20%＝10(万元)

会计处理如下：

支付奖励资金代扣个人所得税时：

	借方	贷方
借：开发成本——土地征用及拆迁补偿费——补偿费	500 000	
贷：银行存款		400 000
应交税费——代扣代缴个人所得税		100 000

缴纳个人所得税时：

	借方	贷方
借：应交税费——代扣代缴个人所得税	100 000	
贷：银行存款		100 000

六、土地增值税

在土地使用权取得环节，房地产企业不会涉及计算缴纳土地增值税问题，但土地成本是房地产开发成本的重要部分，约占开发产品总成本的30%～45%，是土地增值税计算扣除的主要项目。《国家税务总局关于房地产开发企业土地增值税清算管理有关问题的通知》（国税发〔2006〕187号）规定，房地产开发企业办理土地增值税清算时计算与清算项目有关的扣除项目金额，应根据《中华人民共和国土地增值税暂行条例》（以下简称《土地增值税暂行条例》）第六条及《土地增值税暂行条例实施细则》第七条的规定执行。除另有规定外，扣除取得土地使用权所支付的金额、房地产开发成本、费用及与转让房地产有关税金，须提供合法有效凭证；不能提供合法有效凭证的，不予扣除。可见，在土地取得环节能否取得合规票据意义重大。

该阶段应获取的主要票据有：土地出让金收款票据和支付出让金的付款凭证；拆迁补偿支出应取得具备对方签章的收据、补偿合同、身份证复印件、付款凭证，补偿款项应直接转账至被补偿人银行卡中，尽量避免现金支付。

如果是在二级市场上取得土地使用权，应取得销售不动产专用发票或税务机关代开的发票并附付款凭证。

第四节　取得土地使用权阶段的会计核算

一、一般企业取得土地使用权的会计处理

企业取得土地使用权的会计处理适用《企业会计准则第6号——无形资产》应用指南第六条的规定：

（1）企业取得的土地使用权通常应确认为无形资产，但改变土地使用权用途，用于赚取租金或资本增值的，应当将其转为投资性房地产。

（2）自行开发建造厂房等建筑物，相关的土地使用权与建筑物应当分别进行处理。外购土地及建筑物支付的价款应当在建筑物与土地使用权之间进行分配；难以合理分配的，应当全部作为固定资产。

（3）企业（房地产开发）取得土地用于建造对外出售的房屋建筑物，相关的土地使用权账面价值应当计入所建造的房屋建筑物成本。

二、房地产开发企业取得开发用土地使用权的会计处理

房地产开发企业取得的用于开发的土地使用权，设置“开发成本——土地征用及拆迁补偿费”科目，归集取得土地使用权所发生的全部支出，计算其总成本和单位成本，项目开发完成时，将土地成本结转到“开发产品”科目。

（一）通过竞拍取得土地使用权的会计处理

通过出让方式取得土地使用权的入账价值通常是土地出让金加上相关税费，相关税费是指涉及的契税、印花税，属于征用耕地的还涉及耕地占用税，印花税在缴纳时计入税金及附加。

【例 3-7】 青岛市乐嘉房地产开发有限公司 2021 年 3 月 18 日按该市土地储备中心的拍卖公告要求支付竞拍保证金 5 000 万元，3 月 20 日竞拍成功，支付拍卖佣金 20 万元，通过招拍挂方式取得一宗 8 000 平方米的土地，该地块为非耕地，净地出让，出让金 12 000 万元，依据拍卖确认书规定，保证金 5 000 万元抵缴出让金，剩余出让金7 000 万元于 3 月 25 日支付。4 月 10 日缴纳该笔交易的契税和印花税，契税税率为 3%。

（1）2021 年 3 月 18 日支付竞拍保证金，依据土地储备部门开具的收据和银行付款凭证，乐嘉房地产开发有限公司进行会计处理。

借：其他应收款——竞拍保证金　　50 000 000

　贷：银行存款　　50 000 000

（2）3 月 20 日，竞拍成功支付拍卖佣金，依据拍卖公司开具的服务业发票和付款凭证进行会计处理。

借：开发成本——土地征用及拆迁补偿费——土地征用费　　200 000

　贷：银行存款　　200 000

（3）3 月 25 日，取得土地使用权，依据财政部门开具的土地出让金专用收据和付款凭证进行会计处理。

借：开发成本——土地征用及拆迁补偿费——土地出让金　　120 000 000

　贷：银行存款　　70 000 000

　　其他应收款——竞拍保证金　　50 000 000

（4）4 月 10 日缴纳契税和印花税，依据完税凭证和付款凭证进行会计处理。

借：开发成本——土地征用及拆迁补偿费——契税　　3 600 000

　税金及附加——印花税　　60 000

　贷：银行存款　　3 660 000

【例 3-8】 例 3-7 中，若通过竞拍的土地状态为现状（毛地），出让合同规定拆迁补偿费用由房地产企业负担，2021 年 7 月拆迁补偿完毕，发生拆迁补偿费 2 000 万元。则：

（1）参加竞拍及支付土地使用权出让金等业务的会计处理同上。

（2）支付拆迁补偿款以及支付委托拆迁单位拆迁费的会计处理为：

借：开发成本——土地征用及拆迁补偿费——拆迁补偿款　　20 000 000

　贷：银行存款　　20 000 000

（3）补缴契税。

借：开发成本——土地征用及拆迁补偿费——契税　　600 000

　贷：银行存款　　600 000

【例 3-9】 例 3-8 中，若土地出让合同标明的土地状况为净地，但实际是现状（毛地）出让，合同规定拆迁补偿工作由房地产开发企业负责，但拆迁补偿费由财政部门从土地出让金中予以返还，土地出让金扣除农业用地开发基金和手续费等 1 200 万元，其余全部返还。2021 年 5 月收到土地出让金返还款 10 800 万元。2021 年 10 月拆迁补偿完毕，发生拆迁补偿费 11 000 万元。

实务中，对于上述业务主要有两种处理方法。

一种做法是在收到土地出让金返还款项时记入“营业外收入”科目，支付补偿金等费用时记入“营业外支出”科目。

（1）收到土地出让金返还时，依据收款凭证和财政或拨付单位的文件进行会计处理。

借：银行存款　　108 000 000

　贷：营业外收入　　108 000 000

（2）支付拆迁补偿费时，依据拆迁补偿协议、收款收据等进行会计处理。

借：营业外支出　　110 000 000

　贷：银行存款　　110 000 000

另一种做法是在收到土地出让金返还款项时记入“其他应付款”科目，支付补偿金等费用时冲减“其他应付款”科目。

（1）收到土地出让金返还时，依据收款凭证和财政或拨付单位的文件进行会计处理。

借：银行存款　　108 000 000

　贷：其他应付款——拆迁补偿费　　108 000 000

（2）支付拆迁补偿费时，依据拆迁补偿协议、收款收据等进行会计处理。

借：其他应付款——拆迁补偿费　　108 000 000

　　开发成本——土地征用及拆迁补偿费——拆迁补偿款　　2 000 000

　贷：银行存款　　110 000 000

第一种账务处理的理由是：目前招拍挂制度要求土地以净地出让，房地产开发企业的拆迁补偿工作实质是代政府进行拆迁，视为向政府提供的一种代理服务。

第二种账务处理的理由是：目前招拍挂制度要求土地以净地出让，房地产开发企业收到的土地出让金返还款实质是应付被拆迁户的款项，房地产开发企业只是暂收代付。

两种会计处理方法都有一定的道理，从长期看两种会计处理方法对企业的利润不产生影响，但会计处理会影响税务机关的认定。从税收角度分析，当土地出让金返还款小于拆迁补偿款时，第二种方式可以加大土地成本，增加土地增值税计算时的加计扣除额和开发成本，降低土地增值税。当土地出让金返还款大于拆迁补偿款时，则采用第一种方法更有利于降低土地增值税。

具体如何进行会计处理，还要考虑税务因素，在不影响会计信息的可靠性和相关性的前提下，应尽量减少税会差异，从而减少纳税调整工作，避免税务风险。国地税合并前，有些地方税务机关对土地出让金返还出台了规范性文件，应予关注。

例如，大连市地税局发布的《关于进一步加强土地增值税清算工作的通知》（大地税函〔2008〕188 号）规定，纳税人应当凭政府或政府有关部门下发的土地批件、土地出让金缴费证明以及财政、土地管理等部门出具的土地出让金缴纳收据、土地使用权购置发票、政府或政府部门出具的相关证明等合法有效凭据，计算取得土地使用权所支付的金额。凡取得票据或者其他资料，但未实际支付土地出让金或购置土地使用权价款或支付土地出让金、购置土地使用权价款后又返还的，不允许计入扣除项目。

又如，青岛市地税局发布的《房地产开发项目土地增值税税款清算管理暂行办法》（青地税发〔2008〕100 号）规定，对于开发企业因从事拆迁安置、公共配套设施建设等原因，从政府部门取得的补偿以及财政补贴款项，应抵减房地产开发成本中的土地征用及拆迁补偿费的金额。

依据上述文件，在例 3-9 情境下，青岛市乐嘉房地产开发有限公司可做如下会计处理：

（1）收到土地出让金返还时，依据收款凭证和财政或拨付单位的文件做会计处理。

借：银行存款　　108 000 000

　贷：开发成本——土地征用及拆迁补偿费——拆迁补偿费　　10 8000 000

（2）支付拆迁补偿费时，依据拆迁补偿协议、收款收据等进行会计处理。

借：开发成本——土地征用及拆迁补偿费——拆迁补偿费　　110 000 000

　贷：银行存款　　110 000 000

由于青岛市乐嘉房地产开发有限公司通过竞拍获得的土地状况为净地，依据《国家税务总局关于明确国有土地使用权出让契税计税依据的批复》（国税函〔2009〕603 号）的规定，出让国有土地使用权，契税计税价格为承受人为取得该土地使用权而支付的全部经济利益。对通过招拍挂程序承受国有土地使用权的，应按照土地成交总价款计征契税，其中的土地前期开发成本不得扣除。由于乐嘉公司缴纳的土地出让金已包含返还用于拆迁补偿的出让金 10 800 万元，该公司已按 11 000 万元缴纳了契税，因此只需要就多支付的 200 万元拆迁补偿费缴纳契税。

借：开发成本——土地征用及拆迁补偿费——契税　　60 000

　贷：银行存款　　60 000

（二）接受投资取得土地使用权的会计处理

房地产企业接受投资者投入的土地使用权，按投资合同或协议约定的价值，借记“开发成本——土地征用及拆迁补偿费”科目，贷记“实收资本”“资本公积”等科目。

【例 3-10】 万丰房地产公司成立于 2021 年 1 月 30 日，注册资本 1 000 万元；同年 2 月金农棉业公司将其拥有的土地使用权 56 860.12 平方米投入万丰公司。根据投资协议，该块土地评估价格为 2 550 万元，万丰公司增资 2 000 万元，其余作为资本公积处理。

3 月万丰公司与金农棉业公司达成补偿协议，万丰公司支付 600 万元将金农棉业的办公楼、厂房和仓库等建筑物拆除。土地性质由工业用地变为住宅用地，补缴土地出让金 300 万元。（当地的契税税率为 3%）

1. 税务分析

（1）土地增值税。

《土地增值税清算管理规程》（国税发〔2009〕91号文件发布）第二十一条规定，在土地增值税清算时应审核扣除项目是否符合下列要求：在土地增值税清算中，计算扣除项目金额时，其实际发生的支出应当取得但未取得合法凭据的不得扣除。

（2）契税。

《契税法》第一条规定，转移土地、房屋权属，承受的单位或个人为契税的纳税人。转移土地、房屋权属包括土地使用权出让、土地使用权转让（包括出售、赠与、互换），房屋买卖、赠与、互换。

（3）企业所得税。

若投资行为属于《国家税务总局关于企业处置资产所得税处理问题的通知》（国税函〔2008〕828号）第二条第六款规定的其他改变资产所有权属用途的行为，应视同销售缴纳企业所得税。

2. 会计处理

（1）万丰房地产公司接受投资时，依据土地评估报告和投资协议进行会计处理。

借：开发成本——土地征用及拆迁补偿费——土地转让费　25 500 000
　贷：实收资本　20 000 000
　　资本公积　5 500 000

（2）依据房屋拆迁补偿协议和付款凭证进行会计处理。

借：开发成本——土地征用及拆迁补偿费——拆迁补偿费　6 000 000
　贷：银行存款　6 000 000

（3）土地改变性质后，依据补交的土地出让金专用收据和付款凭证进行会计处理。

借：开发成本——土地征用及拆迁补偿费——土地变性费　3 000 000
　贷：银行存款　3 000 000

（4）依据契税完税凭证和付款凭证进行会计处理。

应补交契税＝（25 500 000＋6 000 000＋3 000 000）×3％＝1 035 000（元）

借：开发成本——土地征用及拆迁补偿费——契税　1 035 000
　贷：银行存款　1 035 000

（三）在建项目收购的会计处理

在建项目收购有两种模式：

一是通过收购其他公司股权获取该公司开发的在建项目。这种方式的优点是操作简单，较少受到政策影响。例如，《城市房地产管理法》第三十八条规定，以出让方式取得土地使用权的，转让房地产时，按照出让合同约定进行投资开发，属于房屋建设工程的，完成开发投资总额的25％以上，属于成片开发土地的，形成工业用地或者其他建设用地条件。对于不符合该条件的开发项目，可以通过股权转让的方式实现项目转让。缺点是股权收购成本不能在计算土地增值税和企业所得税时扣除，造成税务成本较高。

二是土地或在建项目转让。这种方式的优点是收购方支付的价款可在开发产品出售时扣除，未来税务成本较低。缺点是前期投入较多，受政策影响较大，税负高。

通过股权收购获得开发项目，一般为非同一控制下的收购。非同一控制下企业合并形成的长期股权投资按照《企业会计准则第 2 号——长期股权投资》，对子公司投资应按购买方付出的资产、发生或承担的负债、发行的权益性证券的公允价值以及企业合并过程中发生的各项直接相关费用之和，作为其初始投资成本。

企业外购的房屋建筑物支付的价款应当在地上建筑物与土地使用权之间进行分配，难以分配的，应当全部作为固定资产。房地产开发企业取得土地用于建造对外出售的房屋建筑物，相关的土地使用权应当计入所建造的房屋建筑物成本。

【例 3-11】 A 公司是嘉华房地产集团公司的全资子公司，注册资本 4 000 万元。该公司成立以来只运作了龙湖别墅项目，土地经过招拍购入价款 2 800 万元，契税 84 万元，已发生土地开发费用 500 万元。上述资金均为母公司投入。由于集团公司资金紧张，欲将该项目转让。立恒地产公司欲进行并购。经协商拟采用的并购方式有两种：一是股权收购，转让价格 5 000 万元；二是项目转让，转让价格 5 850 万元。

第一种方案：立恒地产公司在办理股权变更时，依据股权转让协议和付款凭证进行会计处理。

借：长期股权投资——A 公司	50 000 000	
贷：银行存款		50 000 000

第二种方案：立恒地产公司依据项目转让协议和付款凭证进行会计处理。

借：开发成本——土地征用及拆迁补偿费——土地转让费	58 500 000	
贷：银行存款		58 500 000
借：开发成本——土地征用及拆迁补偿费——契税	1 755 000	
贷：银行存款		1 755 000

（四）自用土地使用权的会计处理

从会计处理角度看，房地产企业在取得土地使用权时，判断土地使用权自用还是开发的主要依据是立项文件。《企业会计准则第 6 号——无形资产》应用指南规定，企业取得土地使用权通常应确认无形资产，自行开发建造厂房等建筑物，相关的土地使用权与建筑物应当分别进行处理。

房地产开发企业取得自用的土地使用权，在“无形资产”科目核算其发生的成本，项目完成时，土地使用权的账面价值不与地上建筑物合并计算其成本，仍作为无形资产进行核算，土地使用权与地上建筑物分别进行摊销和折旧。

【例 3-12】 欣嘉房地产开发公司于 2021 年 1 月 1 日竞拍取得一块土地使用权，用于建造办公楼，按出让合同规定，该土地使用权总价款为 700 万元，1 月 15 日土地出让金已付，契税税率为4%，土地使用年限为40年。2021年12月工程完工，发生建筑工程支出800万元（不含税金额），同月移交使用。办公楼的使用年限为20年，无残值。

（1）支付土地出让金时，依据财政部门开具的土地出让金专用收据和付款凭证进行会计处理：

借：无形资产——土地使用权　　7 000 000

　贷：银行存款　　7 000 000

（2）缴纳契税时，依据契税完税凭证和付款证明进行会计处理：

应交契税＝700×4%＝28(万元)

借：无形资产——土地使用权　　280 000

　贷：银行存款　　280 000

（3）缴纳印花税时，依据印花税完税凭证和付款证明进行会计处理：

应交印花税＝700×0.5‰＝0.35(万元)

借：税金及附加——印花税　　3 500

　贷：银行存款　　3 500

（4）发生建安成本时，依据建筑安装发票和付款证明进行会计处理：

借：在建工程——办公楼　　8 000 000

　贷：银行存款　　8 000 000

（5）办公楼达到预定可使用状态，进行移交使用时，依据竣工结算报告等进行会计处理：

借：固定资产——办公楼　　8 000 000

　贷：在建工程——办公楼　　8 000 000

（6）每年计提土地使用权累计摊销和办公楼累计折旧的会计处理：

土地使用权每年摊销额＝728÷40＝18.2(万元)

办公楼每年折旧额＝800÷20＝40(万元)

借：管理费用——累计折旧　　400 000

　　　　　——累计摊销　　182 000

　贷：累计折旧——办公楼　　400 000

　　　累计摊销——土地使用权　　182 000

延伸阅读

缴纳增值税时允许扣除土地价款的情形

《财政部 国家税务总局关于明确金融 房地产开发 教育辅助服务等增值税政策的通知》（财税〔2016〕140号）第八条规定：

"房地产开发企业（包括多个房地产开发企业组成的联合体）受让土地向政府部门支付土地价款后，设立项目公司对该受让土地进行开发，同时符合下列条件的，可由项目公司按规定扣除房地产开发企业向政府部门支付的土地价款。

（一）房地产开发企业、项目公司、政府部门三方签订变更协议或补充合同，将土地受让人变更为项目公司；

（二）政府部门出让土地的用途、规划等条件不变的情况下，签署变更协议或补充合同时，土地价款总额不变；

（三）项目公司的全部股权由受让土地的房地产开发企业持有。"

第五节　拆迁补偿费的会计核算与税务处理

一、拆迁补偿的形式

城市改造被拆迁人的房屋被拆除，给被拆迁人造成一定的财产损失。为保证被拆除房屋所有人的合法权益，拆迁方应当对被拆除房屋及其附属物的所有人（包括代管人、国家授权的国有房屋及其附属物的管理人）给予补偿。所以，补偿对象既包括自然人也包括法人。

根据《城市房地产拆迁管理条例》的规定，房屋拆迁补偿有三种形式，即产权调换、作价补偿、产权调换与作价补偿相结合。

（1）产权调换。拆迁方以易地建设或原地建设的房屋补偿给被拆除房屋的所有人，使原所有人继续保持其对房屋的所有权。这是一种实物补偿形式。

（2）作价补偿。拆迁方将被拆除房屋的价值，以货币结算方式补偿给被拆除房屋的所有人。这是一种货币补偿形式。

（3）产权调换和作价补偿相结合。拆迁方按照被拆除房屋的建筑面积数量，以其中一定面积的房屋补偿被拆除房屋的所有人，其余面积按照作价补偿折合货币支付给被拆除房屋的所有人。这对那些被拆除房屋面积较多，又难以支付补偿房屋与被拆除房屋结构差价的被拆迁人较适用。

《南京市城市房屋拆迁管理办法》规定：货币补偿金额应当根据被拆迁房屋的房地产市场评估单价（指每平方米建筑面积的价格，下同）和被拆迁房屋的建筑面积确定。对大于房屋建筑面积的土地使用面积也应进行评估，并计入货币补偿金额。房地产市场评估单价的确定，应当综合考虑被拆迁房屋所在区位级别、用途、建筑结构、成新、楼层、朝向等因素。被拆迁房屋的建筑面积以房屋所有权证或者其他合法房产凭证的记载为准。土地使用面积以土地使用权证或者其他合法土地使用凭证的记载为准。被拆迁房屋内装饰装修的补偿应当结合装潢材料的价格、折旧年限等因素另行评估。

二、拆迁补偿费的会计核算

根据拆迁补偿费计入开发成本的方法不同，拆迁补偿费的会计处理有如下两种方式。

1. 货币补偿形式

房地产开发企业根据相关的评估资料向被拆迁户支付的货币化补偿作为拆迁补偿费按开发项目计入开发直接成本：

借：开发成本——拆迁补偿费

　贷：银行存款

拆迁补偿费直接支付给被拆迁户的，要有证明拆迁业务真实性的原始凭证，比如政府拆迁文件或拆迁公告，以及当地拆迁补偿文件、补偿协议、付款证明、收款证明、收款人身份证复印件以及签名等确认资料等。

对这一拆迁补偿费支出，房地产开发企业据实计入开发成本并在结转房屋销售成本时在企业所得税和土地增值税前扣除。

2. 产权调换形式

一方面对换出的房屋应视同销售，另一方面，以换出房屋的售价作为下一步开发产品的开发成本中的土地征用及拆迁补偿费。

【例 3-13】 中盛房地产开发公司 2021 年 3 月开发某城中村改造项目，该项目占地 20 000 平方米，住宅建筑面积为 60 000 平方米。其中，用于安置回迁户村民的住宅面积为 10 000 平方米，其余 50 000 平方米的住宅由开发商自行销售或使用。该项目于 2021 年 9 月完工，2021 年 12 月开发项目全部销售完毕，房屋已交付业主入住。中盛房地产开发公司共获得房地产销售收入 25 000 万元，平均销售单价为 5 000 元/平方米。

该项目工程竣工决算成本包括开发成本 16 000 万元，其中土地征用费（不包括拆迁补偿费）6 000 万元，前期工程费 700 万元，建筑安装工程费 7 200 万元，基础设施建设费 1 600 万元，公共配套设施费 200 万元，开发间接费 300 万元，向某公司借款利息 400 万元（利率不超银行同类同期贷款利率水平）。

分析：

拆迁补偿费支出＝10 000×0.5＝5 000(万元)

项目土地成本＝6 000＋5 000＝11 000(万元)

销售收入＝25 000＋5 000＝30 000(万元)

单位可售面积计税成本＝(160 000 000＋50 000 000)/60 000＝3 500(元/平方米)

补偿安置房销售成本＝10 000 ×0.35＝3 500（万元）

整个项目销售成本＝3 500＋50 000×0.35＝21 000（万元）

会计处理如下：

（1）开发产品完工时，按安置时的同期同类房屋价格：

借：开发成本——土地征用及拆迁补偿费——拆迁补偿费 50 000 000

贷：应付账款——拆迁补偿费 50 000 000

借：应付账款——拆迁补偿费 50 000 000

贷：主营业务收入 50 000 000

（2）结转拆迁安置房成本：

借：主营业务成本 35 000 000

贷：开发产品 35 000 000

三、拆迁补偿费的税务处理

（一）产权调换方式下的税务处理

1. 增值税

房地产开发企业拆迁补偿实行产权调换方式（即“拆一还一”补偿方式）的，从实质上看，属于房地产公司以自己的开发产品抵偿债务的行为，视同销售，应申报缴纳增值税。

2. 土地增值税

拆迁补偿费作为房地产开发成本，属于土地增值税清算的扣除项目。

房地产企业支付给回迁户的补差价款，计入拆迁补偿费，回迁户支付给房地产开发企业的补差价款，应抵减项目拆迁补偿费。

国税发〔2006〕187 号文件规定，房地产开发企业将开发产品用于职工福利、奖励、对外投资、分配给股东或投资人、抵偿债务、换取其他单位和个人的非货币性资产等，发生所有权转移时应视同销售房地产，其收入按下列方法和顺序确认：（1）按本企业在同一地区、同一年度销售的同类房地产的平均价格确定；（2）由主管税务机关参照当地当年、同类房地产的市场价格或评估价值确定。

由于从产权调换补偿的性质上看，属于以开发产品换取其他单位和个人的非货币性资产性质，因此房地产开发企业应按照上述规定进行土地增值税视同销售处理。

3. 企业所得税

产权调换方式下，企业所得税的税务处理一般情况下做非货币性交易，即“以物易物”处理。

实物补偿的，按照公允价值或同类房屋市场价格计算的金额，以“拆迁补偿费”的形式计入开发成本的土地成本。另外，对补偿的房屋应视同对外销售，销售收入按照公允价值或同类房屋市场价格计算的金额确定，同时应按同期同类房屋成本确认为视同销售成本。

国税发〔2009〕31 号文件规定：开发企业将开发产品转作固定资产或用于捐赠、赞助、职工福利、奖励、对外投资、分配给股东或投资人、抵偿债务、换取其他企事业单位和个人的非货币性资产等行为，应视同销售，于开发产品所有权或使用权转移，或于实际取得利益权利时确认收入（或利润）的实现。确认收入（或利润）的方法和顺序为：首先，按本企业近期或本年度最近月份同类开发产品市场销售价格确定；其次，由主管税务机关参照当地同类开发产品市场公允价值确定；最后，按开发产品的成本利润率确定。开发产品的成本利润率不得低于 15%，具体比例由主管税务机关确定。

4. 个人所得税

《财政部 国家税务总局关于城镇房屋拆迁有关税收政策的通知》（财税〔2005〕45 号）规定：对被拆迁人按照国家有关城镇房屋拆迁管理办法规定的标准取得的拆迁补偿款，免征个人所得税。

5. 契税

被拆迁户取得的与拆迁面积相等的房屋，免征契税。

（二）作价补偿方式下的税务处理

在这种方式下，按照政府规定标准支付的拆迁补偿费，可计入土地增值税扣除项目金额，并计入企业所得税计税成本扣除。

另一种情况：在签署拆迁协议时，双方确认了拆迁补偿的金额；但以补偿商品房的形式履行协议。这种情况从税务上应认定为债务重组。《企业会计准则第 12 号——债务重组》第五条规定，以非现金资产清偿债务的，债务人应当将重组债务的账面价值与转让的非现金资产公允价值之间的差额计入当期损益，转让的非现金资产公允价值与其账面价值之间的差额计入当期损益。根据上述规定，在债务重组中，主要涉及两项收益：一是还债收益，即以非现金资产的公允价值与债务的账面价值差额确认收益；二是销售收益，即按资产的账面价值以公允价值销售实现的差额确认收益。

《财政部 国家税务总局关于企业重组业务企业所得税处理若干问题的通知》（财税〔2009〕59 号）规定：债务重组是指在税法规定范围内的债务人发生财务困难的情况下，债权人按照其与债务人达成的书面协议或者法院裁定书对债务人的债务做出让步的行为。按照税法规定，其所得税事项可分三种情况处理：第一种是以非货币资产清偿债务；第二种是将债权转为股权；第三种是“差额”结清债权债务。

（三）产权调换和作价补偿相结合方式下的税务处理

该方式为上述两种方式的结合，可参照上述政策具体操作。

四、搬迁补偿费的会计核算与税务处理

（一）搬迁补偿费的会计核算

政府主导的拆迁项目，是根据政府的指令被动搬迁，是被拆迁人的非自愿行为。一般政府下达统一的拆迁安置通知，是由政府主导完成的拆迁活动，不是被拆迁人的主动搬迁，这是以政府为主导的拆迁安置的最重要特征。

关于政府拆迁安置时被拆迁人收到的拆迁补偿款的会计处理，按照财政部 2005 年颁发的《关于企业收到政府拨给的搬迁补偿款有关财务处理问题的通知》（财企〔2005〕123 号）的相关规定处理。该文件的适用范围是企业因城镇规划、库区建设等公共利益需要搬迁而收到政府给予的相应补偿款。

企业收到政府拨给的搬迁补偿款，作为“专项应付款”核算，若发生搬迁补偿款的存款利息，也一并转增“专项应付款”；因搬迁出售、报废或毁损的固定资产，作为固定资产清理业务核算，其净损失核销“专项应付款”；机器设备因拆卸、运输、重新安装、调试等原因发生的费用，直接核销“专项应付款”；用于安置职工的费用支出，直接核销“专项应付款”。企业搬迁结束后，“专项应付款”如有余额，做调增资本公积金处理，由此增加的资本公积金由全体股东共享；“专项应付款”如有不足，应计入当期损益。具体账务处理如下：

（1）收到政府拨付的补偿资金：

借：银行存款

　贷：专项应付款

（2）出售、报废、毁损的固定资产：

借：累计折旧

　　固定资产清理

　贷：固定资产——房屋

　　　　　　——设备

（3）处置报废资产收入：

借：银行存款

　贷：固定资产清理

（4）结转固定资产损失：

借：专项应付款

贷：固定资产清理

（5）支付可搬迁资产拆除、装卸、运输、安装调试费用：

借：专项应付款

贷：银行存款

（6）支付停产期间职工工资及职工安置费：

借：专项应付款

贷：银行存款

（7）转销土地资产账面价值：

借：专项应付款

贷：无形资产——土地使用权

（8）结转搬迁补偿专项拨款，有余额作为资本公积：

借：专项应付款

贷：资本公积

应交税费——应交所得税

（二）政策性搬迁的税务处理

1. 企业所得税

根据《企业政策性搬迁所得税管理办法》（国家税务总局公告 2012 年第 40 号发布），政策性搬迁补偿费税务处理如下：一是企业取得搬迁补偿收入，不立即作为当年度的应税收入征税，而是在搬迁周期内，扣除搬迁支出后统一核算；二是给予最长五年的搬迁期限；三是企业以前年度发生尚未弥补的亏损的，搬迁期间从法定亏损结转年限中减除。

政策性搬迁所涉及的资产的税务处理：一是搬迁后原资产经过简单安装或不安装（如无形资产）仍可以继续使用的，在该资产重新投资使用后，继续计提折旧或摊销费用；二是搬迁后原资产需要大修理后才能重新使用的，该资产的净值加上大修理支出，为该资产的计税成本。在该资产重新投资使用后，就该资产尚可使用的年限计提折旧。同时，该大修理支出应进行资本化，不得从搬迁收入中扣除。

《国家税务总局关于企业政策性搬迁所得税有关问题的公告》（国家税务总局公告 2013 年第 11 号）规定：凡在国家税务总局 2012 年第 40 号公告生效前已经签订搬迁协议且尚未完成搬迁清算的企业政策性搬迁项目，企业在重建或恢复生产过程中购置的各类资产，可以作为搬迁支出，从搬迁收入中扣除。但购置的各类资产，应剔除该搬迁补偿收入后，作为该资产的计税基础，并按规定计算折旧或费用摊销。

企业政策性搬迁被征用的资产，采取资产置换的，其换入资产的计税成本按被征用资产的净值，加上换入资产所支付的税费（涉及补价，还应加上补价款）计算确定。

2. 土地增值税

根据《土地增值税暂行条例》第八条规定，因国家建设需要依法征用、收回的房地产免征土地增值税。《土地增值税暂行条例实施细则》第十一条进一步规定：此处所称的因国家建设需要依法征用、收回的房地产，是指因城市实施规划、国家建设的需要而被政府批准征用的房产或收回的土地使用权。根据《土地增值税暂行条例实施细则》第十一条规定，符合上述免税规定的单位和个人，须向房地产所在地税务机关提出免税申请，免予征收土地增值税。

第四章

开发建设阶段的会计核算与税务处理

The Whole Process of Financial Accounting and Tax Treatment for Real Estate Enterprises

TAXING

房地产开发企业通过公司设立并取得土地使用权以后就进入到开发建设阶段，该阶段是房地产开发的重要阶段。在此阶段，房地产开发企业要在土地上完成房地产产品的开发，形成开发产品，因此，涉及房地产开发成本的归集、分配和结转，经济业务和会计处理都相对复杂。

第一节　开发建设阶段业务概述

房地产开发建设阶段不仅包括项目策划设计、报批报建、施工建设、竣工验收等多个步骤，而且包括开发完成后的初始产权登记过程。主要工作包括项目开工建设许可证办理、报批报建手续、项目的施工组织及项目竣工验收和备案。

房地产开发建设阶段可分为四个环节：项目策划设计环节、项目准备环节、项目施工环节、项目竣工验收环节。

一、项目策划设计环节

项目策划设计环节的具体业务包括根据前期调研阶段的调研结果出具项目建议书或可行性研究报告、项目选址方案、投资计划、设计任务书、初步建设方案等。

设计环节是项目建设过程中最具创造性和思想最活跃的环节，是人们聪明才智与物质技术手段完美结合的环节，也是人们充分发挥主观能动性，在技术和经济上对拟建项目的实施进行全面安排的环节。这个环节确定项目定位、产品目标与发展计划等。对不同的企业或者不同的项目来说，策划设计业务工作安排的时段可能有所不同，有的企业或者项目是在企业获取土地之前进行的，有的企业或者项目则是在拿地后进行的。严格来说，项目策划设计是一个独立的业务环节，更多的情况是在获取土地前后重复进行的。项目策划设计的成果是企业制定会计核算办法和纳税筹划的重要依据。此环节发生的主要是前期费用和一些间接费用，其会计核算和纳税处理事项不是很多，也不复杂。

二、项目准备环节

项目准备环节的经济活动主要包括以下内容：

（1）分析开发项目用地的范围、周边环境与特性，以及规划允许的用途和获益能力的大小；

（2）制定规划设计及建设方案；

(3) 与城市规划管理部门协商，获得规划部门许可；

(4) 完成施工现场的通水、通电、通路和场地平整；

(5) 开展市政设施建设衔接工作的谈判与协商；

(6) 对开发成本和可能的工程量进行更详细的估算；

(7) 与承包商谈判并签订建设工程施工承包合同；

(8) 详细设计、编制工作量清单；

(9) 完成施工图预算、施工图预审及审查。

项目准备环节主要是为项目开工做准备，特别是要办理各种报批手续，包括办理土地使用证、规划许可证、施工许可证、环保许可证明、安全生产许可证明和开工许可证等。通常，企业要根据土地出让合同、交费证明等办理土地使用证；根据申报报告和发改委批文、用地规划许可证、土地证、已审批规划图和建筑设计图办理规划许可证；根据土地证、规划许可证、建筑安装施工合同、施工图审查证明、质量安全监督手续等办理施工许可证。项目准备阶段的报批报建过程要由土地、环保、消防、人防、规划、建设等行政管理部门审查或批准，这个环节的会计核算主要是对一些开发前期费用及间接费用进行确认和计量。

三、项目施工环节

项目施工环节是房地产开发企业委托施工单位进行项目施工的环节，是房地产开发的重要环节。开发商在此环节的主要任务是控制成本，支付工程进度款；确保工程按进度计划推进。一般来说，房地产开发企业与委托施工单位之间签订的施工合同的内容以及发包与承包范围及其方式对企业纳税的种类有重要影响。通常有三种不同的方式：包工不包料（甲供材）、包工包料和发包方控材（乙供甲控）。不同的承包方式下工程价款的结算存在较大的差异，会计核算方法和税收风险也不同。

四、项目竣工验收环节

项目竣工验收环节主要包括两个步骤：一是项目完工后进行验收、结算、备案；二是进行产权初始登记。

竣工验收是指房地产开发产品完工后，由房地产开发企业及勘察、设计、施工、工程监理等单位，根据《中华人民共和国建筑法》《城市房地产管理法》《中华人民共和国城乡规划法》《房屋建筑工程和市政基础设施工程竣工验收备案管理暂行办法》等相关法规的规定，进行竣工验收的过程。项目竣工后，房地产开发企业应当向项目所在地的县级或以上地方人民政府建设行政主管部门提出竣工验收申请并报告验收详情，填写工程竣工验收备案表，由参加验收的房地产开发企业及勘察、设计、施工、工程、监理等单位签字盖章后，报建设行政主管部门备案。

房屋的产权初始登记指新建房屋竣工后或集体土地上的房屋转为国有土地上的房屋所进行的房屋所有权登记。根据《城市房屋权属登记管理办法》第十六条的规定，新建的房屋，申请人应当在提交用地证明文件或者土地使用权证、建设用地规划许可证、建设工程规划许可证、施工许可证、房屋竣工验收资料以及其他有关的证明文件后，在房屋竣工后的三个月内向登记机关申请房屋所有权初始登记。新建房屋办理完毕初始产权登记后方可办理转移登记。对于购房者来说，在开发商办理完初始产权登记后方可办理每户购房人的房屋所有权证。

棚改政策及其走向

一、棚户区改造的概念

棚户区改造是指列入省级人民政府批准的棚户区改造规划或年度改造计划的改造项目。自 2005 年至今，棚户区改造（以下简称棚改）已在中国实施十几年。作为党中央、国务院制定的重大民生战略，棚改确实为贫困地区及困难群众解决了居住问题。根据《关于做好城市和国有工矿棚户区改造规划编制工作的通知》（建保〔2010〕58 号）、《关于加快推进棚户区（危旧房）改造的通知》（建保〔2012〕190 号）及《关于棚户区改造有关税收政策的通知》（财税〔2013〕101 号）的规定，棚户区是指简易结构房屋较多、建筑密度较大、房屋使用年限较长、使用功能不全、基础设施简陋的区域；具体包括城市棚户区、国有工矿（含煤矿）棚户区、国有林区和国有林场危旧房、国有垦区危房。

棚户区改造范围包括居民安置住房筹建（新建、购买、货币补偿等）工程和原居民住房改建（扩建、翻建）工程，其他工程不纳入（即不含工业厂区、商业设施建设的拆迁等）。实践中，棚户区改造范围是逐步扩充的，由最初的煤矿棚户区，扩展到城市棚户区和铁路、钢铁等行业棚户区以及国有林区、国有垦区，由最初的成片棚户区，向非成片棚户区、城市危旧住房拓展，将棚户区改造与旧城改造、城中村改造结合在一起。

二、棚改货币化安置

按照安置方式的不同，棚改可以分为实物安置和货币化安置。其中实物安置，包括异地安置和原地安置，货币化安置包括居民购买、国家购置、货币补偿这三种形式，居民购买是指政府引导开发商将普通商品房转为安置房，让居民自行购买，国家购置是指政府购买商品房转卖给棚改户，货币补偿是指政府直接给予棚改户以货币补偿。棚改安置方式总结见图 4-1。

2012 年以来，为解决三四线城市房地产库存商品房积压问题，政府提出棚户区改造货币化安置方案，在解决居住问题的同时，顺带解决掉部分商品房库存积压。国务院、财政部、住建部、自然资源部等出台了若干政策鼓励棚改货币化安置，主要政策如下：

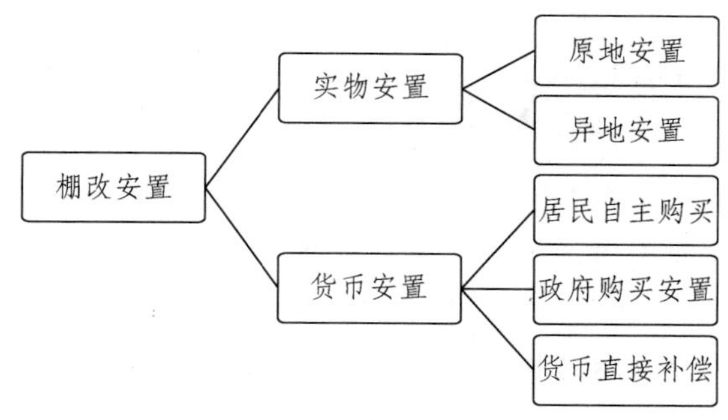

图 4-1 棚改安置方式

资料来源：WIND、国海证券研究所。

《关于进一步做好城镇棚户区和城乡危房改造及配套基础设施建设有关工作的意见》（国发〔2015〕37 号）提出：积极推进棚改货币化安置。各省要摸清存量商品住房库存，制定棚改货币化安置的指导意见和安置目标。《关于进一步推进棚改货币化安置的通知》（建保〔2015〕125 号）明确：落实棚改货币化安置目标和项目，按照原则上不低于 50%的比例确定本地区棚改货币化安置目标。《关于进一步做好棚户区改造相关工作的通知》（财综〔2016〕11 号）提出：推进棚户区改造货币化安置，化解库存商品住房。

棚改货币化安置完全契合了地方政府偏好，通过货币化安置既能很好地解决商品房库存问题，同时也能拉动本地房产价格上升，很多三四线城市货币化安置率高达 90%以上。所谓的货币化安置，其实很多地方的货币化安置是给拆迁户“房票”，而这个“房票”不能够直接兑换成现金，而是只能到开发商那里兑换成房子，只有开发商才能拿“房票”找政府兑换成现金，拆迁户不是按需买房，而是按房票的多少买房。

三、棚改资金来源与抵押补充贷款

（一）棚改资金来源

棚改项目的融资方式包括政策性银行贷款、项目收益债/企业债、政府购买服务和棚改专项债等。

1. 财政资金。

棚改依托中央、省、市（县）三级财政统筹，可以从城市维护建设税、城镇公用事业附加、城市基础设施配套费、土地出让收入等渠道中，安排资金用于棚户区改造支出。各地区除上述资金渠道外，还可以从国有资本经营预算中适当安排部分资金用于国有企业棚户区改造。有条件的市、县可对棚户区改造项目给予贷款贴息。

2. 政策银行贷款。

国家开发银行成立住宅金融事业部，重点支持棚户区改造及城市基础设施等相关工程建设。开发银行可以通过专项过桥贷款对符合条件的实施主体提供过渡性资金安排。

3. 银行信贷。

鼓励商业银行等金融机构按照风险可控、商业可持续的原则，积极支持符合信贷条件的棚户区改造项目。

4. 项目收益债、棚改专项债等社会资本。

鼓励和引导民间资本根据保障性安居工程任务安排，通过直接投资、间接投资、参股、委托代建等多种方式参与棚户区改造。推进债券创新，支持承担棚户区改造项目的企业发行债券，优化棚户区改造债券品种方案设计，研究推出棚户区改造项目收益债券；与开发性金融政策相衔接，扩大“债贷组合”用于棚户区改造范围；适当放宽企业债券发行条件，支持国有大中型企业发债用于棚户区改造。通过投资补助、贷款贴息等多种方式，吸引社会资金，参与投资和运营棚户区改造项目。

（二）抵押补充贷款

抵押贷款补充（Pledged Supplementary Lending，PSL），即 PSL 作为一种新的储备政策工具，主要是通过商业银行抵押资产从央行获得融资的利率，引导中期利率。PSL 作为一种货币政策工具，名义上是央行借给商业银行的一种抵押贷款。为解决棚改的资金难题，央行通过 PSL 工具向国开行贷款，国开行借到钱后，再通过棚改贷款向棚改主体贷款，棚改主体通过货币化安置向拆迁户发放补偿款，地方政府拆迁卖地支付款项，棚改主体偿还国开行贷款，国开行偿还央行贷款。整体是这样的一个资金闭环。

PSL 发放对象为国家开发银行、中国进出口银行和中国农业发展银行三家政策性银行，主要用于支持三家银行发放棚改贷款、重大水利工程贷款、人民币“走出去”项目贷款等。棚改的参与方包含了地方政府、平台公司、房地产开发商，在资金来源上还包括了政策银行 PSL 以及商业银行贷款等。以货币化安置为例，“资金闭环”示意图见图 4-2。

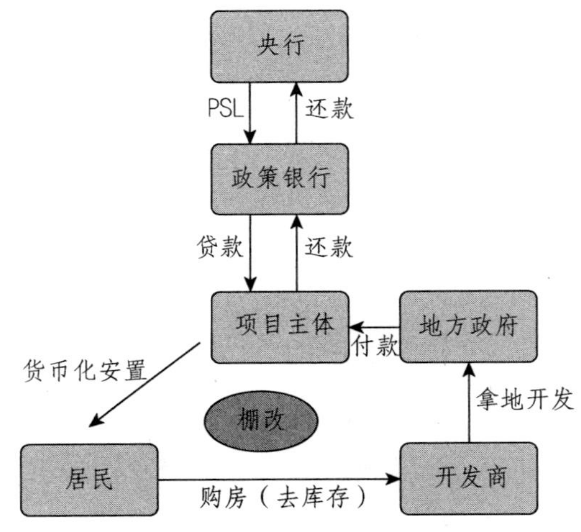

图 4-2 “资金闭环”示意图

第二节 开发建设阶段的会计核算与税务处理

一般情况下，房地产开发企业在开发建设阶段涉及的税种主要有城镇土地使用税和印花税。另外，房地产开发企业与建筑工程施工企业之间签订的建筑安装承包合同形式不同，工程价款的结算可能不同，涉及的增值税处理和会计处理也有所不同。

一、开发建设阶段涉及的主要税种

（一）城镇土地使用税

房地产开发企业在开发建设阶段需要以实际占用的土地面积为计税依据，按照《城镇土地使用税暂行条例》的规定计算缴纳城镇土地使用税。

城镇土地使用税的基本税额见表4-1。

表4-1 城镇土地使用税税额表

级别		人口（人）					税额（元/平方米）			
大城市		50万以上					1.5～30			
中等城市		20万～50万					1.2～24			
小城市		20万以下					0.9～18			
县城、建制镇、工矿区							0.6～12			
市区	地段等级	一级	二级	三级	四级	五级	六级	七级	八级	九级
	适用税额（元/年·平方米）	7.50	6.50	5.50	4.50	3.50	2.50	2.00	1.00	0.5

（二）印花税

房地产开发企业在开发建设阶段，涉及各种施工及承包合同的签订，应当按照《印花税法》的规定缴纳印花税。在开发建设阶段，需要缴纳印花税的合同有购销合同、加工承揽合同、仓储保管合同、建筑工程勘察设计合同、货物运输合同、借款合同、建筑安装工程承包合同、财产保险合同等。

【例4-1】 2022年3月，西南房地产公司签订合同如下：中央空调采购合同，合同金额为500万元；项目设计合同，合同金额为200万元；建筑工程承包合同，合同金额为3 000万元。

西南房地产公司当月应缴纳的印花税税额计算如下：

（1）订立中央空调采购合同应纳税额＝5 000 000×0.3‰＝1 500（元）。

（2）订立设计合同应纳税额＝2 000 000×0.5‰＝1 000（元）。

（3）订立建筑工程承包合同应纳税额＝30 000 000×0.3‰＝9 000（元）。

（4）购买印花税票时应进行的会计处理：

借：税金及附加——印花税　　11 500

　贷：银行存款/库存现金　　11 500

二、开发建设阶段不同承包方式下的会计处理

房地产开发企业与建筑工程施工企业之间签订的建筑安装承包合同，通常有三种承包方式：一为包工包料方式；二为包工不包料（甲供材）方式；三为发包方控料（甲控材）方式。承包方式不同，工程价款的结算也不同，会影响双方的收入、成本，也会给企业带来税负差异。同时，企业的涉税处理也不相同。

（一）建筑安装工程承包方式

1. 包工包料方式

在这种承包方式下，建安工程的结算价款由两部分组成：一是根据建筑安装工程量和预算定额计算的直接费用，包括建筑安装施工中发生的料、工、费；二是各种取费，包括安全文明施工增加费、企业管理费、规费、法定利润、税金、间接费用等，各种取费是根据所发生的直接费用按照各地规定的费率标准计算的。房地产开发企业与建筑施工企业依据承包工程总造价结算，建筑施工企业全额开具工程结算的建筑安装发票。

2. 包工不包料（甲供材）方式

包工不包料承包方式建筑安装工程，称“甲供材”承包工程或“甲供”工程，是指房地产开发企业（甲方）提供材料或者主要材料，建筑施工企业（乙方）提供建筑安装劳务的一种工程承包方式。

“甲供材”或“甲供”工程承包方式的建安工程的结算价款由两部分组成，根据建筑安装工程量发生的直接费用不包括材料价款，从而降低了工程造价。对施工企业的影响是减少了它的收入。对房地产开发企业来说，这种承包方式的优点在于：一是可以有效地控制材料的质量，为开发项目的施工质量提供了可靠的保障；二是利用材料集中采购的优势可以降低材料的采购价格，进而降低工程造价；三是可以降低各种取费，从而降低工程总造价。因此，这成为房地产开发企业经常采用的一种承包方式。

3. 发包方控料（甲控材）方式

发包方控料方式建筑安装工程，也称“甲控材”承包工程，是指由施工单位购买材料，房地产开发企业认价。“甲控材”一般按暂估价计入预算，施工时，由施工单位报价，一般要选择三家以上的价格供建设单位参考。房地产开发企业根据市场价适当地加利润进行认价，同时得到施工单位的认可。认价后的材料价格作为结算时材料价格的依据。甲控材料的进货由房地产开发企业联系，但由施工单位结算。因此，这种方式下建安工程的结算价款与包工包料方式基本相同。

(二) 不同工程承包方式下的会计处理

1. 包工包料和发包方控料（甲控材）方式下的会计处理

在包工包料和发包方控料（甲控材）方式下，房地产开发企业的会计处理比较简单。开发项目竣工时，房地产开发企业按照合同预订的工程价款扣除质保金后的余额结算工程款，并收到建筑施工企业全额开具的建筑安装发票。由于是施工方购买材料，因此工程价款发票金额中包含了材料价款，房地产开发企业可以根据施工方开具的发票确认成本。对于施工方来说，应按照材料款、人工费、机械使用费和其他直接费确认成本，按照其给房地产开发企业开具的建筑安装发票确认收入。

【例 4-2】 2021 年 6 月西南房地产开发公司与东方建筑公司签订了一份建筑安装施工项目合同，工程总造价为 4 218 万元，其中基础工程建设 1 332 万元，主体结构工程建设 2 886 万元。同时还签订了该项目二次供水设备、材料采购安装合同，合同总额为 234 万元；中央空调采购合同，合同总额为 468 万元。合同约定，二次供水的设备及材料和中央空调由西南房地产开发公司指定的厂家供应。请对西南房地产开发公司的上述业务进行会计处理（西南房地产开发公司与东方建筑公司均为一般纳税人）。

(1) 西南房地产开发公司以上业务可取得增值税进项税额＝4 218÷(1＋9%)×9%＋(234＋468)÷(1＋13%)×13%＝348.275 2＋80.761 1＝429.036 3（万元）。

(2) 会计处理：

收到东方建筑公司工程发票 4 218 万元时：

借：开发成本——A 项目——基础设施费	12 220 184	
——建筑安装工程费	26 477 064	
应交税费——应交增值税（进项税额）	3 482 752	
贷：银行存款		42 180 000

采购的二次供水设备和中央空调入库并取得发票时：

借：工程物资——二次供水设备	2 070 796	
——中央空调	4 141 593	
应交税费——应交增值税（进项税额）	807 611	
贷：银行存款		7 020 000

发出商品，用于项目开发建设时：

借：开发成本——A 项目——公共配套设施费	2 070 796	
——建筑安装工程费	4 141 593	
贷：工程物资——二次供水设备		2 070 796
——中央空调		4 141 593

2. 包工不包料（甲供材）方式下的会计处理

房地产开发企业甲供材建筑工程，是指由房地产开发企业（以下称甲方）提供原材料，施工单位（以下称乙方）仅提供建筑劳务的工程。甲供材产生的原因是甲方从材料质量和成本效益角度出发，防止建筑乙方在材料的使用上以次充好，保证住房质量和保护自身的声誉。一般而言，材料采购费用占商品房建造成本的30%～40%。

第三节 BT、BOT、TOT、TBT和PPP模式的项目概述

一、BT项目

BT是“Build-Transfer”的首字母缩写，意为“建设-移交”。具体流程详见图4-3。

BT是基础设施项目建设领域中采用的一种投资建设模式，根据项目发起人通过与投资者签订合同，由投资者负责项目的融资、建设，并在规定时限内将竣工后的项目移交项目发起人，项目发起人根据事先签订的回购协议分期向投资者支付项目总投资及确定的回报。

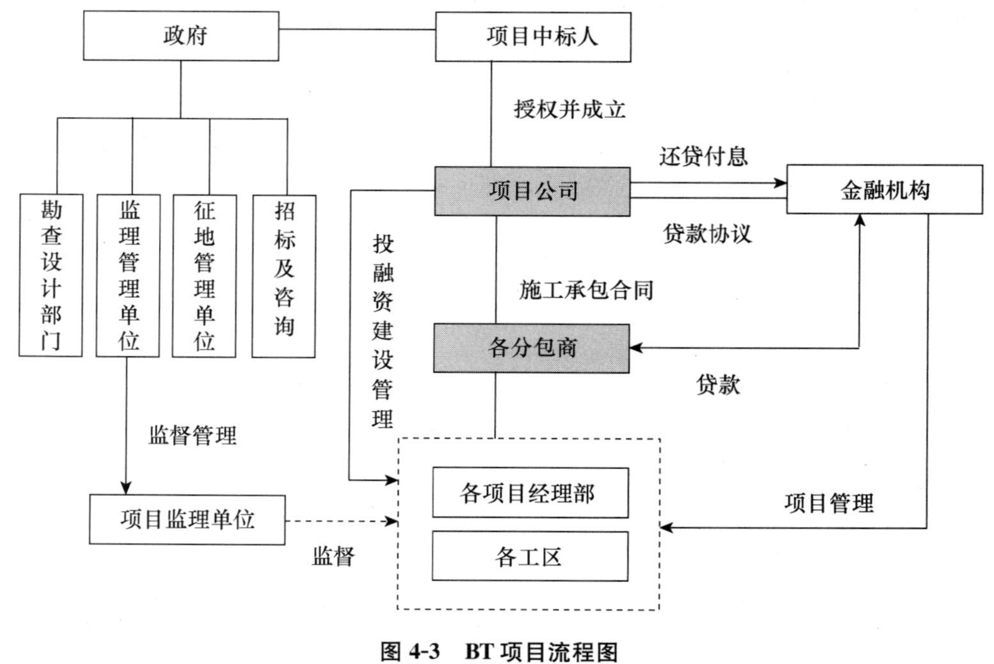

图4-3 BT项目流程图

二、BOT项目

BOT是“Build-Operate-Transfer”的首字母缩写，意为“建设-经营-移交”，具有市场机制和政府干预相结合的混合经济的特色。具体流程详见图4-4。

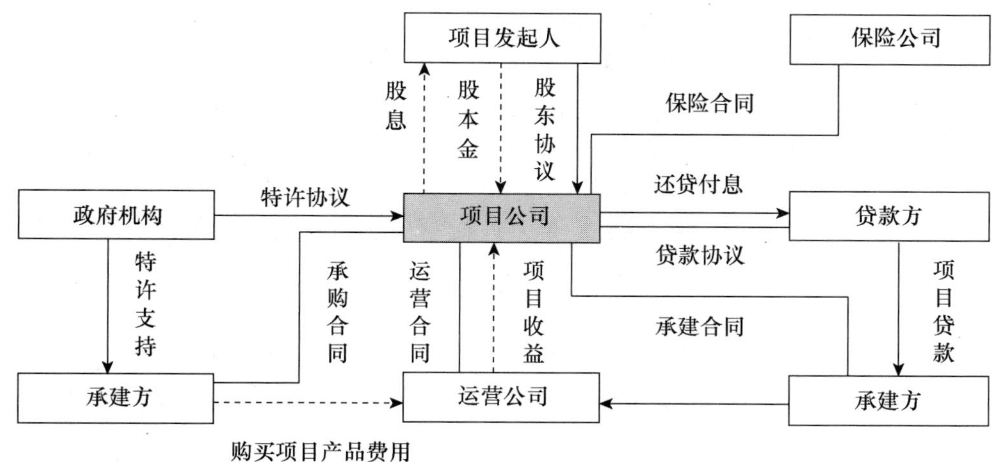

图 4-4　BOT 项目流程图

这种方式最大的特点就是将基础设施的经营权有期限抵押，以获得项目融资，也就是基础设施的国有项目民营化。在这种模式下，首先由项目发起人通过投标从委托人手中获取对某个项目的特许权，随后组成项目公司并负责进行项目的融资，组织项目的建设，管理项目的运营，在特许期内通过对项目的开发运营以及当地政府给予的其他优惠来回收资金用以还贷，并取得合理的利润。特许期结束后，将项目无偿地移交给政府。在 BOT 模式下，投资者一般要求政府保证其最低收益率，一旦在特许期内无法达到该标准，政府应给予特别补偿。

三、TOT 项目

TOT 是“Transfer-Operate-Transfer”的首字母缩写，意为“转让-经营-转让”。具体流程详见图 4-5。

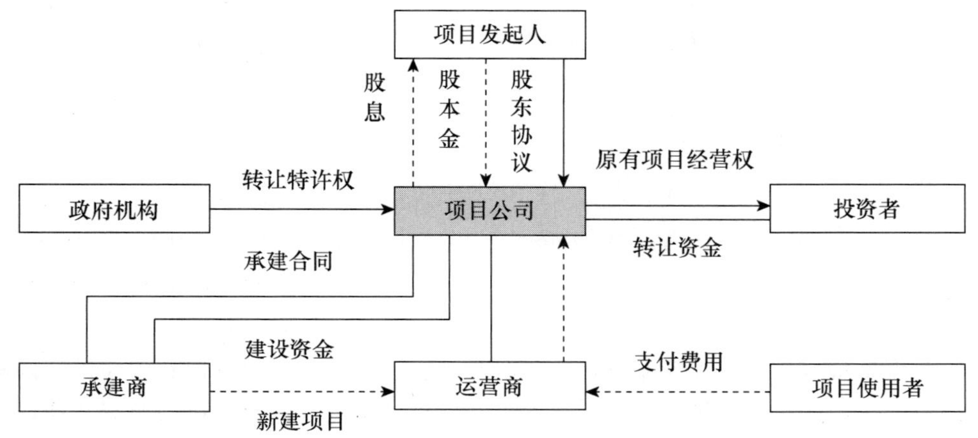

图 4-5　TOT 项目流程图

TOT 是一种通过出售现有资产以获得增量资金，进行新建项目融资的一种新型融资方式。在这种模式下，首先私营企业用私人资本或资金购买某项资产的全部或部分产权或经营权，然后，购买者对项目进行开发和建设，在约定的时间内通过对项目的经营，收回全部投资并取得合理的回报，特许期结束后，将所得到的产权或经营权无偿移交给原所有人。

四、TBT 项目

TBT 就是将 TOT 与 BOT 融资方式组合起来，以 BOT 为主的一种融资模式。在 TBT 模式中，TOT 的实施是辅助性的，采用它主要是为了促成 BOT。具体流程详见图 4-6。

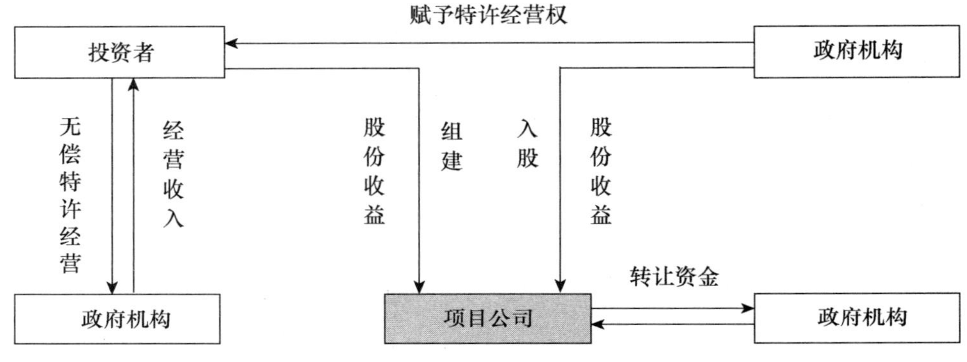

图 4-6　TBT 项目流程图

TBT 的实施过程如下：

（1）政府通过招标将已经运营一段时间的项目和未来若干年的经营权无偿转让给投资人；

（2）投资人负责组建项目公司去建设和经营待建项目；

（3）项目建成开始经营后，政府从 BOT 项目公司获得与项目经营权等值的收益；

（4）按照 TOT 和 BOT 协议，投资人相继将项目经营权归还给政府。

实质上 TBT 项目，是政府将一个已建项目和一个待建项目打包处理，获得一个逐年增加的协议收入（来自待建项目），最终收回待建项目的所有权益。

五、PPP 项目

PPP 是“Public-Private-Partnerships”的首字母缩写，意为“公共部门-私人企业-合作”，即为公私合营，以各参与方的“双赢”或“多赢”作为合作的基本理念。具体流程详见图 4-7。

PPP 融资模式主要应用于基础设施等公共项目。首先，政府针对具体项目特许新建一家项目公司，并对其提供扶持措施，然后，项目公司负责进行项目的融资和建设，融资来源包括项目资本金和贷款；项目建成后，由政府特许企业进行项目的开发和运营，而贷款人除了可以获得项目经营的直接收益外，还可获得通过政府扶持所转化的效益。

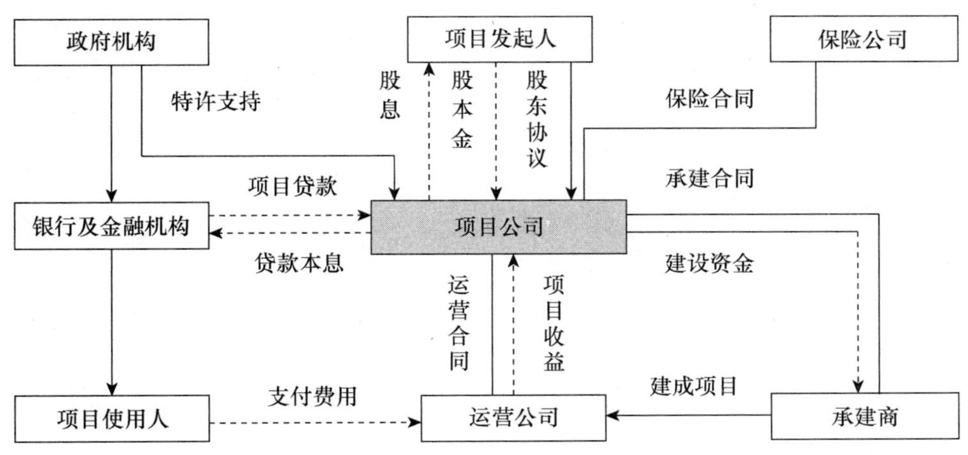

图 4-7 PPP 项目流程图

知识链接

房地产建筑安装成本预警值

当前，为了避免我国房地产业发展过热，国家出台了一系列的宏观调控政策。各地政府也尽最大可能对房地产业进行监督，根据当地经济的总体状况，制定了房地产开发企业商品房建安成本等预警值。

2021 年上半年省会城市住宅工程造价指标如图 4-8 所示。

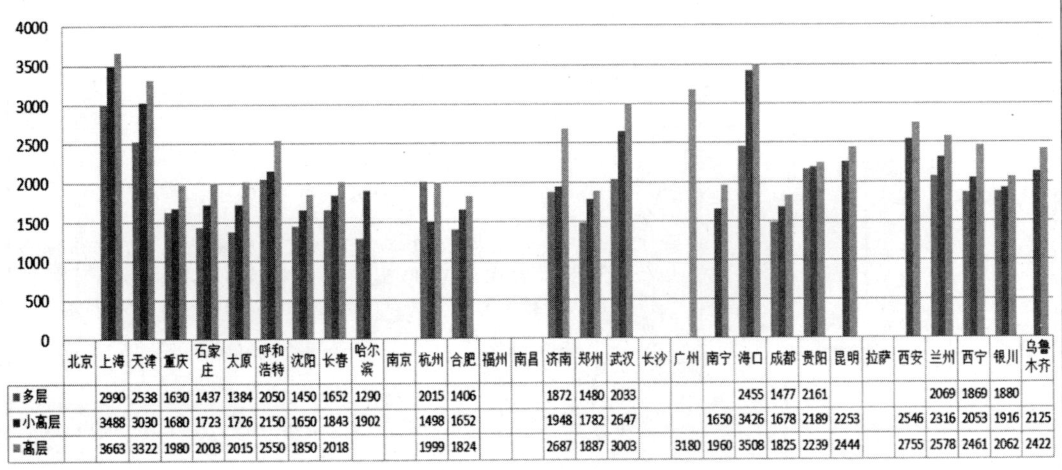

	北京	上海	天津	重庆	石家庄	太原	呼和浩特	沈阳	长春	哈尔滨	南京	杭州	合肥	福州	南昌	济南	郑州	武汉	长沙	广州	南宁	海口	成都	贵阳	昆明	拉萨	西安	兰州	西宁	银川	乌鲁木齐
■多层		2990	2538	1630	1437	1384	2050	1450	1652	1290		2015	1406			1872	1480	2033				2455	1477	2161				2069	1869	1880	
■小高层		3488	3030	1680	1723	1726	2150	1650	1843	1902		1498	1652			1948	1782	2647			1650	3426	1678	2189	2253		2546	2316	2053	1916	2125
■高层		3663	3322	1980	2003	2015	2550	1850	2018			1999	1824			2687	1887	3003		3180	1960	3508	1825	2239	2444		2755	2578	2461	2062	2422

图 4-8 2021 年上半年省会城市住宅工程造价指标（元/平方米）

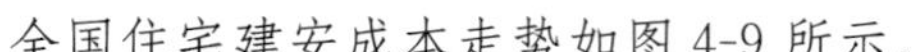
全国住宅建安成本走势如图4-9所示。

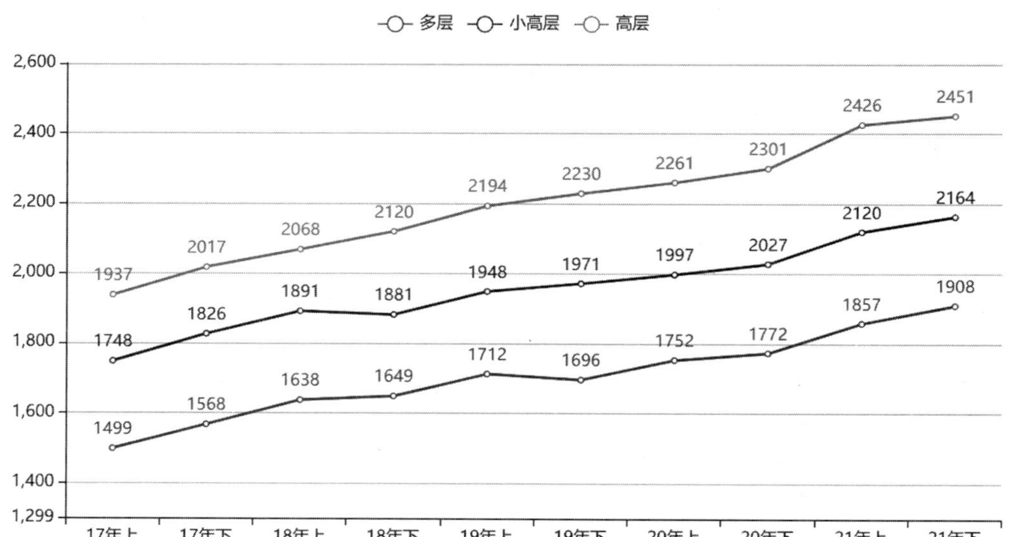

图4-9 全国住宅建安成本走势（元/平方米）

2021年下半年省会城市住宅建安工程造价指标详见表4-2。

表4-2 2021年下半年省会城市住宅建安工程造价指标 单位：元/m²

省会城市名称	建筑型式			说明
	多层	小高层	高层	
北京	2 021	2 808	2 788	
上海	3 044	3 836	3 796	1. 本数据采用2021年11月上海市建设工程造价信息进行测算。 2. 根据大数据分析，同时考虑上海造价水平的平衡性，材料：主材按2021年11月总站信息价格；人工价格采用区间价的中值。 3. 与2021年上半年相比上浮4.74%，主要原因是人工及砼等主材价格的上涨。
天津	2 633	3 106	3 465	1. 计价方式说明。 以上价格采用营改增后一般计税法计价。 2. 价格要素说明。 工程材料价格依据2021年《天津工程造价信息》7月份综合价格计算。其中，AC30混凝土价格为476.00元/m³。钢筋D10以内价格5 523.72元/t，钢筋D10以外价格5 029.18元/t。人工价格：一类工193.55元/工日，二类工170.78元/工日，三类工142.95元/工日。 3. 工程概况。 多层建筑选用的工程：建筑面积3 357m²，檐高18.50m，砖混结构，层数6层，砌体采用页岩多孔砖。地面为水泥砂浆地面，内墙面抹混合砂浆、刮腻子，外墙面贴50厚挤塑保温板，局部贴70厚挤塑保温板。门窗采用断桥铝合金中空玻璃门窗。

续表

省会城市名称	建筑型式			说明
	多层	小高层	高层	
				小高层建筑选用的工程：建筑面积 4 785m²，檐高 36.90m，剪力墙结构，地下 1 层，地上 11 层。地面为水泥砂浆地面，内墙面抹混合砂浆、刷涂料。外墙面采用聚苯乙烯泡沫板墙体保温、FTC 保温砂浆、刷涂料。门窗采用断桥铝合金中空玻璃门窗。 高层建筑选用的工程：建筑面积 13 860m²，檐高 79.80m，框架剪力墙结构，地下 1 层，地上 26 层。地面为水泥砂浆地面，内墙面抹保温砂浆，刷涂料，外墙聚苯保温板保温，抹胶粉颗粒保温灰，外墙面分别采用刷涂料、干挂大理石做法。门窗采用断桥铝合金中空玻璃门窗。
重庆	1 615	1 665	1 960	重庆市主城区
石家庄	1 413	1 717	2 011	
太原	1 431	1 784	2 084	
呼和浩特	2 050	2 150	2 550	多层（砖混）：1 350－2 050 多层（框架）：1 430－2 150 高层（框剪）：1 780－2 550
沈阳	1 450	1 700	1 850	
长春	1 660	1 865	2 050	
哈尔滨	1 337	1 978	1 978	建筑特征：框架混合结构，7 层，桩基础；多孔砖、1 层外墙为石材，其余为涂料；高分子卷材屋面。单方造价：1 337.28 元/平方米。(不含安装) 建筑特征：短肢剪力墙结构；地下 1 层、地上 11 层；超流态混凝土灌注桩基础；陶粒混凝土块墙；外墙 1 层为大理石，其余为涂料；高分子卷材屋面。 与 2021 年上半年相比单方造价上涨原因：人工单价上涨，水泥、砂、碎石、商品混凝土等材料价格上涨，导致单方造价上涨。
南京	1 691	1 988	2 450	
杭州	2 071	0	2 049	
合肥	1 421	1 663	1 835	
福州	0	0	0	
南昌	1 809	0	2 006	多层是八个项目取的平均值，小高层是两个项目取的平均值，高层是五个项目取的平均值
济南	2 054	2 213	2 913	
郑州	0	0	0	
武汉	2 159	2 810	3 188	
长沙	1 974	2 317	2 394	1. 结构类型：多层是砖混结构、小高层是钢筋砼框架结构、高层是钢筋砼框剪结构。 2. 包含了建筑、装饰（楼地面、墙柱面、天棚、门窗、涂料）、安装工程（给排水、电气、弱电、消防专业）。 3. 单方造价指标上涨的原因分析：钢筋价格上涨，7 月—10 月水泥大幅度上涨，商品砼价格上涨。

续表

省会城市名称	建筑型式			说明
	多层	小高层	高层	
广州	0	0	3 260	
南宁	0	1 710	2 030	传统多层基本无。较上半年上涨，主要是地方限电限产导致产能下降，钢材、水泥、砼、砂浆、铝合金、铜线等价格大幅上涨。
海口	2 664	3 051	3 183	不含地下室
成都	1 487	1 562	1 739	1. 本指标为清水房，含土建和一般水电安装。不含土方、地基处理、门窗、精装修、消防弱电、总平绿化等。 2. 住宅结构类型：多层为框架结构，小高层、高层为框架剪力墙结构。 3. 本指标较 2021 年上半年下跌，原因主要是材料价格下跌。
贵阳	0	2 200	2 250	2021 年下半年未收集到多层项目数据。
昆明	0	2 371	2 574	1. 此数据为昆明地区住宅工程建安工程平方米造价指标。 2. 多层住宅含公共部分普通装修；小高层及高层建筑含一层地下室及公共部分普通装修。三种类型住宅均不含室内装修、户内门窗、基坑支护、桩基础、特殊基础处理、电梯设备费用。 3. 住宅结构类型中多层住宅为框架结构；小高层、高层住宅为框架剪力墙类型。
拉萨	0	0	0	
西安	0	0	0	
兰州	2 140	2 387	2 659	1. 项目选取。 按建筑类型划分为高层、小高层、多层，每个类型三个工程项目，从市区和三县的大中型住宅小区内选取。所选项目均不含卫生洁具，地面、天棚、内墙面（包括厨卫）多为水泥砂浆，外墙装饰以防水涂料为主。 2. 测算方法。 选取的工程项目按照《甘肃省建设工程计价规则》程序计算工程造价，所有上报的成本，均按当季的材料信息价、人工信息价及机械费系数进行调整。
西宁	1 904	2 080	2 481	
银川	1 949	1 996	2 138	受原材料上涨及国家政策影响，钢材及水泥、商品混凝土价格也大幅波动。
乌鲁木齐	0	2207	2486	1. 本年度范围内无多层项目。高层指标中含通风空调工程及其他项目费，小高层指标中未含其他项目费。 2. 本指标价格取定期为 2021 年 10 月，受人工及主要材料价格上涨等综合因素影响，改指标同比 2020 年同期为上涨。

延伸阅读

建筑工程房地产开发成本构成（经验数据）

1. 桩基工程：70～100元/平方米。

2. 钢筋：40～75千克/平方米（多层含量较低，高层含量较高），合160～300元/平方米。

3. 砼：0.3～0.5立方/平方米（多层含量较低，高层含量较高），合100～165元/平方米。

4. 砌体工程：60～120元/平方米（多层含量较高，高层含量较低）。

5. 抹灰工程：25～40元/平方米。

6. 外墙工程（包括保温）：50～100元/平方米（以一般涂料为标准，如为石材或幕墙，则可能达到300～1 000元/平方米）。

7. 室内水电安装工程（含消防）：60～120元/平方米（按小区档次，多层略低一些）。

8. 屋面工程：15～30元/平方米（多层含量较高，高层含量较低）。

9. 门窗工程（不含进户门）：每平方米建筑面积门窗面积约为0.25～0.5平方米（与设计及是否高档很大关系，高档的比例较大），造价90～300元/平方米，一般为90～150元/平方米，如采用高档铝合金门窗，则可能达到300元/平方米。

10. 土方、进户门、烟道及公共部位装饰工程：30～150元/平方米（与小区档次高低关系很大，档次越高，造价越高）。

11. 地下室：增加造价40～100元/平方米（多层含量较高，高层含量较低）。

12. 电梯工程：40～200元/平方米，与电梯的档次、电梯设置的多少及楼层的多少有很大关系，一般工程约为100元/平方米。

13. 人工费：130～200元/平方米。

14. 室外配套工程：30～300元/平方米，一般约为70～100元/平方米。

15. 模板、支撑、脚手架工程（成本）：70～150元/平方米。

16. 塔吊、人货电梯、升降机等各型施工机械等（约为总造价的5%～8%）：约60～90元/平方米。

17. 临时设施（生活区、办公区、仓库、道路、现场其他临时设施，如：水、电、排污、形象、生产厂棚与其他生产用房）：30～50元/平方米。

18. 检测、试验、手续、交通、交际等费用：10～30元/平方米。

19. 承包商管理费、资料、劳保、利润等各种费用（约为10%）：

以上各项之和（第1～第19项）×10%＝90～180元/平方米。

20. 上缴国家各种税费（总造价的3.3%～3.5%）：33～70元/平方米，高档的可能达到100元/平方米。

以上没有算精装修，一般造价约为1 000～2 000元/平方米，高档小区可达3 500元以上；有300元/平方米的简装修，更有3 000～10 000元/平方米的超高档装修（拎包入住）；这要看档次高低。

21. 设计费（含前期设计概念期间费用）：15～100元/平方米。

22. 监理费：3～30元/平方米。

23. 广告、策划、销售代理费：一般为30～200元/平方米，高者可达500元/平方米以上。

24. 土地费：一般二线城市市区（老郊区地带）为70～100万元/亩，容积率一般为1.0～2.0，故折算房价为：525～1 500元/平方米，市区中心地带一般为200万元/亩，折算房价为：1 500～3 000元/平方米，核心区域可达300万元/亩以上，单方土地造价更高；一线城市甚至有高达20 000元/平方米以上的土地单方造价；三线城市、县城等土地单方造价较低，一般为100～500元/平方米，也有高达2 000元/平方米以上的情况。

25. 土地税费与前期费，一般为土地费的15%左右，二线城市一般为100～500元/平方米，各地标准不一样。

因此，基本建设费是固定的，即使是不收土地款的动迁房，以国家最低标准承建，造价也难以少于1 000元/平方米。实际上，多层普通商品房，建安成本大约在1 200元/平方米左右，小高层与高层普通商品房，建安成本大约在1 500～1 800元/平方米左右，档次越高，造价越高。能让利的部分主要是：小区的档次、缴纳的土地出让金返还及税收优惠或广告策划、销售环节的费用、装修费用等。另外，开发商的开发品质也有一定关系，如果一味压价，品质就会差一些；民营开发商比国营开发商的成本确实也低一些，主要原因是大多数民营企业以效益为主导，成本一般控制得好一些。通常，同品质的小区成本差异不会超过100～200元/平方米。

第五章
开发产品成本的归集、分配与结转

The Whole Process of Financial Accounting and Tax Treatment for Real Estate Enterprises

TAXING

第一节　开发成本核算概述

日益精细化的经营管理，要求正确地进行成本、费用核算，全面系统地反映各核算对象在整个开发周期里开发成本的构成情况，实现成本核算和成本控制的目标，并为房地产企业控制成本变动、洞悉成本动向、掌控投资进度等提供客观依据。

开发产品成本是指房地产企业在开发过程中所发生的各项费用支出。为正确核算开发产品成本，房地产企业要按照成本核算的基本程序，科学、合理、严密地组织本企业的成本核算工作，最终达到成本控制的目的。

一、成本核算的基本程序

为正确核算开发产品的成本，房地产企业应严格按照成本核算的程序进行成本核算。成本核算的基本程序如下：

1. 确定成本核算对象

根据成本核算对象的确定原则和项目特点，确定成本核算对象。

2. 归集开发成本

设置有关成本核算会计科目，建立成本台账，归集和核算开发成本。

3. 确定成本分摊方法

按受益原则、配比原则及合理原则的要求，确定应分摊成本费用在各成本核算对象之间的分配方法和标准。

4. 在成本核算对象之间分摊成本

将归集的开发成本费用按确定的方法和标准在各成本核算对象之间进行分配。

5. 计算各成本核算对象的开发总成本

编制项目开发成本计算表，计算各成本核算对象的开发总成本。

6. 正确划分完工和在建开发产品之间的开发成本

分别结转完工开发产品成本，并按建筑面积计算完工产品单位成本。

7. 正确划分可售面积、不可售面积（由主管部门确定）

根据有关规定分别计算可售面积、不可售面积应负担的成本，按与结算销售收入配比的原则正确结转完工开发产品的销售成本。

8. 编制成本报表

根据成本管理和核算要求，总括反映各成本核算对象的成本情况。

综上所述，对于房地产企业的成本核算来讲，成本核算对象和成本项目的划分和确定是正确核算开发成本的基础。

二、确定成本核算对象

为满足核算企业经营成果的需要，必须按照一定的原则和方法确定成本核算对象，以归集不同开发产品的成本支出，正确配比不同开发产品的收入和成本，准确核算项目开发经营成果。

（一）成本核算对象的概念及确定要点

成本核算对象是房地产企业在开发经营过程中，为归集和分配费用而确定的费用承担者。合理确定成本核算对象是正确组织企业成本费用核算的重要条件。成本核算对象不同于最终开发产品，成本核算对象是具有不同使用功能的开发成本归集单元，可以理解为归集开发产品成本的手段和中间步骤。房地产企业在确定成本核算对象时，要把握以下要点：

1. 合理划分成本核算对象

确定成本核算对象之前，要透彻了解开发项目的经营计划，合理确定项目分期，清楚项目立项文件，包括国有土地使用证、建设用地规划许可证、建设工程规划许可证和建设工程施工许可证“四证”等项目合法性文件中关于项目建设内容、土地性质等方面的规定，清楚所有开发产品的处理方式及其可能发生的变化，提高成本核算对象划分的合理性。

2. 保持成本核算数据口径一致

确定成本核算对象时，应结合本企业的项目开发特点和实际情况与预算部门或成本部门充分沟通，规范成本核算对象使用的名称，保持部门间成本核算对象划分一致，以提高成本信息的通用性。在项目策划阶段、项目实施阶段和项目决算阶段，要保持成本核算对象划分方法一致，保持项目预算和项目决算成本核算数据口径一致。

3. 细化成本核算对象

成本核算对象宜细不宜粗，以适应开发产品处理方式可能发生的变化，满足计算土地增值税、对成本核算进行安排和分配共同成本的需要。要有利于保证成本核算的真实性、准确性和完整性。

4. 便于成本归集和监控

成本核算对象的划分应在满足成本计算需要的基础上进行，正确反映成本的构成，便于成本费用的归集，适应成本监控的要求，并能及时结算成本核算对象的竣工成本。

（二）确定成本核算对象的原则

税法中规定的成本核算对象的确定原则是由《房地产开发经营业务企业所得税处理办法》（国税发〔2009〕31号文件发布）规定的。计税成本对象的确定原则如下：

1. 可否销售原则

开发产品能够对外经营销售的，应作为独立的成本核算对象进行成本核算；不能对外经营销售的，先作为一般成本核算对象进行成本归集，然后再将其成本摊入能够对外经营销售的成本核算对象。

2. 功能区分原则

开发项目某组成部分相对独立且具有不同使用功能的，可以作为独立的成本核算对象进行核算。

3. 定价差异原则

开发产品因其产品类型或功能不同而导致其预期售价存在较大差异的，可以分别作为成本核算对象进行核算。

4. 成本差异原则

开发产品因建筑上存在明显差异可能导致其建造成本出现较大差异的，可以分别作为成本核算对象进行核算。

5. 权益区分原则

开发项目属于受托代建的或多方合作开发的，应结合上述原则分别划分成本核算对象进行核算。

（三）确定成本核算对象的方法

根据上述原则，房地产企业应结合项目开发地点、规模、周期、开发产品处理方式、功能设计、结构类型、装修档次、施工队伍等因素和管理需要等实际情况，确定具体成本核算对象。具体确定方法如下：

（1）单体开发项目，一般以每一独立编制设计概算或施工图预算的单项开发工程为成本核算对象。

（2）成片分期开发的项目，可以以各期为成本核算对象。在按期（区）划分基础上，如同一期内有不同属性（可否销售）、物业类型，还应按可否销售及物业类型划分。

（3）在同一开发地点、结构类型相同、开竣工时间相近、由同一施工单位施工或总包的群体开发项目，可以合并为一个成本核算对象。

（4）开发规模较大、工期较长的开发项目，可以结合项目特点和成本管理的需要，按开发项目的一定区域或部位或周期划分成本核算对象。

（5）同一项目有裙楼、公寓、写字楼等不同功能的，在按期划分成本核算对象的基础上，还应按功能划分成本核算对象。

（6）同一分期有高层、多层、复式等不同结构类型的，还应按结构类型划分成本核算对象。

（7）独立编制设计概算或施工图预算的配套设施，不论其支出是否摊入房屋等开发产品成本，均应单独作为成本核算对象。

（8）只为一个单体开发项目服务的、应摊入开发项目成本且造价较低的配套设施，可以不单独作为成本核算对象，发生的开发费用直接计入单体开发项目的成本。

（四）房地产开发企业成本对象管理要求

目前金税三期征管系统全面应用，金税四期征管系统进入研发阶段，基本实现了税收管理全面信息化，再加上互联网大数据＋税务管理，在这种征管环境下，税务机关对企业的风险识别、风险推送、纳税管理、纳税评估、纳税审计、税务选案和纳税稽查做到了 360°无死角。

越来越多的税务机关要求房地产开发企业对开发项目的基础数据、经营数据、合同、发票等资料实时上传，做到动态监控。

因此，作为房地产开发企业开发项目的成本对象的管理，要对合同、设计图、施工图、会计处理等一系列的涉税资料系统地管理和相互佐证其真实性与合法性。

三、划分成本核算项目

（一）成本核算项目的分类

开发产品成本核算应根据企业开发产品的具体情况，设置成本项目。一般情况下房地产企业的成本项目应包括以下六项，简称房地产企业的“六大成本项目”：

（1）土地征用及拆迁补偿费；

（2）前期工程费；

（3）基础设施费；

（4）建筑安装工程费；

（5）公共配套设施费；

（6）开发间接费。

（二）成本项目的核算内容

1. 土地征用及拆迁补偿费

土地征用及拆迁补偿费是指房地产企业为取得土地开发使用权而发生的各项费用，主要包括以下内容：

（1）土地征用费。土地征用费是指支付的土地出让金、土地转让费、土地开发费，缴纳的大市政配套费、契税、耕地占用税，土地变更用途和超面积补交的地价，补偿合作方地价和相应税金等。

（2）拆迁补偿费。拆迁补偿费是指有关地上、地下建筑物或附着物的拆迁补偿支出，安置及动迁支出，回迁房建造支出，农作物补偿费，危房补偿费等，拆迁旧建筑物回收的残值应估价入账，分别冲减有关成本。

2. 前期工程费

前期工程费是指在取得土地开发权之后、项目开发前期的筹建、规划、设计、可行性研究、水文地质勘察、测绘、“三通一平”等前期费用。主要包括以下内容：

（1）项目整体性报批报建费。项目报建时按规定向政府有关部门缴纳的报批费，如人防工程建设费、规划管理费、新材料基金（或墙改专项基金）、拆迁管理费、招投标管理费等。

（2）规划设计费。项目立项后的总体规划设计、单体设计费，管线设计费，改造设计费，可行性研究费（含支付社会中介服务机构的市场调研费），制图、晒图费，规划设计模型制作费，方案评审费。

（3）勘测丈量费。主要包括：水文、地质、文物和地基勘察费，沉降观测费，日照测试费、拨地钉桩验线费、复线费、定线费、放线费、建筑面积丈量费等。

（4）工程招标费。主要包括：工程招标管理费、工程招标交易服务费、工程招标代理服务费等。

（5）“三通一平”费。道路通、电力通（含按规定应交的占道费、道路挖掘费）、自来水通（上水道）、场地平整（包括开工前垃圾清运费）的费用。

（6）临时设施费。临时办公室，临时场地占用费，临时借用空地租费，以及沿红线周围设置的临时围墙、围栏等设施的设计、建造、装饰等费用。

（7）其他。包括不能在以上明细中归集的、不可预期的其他开发前期准备费，如挡光费、危房补偿鉴定费、施工噪音管理费、危房补偿鉴定技术咨询费等。

3. 基础设施费

基础设施费是指项目开发过程中发生的小区内、建筑安装工程施工图预算项目之外的道路、供电、供水、供气、供热、排污、排洪、通信、照明、绿化等基础设施工程费用，红线外两米与大市政接口的费用，以及向水、电、气、热、通信等大市政公司缴纳的费用。主要包括以下内容：

（1）道路工程费。主要指小区内道路铺设费。

（2）供电工程费。主要包括变（配）电设备的购置费，设备安装及电缆铺设费，供（配）电贴费、电源建设费，缴纳的电增容费等。

（3）给排水工程费。主要包括自来水、雨（污）水排放、防洪等给排水设施的建造、管线铺设费用，以及向自来水公司缴纳的水增容费等。

（4）煤气工程费。主要包括煤气管道的铺设费、增容费、集资费，煤气配套费，煤气发展基金、煤气挂表费等。

（5）供暖工程费。主要包括暖气管道的铺设费、集资费。

（6）通信工程费。主要包括电话线路的铺设、电话配套费，电话电缆集资费，缴纳的电话增容费等。

（7）电视工程费。主要指小区内有线电视（闭路电视）的线路铺设和按规定应缴纳的有关费用。

（8）照明工程费。主要指小区内路灯照明设施支出。

（9）绿化工程费。主要包括小区内景观建设、人工草坪、栽花、种树等绿化支出，绿地建设费。

（10）环卫工程费。主要指小区内的环境卫生设施支出，如垃圾站（箱）、公厕等的工程支出。

（11）景观工程费：建筑小品、环廊、街心公园、凉亭等的工程支出。

（12）其他。主要包括小区周围设置的永久性围墙、围栏支出，园区大门、小区内安防、监控工程费，自然下沉整改费等。

4. 建筑安装工程费

建筑安装工程费是指项目开发过程中发生的列入建筑安装工程施工图预算项目内的各项费用（含设备费、出包工程向承包方支付的临时设施费和劳动保险费），有甲供材料、设备的，还应包括相应的甲供材料、设备费。发包工程应依据承包方提供的经甲方审定的工程价款结算单来确定。具体包括土建工程费、安装工程费和装修工程费等。

（1）土建工程费。土建工程费包括：①基础工程费［土石方、桩基、护壁（坡）工程费、基础处理费、桩基咨询费］。②主体工程费，即土建结构（含地下室部分）工程费。③有甲供材料的，还应包括相应的甲供材料费。

（2）门窗工程费。门窗工程费主要包括：单元门、入户门、室内门、户外门窗、防火门的费用。

（3）安装工程费。安装工程费包括：①电气（强电）安装工程费，指主体工程内的照明等电气设备安装费。②电信（弱电）安装工程费，指主体工程内的通信、保安监视、有线电视系统等电信设施安装费。③给排水安装工程费，指主体工程内的上下水、热水等给排水设施安装费。④电梯安装工程费，指主体工程内的电梯及其安装、调试费。⑤空调安装工程费，指主体工程内的换热站、冷冻站、风机盘管控制、楼宇自控系统等空调设施安装费。⑥消防安装工程费，指主体工程内的自动喷洒、消防栓和消防报警系统等消防设施安装费。⑦煤气安装工程费，指主体工程内的煤气管线等燃气设施安装费。⑧采暖安装工程费，指主体工程内的水暖、汽暖等供热设施安装费。⑨上述各项如有甲供材料、设备，还应分别包括相应的甲供材料、甲供设备费。

（4）装修工程费。装修工程费主要包括：内外墙装修、室内精装修、样板房装修、电梯间装修、大堂装修、楼道装修、天（顶）篷、雨篷、公共部位装修等费用，有甲供材料的，还应包括相应的甲供材料费。

（5）其他。工程收尾所发生的零星工程费和乙方保修期后应由开发商承担的维修费（零星工程费和乙方保修期后应由开发商承担的维修费能够归类的，应按从属主体原则归类计入上述相应费用）、现场垃圾清运费、工程保险费等。

5. 公共配套设施费

公共配套设施费是指房屋开发过程中，根据有关法规，产权及其收益权不属于开发商，开发商不能有偿转让也不能转作自留固定资产的公共配套设施支出。该成本项目下按各项配套设施设置明细科目，具体核算内容可区别以下情况：

（1）在开发小区内发生的不会产生经营收入的不可经营性公共配套设施支出，如建造消防、水泵房、水塔、锅炉房（建筑成本）、变电所（建筑成本）、居委会、派出所、岗亭、儿童乐园、自行车棚等设施的支出。

（2）在开发小区内发生的根据法规或经营惯例，其经营收入归经营者或业主委员会的可经营性公共配套设施的支出，如建造幼儿园、托儿所、邮局、图书馆、阅览室、健身房、游泳池、球场等设施的支出。

（3）开发小区内城市规划中规定的大配套设施项目不能有偿转让和取得经营收益权时，发生的没有投资来源的费用。

（4）对于产权、收入归属情况较为复杂的地下室、车位等设施，应根据当地政府法规、开发商的销售承诺等具体情况确定是否摊入成本项目。如开发商通过补交地价或人防工程费等措施，得到政府部门认可，取得了该配套设施的产权，则应作为经营性项目独立核算。

6. 开发间接费

开发间接费是指房地产开发企业内部独立核算单位为直接组织和管理开发产品的开发建设而发生的各项费用。各项目公司开发部门、造价管理部门、工程设计采购部门、拆迁部门等部门发生的费用记入本科目。在会计核算中，“开发间接费”科目的核算一定要区别于企业经营活动中的“管理费用”、“销售费用”和“财务费用”。

开发间接费的内容包括：

（1）项目管理性支出。内部独立核算的开发项目现场管理的人员工资、福利费，折旧费，修理费，办公费，办公用水电费，劳动保护费，低值易耗品摊销，周转房摊销。

（2）借款费用。直接用于项目开发所借入资金的利息支出、汇兑损益，减去利息收入和汇兑收益的净额。

（3）物业管理完善费。按规定应拨付给业主管理委员会的由物业管理公司代管的物业管理基金、公建维修基金或其他专项基金，以及开发产品交付使用前投入的物业管理费。

（4）工程管理费。指支付给聘请的社会中介服务机构为项目编制或审查预决算而发生的费用、工程监理费用、工程保险费，以及按规定支付给质检部门的质量检验费，如项目发生的材料、设备质量检验费，工程质量质检费，工程竣工验收费等质量鉴定性费用。

（5）营销设施建筑费。指开发企业建造的售楼处（接待处）和临时样板房，或者是在项目之外租赁的房屋作为售楼处发生的费用。

（6）其他。指项目交付使用后发生的，按规定应由开发商补贴给物业公司水、电、气等价差，及其他不可预期、应计入开发间接费的费用，以及营销设施建造费。

（三）成本项目中各支出项目的见证性资料

具体资料详见表 5-1。

表 5-1　　各支出项目的见证性资料

项目	支出项目	需提供的见证性资料	财务部审核内容及台账登记
土地费用及拆迁补偿费	土地出让费及应缴纳契税	1. 经公司批准的投资立项批准文件； 2. 根据国土资源和房屋管理局批准的国土土地使用权出让合同； 3. 付款审批单	审查投资发展部提供资料是否齐全，包括是否经公司立项审批，契税的计算是否准确等

续表

项目	支出项目	需提供的见证性资料	财务部审核内容及台账登记
土地费用及拆迁补偿费	拆迁补偿费	1. 拆迁许可证； 2. 拆迁合同； 3. 付款审批单	1. 根据工程部提供文件资料上的收费标准进行复核； 2. 在成本费用控制系统中确认是否超过月度预算、成本概算； 3. 登记项目工程控制台账
	安置补助费	1. 城市房屋拆迁管理条例； 2. 拆迁人员名单； 3. 计算过程资料及最终确定金额； 4. 付款审批单	同上
前期规费及代垫水电费	城市基础设施配套费：包括供热、供气、道路、给水、雨水、污水、综合布线、环卫、水处理、中小学、托幼园所的配套费用	1. 政府文件资料； 2. 与计算规费相关的基础资料； 3. 付款审批单	1. 根据工程部提供文件资料上的收费标准及建设工程规划许可证上的建筑面积进行复核； 2. 在成本费用控制系统中确认是否超过月度预算、成本概算； 3. 登记项目工程控制台账
	其他规费：白蚁防蛀工程费、水土保持补偿费、工程质量监督费、墙体建筑材料节能费、散装水泥专项资金、交易服务费、劳保统筹费、工程监理费、招标代理费、树木伐移补偿费	1. 政府文件资料中规定的收费标准； 2. 计价基础资料； 3. 付款审批单	1. 复核资料及计价基础是否真实合理； 2. 复核计算结果； 3. 在成本费用控制系统中确认是否超过月度预算、成本概算； 4. 登记项目工程台账
	前期报建费：环境评估费、地震安全评估、批文、水土保持方案编制费、声像档案费、环保费等	1. 评估报告； 2. 政府文件资料中规定的收费标准； 3. 计价基础资料，包括合同或规定的面积标准等； 4. 付款审批单	1. 复核资料及计价基础是否真实合理确定； 2. 复核计算结果； 3. 复核付款是否按合同规定的进度完成，复核付款标准要求； 4. 在成本费用控制系统中确认是否超过月度预算、成本概算
	代垫水电费	1. 水电费分割明细表； 2. 水电费抄表记录； 3. 付款审批单	1. 复核分配表明细汇总与总表记录是否相符； 2. 复核计算结果

续表

项目	支出项目	需提供的见证性资料	财务部审核内容及台账登记
勘察设计费	设计费：规划方案、建筑方案、施工图、环境设计、专项设计、人防设计等费用	1. 设计合同； 2. 一般性收费标准； 3. 按合同付款进度要求设计完成情况的见证性资料； 4. 付款审批单	1. 复核付款标准是否符合要求； 2. 在成本费用控制系统中确认是否超过月度预算、成本概算
	勘察费：设计方案专家评审费；规划指标审核费；施工图审查费；选址费，定界、定位费；岩土地质勘探费	1. 政府文件资料及收费标准； 2. 审核结果资料； 3. 计费依据，例如是按面积收还是按设计费，各自的数据是多少，根据什么资料来确定	同政府规费
建安工程费	基础设施：室外给水、室外排水、排水接头，室外电力、室外供暖、煤制气、电话、有线电视、宽带	1. 政府文件资料中规定的收费标准； 2. 与政府指定部门签订的合同； 3. 工程进度完成情况确认单； 4. 付款审批单	1. 审查合同签订部门是否符合规定； 2. 审查工程进度款相关部门是否确认，工程进度与付款进度是否相符； 3. 审查发票是否符合规定； 4. 审查支出是否在成本概算和预算控制范围之内； 5. 登记项目工程工程台账
	环境配套：道路工程、室外照明工程、绿化工程、室外铺装、安防、智能化、室外景观、环卫设施、生活垃圾清运、“三通一平”	同上	同上
	单体工程类：土建、上下水、电气、采暖、消防水、通风工程、车库、人防工程、水电设备、防雷设施、土石方	1. 合同（第一次付款附合同原件；以后付款只需附复印件中的几页：显示合同双方名称的；合同总价/总酬；付款条件；甲乙双方的签章）； 2. 价格确认单； 3. 工程验收单（签字）； 4. 工程进度付款会签表； 5. 工程款拨付表； 6. 发票； 7. 付款审批单	1. 复核工程验收单及工程进度付款申请中是否有监理公司、项目预算采购部、项目工程等相关审核部门的签字确认，符合相关数据的计算是否准确； 2. 根据工程进度确认单与合同付款进度核对是否符合合同付款条款； 3. 根据价格确认单、合同与项目成本测算进行相关方面的数据审核； 4. 登记项目控制台账
材料采购费	材料设备类：甲供材料、钢材、电梯、门窗等	1. 合同（第一次付款附合同原件；以后付款只需附复印件中的几页：显示合同双方名称的；合同总价/总酬；付款条件；甲乙双方的签章）； 2. 价格确认单； 3. 工程验收单（签字）或购入材料确认单； 4. 工程进度付款会签表或材料明细汇总表； 5. 工程款或材料款拨付表； 6. 发票； 7. 付款审批单	1. 审查收料单是否经相关人员签字确认； 2. 审核材料付款明细表中的数量与收料单的数量是否一致，价格与价格确认单中的价格是否相符； 3. 审查发票是否符合相关规定； 4. 审查本次付款是否符合合同条款的有关规定； 5. 审查支出是否在成本概算和月度预算控制范围之内

四、成本核算对象和成本项目之间的关系

所有房地产企业开发项目中，成本项目的划分都是相同的，也就是说，成本项目的划分不是企业自行确定的，而是按房地产企业有关规定确定的。成本核算对象则是房地产企业自行确定的，不同的房地产开发项目，其成本核算对象也是不同的。因此，成本核算对象的确定是企业在成本核算中面临的首要任务。

房地产开发企业的开发总成本由各个成本核算对象的成本组成，而每个成本核算对象又由各个具体的成本项目组成（如图 5-1 所示）。

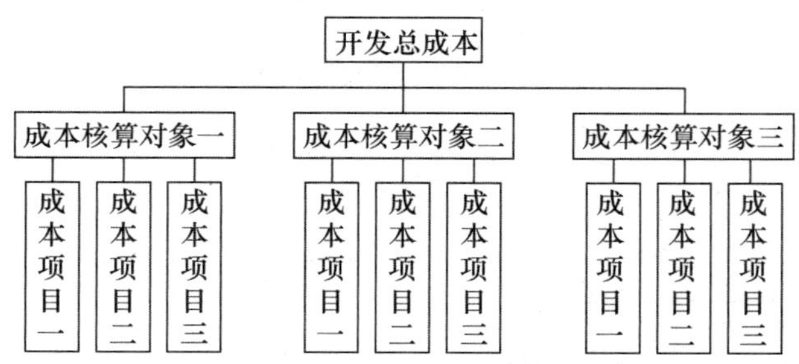

图 5-1　房地产项目开发成本组成图

第二节　期间费用核算概述

成本与费用作为房地产开发企业在生产经营过程中所发生的生产要素耗费，是获取收入的必要条件。房地产开发企业改善生产管理，节约成本与费用，是提高生产经营成果的重要手段。因此，必须加强成本与费用的管理与核算。房地产开发企业应根据《企业会计准则》和有关制度的规定，正确划分成本与费用的界限，正确划分本期成本、费用与以后各期成本、费用的界限，从而达到正确计算各种开发产品的成本与本期费用的目的。

一、费用的特点

费用是指企业为销售商品、提供劳务等日常活动所发生的经济利益的流出。费用主要有以下特征：

（1）费用通常是为取得某项营业收入而发生的耗费，这些耗费可以表现为资产的减少或负债的增加。

（2）费用是对耗费所做的计量，这种耗费并不一定表现为当期直接发生的支出，有些耗费是通过系统、合理的分配形成的，如固定资产折旧等。

二、费用确认的原则

企业在对费用进行核算之前，首先应进行费用的确认。由于发生费用的目的是取得收入，因此，费用的确认应与收入的确认相联系。所以，确认费用应遵循划分收益性支出与资本性支出原则、权责发生制原则和配比原则。对应属于本期的各项费用，不论其是否实际支付款项，均应确认为本期的费用；对不属于本期的费用，即使款项已经在本期付出，也不应确认为本期的费用。

三、费用确认的方法

1. 按照因果关系确认费用

是指根据费用与收入之间的因果关系确认费用。如果某项已耗用的资产与本期所获得的收入有直接联系，则该项已耗用的资产应当在确认收入的当期确认为费用，即凡是与当期实现的收入有直接联系的耗费，都应确认为当期的费用；反之，与当期实现的收入无关的耗费，不应当确认为当期费用。以商品房销售成本为例，只有本期售出的商品房，其成本才能转化为营业成本，才能确认为赚取本期营业收入的费用，而那些本期完工却并未销售出去的商品房，其成本不能确认为与本期营业收入配比的费用。

2. 按照系统合理的分配方法确认费用

尽管按照因果关系确认费用被认为是确认费用的最理想方法，但有些费用与收入之间的因果关系有时难以划分清楚。因此，按照配比原则的要求，一般采取系统合理的方法，将取得资产的成本在受益期间分摊计入各期的费用，从不同期间实现的营业收入中获得补偿。例如，固定资产和无形资产能够在较长的会计期间内使用，有助于企业各期营业收入的实现，但与营业收入没有可以直接认定的因果关系，并且企业取得固定资产和无形资产时所发生的支出一般较大，如果在发生时就将其确认为费用，既影响资产的正确计量，也会导致各期收益的不可比，所以固定资产和无形资产只能通过采取系统合理的折旧方法和摊销方法，确认其应归属各期的折旧费用和摊销费用。

3. 直接确认为当期费用

是指与营业收入没有直接联系，且只能为一个会计期间带来效益或受益期间难以合理估计的支出，应在发生时直接确认为当期的费用。例如，企业的一些行政费用与营业收入没有直接联系，而且只涉及本会计期间，因而在发生时就应确认为当期的费用，如销售费用、管理费用等。此外，对于一些受益期较长但数额较小的支出，也可以直接确认为当期费用。

上述三种费用确认方法之间具有一定的层次关系：如果费用与收入之间存在直接的因果关系，应按因果关系确认费用；如果费用与收入之间不存在直接的因果关系，需要采用系统、合理的分配方法来确认费用；如果费用与收入之间不存在因果关系，又无法采用某种合理的分配方法确认，应当在发生时直接确认为当期费用。

四、费用的核算内容

房地产开发企业发生的期间费用包括管理费用、销售费用和财务费用。

（一）管理费用

管理费用是指企业行政管理部门为组织和管理生产经营活动而发生的各种费用。包括：工会经费、职工教育经费、业务招待费、技术转让费、无形资产摊销、咨询费、诉讼费、开办费摊销、坏账损失、公司经费、聘请中介机构费、矿产资源补偿费、研究开发费、劳动保险费、董事会会费以及其他管理费用。其中：

（1）公司经费包括总部管理人员工资、职工福利费、差旅费、办公费、折旧费、修理费、低值易耗品摊销及其他公司经费。

（2）劳动保险费指企业缴纳的养老保险金、退休金等有关离退休人员的费用支出，以及生活补贴、医疗费（包括离退休人员参加医疗保险的医疗保险基金）、安家费、职工退职金、职工死亡丧葬补助费、抚恤费、按规定支付给离休干部的各项经费和实行社会统筹办法的企业按规定提取的统筹退休基金。

（3）董事会会费是指企业最高权力机构及其成员为执行其职能而发生的费用，如差旅费、会议费等。

（二）销售费用

销售费用是指企业在销售产品、自制半成品和提供劳务等过程中发生的费用，包括由企业负担的包装费、运输费、广告费、装卸费、保险费、委托代销手续费、展览费、租赁费（不含融资租赁费）和销售服务费，销售部门人员工资、职工福利费、差旅费、办公费、折旧费、修理费、物料消耗、低值易耗品摊销以及其他经费等。

（三）财务费用

财务费用是指企业在生产经营过程中为筹集资金而发生的各项费用。包括：企业生产经营期间发生的利息支出（减利息收入），汇兑净损失（减汇兑收益），金融机构手续费，以及筹资发生的其他财务费用，如债券印刷费、国外借款担保费等。

但是，企业筹建期间发生的利息支出计入开办费；与购建固定资产或者无形资产有关的，在资产尚未交付使用或者虽已交付使用但尚未办理竣工决算之前发生的利息支出，计入购建资产的价值；清算期间发生的利息支出，计入清算损益。

第三节　成本费用核算的会计科目设置

为了核算和反映房地产开发建设过程中各项开发建设费用的发生、归集和分配情况，正确计算开发产品成本，房地产开发企业应设置下列会计科目。

一、开发成本

“开发成本”科目用于核算企业在土地、房屋、配套设施和代建工程的开发过程中发生的各项费用，如土地征用及拆迁补偿费、前期工程费、基础设施费、建筑安装工程费、配套设施费和开发间接费等。

（1）企业发生的土地征用及拆迁补偿费、前期工程费、基础设施费、建筑安装工程费和配套设施费等，属于直接费用，直接记入“开发成本”科目借方有关成本核算对象的相应成本项目。

（2）应由开发产品成本负担的间接费用，应先在“开发间接费用”科目进行归集，月末，再按一定的分配标准分配，计入有关的开发产品成本。

（3）企业开发的土地、房屋、配套设施和代建工程等，采用出包方式的，应根据承包企业提供的“工程价款结算单”承付工程款，借记“开发成本”科目，贷记“应付账款——应付工程款”科目或“银行存款”等科目。

（4）企业开发的土地、房屋、配套设施和代建工程等，采用自营方式的，发生的各项费用，直接借记“开发成本”科目，贷记“原材料”“库存商品”“工程物资”“银行存款”等科目。

（5）如果企业自营施工大型建筑安装工程，可以根据需要增设“工程施工”“施工间接费用”等科目，用来核算和归集自营工程建筑安装费用，月末，再按实际成本转入“开发成本”科目。

（6）企业在房地产开发过程中领用的设备，附属于工程实体的，应根据附属对象，于设备发出交付安装时，按其实际成本，借记“开发成本”科目，贷记“工程物资”等科目。

（7）企业已经开发完成并验收合格的土地、房屋、配套设施和代建工程，应及时进行成本结转，按其实际成本，借记“开发产品”科目，贷记“开发成本”科目。

房地产开发企业在一定时期内可能承担多个项目的开发建设，这些建设项目按开发项目的内容和管理方式不同，选择本企业的成本核算对象、成本项目和成本核算方法。“开发成本”科目应按开发产品的类别，如“土地开发”、“房屋开发”、“配套设施开发”和“代建工程开发”等设置明细账，并在明细账下按成本核算对象和成本项目进行明细核算。

二、开发间接费用

“开发间接费用”科目用于核算和反映企业内部工程现场管理部门为开发产品而发生的各项间接费用，包括工资、福利费、折旧费、修理费、办公费、水电费、劳动保护费、周转房摊销等，房地产开发企业应设置“开发间接费用”科目。企业发生的各项间接费用，借记“开发间接费用”科目，贷记“应付职工薪酬”“累计折旧”“周转房”等科目。期末，“开发间接费用”科目借方归集的费用应按企业成本核算办法的规定，分配计入有关的成本核算对象，借记“开发成本”科目，贷记“开发间接费用”科目，结转后“开发间接费用”科目应无余额。

“开发间接费用”科目应按企业内部不同的工程现场管理部门及不同的成本核算对象设置明细账。企业行政管理部门为组织和管理生产经营活动而发生的管理费用，应作为期间费用，记入“管理费用”科目，不在“开发间接费用”科目核算。

三、开发产品

“开发产品”科目用于核算已经完成全部开发建设过程，并已验收合格，符合国家建设标准和设计要求，可以按照合同规定的条件移交订购单位，或者作为对外销售、出租的产品的实际成本，包括土地（建设场地）、房屋、配套设施和代建工程。借记“开发产品”科目，贷记“开发成本”科目，并根据核算对象设置明细账户，如：“开发产品——住宅”“开发产品——商业楼”“开发产品——别墅”。

四、管理费用

“管理费用”科目用于核算企业行政管理部门为组织和管理生产经营活动而发生的各种费用。包括：工会经费、职工教育经费、业务招待费、印花税等相关税金、技术转让费、无形资产摊销、咨询费、诉讼费、开办费摊销、坏账损失、公司经费、聘请中介机构费、矿产资源补偿费、研究开发费、劳动保险费、董事会会费以及其他管理费用。

企业发生的管理费用，借记“管理费用”科目，贷记“银行存款”“库存现金”等科目，并在“管理费用”科目中按费用项目设置明细账，进行明细账核算。期末，“管理费用”科目在余额结转至“本年利润”科目后无余额。

五、销售费用

“销售费用”科目用于核算企业为销售和提供劳务等过程中发生的各项费用，包括由企业负担的包装费、运输费、广告费、装卸费、保险费、委托代销手续费、展览费、租赁费（不含融资租赁费）和销售服务费，销售部门人员工资、职工福利费、差旅费、办公费、折旧费、修理费、物料消耗、低值易耗品摊销以及其他经费等。

企业发生的销售费用，借记“销售费用”科目，贷记“银行存款”“库存现金”等科目，并在“销售费用”科目中按费用项目设置明细账，进行明细核算。期末，“销售费用”科目的余额结转“本年利润”科目后无余额。

六、财务费用

“财务费用”科目用于核算企业在房地产开发经营过程中，为进行资金筹集等活动而发生的财务费用，如借款利息（非资本化利息支出部分）、汇兑损益、银行手续费等。

企业发生的财务费用，借记“财务费用”科目，贷记“银行存款”科目，并在“财务费用”科目中按费用项目设置明细账，进行明细核算。期末，“财务费用”科目在余额结转“本年利润”科目后无余额。

房地产开发成本及期间费用的会计科目核算内容见表 5-2 和表 5-3。

表 5-2　　房地产开发企业成本核算科目一览表

<table>
<tr><th>一级科目</th><th>二级科目</th><th>三级科目</th><th>三级科目的内容</th></tr>
<tr><td rowspan="40">开发成本</td><td rowspan="18">一、土地征用及拆迁补偿费</td><td rowspan="11">1. 土地征用费</td><td>土地买价或出让金</td></tr>
<tr><td>拍卖佣金、拍卖手续费</td></tr>
<tr><td>大市政配套费</td></tr>
<tr><td>税金（契税、耕地占用税）</td></tr>
<tr><td>土地交易费</td></tr>
<tr><td>土地使用费</td></tr>
<tr><td>土地闲置费</td></tr>
<tr><td>土地开发费</td></tr>
<tr><td>补交地价款（变更、超面积）</td></tr>
<tr><td>合作款项（地价及相关税费）</td></tr>
<tr><td>其他</td></tr>
<tr><td rowspan="7">2. 拆迁补偿费</td><td>拆迁补偿费</td></tr>
<tr><td>安置及动迁费</td></tr>
<tr><td>回迁房建造费</td></tr>
<tr><td>农作物补偿费</td></tr>
<tr><td>危房补偿费</td></tr>
<tr><td>劳动力安置费</td></tr>
<tr><td>其他</td></tr>
<tr><td rowspan="22">二、前期工程费</td><td rowspan="22">1. 报批报建费</td><td>规划管理费</td></tr>
<tr><td>拆迁管理费</td></tr>
<tr><td>施工许可证费</td></tr>
<tr><td>工程造价管理费</td></tr>
<tr><td>人防报建费</td></tr>
<tr><td>土地登记费</td></tr>
<tr><td>新材料基金</td></tr>
<tr><td>图纸审查费</td></tr>
<tr><td>定额测定费</td></tr>
<tr><td>定额劳保费</td></tr>
<tr><td>城市绿化费</td></tr>
<tr><td>地质灾害评估费</td></tr>
<tr><td>雷电灾害风险评估费</td></tr>
<tr><td>项目环境影响评价费</td></tr>
<tr><td>项目环境验收费</td></tr>
<tr><td>节能评估报告编制费</td></tr>
<tr><td>可行性研究编制费</td></tr>
<tr><td>设计评审费</td></tr>
<tr><td>勘察评审费</td></tr>
<tr><td>方案评审费</td></tr>
<tr><td>日照分析报告编制费</td></tr>
</table>

续表

一级科目	二级科目	三级科目	三级科目的内容
开发成本	二、前期工程费	1. 报批报建费	墙体材料专项基金
			散装水泥专项基金
			白蚁防治费
			防洪评估费
			气象服务费
			其他
		2. 规划设计费	总体规划设计费
			单体设计费
			管线设计费
			改造设计费
			施工图设计费
			基坑工程设计费
			小市政施工图设计费
			景观设计费
			人防设计费
			精装设计费
			制图费
			晒图费
			测绘费
			避雷设施检测费
			防震设施检测费
			其他
		3. 勘察丈量费	建筑面积丈量费
			产权面积实测费
			楼房放线验线费
			工程竣工图测绘费
			地基测量钉桩费
			勘察放线费
			销售许可证及面积测量费
			水文勘测费
			地质勘测费
			文物勘测费
			地基勘测费
			沉降观测费
			日照测试费
			其他
		4. 工程招标费	工程招投标管理费
			工程招投标交易服务费
			工程招投标代理服务费

续表

一级科目	二级科目	三级科目	三级科目的内容
开发成本	二、前期工程费	5. “三通一平”费	临时道路
			临时用电
			临时供水
			建设场地平整、填土费
			渣土外运清理费
		6. 临时设施费	临时办公室
			临时场地占用费
			临时借用空地租金
			临时围墙
			临时围栏
			临时围板
			挡土墙
			临时工程费
			临时设施
			其他
		7. 其他	挡光费
			危房补偿鉴定费
			施工噪音管理费
	三、基础设施费	1. 社区管网工程费（主体外的）	给排水工程费
			排洪工程费
			排污工程费
			供电工程费
			燃气工程费
			供暖工程费
			通信工程费
			照明工程费
			电视工程费
			智能化系统费
			安防监控工程费
			室外消防工程费
			其他
		2. 环卫工程费	垃圾站（箱）建设费
			公厕建设费
			其他
		3. 园林工程费	广场建设费
			道路工程费
			绿化工程费
			景观工程费
			其他

续表

一级科目	二级科目	三级科目	三级科目的内容
开发成本	四、建筑安装工程费	1. 基础工程费	土石方工程费
			桩基检测费
			桩基工程费
			降水
		2. 主体工程费	柱梁板工程费
			墙体工程费
			楼地面工程费
			屋盖工程费
		3. 安装工程费（主体内的）	电梯工程费
			暖通/空调工程费
			室内消防工程费
			室外门窗工程费
			入户门工程费
			防火门工程费
			弱电系统工程费
			给排水安装工程费
			排污安装工程费
			燃气安装工程费
			通信安装工程费
			信报箱制作安装工程费
			其他
		4. 装修工程费	内外墙装修费
			室内精装修费
			样板房装修费（未来作为精装修房销售）
			电梯间装修费
			公共部位装修费（首层大堂、遮雨棚、栏杆等）
			开荒清洁费
			其他
	五、公共配套设施费	1. 不可经营性公共配套设施	消防设施
			水泵房
			水塔
			锅炉房/热力站
			居委会
			岗亭
			自行车棚
			变电所/变电站
			物业管理用房
			派出所
			公共厕所
			公共休闲设施
			其他

续表

一级科目	二级科目	三级科目	三级科目的内容
开发成本	五、公共配套设施费	2. 可经营性公共配套设施	幼儿园/托儿所/学校
			邮局/邮电/通信
			图书馆/阅览室
			健身房
			游泳池
			球场
			医院
			其他
		3. 其他配套设施	人防工程设施
			地下室
			地下车位/车库
			其他
开发间接费用	一、工资		
	二、职工福利费		
	三、办公费		
	四、水电费		
	五、折旧费		
	六、修理费		
	七、周转房摊销		
	八、低值易耗品摊销		
	九、营销设施建造费		
	十、物业管理完善费	公建维修基金	
		前期物业管理费	
		其他	
	十一、劳动保护费		
	十二、工程管理费	预决算编审费	
		工程监理费	
		工程保险费	
		工程咨询费	
		工程质监及安监费	
		工程质量鉴定费	
		工程验收费	
		其他	
	十三、借款费用	利息支出（资本化）	
		汇兑损益	
	十四、其他		

表 5-3 房地产开发企业期间费用核算科目一览表

一级科目	二级科目	三级科目
管理费用	1. 职工薪酬	工资
		职工福利费
		社保费
		住房公积金
		工会经费
		职工教育经费
		其他
	2. 办公费	
	3. 差旅费	
	4. 水电费	
	5. 会议费	
	6. 劳动保护费	
	7. 折旧费	
	8. 修理费	
	9. 车辆使用费	油燃料费
		过路过桥费
		停车费
	10. 业务招待费	
	11. 低值易耗品摊销	
	12. 开办费摊销	
	13. 咨询顾问费	
	14. 审计费	
	15. 董事会费	
销售费用	1. 销售推广费	媒介广告费
		广告制作费
		促销广告费
		展位费
		宣传资料及礼品费
		现场销售器具费
		灯箱制作费
		展板制作费
		楼书印刷费
		户外发布费
		其他
	2. 合同交易费	总产权登记费
		分户产权转移登记费
		交易手续费
		网上备案费
		其他

续表

一级科目	二级科目	三级科目
销售费用	3. 销售中介费	中介策划及咨询费
		销售代理费及佣金
		其他
	4. 销售机构费用	职工薪酬
		办公费
		差旅费
		修理费
		水电费
		租赁费
		其他
财务费用	1. 利息支出	
	2. 汇兑损益	
	3. 金融机构手续费	
	4. 其他	
税金及附加	1. 房产税	
	2. 车船税	
	3. 印花税	
	4. 城镇土地使用税	
	5. 资源税	
	6. 消费税	
	7. 土地增值税	
	8. 城市维护建设税	
	9. 教育费附加	
	10. 地方教育附加	

第四节 成本归集、分配的会计处理

房地产企业对于开发成本的核算过程，实际上就是在确定成本核算对象的基础上，合理地进行成本归集和分配的过程。因此，开发成本的归集和分配是房地产企业成本核算的重要内容。

成本归集就是将成本支出计入成本项目的过程，而成本分配就是将计入成本项目的成本支出进行合理分摊，并计入成本核算对象的过程。房地产企业通过成本归集和成本分配，可以反映出每个成本核算对象的成本支出，为计算销售成本创造条件。

一、成本分配方法

房地产开发、建造的开发产品应按制造成本法进行计量与核算。其中，应计入开发产品成本的费用属于直接成本和能够分清成本对象的间接成本，直接计入成本对象；共同成本和不能分清成本对象的间接成本，应按受益原则和配比原则分配至各成本对象。企业应根据项目的具体情况，科学选择成本分配方法。

（一）占地面积法

占地面积法是指按已动工开发成本对象占地面积占开发用地总面积的比例进行分配。占地面积法主要用于开发项目土地成本的分摊。

一次性开发的，按某一成本对象占地面积占全部成本对象占地总面积的比例进行分配。

分期开发的，首先按本期全部成本对象占地面积占开发用地总面积的比例进行分配，然后再按某一成本对象占地面积占期内全部成本对象占地总面积的比例进行分配。

期内全部成本对象应负担的占地面积为期内开发用地占地面积减除应由各期成本对象共同负担的占地面积。

【例 5-1】 某宗土地占地面积为 40 000 平方米，土地购置成本为 5 亿元。其中住宅楼基底座占地面积为 17 000 平方米，写字楼基底座占地面积为 6 500 平方米，幼儿园基底座占地面积为 1 000 平方米，物业管理楼基底座占地面积为 500 平方米，属于公共配套设施的小区围墙、供水设备、供气设施、配电设施、绿地、道路和露天健身场地等占地面积为 15 000 平方米。请计算各类开发产品需要分配的土地成本金额。

计算过程如下：

住宅应分配的土地成本＝17 000/25 000×5＝3.4(亿元)

写字楼应分配的土地成本＝6 500/25 000×5＝1.3(亿元)

幼儿园应分配的土地成本＝1 000/25 000×5＝0.2(亿元)

物业管理用房应分配的土地成本＝500/25 000×5＝0.1(亿元)

小区围墙、供水设备、供气设施、配电设施、绿地、道路和露天健身场地等占地面积成本已经由各个成本对象分别按比例负担，不再单独分配土地成本。

建筑密度

建筑密度（building density）是项目用地范围内所有建筑的基底面积总和与项目规

划建设用地面积之比，它可以反映出一定用地范围内的空地率和建筑密集程度，也称为建筑物的覆盖率。公式如下：

$$建筑密度=\frac{建筑物的基底面积总和}{规划建设用地面积}$$

$$\begin{aligned}\begin{matrix}每栋楼应分配的\\土地成本\end{matrix}&=\begin{matrix}土地单位\\面积成本\end{matrix}\times\begin{matrix}每栋楼应分配的\\土地面积\end{matrix}\\&=\begin{matrix}土地单位\\面积成本\end{matrix}\times\left(\frac{每栋楼基底总面积}{项目用地范围内所有建筑的基底总面积}\times\begin{matrix}项目规划建设\\用地面积\end{matrix}\right)\end{aligned}$$

建筑密度指标，取决于院落的组织，绿地所占的比率，气候、防火、防震、地形条件等对建筑布置的要求，以及建筑层数、层高、房屋间距和排列方式等各项因素。在一般情况下，平均建筑层数愈高，建筑密度愈低。建筑密度着重于平面二维的环境需求，保证一定的旷地和绿地率，从而保证居住环境在一定条件下得到最多的日照、空气和防火安全，以及最佳的土地利用强度。

根据 1980 年中国国家基本建设委员会颁发的《城市规划定额指标暂行规定》，新建居住区的居住建筑密度为：4 层楼区一般可按 26%左右，5 层楼区一般可按 23%左右，6 层楼区不高于 20%。

（二）建筑面积法

建筑面积法是指按已动工开发成本对象建筑面积占开发用地总建筑面积的比例进行分配。

一次性开发的，按某一成本对象建筑面积占全部成本对象建筑面积的比例进行分配。

分期开发的，首先按期内成本对象建筑面积占开发用地计划建筑面积的比例进行分配，然后再按某一成本对象建筑面积占期内成本对象总建筑面积的比例进行分配。

（三）直接成本法

直接成本法是指按期内某一成本对象的直接开发成本占期内全部成本对象直接开发成本的比例进行分配。

（四）预算造价法

预算造价法是指按期内某一成本对象预算造价占期内全部成本对象预算造价的比例进行分配。

【例 5-2】 某房地产公司在一块 10 000 平方米的土地上进行房地产开发，取得土地使用权支付的出让金为 1 000 万元。该房地产公司在这块土地上建造了两幢楼，一幢为写字楼，占地面积（包括周围的道路和绿地）4 000 平方米，建筑面积 15 000 平方米；一幢为公寓，占地面积 6 000 平方米，建筑面积 16 000 平方米。公寓的经营配套设施中游泳池占地面积 100 平方米，建筑面积 500 平方米。公寓已出售 80%，写字楼尚未转让。

请问：(1) 公寓应分摊的土地出让金为多少？

(2) 游泳池应分摊的土地出让金为多少？

(3) 本期公寓销售部分应分摊的土地出让金为多少？

计算过程如下：

(1) 公寓应分摊的土地出让金＝6 000/10 000×1 000＝600（万元）。

(2) 游泳池应分摊的土地出让金＝100/6 000×600＝10（万元）。

(3) 本期公寓销售部分应分摊的土地出让金＝(600－10)×80%＝472（万元）。

二、成本分配方法对土地增值税的影响及示例

(一) 不同成本分配方法下的税款差异分析

(1) 采用不同的成本分摊方法，所计征的土地增值税税额存在明显差异。

当企业分别建造包含普通住宅在内的多种类型的房地产，并且不同类型的房地产分别占用一个独立的地块时，这种差异尤为明显。

【例 5-3】 某房地产公司在一块 20 000 平方米的土地上进行房地产开发，其取得土地使用权所支付的金额为 2 000 万元。该房地产公司在这块土地上建了两幢楼。一幢为普通住宅，占地面积（包括周围的道路及绿地等）12 000 平方米，建筑面积 20 000 平方米，普通住宅已出售完毕；一幢为写字楼，占地面积（包括周围道路及绿地等）8 000 平方米，建筑面积 30 000 平方米，写字楼尚未转让。

普通住宅应分摊的土地使用权金额计算如下：

(1) 按普通住宅占地面积占总占地面积的比例分摊，普通住宅应分摊的土地使用权金额为：12 000÷20 000×2 000＝1 200（万元）。

(2) 按普通住宅可售建筑面积占总可售建筑面积的比例分摊，普通住宅应分摊的土地使用权金额为：20 000÷(20 000＋30 000)×2 000＝800（万元）。两种分摊方法之间的差异高达400 万元。

(2) 土地成本的加计扣除费用和开发费用计提基数会将不同成本分摊方法的差异再次放大。

在例 5-3 中，假定利息费用不能据实扣除，最终整个扣除项目总差异为：

400×(1＋20%加计扣除比例＋10%开发费用)＝400×1.3＝520（万元）。

（二）不同性质的成本项目客观上要求适用不同的成本分配方法

首先，从土地成本来看，商业用房的城镇基准地价往往比住宅用地高出很多。商业用地的基准地价与住宅用地的基准地价差别较大，前者是后者的 1.8～2.6 倍，若统一按照可售建筑面积进行分摊，商业用房所分摊的土地成本较低，而销售价格又远高于普通住宅，由此导致在计算土地增值税时，可扣除的成本费用较低，增值额较高，应纳的土地增值税额较高，加重了房地产开发企业的税负。

其次，从建安成本来看，连体楼房中商业用房层高普遍是住宅的 1.5～2 倍，简单地将商业用房的单位建安成本等同于普通住宅，同样将导致商业用房缴纳较高的土地增值税。因此，无论是从会计制度还是税法的立法精神来看，单一的成本分摊方法都不符合收入与成本相配比的原则，不利于税负的公平。

目前，实务中有以下两种常用方法：

1. 层高系数建筑面积法

房地产企业开发的项目中经常在同一建筑物中设计有不同的层高，比如底下一层或两层为商业用房，上面为住宅，底商的层高一般都会高于住宅的层高。开发成本的分摊若采用层高系数法，应更为合理，但这种方法并不适用于所有的地区，只有少数地方的税务机关做出了相应的规定。

明确允许采用层高系数建筑面积法的有原南宁市地税局等，具体政策请见：原南宁市地方税务局发布的《关于土地增值税清算若干政策问题的通知》（南地税发〔2008〕221 号）、原河北省地方税务局发布的《关于对地方税有关业务问题的解答》等文件。

吉林省对于楼层高度不同，可否采用层高系数法分摊成本、费用的问题有如下实践操作：单栋建筑物既有住宅又有其他类型房产的，其他类型房产用房的建筑成本可以按照层高系数予以调整。其余扣除项目金额不得按层高系数调整。

其他类型房产层高系数＝其他类型房产层高/住宅层高

《新疆维吾尔自治区地方税务局关于明确土地增值税相关问题的公告》（新疆维吾尔自治区地方税务局公告 2016 年第 6 号）中“六、关于清算单位中住宅与商业用房的建筑安装工程费扣除问题”规定：清算单位中既有住宅又有商业用房的，商业用房建筑安装工程费可以按照层高系数予以调整，其余扣除项目成本不得按层高系数调整。商业用房层高系数小于 1.5 的，其建筑安装工程费不与调整。

商业用房层高系数＝商业用房单层层高/单层住宅层高

原河北省地方税务局在《关于对地方税有关业务问题的解答》中对土地增值税清算时所采用的成本分摊方法做了详细规定，其中包括层高系数建筑面积法。具体政策如下：

按照《土地增值税暂行条例》及其实施细则的有关规定，对于纳税人成片受让土地使用权后，分期分批开发、转让房地产的，其扣除项目金额应采用占地面积法计算分摊。

对于同一项目中包含不同类型房地产的，土地成本应采用占地面积法，其他开发成本应采用建筑面积法计算分摊。

对于同一建筑物中包含不同类型房地产的，可以采用层高系数建筑面积法计算分摊。

层高系数建筑面积分摊法具体计算口径和步骤如下：

(1) 计算层高系数。

选取住宅层高为基数，设定为1；根据其他类别用房层高与住宅层高之比，计算出其层高系数。

$$某类型用房层高系数=该类型用房层高\div住宅层高$$

(2) 计算层高系数面积。

$$总层高系数面积=\sum(某类型用房层高系数\times某类型用房可售建筑面积)$$

$$\begin{matrix}某类型用房已售部分的\\层高系数面积\end{matrix}=\begin{matrix}某类型用房\\层高系数\end{matrix}\times\begin{matrix}某类型用房\\已售建筑面积\end{matrix}$$

(3) 计算不同类型用房已售部分可分摊的房地产开发成本。

$$\begin{matrix}某类型用房已售部分\\应分摊的房地产开发成本\end{matrix}=\begin{matrix}房地产开发\\总成本\end{matrix}\div\begin{matrix}总层高系数\\面积\end{matrix}\times\begin{matrix}某类型用房已售部分的\\层高系数面积\end{matrix}$$

2. 特殊的成本分摊方法

《江苏省地方税务局关于土地增值税有关业务问题的公告》（苏地税规〔2015〕8号）规定：

(1) 关于土地增值税清算单位问题。

土地增值税以国家有关部门审批、备案的项目为单位进行清算。

同一清算单位中包含普通住宅、非普通住宅、其他类型房产的，应分别计算收入、扣除项目金额、增值税、增值率和应纳税额。

(2) 关于土地成本分摊问题。

土地成本是指取得土地使用权所支付的金额。土地成本仅在能够办理权属登记手续的建筑物及其附着物之间进行分摊。在不同清算单位或同一清算单位不同类型房产之间分摊土地成本时，可直接归集的，应直接计入该清算单位或该类型房产的土地成本；不能直接归集的，可按建筑面积法计算分摊，也可按税务机关认可的其他合理方法计算分摊。

(3) 关于人防工程成本费用扣除问题。

依法配建并经验收合格的人防工程，允许扣除相关成本、费用。

(4) 关于车库（车位、储藏室等）问题。

①能够办理权属登记手续的车库（车位、储藏室等）单独转让时，房地产开发企业应按“其他类型房产”确认收入并计算成本费用。

②不能办理权属登记手续的车库（车位、储藏室），按照《国家税务总局关于房地产开发企业土地增值税清算管理有关问题的通知》（国税发〔2006〕187号）第四条第（三）项的规定执行。即：房地产开发企业开发建造的与清算项目配套的居委会、会所、停车场（库）、物业管理场所、变电站、热力站、水厂、文体场馆、学校、幼儿园、托儿所、医院、邮电通信等公共设施，建成后产权属于全体业主所有的，其成本费用可以扣除。建成后无偿移交给政府、公用事业单位用于非营利性社会公共事业的，其成本费用可以扣除。

人防工程建成后作为车位、车库销售的，在土地增值税的清算中分两种情况。一种是计算收入，其成本、费用允许扣除。另一种以广东省为代表，于2019年6月28日颁布的《国家税务总局广东省税务局土地增值税清算管理规程》（国家税务总局广东省税务局公告2019年第5号）第三十一条第四项规定：利用地下人防设施建造的车位，是否按照以下方式处理：建成后产权属于全体业主所有或无偿移交给政府的，其成本、费用予以扣除；有偿转让且能办理权属转移登记手续的，应计算收入，并准予扣除成本、费用；不能办理权属转移登记手续的，不计算收入，不予扣除相应成本、费用。还有些省市的税务机关虽然没有颁布具体的文件，但在实际操作中把握的原则也是人防设施只要是销售了一平方米，在土地增值税清算中，不计算收入，不允许扣除相应的成本、费用，如哈尔滨等。

一般说来，地下车位、车库、储藏室等，如果其建筑面积属于计容面积，则地下建筑应该分摊土地成本；如果地下车位、车库、储藏室等建筑面积不属于计容面积，则不需要分摊土地成本。从全国的情况看，地下车位、车库、储藏室等的建筑面积基本上是不计入容积率的，因此按照配比原则要求，不需要分摊土地成本。如房地产开发项目在取得土地使用权时，申报建设规划含地下建筑，且将地下建筑纳入项目容积率的计算范畴，并列入产权销售的，其地下建筑物可分摊项目对应的土地成本。如交纳土地出让金的非人防地下车库，在整个开发项目的土地使用证中会标明地下车库的土地使用年限和起止日期，同时取得“车库销售许可证”，在计算地下车库土地增值税扣除项目时可分摊土地成本。其他不纳入项目容积率计算范畴或不能提供与取得本项目土地使用权有关联证明的地下建筑物，不得进行土地成本分摊。所以，若地下建筑不计入容积率，则相应不分摊土地成本，其中的土地成本包括取得土地使用权所支付的金额以及土地征用及拆迁补偿费。

延伸阅读

“红线外支出”能否在土地增值税税前扣除探析

法律层面目前没有针对“红线外支出”的严格规定，实务中，“红线外支出”一般是指在房地产开发项目所属建设用地边界外承建公共设施或其他工程的支出。房地产企业发生的红线外支出一般存在三种情形：一是在项目红线范围外为政府配建公共设施或其他基础设施工程，作为拿地时的附带条件，最常见的是在项目范围外帮政府承建道路、学校、医院等设施；二是为提升红线内的楼盘品质，优化楼盘环境配套以促进销售提升售价而在红线外自行建造建筑物或基础设施所发生的支出；三是房地产企业出于营销的目的，在项目红线外自行搭建营销设施等所发生的支出。

对于开发项目发生的红线外支出能否在土地增值税清算时作为开发成本扣除问题，一直以来都是争议性较大的税务难题，因国家层面目前没有针对红线外支出的具体处理规定，各地税务机关在执行时存在不同的理解和税务口径。有的税务机关认为，第一种情况在特定情况下可以扣除，有的税务机关认为只要能证明与项目的关联性可以视情况扣除，有的税务机关则认为只要是红线外的支出都不允许扣除。

2020 年 7 月 2 日，国家税务总局南昌市税务局在对市十五届人大六次会议第 98 号建议进行答复时表示：不论哪种情况，因发生在红线外的支出理论上均不是《土地增值税暂行条例实施细则》中规定的“本开发小区内”支出，所以房地产开发企业的红线外支出，不列为土地增值税清算扣除项目，不予扣除。

我们认为红线外支出扣除与否的问题需要回归到对各项红线外支出所发生的业务背景和与项目的联系上来，在此基础上进行税务认定和扣除项目列支的判断。

1. 作为获地附带条件型红线外支出的税务认定与处理探析

从对目前各地政策口径的梳理结果来看，否定房地产企业作为向政府获地的附带条件而发生的红线外配建支出在土地增值税前列支为扣除项目的观点，主要是认为土地增值税相关政策规定开发成本所核算的扣除项目应属于本开发小区内所发生的支出，小区范围外的因不符合政策的描述而无法给予列支扣除。

首先，从项目必要性的角度出发，随着全国范围内城镇化进程的推进和城市的快速发展，各地政府需要提高城市的基础设施和公共配套设施建设水平，这也导致各地政府对公共利益的诉求和需求越来越高。为了快速提高、完善公共和基础设施建设水平，政府往往将其与土地的开发进行捆绑并转移至建设方。所以作为获地附带条件的红线外支出关联的是开发建设用地（即宗地），而土地是房地产企业整个开发产品的源头，不解决土地资源的问题就不会产生后面的开发产品，因此这种性质下的红线外支出本质是获取土地的必要成本，而非开发成本。

其次，这一点也可以从契税法的相关规定中得到佐证。政府在土地出让合同中要求房地产企业配建的红线外支出按“地价”的组成部分计算缴纳契税，即土地使用权转移合同确定的成交价格中的实物配建、其他经济利益所对应的价款。

此外，根据税收中性原则，税收应尽量减少对纳税人经济决策的影响，对待类似的经济行为原则上应保持一致的税收结果，以防止纳税人选择更优的税收结果。对于红线外的承建，站在政府角度有两种选择模式，一种是将成本包含在土地出让价格中，房地产企业支付地价后政府将以承建的成本向其采购红线外的代建服务。另一种是减少土地出让环节的出让价格，以附带条件形式由房地产企业无偿配建。

从税收结果来看，在第一种模式中，房地产企业支付的土地价款全部反映为土地成本（即为100%）进入扣除项目，同时在增值税上多支付的土地价款虽然增加了销项抵减，但是政府采购代建服务（假设是30%）也增加了等额的增值税纳税负担并最终实现抵销。但是在第二种模式中，房地产企业最终实际支付的成本总额（仍然是100%）与第一种情形相比是不变的，只不过因为政府的选择模式转变成了一部分的红线外配建成本（30%）和一部分土地价款（70%）。此时，对企业所得税没有影响，增值税层面虽无须再确认代建服务销售的增值税，因为少支付土地价款房地产企业也等额减少了销项抵减的金额，最终增值税的税收结果是一致的，都保持了税收中性原则。如果土地增值税人为地认定这部分因政府选择模式的原因而由房地产企业作为获地附带条件需要强制承担的红线外配建成本，不符合扣除项目列支要求而否定其税前扣除的权利，则将增加其税收负担，有违税收中性和公平原则。

综合上述对获地附带条件型的红线外支出的业务和商业分析，我们需要清晰认识到，政府因满足公共利益需求而捆绑于土地出让之上的红线外必要支出，本质上构成了土地的必要成本，税务机关应认定为取得土地的成本的组成部分。在其能够提供相关佐证资料（如政府部门出具的会议纪要、土地出让公告或合同、监管协议等）证明其发生的必要性和真实性的前提下，税务机关应认可其作为扣除项目列支的合理诉求。对于房地产企业而言，对于此类红线外支出，应获取和保存完善的证据链，保持积极的税企沟通与协调，实现税前扣除。

目前，湖北、广州、重庆和海南等省市的税务机关对该类红线外支出持认可态度，并明确在企业能够提供佐证资料证明与项目关联性的情况下可作为扣除项目进行税前列支。

2. 提升项目品质和售价型红线外支出的税务认定与处理探析

需要明确的一点是，与作为获地附带条件的红线外支出不同，房地产企业为了提升所开发楼盘品质进而实现提高预期售价而在项目规划红线外所发生的配建工程等支出是与土地的获取无关联性的支出。

实务中各地的税务机关对此类红线外支出的认定争议比前述第一种类型更大，各地有各地的做法。但是对于这个问题的认定应尽量从实际出发厘清其中的业务逻辑。对于房地产企业为提升项目品质和项目预售售价而发生的红线外支出，主观意愿上是为了尽可能地从所开发的项目中获取更多的利益，所以尽管其与土地的获取无关，但是其与项目的最终收益存在直接而紧密的受益逻辑关系。所以我们认为在判定其性质之前需要重视最终的业务结果，即开发项目最终的受益情况。如果房地产企业所开发项目最终因红线外的品质提升支出而增加了销售利益并直接反映在售房价值中，那么在全部的收益列入土地增值税收入的清算范围的基础上，从土地增值税对项目增值征税的税制设计和税理考量，是否应该合理考量真实发生的这部分与收入产生直接相关的成本费用？

这也是从完整的税务认定逻辑角度去考虑的，因为如果在税务清算中不认可该部分支出与项目的关联性，那么是否应该考量对应在房地产企业土地增值税收入的计税依据中扣除该部分红线外支出所带来的价格溢价？因为从认定逻辑完整的角度来看，成本归属的认定逻辑与收入归属的认定逻辑原则上应该一致。如果在确认成本的时候不认可关联性，确认收入的时候认定属于项目直接的销售收入可能会缺乏合理性。

考虑从另一个角度来审视这个问题，假如房地产企业和购房者通过合意协商明确了两部分收入，一部分是约定售房价格，另一部分是约定项目红线外品质配套的服务补偿价格，此时是否还能够在税务层面认定红线外支出不属于项目必要成本的基础上单独认定红线外的补偿价格属于房屋销售的价外收入？这些问题都将对一个经济业务完整的税务认定逻辑产生影响。

综上，从受益原则和业务真实性原则的角度出发，希望各地的税务机关能够尊重业务实质，在土地增值税清算过程中合理地反映一个开发项目真实的增值情况。

3. 纯营销目的型红线外支出的税务认定与处理探析

纯粹的为实现营销目的而发生的红线外支出一般是指房地产企业在项目规划红线范围外临时建造营销设施（即售楼处）或者利用红线外已有的自有物业进行改造作为售楼处所发生的建设或改造支出。

实务中对于该类红线外支出的税务性质认定不存在太大的税收争议，基本上都认可其作为“销售费用”性质的说法。然而需要解决一种税务误区，就是这类营销性质红线外支出并不是不能在土地增值税前列支扣除，其实现的其实是比例扣除。

根据《土地增值税暂行条例实施细则》第七条规定，土地增值税的扣除项目包括房地产开发费用，而开发费用包含销售费用、管理费用和财务费用三项期间费用。同时该实施细则规定三项费用按照土地成本和开发成本的5%的比例进行计算扣除。

因此，对于营销目的和性质的红线外支出在土地增值税层面可以以“其他房地产开发费用”作为扣除项目列支，但需要受土地成本和开发成本总和5%的比例限制。

4. 总结

对于房地产开发项目所发生的红线外支出问题，不适宜“一刀切”式地进行税务认定和处理，需要从业务层面出发，理解其发生的业务背景以及产生的原因，理解其业务实质，在此基础上对所发生的红线外支出进行性质的认定。最终在性质认定的基础之上，结合相关的税收原则进行税务处理的适用分析和判断。

三、各种成本费用的归集与分配

（一）土地征用及拆迁补偿费的归集与分配

土地征用及拆迁补偿费是指为取得土地开发使用权（或开发权）而发生的各项费用，主要包括土地买价或出让金、大市政配套费、契税、耕地占用税、土地使用费、土地闲置费、土地变更用途和超面积补交的地价及相关税费、拆迁补偿支出、安置及动迁支出、回迁房建造支出、农作物补偿费、危房补偿费等。

1. 土地征用及拆迁补偿费的归集

（1）能分清成本核算对象的，应直接计入有关开发成本核算对象的“土地征用及拆迁补偿费”成本项目。

【例 5-4】 2021 年 6 月，西南房地产公司通过竞拍拍得了 A、B、C 三块土地，其中 A 块土地支付全额地价款 8 000 万元，但至今未实际取得 A 土地，规划建设甲项目。B 块土地价款总额为 3 亿元，已支付 2 亿元，并已实际取得了该块土地，规划建设乙项目。C 块土地支付全额价款 1 亿元，并已实际取得了该块土地，规划建设丙项目。西南房地产公司根据有关原始凭证入账，会计分录如下：

①借：预付账款——A 土地　　80 000 000

　贷：银行存款　　80 000 000

②借：开发成本——乙项目——土地征用及拆迁补偿费——土地出让金

300 000 000

　贷：银行存款　　200 000 000

　　应付账款——B 土地　　100 000 000

③借：开发成本——丙项目——土地征用及拆迁补偿费——土地出让金

100 000 000

　贷：银行存款　　100 000 000

（2）分不清成本核算对象的，应先对其支出进行归集，会计期末按照一定的分配标准分配给各受益对象。

【例 5-5】 2021 年 6 月，西南房地产公司通过竞拍拍得了 B 块土地，土地价款总额为 3 亿元，B 块土地上整体项目规划分为商业区、住宅区和别墅区，具体技术经济指标未知。西南房地产公司根据有关原始凭证入账，会计分录如下：

借：开发成本——土地征用及拆迁补偿费——土地出让金——待分摊成本

300 000 000

　贷：银行存款　　300 000 000

2. 土地征用及拆迁补偿费的分配

按照税法的有关规定，土地成本一般按占地面积法进行分配。如果确需结合其他方法进行分配，应经税务机关同意。

如果成本对象的占地面积可以取得，原则上房地产企业应该按占地面积进行分摊。房地产企业取得成本对象占地面积的途径有两个：一是采用政府规划审批部门在项目规划中测定的占地面积；二是采用房地产企业根据项目规划自行测定的占地面积。

但在实际项目运作时，并不是所有的成本对象都可以单独取得其占地面积。垂直排列的成本对象无法取得各自的占地面积，如有的开发产品一至三层裙房为购物中心，三层以上是写字楼，作为成本对象，购物中心和写字楼的占地面积是重合的，因此，这种情况下就不能按占地面积分摊土地价款。

无法按占地面积进行土地价款分摊的，从现在可以采用的分摊方法来看，建筑面积法是最合理的方法。

【例 5-6】 2021 年 3 月，西南房地产公司通过竞拍拍得了 B 块土地，土地总价 3 亿元。

2021 年 6 月，取得相关经济技术指标：该地块占地面积 8 万平方米，总建筑面积 20 万平方米。整体项目分为商业区、住宅区和别墅区三个区域，具体经济技术指标如下：

（1）商业区：总占地面积 2 万平方米，开发产品为 3 层裙楼的商场和 15 层的写字楼，总建筑面积 10 万平方米，其中：裙楼建筑面积 3 万平方米，写字楼建筑面积 7 万平方米。

（2）住宅区：占地面积 4 万平方米，建筑面积 8 万平方米。

（3）别墅区：占地面积 2 万平方米，建筑面积 2 万平方米。

西南房地产公司根据经济业务，编制会计分录如下：

（1）2021 年 3 月拍得 B 块土地，支付土地价款时。

借：开发成本——土地征用及拆迁补偿费——土地出让金——待分摊成本 300 000 000

贷：银行存款 300 000 000

（2）2021 年 6 月根据具体的经济技术指标，进行土地价款分摊。

根据该项目实际情况，西南房地产公司确定成本对象分别为：商场、写字楼、住宅和别墅。各成本对象分摊的土地成本如下：

①裙楼和写字楼的土地成本：商业区的土地成本按占地面积法进行分配。

商业区的土地成本＝2÷8×30 000＝7 500(万元)

商场和写字楼的土地成本按建筑面积法进行分配。

裙楼的土地成本＝3÷10×7 500＝2 250(万元)

写字楼的土地成本＝7÷10×7 500＝5 250(万元)

②住宅的土地成本：按占地面积法进行分摊。

住宅的土地成本＝4÷8×30 000＝15 000(万元)

③别墅的土地成本：按占地面积法进行分摊。

别墅的土地成本＝2÷8×30 000＝7 500（万元）

会计分录如下：

借：开发成本——裙楼——土地征用及拆迁补偿费——土地出让金 22 500 000

——写字楼——土地征用及拆迁补偿费——土地出让金 52 500 000

——住宅——土地征用及拆迁补偿费——土地出让金 150 000 000

——别墅——土地征用及拆迁补偿费——土地出让金 75 000 000

贷：开发成本——土地征用及拆迁补偿费——土地出让金——待分摊成本 300 000 000

在进行土地成本分摊时，还应注意以下几种特殊情况的处理方法：

（1）如果属于单独建造的、具有独立使用功能的地下建筑物，应分摊土地成本；如果属于为建造地上建筑物而形成的、不具有独立使用功能的地下基础设施，不计容的建筑物不分摊土地成本。

（2）回迁房成本如果作为拆迁补偿费，不分摊土地成本。

（3）单独建造的应该由开发产品承担的配套设施，应分摊土地成本。

（二）前期工程费的归集与分配

1. 前期工程费的归集

前期工程费是指在取得土地开发权之后、项目开发前期的筹建、规划、设计、可行性研究、水文地质勘察、测绘、“三通一平”等前期费用支出。

（1）能分清成本核算对象的，应直接计入有关房屋开发成本核算对象的“前期工程费”成本项目。

【例 5-7】 西南房地产公司在南区和北区各有一块土地，南区规划修建一个纯住宅小区，北区规划为一栋商业楼。2021 年 7 月，西南房地产公司支付南区住宅总体规划设计费 106 万元，工程招投标代理服务费 21.20 万元，建筑面积丈量费 5.30 万元，建设场地平整费 54.50 万元；支付北区商业楼建设临时道路修建费 32.70 万元，临时场地占用费 21.80 万元，危房补偿鉴定费 3.18 万元。西南房地产公司根据有关原始凭证入账，会计分录如下（假设西南房地产公司与涉及的业务单位都是一般纳税人）：

借：开发成本——住宅——前期工程费——规划设计费 1 000 000

——工程招标费 200 000

——勘察丈量费 50 000

——“三通一平”费 500 000

——商业楼——前期工程费——“三通一平”费 300 000

——临时设施费 200 000

——其他 30 000

应交税费——应交增值税（进项税额） 166 800

贷：银行存款/应付账款等 2 446 800

增值税进项税额的计算：（106＋21.20＋5.30＋3.18）÷（1＋6％）×6％＋（54.50＋32.70＋21.80）÷（1＋9％）×9％＝16.68（万元）。

（2）分不清成本核算对象的，应先将其支出进行归集，会计期末按照一定的分配标准分配给各受益对象。

【例 5-8】 西南房地产开发公司有一块土地，规划分两期开发，现已支付工程招投标代理服务费 21.20 万元，可行性研究编制费 31.80 万元，地基测量钉桩费 8.48 万元，临时道路修建费 21.80 万元，建设场地平整费 109 万元，临时围栏费 87.20 万元。西南房地产公司根据有关原始凭证入账，会计分录如下（假设西南房地产公司与涉及的业务单位都是一般纳税人）：

借：开发成本——前期工程费——报批报建费——待分摊成本　200 000
　　——规划设计费——待分摊成本　300 000
　　——勘察丈量费——待分摊成本　80 000
　　——“三通一平”费——待分摊成本　1 200 000
　　——临时设施费——待分摊成本　800 000
　应交税费——应交增值税（进项税额）　214 800
　贷：银行存款/应付账款等　2 794 800

增值税进项税额的计算：(21.20＋31.80＋8.48)÷(1＋6%)×6%＋(21.80＋109＋87.20)÷(1＋9%)×9%＝21.48（万元）。

2. 前期工程费的分摊

前期工程费的分摊方法包括：占地面积法、建筑面积法、直接成本法和预算造价法。房地产企业在分摊时，可以自行选择其中的一种方法。对于前期工程费中的具体支出项目，应具体分析，分别采用不同的分摊方法。如果没有切实的理由，前期工程费的支出应采用统一的分摊方法，也就是说，不能人为地通过分摊方法的选择来调节各成本对象的成本。

【例 5-9】 如例 5-8 所述，西南房地产公司规划第一期开发的建筑面积为 8 万平方米，第二期开发的建筑面积为 12 万平方米。西南房地产公司按建筑面积对前期工程费进行分摊，会计分录如下：

借：开发成本——一期——前期工程费——报批报建费　80 000
　　——二期——前期工程费——报批报建费　120 000
　　——一期——前期工程费——规划设计费　120 000
　　——二期——前期工程费——规划设计费　180 000
　　——一期——前期工程费——勘察丈量费　32 000
　　——二期——前期工程费——勘察丈量费　48 000
　　——一期——前期工程费——“三通一平”费　480 000
　　——二期——前期工程费——“三通一平”费　720 000
　　——一期——前期工程费——临时设施费　320 000
　　——二期——前期工程费——临时设施费　480 000
　贷：开发成本——前期工程费——报批报建费——待分摊成本　200 000

——规划设计费——待分摊成本 300 000
——勘察丈量费——待分摊成本 80 000
——“三通一平”费——待分摊成本 1 200 000
——临时设施费——待分摊成本 800 000

（三）建筑安装工程费的归集与分配

建筑安装工程费是指项目开发过程中发生的列入建筑安装工程施工图预算项目的各项费用（含设备费、出包工程向承包方支付的临时设施费和劳动保险费），有甲供材料、设备的，还应包括相应的甲供材料、设备费。

建筑安装工程费具体包括土建工程费、安装工程费和装修工程费等。应根据工程的不同施工方式，采用不同的核算方法。

1. 采用发包方式的核算

采用发包方式进行建筑安装工程施工的开发项目，其建筑安装工程支出，应根据企业承付的已完工程价款确定，直接计入有关开发成本核算对象的“建筑安装工程费”成本项目。

（1）工程价款结算办法。

对发包的基础设施和建筑安装工程，一般采用招标、议标方式，通过工程公开招标或邀请施工企业议标，将工程发包给施工企业的，按工程标价进行结算。开发企业与施工企业在工程承包合同中规定的工程价款的结算，应根据国家有关工程价款结算办法，结合当地的有关规定具体确定。从目前各个地区所采用的工程价款结算办法来看，归纳起来主要有如下三种：

①按月结算。就是按照每月实际完成的分部分项工程进行结算。根据验收合格的各月份的已完分部分项工程的工程数量和预算单价等计算的工程造价，就是该月份应结算和支付的工程款。

②分段结算。就是将一个单位工程按形象进度划分为几个阶段（部位），如基础、结构、装饰、竣工等，按照完成阶段，分段验收结算工程价款。

③竣工一次结算。开发项目或单项工程施工工期在12个月以内，或者工程承包合同价值较小的，可以实行工程价款每月月中预支、竣工后一次结算。即在工程开工后，每月按当月施工计划所列工作量预付工程款，于工程竣工验收后，按工程承包合同价值扣除预付工程款后进行结算。

不论采用何种结算办法，施工期间结算的工程价款一般都不得超过承包工程合同价值的95%。尾款待工程竣工验收后清算，或到工程质量保证期时支付。

（2）支付工程合同款的核算。

开发企业与施工企业有关的发包工程款和预付备料款、工程款，可以通过“应付账款——应付工程款”或“预付账款——预付工程款”两个科目进行核算，“应付账款”

和“预付账款”科目均应按客户单位名称设置明细科目，在日常会计核算中，这两个往来科目启用一个即可。

以“预付账款”为例，开发企业按照规定预付给承包施工企业的备料款和工程款，借记“预付账款——预付工程款”科目；按照工程价款结算账单应付给承包施工企业的工程款时，借记“开发成本”等科目，将扣回的预付备料款和预付工程款记入“预付账款——预付工程款”科目的贷方。合同最终结算时，将“预付账款——预付工程款”科目的借方余额结转到“开发成本”等科目，若“预付账款——预付工程款”科目出现贷方余额，反映尚欠施工单位的款项。

【例 5-10】 西南房地产公司与东方建筑公司签订发包工程合同总值为 20 000 万元，按照合同规定，开工前应预付备料款 2 000 万元，预付工程款 400 万元，以银行存款支付。西南房地产公司根据有关原始凭证入账，会计分录如下：

（1）预付东方建筑公司备料款时。

借：预付账款——东方公司——预付工程款	20 000 000	
贷：银行存款		20 000 000

（2）预付东方建筑公司工程款时。

借：预付账款——东方公司——预付工程款	4 000 000	
贷：银行存款		4 000 000

（3）工程价款结算时，根据施工企业提供的工程价款结算账单中的已完工程价值为 3 270万元，减去应扣回预付备料款 2 000 万元、预付工程款 400 万元，尚应支付工程款 870 万元（3 270－2 000－400）。

借：开发成本	30 000 000	
应交税费——应交增值税（进项税额）	2 700 000	
贷：预付账款——东方公司——预付工程款		32 700 000

（4）支付应付工程款时。

借：预付账款——东方公司——预付工程款	8 700 000	
贷：银行存款		8 700 000

房地产企业按照发包工程合同与承包施工单位定期进行工程价款结算，既可以保证房地产企业开发产品成本的准确性，也可以准确反映房地产企业的负债情况。

计提工程结算价款属于预提费用，一般发生在会计期末。在会计处理上，房地产企业可以根据实际情况进行预提。根据税法规定，发包工程未最终办理结算而未取得全额发票的，在证明资料充分的前提下，其发票不足金额可以预提，但最高不得超过合同总金额的 10%。因此，在税务处理上可能存在纳税调整的问题。

（3）工程水电费的核算。

项目施工现场使用的水电，由房地产企业开户、交费并取得发票，但在开发期间产生的水电费应由施工方承担。营改增后，建筑施工企业对于进项税额的取得也非常重视，并且电费是 13%的税率，所以，建筑施工企业在向房地产开发企业支付水电费的时候，也会索取水电费发票，在实际工作中房地产企业的疑问是：本企业可以开具水电费发票吗？税率是多少？如何进行账务处理？

首先，房地产开发企业按照建筑施工企业实际的水电用量，可以开具水电费的增值税专用发票，电的适用税率是13%，自来水的适用税率是9%。

房地产开发企业交纳的自来水费，有可能取得的是征收率为3%发票，这是因为属于一般纳税人的自来水公司主要是生产自来水的，销售自来水选择了简易计税方法，适用3%征收率。而作为房地产开发企业，是没有自来水的生产销售资质的，所以房地产企业开给建筑施工企业的自来水费发票只能按9%的税率。在实际工作中，房地产开发企业在金税开票系统中自来水费也无法选择3%这一档的征收率。

在此提醒读者，笔者在对全国各地房地产企业的咨询工作中发现，有的地区房地产开发企业也可以到税务机关申请，对自来水的销售采用简易计税方法的备案，如在桂林就有房地产开发企业申请并获批对自来水的销售，采用简易计税方法，但即使是在同一个地区，也有房地企业未去申请备案的，这也与企业财务人员的惯性思维有关，总以为只有自来水厂才能办理该项业务。因此，未有此先例地区的房地产开发企业，可积极尝试申请，这将避免自来水增值税进销项的税率差给企业增加的增值税税负。

房地产开发企业发生的水电费总额，一般包括施工企业建筑施工过程中消耗的水电费。因此，房地产开发企业和施工企业共同发生的需要分摊的水电费，一般有三种处理方法：

第一种处理方法：按代扣代缴处理。即由供电公司和自来水公司将发票开给施工企业，结算时房地产开发企业从工程款中扣除代缴的水电费。但这种情况下，存在两个可能出现的问题：(1) 由供电公司或自来水公司将发票开给施工企业的难度较大，而且无法达到资金流、发票流的一致，施工企业取得的增值税进项发票存在无法抵扣的风险。(2) 共同接受应纳增值税劳务发生的支出，采用分摊方式的，应当按照独立交易原则进行分摊，然后予以税前扣除，即房地产开发企业以发票和分割单作为税前扣除凭证，施工企业以开发商开具的分割单和水电费发票复印件作为税前扣除凭证。关于共担费用的扣除问题具体请参照《企业所得税税前扣除凭证管理办法》(国家税务总局公告2018年第28号发布）的规定。但有的税务机关认为，发票分割单仅适用于企业租用办公、生产用房等资产时，发生水、电、燃气、网络等共担费用，才能采取分摊方式。因此，本处理方法在实务中有争议。

第二种处理方法：按转售水电费处理。由供电公司和自来水公司将发票开给房地产开发企业，房地产开发企业再开发票给施工企业，结算时从工程款中扣除代缴水电费，按销售收入处理。此种方式下，如果自来水公司开具的是3%的普通发票，房地产开发企业转售时开具13%税率发票，会多缴增值税。可考虑到税局代开发票。

第三种处理方法：水电费由房地产开发企业支付并承担，但施工企业使用一部分，这可归之于甲供范围，在结算水电费时，按照甲供工程处理，即施工企业的销售额（开具发票金额）不含甲供水电费。这种方法通过甲供工程方式解决，仅是调整了施工企业的销售额（开具发票金额），其实也就避免了增值税抵扣问题，但是税率适用上有所差异，施工企业开具的增值税专用发票适用一般计税方式下，税率为9%，而房地产开发企业获得的水电费发票适用的增值税税率可能为13%或3%，存在一定的差异。

2. 采用自营方式的核算

采用自营方式进行建筑安装工程施工的开发项目，其发生的各项建筑安装工程支出，一般可直接计入有关开发成本核算对象的“建筑安装工程费”成本项目，即记入“开发成本——具体成本对象——建筑安装工程费”科目的借方和“库存材料”“应付职工薪酬”“银行存款”等科目的贷方。

如果开发企业自行施工建造大型建筑安装工程，可以设置“工程施工”“施工间接费用”等科目，用来核算和归集各项建筑安装工程支出，月末将其实际成本转入“开发成本——具体成本对象——建筑安装工程费”科目。

企业用于项目开发的各项设备，即附属于工程主体的各项设备，应在出库交付安装时，记入“开发成本——具体成本对象——建筑安装工程费”科目的借方和“库存设备”科目的贷方。

3. 建筑安装工程费的分配

如果开发企业对建筑安装工程采用招标方式发包，并将几个工程一并招标发包，则在发生建筑安装工程费时，应先将其支出通过“开发成本——建筑安装工程费——待分摊成本”科目进行归集，会计期末按照一定的分配标准分配给各受益对象。

应由开发产品受益的，将其分配计入有关成本核算对象，即记入“开发成本——具体受益成本对象——建筑安装工程费”科目的借方。应由投资性房地产或固定资产受益的，将其分配记入“在建工程”科目的借方。

（1）按工程结算额分配。

建筑安装工程费与其他成本项目不同。开发产品一般以每一独立编制设计概算或施工图预算的单项开发工程为成本核算对象，也就是说，成本对象都具有独立的设计概算或施工图预算，因此，房地产企业发生的建筑安装工程费在最后完工结算工程价款时，都可以准确确定每一个成本对象的建筑安装工程费。所以，一般情况下，房地产企业应在工程完工时，按照工程结算值分配计入相应的成本对象。

（2）按工程预算造价分配。

如果开发企业对建筑安装工程采用招标方式发包，并将几个工程一并招标发包，则在工程完工结算工程价款时，可以按各项工程的预算造价的比例，计算实际建筑安装工程费，并计入相应的成本对象。公式如下：

$$\text{工程实际建筑安装工程费}=\text{工程标价}\times\text{该项工程预算造价}\div\text{各项工程预算造价之和}$$

【例5-11】 西南房地产公司将两幢商品房建筑安装工程进行招标，标价为9 000万元，这两幢商品房的预算造价为：1#商品房为5 500万元，2#商品房为4 500万元，合计 10 000 万元（以上金额均为不含税金额）。

工程完工结算工程价款时，计算各幢商品房的实际建筑安装工程费：

1＃商品房建安工程费＝9 000×5 500÷10 000＝4 950（万元）

2＃商品房建安工程费＝9 000×4 500÷10 000＝4 050（万元）

会计分录如下：

借：开发成本——1＃商品房——建筑安装工程费　　49 500 000

　　　　　　——2＃商品房——建筑安装工程费　　40 500 000

　贷：银行存款/应付账款　　90 000 000

（四）基础设施费的归集与分配

1. 基础设施费的归集

基础设施费是指项目开发过程中发生的小区内、建筑安装工程施工图预算项目之外的道路、供电、供水、供气、供热、排污、排洪、通信、照明、绿化等基础设施工程费用，红线外两米与大市政接口的费用，以及向水、电、气、热、通信等大市政公司交付的费用。能分清成本核算对象的，应直接计入有关房屋开发成本核算对象的“基础设施费”成本项目，即记入“开发成本——具体成本对象——基础设施费”科目的借方；分不清成本核算对象的，应先将其支出通过“开发成本——基础设施费——待分摊成本”科目进行归集，会计期末按照一定的分配标准分配给各受益对象。

由开发产品受益的，将其分配计入有关成本核算对象，记入“开发成本——具体受益成本对象——基础设施费”科目的借方；由投资性房地产或固定资产受益的，将其分配记入“在建工程”科目的借方。

2. 基础设施费的分配

基础设施费的分配方法包括：占地面积法、建筑面积法、直接成本法和预算造价法。房地产企业在分配时，可以自行选择其中的一种方法。对于基础设施费中的具体支出项目，可以具体分析，分别采用不同的分配方法。如果没有切实的理由，基础设施费的支出项目应采用统一的分配方法，也就是说，不能人为地通过分配方法的选择来调节各成本对象的成本。

（五）开发间接费的归集与分配

1. 开发间接费的归集

开发间接费是指房地产开发企业内部独立核算单位为直接组织和管理开发产品的开

发建设而发生的各项费用。开发间接费属于直接为开发房地产而发生的费用，如果开发的项目分期，或者开发的产品类型较多，则所发生的开发间接费不能确定应由哪项开发产品负担，因而无法将其直接计入各项开发产品成本。为了核算的方便，应将其先记入“开发间接费用”科目，然后再按照适当的分配标准，最终分配计入各项开发产品的成本。

企业所属各内部独立核算单位发生的为直接组织和管理开发产品的各项开发间接费，都要从“应付职工薪酬”“累计折旧”“长期待摊费用”等科目的贷方转入“开发间接费用”科目的借方。

2. 开发间接费的分配

每月终了，应对开发间接费进行分配，按实际发生数计入有关开发产品的成本。开发间接费的分配方法包括占地面积法、建筑面积法、直接成本法和预算造价法等。

不论土地开发、房屋开发、配套设施还是代建工程，均应分配开发间接费。为了简化核算手续并防止重复分配，对应计入房屋等开发成本的自用土地和不能有偿转让的配套设施的开发成本，均不分配开发间接费。这部分开发产品应负担的开发间接费，可直接分配计入有关房屋开发成本。也就是说，企业内部独立核算单位发生的开发间接费，可仅对有关开发房屋、商品性土地、能有偿转让的配套设施及代建工程进行分配。

除了开发产品应负担开发间接费以外，如果房地产企业同时开发应计入投资性房地产或固定资产的房屋，则开发间接费还应对投资性房地产或固定资产项目进行分配，分配金额相应记入“在建工程”科目的借方。

第五节　公共配套设施费的会计核算

一、公共配套设施成本对象的确定

房地产开发企业开发的公共配套设施，可以分为如下两大类：营利性公共配套设施和非营利性公共配套设施。

（一）营利性公共配套设施

营利性公共配套设施是指能有偿转让的城市规划中规定的大配套设施项目以及属于营利性的，或产权归开发商所有的，或未明确产权归属的，或无偿赠与地方政府、公用事业单位以外其他单位的公共配套设施。

营利性公共配套设施一般包括：开发小区内营业性公共配套设施，如商店、银行、邮局等。

（二）非营利性公共配套设施

非营利性公共配套设施是指房屋开发过程中，根据有关法规，其产权及收益权不属于开发商，开发商不能有偿转让也不能转作自留固定资产的公共配套设施。具体核算内容可区别以下情况：

（1）在开发小区内发生的不会产生经营收入的不可经营性公共配套设施支出，如建造消防、水泵房、水塔、锅炉房（建筑成本）、变电所（建筑成本）、居委会、派出所、岗亭、儿童乐园、自行车棚、景观（建筑小品）、环廊、街心公园、凉亭等设施的支出。

（2）在开发小区内发生的根据法规或经营惯例，其经营收入归经营者或业主委员会的可经营性公共配套设施的支出，如建造幼儿园、邮局、图书馆、阅览室、健身房、游泳池、球场等设施的支出。

（3）开发小区内城市规划中规定的大配套设施项目不能有偿转让和取得经营收益权时，发生的没有投资来源的费用。

（4）对于产权、收入归属情况较为复杂的地下室、车位等设施，应根据当地政府法规、开发商的销售承诺等具体情况确定是否摊入成本项目。如果开发商通过补交地价或人防工程费等措施，得到政府部门认可，取得了该配套设施的产权，则应作为经营性项目独立核算。

（5）开发项目外为居民服务的给排水、供电、供气的增容增压、交通道路等，这类配套设施没有投资来源，不能有偿转让。

二、公共配套设施的成本核算对象

（一）营利性公共配套设施的成本对象

一般来说，营利性的大配套设施项目，应以各配套设施项目作为成本核算对象，以正确计算各配套设施的开发成本。

（二）非营利性公共配套设施的成本对象

对非营利性公共配套设施，如果工程规模较大，可以将各配套设施作为成本核算对象，在“开发成本——公共配套设施”科目下按各项配套设施设置明细科目，如物业服务用房、业主会所、幼儿园、学校、儿童游乐设施、环卫设施、运动设施、超市（配套商业设施）等。如果工程规模不大，与其他项目建设开竣工时间相差不多，并由同一施工单位施工，也可考虑将它们合并作为一个成本核算对象。

对于只为一个单体开发项目服务的、应摊入开发项目成本且造价较低的配套设施，可以不单独作为成本核算对象，发生的开发费用直接计入单体开发项目的成本。

三、公共配套设施费的会计核算

（一）营利性公共配套设施费的核算

营利性公共配套设施应当单独核算其成本。除企业自用应按建造固定资产进行处理外，其他一律按建造开发产品进行处理。营利性公共配套设施支出，应通过“开发成本——具体成本对象——成本项目”科目进行核算。

对营利性配套设施分配的非营利配套设施支出，应计入营利性公共配套设施的开发成本。

【例 5-12】 西南房地产公司根据建设规划要求，在开发项目内开发建设普通标准住宅、商场、幼儿园，其中普通标准住宅和商场建成后对外销售，幼儿园为营利性公共配套设施，各开发产品开发成本支出见表 5-4（表中金额均为不含税金额，不考虑增值税核算）。

表 5-4　　各开发产品的开发成本支出明细表　　单位：元

开发产品	土地出让金	前期工程费	基础设施费	建筑安装费	公共配套费	开发间接费	合计
普通标准住宅	80 000 000	4 000 000	1 100 000	39 600 000	1 100 000	560 000	126 360 000
商场	16 000 000	1 300 000	3 800 000	13 200 000	350 000	200 000	34 850 000
幼儿园	2 700 000	250 000	750 000	2 600 000	50 000	40 000	6 390 000
合计	98 700 000	5 550 000	5 650 000	55 400 000	1 500 000	800 000	167 600 000

由于幼儿园是营利性公共配套设施，因此，应对幼儿园进行单独的成本核算，相关账务处理如下：

借：开发成本——幼儿园——土地征用及拆迁补偿费　　2 700 000
　　　　　　　　　　——前期工程费　　250 000
　　　　　　　　　　——基础设施费　　750 000
　　　　　　　　　　——建筑安装费　　2 600 000
　　　　　　　　　　——公共配套费　　50 000
　　　　　　　　　　——开发间接费用　　40 000
　贷：银行存款/应付账款　　6 390 000

（二）非营利性公共配套设施费的核算

为了正确核算和反映企业开发建设中各种非营利性配套设施所发生的支出，并准确地计算房屋开发成本和各种大配套设施的开发成本，对非营利性公共配套设施支出的核算可分为：配套设施单独作为过渡性成本对象的核算；配套设施不作为成本对象的核算。以上两种情况，其公共配套设施费的归集与分配方法是不同的。

1. 作为成本对象的公共配套设施费的会计核算

单独作为过渡性成本对象核算的公共配套设施开发成本，其核算与营利性公共配套设施的核算相同，通过"开发成本——具体成本对象——成本项目"科目进行归集，项目竣工后按照一定的分配标准分配给各受益对象。

若例5-12中的幼儿园为非营利性公共配套设施，建成后无偿移交给当地政府，则在项目竣工后，将幼儿园发生的开发成本6 390 000元，在普通标准住宅和商场之间进行分摊，在实务中一般用建筑面积法分摊。假设例5-12中普通标准住宅建筑面积30 000平方米，商场建筑面积10 000平方米。

普通标准住宅应分摊幼儿园开发成本金额＝6 390 000×30 000/(30 000＋10 000)＝4 792 500(元)

商场应分摊幼儿园开发成本金额＝6 390 000×10 000/(30 000＋10 000)
＝1 597 500(元)

具体账务处理如下：

借：开发成本——普通标准住宅——公共配套设施费　　4 792 500
　　　　　　——商场——公共配套设施费　　1 597 500
　贷：开发成本——幼儿园——土地征用及拆迁补偿费　　2 700 000
　　　　　　　　　　　——前期工程费　　250 000
　　　　　　　　　　　——基础设施费　　750 000
　　　　　　　　　　　——建筑安装费　　2 600 000
　　　　　　　　　　　——公共配套费　　50 000
　　　　　　　　　　　——开发间接费用　　40 000

2. 不作为成本对象的公共配套设施费的会计核算

对于只为一个单体开发项目服务的、造价较低的配套设施，发生的开发费用直接计入单体开发项目的成本。

【例5-13】 西南房地产公司根据建设规划要求，在开发项目内开发建商场一栋，并配套建设消防设施、岗亭、报刊亭、自行车棚。其中商场的建筑安装费为20 000 000元，消防设施1 000 000元，岗亭500 000元，报刊亭200 000元，自行车棚300 000元。（以上金额均为不含税金额，不考虑增值税核算）具体账务处理如下：

借：开发成本——商场——建筑安装费　　20 000 000
　　　　　　　　　　——公共配套费　　2 000 000
　贷：银行存款/应付账款　　22 000 000

四、预提公共配套设施费的会计核算

（一）公共配套设施费的预提范围

小区的开发所用时间较长，有的需要几年，开发企业在开发进度安排上，有时是先建房屋，后建公共配套设施。这样，往往会出现房屋已经建成而有的公共配套设施尚未完成的情况，年度末企业所得税汇算清缴时，开发产品的开发成本无法可靠计量。因此，根据《房地产开发经营业务企业所得税处理办法》（国税发〔2009〕31号文件发布）第三十二条的规定，除以下几项预提（应付）费用外，计税成本均应为实际发生的成本：（1）出包工程未最终办理结算而未取得全额发票的，在证明资料充分的前提下，其发票不足金额可以预提，但最高不得超过合同总金额的10%。（2）公共配套设施尚未建造或尚未完工的，可按预算造价合理预提建造费用。此类公共配套设施必须符合已在售房合同、协议或广告、模型中明确承诺建造且不可撤销，或按照法律法规规定必须配套建造的条件。（3）应向政府上交但尚未上交的报批报建费用、物业完善费用可以按规定预提。物业完善费用是指按规定应由企业承担的物业管理基金、公建维修基金或其他专项基金。

（二）预提公共配套设施费的账务处理

对于非营利性公共配套设施与房屋等开发产品不同步开发，房屋等开发产品已完成开发建设，已售或出租，而该公共配套设施尚未全部完成的，可按该公共配套设施的预算成本或计划成本，预提公共配套设施费，可按各开发产品的可售建筑面积比例，将其记入房屋等开发成本明细分类账。

1. 预提成本时的账务处理

预提公共配套设施费时，根据预提金额，借记“开发成本——公共配套设施费——具体成本对象”等科目，贷记“应付账款——预提费用——具体成本对象”科目。

2. 实际发生时的账务处理

实际发生公共配套设施费时，按支付款项的金额，借记“应付账款——预提费用——具体成本对象”科目，贷记“银行存款”“应付账款——应付工程款”等科目。

3. 完工结算时的账务处理

成本结算完毕时，如果实际成本大于预提成本，按其差额，借记“主营业务成本”“投资性房地产”“固定资产”“开发产品”等科目，贷记“银行存款”“应付账款——应付工程款”等科目。

如果实际成本小于预提成本，按其差额，借记“应付账款——预提费用”科目，贷记“主营业务成本”“投资性房地产”“固定资产”“开发产品”等科目。

（三）预提公共配套设施费的计算方法

【例 5-14】 西南房地产公司开发项目内的幼儿园设施开发成本应由住宅、公寓、写字楼、商铺负担。由于其他开发产品完工时幼儿园尚未完工，为了及时结转完工产品成本，应先将幼儿园的建设成本预提计入完工产品的开发成本。

假设各项开发产品的可售建筑面积为：住宅 14 万平方米、公寓 10 万平方米、写字楼 5 万平方米、商铺 3 万平方米。假设幼儿园的开发成本为 200 万元（不含税金额）。

（1）计算各可售开发产品分摊预提幼儿园配套设施费：

住宅＝200×14/(14＋10＋5＋3)＝87.50(万元)

公寓＝200×10/(14＋10＋5＋3)＝62.50(万元)

写字楼＝200×5/(14＋10＋5＋3)＝31.25(万元)

商铺＝200×3/(14＋10＋5＋3)＝18.75(万元)

（2）预提幼儿园公共配套设施费时：

借：开发成本——住宅——公共配套设施费	875 000	
——公寓——公共配套设施费	625 000	
——写字楼——公共配套设施费	312 500	
——商铺——公共配套设施费	187 500	
贷：应付账款——预提费用（幼儿园开发成本）		2 000 000

（3）支付幼儿园公共配套设施建造费时：

借：应付账款——预提费用（幼儿园开发成本）	2 000 000	
贷：银行存款/应付账款		2 000 000

幼儿园完成竣工决算后，如果实际成本大于预提成本，应将增加的差额按上述分摊方法，分摊到各可售开发产品中。如果实际成本小于预提成本，应将减少的差额按上述分摊方法，将已分摊到各可售开发产品中的成本冲回。

第六节　土地开发成本与代建工程成本的会计核算

一、土地开发成本的会计核算

（一）土地开发成本的划分和归集

根据《城市用地分类与规划建设用地标准的规定》，城市用地可以分为九类：

(1) 居住用地；
(2) 公用设施用地（含商业用地）；
(3) 工业用地；
(4) 仓储用地；
(5) 对外交通用地；
(6) 道路广场用地；
(7) 市政公用设施用地；
(8) 绿化用地；
(9) 特殊用地。

房地产企业为开发房屋而取得的土地，其成本能可靠计量并能分清土地成本承担对象的，应直接计入有关房屋开发成本，在“开发成本——房屋开发成本”科目进行核算。如果其成本不能可靠计量，且分不清土地成本承担对象，或应由两个或两个以上成本核算对象承担，则其成本费用先通过“开发成本——房屋开发成本——待分摊成本”科目进行归集，待土地开发成本能够可靠计量，并能分清成本费用的承担对象时，再按一定的标准（房屋基底座占地面积与总占地面积的比例）将其分配，计入开发产品成本对象、投资性房地产、固定资产等。

（二）土地开发成本核算对象的确定和成本项目的设置

1. 土地开发成本核算对象的确定

土地开发也称建设场地开发，是指对原有土地进行改造，使之具备一定的建设条件。土地开发成本核算首先要确定成本核算对象。确定土地成本核算对象，就是为了按成本核算对象归集土地开发的各项费用，并按一定的成本核算对象计算和结转土地成本。

一般土地开发应以每一个独立的开发项目作为成本核算对象。但对于开发面积较大、工期较长、分区域开发的土地，可以将一个独立的开发项目划分为若干区域，以一定的区域作为成本核算对象。

2. 土地开发成本项目的设置

土地开发成本应在“开发成本——土地开发”科目的一级、二级科目中进行核算，该科目的借方金额反映各项土地开发所发生的成本，贷方金额反映土地开发完成后，结转到“开发产品”科目的土地开发成本。

企业应根据所开发土地的具体情况，设置土地开发的成本项目。通常划分为以下成本项目：

(1) 土地征用及拆迁补偿费：土地征用及拆迁补偿费是指按照城市建设总体规划进行土地开发所发生的土地出让金土地征用费、耕地占用税、劳动力安置费、安置动迁用房支出，及有关地上、地下物拆迁补偿费等。对拆迁旧建筑物回收的残值应估价入账并冲减有关成本。

（2）前期工程费：前期工程费是指土地开发项目前期工程发生的费用，包括规划、设计费，项目可行性研究费，水文、地质勘察与测绘费，场地平整费等。

（3）基础设施费：基础设施费是指土地开发过程中发生的各种基础设施费，包括道路、供水、供电、供气、排污、排洪、通信等设施费用。

（4）开发间接费：开发间接费指直接组织和管理土地开发所发生的，现场管理人员的薪酬、现场房屋设备的折旧、现场办公费、水电费、劳动保护费、工程借款利息支出和周转房摊销等。如果土地开发项目中有不能有偿转让的配套设施费，还应设置"配套设施费"成本项目，核算应计入土地开发成本的配套设施费。

（三）土地开发成本的核算

企业在土地开发过程中发生的各项支出，用于房屋开发的，通过"开发成本——房屋开发成本"科目核算，用于直接出售和转让的，通过"开发成本——土地开发成本"科目核算。

对发生的土地征用及拆迁补偿费、前期工程费、基础设施费等土地开发支出，可直接记入各土地开发成本明细分类账。对于用于房屋开发的支出，借记"开发成本——房屋开发成本"科目，贷记"银行存款""应付账款"等科目；对于用于直接出售和转让的支出，借记"开发成本——土地开发成本"科目，贷记"银行存款""应付账款"等科目。

【例 5-15】 西南房地产公司在某月内发生的有关土地开发支出如表 5-5 所示（所列金额均为不含税金额）。

表 5-5 单位：万元

项目	用于直接出售和转让的土地	用于房屋开发的土地	合计
支付征地拆迁费	500	200	700
支付前期工程费	1 000	600	1 600
应付基础设施费	300	800	1 100
应付开发间接费	50		50
合　计	1 850	1 600	3 450

（1）用银行存款支付征地拆迁费时。

借：开发成本——土地开发成本——土地征用及拆迁补偿费　　5 000 000
　　　　　　——房屋开发成本——土地征用及拆迁补偿费　　2 000 000
　贷：银行存款　　7 000 000

（2）用银行存款支付前期工程费时。

借：开发成本——土地开发成本——前期工程费　　10 000 000
　　　　　　——房屋开发成本——前期工程费　　6 000 000
　贷：银行存款　　16 000 000

（3）核算应付基础设施费时。

借：开发成本——土地开发成本——基础设施费　3 000 000
　　　　　　——房屋开发成本——基础设施费　8 000 000
　贷：应付账款——应付工程款　11 000 000

(4) 核算应付直接出售和转让土地开发成本的开发间接费时。

借：开发成本——土地开发成本——开发间接费用　500 000
　贷：应付账款——应付工程款　500 000

(四) 已完成开发土地开发成本的结转

对于已完成开发土地的开发成本，应根据已完成开发土地的用途，采用不同的成本结转方法。其中：

对于直接出售和转让的土地，在开发完成并经验收后，应将其实际成本自“开发成本——土地开发成本”科目的贷方转入“开发产品——土地”科目的借方。

对于为开发房屋的土地，在开发完成后，应将其实际成本自“开发成本——房屋开发成本”科目的贷方转入“开发产品——××房屋”“在建工程”等科目的借方。

【例 5-16】 (接例 5-15) 西南房地产公司商品性土地经开发完成验收时，应做如下账务处理：

借：开发产品——土地　18 500 000
　贷：开发成本——土地开发成本——土地征用及拆迁补偿费　5 000 000
　　　　　　　　　　　　　　——前期工程费　10 000 000
　　　　　　　　　　　　　　——基础设施费　3 000 000
　　　　　　　　　　　　　　——开发间接费用　500 000

二、代建工程成本的会计核算

代建工程是指房地产开发企业接受委托单位的委托，代为开发的各种工程，包括土地、房屋、市政工程等。

房地产开发企业发生的各项代建工程支出和对代建工程分配的开发间接费，应记入“开发成本——代建工程”科目的借方和“银行存款”“应付账款——应付工程款”“库存材料”或“原材料”“应付职工薪酬”“开发间接费用”等科目的贷方。同时应按成本核算对象和成本项目分别归类记入各代建工程开发成本明细分类账。代建工程开发成本明细分类账的格式，基本上和房屋开发成本明细分类账相同。

完成全部开发过程并经验收的代建工程，应将其实际开发成本自“开发成本——代建工程”科目的贷方转入“开发产品”科目的借方，并在将代建工程移交委托代建单位、办妥工程价款结算手续后，将代建工程开发成本自“开发产品”科目的贷方转入“主营业务成本”科目的借方。

【例 5-17】 西南房地产公司接受市政工程管理部门的委托，代为扩建开发小区旁边一条道路。扩建过程中，用银行存款支付拆迁补偿费 800 万元、前期工程费 1 000 万元，应付基础设施工程款 1 500 万元，分配开发间接费 200 万元（以上金额均为不含税金额）。

（1）在发生上述各项扩建工程开发支出和分配开发间接费时，应做如下账务处理：

借：开发成本——代建工程——拆迁补偿费 8 000 000
　　　　　　　　　　　　——前期工程费 10 000 000
　　　　　　　　　　　　——基础设施费 15 000 000
　　　　　　　　　　　　——开发间接费用 2 000 000
　贷：银行存款 18 000 000
　　　应付账款——应付工程款 15 000 000
　　　开发成本——开发间接费用 2 000 000

（2）道路扩建工程完工并经验收，结转已完工工程成本时，应做如下账务处理：

借：开发产品——代建工程道路 35 000 000
　贷：开发成本——代建工程——拆迁补偿费 8 000 000
　　　　　　　　　　　　　——前期工程费 10 000 000
　　　　　　　　　　　　　——基础设施费 15 000 000
　　　　　　　　　　　　　——开发间接费用 2 000 000

第七节　开发完工产品成本的核算与结转

一、开发产品总成本的核算

（一）总成本的计算原则

房地产企业在计算成本核算对象开发总成本时，应重点关注以下几点：

（1）在结转完工开发产品成本前，确认开发总成本的完整性，防止归集的开发成本发生重大遗漏。

（2）在复核开发成本的完整性时，重点关注报批报建项目和项目后期待建的公共配套设施。如有应付未付的报批报建项目开发成本，应根据相关建设合同和预算标准等规定进行预提。对应在本期分摊的公共配套设施等成本支出，应该按照成本分摊原则进行预提。

（3）对于本期发生的应该由前期、本期或后期项目分摊的支出，应该按照权责发生制原则做待摊处理。

（二）成本预提

1. 公共配套设施成本的预提

（1）预提范围：非营利性公共配套设施将发生的费用可以预提。营利性公共配套设施将发生的费用不得预提。

（2）预提条件：房屋与公共配套设施非同步开发（有前有后、穿插进行）；先建房屋，后建公共配套设施。

（3）预提时间：应在结转房屋等开发成本时预提。

（4）预提依据：拟建公共配套设施的预算成本或计划成本。

$$\text{某项开发产品预提的公共配套设施费}=\text{该项开发产品预算成本(或计划成本)}\times\text{公共配套设施费预提率}$$

$$\text{公共配套设施费预提率}=\text{该配套设施的预算成本(或计划成本)}\div\text{应负担该配套设施费各开发产品的预算成本(或计划成本)合计}\times 100\%$$

式中，应负担公共配套设施费的开发产品一般应包括开发房屋和营利性公共配套设施。

2. 开发产品成本的预提

（1）预提范围：会计期末，当开发产品符合确认收入条件时，必须确认取得的销售收入，并结转销售成本，如果此时项目决算工作尚未完成，就需要对开发产品成本进行预提。自持经营用途开发产品和投资性房地产投入使用时，也需要确定原值，对发生的成本支出进行预提，并计提折旧。

（2）预提时间：一般在确认收入或资产投入使用时预提。

（3）预提依据：由企业预算或成本部门根据成本预算结合实际成本发生情况确定。

3. 报批报建费用的预提

应向政府上交但尚未上交的报批报建费用、物业完善费用可以按规定预提。

4. 预提费用的核算

成本预提通过“应付账款——预提费用”科目核算。该科目核算按权责发生制原则计提的，应由本期受益、受益对象承担的已经发生或将要发生但尚未结算或支付的成本、费用。成本结算完毕后，可对已经按照预提成本结转的销售成本和资产账面价值以及开发产品成本进行调整，对已经计提的折旧则不再调整。

发生预提情况时，按预算成本或相关合同，借记“开发产品”科目的相应明细科目，贷记“应付账款——预提费用”科目。实际发生时，借记“应付账款——预提费用”科目，贷记“银行存款”“应付账款——应付工程款”等科目。实际结算时，按实际结算大于预提成本之间的差额，借记“主营业务成本”“投资性房地产”“库存商品”

等科目，贷记“银行存款”“应付账款——应付工程款”等科目；按实际结算小于预提成本之间的差额，借记“应付账款——预提费用”科目，贷记“主营业务成本”“投资性房地产”“库存商品”等科目。

（三）成本核算对象总成本计算表

成本核算对象的成本归集完后，需要确定哪些成本核算对象是可售的开发产品，哪些成本核算对象是不可售的开发产品。

不可售开发产品的成本核算对象就是非营利性公共配套设施，其发生的各项费用支出属于待分摊公共配套设施成本（共同成本），归集的成本按照受益原则和配比原则分摊到可售开发产品中。

房地产企业在结转开发产品成本时，先通过成本的归集和分配，确定各成本核算对象的开发总成本，然后，再将不可售开发产品的成本核算对象中归集的成本按照规定的分摊原则分摊到开发产品中，最终确定开发产品的开发总成本。在实际操作中，房地产企业一般采用成本核算对象成本明细表来完成这一过程（如表 5-6 所示）。

表 5-6　　成本核算对象成本明细表　　金额单位：元

<table>
<tr><th colspan="2">成本项目</th><th colspan="3">成本核算对象</th><th colspan="3">待分摊配套设施成本（共同成本）</th><th>合计</th><th>分摊方法简要说明</th></tr>
<tr><td>一级</td><td>二级</td><td>普通标准住宅</td><td>非普通标准住宅</td><td>别墅</td><td>学校</td><td>会所</td><td>幼儿园</td><td></td><td></td></tr>
<tr><td>取得土地使用权支付的金额</td><td></td><td></td><td></td><td></td><td></td><td></td><td></td><td></td><td></td></tr>
<tr><td>土地征用及拆迁补偿费</td><td></td><td></td><td></td><td></td><td></td><td></td><td></td><td></td><td></td></tr>
<tr><td>前期工程费</td><td></td><td></td><td></td><td></td><td></td><td></td><td></td><td></td><td></td></tr>
<tr><td>基础设施费</td><td></td><td></td><td></td><td></td><td></td><td></td><td></td><td></td><td></td></tr>
<tr><td>建筑安装工程费</td><td></td><td></td><td></td><td></td><td></td><td></td><td></td><td></td><td></td></tr>
<tr><td>公共配套设施费</td><td></td><td></td><td></td><td></td><td></td><td></td><td></td><td></td><td></td></tr>
<tr><td>开发间接费</td><td></td><td></td><td></td><td></td><td></td><td></td><td></td><td></td><td></td></tr>
<tr><td rowspan="3">待分摊公共配套设施成本（共同成本）</td><td>学校</td><td></td><td></td><td></td><td></td><td></td><td></td><td></td><td></td></tr>
<tr><td>会所</td><td></td><td></td><td></td><td></td><td></td><td></td><td></td><td></td></tr>
<tr><td>幼儿园</td><td></td><td></td><td></td><td></td><td></td><td></td><td></td><td></td></tr>
<tr><td>成本合计</td><td></td><td></td><td></td><td></td><td></td><td></td><td></td><td></td><td></td></tr>
<tr><td>建筑面积（平方米）</td><td></td><td></td><td></td><td></td><td></td><td></td><td></td><td></td><td></td></tr>
<tr><td>单位建筑面积成本</td><td></td><td></td><td></td><td></td><td></td><td></td><td></td><td></td><td></td></tr>
<tr><td>销售面积（平方米）</td><td></td><td></td><td></td><td></td><td></td><td></td><td></td><td></td><td></td></tr>
<tr><td>单位销售面积成本</td><td></td><td></td><td></td><td></td><td></td><td></td><td></td><td></td><td></td></tr>
</table>

二、完工产品成本的结转

开发产品竣工验收达到预定可使用状态，成本结算完成后，编制开发产品成本明细表，详细列明每种开发产品的总成本、总面积、单位面积成本和总套数等信息，使用的面积要和测绘部门出具的实测面积一致。

开发产品的分类要根据核算对象的划分确定。开发产品成本明细表作为开发产品成本结转的依据，结转时借记“开发产品”科目的相关明细科目，贷记“开发成本”科目的相关明细科目。“开发成本”科目的期末余额反映在产品的实际成本。

（一）开发产品核算的会计科目设置

房地产企业的产成品通过“开发产品”科目核算。开发产品是指建造完成后以备出售、出租的房地产。

为区分不同用途和类型开发产品的成本，实现不同开发产品的销售收入和发生的成本准确配比，应该按照开发产品的不同类别在“开发产品”科目下设置二级明细科目，在明细科目下按照项目，分期、分产品进行辅助核算。例如，“开发产品——甲项目——二期——普通标准住宅”“开发产品——乙项目——一期——公寓”。

房地产企业经营过程中对开发产品短期（一般不超过一个年度）临时或暂时出租的，不计提该开发产品的累计折旧。

（二）开发产品成本明细表

开发产品成本明细表的格式如表 5-7 所示。

表 5-7　　开发产品成本明细表　　金额单位：元

成本项目	普通标准住宅	非普通标准住宅	公寓	别墅	合计
取得土地使用权支付的金额					
土地征用及拆迁补偿费					
前期工程费					
基础设施费					
建筑安装工程费					
配套设施费					
开发间接费					
成本合计					
建筑面积（平方米）					
单位建筑面积成本					
销售面积（平方米）					
单位销售面积成本					

三、开发产品成本的结转

会计期末根据收入确认原则，按开发产品种类确认实现的销售收入，同时根据实现的销售面积结转相应的开发产品成本。

结转的已实现销售开发产品成本＝实现的销售面积×该开发产品单位面积成本

结转已实现销售开发产品的成本时，相应的账务处理为：借记“主营业务成本”科目，贷记“开发产品”科目。结转成本时，编制开发产品成本明细表，该表详细记录实现销售的开发产品成本，作为记账凭证的附件。

（一）开发产品销售成本明细表

应根据开发产品的种类，编制销售的开发产品成本明细表，每月末统计一次。开发产品销售成本明细表如表 5-8 所示。

表 5-8　　____年____月开发产品销售成本明细表　　金额单位：元

项目	普通标准住宅	非普通标准住宅	公寓	别墅
总可销售面积（平方米）				
已售面积（平方米）				
本期销售面积（平方米）				
已售比例（%）				
总开发成本				
单位平均开发成本				
已销开发产品成本				
本期销售开发产品成本				
开发产品成本余额				

（二）成本差异的账务处理

如果出现开发产品成本结转完后又发生成本支出的情况，会造成开发产品的账面成本与实际成本不符，两者的差异称为成本差异。

发生差异的开发产品如果已经全部销售，成本差异额记入“销售费用——其他”科目；如果尚未全部销售，发生的成本差异额先通过“开发成本”科目归集，然后转入“开发产品”科目，调整剩余开发产品成本，重新计算未售开发产品单位面积成本。

第六章

销售（预售）阶段的会计核算与税务处理

The Whole Process of Financial Accounting and Tax Treatment for Real Estate Enterprises

TAXING

第一节　销售（预售）阶段业务概述

房地产开发企业销售（预售）阶段的业务包括转让土地使用权、销售房屋及其他建筑物、附着物、公共配套设施等。

一、土地使用权转让

土地使用权转让是指房地产开发企业通过出让等形式取得土地使用权后，将土地使用权再转让的行为，包括出售、投资、交换和赠与等，属于土地使用权买卖的二级市场行为。根据《城市房地产管理法》和《城市房地产转让管理规定》的规定，房地产权利人可以通过买卖、赠与或者其他合法方式将其房地产转让予他人或法律实体。房屋转让时，房屋所有权和该房屋所在地的土地使用权需同时转让，房地产转让当事人须签订书面房地产转让合同并在合同签订后 90 日内向房地产所在地的房地产管理部门办理转让登记备案手续。

土地使用权转让的条件。如果以出让方式初步取得土地使用权，须符合下列条件后方可转让房地产：（1）按照出让合同约定已经支付全部土地使用权出让金，并取得土地使用权证；（2）按照出让合同约定进行开发且属于房屋建设工程的项目，实际投入房屋建设工程的资金额应占全部投资总额的 25％以上。

以出让方式初步取得土地使用权的，转让房地产后，其土地使用权的使用年限为原土地使用权出让合同约定的使用年限减去原土地使用者已经使用年限后的剩余部分。

受让人拟改变原出让合同约定的土地用途的，必须首先取得原出让方和有关市或县人民政府规划行政主管部门的同意，签订土地使用权出让合同变更协议或重新签订土地使用权出让合同，对土地使用权出让金做出相应调整。

以划拨方式取得土地使用权的，转让土地使用权须按照国务院的规定，报有批准权的人民政府审批。否则须由受让方办理土地使用权出让手续，并依照有关法律规定缴纳出让金。

转让土地使用权应签订转让合同，在合同中载明土地的位置、四周边界和面积、地上附着物、土地用途、建筑物高度、绿化面积、土地转让期限、土地转让金的支付方式和违约责任等。

土地使用权转让，可以采用协议、招标及拍卖等方式。土地使用权转让的价格，受地理位置、经济环境、土地用途、土地转让期限和房地产市场供求等因素影响。

二、商品房销售

商品房销售，根据开始销售的时间不同可以分为商品房预售和商品房现售；根据销售主体的不同可以分为自行销售和委托代理销售，委托代理销售包括视同买断、手续费保底加提成等；根据付款方式不同可以分为一次性付款、分期付款和按揭付款等。

（一）商品房预售与现售

1．商品房预售

商品房预售，是指房地产开发企业将正在施工建设中的商品房预先出售给承购人，并由承购人支付定金或者房价款的行为。商品房预售实行许可制度。房地产开发企业进行商品房预售应当向房地产管理部门申请预售许可，取得商品房预售许可证，否则不得进行商品房预售。

商品房预售应当符合下列条件：（1）已交付全部土地使用权出让金，取得土地使用权证书；（2）持有建设工程规划许可证和施工许可证；（3）按提供预售的商品房计算，投入开发建设的资金达到工程建设总投资的 25％以上，并已经确定施工进度和竣工交付日期。

房地产开发企业申请预售许可，应当提交下列证件（复印件）及资料：（1）商品房预售许可申请表；（2）开发企业的营业执照和资质证书；（3）土地使用权证、建设工程规划许可证、施工许可证；（4）投入开发建设的资金占工程建设总投资的比例符合规定条件的证明；（5）工程施工合同及关于施工进度的说明；（6）商品房预售方案，预售方案应当说明预售商品房的位置、面积和竣工交付日期等内容，并应当附预售商品房分层平面图。

房地产开发企业按上述规定提交有关材料，材料齐全的，房地产管理部门应当场受理，并对开发企业提供的有关材料是否符合法定条件进行审核。经审查确认，房地产开发企业的申请符合法定条件的，房地产管理部门应当在受理之日起 10 日内，依法做出准予预售的行政许可书面决定，并自做出决定之日起 10 日内向房地产开发企业颁发商品房预售许可证，商品房预售许可证应当加盖房地产管理部门公章。

房地产开发企业进行商品房预售，应当向承购人出示商品房预售许可证，售楼广告和说明书应当载明商品房预售许可证的批准文号。

实行商品房预售的房地产开发企业应当与承购人签订商品房预售合同，并应当自签约之日起 30 日内，向房地产管理部门和市、县人民政府土地管理部门办理商品房预售合同登记备案手续。预售的商品房应当自交付使用之日起 90 日内，依法到房地产管理部门和市、县人民政府土地管理部门办理权属登记手续。房地产开发企业应当予以协助，并提供必要的证明文件。

2. 商品房现售

商品房现售，是指房地产开发企业将竣工验收合格的商品房出售给承购人，并由承购人支付房价款的行为。

商品房现售应当符合以下条件：(1) 现售商品房的房地产开发企业应当具有企业法人营业执照和房地产开发企业资质证书；(2) 取得土地使用权证书或者使用土地的批准文件；(3) 持有建设工程规划许可证和施工许可证；(4) 已通过竣工验收；(5) 拆迁安置已经落实；(6) 供水、供电、供热、燃气、通信等配套基础设施具备交付使用条件，其他配套基础设施和公共设施具备交付使用条件或者已确定施工进度和交付时间；(7) 物业管理方案已经落实。

房地产开发企业应当在商品房现售前，将房地产开发项目手册及符合商品房现售条件的有关证明文件报送房地产开发主管部门备案。

（二）自行销售与委托销售

房地产开发企业可以自行销售商品房，也可以委托房地产中介机构代理销售商品房。后者主要有以下几种方式：(1) 采取支付手续费方式委托销售开发产品；(2) 采取视同买断方式委托销售开发产品；(3) 采取基价（保底价）并实行超基价双方分成方式委托销售开发产品；(4) 采取包销方式委托销售开发产品。

（三）一次性付款、分期付款与按揭付款

承购人购买商品房，可以根据持有的资金情况，选择不同的付款方式。

1. 一次性付款

一般而言，一次性付款要求承购人在付清定金后10～30天内补足所有房款。此种付款方式下，房地产开发企业会给予一定的价格折扣，相对而言比较优惠。

2. 分期付款

分期付款是指承购人按照销售合同约定的价款和付款日期分期支付购房款。分期付款分为三种类型：(1) 预收款销售商品房，指在商品房交付前按合同或协议约定分期付款，房地产开发企业在收到最后一笔款项后才将商品房交付给承购人；(2) 分期收款销售商品房，指商品房已交付给承购人，承购人按合同或协议约定分期支付购房款；(3) 以上两种方式的结合，指在商品房交付前，承购人已按销售合同约定分期支付部分房款，商品房交付后分期支付余款。

3. 按揭付款

按揭付款即购房抵押按揭贷款，是指承购人支付首付款，余款以所购商品房做抵

押，向银行申请贷款，由银行先行支付房款给开发商，承购人按月向银行分期支付本息的付款方式。按揭贷款实行双重担保，即“抵押加保证”，借款人（即承购人）以所购的住房给贷款银行做抵押，在借款人取得该住房的房产证和办妥抵押登记之前，由开发商提供第二重担保（连带保证责任）。发放贷款时，贷款银行会收取一定比例的按揭保证金（一般为贷款额的10%），作为开发商承担连带保证责任的保证金。一旦借款人发生违约情形，贷款银行有权从按揭保证金专户中直接扣收保证金，以此作为借款人违约拖欠贷款本息、罚息等的担保。

按揭付款方式下，贷款比例最高可达购房价款总额的80%；在房地产调控政策下，贷款比例有所下降，一般为50%；具体的贷款比例由银行根据借款人的资信、经济状况和抵押物的审查情况来确定；贷款的最长期限不超过30年；贷款利率按合同签订时中国人民银行公布的个人住房贷款利率执行，如果在合同执行期间遇到利率调整，贷款利率将采取一年一定的原则，在第二年的1月1日做相应调整。

贷款银行不同，按揭贷款的程序也不完全相同。房地产开发企业办理按揭贷款的程序通常是：

（1）确定按揭银行。房地产项目在对外销售之前，一般由房地产开发企业与银行签订按揭协议，约定由该银行对房地产开发企业的房地产项目提供按揭贷款，其中包括贷款的额度、最高年限和成数以及房地产开发企业的保证责任等。

（2）开展销售活动。房地产开发企业在取得项目的预售许可证后对社会公开销售，与承购人签订商品房买卖合同。采用按揭付款方式的，承购人按照规定支付首付款，剩余购房款向银行申请按揭贷款，并办理商品房买卖合同的登记手续。

（3）贷款银行审查并批准：贷款银行对经律师见证、公证处公证的提交资料进行审查，对合格者予以批准。

（4）签订抵押贷款合同及保证合同：银行与承购人签订抵押贷款合同，银行与房地产开发企业签订保证合同。

（5）抵押合同公证：抵押贷款合同签订后，到贷款银行认可的公证处办理相关公证手续。

（6）办理该商品房的保险，抵押期间保险单正本由贷款银行收押。

（7）贷款银行经审批提供文件资料后发放贷款，通常按贷款合同或保证合同的约定直接汇入房地产开发企业在贷款银行开立的银行账户。

（8）房产证办理完毕，房地产开发企业向贷款银行申请解冻按揭保证金。

（四）商品房销售流程

商品房销售流程主要包括前期策划、营销、取得预售许可证后开盘预售、签订协议或合同、交款、商品房交付和产权登记及办证等环节。

1. 前期策划及营销

房地产开发企业是以商品房销售为核心的企业，前期策划可能在拿地前进行，也可能在拿地后进行，主要工作是确定项目定位，准确定位目标市场，制定产品目标与发展计划，选择性价比最好的产品。前期策划是销售的重要阶段，对产品未来的销售状况有重要影响。

房地产营销的目的是通过详细的介绍、生动的描述来塑造产品的形象，刺激顾客的购买欲。在销售阶段，房地产开发企业通常会采取一系列的营销手段，目前我国常用的营销方法包括广告、房地产展销会、活动推介、网络推广以及人员推销等。广告是房地产营销手段中应用最多、富有成效的一种方法，广告的形式包括户外路牌展板广告、电视广告、电台广播和报纸杂志广告、网络广告等。

2. 取得预售许可证后开盘预售

项目开发建设达到规定条件的可以取得预售许可证，然后就可以确定开盘日期对外发售。开盘是指房地产开发企业在取得商品房预售许可证后开始对外公开发售商品房，房地产开发企业为成功地将开发的商品房推向市场，一般会在开盘日举行一个盛大的开盘仪式。

3. 签订销售合同及收款

开盘后，客户即可到现场看房，有意向购买的客户可与销售人员就房屋销售价格等合同条款进行协商，协商一致的签订商品房买卖合同，双方也可以对标准合同文本中的空白事项予以约定，需要签订补充协议的，双方商定具体补充内容。合同签订后，要在规定时间内向当地房管部门办理备案，销售合同到房管部门办理备案登记后生效。合同签订后，承购人要根据所签合同约定的付款时间交付房价款及契税。

4. 商品房交付

房地产开发企业应当按照合同约定，将符合交付使用条件的商品房按期交付给承购人。

商品房交付时必须符合交付使用条件，即入住条件。关于交付使用条件，《中华人民共和国建筑法》、《城市房地产管理法》和《城市房地产开发经营管理条例》都规定，建筑工程竣工经验收合格后，方可交付使用；未经验收或者验收不合格的，不得交付使用。同时，《中华人民共和国消防法》规定，单体建筑必须经过消防验收，才能交付使用。

“三书一证一表”齐全是楼房质量经过国家有关部门权威认可的标准，是商品房交付使用的必要条件。“三书”是指住宅质量保证书、住宅使用说明书及建筑工程质量认定书，“一证”是指房地产开发建设项目竣工综合验收合格证，“一表”是指建筑工程竣工验收备案表。建设部 1998 年发布的《商品住宅实行住宅质量保证书和住宅使用说明书制度的规定》（建房〔1998〕102 号）第三条规定：“房地产开发企业在向用户交付销售的新建商品住宅时，必须提供住宅质量保证书和住宅使用说明书”。经过验收合格发给房地产开发建设项目竣工综合验收合格证，经过备案发给建筑工程竣工验收备案表。

另外，对于具体的交付使用条件，还要看具体的商品房买卖合同。可能在商品房买卖合同及其附件、补充协议中加以约定，如将公共配套设施验收合格（包括水、电、煤气、宽带、有线、安防、绿化、道路和电梯等）作为交付使用的条件，同时在合同中约定房地产开发企业未达到交付使用条件时的违约责任。

符合交房条件的商品房即可按合同约定办理交付手续。商品房交付的具体程序为：

（1）通知业主办理入住手续。

房屋竣工并办理政府综合验收后，未与业主交接前，房地产开发企业一般会委派工程部、客服部、物业公司组成内部验房团，对即将交付业主使用的房子进行预检，对发现的问题及时整改。经过预检后，房地产开发企业将钥匙移交给物业公司，由物业公司安排业主验房。对于达到交房条件的房子，房地产开发企业会通过报纸公告、电话联系或寄发通知书等方式告知业主办理商品房移交手续。房地产开发企业售楼部一般根据合同中约定的交房日期，提前半个月或一个月寄发入住通知书等交房通知，有的还同时打电话通知业主。此时，业主一般会按约前往，因为合同中通常约定，如果业主未能在约定期限内前去验房，视同同意交接，如果无故不交接，有的房地产开发企业还将从合同约定的交接日起，按日收取万分之一至万分之三的保管费，业主如遇出差在外或有特殊情况不能按约前往，应书面通知房地产开发企业，并说明原因。

（2）确认身份。

业主应该根据入住通知书的要求，携带相关资料到售楼部确认身份，并联系验收交接事宜。这些资料一般包括：入住通知书、买卖合同或预售合同、身份证的原件和复印件及家庭成员照片（物业建档资料用）。如果委托他人验房，被委托人在持有效身份证明文件的同时，还须出具业主的授权委托书。物业公司现场核对缴款情况，在款项全部交清的情况下与业主办理商品房移交手续。

（3）现场验房、交钥匙。

实物交付是商品房买卖中主要的义务，出卖人完成了实物交付，就是履行了合同的最主要的义务。物业公司指派一名相关人员陪同业主现场验房，若验收合格，业主须在商品房验收交接表上签字认可，领取房屋钥匙和住户手册等资料，同时须按规定缴纳有关费用。若验收不合格，业主应将不足事项明确记录在楼房验收交接表上，可暂不办理入住手续，再次交接时间由双方另行约定，但一般不应超过30天。

5. 办理房屋权属登记及房产证

房地产开发企业应当在商品房交付使用之日起60日内，将需要由其提供的办理房屋权属登记的资料报送房屋所在地房地产行政主管部门，并协助承购人办理土地使用权变更和房屋所有权登记手续。

三、精装修房销售

房地产企业销售自己开发的房地产项目，如为精装修房，家电、家具等随同房屋一起销售，其家电、家具应该如何纳税，这个问题一直困扰着财务人员。

根据《营业税改征增值税试点有关事项的规定》（财税〔2016〕36 号文件附件 2）的规定，属于兼营业务。即纳税人销售货物、加工修理修配劳务、服务、无形资产或者不动产适用不同税率或者征收率的，应当分别核算适用不同税率或者征收率的销售额，未分别核算销售额的，从高适用税率或征收率。

营改增后，国家税务总局未进一步明确房地产企业销售精装修房，附带的家电、家具等应如何缴纳增值税。因此，在当地税务机关没有发布相关规定的情况下，房屋和附带的家电、家具销售，应该按照各自的适用税率分别计算缴纳增值税。

但是也有部分省市发布了具体的税务处理意见，这些处理意见的总体原则是对精装修房附带的家电、家具不单独视同货物销售。如河北省、海南省、内蒙古自治区、厦门市规定，房地产开发企业销售精装修房，在《商品房买卖合同》中注明的装修费用（含装饰、设备等费用），已经包含在房价中，因此不属于税法中所称的无偿赠送，无须视同销售。即按房屋销售价格，适用 9%的增值税税率，统一计算缴纳增值税，无须单独计税。

湖北省规定，房地产企业销售不动产，将不动产与货物一并销售，且货物包含在不动产价格以内的，不单独对货物按照适用税率征收增值税。

深圳市规定，房地产企业销售带精装修的房屋，按照销售不动产征收增值税。

原山东省国家税务局在《山东省国家税务局全面推开营改增试点政策指引（七）》第九条“房地产开发企业‘买房送装修、送家电’征税问题”中规定，房地产开发企业销售住房赠送装修、家电，作为房地产开发企业的一种营销模式，其主要目的为销售住房。购房者统一支付对价，可参照混合销售的原则，按销售不动产适用税率申报缴纳增值税。笔者对这里参照混合销售的原则，稍有不同的意见，因为根据《营业税改征增值税试点有关事项的规定》中对混合销售的规定，一项销售行为如果既涉及货物又涉及服务，为混合销售。而这里的“买房送装修、送家电”则是一项销售行为涉及货物销售和不动产销售，笔者更倾向于该业务属于兼营行为。

四、其他建筑物销售

销售其他建筑物包括销售能有偿转让的公共配套设施、周转房等。

公共配套设施是指企业根据城市建设规划或开发项目建设规划的要求，为满足居住的需要而与开发项目配套建设的各种服务性设施。公共配套设施分为不能有偿转让的和能有偿转让的两类。对于建成后能够有偿转让的公共配套设施，房地产开发企业应单独核算其成本，作为开发产品对外销售。改变公共配套设施用途的，视同商品房对外销售处理。

五、代建工程

房地产开发企业的代建工程包括代建房屋、场地和城市道路、基础设施等市政工程。在房地产开发实务中，代建工程存在两种方式：

第一种方式是受托方（房地产开发企业）与委托方（委托建房单位）实行全额结算（原票转交），只向委托方收取代建手续费的业务，即在建设过程中施工方、设计方、监理方等不与受托方签订合同，而直接与委托方签订合同，受托方只收取一定代理费的房地产开发方式。具体操作要求如下：

（1）由委托方自行立项；

（2）不发生土地使用权或产权转移；

（3）受托方不垫付资金，单独收取代建手续费（或管理费）；

（4）受托方事先与委托方订有委托代建合同；

（5）施工企业将建筑业发票全额开具给委托方。

第二种方式是受托方与委托方实行拨付结算，即在建设过程中施工方、设计方、监理方等直接与受托方（房地产开发企业）签订合同，不与委托方签订合同，资金由委托方拨付给受托方，受托方再拨付给施工方、设计方、监理方等。代建工程最后销售或移交给委托方，受托方不收委托方的代建手续费。

六、其他业务

房地产开发企业的其他业务是指除主营业务以外的其他业务，包括商品房售后服务、材料销售等。

（一）商品房售后服务

房地产开发企业的商品房售后服务是指企业接受其他单位的委托，对已经销售的商品房进行管理，如房屋及其所属设备的维修、电梯看管、卫生清理和治安管理等劳务性的服务。企业提供的这种售后服务，可向用户收取服务费，形成商品房售后服务收入。

（二）材料销售

房地产开发企业的材料销售是指企业将不需用的库存材料对外销售。房地产开发企业的开发周期比较长，项目开发结束后，通常需要对在开发阶段剩余的材料物资进行销售处理，销售材料取得的价款构成企业的材料销售收入。

七、税收筹划案例

（一）设计促销方案实现节税

由于近年来房地产开发的持续增温，一些房地产企业为了能够尽快回笼资金，对开发的房地产项目进行促销，对买房者给予购房优惠。例如，有的房地产企业对毛坯房销售制定比平常略高的价格，同时承诺对买房者免费赠送房屋装修；或者直接销售精装修房屋；或者销售毛坯房并另外收取装修费。

营改增以后房地产开发企业销售房屋需要缴纳增值税、城市维护建设税（以下简称城建税）和教育费附加、印花税、土地增值税。

1. 案例背景

某房地产公司销售房产总面积为80 000平方米，土地增值税其他扣除项目金额为14 000万元，其他成本费用支出为16 000万元（已包含其他扣除项目金额20%），该公司采用简易计税方法计算房地产的增值税。

2. 筹划方案分析

该房地产公司设计了以下两个促销方案：

方案一：销售毛坯房价格为4 000元/平方米（均为不含增值税价），同时送装修服务1 000元/平方米。

方案二：直接销售毛坯房价格3 000元/平方米，装修费用自付。

从房地产企业的角度做如下分析：

对方案一的分析：

应交增值税＝80 000×0.4×5％＝1 600（万元）；

城建税及教育费附加＝1 600×(7％＋3％＋2％) ＝192（万元）；

印花税＝80 000×0.4×0.000 5＝16（万元）；

土地增值税扣除项目金额＝14 000＋16 000＋192＋16＝30 208（万元）；

增值额＝32 000－30 208＝1 792（万元）；

增值率＝1 792/30 208＝5.9％；

应交土地增值税＝1 792×30％＝537.6（万元）；

利润额＝80 000×0.4－16 000－192－16－537.6－8 000＝7 254.4（万元）；

应纳企业所得税＝7 254.4×25％＝1 813.6（万元）；

合计纳税额＝1 600＋192＋16＋537.6＋1 813.6＝4 159.2（万元）。

对方案二的分析：

应交增值税＝80 000×0.3×5％＝1 200（万元）；

城建税及教育费附加＝1 200×（7％＋3％＋2％）＝144（万元）；

印花税＝80 000×0.3×0.000 5＝12（万元）；

土地增值税扣除项目金额＝14 000＋16 000＋144＋12＝30 156（万元）；

增值额＝32 000－30 156＝1 844（万元）；

增值率＝1 844/30 156＝6.1％；

应交土地增值税＝1 844×30％＝553.2（万元）；

利润额＝80 000×0.3－16 000－144－12－553.2＝7 290.8（万元）；

应纳企业所得税＝7 290.8×25％＝1 822.7（万元）；

合计纳税额＝1 200＋144＋12＋553.2＋1 822.7＝3 731.9（万元）。

由计算可知，方案一实现利润小于方案二，会多交一部分土地增值税和企业所得税，由于装修收入与售房一起计入房地产销售收入，加大了土地增值税的税基，因此房地产企业销售房屋附赠装修的行为会使得房地产企业多交土地增值税。

综上所述，由于房屋的销售价格影响土地增值税的收入金额，进而影响土地增值税税负，因此，房地产企业采取买房送装修的做法会使得企业税收负担增加。

对本案例的税收筹划点归纳如下：一是建议房地产企业从税收角度考虑，尽量避免采取买房送装修的做法，因为此种做法会使土地增值税的计税基数增加；二是房地产企业可以选择在订立售房合同时，分别签订房屋买卖合同和装修合同，从而使装修合同部分不用计入土地增值税的计税基数。当然，相应的装修成本也不能从房地产开发成本中扣除。

（二）采取代建模式实现节税

1. 案例背景

为了建设“社会主义新农村”，响应城乡一体化发展战略，中部地区某村庄推出“新型城镇”计划，具体建设规划如下：在村民集中居住地的南面统一建设 10 栋两单元五层的居住楼妥善安置村里 600 余村民，待居住楼建设完毕后再统一拆迁原居民院落，变原院落为耕地。当地政府由于资金不足，将此项目房地产开发转给了村中的某房地产企业进行开发，该房地产企业对此项目进行了初步规划：本着自愿签署合同的原则，对每户同意拆迁的村民给予 10 万元的拆迁补偿费，待房屋建设完毕再以每平方米 1 500 元的售价销售给村民。由于此项目的涉税金额较大，所以形成的税后利润很少，甚至可以忽略不计。

2. 筹划分析

此项目对于开发企业而言，构成了销售房地产的业务形式，涉及的税种较多，税负较重。对此有没有更好的税收筹划方法?

此项目筹划的核心是变房地产开发业务为代建业务。若符合代建房行为，可以免征土地增值税、契税等税种。经过分析发现，该项目可以按照代建业务操作，具体实施过程及关键环节如下：

（1）立项。此次房地产开发项目变企业立项为当地政府立项并报发改部门备案。即开发主体是政府而非房地产企业。

（2）征地。由政府出面同村民签订征地协议，合同双方分别为政府和同意征地的村民，改变企业与村民签订协议的实质。

（3）费用。为了解决当地政府资金不足问题，企业可以将征地款项借给政府，但必须要求地方政府定期偿还。

（4）合同。和当地政府签订“代建房合同”，变企业售房模式为代建房模式，并对收取的代建收入按照“建筑安装服务”税目纳税。

第二节　销售（预售）房款的会计核算

房地产销售（预售）阶段是房地产开发企业取得收入、实现资金回笼的重要阶段。房地产开发企业的主要业务是从事土地、房屋和其他建筑物的开发经营，故此阶段的主要业务是转让开发的土地、销售商品房及其他建筑物。转让及销售阶段应纳税种包括增值税、城市维护建设税、教育费附加、土地增值税、企业所得税和印花税等。会计上不仅要进行预售房业务的会计核算，还要对收入、成本、税金进行全面核算。

一、会员费、诚意金的会计核算

（一）会员费、诚意金的概念

会员费、诚意金是在签订商品房认购协议书之前收取的款项，最终会退还给客户或转为购房款。

按照商品房预售的相关规定，商品房认购协议书要在房地产企业取得政府行政主管部门核发的商品房预售许可证之后才能够与客户签订。也就是说，房地产企业收取的会员费、诚意金是在企业预售之前收取的款项。这部分款项因为没有预售证的支撑，其约束力很弱，购房者可随时收回此款项。

（二）会员费、诚意金的管理

房地产企业在收取会员费、诚意金之前，必须以协议或其他方式明确退还时不计利息。收取会员费、诚意金时一般只开具收款收据，不开具商品房预售款发票和商品房销售结算发票。

退回会员费、诚意金时，房地产企业在退款业务操作过程中要审核是否符合协议约定，确认客户手中的会员卡、协议书、收款收据等是否已经全部收回。

（三）会员费、诚意金的会计处理

由于会员费、诚意金具有非约束性，因此会计核算上不作为预收款项处理，而作为企业的应付款处理。

会员费、诚意金通过“其他应付款”科目核算，房地产企业可根据实际情况设置明细科目进行辅助核算，以满足管理的需要。该科目贷方核算收到的上述款项，借方核算退还的款项或转入“预收账款”等科目的款项。

【例 6-1】 中联房地产公司开发的项目，预计在 9 月能够取得商品房预售许可证，并计划于取得该证后马上开盘销售。中联公司为了做好销售开盘前的准备，于当年 8 月开始向有购买意向客户收取诚意金，诚意金为每套商品房 2 万元，当日共收取诚意金 60 万元。中联公司根据有关原始凭证，做账务处理如下：

借：银行存款　　600 000

　贷：其他应付款——诚意金　　600 000

中联公司于 9 月正式开盘销售，当日退还诚意金 20 万元，有部分已交诚意金客户签订了商品房认购协议，这部分客户原交付的 40 万元诚意金转为商品房销售定金。中联公司根据有关原始凭证，做账务处理如下：

借：其他应付款——诚意金　　600 000

　贷：预收账款——销售款　　400 000

　　银行存款　　200 000

根据预收定金缴纳增值税，若采取一般计税方法，则

$$预缴增值税额=\frac{400\ 000}{1+9\%}\times 3\%=11\ 009.17(元)$$

借：应交税费——预交增值税　　11 009.17

　贷：银行存款　　11 009.17

（四）会员费、诚意金的税务处理

会员费、诚意金与定金不同。定金的法律定义是指合同当事人为保证合同履行，由一方当事人预先向对方交付一定数额的金钱或替代物作为担保，即以签订合同为前提，

没有签订合同不可定义为“定金”。会员费或诚意金在我国现行法律中不具有法律约束力，不具有担保性质。如果未来合同履行则冲抵房款，合同不履行一般退还给当事人，且退还时不能适用“定金双倍返还罚则”。

延伸阅读

订金、定金、看房费等的风险提示

房地产开发企业在开发、销售商品房过程中，以各种名目收取的订金、定金、看房费等费用以及销售购房卡、选房卡、VIP卡等取得的款项，实际操作中税务机关一般认定为与销售有关的收入，均属于预收房款性质的款项，增值税纳税义务发生时间与预收房款相同，为收到款项的当天，并要求预缴土地增值税和企业所得税。提醒大家特别关注该实务问题，必要时注意和当地主管税务机关沟通。

二、销售定金的会计核算

（一）定金的概念

定金是指在签订商品房销售（预售）合同之前收取的款项，在销售合同签订后转作购房款。如果客户在协议规定的期限内不签订购房合同，房地产企业一般不再退还客户已经交付的定金。

（二）定金的管理

房地产企业在收取定金之前，必须和客户签订商品房认购协议书，在协议中要明确约定超过一定期限后定金不予退还的条款。

收取定金时，视同收取购房款，开具票据（商品房预售款发票），但票据备注栏中要明确注明“定金”字样。

（三）定金的会计处理

房地产企业收取的定金，是在企业已取得预售房许可证并已与客户签订商品房认购协议基础上收取的款项，实质上属于销售价款的一部分。因此，定金应视同收取的购房款，通过“预收账款”科目核算。

房地产企业收取销售定金时，借记“银行存款”科目，贷记“预收账款——销售定金”科目。房地产企业与客户正式签订商品房预售合同时，按转出销售定金的金额，借记“预收账款——销售定金”科目，贷记“预收账款——销售款”科目。如果客户违反认购协议的规定，未能最终签订商品房预售合同，按不再退还的定金的金额，借记“预收账款——销售定金”科目，贷记“营业外收入”科目。

【例 6-2】 中联房地产公司于 9 月 20 日共收取销售定金 65.40 万元，按照双方认购协议的规定，与客户正式签订了商品房预售合同。中联公司根据有关原始凭证，做账务处理如下：

（1）收取销售定金时。

借：银行存款　　654 000

　贷：预收账款——销售定金　　654 000

（2）预缴增值税。

$$预缴增值税额=\frac{654\,000}{1+9\%}\times 3\%=18\,000(元)$$

借：应交税费——预交增值税　　18 000

　贷：银行存款　　18 000

若该房地产项目属于老项目，则预缴增值税额$=\frac{654\,000}{1+5\%}\times 3\%=18\,685.71$（元）。

（四）定金的税务处理

房地产企业收取的销售定金，无论是否开具发票，都应按照规定预缴增值税，并预缴企业所得税与土地增值税。

三、按揭保证金的会计核算

一般情况下，为便于按揭保证金的划转，银行会要求房地产开发企业同时开立一个一般结算户和一个按揭保证金户。按揭保证金户是不能随便动用的资金，企业在报建时，发改委（发改局）和建设委员会（建委）都会要银行开具相应的资金证明，按揭保证金账户的资金额是不能计算在内的。

《房地产开发经营业务企业所得税处理办法》（国税发〔2009〕31 号文件印发）第六条规定："企业通过正式签订《房地产销售合同》或《房地产预售合同》所取得的收入，应确认为销售收入的实现，具体按以下规定确认：……（三）采取银行按揭方式销售开发产品的，应按销售合同或协议约定的价款确定收入额，其首付款应于实际收到日确认收入的实现，余款在银行按揭贷款办理转账之日确认收入的实现。"

【例 6-3】 2020 年 3 月东方房地产公司采用银行按揭方式销售现房一套，房屋价款 187 万元，承购人缴纳首付款 77 万元，按揭贷款 110 万元。2020 年 5 月，该套商品房银行贷款到账，贷款行从按揭贷款额中直接收取 10%的按揭保证金。放款次月起，承购人开始还贷款。2020 年 12 月 5 日还款日，承购人未及时还款，贷款银行从公司按揭保证金户扣款6 500元；12 月 30 日，承购人补缴了还款额。2021 年 5 月该套商品房房产证书办理完毕，按揭贷款保证金解冻转入对应的一般结算账户。

（1）2020 年 3 月承购人支付首付款，应依据销售不动产发票记账联、收款收据记账联、现金缴款单或银行收账通知等收款证明，做如下账务处理：

东方房地产公司收到首付款，应缴纳增值税额$=\frac{770\ 000}{1+9\%}\times 9\%=63\ 577.98$（元）。

借：银行存款　　770 000.00
　贷：主营业务收入　　706 422.02
　　应交税费——应交增值税（销项税额）　　63 577.98

（2）2020 年 5 月商品房按揭贷款到账，应依据银行收账通知等收款证明做如下账务处理：

借：银行存款　　990 000
　其他货币资金——按揭保证金户　　110 000
　贷：主营业务收入　　1 009 174.31
　　应交税费——应交增值税（销项税额）　　90 825.69

（3）2020 年 12 月 5 日承购人违约，贷款银行从按揭保证金户扣款，依据贷款银行扣款证明做如下账务处理：

借：其他应收款——××　　6 500
　贷：其他货币资金——按揭保证金户　　6 500

（4）2020 年 12 月 30 日承购人补缴还款额，依据银行收账通知等收款证明做如下账务处理：

借：其他货币资金——按揭保证金户　　6 500
　贷：其他应收款——××　　6 500

（5）2021 年 5 月按揭保证金解冻，依据银行转款单据做如下账务处理：

借：银行存款　　110 000
　贷：其他货币资金——按揭保证金户　　110 000

四、预售房款的会计核算

（一）预售房款的概念

预售房款是指房地产企业在所售房屋未竣工前收取的商品房销售款，属于预收性质的款项。相应地，销售房款是指房地产企业在所售房屋已经竣工后收取的商品房销售款。这里所说的预售房款和销售房款均包括银行发放的按揭贷款。

对所售房屋未竣工前收取的预售房款，房地产企业应开具商品房预售款发票。对在竣工后收取的销售房款，房地产企业应开具商品房销售结算发票。

（二）预售房款的管理

房地产企业在对预售房款进行管理时，应注意做到以下两点：

（1）收取房款前，必须签订商品房销售（预售）合同，不能收取无合同房款。

（2）设立销售台账，在签订合同和收取房款等环节详细登记相关房源信息、客户信息和交款过程信息。

（三）预售房款的会计处理

虽然预售房款和销售房款收取的时间不同，但所有房屋销售款项，包括预售房款和销售房款，都必须先通过“预收账款”科目进行核算，以保证销售过程收入记录的完整性。

“预收账款”科目核算按销售合同约定应收取的预售房款，销售过程中收取的其他款项，不管属于什么性质以及税务上如何处理，都不通过该科目核算。该科目按照项目、分期、业态、楼栋、房号的不同等设置明细科目。

“预收账款”科目贷方核算实际收到的售房款、工程款抵房款转入的房款、因换房从其他房源转入的房款等，其中也包括银行发放的按揭贷款；借方核算结转的销售收入。销售退款、更名和换房等统一在贷方核算。

房地产企业在进行账务处理时，要注意相关资料的完整性，包括银行进账单、POS机小票、发票记账联、各种与交款方式相关的证明文件、销售换房审批表、销售退房审批表、销售更名审批表等。

【例 6-4】 中联房地产公司 2021 年 9 月 30 日从销售定金转入预售款 99 万元，另外收取房屋预售款 1 100 万元。该项目于 10 月竣工，中联房地产公司当月结转收入 1 199 万元。中联公司根据有关原始凭证，做账务处理如下：

（1）销售定金转入时。

借：预收账款——销售定金　　990 000

　贷：预收账款——销售房款　　990 000

（2）收取预售款时。

借：银行存款　　11 000 000

　贷：预收账款——销售房款　　11 000 000

$$预缴增值税额=\frac{990\ 000+11\ 000\ 000}{1+9\%}\times 3\%=330\ 000(元)$$

借：应交税费——预交增值税　　330 000

　贷：银行存款　　330 000

（3）竣工交付时。

$$应计提增值税销项税额=\frac{11\ 990\ 000}{1+9\%}\times 9\%=990\ 000(元)$$

借：预收账款　　11 990 000

　贷：主营业务收入　　11 000 000

　　　应交税费——应交增值税（销项税额）　　990 000

五、销售更名、销售退房、销售换房的会计核算

房地产企业在销售过程中，可能会出现销售更名、销售退房、销售换房等业务，这部分业务的会计处理也是房地产企业销售核算的重要内容之一。

（一）销售更名的会计核算

1. 销售更名的概念

销售更名是指在商品房预售阶段，原购买人将所购买的商品房转让给新购买人的行为。

需要说明的是，只有在商品房预售阶段才存在销售更名的问题，因为预售阶段商品房还未竣工交付，也就是我们通常所说的期房，对房地产企业来讲，还未确认为销售收入，因此，可以进行销售更名的操作。如果商品房已经交付，就不能采用更名的方式，而应该进行商品房转让，即在原购买人与新购买人之间进行转让，与房地产企业无关。

2. 销售更名的账务处理

按照规定房地产企业应收取更名费的，应按收到的更名费，借记“银行存款”“库存现金”等科目，贷记“营业外收入”科目。

发生销售更名时，应单独编制会计分录反映，按已交房款，在“预收账款”科目贷方做相反登记，直接从原客户“预收账款”科目贷方红字转入新客户“预收账款”科目贷方。摘要注明“×××更名为×××”字样。

3. 销售更名的管理

在商品房销售（预售）合同备案之后，原则上不能办理销售更名，确需办理的，必须到政府相关部门办妥更名手续。房屋交付入住后不能办理更名手续。

如果更名时按揭贷款已经发放，则必须在按揭事项处理完毕后才能办理更名手续。

（二）销售退房的会计核算

1. 销售退房的概念

销售退房和销售更名一样，是仅局限于商品房预售阶段的业务。商品房已经竣工并交付给购房人后发生的退房业务不属于这里所说的销售退房。

2. 销售退房的账务处理

购房者在商品房预售阶段发生退房时，按购房者原交付的房款金额，红字登记“预

收账款”的贷方，按收取的罚款等金额，贷记“营业外收入”科目，按实际退回的销售款，贷记“银行存款”“库存现金”等科目。

3. 销售退房的管理

在办理销售退房业务时，应认真审核房号、姓名、面积、实收房款等信息是否与账面记载一致，审核按协议或合同约定是否应当收取违约金等。

销售合同已经备案的，必须在完成撤销备案手续后方可办理退房手续。

实际退回房款时，应将客户手中的合同、协议、发票等全部收回。

（三）销售换房的会计核算

1. 销售换房的概念

销售换房是指在商品房预售阶段发生的，购买人将其原购买的商品房更换为新的商品房，并相应结算销售差价的行为。如果购买人所购商品房已经竣工交付，所发生的销售换房就成为购买人的行为，属于先退房再从房地产企业买房的行为。这里讲的销售换房，仅指商品房预售阶段的销售换房行为。

2. 销售换房的账务处理

账务处理时不走退房程序，直接从原房源“预收账款”科目贷方红字转入新房源“预收账款”科目贷方。

3. 销售换房的管理

销售换房业务发生时必须按新房源开具发票，并收回原开具的发票。同时，房地产企业销售部门及财务部门要及时调整房屋销售台账，保持销售信息的准确性和统一性。

销售合同已经备案的，必须在完成撤销备案手续后方可办理换房手续。

如果按揭贷款已经发放，则必须在按揭贷款处理完后才能办理换房手续。

如果已售的房产合同面积与实测面积存在面积差，必须结清面积差所引起的房款差额。

【例 6-5】 东方房地产公司已销售的商品房中有18套商品房存在面积差，其中应向承购人收取的面积差价为16.35万元，应向承购人退回的面积差价为9.81万元。东方房地产公司应做如下账务处理：

（1）收取面积差价，依据销售不动产发票记账联、收款证明进行账务处理：

借：银行存款　　163 500

　贷：主营业务收入　　150 000

　　　应交税费——应交增值税（销项税额）　　13 500

（2）支付面积差价，依据销售不动产发票记账联、付款证明进行账务处理：

借：主营业务收入　　90 000
　　应交税费——应交增值税（销项税额）　　8 100
　贷：银行存款　　98 100

六、代收款项的会计核算与税务处理

（一）代收款项的会计核算

房地产企业在销售房屋的同时，往往需要代收水电初装费、燃（煤）气初装费、有线电视安装费、房产证办证费、维修基金、契税、印花税等。

其中维修基金、契税、印花税属于代收应付款项，不作为房屋的销售收入。其他均应视同房屋销售收入处理。

代收款项通过“其他应付款”科目核算，在此科目下设置“代收款”二级科目，按照代收款项种类不同分别设置“契税”“维修基金”“产权证手续费”等三级科目，并合理进行辅助核算。

（二）代收款项的税务处理

营改增后，房地产企业代收的各项费用，分别以下情况处理：

（1）构成销售额的代收费用。

《中华人民共和国增值税暂行条例》（以下简称《增值税暂行条例》）第六条规定：销售额为纳税人销售货物或者应税劳务向购买方收取的全部价款和价外费用，但是不包括收取的销项税额。价外费用包括价外向购买方收取的手续费、补贴、基金、集资费、返还利润、奖励费、违约金、滞纳金、延期付款利息、赔偿金、代收款项、代垫款项、包装费、包装物租金、储备费、优质费、运输装卸费以及其他各种性质的价外收费。但下列项目不包括在内：第一，受托加工应征消费税的消费品所代收代缴的消费税；第二，同时符合以下条件的代垫运输费用：承运部门的运输费用发票开具给购买方的，纳税人将该项发票转交给购买方的；第三，代为收取的政府性基金或者行政事业性收费。

（2）房地产主管部门或者其指定机构、公积金管理中心、开发企业以及物业管理部门代收的住宅专项维修基金。

房地产企业代收的经营类费用，比如代为收取的煤气、供暖、水、电、网络等费用，需要作为价外费用缴纳增值税，同时对应的进项税额也允许抵扣。

住房专项维修基金是属全体业主共同所有的一项代管基金，专项用于物业保修期满后物业共用部位、共用设施设备的维修和更新、改造。鉴于住房专项维修基金资金所有权及使用的特殊性，对房地产主管部门或其指定机构、公积金管理中心、开发企业以及物业管理单位代收的住房专项维修基金，不需要并入销售额计征增值税。

【例 6-6】 东方房地产公司 2021 年 7 月销售给承购人甲商品房一套，该套商品房含税价款 1 090 000 元，该商品房分摊的土地价款为 218 000 元。城市维护建设税税率为 7%，教育费附加征收率为 3%，地方教育附加征收率为 2%，土地增值税预征率为 3%，企业所得税预计毛利率为 15%。具体收款情况如下：

（1）公司收到承购人甲的购房定金 30 000 元，依据收款收据记账联、现金缴款单或银行收账通知进行账务处理：

借：银行存款　　30 000

　贷：预收账款——甲　　30 000

（2）预收承购人甲支付首付款 460 000 元。依据收款收据记账联、现金缴款单或银行收账通知进行账务处理：

借：银行存款　　460 000

　贷：预收账款——甲　　460 000

（3）承购人甲按揭贷款到账 600 000 元，依据销售不动产发票记账联、银行收账通知进行账务处理：

借：银行存款　　600 000

　贷：预收账款——甲　　600 000

（4）收到承购人甲交付维修基金 5 800 元，依据收款收据记账联、现金缴款单或银行收账通知进行账务处理：

借：银行存款　　5 800

　贷：其他应付款——甲（维修基金）　　5 800

（5）计算应缴纳的增值税及附加、企业所得税、土地增值税、印花税：

①应交增值税：(1 090 000－218 000)÷(1＋9%)×9%＝72 000（元）；

②应交城市维护建设税：72 000×7%＝5 040（元）；

③应交教育费附加：72 000×3%＝2 160（元）；

④应交地方教育附加：72 000×2%＝1 440（元）；

⑤预交土地增值税：(1 090 000－72 000)×3%＝30 540（元）；

⑥应交印花税：$\frac{1\,090\,000}{1+9\%}\times 0.5‰=5\,000$（元）。

⑦应交企业所得税：$\left[\frac{1\,090\,000}{1+9\%}\times 15\%-(5\,040+2\,160+1\,440+30\,540+5\,000)\right]\times 25\%=26\,455$（元）；

（6）结转销售房款并依据完税凭证和付款证明进行账务处理：

①借：预收账款——甲　　1 090 000

　贷：主营业务收入　　1 000 000

　　　应交税费——应交增值税（销项税额）　　72 000

　　　　　　　——应交增值税（销项税额抵减）　　18 000

②借：应交税费——应交增值税（销项税额抵减）　　18 000

　贷：主营业务成本　　18 000

③借：税金及附加　13 640
　贷：应交税费——应交城市维护建设税　5 040
　　　　——应交教育费附加　2 160
　　　　——应交地方教育附加　1 440
　　　　——应交印花税　5 000

④借：应交税费——应交增值税（销项税额）　72 000
　　　　——应交城市维护建设税　5 040
　　　　——应交教育费附加　2 160
　　　　——应交地方教育附加　1 440
　　　　——应交印花税　5 000
　　　　——应交所得税　26 455
　　　　——应交土地增值税　30 540
　贷：银行存款　142 635

（7）支付代收维修基金。

依据维修基金缴存凭证代收单位留存联和支付维修基金的付款证明进行账务处理：

借：其他应付款——甲（维修基金）　5 800
　贷：银行存款　5 800

第三节　商品房销售收入的会计核算与税务处理

一、收入的会计确认与计量

2017 年 7 月 5 日，财政部发布了《企业会计准则第 14 号——收入》（以下简称新收入准则），这是对收入相关准则进行的首次全面修订。新收入准则规范了收入确认、计量以及对相关信息的披露。

（一）新收入准则修订的主要内容

1. 统一收入确认模型，解决目前收入确认时点的问题

新收入准则将现行的收入和建造合同两项准则纳入统一的收入确认模型，要求采用统一的收入确认方法，规范所有与客户之间的合同产生的收入，更好地解决了“在某一时段内”还是“在某一时点”确认收入的问题。

2. 收入确认时点的判断标准由风险报酬转移变成控制权转移

原收入准则要求区分销售商品收入和提供劳务收入，并且强调在将商品所有权上的主要风险和报酬转移给购买方时确认销售商品收入。新收入准则打破了商品和劳务的界限，要求客户在取得相关商品（或服务）控制权时确认收入，此举更加科学合理地反映企业的收入确认过程。

3. 解决了包含多重交易安排合同的收入确认问题

新收入准则对包含多重交易安排的合同的会计处理提供了更明确的指引，要求企业在合同开始日对合同进行评估，识别合同所包含的各单项履约义务，按照各单项履约义务所承诺商品（或服务）的单独售价的相对比例将交易价格分摊至各单项履约义务，进而在履行各单项履约义务时确认相应的收入。

4. 对于某些特定交易（或事项）的收入确认和计量给出了能更好地指导实务操作的规定

新收入准则对于某些特定交易（或事项）的收入确认和计量给出了明确规定。例如，区分总额和净额确认收入、附有质量保证条款的销售、附有客户额外购买选择权的销售、向客户授予知识产权许可、售后回购、无须退还的初始费等，这些规定在事务操作中更实用，能够满足企业收入核算的实际需要，从而提高会计信息的可比性与可靠性。

（二）新收入准则的修订意义

1. 有助于企业增强合同意识、规范合同管理

新收入准则基于与客户之间的合同确认收入。在市场经济条件下，市场主体之间的交易主要依据合同，合同约定了交易各方的权利和义务，且这些权利和义务受到法律保护。与大多数市场经济国家一致，新收入准则基于合同确认收入，有助于强化企业合同意识、规范合同管理，将有力推动我国的市场经济进一步走向成熟。

2. 有助于提升企业收入信息的质量和透明度，并提高企业间收入信息的可比性

新收入准则要求采用统一的收入确认模型确认收入，以控制权转移代替风险报酬转移作为收入确认的标准，对于收入的确认、计量以及很多特定的交易和事项给出了具体指引，并要求企业充分披露与收入相关的信息，将有助于指导实务操作，满足企业收入核算的实际需要，提供更加可靠、可比、透明的收入信息，从而更好地为企业、投资人、监管机构等财务报表使用者进行经济决策提供依据。

3. 有助于促进企业业务管理与会计管理的有机融合，全面提升企业的管理水平

与《国际财务报告准则第 15 号》一致，新收入准则突出强调了企业确认收入的方式应当反映其向客户转让商品或服务的模式，确认金额应当反映企业因交付该商品或服务而预期有权获得的金额。企业在确认收入的过程中需要依据历史数据等进行大量的判断和估计，合同条款的约定直接影响收入确认的结果，会计核算所需的很多信息也会依赖于业务部门提供的相关信息。因此，新收入准则实施后，为确保企业收入信息的质量，必然促使企业更好地收集和整理相关业务信息，同时要求业务部门和财务部门之间密切合作，就相关交易的商业模式、支付条款、定价安排等进行充分沟通。这些都将有力地推动企业内部管理和会计工作的有机融合，全面提升企业的管理水平。

（三）新收入准则的实施时间

（1）《国际财务报告准则第 15 号》于 2018 年 1 月 1 日开始施行，并允许主体提前采用。因此，所有在香港上市或在采用国际财务报告准则的境外市场发行权益证券或债券的境内公司，都须自 2018 年 1 月 1 日起执行新收入准则。

（2）在境内外同时上市的企业以及在境外上市并采用国际财务报告准则或企业会计准则编制财务报告的企业，自 2018 年 1 月 1 日起执行新收入准则。这一要求与《国际财务报告准则第 15 号》的生效日期保持一致，以避免该类上市公司境内外报表出现差异。

（3）其他在境内上市的企业，要求自 2020 年 1 月 1 日起执行新收入准则，为这些企业预留两年的准备时间，以总结借鉴境外上市公司执行新收入准则的经验，确保所有上市公司高质量地执行新收入准则。

（4）执行企业会计准则的非上市企业，要求自 2021 年 1 月 1 日起执行新收入准则，为这些企业预留近三年的准备时间，以确保新收入准则在该类企业得到平稳有效实施。

（5）对于条件具备、有意愿和有能力提前执行新收入准则的企业，允许其提前执行新收入准则。

（四）收入的会计确认

1. 收入的确认条件

根据新收入准则的规定，企业应当在履行了合同中的履约义务，即在客户取得相关商品控制权时确认收入。取得相关商品控制权，是指能够主导该商品的使用并从中获得几乎全部的经济利益。

当企业与客户之间的合同同时满足下列条件时，企业应当在客户取得相关商品控制权时确认收入：

（1）合同各方已批准该合同并承诺将履行各自义务；

（2）该合同明确了合同各方与所转让商品或提供劳务（以下简称转让商品）相关的

权利和义务；

（3）该合同有明确的与所转让商品相关的支付条款；

（4）该合同具有商业实质，即履行该合同将改变企业未来现金流量的风险、时间分布或金额；

（5）企业因向客户转让商品而有权取得的对价很可能收回。

在合同开始日即满足上述条件的合同，企业在后续期间无须对其进行重新评估，除非有迹象表明相关事实和情况发生重大变化。合同开始日通常是指合同生效日。

在合同开始日不符合新收入准则第五条规定的合同，企业应当对其进行持续评估，并在其满足新收入准则第五条规定时按照该条的规定进行会计处理。

对于不符合该准则第五条规定的合同，企业只有在不再负有向客户转让商品的剩余义务，且已向客户收取的对价无须退回时，才能将已收取的对价确认为收入；否则，应当将已收取的对价作为负债进行会计处理。没有商业实质的非货币性资产交换，不确认收入。

2. 两份或多份合同的收入的合并问题

企业与同一客户（或该客户的关联方）同时订立或在相近时间内先后订立的两份或多份合同，在满足下列条件之一时，应当合并为一份合同进行会计处理：

（1）该两份或多份合同基于同一商业目的而订立并构成一揽子交易。

（2）该两份或多份合同中的一份合同的对价金额取决于其他合同的定价或履行情况。

（3）该两份或多份合同中所承诺的商品（或每份合同中所承诺的部分商品）构成新收入准则第九条规定的单项履约义务。

提醒大家注意的是，房地产企业销售房地产过程中，一般很少涉及两份或多份合同的收入合并问题，因为房地产销售时，必须按照格式合同要求，将所有相关条款填写完毕后合同才生效。因此，对于特殊的房地产商品来说，基本不存在上述两份或多份合同的收入合并问题。

3. 合同变更的会计处理

合同变更，是指经合同各方批准对原合同范围或价格做出的变更。

（1）合同变更增加了可明确区分的商品及合同价款，且新增合同价款反映了新增商品单独售价的，应当将该合同变更部分作为一份单独的合同进行会计处理。

（2）合同变更不属于上述（1）规定的情形，且在合同变更日已转让的商品或已提供的服务（以下简称已转让的商品）与未转让的商品或未提供的服务（以下简称未转让的商品）之间可明确区分的，应当视为原合同终止，同时，将原合同未履约部分与合同变更部分合并为新合同进行会计处理。

（3）合同变更不属于上述（1）规定的情形，且在合同变更日已转让的商品与未转让的商品之间不可明确区分的，应当将该合同变更部分作为原合同的组成部分进行会计处理，由此产生的对已确认收入的影响，应当在合同变更日调整当期收入。

转让模式相同，是指每一项可明确区分商品均满足新收入准则第十一条规定的、在某一时段内履行履约义务的条件，且采用相同方法确定其履约进度。

4. 收入确认的履约进度条件

对于在某一时段内履行的履约义务，企业应当在该段时间内按照履约进度确认收入，但是，履约进度不能合理确定的除外。企业应当考虑商品的性质，采用产出法或投入法确定恰当的履约进度。其中，产出法是根据已转移给客户的商品对于客户的价值确定履约进度；投入法是根据企业为履行履约义务的投入确定履约进度。对于类似情况下的类似履约义务，企业应当采用相同的方法确定履约进度。

当履约进度不能合理确定时，企业已经发生的成本预计能够得到补偿的，应当按照已经发生的成本金额确认收入，直到履约进度能够合理确定为止。

对于在某一时点履行的履约义务，企业应当在客户取得相关商品控制权时点确认收入。在判断客户是否已取得商品控制权时，企业应当考虑下列迹象：

（1）企业就该商品享有现时收款权利，即客户就该商品负有现时付款义务。

（2）企业已将该商品的法定所有权转移给客户，即客户已拥有该商品的法定所有权。

（3）企业已将该商品实物转移给客户，即客户已实物占有该商品。

（4）企业已将该商品所有权上的主要风险和报酬转移给客户，即客户已取得该商品所有权上的主要风险和报酬。

（5）客户已接受该商品。

（6）其他表明客户已取得商品控制权的迹象。

（五）收入的会计计量

（1）企业应当按照分摊至各单项履约义务的交易价格计量收入。交易价格，是指企业因向客户转让商品而预期有权收取的对价金额。企业代第三方收取的款项以及企业预期将退还给客户的款项，应当作为负债进行会计处理，不计入交易价格。

（2）企业应当根据合同条款，并结合其以往的习惯做法确定交易价格。在确定交易价格时，企业应当考虑可变对价、合同中存在的重大融资成分、非现金对价、应付客户对价等因素的影响。

（3）合同中存在可变对价的，企业应当按照期望值或最可能发生金额确定可变对价的最佳估计数，但包含可变对价的交易价格，应当不超过在相关不确定性消除时累计已确认收入极可能不会发生重大转回的金额。企业在评估累计已确认收入是否极可能不会发生重大转回时，应当同时考虑收入转回的可能性及其比重。

每一资产负债表日，企业应当重新估计应计入交易价格的可变对价金额。可变对价金额发生变动的，按照新收入准则第二十四条和第二十五条的规定进行会计处理。

（4）合同中存在重大融资成分的，企业应当按照假定客户在取得商品控制权时即以现金支付的应付金额确定交易价格。该交易价格与合同对价之间的差额，应当在合同期间内采用实际利率法摊销。

合同开始日，企业预计客户取得商品控制权与客户支付价款间隔不超过一年的，可以不考虑合同中存在的重大融资成分。

（5）客户支付非现金对价的，企业应当按照非现金对价的公允价值确定交易价格。非现金对价的公允价值不能合理估计的，企业应当参照其承诺向客户转让商品的单独售价间接确定交易价格。非现金对价的公允价值因对价形式以外的原因而发生变动的，应当作为可变对价，按照新收入准则第十六条的规定进行会计处理。

单独售价，是指企业向客户单独销售商品的价格。

（6）企业应付客户（或向客户购买本企业商品的第三方）对价的，应当将该应付对价冲减交易价格，并在确认相关收入与支付（或承诺支付）客户对价二者孰晚的时点冲减当期收入，但应付客户对价是为了向客户取得其他可明确区分商品的除外。

企业应付客户对价是为了向客户取得其他可明确区分商品的，应当采用与本企业其他采购相一致的方式确认所购买的商品。企业应付客户对价超过向客户取得可明确区分商品公允价值的，超过的金额应当冲减交易价格。向客户取得的可明确区分商品公允价值不能合理估计的，企业应当将应付客户对价全额冲减交易价格。

（7）合同中包含两项或多项履约义务的，企业应当在合同开始日，按照各单项履约义务所承诺商品的单独售价的相对比例，将交易价格分摊至各单项履约义务。企业不得因合同开始日之后单独售价的变动而重新分摊交易价格。

（8）企业在类似环境下向类似客户单独销售商品的价格，应作为确定该商品单独售价的最佳证据。单独售价无法直接观察的，企业应当综合考虑其能够合理取得的全部相关信息，采用市场调整法、成本加成法、余值法等方法合理估计单独售价。在估计单独售价时，企业应当最大限度地采用可观察的输入值，并对类似的情况采用一致的估计方法。

企业在商品近期售价波动幅度巨大，或者因未定价且未曾单独销售而使售价无法可靠确定时，可采用余值法估计其单独售价。

知识链接

市场调整法，是指企业根据某商品或类似商品的市场售价考虑本企业的成本和毛利等进行适当调整后，确定其单独售价的方法。

成本加成法，是指企业根据某商品的预计成本加上其合理毛利后的价格，确定其单独售价的方法。

余值法，是指企业根据合同交易价格减去合同中其他商品可观察的单独售价后的余值，确定某商品单独售价的方法。

（9）合同折扣，是指合同中各单项履约义务所承诺商品的单独售价之和高于合同交易价格的金额。

对于合同折扣，企业应当在各单项履约义务之间按比例分摊。有确凿证据表明合同折扣仅与合同中一项或多项（而非全部）履约义务相关的，企业应当将该合同折扣分摊至相关的一项或多项履约义务。

合同折扣仅与合同中一项或多项（而非全部）履约义务相关，且企业采用余值法估计单独售价的，应当首先按照上述规定在该一项或多项（而非全部）履约义务之间分摊合同折扣，然后采用余值法估计单独售价。

（10）对于可变对价及可变对价的后续变动额，企业应当按照新收入准则第二十条至第二十三条的规定，将其分摊至与之相关的一项或多项履约义务，或者分摊至构成单项履约义务的一系列可明确区分商品中的一项或多项商品。

对于已履行的履约义务，其分摊的可变对价后续变动额应当调整变动当期的收入。

（11）合同变更之后发生可变对价后续变动的，企业应当区分下列三种情形分别进行会计处理：

第一，合同变更属于企业就该商品享有现时收款权利，即客户就该商品负有现时付款义务情形的，企业应当判断可变对价后续变动与哪一项合同相关，并按照新收入准则第二十四条的规定进行会计处理。

第二，合同变更属于企业已将该商品的法定所有权转移给客户，即客户已拥有该商品的法定所有权情形的，且可变对价后续变动与合同变更前已承诺可变对价相关的，企业应当首先将该可变对价后续变动额以原合同开始日确定的基础进行分摊，然后再将分摊至合同变更日尚未履行履约义务的该可变对价后续变动额以新合同开始日确定的基础进行二次分摊。

第三，合同变更之后发生除上述第一、第二两种情形以外的可变对价后续变动的，企业应当将该可变对价后续变动额分摊至合同变更日尚未履行的履约义务。

延伸阅读

收入准则应用案例

1. 运输服务

［例］甲公司与乙公司签订合同，向其销售一批产品，并负责将该批产品运送至乙公司指定的地点，甲公司承担相关的运输费用。假定销售该产品属于在某一时点履行的履约义务，且控制权在出库时转移给乙公司。

本例中，甲公司向乙公司销售产品，并负责运输。该批产品在出库时，控制权转移给乙公司。在此之后，甲公司为将产品运送至乙公司指定的地点而发生的运输活动，属于为乙公司提供了一项运输服务。如果该运输服务构成单项履约义务，且甲公司是运输服务的主要责任人。甲公司应当按照分摊至该运输服务的交易价格确认收入。

分析依据：《企业会计准则第 14 号——收入》第九条、第十条、第二十六条以及《〈企业会计准则第 14 号收入〉应用指南 2018》等相关规定。

2. 合同履约成本——酒店等服务行业的合同成本

［例］甲公司经营一家酒店，该酒店是甲公司的自有资产。甲公司在进行会计核算时，除发生的餐饮、商品材料等成本外，还需要计提与酒店经管相关的固定资产折旧（如酒店、客房以及客房内的设备家具等）、无形资产摊销（如酒店土地使用权等）费用等，应如何对这些折旧、摊销进行会计处理？

本例中，甲公司经营一家酒店，主要通过提供客房服务赚取收入，而客房服务的提供直接依赖于酒店物业（包含土地）以及家具等相关资产，即与客房服务相关的资产折旧和摊销属于甲公司为履行与客户的合同而发生的服务成本。该成本需先考虑是否满足收入准则第二十六条规定的资本化条件，如果满足，应作为合同履约成本进行会计处理，并在收入确认时对合同履约成本进行摊销，计入营业成本。此外，这些酒店物业等资产中与客房服务不直接相关的，例如财务部门相关的资产折旧等费用或者销售部门相关的资产折旧等费用，则需要按功能将相关费用计入管理费用或销售费用等科目。

分析依据：《企业会计准则第 14 号——收入》第二十六条、第二十七条、第二十九条，以及《〈企业会计准则第 14 号收入〉应用指南 2018》等相关规定。

3. 合同负债——电商平台预售购物卡

［例］甲公司经营一家电商平台，平台商家自行负责商品的采购、定价、发货以及售后服务，甲公司仅提供平台供商家与消费者进行交易并负责协助商家和消费者结算货款，甲公司按照货款的 5% 向商家收取佣金，并判断自己在商品买卖交易中是代理人。2×18 年，甲公司向平台的消费者销售了 1 000 张不可退的电子购物卡，每张卡的面值为 200 元，总额 200 000 元。假设不考虑相关税费的影响。

本例中，考虑到甲公司在商品买卖交易中为代理人，仅为商家和消费者提供平台及结算服务，并收取佣金，因此，甲公司销售电子购物卡收取的款项 200 000 元中，仅佣金部分 10 000 元（200 000×5%，不考虑相关税费）代表甲公司未来在消费者消费时作为代理人向商家提供代理服务的义务，应当确认合同负债。对于其余部分（即 190 000 元），为甲公司代商家收取的款项，作为其他应付款，待未来消费者消费时支付给相应的商家。

分析依据：《企业会计准则第 14 号——收入》第三十四条、第四十一条，以及《〈企业会计准则第 14 号—收入〉应用指南 2018》等相关规定。

4. 收入准则应用案例——亏损合同案例

［例］甲建筑公司与其客户签订一项总金额为 580 万元的固定造价合同，该合同不可撤销。甲公司负责工程的施工及全面管理，客户按照第三方工程监理公司确认的工程完工量，每年与甲公司结算一次；该工程已于 2×18 年 2 月开工，预计 2×21 年 6 月完工；预计可能发生的工程总成本为 550 万元。到 2×19 年底，由于材料价格上涨等因

素，甲公司将预计工程总成本调整为600万元。2×20年末根据工程最新情况将预计工程总成本调整为610万元。假定该建造工程整体构成单项履约义务，并属于在某一时段内履行的履约义务，该公司采用成本法确定履约进度，不考虑其他相关因素。该合同的其他有关资料如下表所示。

项目	2×18年	2×19年	2×20年	2×21年	2×22年
年末累计实际发生成本	154	300	488	610	—
年末预计完成合同尚需发生	396	300	122	—	—
成本期结算合同价款	174	196	180	30	—
本期实际收到价款	170	190	190		30

按照合同约定，工程质保金30万元需等到客户于2×22年底质保期结束且未发生重大质量问题方能收款。上述价款均为不含税价款，不考虑相关税费的影响。

会计处理：

1. 2×18年账务处理如下：

（1）实际发生合同成本。

借：合同履约成本　1 540 000

　贷：原材料、应付职工薪酬等　1 540 000

（2）确认计量当年的收入并结转成本。

履约进度＝1 540 000÷(1 540 000＋3 960 000)＝28%

合同收入＝5 800 000×28%＝1 624 000(元)

借：合同结算——收入结转　1 624 000

　贷：主营业务收入　1 624 000

借：主营业务成本　1 540 000

　贷：合同履约成本　1 540 000

（3）结算合同价款。

借：应收账款　1 740 000

　贷：合同结算——价款结算　1 740 000

（4）实际收到合同价款。

借：银行存款　1 700 000

　贷：应收账款　1 700 000

2×18年12月31日，“合同结算”科目的余额为贷方11.6万元（174－162.4），表明甲公司已经与客户结算但尚未履行履约义务的金额为11.6万元，由于甲公司预计该部分履约义务将在2×19年内完成，因此，应在资产负债表中作为合同负债列示。

2. 2×19年的账务处理如下：

（1）实际发生合同成本（300万－154万）。

借：合同履约成本　1 460 000

贷：原材料、应付职工薪酬等 1 460 000

（2）确认计量当年的收入并结转成本，同时，确认合同预计损失：

履约进度＝3 000 000÷(3 000 000＋3 000 000)＝50%

合同收入＝5 800 000×50%－1 624 000＝1 276 000(元)

合同预计损失＝(3 000 000＋3 000 000－5 800 000)×(1－50%)＝100 000(元)

借：合同结算——收入结转 1 276 000

贷：主营业务收入 1 276 000

借：主营业务成本 1 460 000

贷：合同履约成本 1 460 000

借：主营业务成本 100 000

贷：预计负债 100 000

在2×19年底，由于该合同预计总成本（600万元）大于合同总收入（580万元），预计发生损失总额为20万元，由于其中10万元（20×50%）已经反映在损益中，因此应将剩余的、为完成工程将发生的预计损失10万元确认为当期损失。根据《企业会计准则第13号——或有事项》的相关规定，待执行合同变成亏损合同的，该亏损合同产生的义务满足相关条件的，则应当对亏损合同确认预计负债。因此，为完成工程将发生的预计损失10万元应当确认为预计负债。

（3）结算合同价款。

借：应收账款 1 960 000

贷：合同结算——价款结算 1 960 000

（4）实际收到合同价款。

借：银行存款 1 900 000

贷：应收账款 1 900 000

2×19年12月31日，“合同结算”科目的余额为贷方80万元（11.6＋196－127.6），表明甲公司已经与客户结算但尚未履行履约义务的金额为80万元，由于甲公司预计该部分履约义务将在2×20年内完成，因此，应在资产负债表中作为合同负债列示。

3. 2×20年的账务处理如下：

（1）实际发生的合同成本（488万－300万）。

借：合同履约成本 1 880 000

贷：原材料、应付职工薪酬等 1 880 000

（2）确认计量当年的合同收入并结转成本，同时调整合同预计损失。

履约进度＝4 880 000÷(4 880 000＋1 220 000)＝80%

合同收入＝5 800 000×80%－1 624 000－1 276 000＝1740 000(元)

合同预计损失＝(4 880 000＋1 220 000－5 800 000)×(1－80%)－100 000

＝－40 000(元)

借：合同结算——收入结转　　1 740 000

　　贷：主营业务收入　　1 740 000

借：主营业务成本　　1 880 000

　　贷：合同履约成本　　1 880 000

借：预计负债　　40 000

　　贷：主营业务成本　　40 000

在2×20年底，由于该合同预计总成本（610万元）大于合同总收入（580万元），预计发生损失总额为30万元，由于其中24万元（30×80%）已经反映在损益中，因此预计负债的余额为：30－24＝6（万元），反映的是为完成工程将发生的预计损失，由于20×9年已计提了预计负债10万元，因此，本期应转回合同预计损失4万元。

（3）结算合同价款。

借：应收账款　　1 800 000

　　贷：合同结算——价款结算　　1 800 000

（4）实际收到合同价款。

借：银行存款　　1 900 000

　　贷：应收账款　　1 900 000

2×20年12月31日，“合同结算”科目的余额为贷方86万元（80＋180－174），表明甲公司已经与客户结算但尚未履行履约义务的金额为86万元，由于该部分履约义务将在2×21年6月底前完成，因此，应在资产负债表中作为合同负债列示。

4. 2×21年1—6月的账务处理如下：

（1）实际发生合同成本（610万－488万）。

借：合同履约成本　　1 220 000

　　贷：原材料、应付职工薪酬等　　1 220 000

（2）确认计量当期的合同收入并结转成本，同时结转已计提的合同损失。

$$2\times21\text{ 年 }1\text{—}6\text{ 月确认的合同收入}=5\,800\,000-1\,624\,000-1\,276\,000-1\,740\,000=1\,160\,000(\text{元})$$

借：合同结算——收入结转　　1 160 000

　　贷：主营业务收入　　1 160 000

借：主营业务成本　　1 220 000

　　贷：合同履约成本　　1 220 000

借：预计负债　　60 000

　　贷：主营业务成本　　60 000

2×21年6月30日，“合同结算”科目的余额为借方30（86－116）万元，是工程质保金，需等到客户于2×22年底质保期结束且未发生重大质量问题后方能收款，应当在资产负债表中作为合同资产列示。

（3）结算合同价款。

借：应收账款　　300 000

　贷：合同结算——价款结算　　300 000

5. 2×22 年的账务处理：

质保期结束且未发生重大质量问题，实际收到合同价款。

借：银行存款　　300 000

　贷：应收账款　　300 000

分析依据：《企业会计准则第 14 号——收入》第二十六条、第二十九条、《企业会计准则第 13 号——或有负债》第八条，以及《〈企业会计准则第 14 号——收入〉应用指南 2018》等相关规定。

（资料来源：根据 2018 年 11 月 12 日《财政部会计司关于发布收入准则应用案例的通知》所发布的收入准则应用案例整理。）

二、税法关于收入的确认与计量的规定

（一）开发产品完工条件及确认收入的时点

营改增后，房地产企业获取收入的增值税处理，将在第八章系统讲述，本章重点讲述企业所得税的处理。

《房地产开发经营业务企业所得税处理办法》第三条规定，企业房地产开发经营业务包括土地的开发，建造、销售住宅、商业用房以及其他建筑物、附着物、配套设施等开发产品。除土地开发外，其他开发产品符合下列条件之一的，应视为已经完工：

（1）开发产品竣工证明材料已报房地产管理部门备案；

（2）开发产品已开始投入使用；

（3）开发产品已取得了初始产权证明。

《国家税务总局关于房地产开发企业开发产品完工条件确认问题的通知》（国税函〔2010〕201 号）规定：根据《国家税务总局关于房地产开发经营业务征收企业所得税问题的通知》（国税发〔2006〕31 号）规定精神和《房地产开发经营业务企业所得税处理办法》第三条规定，房地产开发企业建造、开发的开发产品，无论工程质量是否通过验收合格，或是否办理完工（竣工）备案手续以及会计决算手续，当企业开始办理开发产品交付手续（包括入住手续），或已开始实际投入使用时，为开发产品开始投入使用，应视为开发产品已经完工。房地产开发企业应按规定及时结算开发产品计税成本，并计算企业当年度应纳税所得额。

《房地产开发经营业务企业所得税处理办法》第九条规定，企业销售未完工开发产品取得的收入，应先按预计计税毛利率分季（或月）计算出预计毛利额，计入当期应纳税所得额。

开发产品完工后，企业应及时结算其计税成本并计算此前销售收入的实际毛利额，同时将其实际毛利额与其对应的预计毛利额之间的差额，计入当年度企业本项目与其他项目合并计算的应纳税所得额。

在实务中，房地产开发企业通常以税法规定的开发产品完工条件作为房地产企业的收入确认条件。笔者认为，这种确认收入的方法与《企业会计准则》确认收入的条件是相符的，因为只有在通过验收及竣工备案后，开发产品的开发成本才能可靠计量。

对于房地产企业，商品房销售满足下列条件之一，则应确认收入：

(1) 工程已经竣工并通过有关部门验收。通过有关部门验收，是指取得政府有关部门发放的竣工备案表。

(2) 完成房屋交付手续或购买方已接到书面交房通知，且购买方在通知确定的交付使用时限结束后无正当理由拒绝收房。

房地产企业在房屋实际交付时可能存在以下两种情况：

一是业主正常来公司办理房屋交接手续：填写房屋交接单，凭业主方签字确认的房屋交接单确认销售收入。

二是业主没来办理房屋手续：按销售合同规定的送达方式送达后，业主在合同约定的时限内没来办理手续的，如按合同规定可以视同房屋已交付的，则确认销售收入。送达的标识：采取报纸公告的，留存报纸原件；采用快递方式的，留存快递底单；邮局寄出的，留存邮局回执；采用传真、电话等其他方式的，都要有相应的记录或回单。

（二）确认完工开发产品收入的重要性

明确开发产品的完工标准非常重要。当开发产品达到完工标准，在这一时点，不仅是预售收入转化为销售收入的分水岭，也是开发成本结转为销售成本的分水岭，意义重大。

因为未完工产品达到完工条件，所以必须确认完工产品的收入。由于未完工产品预售时已经按照预计毛利率确认毛利预缴企业所得税，因此若实际毛利率大于计税毛利率，则需要将两者之间的差额计入应纳税所得额。这可能涉及本期补缴企业所得税问题。

未完工产品完工后，房地产企业面临的税务稽查风险加大。因为在开发产品完工前，税务机关只检查房地产销售收入和期间费用，一般不会检查开发成本。但开发产品完工后，税务机关就会全面检查开发成本。

（三）确认开发产品计税成本的时点选择

开发产品完工以后，与开发产品销售收入相匹配，开发产品的计税成本也必须在适当时点予以结转。按照实践操作要求，企业可在完工年度企业所得税汇算清缴前选择确定计税成本核算的终止日，不得滞后。凡已完工开发产品在完工年度未按规定结算计税成本，主管税务机关有权确定或核定其计税成本，据此进行纳税调整，并按《税收征收管理法》的有关规定对其进行处理。

但是，需要澄清的是，开发产品的计税成本的结转并不是说当月达到完工标准，当月就必须结转开发成本，而是在本年度汇算清缴前结转即可，即在完工次年的 5 月 31 日之前（完工当年的汇算清缴结束前）结转开发产品收入和开发产品计税成本。所以，房地产企业一般可掌握在汇算清缴期间进行收入和成本的结转。

三、房地产销售收入的会计核算与税务处理

房地产企业符合商品房销售收入确认的条件时，应借记“预收账款”科目，贷记“主营业务收入”“应交税费——应交增值税（销项税额）”等科目。

在达到收入确认条件时，应将在收入结转之前收到的商品房销售款全部记入“预收账款”科目的贷方，在结转收入时，全部由“预收账款”科目转入“主营业务收入”科目，这样能够保证“预收账款”科目的完整性。

【例 6-7】 中联房地产公司开发的项目，自 2021 年 4 月开始预售，到 2021 年 12 月项目所建商品房竣工交付时，共收得销售回款 5.45 亿元（含税价），已知销售房产分摊的土地价款为 2.18 亿元。2021 年 12 月，中联公司根据有关原始凭证结转销售收入，做账务处理如下：

借：预收账款　545 000 000
　贷：主营业务收入　500 000 000
　　应交税费——应交增值税（销项税额）　45 000 000
借：应交税费——应交增值税（销项税额抵减）　18 000 000
　贷：开发成本——土地征用及拆迁补偿费　18 000 000

【例 6-8】 泰山房地产开发公司为增值税一般纳税人，销售自行开发的房地产项目。2021 年 8 月发生如下经营业务：

（1）泰山房地产开发公司将一套自行开发的房屋无偿赠送给乙公司，这套房屋成本价为 90 万元，按照泰山房地产开发公司最近时期销售同类不动产的平均价格确定价值为 109 万元（包括销项税额）。

（2）泰山房地产开发公司采用直接现款交易方式销售已办理入住的销售房款 41 420 万元，已开具增值税专用发票，销售建筑面积为 49 000 平方米；该项目可供销售建筑面积为 70 000 平方米，该项目支付土地出让金 43 600 万元，已取得符合规定的有效凭证。

（3）泰山房地产开发公司采取预收款方式销售房屋，收到预收账款 3 270 万元。

（4）泰山房地产开发公司销售《建筑工程施工许可证》日期在 2016 年 4 月 30 日之前的住宅，办理入住并收款 4 200 万元，采用简易计税方式。

（5）泰山房地产开发公司购买一台机械设备，增值税专用发票注明的价款为 100 万

元，增值税税额为 13 万元。

（6）泰山房地产开发公司购入一处不动产作为办公室，增值税专用发票注明的价款为 2 000 万元，增值税税额为 180 万元。

（7）泰山房地产开发公司支付房地产开发项目设计费 636 万元，增值税专用发票注明的价款为 600 万元，增值税税额为 36 万元。

（8）泰山房地产开发公司以包工包料方式将建筑工程项目通过公开招标，黄河建筑公司中标承建该工程项目，工程结算价款为 8 175 万元，取得增值税专用发票注明的价款为 7 500 万元，增值税税额为 675 万元。

分析：

（1）无偿捐赠视同销售处理。根据《财政部 国家税务总局关于全面推开营业税改征增值税试点的通知》（财税〔2016〕36 号）附件 1《营业税改征增值税试点实施办法》（以下简称《实施办法》）第十四条第（二）款规定，下列情形视同销售不动产：单位向其他单位无偿转让不动产，但用于公益事业或者以社会公众为对象的除外。《实施办法》第四十四条规定，纳税人发生该办法第十四条所列行为而无销售额的，主管税务机关有权按照纳税人最近时期销售同类不动产的平均价格确定。

销项税额＝109÷(1＋9%)×9%＝9(万元)

账务处理为：

借：营业外支出　990 000

　贷：开发产品　900 000

　　应交税费——应交增值税（销项税额）　90 000

当期企业所得税申报时要调增。

（2）《房地产开发企业销售自行开发的房地产项目增值税征收管理暂行办法》（国家税务总局公告 2016 年第 18 号发布）第四条规定：房地产开发企业中的一般纳税人销售自行开发的房地产项目，适用一般计税方法计税，按照取得的全部价款和价外费用，扣除当期销售房地产项目对应的土地价款后的余额计算销售额。销售额、销项税额的计算公式如下：

销售额＝(全部价款和价外费用－当期允许扣除的土地价款)÷(1＋9%)

当期允许扣除的土地价款＝(当期销售房地产项目建筑面积÷房地产项目可供销售建筑面积)×支付的土地价款

销项税额＝(41 420－43 600×49 000÷ 70 000)÷(1＋9%)×9%＝900(万元)

账务处理为：

借：银行存款　414 200 000

　贷：主营业务收入　380 000 000

　　应交税费——应交增值税（销项税额）　9 000 000

　　　　——应交增值税（销项税额抵减）　25 200 000

（3）属于增值税一般纳税人的房地产企业，采取预收款方式销售自行开发的房地产项目，应在收到预收款时按照3%的预征率预缴增值税。

应预缴税款的计算公式为：

应预缴税款＝预收款÷(1＋适用税率)×3%

预收账款3 270万元应预缴增值税为：3 270÷（1＋9%）×3%＝90（万元）

账务处理为：

借：应交税费——预交增值税 900 000

贷：银行存款 900 000

(4) 一般纳税人销售自行开发的房地产老项目，可以选择适用简易计税方法按照5%的征收率计税。

泰山房地产公司选择简易计税方法计税，应计提的增值税额为：

4 200÷(1＋5%)×5% ＝200(万元)

账务处理为：

借：银行存款 42 000 000

贷：主营业务收入 40 000 000

应交税费——简易计税 2 000 000

(5) 购买一台机械设备，进项税额为13万元，账务处理为：

借：固定资产 1 000 000

应交税费——应交增值税（进项税额） 130 000

贷：银行存款 1 130 000

(6)《不动产进项税额分期抵扣暂行办法》（国家税务总局公告2016年第15号发布）第二条规定：增值税一般纳税人2016年5月1日后取得并在会计制度上按固定资产核算的不动产，其进项税额应按照该办法有关规定分2年从销项税额中抵扣，第一年抵扣比例为60%，第二年抵扣比例为40%。《财政部 税务总局 海关总署关于深化增值税改革有关政策的公告》（财政部、国家税务总局、海关总署公告2019年第39号）规定：自2019年4月1日起，纳税人取得不动产或不动产在建工程的进项税额不再分2年抵扣，可于取得进项税额当期一次性抵扣。

账务处理如下：

借：固定资产——办公室 20 000 000

应交税费——应交增值税（进项税额） 1 800 000

贷：银行存款 21 800 000

(7) 支付项目设计费，进项税额为36万元，账务处理如下：

借：开发成本——前期工程费 6 000 000

应交税费——应交增值税（进项税额） 360 000

贷：银行存款 6 360 000

(8) 支付工程款，进项税额为675万元，账务处理如下：

借：开发成本——建筑安装工程 75 000 000

　　应交税费——应交增值税（进项税额） 6 750 000

　贷：应付账款——黄河建筑公司 81 750 000

四、商品房面积差的会计核算与税务处理

面积差是指房地产企业销售的商品房竣工交付时，实际销售面积与原签订销售合同时的预计销售面积之间存在的差异。

面积差的处理方式是房地产企业与客户在销售合同中重要的约定事项。一般情况下，其约定的处理方式有以下两种：按实际销售面积结算价款，多退少补；实际销售面积超出原预售面积的部分，由房地产企业负担，客户不需要补交房款。

根据不同的处理方式，关于面积差的账务处理如下：

房地产企业退还面积差涉及的房款，应按退还的金额，借记“预收账款”科目，贷记“银行存款”等科目。房地产企业收到客户补交的面积差房款，应按收到的金额，借记“银行存款”等科目，贷记“预收账款”科目。竣工交付时，将其从“预收账款”科目转入“主营业务收入”科目。

如果面积差由房地产企业承担，则该企业不需要进行账务处理。

【例 6-9】 中联房地产公司于 2021 年 12 月项目所建商品房竣工交付时，共收取面积差 218 万元。2021 年 12 月，中联公司根据有关原始凭证结转销售收入，做账务处理如下：

（1）收到补交面积差房款时。

$$预缴增值税额=\frac{2\,180\,000}{1+9\%}\times 3\%=60\,000(元)$$

借：应交税费——预交增值税 60 000

　贷：银行存款 60 000

借：银行存款 2 180 000

　贷：预收账款 2 180 000

（2）结转收入时。

借：预收账款 2 180 000

　贷：主营业务收入 2 000 000

　　应交税费——应交增值税（销项税额） 180 000

五、拆迁还房的会计核算与税务处理

（一）拆迁还房的概念

房地产企业在经营过程中，往往会发生拆一还一即拆迁还房的行为。拆一还一，指

拆迁人以易地建设或原地建设的房屋补偿给被拆除房屋的所有人，使原所有人继续保持其对房屋的所有权的一种实物补偿形式。

（二）拆迁还房的税务处理

1. 增值税处理

纳税人在房地产开发过程中给予拆迁户补偿或安置的房屋，其实质是以不动产所有权为表现形式的经济利益的交换。因此，不论其以何种方式结算价款，以及拆迁人取得房屋作何用途，均属于增值税的征税范围，作为视同销售按“销售不动产”税目缴纳增值税。

2. 企业所得税处理

根据《中华人民共和国企业所得税法》（以下简称《企业所得税法》）第二十五条的规定，企业发生非货币性资产交换，以及将货物、财产、劳务用于捐赠、偿债、赞助、集资、广告、样品、职工福利或者利润分配等用途的，应当视同销售货物、转让财产或者提供劳务。根据《房地产开发经营业务企业所得税处理办法》第七条的规定，企业将开发产品用于捐赠、赞助、职工福利、奖励、对外投资、分配给股东或投资人、抵偿债务、换取其他企事业单位和个人的非货币性资产等行为，应视同销售，于开发产品所有权或使用权转移，或于实际取得利益权利时确认收入（或利润）的实现。在企业所得税上应作为视同销售处理，其确认收入（或利润）的方法和顺序为：一是按本企业近期或本年度最近月份同类开发产品市场销售价格确定；二是由主管税务机关参照当地同类开发产品市场公允价值确定；三是按开发产品的成本利润率确定。开发产品的成本利润率不得低于15%，具体比例由主管税务机关确定。

3. 土地增值税的处理

根据《国家税务总局关于土地增值税清算有关问题的通知》（国税函〔2010〕220号）的规定，房地产企业用建造的本项目房地产安置回迁户的，安置用房视同销售处理，按《国家税务总局关于房地产开发企业土地增值税清算管理有关问题的通知》（国税发〔2006〕187号）第三条第（一）款规定确认收入，即房地产开发企业将开发产品用于职工福利、奖励、对外投资、分配给股东或投资人、抵偿债务、换取其他单位和个人的非货币性资产等，发生所有权转移时应视同销售房地产，其收入按下列方法和顺序确认：一是按本企业在同一地区、同一年度销售的同类房地产的平均价格确定；二是由主管税务机关参照当地当年、同类房地产的市场价格或评估价值确定。同时，将此确认为房地产开发项目的拆迁补偿费。

拆迁安置用房一样要计算缴纳土地增值税，实务中一般实行预征制，最终按项目进行清算。

【例6-10】 西南房地产公司2015年6月开发某城中村改造项目，该项目总可售建筑面积为30 000平方米，用于安置回迁户村民的住宅建筑面积为8 000平方米，其中1∶1拆迁还房面积6 000平方米，超面积拆迁还房面积2 000平方米。该项目于2021年6月完工，除拆迁安置外，其余商品房尚未销售。2021年8月与被拆迁户办理了交接手续。该公司同期同类房地产的建造成本为4 000元/平方米，市场销售价格为8 000元/平方米（超面积安置部分协议价格7 800元/平方米）（含增值税价）。

（1）增值税的计算：西南房地产公司于2021年8月开始与被拆迁户办理交接手续时，确认缴纳增值税。

该项目2015年6月开始施工，属于老项目，采用简易计税方法按5%的征收率计算缴纳增值税。1∶1拆迁还房部分按照市场价计算增值税，超出1∶1拆迁部分按协议价计算增值税。

$$1:1\text{拆迁还房部分应纳增值税}=\frac{8\,000\times 6\,000}{1+5\%}\times 5\%=2\,285\,714.29(\text{元})$$

$$\text{超面积拆迁还房部分应纳增值税}=\frac{7\,800\times 2\,000}{1+5\%}\times 5\%$$

$$=742\,857.14(\text{万元})$$

$$\text{应纳增值税}=2\,285\,714.29+742\,857.14=3\,028\,571.43(\text{元})$$

（2）销售收入的计算：西南房地产公司于2021年8月开始与被拆迁户办理交接手续时，应确认销售收入。

$$\text{销售收入}=7\,800\times 2\,000\div(1+5\%)=14\,857\,143(\text{元})$$

提示：1∶1拆迁还房部分的收入为视同销售的收入，实务中不做会计处理，在计算缴纳增值税、土地增值税、企业所得税时，作为计税基础，在纳税申报时，填入申报表的视同销售收入栏。

（3）土地增值税的计算：在与被拆迁户办理交接手续时，不需要立即进行土地增值税清算，只需要预缴土地增值税，假定预征率为2%。

$$\text{预缴土地增值税额}=(8\,000\times 6\,000+7\,800\times 2\,000-3\,028\,571.43)\times 2\%$$

$$=1\,211\,428.57(\text{元})$$

（三）拆迁还房的会计核算

一般来讲，如果被拆迁户选择货币补偿方式，该项支出作为拆迁补偿费，计入开发成本中的土地成本。

如果以非货币性形式支付拆迁补偿支出、安置及动迁支出、回迁房建造支出，适用《企业会计准则第7号——非货币性资产交换》的规定，回迁房的非货币性资产交换，一般情况下具有商业实质，且公允价值能够可靠计量。也就是说，如果被拆迁户选择拆迁还房，要按公允价值或同期同类房屋市场价格计算的价格确认为“开发成本——土地征用及拆迁补偿费”中的“拆迁补偿费”。

在例6-10的情形下：

（1）开发产品完工时，1∶1拆迁还房应按同期同类商品房的价格，视同销售时的会计处理如下：

借：开发成本——土地征用及拆迁补偿费——拆迁补偿费　48 000 000

　贷：主营业务收入——视同销售收入（1∶1还房）　45 714 285.71

　　应交税费——简易计税　2 285 714.29

（2）超面积安置应按协议价格确认收入，会计处理如下：

借：银行存款　15 600 000

　贷：主营业务收入——商品房销售　14 857 142.86

　　应交税费——简易计税　742 857.14

六、委托代销收入的会计核算

采取委托房地产中介机构代理销售商品房的，应分不同的委托代理方式确认收入的实现。

（一）收取手续费方式

房地产开发企业采取支付手续费方式销售商品房的，在委托房地产代理销售机构销售商品房时因不需要进行实物交付，通常不应确认销售商品房收入，也不需要进行账务处理，而应在符合收入确认条件时确认销售商品收入的实现，借记“银行存款”科目，贷记“主营业务收入”“应交税费——应交增值税（销项税额）”科目。销售实现后，按合同或协议约定支付给房地产代理销售机构的手续费应作为销售费用处理，借记“销售费用”“应交税费——应交增值税（进项税额）”科目，贷记“银行存款”等科目。

【例6-11】 东方房地产开发公司委托甲专业销售公司销售其开发的商品房，双方约定，房屋由东方房地产公司定价，销售收款后甲专业销售公司按售价的2%收取手续费。月末，东方房地产开发公司收到甲专业销售公司开具的代销清单，共销售房屋10套，售价共计525万元（含增值税价，采用简易计税方法核算，征收率为5%）。房屋开发成本为350万元。

（1）委托销售时，因不需要进行实物交付，故不需要做账务处理；

（2）承购人缴纳房款时，依据收款收据记账联、现金缴款单或银行收账通知等收款证明进行账务处理：

$$应预缴增值税额=\frac{525}{1+5\%}\times 3\%=15(万元)$$

借：银行存款　5 250 000

贷：预收账款 5 250 000

借：应交税费——预交增值税 150 000

贷：银行存款 150 000

借：应交税费——未交增值税 150 000

贷：应交税费——预交增值税 150 000

(3) 收到代销清单，支付甲专业销售公司销售手续费时，依据销售公司开具的代理服务增值税普通发票和付款证明进行账务处理：

借：销售费用 105 000

贷：银行存款 105 000

(4) 房屋竣工验收，移交承购人时，应确认商品房销售收入，做如下账务处理：

借：预收账款 5 250 000

贷：主营业务收入 5 000 000

应交税费——应交增值税 250 000

借：应交税费——应交增值税 250 000

贷：应交税费——未交增值税 250 000

注：该笔业务前期已预交增值税 15 万元，因此，确认收入时只需缴纳 10 万元。

(5) 确认收入的同时，结转房屋销售成本，做如下账务处理：

借：开发产品——房屋 3 500 000

贷：开发成本 3 500 000

借：主营业务成本 3 500 000

贷：开发产品——房屋 3 500 000

(二) 视同买断方式

房地产开发企业采取视同买断方式委托销售开发产品的，属于企业与购买方签订销售合同或协议，或企业、受托方、购买方三方共同签订销售合同或协议的，如果销售合同或协议中约定的价格高于买断价格，则应按销售合同或协议中约定的价格计算的价款于收到受托方已销开发产品清单之日确认收入的实现；如果属于前两种情况中销售合同或协议中约定的价格低于买断价格，以及属于受托方与购买方签订销售合同或协议的，则应按买断价格计算的价款于收到受托方已销开发产品清单之日确认收入的实现。

简而言之，销售价格高于买断价格的，按销售价格确认收入；销售价格低于买断价格的，按买断价格确认收入。收入确认的时间点为收到委托方已销开发产品清单之日。

【例 6-12】 东方房地产开发公司委托甲专业销售公司销售其开发的商品房 10 套，协议价为 525 万元（含增值税价，采用简易计税方法核算，征收率为 5%），成本为 350 万元。代销协议约定，双方签订代销协议后，无论商品房是否能够卖出、是否获利，均与东方房地产公司无关。

东方房地产公司委托甲专业销售公司代销商品，属于视同买断方式。东方房地产公司的账务处理如下：

（1）委托销售的商品房移交给甲专业销售公司时，应确认销售收入。

借：应收账款　5 250 000

　贷：主营业务收入　5 000 000

　　应交税费——应交增值税　250 000

（2）结转房屋销售成本。

借：主营业务成本　3 500 000

　贷：开发产品——房屋　3 500 000

（3）收到甲专业销售公司销售商品房款。

借：银行存款　5 250 000

　贷：应收账款　5 250 000

视同买断方式，买断的是价格而不是产权。开发商（企业）可以不参与销售合同，也可以参与销售合同。

【例 6-13】 甲房地产公司 2020 年开发住宅小区，选择一般计税方法计征增值税。甲房地产公司与 B 公司签订现房销售代理合同，约定：B 公司采取买断方式代理销售，买断价为每平方米 4 500 元，销售时由委托方、受托方、买方共同签订协议。2021 年 9 月，B 公司将开发产品销售清单提交甲公司时，销售房屋 2 000 平方米，实现销售收入 1 000 万元，平均售价 5 000 元/平方米。请分析甲公司的账务处理和企业所得税如何核算。

根据《房地产开发经营业务企业所得税处理办法》第六条第（四）项第二款的规定，采取视同买断方式委托销售开发产品的，属于企业与购买方签订销售合同或协议，或企业、受托方、购买方三方共同签订销售合同或协议的，如果销售合同或协议中约定的价格高于买断价格，则应按销售合同或协议中约定的价格计算的价款于收到受托方已销开发产品清单之日确认收入的实现；如果属于前两种情况中销售合同或协议中约定的价格低于买断价格，以及属于受托方与购买方签订销售合同或协议的，则应按买断价格计算的价款于收到受托方已销开发产品清单之日确认收入的实现。基于此税法规定，如果房地产企业与销售代理机构签订视同买断方式的代理销售合同，则房地产企业的企业所得税收入确认必须按照合同中约定的买断价格与实际市场售价孰高原则进行收入确认。

本例中的销售代理合同约定的买断价为 4 500 元/平方米，而实际市场销售价格为 5 000元/平方米，根据税法规定，甲房地产公司必须按照 5 000 元/平方米确认收入。

因此，根据以上政策分析，甲房地产公司的税务处理是：B 公司代理业务销售额应为 1 000 万元，不能将支付给代理销售机构的手续费 100 万元直接扣除合同销售金额，应由 B 公司向甲房地产公司开具“现代服务业——代理业”的增值税专用发票 100 万元，作为费用列支。

销售房产的销项税额＝1 000×9%/(1＋9%)＝82.57(万元)

注意：此处暂未考虑土地成本扣减对增值税的影响。若考虑土地成本包含的增值税抵减额，则确认的销项税额会降低。

佣金的销项税额＝100×6％/(1＋6％)＝5.66(万元)

账务处理如下（单位：万元）：

借：银行存款　　1 000
　贷：主营业务收入　　917.43
　　　应交税费——应交增值税（销项税额）　　82.57
借：销售费用——代销佣金　　94.34
　　应交税费——应交增值税（进项税额）　　5.66
　贷：银行存款　　100

七、销售退回的会计核算与税务处理

新收入准则第三十二条规定，对于附有销售退回条款的销售，企业应当在客户取得相关商品控制权时，按照因向客户转让商品而预期有权收取的对价金额（即，不包含预期因销售退回将退还的金额）确认收入，按照预期因销售退回将退还的金额确认负债；同时，按照预期将退回商品转让时的账面价值，扣除收回该商品预计发生的成本（包括退回商品的价值减损）后的余额，确认为一项资产，按照所转让商品转让时的账面价值，扣除上述资产成本的净额结转成本。每一资产负债表日，企业应当重新估计未来销售退回情况，如有变化，应当作为会计估计变更进行会计处理。

（一）销售退回的会计核算

在资产负债表日对销售退回采用未来适用法。在销售时根据销售退回率对可能退回部分确认了负债，如果退货率有误差，则只调整未来，不追溯过去。

（二）销售退回的税务处理

1. 增值税处理

根据《国家税务总局关于红字增值税发票开具有关问题的公告》（国家税务总局公告 2016 年第 47 号）以及《国家税务总局关于修订〈增值税专用发票使用规定〉的通知》（国税发〔2006〕156 号）的规定，增值税在销售时全部确认销项税，实际发生退货时开具红字发票冲减当期的销项税额。

2. 企业所得税处理

根据《国家税务总局关于确认企业所得税收入若干问题的通知》（国税函〔2008〕875 号）的规定，商品销售时全部确认应纳税额，实际发生退货时再冲减退货当期的收入和成本。而会计上只对有控制权的不会退回部分确认收入，由此产生的暂时性差异，需要进行递延所得税的会计处理。

属于日后事项的，需要通过“以前年度损益调整”等科目追溯调整报告年度的财务报表，并进行相关的递延所得税会计处理。新收入准则不再将销售退回作为资产负债表日后调整事项处理，而是作为日常业务采用未来适用法进行处理。

八、售后回购房屋收入的会计核算与税务处理

（一）会计核算

售后回购，是指在销售商品时，卖方同意日后再将同样的商品购回的销售方式。售后购回交易本质上属于融资活动。因此，在售后回购期间，销售方在会计上不确认收入。

如果回购价格大于原售价，应在销售与回购期间内按期计提利息费用，计提的利息费用直接计入当期财务费用。计提利息费用时，记入“财务费用”科目。

企业日后重新购回该项商品时，按实际支付或应支付的金额，借记“其他应付款”等科目，贷记“银行存款”“应付账款”等科目。

（二）税务处理

国税函〔2008〕875号文件规定，采用售后回购方式销售商品的，销售的商品按售价确认收入，回购的商品作为购进商品处理。有证据表明不符合销售收入确认条件的，如以销售商品方式进行融资，收到的款项应确认为负债，回购价格大于原售价的，其差额应在回购期间确认为利息费用。

九、税收筹划案例

（一）利用地区税收优惠政策进行筹划

在新经济形势下，房地产开发企业为了避免资金链条断裂，可以考虑以下税收筹划思路，即以自己的建筑公司承包整个项目建设及房地产建造，然后再利用地区税收奖励返还政策进行筹划。

房地产开发企业一般拥有自己的建设公司，将自己建设公司的材料供应及设备服务分成两个子公司独立计算，将这两个部分的业务外包给子公司，将子公司注册在税收洼地并申请高额的税收奖励返还扶持。材料及设备供应活动产生的增值税、企业所得税等都能得到地方的高额税收奖励返还。然后再将部分采购业务或劳务分包给税收洼地的个体工商户或个人独资企业。

举例分析。某建设公司业务范围为建筑工程、建材砂石销售（税率13%）等，业务体量大，但是进项发票不足，欠缺成本，具体操作方法是通过业务拆分，该建设公司在税收洼地设立两家有限责任公司，一家做建筑工程服务，一家做建材贸易以及建筑设备的租赁业务等。假设两家公司的增值税一年需纳税1 000万元，企业所得税需纳税1 000万元。通过税收洼地的高额税收奖励（增值税奖返率、所得税奖返率均为地方留存部分的90%），将财政返还分别返还给这两家公司。

增值税奖励返还额：1 000×50%×90%=450（万元）；

企业所得税奖励返还额：1 000×40%×90%=360（万元）；

奖励返还额合计=450+360=810（万元）。

企业纳税2 000万元，通过高额税收奖励返还可以获得810万元，所获得的810万为净利润，可以极大地缓解房地产开发企业的资金链紧张问题。

（二）通过创造条件享受税收政策红利进行筹划

享受税收优惠政策的房地产税收筹划方法有以下三种：

（1）直接利用政策筹划法。

国家为了实现总体经济目标，从宏观上调控经济，引导资源流向，制定了许多税收优惠政策。对于纳税人利用税收优惠政策进行筹划，国家是支持与鼓励的，因为纳税人对税收优惠政策利用得越多，越有利于国家特定政策目标的实现。因此，纳税人可以光明正大地利用优惠政策为自己企业的生产经营活动服务。

（2）地点流动筹划法。

纳税人可以根据需要，或者选择在优惠地区注册，或者将现时不太景气的生产转移到优惠地区，以充分享受税收优惠政策，减轻企业的税收负担，提高企业的经济效益。

（3）创造条件筹划法。

纳税人创造条件使自己符合税收优惠规定或者通过挂靠在某些能享受优惠待遇的企业或产业、行业，使自己符合优惠条件，从而享受优惠待遇。

举例说明如下。

1. 案例背景资料

嘉善·海龙湾位于某市国家经济技术开发区，项目总占地面积114.24亩，总建筑面积约170 000平方米。该项目分两期建设完成。第一期占地面积为38 129.6平方米，第二期占地面积为38 034.1平方米。

项目一期于2×18年7月30日开工，于2×22年4月25日项目二期全部竣工交付业主使用。产品包括普通住宅、商业等非普通住宅、公共配套设施、地下建筑等，项目规划指标如下：

总建筑面积：169 590平方米；

容积率：1.5；

公共配套设施面积：2 370.07 平方米；

可售面积：113 402.93 平方米，其中：

（1）普通住宅面积 91 588.8 平方米；

（2）非普通住宅面积 21 814.13 平方米；

（3）停车场面积 55 344.71 平方米。

嘉善·海龙湾的房产 2×18 年均价已经突破 8 000 元/平方米，临近的红谷中心区均价已经向 10 000 元/平方米的成交均价攀升。性价比吸引了大量的刚需客户，市区特别是钟情于红谷中心区的刚性购房者极大地向嘉善·海龙湾项目所在的区域转移。因此，项目一期竣工当年，项目二期于 11 月紧锣密鼓开工。项目还增加了地源热泵、太阳能等低碳技术及每户达 10%左右的面积赠送，总体造价较红谷中心区建安造价参考指标高出 10%～15%。嘉善·海龙湾项目一期、二期时间紧，中间几乎没有断档期，成本相对较高，税收筹划极富挑战又极具代表性。

该项目拟建于该市经济开发区，在建设预算中，就地安置拆迁户的房屋拆迁面积达到 5 000 平方米，其中就地安置等面积偿还 4 000 平方米，其余 1 000 平方米以 7 500 元/平方米的价格给予货币补偿。已知该住宅项目的房屋市场售价为 8 000 元/平方米，以协议出让方式取得的土地使用权成本为 6 700 万元，可售总面积 50 000 平方米，其中包括用于拆迁安置的房屋面积 5 000 平方米。

2. 税收筹划方案分析

（1）契税方案。

针对上述开发项目，提出以下两种契税缴纳方案：

方案一：拆迁过程中，货币补偿部分以实际支付的拆迁补偿款确定契税的计税依据，就地安置部分以每平方米的货币补偿标准确定契税的计税依据。

回迁部分契税的计税依据为：4 000 平方米×7 500 元/平方米＝3 000（万元）；

拆迁户货币补偿：1 000 平方米×7 500 元/平方米＝750（万元）；

全部契税计税依据为：3 000＋6 700＋750＝10 450（万元）。

方案二：拆迁过程中，货币补偿部分以实际支付的拆迁补偿款确定契税的计税依据，就地安置部分以被拆迁房屋每平方米的市场价格确定契税的计税依据。

即回迁部分契税的计税依据为：4 000 平方米×8 000 元/平方米＝3 200（万元）；

全部契税计税依据为：3 200＋6 700＋750＝10 650（万元）。

（2）开发建设环节的税收筹划。

①融资方式的税收筹划。

嘉善·海龙湾项目中，对土地增值税清算中利息的扣除计算方法进行选择对比。该项目取得土地使用权所支付的金额为 6700 万元，开发成本为 4 亿元，而利息支出为 1 680万元。

方案一：据实扣除。扣除额＝(6 700＋40 000)×5%＋1 680＝4 015（万元）。

方案二：定率扣除：扣除额=(6 700+40 000)×10%=4 670（万元）。

结论：对嘉善·海龙湾项目而言，方案二的扣除额大于方案一，差额为655万元，方案二更合算。因此在清算时应选择方案二，前提条件是企业不能合理分摊利息费用或不能提供金融机构证明。

②建房方式的税收筹划。

嘉善公司拟建的嘉善·海龙湾项目有一地块，其土地成本和开发成本合计为29 280万元，评估公司按照市价给出的评估价格为50 000万元。现有如下两个方案（均采用营改增后的简易计税方法）：

方案一：自建自销。

嘉善公司将该项目作为商品房用于直接销售，依据税务规定，按照销售不动产税目征税，涉及土地增值税。

销售收入（含增值税）：50 000万元；

销售收入（不含增值税）：50 000÷(1+5%)=47 619（万元）；

销项税额：47 619×5%=2 381（万元）；

城建税及教育费附加：2 381×(7%+3%+2%)=286（万元）；

印花税：50 000×0.000 5=25（万元）。

土地增值税计算：

扣除项=29 280×(1+10%+20%)+286=38 350（万元）；

增值额=47 619-38 350=9 269（万元）；

增值率=9 269/38 350=24%；

土地增值税：9 269×30%=2 780（万元）；

净收入：47 619-29 280-25-2 780-286=15 248（万元）。

方案二：代建。

嘉善公司先将该地块出售给绿地公司用于职工住房，土地转让价格按照评估价格为10 000万元，土地成本为7 280万元，进行土地使用权证的更名，涉及土地增值税。嘉善公司与绿地公司签订房屋代建协议书，工程所需全部建设资金均由绿地公司提供，同时绿地公司还负责采购大部分的建筑材料（价款约为1 300万元），嘉善公司只负责工程的组织协调工作，建筑面积为90 000平方米，按照每平方米2 500元收取代建服务费，共计22 500万元。代建服务期间费用预测为6 500万元。代建服务按照服务收入征税，不涉及土地增值税。

该房地产公司转让该地块的损益如下：

销售收入（含增值税）：10 000万元；

销售收入（不含增值税）：10 000÷(1+5%)=9 524（万元）；

销项税额：9 524×5%=476（万元）；

城建税及教育费附加：476×(7%+3%+2%)=57（万元）；

印花税：10 000×0.000 5=5（万元）。

土地增值税计算：

扣除项＝7 280×(1＋10％)＋57＝8 065（万元）；

增值额＝9 524－8 065＝1 459（万元）；

增值率＝1 459/8 065＝18％；

土地增值税＝1 459×30％＝438（万元）；

净收入：9 524－7 280－57－5－438＝1 744（万元）。

该房地产公司代建服务损益如下：

代建收入（含增值税）：22 500 万元；

代建收入（不含增值税）：22 500÷(1＋5％)＝21 429（万元）；

代建增值税：21 429×5％＝1 071（万元）；

代建城建税及教育费附加：1 071×(7％＋3％＋2％)＝129（万元）；

净收入：21 429－129－6 500＝14 800（万元）。

该房地产公司两项业务合计净收入如下：

合计净收入：14 800＋1 744＝16 544（万元）。

结论：根据上述分析，本项目方案二净收入更多，比方案一多 1 296 万元。因此选择方案二——代建方式更好。

第四节　商品房销售成本的会计核算与税务处理

房地产开发企业会计核算是遵循收入和成本配比的原则进行的，即房地产开发企业根据收入实现原则确认销售收入和销售面积时，应同时结转相应的开发产品的销售成本。

一、开发产品的会计核算与税务处理

开发产品竣工验收达到预定可使用状态，成本结算完成后，编制《开发产品成本明细表》，详细列明每种开发产品的总成本、总面积、单位面积成本和总套数等信息，使用的面积要和测绘部门出具的实测面积一致。开发产品的分类要根据成本核算对象的划分和实际核算需要进行确定。《开发产品成本明细表》作为开发产品成本结转的依据，附在凭证后面，借记“开发产品”的相关明细科目，贷记“开发成本”的相关明细科目。

【例 6-14】 中联房地产开发公司开发的项目于 2021 年 10 月竣工交付，该商品房全部对外销售，开发过程中共发生开发成本 50 000 万元。商品房竣工交付时，中联公司根据有关原始凭证结转库存产品成本，做如下账务处理：

借：开发产品 500 000 000

　贷：开发成本 500 000 000

开发产品的会计成本与计税成本基本保持一致。若有一些违规成本或虚拟成本，可能会导致二者出现差异。

二、开发产品销售时的会计核算与税务处理

会计期末根据收入确认原则分产品确认实现的销售收入和销售面积，同时根据实现的销售面积结转相应的开发产品销售成本。

$$\text{结转的已实现销售开发产品成本}=\text{已销售的建筑面积}\times\text{该开发产品单位建筑面积成本}$$

账务处理为：借记“主营业务成本”科目，贷记“开发产品”科目。结转销售成本时，编制《开发产品成本明细表》并附在凭证后面，该表详细登记实现销售的每套房源信息。

【例 6-15】 （接例 6-14）中联房地产公司开发的项目于 2021 年 10 月竣工交付，该商品房全部对外销售，开发过程中共发生开发成本 50 000 万元。该项目总可售建筑面积为 10 万平方米，商品房竣工交付时，已实现销售建筑面积 6 万平方米。中联公司根据有关原始凭证结转开发产品销售成本，做如下账务处理：

$$\begin{aligned}\text{该开发产品单位建筑面积成本}&=\text{总成本}\div\text{总可售建筑面积}\\&=50\ 000\div10=5\ 000(\text{元/平方米})\end{aligned}$$

$$\begin{aligned}\text{结转的已实现销售开发产品成本}&=\text{已销售的建筑面积}\times\text{该开发产品单位建筑面积成本}\\&=6\times5\ 000=30\ 000(\text{万元})\end{aligned}$$

借：主营业务成本 300 000 000

　贷：开发产品 300 000 000

三、成本差异的会计核算与税务处理

成本差异发生在土地增值税清算之前的，应先在开发成本中归集，然后按已售与未售的比例，分别转入“主营业务成本”和“开发产品”科目。

成本差异发生在土地增值税清算之后，差异较小的，可作为销售费用；若差异很大，可申请重新清算土地增值税，即重新进行成本费用的认定和土地增值税清算，但在实际工作中，很难得到税务机关的认同。因为这意味着前期企业多交了土地增值税，若税务机关认同重新清算，企业可能就会要求退还前期多交的土地增值税。

第七章 自持物业阶段的会计核算与税务处理

TAXING

The Whole Process of Financial Accounting and Tax Treatment for Real Estate Enterprises

房地产开发企业的自持物业是指房地产开发企业开发的非销售的、主要用于自持经营或租赁使用的物业，一般也称为经营性物业。经营性物业，是指经营性、收益性房产，如房地产开发企业开发建设并拥有所有权的写字楼、商场、购物中心、购物广场以及工业厂房和仓库等经营性不动产。

房地产自持物业分为出租物业与自营物业两种。根据《企业会计准则》的规定，已出租的物业应纳入投资性房地产核算，尚未出租的及自营物业应纳入固定资产核算。下面分别讲解这两类自持物业的会计核算与税务处理。

第一节 出租物业的会计核算与税务处理

一、出租物业的初始计量

（一）出租物业的确认

出租物业是指房地产企业开发的以出租为目的的房地产。《企业会计准则》规定，投资性房地产包括已出租的土地使用权、已出租的建筑物、持有并准备增值后转让的土地使用权。因此，房地产企业的出租物业应作为投资性房地产进行核算。

1. 出租物业的确认条件

《企业会计准则》规定，投资性房地产同时满足下列条件的，应予以确认：

（1）与该投资性房地产有关的经济利益很可能流入企业；

（2）该投资性房地产的成本能够可靠地计量。

对于房地产企业的出租物业来说，确认为投资性房地产的条件有以下两个：

（1）出租物业竣工验收并达到预定可使用状态；

（2）出租物业的租赁期开始。

2. 出租物业的入账范围

《企业会计准则》规定，投资性房地产应当按照成本进行初始计量。自行建造投资性房地产的成本，由建造该项资产达到预定可使用状态前所发生的必要支出构成（包括土地开发费、建安成本、应予以资本化的借款费用、支付的其他费用和分摊的间接费用等）。

对于房地产企业来说，出租物业按照出租物业开发产品成本进行初始计量。

(二) 出租物业的账务处理

1. 会计处理

建造成本应先归集于“开发成本”科目，待项目竣工且租赁开始日，将建造成本与土地成本一并转入“投资性房地产”科目，借记“投资性房地产”科目，贷记“在建工程”“无形资产”科目。若房地产企业的房产建成后，最初并未确定作为投资性房地产，也可先记入“固定资产——不动产”科目，等以后再转入“投资性房地产”科目。

2. 明细核算

由于出租物业是分区域出租的，因此要按照不同业态进行辅助核算，单独归集每个出租业态的建造成本，使每个业态成本具有可计量性，防止因部分出租造成投资性房地产难以确认。房地产企业在“投资性房地产”科目下按照不同的业态分别设置明细科目，计提折旧时可以按类进行。

【例 7-1】 中联房地产公司竣工的购物中心于 2022 年 2 月 1 日开业，总成本为 5 亿元，总建筑面积 10 万平方米，出租面积比例为 80%。中联公司根据有关原始凭证，应做如下账务处理：

已出租部分成本＝总成本÷总建筑面积×出租面积
＝总成本×出租面积比例
＝50 000÷10×80%＝40 000(万元)

借：投资性房地产——购物中心　　400 000 000
　贷：开发成本　　400 000 000

(三) 出租物业暂估入账的账务处理

房地产企业出租物业开业产生租金收入时，如果成本决算还没有完成，应按照预算成本暂估入账并提取折旧，待实际成本确定时再进行调整。

【例 7-2】 2021 年 12 月 31 日，中联房地产公司开发的购物中心竣工，但成本决算还未完成。按预算成本，该购物中心开发成本总计 5 亿元，总建筑面积 10 万平方米。2022 年 2 月该购物业中心成本决算完成，实际成本总计为 5.5 亿元。中联公司根据有关原始凭证，应做如下账务处理（以上金额均为不含税金额）：

(1) 暂估入账时。

借：投资性房地产——购物中心——暂估入账　　500 000 000
　贷：开发成本——暂估入账　　500 000 000

(2) 实际成本确定时。

先将暂估入账时的会计分录用红字冲回，再做如下账务处理：

借：投资性房地产——购物中心　　550 000 000
　贷：开发成本　　550 000 000

二、出租物业收入的会计核算与税务处理

（一）出租收入的确认

根据税法的规定，房地产企业出租业务应缴纳的税金包括增值税、房产税等，均应按照出租收入计算，而不按实际收到的租金来计算，因为房地产企业实际收到的租金可能包含预收性质的租金。因此，房地产企业在收到租金时，应按实际收到的租金金额开具收款收据，在确认租金收入时，才向客户开具租赁发票。

房地产企业于会计期末根据相关出租合同约定，按照权责发生制原则确认租金收入，租金收入通过"其他业务收入"科目核算。

（二）租金收入的账务处理

房地产企业按合同约定收到租金时，借记"银行存款"等科目，贷记"预收账款"科目。

每一会计期间确认租金收入时，根据按权责发生制原则计算的该会计期间应确认租金收入的金额，借记"预收账款"科目，贷记"其他业务收入"科目。一次性收取租赁费的，增值税的纳税义务发生时间是收到预收款的当天。发生租赁合同中止，退还租金时，按退还的租金金额，借记"预收账款"等科目，贷记"银行存款"等科目。

【例 7-3】 中联房地产公司与某客户签订租赁合同，租赁合同中的租赁期限为 2022 年 1 月 1 日到 2022 年 3 月 31 日。2022 年 1 月 1 日中联公司实际收到租金 31.50 万元，营改增之前取得的不动产出租时按 5%的征收率计算缴纳增值税。账务处理如下：

（1）1 月 1 日收到租金时。

	借方	贷方
借：银行存款	315 000	
贷：预收账款		315 000

（2）取得租金时增值税纳税义务发生。

	借方	贷方
借：预收账款	15 000	
贷：应交税费——应交增值税（销项税额）		15 000

（3）1 月末确认当月租金收入时。

	借方	贷方
借：预收账款	100 000	
贷：其他业务收入		100 000

（三）免租期收入的账务处理

房地产企业在房产出租业务中，有时会给承租人一定额度的租金优惠，这种租金优惠往往以免租期的形式体现。

免租期租金收入的确认原则：在增值税确认方面，《国家税务总局关于土地价款扣除时间等增值税征管问题的公告》（国家税务总局公告 2016 年第 86 号）规定：纳税人

出租不动产，租赁合同中约定免租期的，不属于《营业税改征增值税试点实施办法》（财税〔2016〕36号文件附件1）第十四条规定的视同销售服务。即房产出租期间的免租期没有租金收入，不作为视同销售，不计算缴纳增值税。

【例7-4】 中联房地产公司将位于市中心一房产出租给一客户，该房产原值10 000万元，租赁合同从2021年9月1日至2024年12月31日，免租期为4个月（即从2021年9月1日至2021年12月31日），第一年租金（不含税，下同）为200万元，此后每年递增10%。租金分3年支付，每年于年初收取当年租金。租赁收入按照9%的税率计算缴纳增值税。

2022、2023、2024年的每年年初收到租金时。

2022年：

2022年年初收取租金为200万元，应纳增值税额=200×9%=18（万元）。

借：银行存款　　2 180 000
　贷：其他业务收入　　2 000 000
　　应交税费——应交增值税（销项税额）　　180 000

2023年：

2023年年初收取租金=200×(1+10%)=220(万元)

应纳增值税额=220×9%=19.8(万元)

借：银行存款　　2 398 000
　贷：其他业务收入　　2 200 000
　　应交税费——应交增值税（销项税额）　　198 000

2024年：

2024年年初收取租金=$200\times(1+10\%)^2$=242(万元)

应纳增值税额=242×9%=21.78(万元)

借：银行存款　　2 637 800
　贷：其他业务收入　　2 420 000
　　应交税费——应交增值税（销项税额）　　217 800

（四）租金收入的税务处理

房地产企业经营租赁业务应缴纳的税金包括增值税及附加、房产税、城市维护建设税、印花税等。营改增之前已取得的不动产租赁涉及的增值税应按“现代服务业——租赁业”税目依5%的征收率计征；营改增之后建造的不动产租赁应按“现代服务业——租赁业”税目依9%的税率计征增值税销项税额。增值税的纳税义务发生时间为“合同约定的付款日期”或“收到预收款的当天”，且注意非其他个人预收现金不论一次收取多长期限的，均不可分期报税。房产出租按租金收入依12%的税率计征房产税，剩余的自用部分按房产余值的1.2%从价计征房产税。城镇土地使用税继续由房地产企业缴纳，并不转移到租赁方缴纳。租赁双方按租赁金额的1‰计征印花税。上述与租赁相关的税金，除增值税外，均应记入“税金及附加”科目。

租金收入涉及的企业所得税，按照合同约定的承租人应付租金的日期确认收入的实现。但租赁期限跨年度，且租金提前一次性支付的，可在租赁期内分期均匀计入相关年度收入。

1. 印花税的账务处理

例7-4中，租赁合同的不含税总金额为：200＋200×(1＋10％)＋200×(1＋10％)^2＝6 620 000（元），含税总金额为：6 620 000×(1＋9％)＝7 215 800（元）。若合同中体现的是含税价格，应按照7 215.8元（7 215 800×1‰）缴纳印花税；若合同签订中体现的是租金价款为6 620 000元，增值税税款为595 800元，则应按照不含税的租金缴纳印花税6 620元（6 620 000×1‰）。这两种签订合同的方法印花税税款相差595.8元。所以，企业在签订合同时应该对价款和税款在合同中分别给予说明。

签订合同当月印花税的账务处理如下：

借：税金及附加　　7 215.8（或6 620）

　贷：应交税费——应交印花税　　7 215.8（或6 620）

2. 房产税的账务处理

(1) 例7-4中，2021年9月到2021年12月免租期，按照《财政部 国家税务总局关于安置残疾人就业单位城镇土地使用税等政策的通知》（财税〔2010〕121号）的规定，对出租房产，租赁双方签订的租赁合同约定有免收租金期限的，免收租金期间由产权所有人按照房产原值缴纳房产税。

2021年9月到2021年12月免租期每月房产税＝100 000 000×(1－30％)×1.2％÷12＝70 000（元）。

2021年9月到2021年12月免租期每月做如下账务处理：

借：税金及附加　　70 000

　贷：应交税费——应交房产税　　70 000

(2) 例7-4中，2022年度收取租金200万元。

每月应纳房产税＝2 000 000×12％÷12＝20 000（元）。

每月做如下账务处理：

借：税金及附加　　20 000

　贷：应交税费——应交房产税　　20 000

3. 增值税及附加的账务处理

(1) 例7-4中，2021年9月到2021年12月免租期，不产生增值税。

(2) 例7-4中，2022年初收取租金200万元。

应纳城市维护建设税＝2 000 000×9％×7％＝12 600（元）；

应纳教育费附加＝2 000 000×9％×3％＝5 400（元）；

应纳地方教育附加＝2 000 000×9％×2％＝3 600（元）。

借：税金及附加	21 600	
贷：应交税费——应交城市维护建设税		12 600
——应交教育费附加		5 400
——应交地方教育附加		3 600

知识链接

物业管理公司预收业主跨年度的物业管理费，如何确认企业所得税收入？

根据《中华人民共和国企业所得税法实施条例》的规定，企业应纳税所得额的计算，以权责发生制为原则，属于当期的收入和费用，不论款项是否收付，均作为当期的收入和费用；不属于当期的收入和费用，即使款项已经在当期收付，均不作为当期的收入和费用。

同时，根据《国家税务总局关于确认企业所得税收入若干问题的通知》（国税函〔2008〕875号）第二条第（四）项第八目的规定，长期为客户提供重复劳务收取的费用，在相关劳务活动发生时确认收入。

综上所述，物业管理公司预收业主跨年度的物业管理费，在实际提供物业管理服务时确认为企业所得税当期的收入。

延伸阅读

自持物业背景下经营租赁服务与仓储服务的税负比较分析

一、政策分析

（一）增值税

1. 仓储服务

仓储服务是指利用仓库、货场或者其他场所代客贮放、保管货物的业务活动，属于现代服务—物流辅助服务，增值税税率为6％；一般纳税人发生仓储服务的应税行为可以选择适用简易计税方法计税，简易计税适用征收率3％（小规模纳税人适用征收率3％/1％）。

物流辅助服务，包括航空服务、港口码头服务、货运客运场站服务、打捞救助服务、装卸搬运服务、仓储服务和收派服务。

法规依据：《财政部、国家税务总局关于全面推开营业税改征增值税试点的通知》（财税〔2016〕36号）。

2. 经营租赁服务

经营租赁服务是指在约定时间内将有形动产或者不动产转让他人使用且租赁物所有权不变更的业务活动。不动产租赁属于现代服务一租赁服务，增值税税率为9%。符合条件可以选择简易计税方法计税，提供不动产经营租赁简易计税适用5%征收率。

现代服务，是指围绕制造业、文化产业、现代物流产业等提供技术性、知识性服务的业务活动。包括研发和技术服务、信息技术服务、文化创意服务、物流辅助服务、租赁服务、鉴证咨询服务、广播影视服务、商务辅助服务和其他现代服务。

一般纳税人出租其2016年4月30日前取得的不动产，可以选择适用简易计税方法，按照5%的征收率计算应纳税额。纳税人出租其2016年4月30日前取得的与机构所在地不在同一县（市）的不动产，应按照上述计税方法在不动产所在地预缴税款后，向机构所在地主管税务机关进行纳税申报。

法规依据：《财政部、国家税务总局关于全面推开营业税改征增值税试点的通知》（财税〔2016〕36号）。

（二）房产税

（1）提供仓储服务按房产余值计税，从价计征房产税。

（2）提供不动产租赁服务的纳税人，从租计征房产税。

房产税依照房产原值一次减除10%至30%后的余值计算缴纳。具体减除幅度，由省、自治区、直辖市人民政府规定。

没有房产原值作为依据的，由房产所在地税务机关参考同类房产核定。

房产出租的，以房产租金收入为房产税的计税依据。

法规依据：《中华人民共和国房产税暂行条例》（国发〔1986〕90号）。

（三）印花税——无差别

1. 提供仓储服务

仓储保管合同/仓储合同税目，适用税率按仓储保管费用千分之一贴花。

2. 提供不动产租赁服务

财产租赁合同/租赁合同税目，适用税率按租赁金额千分之一贴花。税额不足一元的按一元贴花。

法规依据：《中华人民共和国印花税暂行条例》（〔88〕国务院令第11号）（该暂行条例自2022年7月1日起废止）和《中华人民共和国印花税法》。

（四）企业所得税——可以无差别

1. 提供仓储服务——权责发生制

《企业所得税法》第六条第（二）项所称提供劳务收入，是指企业从事建筑安装、修理修配、交通运输、仓储租赁、金融保险、邮电通信、咨询经纪、文化体育、科学研究、技术服务、教育培训、餐饮住宿、中介代理、卫生保健、社区服务、旅游、娱乐、加工以及其他劳务服务活动取得的收入。

法规依据：《中华人民共和国企业所得税法实施条例》第十五条。

2. 提供不动产租赁——权责发生制和合同约定

《企业所得税法》第六条第（六）项所称租金收入，是指企业提供固定资产、包装物或者其他有形资产的使用权取得的收入。

租金收入，按照合同约定的承租人应付租金的日期确认收入的实现。

法规依据：《中华人民共和国企业所得税法实施条例》第十九条。

根据实施条例第十九条的规定，企业提供固定资产、包装物或者其他有形资产的使用权取得的租金收入，应按交易合同或协议规定的承租人应付租金的日期确认收入的实现。其中，如果交易合同或协议中规定租赁期限跨年度，且租金提前一次性支付的，根据实施条例第九条规定的收入与费用配比原则，出租人可对上述已确认的收入，在租赁期内，分期均匀计入相关年度收入。

法规依据：《国家税务总局关于贯彻落实企业所得税法若干税收问题的通知》（国税函〔2010〕79号）。

（五）城镇土地使用税——优惠政策

1. 提供仓储服务——特殊政策

《财政部 税务总局关于继续实施物流企业大宗商品仓储设施用地城镇土地使用税优惠政策的公告》（财政部 税务总局公告2020年第16号）规定，自2020年1月1日至2022年12月31日，对物流企业自有（包括自用和出租）或承租的大宗商品仓储设施用地，减按所属土地等级适用税额标准的50%计征城镇土地使用税。

2. 提供不动产租赁服务——无特殊政策

二、实务操作

1. 测算

测算提供仓储服务和提供不动产租赁服务整体综合税负，同时要与客户谈判，讨论由于企业的选择，进而产生的增值税进项税额抵扣损失如何通过价格调节。

2. 如何签署合同

（1）是否有保管义务是区别租赁服务和仓储服务的关键区别。

（2）其他非财税部门的配合：合同的签署。

租赁合同是出租人将租赁物交付承租人使用、收益，承租人支付租金的合同。

租赁合同的内容一般包括租赁物的名称、数量、用途、租赁期限、租金及其支付期限和方式、租赁物维修等条款。

仓储合同是保管人储存存货人交付的仓储物，存货人支付仓储费的合同。

仓储合同自保管人和存货人意思表示一致时成立。

储存易燃、易爆、有毒、有腐蚀性、有放射性等危险物品或者易变质物品的，存货人应当说明该物品的性质，提供有关资料。

存货人违反前款规定的，保管人可以拒收仓储物，也可以采取相应措施以避免损失的发生，因此产生的费用由存货人负担。

保管人储存易燃、易爆、有毒、有腐蚀性、有放射性等危险物品的，应当具备相应的保管条件。

保管人应当按照约定对入库仓储物进行验收。保管人验收时发现入库仓储物与约定不符合的，应当及时通知存货人。保管人验收后，发生仓储物的品种、数量、质量不符合约定的，保管人应当承担赔偿责任。

存货人交付仓储物的，保管人应当出具仓单、入库单等凭证。

法规依据：《中华人民共和国民法典》（2020 年 5 月 28 日第十三届全国人民代表大会第三次会议通过）第十四章、第二十二章。

3. 业务实质

如果测算按照仓储合同缴纳的税费少，那么不能光签仓储合同，必须进行业务实质的安排。否则，在提供仓储服务过程中，没有保管服务，不能算是仓储服务，还是按照租赁服务对待。

三、出租物业后续支出的会计核算

与出租物业有关的后续支出，满足资产确认条件的，应计入出租物业的成本；不满足资产确认条件的，应当在发生时计入当期损益。

（一）维修费用的账务处理

一般情况下，出租物业投入使用之后，由于建筑物磨损、各组成部分耐用程度不同等原因，可能出现房屋设施的局部损坏。为了保证房屋的正常使用，企业将对房屋进行必要的维修。房屋的日常维修只是维持房屋的正常使用，因此，日常维修费用通常不符合资产的确认条件，在发生时可直接计入当期损益。

房地产企业发生的日常维修支出应直接计入当期损益，允许抵扣的进项税额记入“应交税费——应交增值税（进项税额）”科目。日常维修费用发生时，按照维修支出的金额，借记“其他业务成本”科目，贷记“银行存款”等科目。

【例 7-5】 中联房地产公司将其拥有的房屋对外出租，租赁期限为 2021 年 1 月 1 日至 2022 年 12 月 31 日。中联公司于 2021 年 6 月 5 日发生建安维修支出 5 000 元（不含税），允许抵扣的进项税额为 450 元。根据相关原始凭证，中联公司账务处理如下：

借：其他业务成本 5 000

　　应交税费——应交增值税（进项税额） 450

　贷：银行存款 5 450

根据《企业所得税法》的规定，中联房地产公司发生的房屋维修支出允许在企业所得税税前扣除。

（二）装修费用的账务处理

根据《企业会计准则》的规定，房地产企业发生的装修费在一般情况下可以对未来产生一定的经济利益，因此，房地产企业对于符合资产确认条件的出租物业的装修费，应计入出租物业的成本。应借记“投资性房地产”科目，贷记“银行存款”等科目。

通常在实际操作中，发生的装修费用，在“投资性房地产”科目下设置“装修费用”明细科目核算，不计残值，按 10 年计提折旧。

对于二次装修发生的装修费用，应在“投资性房地产——装修费用”科目中核算，同时，应当终止原装修部分的账面价值，将原账面价值一次性记入“营业外支出”科目。

【例 7-6】 2021 年 5 月中联房地产公司开发的大型购物中心竣工，为满足购物中心开业的要求，中联公司共花费 6 000 万元进行装修，取得允许抵扣的进项税额为 540 万元，通过银行存款支付，于 2021 年 8 月底装修完毕。该装修费用相对开发成本占比较大。中联公司根据相关原始凭证，编制会计分录如下：

借：投资性房地产——装修费用 60 000 000
　　应交税费——应交增值税（进项税额） 5 400 000
　贷：银行存款 65 400 000

中联公司装修费用采用直接法，按 10 年计提折旧，2021 年 9 月计提折旧 50 万元（6 000÷10÷12），会计分录如下：

借：其他业务成本 500 000
　贷：投资性房地产累计折旧 500 000

2022 年 5 月中联公司对该购物中心进行重新装修，装修费用总计 5 000 万元，取得允许抵扣的进项税额为 450 万元，于 2022 年 9 月装修完毕。

借：投资性房地产——装修费用 50 000 000
　　应交税费——应交增值税（进项税额） 4 500 000
　贷：银行存款 54 500 000

同时终止原装修费用的账面价值，原装修费用已累计计提 9 个月，折旧额为：9×50＝450（万元），会计分录如下：

借：营业外支出 55 500 000
　　投资性房地产累计折旧 4 500 000
　贷：投资性房地产——装修费用 60 000 000

（三）改建支出的账务处理

房屋的改建支出是指改动建筑物结构并延长该建筑物使用年限的改造支出。

根据《企业会计准则》的规定，由于房地产企业发生的改建支出延长了该建筑物的使用年限，对未来产生了一定的经济利益，因此，房地产企业对于出租物业的改建支出符合资产确认的条件，应该予以资本化。

在实际操作中，出租物业发生改建支出时，应将该出租物业原值、累计折旧和减值准备转入“在建工程”科目，并停止计提折旧。发生的改建支出，通过“在建工程”科目核算。在出租物业改建支出完工并达到预定可使用状态时，再从“在建工程”科目转入“投资性房地产”科目，并按重新确定的使用寿命、预计净残值和折旧方法计提折旧。

【例 7-7】 2021 年 6 月中联房地产公司对其拥有的大型购物中心进行改造，购物中心停止营业，改造时该购物业中心原值 30 000 万元，累计折旧 10 000 万元，账面净值 20 000 万元。共发生改造支出 5 000 万元（不含增值税价格），允许抵扣的进项税额为 450 万元。中联公司根据相关原始凭证，做如下账务处理：

（1）转销原值和已计提折旧时。

借：投资性房地产累计折旧　　100 000 000
　　在建工程　　200 000 000
　贷：投资性房地产　　300 000 000

（2）发生改建支出时。

借：在建工程　　50 000 000
　　应交税费——应交增值税（进项税额）　　4 500 000
　贷：银行存款　　54 500 000

（3）改造完成时。

借：投资性房地产　　250 000 000
　贷：在建工程　　250 000 000

根据《企业所得税法》的规定，发生的房屋改造支出按照延长后的使用年限计提折旧并进行税前扣除。

四、出租物业后续计量的会计核算

企业通常应当采用成本模式对投资性房地产进行后续计量，只有在满足特定条件（即有确凿证据表明其所有投资性房地产的公允价值能够持续可靠取得）的情况下，才可以采用公允价值模式进行后续计量。也就是说，《企业会计准则第 3 号——投资性房地产》适当引入公允价值模式，在满足特定条件的情况下，可以对投资性房地产采用公允价值模式进行后续计量。但是，同一企业只能采用一种模式对所有投资性房地产进行后续计量，不得同时采用两种计量模式。

（一）采用成本计量模式的账务处理

采用成本模式进行后续计量的投资性房地产，应当按照《企业会计准则第 4 号——固定资产》或《企业会计准则第 6 号——无形资产》的有关规定，按期（月）计提折旧或摊销，借记“其他业务成本”等科目，贷记“投资性房地产累计折旧”科目。

按照《企业会计准则第 8 号——资产减值》的有关规定，经减值测试后投资性房地产确定发生减值的，应当计提减值准备，借记“资产减值损失”科目，贷记“投资性房地产减值准备”科目。已经计提减值准备的投资性房地产，其减值损失在以后的会计期间不得转回。

根据税法规定，企业可自行确定计提折旧的净残值率，但实务中一般将其确定为5%。

【例7-8】 2021年1月，东方房地产开发公司计划购入一栋写字楼用于对外出租。2月9日，东方房地产公司与乙公司签订了经营租赁合同，约定自办公楼购买日起将这栋写字楼出租给乙公司，租期2年。3月10日，东方公司实际购入写字楼，支付价款（含税5%）1 575万元。该写字楼剩余使用年限25年，预计净残值60万元，采用直线法计提折旧。2021年12月31日，该栋写字楼发生减值30万元。假设东方房地产公司采用成本计量模式。

东方房地产公司的账务处理如下：

（1）2021年3月10日，东方公司购入写字楼。

借：投资性房地产——写字楼　　15 000 000
　　应交税费——应交增值税（进项税额）　　750 000
　贷：银行存款　　15 750 000

（2）2021年4—12月，东方房地产公司每月计提折旧。

借：其他业务成本　　48 000
　贷：投资性房地产累计折旧　　48 000

（3）2021年年末，计提投资性房地产减值准备。

借：资产减值损失　　300 000
　贷：投资性房地产减值准备　　300 000

（二）采用公允价值计量模式的账务处理

在有确凿证据表明投资性房地产的公允价值能够持续可靠取得的情况下，可以对投资性房地产采用公允价值模式进行后续计量。采用公允价值模式计量的，应当同时满足下列条件：

（1）投资性房地产所在地有活跃的房地产交易市场；

（2）企业能够从房地产交易市场上取得同类或类似房地产的市场价格及其他相信息。

从实际情况看，如果房地产企业持有的是大型物业，则不能按公允价值模式核算；如果房地产企业持有的是小型物业，则可以按公允价值模式核算。

企业如果选择公允价值模式，就应当对其所有投资性房地产采用公允价值模式进行后续计量。在极少数情况下，已经采用公允价值对投资性房地产进行后续计量的企业，有证据表明某项房地产在完成建造或开发活动后或改变用途后首次成为投资性房地产时，该投资性房地产的公允价值不能持续可靠取得的，应当对该投资性房地产采用成本模式计量直至处置，并且假设无残值。但是，采用成本模式对投资性房地产进行后续计量的企业，即使有证据表明企业首次取得某项投资性房地产时，该投资性房地产公允价值能够持续可靠取得，仍应对该项投资性房地产采用成本模式进行后续计量。

1. 会计核算

投资性房地产采用公允价值模式进行后续计量的，不对投资性房地产计提折旧或进行摊销，应当以资产负债表日投资性房地产的公允价值为基础调整其账面价值，公允价值与原账面价值之间的差额计入当期损益。投资性房地产的公允价值高于其账面余额的差额，借记“投资性房地产——公允价值变动”科目，贷记“公允价值变动损益”科目；公允价值低于其账面余额的差额则做相反的账务处理。

【例 7-9】 2020 年 12 月 1 日，东方房地产公司购入一栋写字楼用于对外出租，支付价款（含税 5%）1 575 万元。2021 年 1 月 1 日，东方房地产公司与乙公司签订了经营租赁合同，约定自办公楼购买日起将这栋写字楼出租给乙公司，租期 2 年。2021 年 12 月 31 日，该写字楼的公允价值为 1 360 万元。假设东方房地产公司采用公允价值计量模式，写字楼使用年限 20 年，假设期末无残值。

东方房地产公司的账务处理如下：

（1）2020 年 12 月 1 日，东方房地产公司购入写字楼。

借：固定资产　　15 000 000
　　应交税费——应交增值税（进项税额）　　750 000
　贷：银行存款　　15 750 000

（2）2021 年 1 月 1 日，写字楼用于出租。

借：投资性房地产——成本　　15 000 000
　贷：固定资产　　15 000 000

（3）2021 年 12 月 31 日，按照公允价值为基础调整其账面价值，公允价值与原账面价值之间的差额计入当期损益。

借：公允价值变动损益　　1 400 000
　贷：投资性房地产——公允价值变动　　1 400 000

2. 税务处理

税法对公允价值变动模式不予认可，依然按照成本模式确定计税基础。企业期末进行所得税纳税申报时，应将公允价值变动产生的损益冲回，按照成本模式补提折旧。

处置资产时，资产的计税基础为成本模式下的投资性房地产余额，将成本模式下产生的损益纳入应纳税所得额，将公允价值模式下的损益予以冲减。

【例 7-10】 例 7-9 中 2021 年所得税应纳税调整额为：

“公允价值变动损益”140 万元已计入当期会计损益，应做纳税调增。同时，根据《企业所得税法》的规定，当年允许扣除的折旧费用为 750 000 元（15 000 000÷20）。

（三）后续计量模式变更的账务处理

企业对投资性房地产的计量模式一经确定，不得随意变更。只有在存在确凿证据表明投资性房地产的公允价值能够持续可靠取得，且能够满足采用公允价值模式条件时，才允许企业对投资性房地产从成本模式计量变更为公允价值模式计量。

成本模式变为公允价值模式的，应当作为会计政策变更处理，将计量模式变更时公允价值与账面价值的差额，调整期初留存收益。已采用公允价值模式计量的投资性房地产，不得从公允价值模式转为成本模式。

【例 7-11】 2021 年 3 月，东方房地产公司将一栋写字楼对外出租，采用成本模式进行后续计量。2022 年 1 月 1 日，假设东方房地产公司对外出租的写字楼满足采用公允价值模式条件，东方房地产公司决定采用公允价值模式对该写字楼进行后续计量。2022 年 1 月 1 日，该写字楼原价 1 560 万元，已计提折旧 45 万元，已提减值准备 30 万元，账面价值为 1 485 万元，公允价值为 1 425 万元。东方房地产公司按净利润的 10% 计提盈余公积。

后续计量模式变更时，东方房地产公司的账务处理如下：

借：投资性房地产——成本	14 250 000
投资性房地产累计折旧	450 000
投资性房地产减值准备	300 000
利润分配——未分配利润	540 000
盈余公积	60 000
贷：投资性房地产	15 600 000

五、投资性房地产转换的会计核算

房地产的转换，实质上是因房地产用途发生改变而对房地产进行的重新分类。这里所说的房地产转换是针对房地产用途发生改变而言的，而不是后续计量模式的转变。企业必须有确凿证据表明房地产用途发生改变，才能将投资性房地产转换为非投资性房地产或者将非投资性房地产转换为投资性房地产，如自用的办公楼改为出租等。这里的确凿证据包括两个方面：一是企业董事会或类似机构就改变房地产用途形成正式的书面决议；二是房地产因用途改变而发生实际状态上的改变，如从自用状态改为出租状态。

（一）投资性房地产的转换形式

投资性房地产的转换形式主要包括：

（1）投资性房地产开始自用；

（2）房地产开发企业将用于经营出租的投资性房地产重新开发，用于对外销售；

（3）作为存货的房地产改为出租；

（4）自用土地使用权停止自用，用于赚取租金或资本增值；

（5）自用建筑物停止自用，改为出租。

（二）投资性房地产转换日的确定

转换日的确定关系到资产的确认时点和入账价值。转换日是指房地产的用途发生改变、状态相应发生改变的日期。转换日的确定标准主要包括：

（1）投资性房地产开始自用，转换日为房地产达到自用状态，企业开始将房地产用于生产商品、提供劳务或者经营管理的日期。

（2）投资性房地产转为存货，转换日为租赁期届满、企业董事会或类似机构做出书面决议明确表明将其重新开发用于对外销售的日期。

（3）作为存货的房地产改为出租，或者自用建筑物或土地使用权停止自用改为出租，转换日应当为租赁期开始日。租赁期开始日是指承租人有权行使其使用租赁资产权利的日期。

（4）自用土地使用权停止自用，改为用于资本增值，转换日为企业停止将该项土地使用权用于生产商品、提供劳务或经营管理且管理层做出房地产转换决议的日期。

（三）投资性房地产转换为非投资性房地产的会计核算

1. 采用成本模式进行后续计量的投资性房地产转换为自用房地产

企业将采用成本模式计量的投资性房地产转换为自用房地产时，应当将房地产转换前的账面价值作为转换后的入账价值。转换日，按该项投资性房地产的账面余额、累计折旧或摊销、减值准备等，分别转入“固定资产”“累计折旧”“固定资产减值准备”等科目；按投资性房地产的账面余额，借记“固定资产”或“无形资产”科目，贷记“投资性房地产”科目；按已计提的折旧或摊销，借记“投资性房地产累计折旧（摊销）”科目，贷记“累计折旧”或“累计摊销”科目；原已计提减值准备的，借记“投资性房地产减值准备”科目，贷记“固定资产减值准备”或“无形资产减值准备”科目。

【例 7-12】 2021 年 5 月 9 日，东方房地产公司将出租在外的一块土地使用权收回，开始用于本公司建造自用办公楼。该块土地使用权的账面净值为 2 370 万元，其中，原值为 2 600 万元。累计已摊销 200 万元，已提减值准备 30 万元。假设东方房地产公司采用成本计量模式。

转换日，东方房地产公司的账务处理如下：

借：无形资产——土地使用权	23 700 000
投资性房地产累计折旧	2 000 000
投资性房地产减值准备	300 000

贷：投资性房地产　23 700 000
　　累计摊销　2 000 000
　　无形资产减值准备　300 000

2. 采用公允价值模式进行后续计量的投资性房地产转为自用房地产

企业将采用公允价值模式计量的投资性房地产转换为自用房地产时，应当以其转换当日的公允价值作为自用房地产的账面价值，公允价值与原账面价值的差额计入当期损益。

转换日，按该项投资性房地产的公允价值，借记“开发产品”等科目；按该项投资性房地产的成本，贷记“投资性房地产——成本”科目；按该项投资性房地产的累计公允价值变动，贷记或借记“投资性房地产——公允价值变动”科目；按其差额，贷记或借记“公允价值变动损益”科目。

【例 7-13】 2021 年 5 月 9 日，东方房地产公司将出租在外的一块土地使用权收回用于房屋开发。2021 年 5 月 9 日，该土地使用权的公允价值为 5 500 万元；该土地使用权在转换前采用公允价值模式计量，原账面价值为 5 300 万元，其中，成本为 5 000 万元，公允价值增值为 300 万元。东方房地产公司的账务处理如下：

借：开发成本——房屋开发　55 000 000
　贷：投资性房地产——成本　50 000 000
　　　　　　　　　——公允价值变动　3 000 000
　　公允价值变动损益　2 000 000

（四）非投资性房地产转换为投资性房地产的会计核算

1. 成本模式下，对非投资性房地产转换为投资性房地产的后续计量

（1）作为存货的房地产转换为投资性房地产。

作为存货的房地产转换为投资性房地产，通常指房地产开发企业将其持有的开发产品以经营租赁的方式出租，存货相应地转换为投资性房地产。企业自行建造或开发完成但尚未使用的建筑物，且企业董事会或类似机构正式做出书面决议，明确表明其自行建造或开发产品用于经营出租，持有意图短期内不再发生变化的，可视为存货转为投资性房地产，转换日为企业董事会或类似机构做出书面决议的日期。

企业将作为存货的房地产转换为采用成本模式计量的投资性房地产，应当按该项存货在转换日的账面价值，借记“投资性房地产”科目；原已计提跌价准备的，借记“存货跌价准备”科目；按其账面余额，贷记“开发产品”等科目。

【例 7-14】 2021 年 6 月 30 日，东方房地产公司与甲公司签订了租赁协议，将其开发的一栋写字楼出租给甲公司使用，租赁期开始日为 2021 年 7 月 1 日。2021 年 7 月 1 日，该写字楼的账面余额为 1 200 万元，未计提跌价准备，转换后采用成本模式计量。

2021 年 7 月，东方房地产公司的账务处理如下：

借：投资性房地产——写字楼　　12 000 000
　贷：开发产品　　12 000 000

（2）自用房地产转换为投资性房地产。

自用房地产转换为投资性房地产，就是企业将原本用于生产商品、提供劳务或者经营管理的房地产改用于出租，应于租赁期开始日，按照固定资产或无形资产的账面价值，将固定资产或无形资产相应地转换为投资性房地产。对不再用于日常生产经营活动且经整理后达到可经营出租状况的房地产，如果企业董事会或类似机构正式做出书面决议，明确表明其自用房地产用于经营出租且持有意图短期内不再发生变化，应视为自用房地产转换为投资性房地产，转换日为企业董事会或类似机构正式做出书面决议的日期。

企业将自用土地使用权或建筑物转换为以成本模式计量的投资性房地产时，应当按该项建筑物或土地使用权在转换日的原价、累计折旧、减值准备等，分别转入“投资性房地产”“投资性房地产累计折旧”“投资性房地产减值准备”科目。按其账面余额，借记“投资性房地产”科目，贷记“固定资产”或“无形资产”科目；按已计提的折旧或摊销，借记“累计摊销”或“累计折旧”科目，贷记“投资性房地产累计折旧”科目；原已计提减值准备的，借记“固定资产减值准备”或“无形资产减值准备”科目，贷记“投资性房地产减值准备”科目。

【例 7-15】 2021 年 6 月 30 日，东方房地产公司与甲公司签订了经营租赁协议，将其自用的一栋写字楼出租给甲公司使用，租赁期开始日为 2021 年 7 月 1 日，为期 6 年。2021 年 7 月 1 日，这栋写字楼的账面余额为 1 500 万元，已计提折旧 250 万元。假设东方房地产公司采用成本计量模式。

东方房地产公司的账务处理如下：

借：投资性房地产——写字楼　　15 000 000
　　累计折旧　　2 500 000
　贷：固定资产　　15 000 000
　　　投资性房地产累计折旧　　2 500 000

2. 公允价值模式下，非投资性房地产转换为投资性房地产的后续计量

（1）作为存货的房地产转换为投资性房地产。

企业将作为存货的房地产转换为采用公允价值模式计量的投资性房地产，应当按该项房地产在转换日的公允价值入账，借记“投资性房地产——成本”科目；原已计提跌价准备的，借记“存货跌价准备”科目；按其账面余额，贷记“开发产品”等科目。同时，转换日的公允价值小于账面价值的，按其差额，借记“公允价值变动损益”科目；转换日的公允价值大于账面价值的，按其差额，贷记“其他综合收益”科目。

【例 7-16】 2021 年 6 月 30 日，东方房地产公司与甲公司签订了租赁协议，将其开发的一栋写字楼出租给甲公司。租赁期开始日为 2021 年 7 月 1 日。2021 年 7 月 1 日，

该写字楼的账面余额为5 000万元，公允价值为4 900万元。2021年12月31日，该项投资性房地产的公允价值为4 700万元。

东方房地产公司的账务处理如下：

2021年7月1日转换日：

借：投资性房地产——成本　　49 000 000

　　公允价值变动损益　　1 000 000

　贷：开发产品　　50 000 000

2021年12月31日，确认公允价值变动损益：

借：公允价值变动损益　　2 000 000

　贷：投资性房地产——公允价值变动　　2 000 000

（2）自用房地产转换为投资性房地产。

企业将自用房地产转换为采用公允价值模式计量的投资性房地产，应当按该项土地使用权或建筑物在转换日的公允价值，借记“投资性房地产——成本”科目，按已计提的累计折旧，借记“累计摊销”或“累计折旧”科目；原已计提减值准备的，借记“无形资产减值准备”“固定资产减值准备”科目；按其账面余额，贷记“固定资产”或“无形资产”科目。同时，转换日的公允价值小于账面价值的，按其差额，借记“公允价值变动损益”科目；转换日的公允价值大于账面价值的，按其差额，贷记“其他综合收益”科目。

【例7-17】 2021年6月30日，东方房地产公司与甲公司签订了经营租赁协议，将其自用的一栋写字楼出租给甲公司使用，租赁期开始日为2021年7月1日，为期6年。2021年7月1日，这栋写字楼的账面余额为1 500万元，已计提折旧250万元，公允价值为1 600万元。假设东方房地产公司采用公允价值计量模式计量，其账务处理如下：

借：投资性房地产——写字楼　　16 000 000

　　累计折旧　　2 500 000

　贷：固定资产　　15 000 000

　　　其他综合收益　　3 500 000

六、投资性房地产处置的会计核算

当投资性房地产被处置，或者永久退出使用且预计不能从其处置中取得经济利益时，应当终止确认该项投资性房地产。

企业可以通过对外出售或转让的方式处置投资性房地产，对于那些由于使用而不断磨损直到最终报废，或者由于遭受自然灾害等非正常损失发生毁损的投资性房地产应当及时进行清理。此外，企业出于其他原因（如非货币性交易等）而减少投资性房地产也属于投资性房地产的处置。企业出售、转让、报废投资性房地产或者发生投资性房地产毁损，应当将处置收入扣除其账面价值和相关税费后的金额计入当期损益。

（一）采用成本模式计量的投资性房地产处置的账务处理

转让按成本模式进行后续计量的投资性房地产时，应当按实际收到的金额，借记“银行存款”等科目，贷记“其他业务收入”科目；按该项投资性房地产的账面价值，借记“其他业务成本”科目，按其账面余额，贷记“投资性房地产”科目；按照已计提的折旧或摊销，借记“投资性房地产累计折旧（摊销）”科目；原已计提减值准备的，借记“投资性房地产减值准备”科目。

【例 7-18】 东方房地产公司将其自购的写字楼出租给甲公司，并确认为投资性房地产，采用成本模式计量。租赁期届满后，东方房地产公司将该写字楼出售给乙公司，合同价款为 2 000 万元（不含税价格，增值税采用简易计税方法，征收率为 5%），乙公司已用银行存款付清。出售时，该栋写字楼的成本为 1 500 万元，已计提折旧 600 万元，未计提减值准备（假设不考虑相关税费）。

东方房地产公司的账务处理如下：

（1）收到出售价款时。

	借方	贷方
借：银行存款	21 000 000	
贷：其他业务收入		20 000 000
应交税费——应交增值税（销项税额）		1 000 000

（2）投资性房地产转出时。

	借方	贷方
借：其他业务成本	9 000 000	
投资性房地产累计折旧	6 000 000	
贷：投资性房地产——写字楼		15 000 000

（二）采用公允价值模式计量的投资性房地产处置的账务处理

出售、转让采用公允价值模式计量的投资性房地产，应当按实际收到的金额，借记“银行存款”等科目，贷记“其他业务收入”科目；按该项投资性房地产的账面余额，借记“其他业务成本”科目，按其成本，贷记“投资性房地产——成本”科目，按其累计公允价值变动，贷记或借记“投资性房地产——公允价值变动”科目。同时，结转投资性房地产累计公允价值变动。若存在原转换日计入其他综合收益的金额，也一并结转。

【例 7-19】 2021 年 6 月 30 日，东方房地产公司与甲公司签订了租赁协议，将其开发的一栋写字楼出租给甲公司使用，租赁期开始日为 2021 年 7 月 1 日。2021 年 7 月 1 日，该写字楼的账面余额为 3 000 万元，公允价值为 3 500 万元。2021 年 12 月 31 日，该项投资性房地产的公允价值为 3 300 万元。2022 年 6 月 30 日租赁期届满，企业收回该项投资性房地产，并以 3 200 万元（不含税价格，增值税采用简易计税方法，征收率为 5%）出售，出售款项已收讫。东方房地产公司采用公允价值模式计量（假设不考虑相关税费)。

东方房地产公司的账务处理如下:

(1) 2021 年 7 月 1 日,存货转换为投资性房地产。

借:投资性房地产——成本 35 000 000

贷:开发产品 30 000 000

其他综合收益 5 000 000

(2) 2021 年 12 月 31 日,公允价值发生变动。

借:公允价值变动损益 2 000 000

贷:投资性房地产——公允价值变动 2 000 000

(3) 2022 年 6 月,出售投资性房地产。

借:银行存款 33 600 000

其他业务成本 30 000 000

投资性房地产——公允价值变动 2 000 000

其他综合收益 5 000 000

贷:投资性房地产——成本 35 000 000

公允价值变动损益 2 000 000

其他业务收入 32 000 000

应交税费——应交增值税(销项税额) 1 600 000

第二节 自营物业的会计核算与税务处理

一、自营物业的初始计量与税务处理

自营物业是指房地产开发企业开发的以自营为目的的房地产。根据《企业会计准则》的规定,房地产开发企业自营物业应作为固定资产进行核算。

(一)自营物业的确认和初始计量

自营物业应在其竣工验收并达到预定可使用状态时确认为固定资产。这一点与出租物业不同,出租物业需要在租赁期开始时才能确认为投资性房地产,而自营物业在开始使用或营业前,只要达到了预定可使用状态就可以确认为固定资产。

自营物业作为固定资产应当按照成本进行初始计量。自行建造自营物业的成本,由建造该项资产达到预定可使用状态前所发生的必要支出构成。与建造出租物业不同的是,自营物业的成本中不包括为开发建造自营物业而购入的土地成本,也就是说,自营物业土地使用权的账面价值不与其地上建筑物合并计算成本，而仍作为无形资产进行核算，土地使用权与地上建筑物分别进行摊销和提取折旧。

（二）自营物业的账务处理

1. 自营物业成本支出的账务处理

自营物业建造成本核算与出租物业相同，合并开发的先计入开发成本，待完工后转入固定资产。单独开发的计入在建工程，待完工后转入固定资产。

企业按照自营物业的不同产品进行明细核算。发生成本支出时，借记"开发成本""在建工程"科目，贷记"银行存款""应付账款"等科目。

在实务中，待竣工报告完成后，依据竣工报告即可进行转固定资产的会计处理。

2. 自营物业竣工及暂估入账的处理

自营物业在竣工验收达到预定可使用状态时，将其成本从"在建工程"科目转入"固定资产"科目，会计入账依据为竣工报告。对于已经发生但尚未开票入账的成本，应暂估入账。会计分录为：借记"固定资产"相关明细科目，贷记"开发成本""应付账款"等科目。

对于暂估入账的成本，税务上也给予认可。税法规定，企业固定资产投入使用后，由于工程款项尚未结清未取得全额发票的，可暂按合同规定的金额计入固定资产计税基础计提折旧，待发票取得后进行调整。但该项调整应在固定资产投入使用后 12 个月内进行。

【例 7-20】 2021 年 12 月 31 日，中联房地产公司开发的酒店竣工，该酒店开发成本总计 50 000 万元，其中土地成本 10 000 万元，总建筑面积 5 万平方米，该酒店于 2022 年 2 月 1 日开业。中联公司根据有关原始凭证，应做如下账务处理：

（1）支付土地成本时。

借：无形资产——土地使用权　　100 000 000

　贷：银行存款　　100 000 000

（2）2021 年 12 月 31 日结转成本时。

借：固定资产——酒店　　400 000 000

　贷：在建工程——酒店　　400 000 000

二、自营物业后续支出的会计核算与税务处理

（一）自营物业装修的会计核算

房地产企业核算自营物业装修支出时，初次装修费用单独计价，在"固定资产"科

目下设置“装修费用”明细科目进行核算，不计残值，按10年计提折旧。再次装修时如果第一次装修费用没有提足折旧，剩余部分一次性计入当期损益，记入“其他业务成本”科目。再次装修发生的残值收入冲减装修费用后仍按照上述方法核算。装修时一并购入可单独辨认和计量的电器和家具等，应单独作为固定资产进行管理和核算。

（二）自营物业改建的会计核算

自营物业改建支出在房地产企业进行核算，发生的改建支出应予以资本化，记入房地产企业的“固定资产”科目，具体核算方法与出租物业相同。

（三）自营物业日常维修的会计核算

与出租物业相同，自营物业日常维修支出也应直接计入当期损益。

（四）自营物业计提折旧的会计核算

房地产企业按期（月）计提自营物业的折旧，借记“其他业务成本”科目，贷记“累计折旧”科目。处置自营物业还应同时结转累计折旧。

（五）自营物业土地使用权摊销的会计核算

房地产企业自营物业所占用的土地，通过“无形资产”科目核算，房地产企业按期（月）计提相应的无形资产摊销时，借记“其他业务成本”科目，贷记“累计摊销”科目。处置自营物业时，还应同时结转这部分累计摊销。

三、自营物业处置的会计核算与税务处理

当自营物业被处置，或者永久退出使用且预计不能从其处置中取得经济利益时，应当终止确认该项自营物业。

企业出售、转让、报废自营物业或发生自营物业毁损时，应当将处置收入扣除账面价值和相关税费后的金额计入当期损益。自营物业的账面价值是自营物业成本扣减累计折旧和累计减值准备后的金额。具体核算过程如下：

房地产企业处置自营物业时，按该项固定资产账面价值，借记“固定资产清理”科目；按已提的累计折旧，借记“累计折旧”科目；按其账面原价，贷记“固定资产”科目。已计提减值准备的，还应同时结转已计提的减值准备。

处置自营物业时应支付的相关税费及其他费用，借记“固定资产清理”科目，贷记“银行存款”“应交税费”等科目。

收回出售自营物业的价款时，借记“银行存款”等科目，贷记“固定资产清理”科目。

自营物业清理完成后，产生生产经营期间正常的处理损失的，借记“营业外支出——处置非流动资产损失”科目，贷记“固定资产清理”科目；产生处理收益的，借记“固定资产清理”科目，贷记“营业外收入”科目。

四、自营物业对外投资的税务处理

房地产企业以自营物业对外投资（即不动产对外投资）的税务处理如下：营改增前不动产对外投资不征营业税，但营改增后不动产对外投资应征收增值税。

1. 自建的库存商品房对外投资

（1）房地产企业以老项目（2016 年 4 月 30 日前开工）商品房对外投资，视同销售不动产，可以选择简易计税方法，按照 5%的征收率缴纳增值税，也可以选择一般计税方法，按照 9%的税率缴纳增值税（此种情况计算销售额时可以扣减对应的土地成本）。

（2）房地产企业以新项目（2016 年 5 月 1 日后开工）商品房对外投资，视同销售不动产，必须采用一般计税方法，按照 9%的税率缴纳增值税（此种情况计算销售额时可以扣减对应的土地成本）。

2. 自建商品房转为固定资产后对外投资

（1）房地产企业以老项目（2016 年 4 月 30 日前开工）商品房对外投资，可以选择简易计税方法，按照 5%的征收率缴纳增值税，也可以选择一般计税方法，按照 9%的税率缴纳增值税（此种情况下计算的销售额不能扣减土地成本）。

（2）房地产企业以新项目（2016 年 5 月 1 日后开工）商品房对外投资，必须采用一般计税方法，按照 9%的税率缴纳增值税（此种情况计算销售额时可以扣减对应的土地成本）。

3. 以取得的（除自建外）不动产类固定资产对外投资

（1）房地产企业以 2016 年 4 月 30 日前取得的不动产类固定资产（包括购买、接受捐赠、接受投资、抵债等获得的不动产，不包括自建不动产）对外投资，若选择简易计税方法，以投资作价扣除不动产取得的原值，按照 5%的征收率计算缴纳增值税；若选择一般计税方法，以投资作价作为税基，按照 9%的税率计算缴纳增值税。

（2）房地产企业以 2016 年 5 月 1 日后取得的不动产类固定资产（包括购买、接受捐赠、接受投资、抵债等获得的不动产，不包括自建不动产）对外投资，必须选择一般计税方法，以投资作价作为税基，按照 9%的税率计算缴纳增值税。

知识链接

房地产企业将建好的幼儿园赠与当地教育局，如何缴纳企业所得税？

对该业务应具体问题具体分析。

如果是非配套设施赠与业务，根据《房地产开发经营业务企业所得税处理办法》（国税发〔2009〕31号文件印发）第七条的规定，企业将开发产品用于捐赠、赞助、职工福利、奖励、对外投资、分配给股东或投资人、抵偿债务、换取其他企事业单位和个人的非货币性资产等行为，应视同销售，于开发产品所有权或使用权转移，或于实际取得利益权利时确认收入（或利润）的实现。

如果是开发区内的配套设施赠与业务，根据《房地产开发经营业务企业所得税处理办法》第十七条的规定，企业在开发区内建造的会所、物业管理场所、电站、热力站、水厂、文体场馆、幼儿园等配套设施，属于非营利性且产权属于全体业主的，或无偿赠与地方政府、公用事业单位的，可将其视为公共配套设施，其建造费用按公共配套设施费的有关规定进行处理。

第八章
纳税活动的会计核算

TAXING

第一节 房地产行业增值税税制

房地产行业营改增解决了营业税时期的重复征税问题，其政策效果有两个：一是允许开发商将销售项目取得的全部价款和价外费用扣除土地成本的差额作为销售额，此举有效界定了房地产项目的增值额，降低了不动产销售环节的增值税；二是一般纳税人购入不动产可以一次性抵扣进项税额，这对于降低下游企业的税负率和促进房地产市场健康发展有着极为重要的作用。

营改增的行业影响与制度重构

一、营改增是中国税收领域的一场深刻革命

营改增是中国税制的一场深刻革命，注定将成为中国财税改革的重要里程碑。全面推行增值税制度不仅能保持上下游行业税收链条的完整性，彻底消除流转环节中的重复征税问题，还能体现出增值税的中性特征和公平性的税制优势，为构建新型增值税体系奠定基础。全面推行增值税制度不仅是促进经济“稳增长、调结构”的关键点，也是深化财税体制改革的新基点。营改增完成和改革过渡期结束后，中央和地方政府之间财权重新划分的问题浮出水面。由于营改增后地方财政收入占全国财政收入的比重下降，原本十分尖锐的地方财权和事权不相匹配的矛盾会更加突出。营改增倒逼整个财税体制改革，迫使中央和地方政府间进行事权、财权的重新配置，推动分级财政管理体制改革。

营改增推动了我国税收管理的现代化进程。增值税的抵扣制度设计，使纳税人索要增值税专用发票的积极性提高，这会形成一种缜密的税收监督约束机制。但是，营改增之后，由于纳税人数量激增，税收征管任务变得异常繁重。为了提高征管效率，税务部门推进税收信息化，加强与其他部门之间的信息交换，大力推行电子发票，从而也推动着税收管理组织再造和征管流程重构。

营改增有助于加强企业间的密切联系与合作，在微观层面调整经济结构、重塑产业链。营改增之后，集团公司通过企业分设、流程分拆等方式组建多个产业模块和公司架构，在集团内部形成税款抵扣链条，完善产业链构造，为微观经济结构调整奠定坚实基础。所以，营改增不仅能够加强企业之间的合作，还能够鼓励集团公司采取业务单元外供或者采购活动外包模式，将其非核心业务剥离出来，“有所为有所不为”，专注于核心业务拓展，核心技术研发，走技术型、专业化发展道路。

营改增不仅是中国经济改革的助推器，对世界税制建设也具有示范效应。全部行业全面推行营改增后，我国不仅实现了货物、服务、劳务的一体化征税，各行业之间基本实现了税制公平，也预示着我国在金融业率先实行增值税制度，成为世界范围内金融领域第一次大规模采用增值税制度的变革，必将为世界增值税制度改革提供研究样本和实践案例，我国金融业的营改增也必将成为世界上其他国家或者经济体金融税制改革的一个典范。

营改增的全面推行，对中国税制乃至世界税制都将产生积极的、深远的影响。营改增是一种减税制度设计，也是国家减税战略的一部分，企业也因营改增而呈现整体税负下降趋势。营改增开启了中国增值税的新时代。

二、营改增对不同行业的影响和冲击

营改增区分不同行业、不同税目，分别规定不同的税收政策和税务处理模式，每一行业受到营改增的影响程度也不尽相同，增值税税负率情况各异。结合这次改革的四大重点行业——建筑业、房地产业、金融业、生活服务业，以及传统的制造业、商贸业等行业，对营改增的行业影响和冲击分述如下。

（一）传统制造业与商贸业

对于分税制之初已经实行增值税制度的制造业（涵盖销售货物、加工、修理修配劳务）、商贸业，这次营改增也是一个利好政策。原因在于，其他新增营改增行业拓展了制造业与商贸业的进项抵扣范围，新增的三大税目——“销售服务”“销售不动产”“销售无形资产”都纳入增值税征收范围，企业购买服务、购买不动产和无形资产，只要取得增值税专用发票都可获得进项税额抵扣，能收到明显的“减税效应”，也标志着我国的增值税正式过渡到规范的消费型增值税。因此，营改增有利于降低制造业、商贸业的税负水平。

（二）建筑业

建筑业在营改增初期允许老项目和“甲供工程”“清包工”项目采用简易计税方法，其税负不会出现大的波动，甚至会因为价税分离而减少其应纳税额，过渡期比较舒缓、平稳。但是经历过渡期之后，建筑业获取的能抵扣的进项税额往往不足，新项目的税负率会相对提高。所以，建筑业在营改增之后面临较大的税负波动、经营模式及管理行为的调整，其税负水平也会经历一个震荡调整期。由于建筑业原来的营业税适用税率仅为3%，而营改增后建筑业新项目适用的税率为9%，如果不能获取足额的可抵扣的进项税额，该行业将面临税负率的显著增加。即建筑业的税负水平不仅取决于计算销项税额的税率大小，也取决于可以抵扣的进项税额的多寡。由于砂、石料、土等就地取材的建筑材料很难取得进项税额，加上建筑业的人工费用呈逐年增长之势，而工资薪金、职工福利费等不能抵扣进项税额，因此无形中扩大了不能抵扣进项的支出比重。由于建筑工程项目金额巨大，工程预收款及工程决算款支付时进项税额不能得到及时抵扣，给施工企业带来巨额现金流出。

此外，还有两个因素也显著影响建筑业的税负率：一是上下游企业之间的博弈关系体现为争夺建筑材料的购买权以增加税款抵扣力度，这导致建筑行业“甲供工程”“清包工”明显增多，虽然可以选择简易计税方法，但是无形中压缩了建筑业的利润空间；二是以往建筑行业内部存在大量“挂靠模式”，如果继续采取“挂靠模式”，销项税率的提高不仅抬高了被挂靠方的税负水平，而且会给“挂靠模式”的多方当事人带来虚开专用发票的风险，所以建筑业“挂靠模式”可能会因营改增而消失，这次营改增的“打假”活动也使建筑业趋于规范运作，其经营成本和增值税负都会呈现增长态势。综合上述多角度的分析，建筑业短期内很难扭转税负增长的大趋势。当然，税负增长的大趋势可能会导致建筑业通过提高工程款的方式向房地产业实施税负转嫁，但这只是具有市场竞争力的建筑企业的权宜之计，建筑企业若想彻底减负，必须实现规范化运作，同时做好采购预算和成本规划工作，做好进项税额抵扣管理工作。

（三）房地产业

营改增给房地产业带来利好政策。房地产业确认项目销售额时，允许以全部价款和价外费用之和扣除土地出让金后的余额作为销售额。虽然销售不动产税率为9%，但计算税基（销售额）时允许减除土地成本，这导致其销售额的实际税负率降低，缓解了房地产业的税负压力。譬如，当土地成本占到全部价款和价外费用之和的40%时，则销售不动产的实际税负率就下降为5.4%［9%×(1－40%)］，相当于比原来的销售不动产的5%的营业税税率高出0.4个百分点，但此时还未抵扣进项税额，若满足下式：可抵扣的进项税额≥(全部价款＋价外费用－土地成本)×0.4%，则房地产业最终的增值税税负率会低于营业税税制下的5%的税负率。实际上，房地产业购入的所有货物、服务、无形资产、不动产等相关取得扣税凭证的合法的进项税额都允许抵扣，房地产业会因此出现显著的“减税效应”。

房地产业老项目可以选择采用简易计税方法计税，缓解了政策变动引发的税务风险。营改增后融资成本不允许抵扣进项税额，这导致房地产企业进项税额抵扣不足。营改增后，房地产业税负叠加，出现不合理的税负结构，即增值税、土地增值税、企业所得税的税基存在很大程度的交叉和重合。

（四）金融保险业

金融业营改增后一般纳税人采用一般计税方法，允许采用税款抵扣制。贷款方向金融机构支付的贷款利息支出也不得计算抵扣增值税。这一政策未能彻底打通金融业和实体经济之间的税款抵扣。

年末交易累计金融商品转让价差不得结转抵减下一年度应税收入，会导致增值税负担略有增加。

营改增后，银行业税负有所上升，净利润水平有所降低。证券业税负变化不大，对净利润影响有限。证券公司增值税征收范围包括手续费收入、资产交易收入及利息收入，税率为6%，由于应税收入范围大致相同，故而影响不大。

营改增对寿险公司净利润影响微弱，寿险公司免税政策由营业税平移至增值税。营改增对财险公司有一定的影响，其净利润有所下降。保险成本以赔款支出和人力成本为主，但按现行营改增规则这部分成本是无法抵扣的，导致比营业税增加的一个百分点的税负无法转嫁给客户，只能由保险公司自己承担。保险行业内基本实现了集团化集中管理，由总部统一管理的再保险业务和物资采购等，由于与现行的税收管理制度存在矛盾，无法顺利地将可抵扣的成本反映在最终的成本中心，导致总部的进项税倒挂而分支公司无票可抵，间接引起税负增加。

（五）生活服务业

由于生活服务业涉及的购入的进项税额不会太多，因此营改增后增值税实际税负率不会比6%下降很多，可能会在5%左右徘徊。

生活服务业涉及多个领域，比如餐饮、酒店，还有日常生活服务等具体业务，它们之间还会因为进项税额抵扣情况不同而存在一定程度的税负率差异。

一些生活服务类公司不含税销售额在500万元以下，属于小规模纳税人，适用简易计税方法，征收率为3%，其总体税负普遍下降。

对于酒店业来说，其供货商都是有一般纳税人资质的，能提供增值税专用发票。酒店的材料采购、设备采购、服务采购、不动产购置和租赁、办公支出等都可以获得进项税额抵扣，总体算来税负应会有所降低。

对于餐饮业而言，由于很多企业属于小规模纳税人，其从5%的营业税直接转换为3%的增值税，因为这部分餐饮业小规模纳税人减税效果是最为直接的。大多数餐饮企业都是开在商业区，其租金成本结构、人工成本结构、推销渠道有很大的不同，税负也会有很大的不同。

资料来源：蔡昌．“营改增”的减税效应、政策缺陷与制度重构［J］．商业会计，2017（10）．

一、纳税人

在中国境内销售商品、提供加工修理修配劳务及销售服务、无形资产或者不动产的单位和个人，为增值税纳税人。

年应税销售额超过500万元（含）的房地产业纳税人为一般纳税人，应税销售额未超过500万元的纳税人为小规模纳税人。

二、征税范围

（一）房地产企业增值税征税范围

1．房地产企业销售自己开发的房地产项目适用“销售不动产”税目

转让建筑物有限产权或者永久使用权的，转让在建的建筑物或者构筑物所有权的，

以及在转让建筑物或者构筑物时一并转让其所占土地的使用权的，按照“销售不动产”税目缴纳增值税。

不动产，是指不能移动或者移动后会引起性质、形状改变的财产，包括建筑物、构筑物等。建筑物：包括住宅、商业营业用房、办公楼等可供居住、工作或者进行其他活动的建造物。构筑物：包括道路、桥梁、隧道、水坝等建造物。

2. 房地产企业出租不动产

房地产企业出租不动产（包括商铺、写字楼、公寓等），适用“租赁服务”税目中的“不动产经营租赁服务”税目和“不动产融资租赁服务”税目（不含不动产售后回租融资租赁）。

（二）不征收增值税的情形

下列情形不属于在境内销售服务或者无形资产，不征收增值税：

（1）境外单位或者个人向境内单位或者个人销售完全在境外发生的服务。

（2）境外单位或者个人向境内单位或者个人销售完全在境外使用的无形资产。

（3）境外单位或者个人向境内单位或者个人出租完全在境外使用的有形动产。

（4）财政部和国家税务总局规定的其他情形。

（三）房地产业不征收增值税项目

（1）房地产主管部门或者其指定机构、公积金管理中心、开发企业以及物业管理单位代收的住房专项维修基金。

（2）在资产重组过程中，通过合并、分立、出售、置换等方式，将全部或者部分实物资产以及与其相关联的债权、负债和劳动力一并转让给其他单位和个人，其中涉及的不动产转让行为是不征税项目。

三、税率和征收率

房地产企业销售、出租不动产适用的税率均为9%。

小规模纳税人销售、出租不动产，以及一般纳税人提供的可选择简易计税方法的销售、出租不动产业务，征收率为5%。

境内的购买方为境外单位和个人扣缴增值税的，按照适用税率扣缴增值税。

一般纳税人适用增值税税率，其进项税额可以抵扣，而小规模纳税人适用增值税征收率，其进项税额不允许抵扣。

不动产转让与经营租赁适用税率及征收率见表8-1。

表 8-1　　　　不动产转让与经营租赁适用税率及征收率

<table>
<tr><th>业务</th><th colspan="2">类型</th><th colspan="4">不动产性质</th><th>预征率</th><th>税率/征收率</th></tr>
<tr><td rowspan="10">不动产转让</td><td rowspan="3">非房地产开发企业</td><td rowspan="2">一般纳税人</td><td colspan="4">2016 年 4 月 30 日前取得</td><td rowspan="3">5%</td><td>9%（可以选择 5%征收率）</td></tr>
<tr><td colspan="4">2016 年 5 月 1 日后取得</td><td>9%</td></tr>
<tr><td>除其他个人之外的小规模纳税人</td><td colspan="4">—</td><td>5%</td></tr>
<tr><td rowspan="3">房地产开发企业</td><td rowspan="2">一般纳税人</td><td colspan="4">房地产老项目</td><td rowspan="3">3%</td><td>9%（可以选择 5%征收率）</td></tr>
<tr><td colspan="4">房地产新项目</td><td>9%</td></tr>
<tr><td>小规模纳税人</td><td colspan="4">—</td><td>5%</td></tr>
<tr><td colspan="2" rowspan="4">个体工商户以及其他个人</td><td rowspan="4">转让购买的住房</td><td colspan="3">购买不足 2 年</td><td rowspan="2">5%（仅个体工商户）</td><td rowspan="2">5%</td></tr>
<tr><td rowspan="3">购买 2 年以上</td><td rowspan="2">北上广深</td><td>非普通住宅</td></tr>
<tr><td>普通住宅</td><td colspan="2" rowspan="2">免征</td></tr>
<tr><td colspan="2">其他地区</td></tr>
<tr><td rowspan="4">不动产经营租赁</td><td colspan="2" rowspan="2">一般纳税人</td><td colspan="4">2016 年 4 月 30 日前取得</td><td>3%/5%（简易计税方法下）</td><td>9%（可以选择 5%征收率）</td></tr>
<tr><td colspan="4">2016 年 5 月 1 日后取得</td><td>3%</td><td>9%</td></tr>
<tr><td colspan="2">小规模纳税人</td><td colspan="4">非住房</td><td>5%</td><td>5%</td></tr>
<tr><td colspan="2">个体工商户以及其他个人</td><td colspan="4">住房</td><td>5%减按 1.5%</td><td>5%减按 1.5%</td></tr>
</table>

说明：1. 不动产经营租赁中，除其他个人外，不动产所在地与机构所在地不在同一县（市、区）的，需向不动产所在地主管税务机关预缴税款。

2. 房地产老项目是指：(1)《建筑工程施工许可证》注明的合同开工日期在 2016 年 4 月 30 日前的房地产项目；(2)《建筑工程施工许可证》未注明合同开工日期或者未取得《建筑工程施工许可证》但建筑工程承包合同注明的开工日期在 2016 年 4 月 30 日前的建筑工程项目。

增值税税率及征收率明细表见表 8-2。

2020 年 1 月 1 日—2021 年 12 月 31 日，小规模纳税人 3%征收率降为 1%，该政策于 2022 年 1 月 1 日后延续执行，即小规模纳税人暂时执行 1%的增值税征收率，具体等税务部门政策出台。

四、应纳税额的计算

(一) 计税方法

增值税的计税方法，包括一般计税方法和简易计税方法。

一般纳税人发生应税行为适用一般计税方法。

一般纳税人发生财政部和国家税务总局规定的特定应税行为，可以选择适用简易计税方法，但一经选择，36 个月内不得变更。

小规模纳税人发生应税行为适用简易计税方法计税。

表 8-2　　增值税税率及征收率明细表

纳税人身份	计税模式	税目（应税行为）	税率	发票类型	可否抵扣	备注
一般纳税人	一般计税	**提供适用 13%税率的行为**				
		1. 销售或进口货物	13%	专用发票	可以	
		2. 提供应税劳务（加工、修理修配等）	13%	专用发票	可以	
		3. 租赁服务（有形动产）	13%	专用发票	可以	
		（1）融资租赁服务	13%			
		有形动产融资租赁服务	13%			
		（2）经营租赁服务	13%	专用发票	可以	
		有形动产经营租赁业务	13%	专用发票	可以	
	一般计税	**提供适用 9%税率的行为**				
		1. 粮食、食用植物油	9%	农产品销售发票或收购发票	可以	
		2. 自来水、暖气、冷气、热气、煤气、石油液化气、天然气、沼气、居民用煤炭制品	9%	专用发票	可以	
		3. 图书、报纸、杂志	9%	专用发票	可以	
		4. 饲料、化肥、农药、农机（整机）、农膜	9%	专用发票	可以	
		5. 国务院规定的其他货物	9%	专用发票	可以	
		6. 农产品（指各种动、植物初级产品，不含淀粉）；食用盐；二甲醚	9%	专用发票	可以	
		7. 音像制品；电子出版物	9%	专用发票	可以	
	一般计税	1. 交通运输服务	9%			
		（1）陆路运输服务	9%	专用发票	可以	
		①铁路运输服务	9%	专用发票	可以	
		②其他陆路运输服务	9%	专用发票	可以	
		（2）水路运输服务	9%	专用发票	可以	

续表

纳税人身份	计税模式	税目（应税行为）	税率	发票类型	可否抵扣	备注
一般纳税人	一般计税	①程租业务	9%	专用发票	可以	
		②期租业务	9%	专用发票	可以	
		（3）航空运输服务	9%	专用发票	可以	
		航空运输的湿租服务	9%	专用发票	可以	
		（4）管道运输服务	9%	专用发票	可以	
		无运输工具承运服务	9%	专用发票	可以	
		2. 邮政服务	9%	专用发票	可以	
		（1）邮政普遍服务	9%	专用发票	可以	
		①函件	9%	专用发票	可以	
		②包裹	9%	专用发票	可以	
		（2）邮政特殊服务	9%	专用发票	可以	
		①邮政特殊服务	9%	专用发票	可以	
		（3）其他邮政服务	9%	专用发票	可以	
		邮册等邮品销售、邮政代理业务活动	9%	专用发票	可以	
		3. 电信服务（基础）	9%	专用发票	可以	
		基础电信服务	9%	专用发票	可以	
		基础电信服务	9%	专用发票	可以	
		4. 建筑服务	9%	专用发票	可以	
		（1）工程服务	9%	专用发票	可以	
		工程服务	9%	专用发票	可以	
		（2）安装服务	9%	专用发票	可以	
		安装服务	9%	专用发票	可以	
		（3）修缮服务	9%	专用发票	可以	
		修缮服务	9%	专用发票	可以	
		（4）装饰服务	9%	专用发票	可以	

续表

纳税人身份	计税模式	税目（应税行为）	税率	发票类型	可否抵扣	备注
一般纳税人	一般计税	装饰服务	9%	专用发票	可以	
		(5) 其他建筑服务	9%	专用发票	可以	
		其他建筑服务	9%	专用发票	可以	
		5. 销售不动产	9%	专用发票	可以	
		(1) 销售建筑物	9%	专用发票	可以	
		建筑物	9%	专用发票	可以	
		(2) 销售构筑物	9%	专用发票	可以	
		构筑物	9%	专用发票	可以	
		6. 销售无形资产（土地使用权）	9%	专用发票	可以	
		自然资源使用权	9%	专用发票	可以	
		土地使用权	9%	专用发票	可以	
		7. 租赁服务（不动产）	9%	专用发票	可以	
		(1) 融资租赁服务	9%			
		不动产融资租赁服务	9%			
		(2) 经营租赁服务	9%	专用发票	可以	
		不动产经营租赁业务	9%	专用发票	可以	
	一般计税	**提供适用6%税率的行为**				
		1. 电信服务（增值）	6%	专用发票	可以	
		增值电信服务	6%	专用发票	可以	
		增值电信服务	6%	专用发票	可以	
		2. 金融服务	6%			
		(1) 贷款服务	6%			
		①贷款	6%			
		②融资性售后回租	6%			
		(2) 直接收费金融服务	6%			

续表

纳税人身份	计税模式	税目（应税行为）	税率	发票类型	可否抵扣	备注
一般纳税人	一般计税	直接收费金融服务	6%			
		（3）保险服务	6%	专用发票	可以	
		①人身保险服务	6%		不可以	
		②财产保修服务	6%	专用发票	可以	
		（4）金融商品转让	6%	专用发票	可以	
		①金融商品转让	6%			
		②其他金融商品转让	6%			
		3. 现代服务	6%	专用发票	可以	
		（1）研发和技术服务	6%	专用发票	可以	
		①研发服务	6%	专用发票	可以	
		②合同能源管理服务	6%	专用发票	可以	
		③工程勘察勘探服务	6%	专用发票	可以	
		④专业技术服务	6%	专用发票	可以	
		（2）信息技术服务	6%	专用发票	可以	
		①软件服务	6%	专用发票	可以	
		②电脑设计及测算服务	6%	专用发票	可以	
		③信息系统服务	6%	专用发票	可以	
		④业务流程管理服务	6%	专用发票	可以	
		⑤信息系统增值服务	6%	专用发票	可以	
		（3）文化创意服务	6%	专用发票	可以	
		①设计服务	6%	专用发票	可以	
		②知识产权服务	6%	专用发票	可以	
		③广告服务	6%	专用发票	可以	
		④会议展览服务	6%	专用发票	可以	
		（4）物流辅助服务	6%	专用发票	可以	

续表

纳税人身份	计税模式	税目（应税行为）	税率	发票类型	可否抵扣	备注
一般纳税人	一般计税	①航空服务	6%	专用发票	可以	
		②港口码头服务	6%	专用发票	可以	
		③货运客运场站服务	6%	专用发票	可以	
		④打捞救助服务	6%	专用发票	可以	
		⑤装修搬运服务	6%	专用发票	可以	
		⑥仓储服务	6%	专用发票	可以	
		⑦收派服务（收、分、派）	6%	专用发票	可以	
		（5）鉴证咨询服务	6%	专用发票	可以	
		①认证服务	6%	专用发票	可以	
		②鉴证服务	6%	专用发票	可以	
		③咨询服务	6%	专用发票	可以	
		（6）广播影视服务	6%	专用发票	可以	
		①广播影视节目（作品）制作服务	6%	专用发票	可以	
		②广播影视节目（作品）发行服务	6%	专用发票	可以	
		③广播影视节目（作品）播映服务	6%	专用发票	可以	
		（7）商务辅助服务	6%	专用发票	可以	
		①企业管理服务	6%	专用发票	可以	
		②经纪代理服务	6%	专用发票	可以	
		③人力资源服务	6%	专用发票	可以	
		④安全保护服务	6%	专用发票	可以	
		（8）其他现代服务	6%	专用发票	可以	
		其他现代服务	6%	专用发票	可以	
		4. 生活服务	6%			
		（1）文化体育服务	6%	专用发票	可以	
		①文化服务	6%	专用发票	可以	

续表

纳税人身份	计税模式	税目（应税行为）	税率	发票类型	可否抵扣	备注
一般纳税人	一般计税	②体育服务	6%	专用发票	可以	
		（2）教育医疗服务	6%	专用发票	可以	
		①教育服务	6%	专用发票	可以	
		②医疗服务	6%	专用发票	可以	
		（3）旅游娱乐服务	6%	专用发票	可以	
		①旅游服务	6%	专用发票（非集体福利等）	可以	
		②娱乐服务	6%	专用发票（非个人消费等）	可以	
		（4）餐饮住宿服务	6%			
		①餐饮服务	6%	普通发票、专用发票	不可以	
		②住宿服务	6%	专用发票	可以	
		（5）居民日常服务	6%	增值税专用发票（用于生产经营）	可以	
		（6）其他生活服务	6%	专用发票	可以	
		5. 销售无形资产	6%			
		（1）技术	6%	专用发票	可以	
		①专利技术	6%	专用发票	可以	
		②非专利技术	6%	专用发票	可以	
		（2）商标	6%	专用发票	可以	
		（3）著作权	6%	专用发票	可以	

续表

纳税人身份	计税模式	税目（应税行为）	税率	发票类型	可否抵扣	备注
一般纳税人	一般计税	（4）商誉	6%	专用发票	可以	
		（5）其他权益性无形资产	6%	专用发票	可以	
		（6）自然资源使用权	6%	专用发票	可以	
		①海域使用权	6%	专用发票	可以	
		②探矿权	6%	专用发票	可以	
		③采矿权	6%	专用发票	可以	
		④取水权	6%	专用发票	可以	
		⑤其他自然资源使用权	6%	专用发票	可以	
所有纳税人	简易、征收率	**提供适用5%征收率的行为**				
		1. 销售不动产	5%	专用发票	可以	
		（1）取得的不动产（差额纳税）	5%	专用发票	可以	
一般纳税人	简易计税	①一般纳税人（2016年4月30日前取得）	5%	专用发票	可以	
小规模纳税人	征收率	②小规模纳税人（不含购买的住房和个人销售不动产）	5%	专用发票	可以	
小规模纳税人	征收率	③其他个人（不含其购买的住房）	5%	专用发票	可以	
所有纳税人	简易、征收率	（2）自建的不动产（全额纳税）	5%	专用发票	可以	
一般纳税人	简易计税	①一般纳税人（2016年4月30日前取得）	5%	专用发票	可以	
小规模纳税人	征收率	②小规模纳税人	5%	专用发票	可以	
所有纳税人	简易、征收率	（3）房地产开发企业销售自行开发的项目（全额纳税）	5%	专用发票	可以	
一般纳税人	简易计税	①一般纳税人（2016年4月30日前取得）	5%	专用发票	可以	
小规模纳税人	征收率	②小规模纳税人	5%	专用发票	可以	
小规模纳税人	征收率	（4）个人销售住房（购买不足2年）（全额纳税）	5%	专用发票	可以	
所有纳税人	简易、征收率	2. 不动产经营租赁	5%	专用发票	可以	
		（1）取得的不动产	5%	专用发票	可以	
一般纳税人	简易计税	①一般纳税人（2016年4月30日前取得）	5%	专用发票	可以	
小规模纳税人	征收率	②小规模纳税人（不含个人出租住房）	5%	专用发票	可以	
小规模纳税人	征收率	③其他个人（不含住房）	5%	专用发票	可以	

续表

纳税人身份	计税模式	税目（应税行为）	税率	发票类型	可否抵扣	备注
一般纳税人	简易计税	3. 中外合作油（气）田开采（含中外双方签订石油合同合作开采陆上）的原油、天然气	5%	专用发票	可以	
所有纳税人	简易、征收率	**提供适用3%征收率的行为**				
小规模纳税人	征收率	1. 小规模纳税人发生的应税行为	3%	专用发票	可以	2020—2022 年减按 1%
		(1) 小规模纳税人销售货物、劳务、无形资产、服务	3%	专用发票	可以	2020—2022 年减按 1%
		①销售货物	3%	专用发票	可以	2020—2022 年减按 1%
		②提供劳务	3%	专用发票	可以	2020—2022 年减按 1%
		③转让无形资产	3%	专用发票	可以	2020—2022 年减按 1%
		④销售服务（建筑、运输、现代服务、生活服务等）	3%	专用发票	可以	2020—2022 年减按 1%
		(2) 小规模纳税人（除其他个人外）销售自己使用过的除固定资产以外的物品	3%	专用发票	可以	2020—2022 年减按 1%
		(3) 小规模纳税人销售自己使用过的固定资产（可放弃减税，代开专用发票）	3%	专用发票	可以	2020—2022 年减按 1%
一般纳税人	简易计税	2. 一般纳税人可选择按征收率 3%计税的行为	3%	专用发票		
		(1) 有形动产经营租赁	3%	专用发票	可以	
		①公路经营企业收取试点前开工（在 2016 年 4 月 30 日前）的高速公路的车辆通行费	3%	专用发票	可以	
		②以纳入营改增试点之日前取得的有形动产为标的物提供的经营租赁服务	3%	专用发票	可以	
		③在纳入营改增试点之日前签订的尚未执行完毕的有形动产租赁合同	3%	专用发票	可以	
		(2) 建筑服务	3%	专用发票	可以	
		①以清包工方式提供的建筑服务	3%	专用发票	可以	
		②为甲供工程提供的建筑服务	3%	专用发票	可以	
		③为建筑工程老项目提供的建筑服务（2016 年 4 月 30 日前）	3%	专用发票	可以	

续表

纳税人身份	计税模式	税目（应税行为）	税率	发票类型	可否抵扣	备注
一般纳税人	简易计税	（3）交通运输服务	3%	专用发票	可以	
		提供的公共交通运输服务（包括轮客渡、公交客运、地铁、城市轻轨、出租车、长途客运、班车）	3%	专用发票	可以	
		（4）现代服务	3%	专用发票	可以	
		①提供的电影放映服	3%	专用发票	可以	
		②提供的仓储服务	3%	专用发票	可以	
		③提供的装卸搬运服务	3%	专用发票	可以	
		④提供的收派服务	3%	专用发票	可以	
		⑤经认定的动漫企业为开发动漫产品提供的动漫脚本编撰、形象设计、背景设计、动画设计、分镜、动画制作、摄制、描线、上色、画面合成、配音、配乐、音效合成、剪辑、字幕制作、压缩转码（面向网络动漫、手机动漫格式适配）服务，以及在境内转让动漫版权（包括动漫品牌、形象或者内容的授权及再授权）	3%	专用发票	可以	
		（5）生活服务	3%	专用发票	可以	
		提供的文化体育服务	3%	专用发票	可以	
		（6）特殊货物	3%			
		①药品经营企业获准从事生物制品经营的药品批发和零售企业销售生物制品	3%			
		②兽用药品经营企业获准从事兽用生物制品经营的兽用药品批发和零售企业销售兽用生物制品	3%			
		③光伏发电项目发电户（个人和不经常发生应税行为的非企业性单位）销售电力产品（有减免）	3%			
		④自 2015 年 9 月 1 日起至 2016 年 6 月 30 日，对增值税一般纳税人销售的库存化肥（在 2015 年 8 月 31 日前生产或购进的尚未销售的化肥）	3%			

续表

纳税人身份	计税模式	税目（应税行为）	税率	发票类型	可否抵扣	备注
一般纳税人	简易计税	（7）由原4%征收率改为按3%征收率计税的行为（开专用发票）	3%	专用发票		
		①寄售商店代销寄售物品（含居民个人寄售的物品）	3%			
		②典当业销售死当物品	3%			
		（8）由原6%征收率改为可选择按3%征收率计税的销售货物行为	3%	专用发票		
		①县级及县级以下小型水利发电单位生产的电力	3%	专用发票		
		②自产的建筑用和生产建筑材料所用的砂、土、石料	3%	专用发票		
		③以自己采掘的砂、土、石料或其他矿物连续生产的砖、瓦、石灰（不含黏土实心砖、瓦）	3%	专用发票		
		④用微生物、微生物代谢产物、动物毒素、人或动物的血液或组织，自产制成的生物制品	3%	专用发票		
		⑤自产的自来水	3%	专用发票		
		⑥自产的以水泥为原料生产的商品混凝土	3%	专用发票		
		⑦一般纳税人的自来水公司销售自来水（不含桶装水）	3%	专用发票		
		⑧一般纳税人（固定业户）未持“外出经营活动税收管理证明”，临时到外省、市销售货物的，经营地税务机关按3%的征收率征税，需开具专用发票的回原地补开	3%	专用发票		
		⑨属于增值税一般纳税人的单采血浆站销售非临床用人体血液（但不得对外开具增值税专用发票）	3%	专用发票		
所有纳税人	简易、征收率	**提供减按2%征收的行为**				
一般纳税人	简易计税	1. 一般纳税人销售使用过的固定资产及旧货现减按2%计税	2%			
		（1）销售旧货（不包括自己使用过的物品）	2%			
		（2）销售使用过的固定资产（不含不动产）	2%			
		①一般纳税人销售自己使用过的、纳入营改增试点之日前取得的固定资产	2%			

续表

纳税人身份	计税模式	税目（应税行为）	税率	发票类型	可否抵扣	备注
一般纳税人	简易计税	②纳税人购进或者自制固定资产时为小规模纳税人，认定为一般纳税人后销售该自己使用过的固定资产	2%			
		③一般纳税人销售其按照规定不得抵扣且未抵扣进项税额的已使用过的固定资产	2%			
小规模纳税人	征收率	2. 小规模纳税人（除其他个人外）销售自己使用过的固定资产和旧货	2%			
		（1）销售自己使用过的固定资产	2%			
		（2）销售旧货（不包括自己使用过的物品）	2%			
所有纳税人	征收率	3. 专门从事旧货买卖的企业销售旧货	2%			
个人	征收率	**提供减按 1.5%征收的行为**				
个人	征收率	个人出租住房，按照 5%的征收率减按 1.5%计算应纳税额	1.5%	专用发票	可以	
所有纳税人	简易、征收率	**提供适用 0%税率和免税的行为**				
所有纳税人	简易、征收率	1. 适用零税率的应税行为	0%			
		（1）国际运输服务	0%			
		（2）航天运输服务	0%			
		（3）向境外单位提供的完全在境外消费的下列服务	0%			
		①研发服务	0%			
		②合同能源管理服务	0%			
		③设计服务	0%			
		④广播影视节目（作品）的制作和发行服务	0%			
		⑤软件服务	0%			
		⑥电路设计及测试服务	0%			
		⑦信息系统服务	0%			
		⑧业务流程管理服务	0%			
		⑨离岸服务外包业务	0%			
		⑩转让技术	0%			
		（4）财政部和国家税务总局规定的其他服务	0%			

续表

纳税人身份	计税模式	税目（应税行为）	税率	发票类型	可否抵扣	备注
所有纳税人	简易、征收率	2. 免征增值税的应税行为	0%			
所有纳税人	简易、征收率	（1）财政部和国家税务总局规定适用增值税零税率的除外的服务	0%			
		①工程项目在境外的建筑服务	0%			
		②工程项目在境外的工程监理服务	0%			
		③工程、矿产资源在境外的工程勘察勘探服务	0%			
		④会议展览地点在境外的会议展览服务	0%			
		⑤存储地点在境外的仓储服务	0%			
		⑥标的物在境外使用的有形动产租赁服务	0%			
		⑦在境外提供的广播影视节目（作品）的播映服务	0%			
		⑧在境外提供的文化体育服务、教育医疗服务、旅游服务	0%			
		（2）为出口货物提供的邮政服务、收派服务、保险服务	0%			
		（3）向境外单位提供的完全在境外消费的下列服务和无形资产	0%			
		①电信服务	0%			
		②知识产权服务	0%			
		③物流辅助服务（仓储服务、收派服务除外）	0%			
		④鉴证咨询服务	0%			
		⑤专业技术服务	0%			
		⑥商务辅助服务	0%			
		⑦广告投放地在境外的广告服务	0%			
		⑧无形资产	0%			
		（4）以无运输工具承运方式提供的国际运输服务	0%			
		（5）与境内的货物、无形资产和不动产无关的为境外单位之间的货币资金融通及其他金融业务提供的直接收费金融服务	0%			
		（6）财政部和国家税务总局规定的其他服务	0%			

1. 一般计税方法

一般计税方法的应纳税额，是指当期销项税额抵扣当期进项税额后的余额。应纳税额计算公式为：

应纳税额＝当期销项税额－当期进项税额

当期销项税额小于当期进项税额不足抵扣时，其不足部分可以结转下期继续抵扣。

2. 简易计税方法

简易计税方法的应纳税额，是指按照销售额和增值税征收率计算的增值税额，不得抵扣进项税额。应纳税额计算公式为：

应纳税额＝销售额×征收率

简易计税方法的销售额不包括其应纳税额，纳税人采用销售额和应纳税额合并定价方法的，按照下列公式计算销售额：

销售额＝含税销售额÷(1＋征收率)

不动产转让及租赁的计税方法及计税依据见表 8-3。

表 8-3　　不动产转让及租赁的计税方法及计税依据

<table>
<tr><th>业务</th><th colspan="2">纳税人类型</th><th>不动产类型与交易时间</th><th>计税方法</th></tr>
<tr><td rowspan="6">不动产转让</td><td rowspan="3">非房地产开发企业</td><td rowspan="2">一般纳税人</td><td>2016 年 4 月 30 日前</td><td>可选简易计税方法，适用一般计税方法</td></tr>
<tr><td>2016 年 5 月 1 日后</td><td>应适用一般计税方法</td></tr>
<tr><td>小规模纳税人</td><td>/</td><td>适用简易计税方法</td></tr>
<tr><td rowspan="3">房地产开发企业</td><td rowspan="2">一般纳税人</td><td>房地产老项目</td><td>可选简易计税方法，适用一般计税方法</td></tr>
<tr><td>房地产新项目</td><td>应适用一般计税方法</td></tr>
<tr><td>小规模纳税人</td><td>/</td><td>适用简易计税方法</td></tr>
<tr><td rowspan="3">不动产经营租赁</td><td colspan="2" rowspan="2">一般纳税人</td><td>2016 年 4 月 30 日前</td><td>可选简易计税方法，适用一般计税方法</td></tr>
<tr><td>2016 年 5 月 1 日后</td><td>应适用一般计税方法</td></tr>
<tr><td colspan="2">小规模纳税人</td><td>/</td><td>适用简易计税方法</td></tr>
</table>

（二）销售额

1. 基本规定

销售额，是指纳税人发生应税行为取得的全部价款和价外费用，财政部和国家税务总局另有规定的除外。

价外费用，是指价外收取的各种性质的收费，但不包括以下项目：

（1）代为收取并符合《营业税改征增值税试点实施办法》（财税〔2016〕36 号文件

附件1）第十条规定的政府性基金或者行政事业性收费。

（2）以委托方名义开具发票代委托方收取的款项。

2. 核定销售额（视同销售的处理）

纳税人发生应税行为价格明显偏低或者偏高且不具有合理商业目的的，或者发生视同销售行为而无销售额的，主管税务机关有权按照下列顺序确定销售额：

（1）按照纳税人最近时期销售同类服务、无形资产或者不动产的平均价格确定。

（2）按照其他纳税人最近时期销售同类服务、无形资产或者不动产的平均价格确定。

（3）按照组成计税价格确定。组成计税价格的公式为：

组成计税价格＝成本×（1＋成本利润率）

成本利润率由国家税务总局确定。

说明：不具有合理商业目的，是指以谋取税收利益为主要目的，通过人为安排，减少、免除、推迟缴纳增值税税款，或者增加退还增值税税款。

值得注意的是，价格偏低被视为避税倾向，但价格偏高也被视为异常，价格的确定需要具备合理商业目的。

3. 试点前发生的业务

（1）试点纳税人发生应税行为，按照国家有关营业税政策规定差额征收营业税的，因取得的全部价款和价外费用不足以抵减允许扣除项目金额，截至纳入营改增试点之日前尚未扣除的部分，不得在计算试点纳税人增值税应税销售额时抵减，应当向原主管地税机关申请退还已缴纳的营业税。

（2）试点纳税人发生应税行为，在纳入营改增试点之日前已缴纳营业税，营改增试点后因发生退款减除营业额的，应当向原主管地税机关申请退还已缴纳的营业税。

（3）试点纳税人纳入营改增试点之日前发生的应税行为，因税收检查等原因需要补缴税款的，应按照营业税政策规定补缴营业税。

提醒注意的是，若税务稽查涉及营改增之前的业务，按照“实体法从旧”原则，以往的营业税业务存在偷逃税款行为的，依旧适用营业税政策。

4. 房地产开发企业转让不动产销售额的规定

（1）房地产开发企业中的一般纳税人销售自行开发的房地产项目，适用一般计税方法计税，按照取得的全部价款和价外费用，扣除当期销售房地产项目对应的土地价款后的余额计算销售额。销售额的计算公式如下：

$$\text{销售额}=(\text{全部价款和价外费用}-\text{当期允许扣除的土地价款})\div(1+9\%)$$

$$\begin{array}{c}\text{当期允许扣除的}\\\text{土地价款}\end{array}=\left(\begin{array}{c}\text{当期销售房地产}\\\text{项目建筑面积}\end{array}\div\begin{array}{c}\text{房地产项目可供}\\\text{销售建筑面积}\end{array}\right)\times\text{支付的土地价款}$$

当期销售房地产项目建筑面积，是指当期进行纳税申报的增值税销售额对应的建筑面积。

房地产项目可供销售建筑面积，是指房地产项目可以出售的总建筑面积，不包括销售房地产项目时未单独作价结算的配套公共设施的建筑面积。

支付的土地价款，是指向政府、土地管理部门或受政府委托收取土地价款的单位直接支付的土地价款。按照《财政部 国家税务总局关于明确金融、房地产开发、教育辅助服务等增值税政策的通知》(财税〔2016〕140 号)、《国家税务总局关于土地价款扣除时间等增值税征管问题的公告》(国家税务总局公告 2016 年第 86 号）的规定，房地产向其他单位或个人支付的拆迁补偿费用，允许在计算增值税销售额时扣除；纳税人扣除拆迁补偿费用时，应提供拆迁协议、拆迁双方支付和取得拆迁补偿费用凭证等能够证明拆迁补偿费用真实性的材料。

扣除土地价款的注意事项：①土地价款并非一次性从销售额中扣除，而是要随着开票销售额的确定，逐步扣除。②允许抵扣的土地价款包括新项目和选择一般计税方法的老项目。对于房地产老项目，如果选择适用一般计税方法，其 2016 年 5 月 1 日后确认的增值税销售额，也可以扣除对应的土地出让价款。③房地产企业在开发房产项目时，还会在小区配套建设道路、花园、绿地、雕塑，或者物业用房、幼儿园、诊所等。这些项目不单独作价出售给业主，但也都包含在了业主所支付的房款之中。对这些建筑物、构筑物的面积，并未将其包含在“可供出售的建筑面积”中，也就是在计算“当期允许扣除的土地价款”时，并未将这部分面积包含在分母当中。这样可以使开发商将所有“可供”销售的面积卖完后，土地出让金全部扣除完。

延伸阅读

营改增后土地价款的扣除政策

1.《财政部 国家税务总局关于明确金融、房地产开发、教育辅助服务等增值税政策的通知》(财税〔2016〕140 号）规定：

“七、《营业税改征增值税试点有关事项的规定》(财税〔2016〕36 号）第一条第（三）项第 10 点中‘向政府部门支付的土地价款’，包括土地受让人向政府部门支付的征地和拆迁补偿费用、土地前期开发费用和土地出让收益等。

房地产开发企业中的一般纳税人销售其开发的房地产项目（选择简易计税方法的房地产老项目除外），在取得土地时向其他单位或个人支付的拆迁补偿费用也允许在计算销售额时扣除。纳税人按上述规定扣除拆迁补偿费用时，应提供拆迁协议、拆迁双方支付和取得拆迁补偿费用凭证等能够证明拆迁补偿费用真实性的材料。

八、房地产开发企业（包括多个房地产开发企业组成的联合体）受让土地向政府部门支付土地价款后，设立项目公司对该受让土地进行开发，同时符合下列条件的，可由项目公司按规定扣除房地产开发企业向政府部门支付的土地价款。

（一）房地产开发企业、项目公司、政府部门三方签订变更协议或补充合同，将土地受让人变更为项目公司；

（二）政府部门出让土地的用途、规划等条件不变的情况下，签署变更协议或补充合同时，土地价款总额不变；

（三）项目公司的全部股权由受让土地的房地产开发企业持有。”

2.《国家税务总局关于土地价款扣除时间等增值税征管问题的公告》（国家税务总局公告2016年第86号）规定：

“一、房地产开发企业向政府部门支付的土地价款，以及向其他单位或个人支付的拆迁补偿费用，按照财税〔2016〕140号文件第七、八条规定，允许在计算销售额时扣除但未扣除的，从2016年12月份（税款所属期）起按照现行规定计算扣除。”

“五、《国家税务总局关于发布〈房地产开发企业销售自行开发的房地产项目增值税征收管理暂行办法〉的公告》（国家税务总局公告2016年第18号）第五条中，‘当期销售房地产项目建筑面积’‘房地产项目可供销售建筑面积’，是指计容积率地上建筑面积，不包括地下车位建筑面积。”

延伸阅读

土地出让金财政返还款税务处理引发争议

各地政府为了招商引资常对区域内拿地的开发商给予一定的财政奖励，即在开发商依法纳税后将地方留成部分按比例给予财政返还。另外，实务中也常常出现开发商拿地前政府已经承诺土地最低价格，在招拍挂拿地时超出政府承诺最低价格部分会以财政返还方式将开发商缴纳的土地出让金给予返还的现象。在存在土地价款返还的情况下，直接支付的土地价款可能小于财政票据上记载的土地价款，这种处理与土地增值税项下的土地价款处理如出一辙，应该引起纳税人的高度重视。

土地增值税清算时，由于土地成本和开发成本不仅可以据实扣除，而且可以加计20%扣除，所以房地产开发企业更希望政府的财政返还可以作为收入处理，不用冲减成本。但税务机关却要求企业冲减成本，而不是作为收入。由此引发税企争议。

对于可能取得政府土地价款返还的，应该与政府部门协商以其他名义奖励，而不是直接以土地款返还的名义支付。

（2）小规模纳税人以及一般纳税人销售自行开发的房地产老项目适用简易计税方法计税的，以取得的全部价款和价外费用为销售额，不得扣除对应的土地价款。计算公式如下：

销售额＝全部价款和价外费用÷(1＋5%)

5. 对非房地产开发企业转让不动产的销售额确定

（1）小规模纳税人或一般纳税人转让取得（不含自建）的不动产，以及个人转让其购买的住房，按照有关规定全额缴纳增值税的，以取得的全部价款和价外费用扣除不动产购置原价或者取得不动产时的作价后的余额为销售额。计算公式如下：

$$销售额=\left(\frac{全部价款}{和价外费用}-\frac{不动产购置原价或者}{取得不动产时的作价后的余额}\right)\div\left(1+\frac{税率或}{征收率}\right)$$

适用征收率的情况有：个人转让购买不足2年住房对外销售的、小规模纳税人或一般纳税人转让其2016年4月30日前取得（不含自建）的不动产并选择适用简易计税方法计税的。

【例8-1】 2021年6月22日，某一般纳税人企业销售其2016年4月30日前取得的商品房，取得全部价款和价外费用2 100万元，其购置原价为1 010万元，并且该企业选择一般计税方法计税，则其销售额=(2 100−1 010)÷(1+9%)=1 000（万元）；若该企业选择简易计税方法计税，则其销售额=(2 100−1 010)÷(1+5%)=1 038.10（万元）。

（2）小规模纳税人或一般纳税人转让自建的不动产，以及其他个人以外的纳税人转让其取得的不动产，区分以下情形计算应向不动产所在地主管地税机关预缴的税款，以取得的全部价款和价外费用为销售额。计算公式如下：

销售额=全部价款和价外费用÷(1+税率或征收率)

适用征收率的情况有：在北京市、上海市、广州市和深圳市，个人将购买2年以上（含2年）的非普通住房对外销售的；小规模纳税人、其他个人或一般纳税人转让其2016年4月30日前自建的不动产并选择适用简易计税方法计税的。

延伸阅读

营改增后契税、房产税、土地增值税、个人所得税的计税依据

一、计征契税的成交价格不含增值税。

二、房产出租的，计征房产税的租金收入不含增值税。

三、土地增值税纳税人转让房地产取得的收入为不含增值税收入。

《中华人民共和国土地增值税暂行条例》等规定的土地增值税扣除项目涉及的增值税进项税额，允许在销项税额中计算抵扣的，不计入扣除项目，不允许在销项税额中计算抵扣的，可以计入扣除项目。

四、个人转让房屋的个人所得税应税收入不含增值税，其取得房屋时所支付价款中包含的增值税计入财产原值，计算转让所得时可扣除的税费不包括本次转让缴纳的增值税。

个人出租房屋的个人所得税应税收入不含增值税，计算房屋出租所得可扣除的税费不包括本次出租缴纳的增值税。个人转租房屋的，其向房屋出租方支付的租金及增值税额，在计算转租所得时予以扣除。

五、免征增值税的，确定计税依据时，成交价格、租金收入、转让房地产取得的收入不扣减增值税额。

六、在计征上述税种时，税务机关核定的计税价格或收入不含增值税。

资料来源：节选自《财政部 国家税务总局关于营改增后契税、房产税、土地增值税、个人所得税计税依据问题的通知》（财税〔2016〕43号）。

（三）增值税进项税额抵扣

1. 增值税进项税额与扣税凭证

进项税额是与销项税额相对应的一个概念，指纳税人购进货物、劳务、服务、不动产和无形资产，所支付或者负担的增值税额。纳税人抵扣进项税额应取得符合规定的增值税扣税凭证。

纳税人取得的增值税扣税凭证不符合法律、行政法规或者国家税务总局有关规定的，其进项税额不得从销项税额中抵扣。

增值税扣税凭证，是指增值税专用发票、海关进口增值税专用缴款书、农产品收购发票、农产品销售发票和完税凭证。

纳税人凭完税凭证抵扣进项税额的，应当具备书面合同、付款证明和境外单位的对账单或者发票。资料不全的，其进项税额不得从销项税额中抵扣。

增值税专用发票应在开具之日起 360 天内办理认证，并在认证通过的次月申报期内，向主管税务机关申报抵扣进项税额。海关进口增值税专用缴款书需在 360 天内经税务机关稽核比对相符后，其增值税方能作为进项税额在销项税额中抵扣。未在规定期限内到税务机关办理认证或者申报抵扣的，不得作为合法的增值税扣税凭证，不得计算进项税额抵扣。

2. 准予从销项税额中抵扣的进项税额

（1）从销售方取得的增值税专用发票（含税控机动车销售统一发票）上注明的增值税额。

不得抵扣项目以外的所有不动产建设项目取得的进项税额，均允许按规定抵扣，具体包括以下方面：

其一，2016 年 5 月 1 日后，新建房产、新修道路、新建围墙、新搞绿化等，包括直接取得的建筑安装增值税专用发票、甲供材自购材料增值税专用发票等，均可以抵扣进项税额。

其二，修理 2016 年 5 月 1 日前取得的自用建筑物的进项税额可以抵扣；修理用于出租的 2016 年 5 月 1 日前取得的建筑物，若其收入选择简易计税方法，则其取得的进项税额不可以抵扣。

其三，房地产企业购入设备作为固定资产核算的，如果先用于一般计税项目，先抵扣进项税额，然后又用于简易计税项目，则在改变用途时，其进项税额按规定转出。

其四，房地产企业购入设备作为固定资产核算的，如果先用于简易计税项目，先不抵扣进项税额，然后又用于一般计税项目，则在改变用途时，再计算其可抵扣进项税额（前提是必须预先取得增值税专用发票）。

其五，如果一项资产既用于一般计税项目又用于其他项目，可以抵扣进项税额。

（2）从海关取得的海关进口增值税专用缴款书上注明的增值税额。

（3）购进农产品，除取得增值税专用发票或者海关进口增值税专用缴款书外，按照农产品收购发票或者销售发票上注明的农产品买价和9%的扣除率计算的进项税额。计算公式为：

进项税额＝买价×扣除率

买价，是指纳税人购进农产品在农产品收购发票或者销售发票上注明的价款和按照规定缴纳的烟叶税。

购进农产品，按照《农产品增值税进项税额核定扣除试点实施办法》抵扣进项税额的除外。

（4）从境外单位或者个人购进服务、无形资产或者不动产，自税务机关或者扣缴义务人取得的解缴税款的完税凭证上注明的增值税额。

（5）取得不动产的进项税额允许抵扣。

增值税一般纳税人2016年5月1日后取得并在会计制度上按固定资产核算的不动产[1]，以及2019年4月1日后取得的不动产在建工程，其进项税额允许一次性抵扣。[2]

房地产开发企业自行开发的房地产项目，融资租入的不动产，以及在施工现场修建的临时建筑物、构筑物，其进项税额允许在购进当期按取得增值税专用发票注明的进项税额一次性抵扣。

纳税人2016年5月1日后购进货物和设计服务、建筑服务，用于新建不动产，或者用于改建、扩建、修缮、装饰不动产并增加不动产原值超过50%的，其进项税额一次性从销项税额中抵扣。

（6）租入固定资产进项税额抵扣。

自2018年1月1日起，纳税人租入固定资产、不动产，既用于一般计税方法计税项目，又用于简易计税方法计税项目、免征增值税项目、集体福利或者个人消费的，其进项税额准予从销项税额中全额抵扣。

（7）纳税人支付的道路、桥、闸通行费的进项税额抵扣。

自2018年1月1日起，纳税人支付的道路、桥、闸通行费，按照以下规定抵扣进项税额：纳税人支付的道路通行费，按照收费公路通行费增值税电子普通发票上注明的增值税额抵扣进项税额。

纳税人支付的高速公路通行费，如暂未能取得收费公路通行费增值税电子普通发票，可凭取得的通行费发票（不含财政票据，下同）上注明的收费金额按照下列公式计算可抵扣的进项税额：

$$\frac{\text{高速公路通行费}}{\text{可抵扣进项税额}}=\frac{\text{高速公路通行费}}{\text{发票上注明的金额}}\div(1+3\%)\times 3\%$$

［1］取得不动产，包括以直接购买、接受捐赠、接受投资入股以及抵债等各种形式取得的不动产。

［2］2016年5月1日至2019年4月1日，纳税人取得的不动产在建工程的进项税额分2年抵扣。

纳税人支付的一级、二级公路通行费，如暂未能取得收费公路通行费增值税电子普通发票，可凭取得的通行费发票上注明的收费金额按照下列公式计算可抵扣进项税额：

$$\frac{\text{一级、二级公路通行费}}{\text{可抵扣进项税额}}=\frac{\text{一级、二级公路通行费}}{\text{发票上注明的金额}}\div(1+5\%)\times5\%$$

纳税人支付的桥、闸通行费，暂凭取得的通行费发票上注明的收费金额按照下列公式计算可抵扣的进项税额：

$$\frac{\text{桥、闸通行费}}{\text{可抵扣进项税额}}=\frac{\text{桥、闸通行费发票}}{\text{上注明的金额}}\div(1+5\%)\times5\%$$

3. 不得从销项税额中抵扣的进项税额

（1）用于简易计税方法计税项目、免征增值税项目、集体福利或者个人消费的购进货物、加工修理修配劳务、服务、无形资产和不动产所涉及的进项税额不得从销项税额中抵扣。其中涉及的固定资产、无形资产、不动产，仅指专用于上述项目的固定资产、无形资产（不包括其他权益性无形资产）、不动产。纳税人的交际应酬消费属于个人消费。

【例 8-2】 某企业在一个小区内租房，其中一部分用于办公，另一部分作为集体宿舍给员工使用，取得个人房东到税务机关代开的增值税专用发票。请问该进项税额可否抵扣？

分析：根据《财政部 国家税务总局关于租入固定资产进项税额抵扣等增值税政策的通知》（财税〔2017〕90 号）第一条的规定，自 2018 年 1 月 1 日起，纳税人租入固定资产、不动产，既用于一般计税方法计税项目，又用于简易计税方法计税项目、免征增值税项目、集体福利或者个人消费的，其进项税额准予从销项税额中全额抵扣。

（2）非正常损失的购进货物，以及相关的加工修理修配劳务和交通运输服务所涉及的进项税额不得从销项税额中抵扣。

（3）非正常损失的在产品、产成品所耗用的购进货物（不包括固定资产）、加工修理修配劳务和交通运输服务所涉及的进项税额不得从销项税额中抵扣。

（4）非正常损失的不动产，以及该不动产所耗用的购进货物、设计服务和建筑服务所涉及的进项税额不得从销项税额中抵扣。

（5）非正常损失的不动产在建工程所耗用的购进货物、设计服务和建筑服务所涉及的进项税额不得从销项税额中抵扣。

纳税人新建、改建、扩建、修缮、装饰不动产，均属于不动产在建工程。上述第（4）、第（5）项所称货物，是指构成不动产实体的材料和设备，包括建筑装饰材料和给排水、采暖、卫生、通风、照明、通讯、煤气、消防、中央空调、电梯、电气、智能化楼宇设备及配套设施。

（6）购进的旅客运输服务、贷款服务、餐饮服务、居民日常服务和娱乐服务所涉及的进项税额不得从销项税额中抵扣。

（7）接受贷款服务向贷款方支付的与该笔贷款直接相关的投融资顾问费、手续费、咨询费等费用的进项税额不得从销项税额中抵扣。

（8）财政部和国家税务总局规定的其他情形。

4. 划分可以抵扣的进项税额和不能抵扣的进项税额

一般纳税人销售自行开发的房地产项目，兼有一般计税方法计税、简易计税方法计税、免征增值税的房地产项目而无法划分不得抵扣的进项税额的，应以《建筑工程施工许可证》注明的“建设规模”为依据进行划分。计算公式如下：

$$\text{不得抵扣的进项税额}=\text{当期无法划分的全部进项税额}\times\left(\text{简易计税、免税房地产项目建设规模}\div\text{房地产项目总建设规模}\right)$$

在计算简易计税方法和免税房地产项目对应的“不得抵扣的进项税额”时，应以“建设规模”这个指标作为依据，即应以“项目建设面积”为计算单位，而不能以套、层、单元、栋等作为计算依据。

（四）工程服务及预收款的计税方法

建筑工程总承包单位为房屋建筑的地基与基础、主体结构提供工程服务，建设单位自行采购全部或部分钢材、混凝土、砌体材料、预制构件的，适用简易计税方法计税。

地基与基础、主体结构的范围，按照《建筑工程施工质量验收统一标准》（GB50300—2013）附录B《建筑工程的分部工程、分项工程划分》中的“地基与基础”“主体结构”分部工程的范围执行。

《营业税改征增值税试点实施办法》（财税〔2016〕36号文件附件1）第四十五条第（二）项修改为“纳税人提供租赁服务采取预收款方式的，其纳税义务发生时间为收到预收款的当天”。

纳税人提供建筑服务取得预收款，应在收到预收款时，以取得的预收款扣除支付的分包款后的余额，按照规定的预征率预缴增值税。

按照现行规定应在建筑服务发生地预缴增值税的项目，纳税人收到预收款时在建筑服务发生地预缴增值税。按照现行规定无须在建筑服务发生地预缴增值税的项目，纳税人收到预收款时在机构所在地预缴增值税。

适用一般计税方法计税的项目预征率为2%，适用简易计税方法计税的项目预征率为3%。

（五）预缴税额的计算

1. 不动产转让增值税预缴税款的计算（不含其他个人）

（1）全额预缴税款。以转让不动产取得的全部价款和价外费用作为预缴税款计算依据的，计算公式为：

$$\text{应预缴税款}=(\text{全部价款}+\text{价外费用})\div(1+5\%)\times5\%$$

（2）差额预缴税款。以转让不动产取得的全部价款和价外费用扣除不动产购置原价或者取得不动产时的作价后的余额作为预缴税款计算依据的，计算公式为：

$$\text{应预缴税款}=\left(\text{全部价款}+\text{价外费用}-\text{不动产购置原价或者取得不动产时的作价}\right)\div(1+5\%)\times5\%$$

2. 房地产开发企业销售自行开发房地产项目增值税预缴税款的计算

（1）一般纳税人采取预收款方式销售自行开发的房地产项目，应在收到预收款时按照3%的预征率计算预缴增值税：

应预缴税款＝预收款÷(1＋适用税率或征收率)×3%

适用一般计税方法计税的，按照9%的适用税率计算；适用简易计税方法计税的，按照5%的征收率计算。

（2）房地产开发企业中的小规模纳税人采取预收款方式销售自行开发的房地产项目，应在收到预收款时按照3%的预征率，按以下公式计算预缴增值税：

应预缴税款＝预收款÷(1＋5%)×3%

3. 不动产经营租赁服务增值税预缴税款的计算

（1）一般纳税人出租不动产适用一般计税方法计税的，按照以下公式计算应预缴税款：

应预缴税款＝含税销售额÷(1＋9%)×3%

当期销售额和9%的适用税率计算当期应纳税额，抵减已预缴税款后，向主管税务机关申报纳税。未抵减完的预缴税款可以结转下期继续抵减。

【例8-3】 2021年6月，某企业（一般纳税人）将其闲置房屋出租，取得租金收入54 500元，款项已交付。则就该笔租金需预缴增值税款：54 500÷(1＋9%)×3%＝1 500（元）。

（2）一般纳税人出租不动产适用简易计税方法计税的，按照以下公式计算应预缴税款：

应预缴税款＝含税销售额÷(1＋5%)×5%

【例8-4】 北京市某增值税一般纳税人于2014年购买位于浙江省的商铺1套，用于出租。每月租金收入218万元。自2018年5月1日起，由于纳税人机构所在地在北京市，不动产在浙江省，不动产所在地与机构所在地不在同一县（市、区），因此纳税人应向不动产所在地税务机关预缴税款。如果纳税人选择一般计税方法，则需预缴税款＝218÷(1＋9%)×3%＝6（万元）。如果纳税人选择简易计税方法，则需预缴税款＝218÷(1＋5%)×5%＝10.38（万元）。

（3）个体工商户出租住房，按照以下公式计算应预缴税款：

应预缴税款＝含税销售额÷(1＋5％)×1.5％

(4) 其他个人出租不动产（不含住房），按照5％的征收率计算应纳税额，向不动产所在地主管税务机关申报纳税；其他个人出租住房的，按照5％的税率减按1.5％计算应纳税额，向不动产所在地主管税务机关申报纳税。

五、征收管理

（一）纳税义务发生时间

1. 直接收款

纳税人发生应税行为并收讫销售款项或者取得索取销售款项凭据的当天；先开具发票的，为开具发票的当天。

收讫销售款项，是指纳税人销售不动产过程中或者完成后收到款项。

取得索取销售款项凭据的当天，是指书面合同确定的付款日期；未签订书面合同或者书面合同未确定付款日期的，为不动产权属变更的当天。

2. 视同销售

视同销售不动产的情形，其纳税义务发生时间为不动产权属变更的当天。

3. 预收账款

房地产开发企业采取预收款方式销售所开发的房地产项目，在收到预收款时按照3％的预征率预缴增值税。

4. 扣缴义务发生时间

增值税扣缴义务发生时间为纳税人增值税纳税义务发生的当天。

5. 纳税人出租不动产预缴税款

纳税人应在取得租金的次月纳税申报期或不动产所在地主管税务机关核定的纳税期限预缴税款。

（二）纳税地点

营业税改征增值税后由税务机关受理纳税人销售其取得的不动产和其他个人出租不动产的申报缴税和代开增值税发票业务，也方便纳税人办税。不动产转让与租赁涉及的税务机关如表8-4所示。

表 8-4　　不动产转让与租赁所涉及的税务机关

<table>
<tr><th>类型</th><th colspan="2">纳税人身份</th><th>预缴税款</th><th>申报纳税</th></tr>
<tr><td rowspan="3">非房地产企业转让不动产</td><td colspan="2">一般纳税人</td><td>不动产所在地主管税务机关</td><td>机构所在地主管税务机关</td></tr>
<tr><td rowspan="2">小规模纳税人</td><td>单位、个体工商户</td><td>不动产所在地主管税务机关</td><td>机构所在地主管税务机关</td></tr>
<tr><td>其他个人</td><td>—</td><td>不动产所在地主管税务机关</td></tr>
<tr><td rowspan="2">转让住房</td><td colspan="2">单位、个体工商户</td><td>住房所在地主管税务机关</td><td>机构所在地主管税务机关</td></tr>
<tr><td colspan="2">其他个人</td><td>—</td><td>住房所在地主管税务机关</td></tr>
<tr><td rowspan="2">房地产开发企业转让不动产</td><td colspan="2">一般纳税人</td><td colspan="2" rowspan="2">主管税务机关</td></tr>
<tr><td colspan="2">小规模纳税人</td></tr>
<tr><td rowspan="3">不动产经营租赁</td><td colspan="2">其他个人</td><td>—</td><td>不动产所在地主管税务机关</td></tr>
<tr><td rowspan="2">除其他个人外的纳税人</td><td>不动产所在地与机构所在地在同一县（市）</td><td>—</td><td rowspan="2">机构所在地主管税务机关</td></tr>
<tr><td>不动产所在地与机构所在地不在同一县（市）</td><td>不动产所在地主管税务机关</td></tr>
</table>

【例 8-5】 北京某增值税一般纳税人，于 2021 年 1 月购入浙江省杭州市一商业用房，并进行出租。自 2021 年 1 月 1 日起，由于纳税人机构所在地在北京市，不动产在浙江省，不动产所在地与机构所在地不在同一县（市、区），纳税人应向不动产所在地预缴税款。纳税人为增值税一般纳税人，其出租不动产，应向不动产所在地主管税务机关预缴税款。故该纳税人应以收取的租金按照 3%的预征率计算应预缴税额，向不动产所在地——浙江省杭州市的税务机关预缴税款；再向其机构所在地，按照销项税额减去进项税额的方法计算应纳税额，向北京市主管税务机关申报纳税。

若该纳税人于 2021 年 7 月又购入位于北京市内的一套商业用房，并进行出租，则由于不动产所在地与机构所在地在同一县（市、区），纳税人不需要预缴税款。

（三）发票管理

1. 纳税人转让不动产

小规模纳税人转让其取得的不动产，不能自行开具增值税发票的，可向不动产所在地主管税务机关申请代开。

纳税人向其他个人转让其取得的不动产，不得开具或申请代开增值税专用发票。

2. 房地产开发企业转让不动产

（1）一般纳税人。

一般纳税人销售自行开发的房地产项目，自行开具增值税发票。

一般纳税人销售自行开发的房地产项目，其 2016 年 4 月 30 日前收取并已向主管地税机关申报缴纳营业税的预收款，未开具营业税发票的，可以开具增值税普通发票，不得开具增值税专用发票。

特别提示：对于2016年4月30日前已经收取并申报缴纳营业税的预收款，不可以开具增值税专票，将会对属于能够抵扣进项税额的一般纳税人购买方产生不利影响，使之难以适用两年分期抵扣不动产进项税额的政策。故销售商业地产时需要特别注意。

一般纳税人向其他个人销售自行开发的房地产项目，不得开具增值税专用发票。

（2）小规模纳税人。

小规模纳税人销售自行开发的房地产项目，自行开具增值税普通发票。购买方需要增值税专用发票的，小规模纳税人可向主管税务机关申请代开。

小规模纳税人销售自行开发的房地产项目，其2016年4月30日前收取并已向主管地税机关申报缴纳营业税的预收款，未开具营业税发票的，可以开具增值税普通发票，不得申请代开增值税专用发票。

小规模纳税人向其他个人销售自行开发的房地产项目，不得申请代开增值税专用发票。

3. 不动产经营租赁业务

小规模纳税人中的单位和个体工商户出租不动产，不能自行开具增值税发票的，可向不动产所在地主管税务机关申请代开增值税发票。

其他个人出租不动产，可向不动产所在地主管税务机关申请代开增值税发票。

纳税人向其他个人出租不动产，不得开具或申请代开增值税专用发票。

（四）法律责任

纳税人出租不动产，按照《纳税人提供不动产经营租赁服务增值税征收管理暂行办法》（国家税务总局公告2016年第16号）规定应向不动产所在地主管税务机关预缴税款而自应当预缴之月起超过6个月没有预缴税款的，由机构所在地主管税务机关按照《税收征收管理法》及相关规定进行处理。

（五）关于“三流一致”的讨论

“三流一致”，是指资金流、发票流和货物流相互统一，具体而言是指不仅收款方、开票方和货物销售方或劳务提供方必须是同一个经济主体，而且付款方、货物采购方或劳务接受方必须是同一个经济主体。“三流一致”的基本假设是：真实发生交易，有买卖双方。卖家须向买家转移货物，即物流；买家向卖家支付款项，即资金流；卖家向买家开票，买家凭票入账并抵扣进项税，即发票流。如果在经济交易过程中，不能保证资金流、发票流和货物流相互统一，则会出现票款不一致，涉嫌虚开发票，将被税务部门稽查判定为虚列支出，虚开发票，不仅需要补缴税款及滞纳金，还须承担一定的行政处罚，甚至有承担刑事责任的法律风险。

《国家税务总局关于加强增值税征收管理若干问题的通知》（国税发〔1995〕192号）第一条第三项规定："纳税人购进货物或应税劳务，支付运输费用，所支付款项的单位，必须与开具抵扣凭证的销货单位、提供劳务的单位一致，才能够申报抵扣进项税额，否则不予抵扣，且涉嫌虚开发票。"上述条款就是沿用至今的"三流一致"条款。从该条款中可以看出，在增值税的征收管理过程中，要求"货物流、资金流、发票流"必须保持一致，否则购买方的进项税额将不允许进行抵扣。

《国家税务总局关于纳税人善意取得虚开的增值税专用发票处理问题的通知》（国税发〔2000〕187号）规定，纳税人善意取得虚开的增值税专用发票指购货方与销售方存在真实交易，且购货方不知取得的增值税专用发票是以非法手段获得的。纳税人善意取得虚开的增值税专用发票，如能重新取得合法、有效的专用发票，准许其抵扣进项税款；如不能重新取得合法、有效的专用发票，不准其抵扣进项税款或追缴其已抵扣的进项税款。

在实务中，对"三流一致"存在以下两种理解：

第一种理解：收款方必须与增值税发票的开具方一致。即不管谁支付价款，只要实际收到价款的一方就是开具增值税专用发票的销货单位、提供劳务单位，接受这样增值税专票的货物、劳务购买方就可以抵扣进项税。至于资金是购买方支付的还是委托其他方支付的，不影响购买方进项税抵扣。

第二种理解：付款方必须与增值税专用发票中注明的购买方一致。即货物、劳务的购买方要抵扣增值税进项税，必须是其自己支付款项，如果不是其自己亲自支付，导致名义上支付款项的主体和增值税专用发票中注明的购买方不一致，则取得增值税专用发票的购买方不能抵扣进项税。

2016年5月26日，国家税务总局在一次政策问题解答视频会中对一个住宿费发票进项税额抵扣的"三流一致"问题的答复值得我们关注。问题如下："纳税人取得服务品名为住宿费的增值税专用发票，但住宿费是以个人账户支付的，这种情况能否允许抵扣进项税？是不是需要以单位对公账户转账付款才允许抵扣？"总局的回答是："其实现行政策在住宿费的进项抵扣方面，从未作出过类似的限制性规定，纳税人无论通过私人账户还是对公账户支付住宿费，只要其购买的住宿服务符合现行规定，都可以抵扣进项税。而且，需要补充说明的是，不仅是住宿费，对纳税人购进的其他任何货物、服务，都没有因付款账户不同，就不可以抵扣进项税额。"

虚开是虚开发票的简称，既包括在没有任何商品交易情况下的凭空填写，也包括在有一定商品交易情况下的不实填写。虚开类型包括虚开增值税专用发票、虚开增值税普通发票等，在实务中，虚开通常指虚开增值税专用发票。虚开增值税专用发票是商品生产、流通各个环节中的纳税人凭此抵扣进项税的法定凭证，除了可以抵扣进项税额之外，还可以作为企业所得税相关费用税前列支的合法凭据。

《中华人民共和国发票管理办法》第二十二条规定，开具发票应当按照规定的时限、顺序、栏目，全部联次一次性如实开具，并加盖发票专用章。

任何单位和个人不得有下列虚开发票行为：

（1）为他人、为自己开具与实际经营业务情况不符的发票；

（2）让他人为自己开具与实际经营业务情况不符的发票；

（3）介绍他人开具与实际经营业务情况不符的发票。

在行政法中，上述条款通过列举的方式，阐明了虚开发票的行为是指为他人开具、为自己开具、让他人为自己开具、介绍他人开具与实际经营业务不符的发票。该条款中的每一项前半部分都是列明虚开行为方式，后半部分则是虚开行为对应的票面记载信息与实际经营情况不符的情况，税务机关通常以“三流”是否一致为标准，一旦出现不一致的情形，即被认定为虚开。

《中华人民共和国刑法》第二百零五条第三款规定，“虚开增值税专用发票或者虚开用于骗取出口退税、抵扣税款的其他发票，是指有为他人虚开、为自己虚开、让他人为自己虚开、介绍他人虚开行为之一的。”该条款没有明确“虚开”所对应的发票情况，但是有相关司法解释予以了阐明。《最高人民法院关于适用〈全国人民代表大会常务委员会关于惩治虚开、伪造和非法出售增值税专用发票犯罪的决定〉的若干问题的解释》（法发〔1996〕30号）第一条规定，虚开增值税专用发票的犯罪行为包括以下三类：

（1）没有货物购销或者没有提供或接受应税劳务而为他人、为自己、让他人为自己、介绍他人开具增值税专用发票；

（2）有货物购销或者提供或接受了应税劳务但为他人、为自己、让他人为自己、介绍他人开具数量或者金额不实的增值税专用发票；

（3）进行了实际经营活动，但让他人为自己代开增值税专用发票。

在刑法中，上述条款列明了涉及虚开增值税专用发票罪的三类虚开行为：即交易不存在、开具的增值税专用发票与实际数量、金额不符以及代替他人开具发票。

“三流不一致”不必然构成“虚开”。在当今，“三流一致”与经济发展中不断更新的商业模式不相匹配，传统“三流一致”的税务管理思维也应随之发生转变，根据交易实质去判断交易主体是否存在虚开情节。

其一，资金流方面。必要的商业信用体系是市场经济不可或缺的。信用体系既包括银行信用也包括商业信用等。对资金流一致的狭义理解，直接挤占了必要的商业信用的存在空间，将直接影响市场主体交易的效率，不利于促进市场经济的活跃。例如，甲公司从乙公司购进一批生产原料，由于资金周转问题，甲公司找到商业合作伙伴丙公司，甲公司、丙公司之间达成借款协议，丙公司直接将货款转至乙公司银行账户。如此一来，就会出现资金流不一致的情况。不仅如此，企业在资金集中支付、委托付款、债权债务抵消等模式下，都会发生购货方与付款方不一致的情形，资金流一致很难保证。国家税务总局的答复明确了资金流一致不是指付款方而是指收款方。

其二，货物流方面。经济越发展，实现点对点的货物流基本上愈加难以实现。例如，北京的贸易公司接到来自上海客户的采购订单，收款并开具发票；货物不由北京贸易公司发出，而是由北京贸易公司委托广州的生产厂商直接发货给上海客户，北京公司不负责运输。这种现象在大宗商品贸易中较为普遍。由于运输、仓储环节往往需要耗费大量的成本，因此，企业之间进行货物转卖时往往会约定货物暂时不发生现实上的交付，而是通过“指示交付”或“占有改定”的方式完成货物所有权的转让。虽然货物本身没有发生空间上的转移，但已经发生了法律意义上的“交付”，货物所有权已经转让，受让人间接占有货物。

其三，发票流方面。发票流不一致是认定虚开的必要条件之一，因此如果发票流不一致，通常会被认定为虚开，或将承担行政法上的责任或者刑事责任。

在现实交易中，随着新型交易模式的出现，如电商等各种交易平台，“三流”完全一致几乎不可能实现，对于发票是否属于虚开不应仅凭借“三流一致”去判断。严格来说，“三流一致”与虚开并没有必然的联系，只是实务中，无论是税务机关、企业还是税务工作者都将其作为一个判断的依据，才形成了诸多错误的认识。“三流一致”并不必然构成虚开，除发票流不一致外，皆应结合交易的实际情况进行判断，资金最终的实际负担者是谁，货物的所有权在交易主体之间是否发生转移等情况都需要有正确的认识，而不应简单地以点对点的交易模式对交易主体认定是否构成虚开。

虽然“三流一致”是规范性要求，但“三流不一致”不一定代表“虚开增值税专用发票”。这主要归结于经济发展和交易模式创新。

延伸阅读

“三流一致”实践业务分析

1. 北京的贸易公司接到来自广州客户的订单，收款并开票；货物委托上海厂家生产并直接发货给广州客户。

2.《国家税务总局关于银行承兑汇票背书行为有关问题的批复》（国税函〔2002〕525号）给原广西壮族自治区国家税务局答复时明确：鉴于银行承兑汇票结算方式的特殊性，纳税人可凭背书银行承兑汇票复印件作为已付款的凭证申请抵扣进项税额（如图8-1所示）。

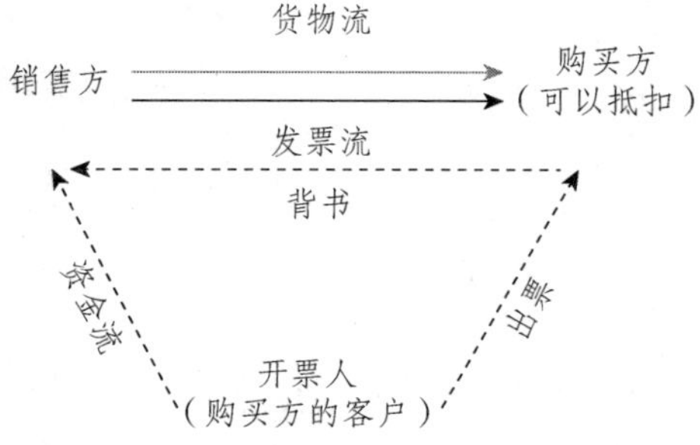

图8-1　纳税人抵扣进项税额流程

3.《国家税务总局关于诺基亚公司实行统一结算方式增值税进项税额抵扣问题的批复》（国税函〔2006〕1211号）明确：分公司采购收票，总公司付款，造成购进货物的实际付款单位与发票上注明的购货单位名称不一致的，不属于“虚开”（如图 8-2 所示）。

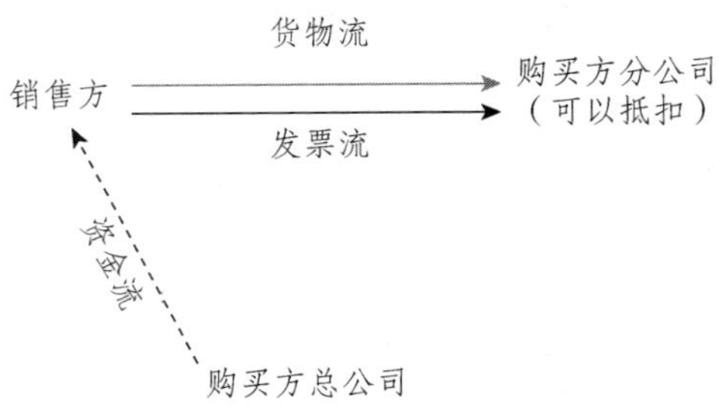

图 8-2 分公司采购收票总公司付款抵扣流程

4.《国家税务总局关于企业所属机构间移送货物征收增值税问题的通知》（国税发〔1998〕137 号）明确：分公司仅送货，总公司收款并开票，不属于“虚开”（如图 8-3 所示）。

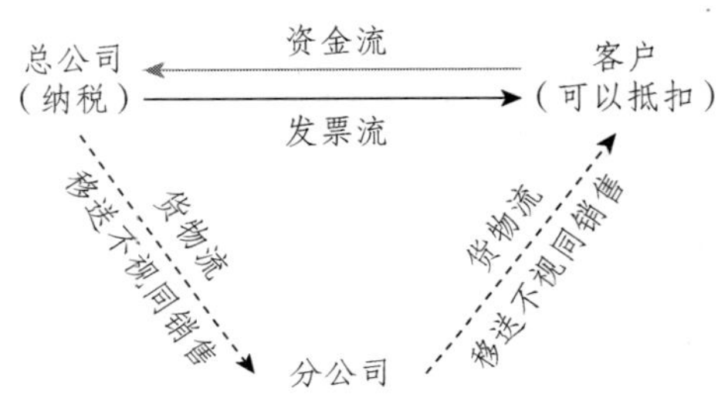

图 8-3 分公司送货、总公司收款开票抵扣流程

5.《国家税务总局关于纳税人以资金结算网络方式收取货款增值税纳税地点问题的通知》（国税函〔2002〕802 号）明确：纳税人以总机构的名义在各地开立账户，通过资金结算网络在各地向购货方收取销货款，由总机构直接向购货方开具发票的行为，其取得的应税收入应当在总机构所在地缴纳增值税，不属于“虚开”（如图 8-4 所示）。

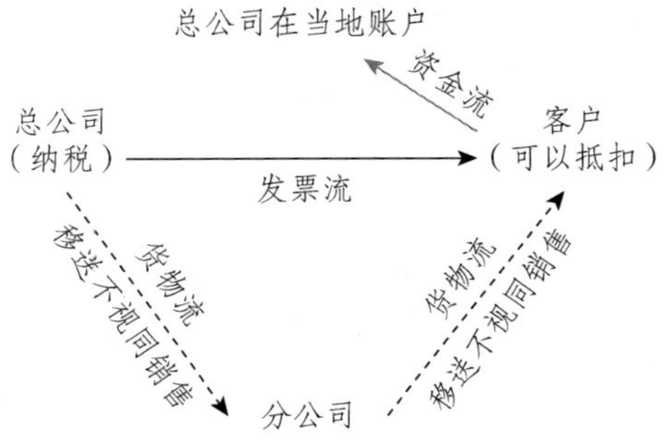

图 8-4 分公司送货总公司收款开票抵扣流程

6. 消费者无论在什么地方购买中石化充值卡，都可以在全国范围内的中石化加油站加油。各地的中石化分公司（中石化全国就一家法人公司）售卡收钱开票确认收入，但油很可能是由不同加油站（分公司）提供的，这显然也不构成“虚开”。

延伸阅读

《税收征收管理法》关于未按规定缴纳税款、报送资料的规定

《税收征收管理法》第六十二条规定，“纳税人未按照规定的期限办理纳税申报和报送纳税资料的，或者扣缴义务人未按照规定的期限向税务机关报送代扣代缴、代收代缴税款报告表和有关资料的，由税务机关责令限期改正，可以处二千元以下的罚款；情节严重的，可以处二千元以上一万元以下的罚款”。

纳税人出租不动产、房地产开发企业销售自行开发的房地产项目以及纳税人转让不动产，未按照规定缴纳税款的，由主管税务机关按照《税收征收管理法》及相关规定进行处理。

六、税收优惠与发票开具规定

（一）免税政策

（1）2018年12月31日前，公共租赁住房经营管理单位出租公共租赁住房免征增值税。

公共租赁住房，是指纳入省、自治区、直辖市、计划单列市人民政府及新疆生产建设兵团批准的公共租赁住房发展规划和年度计划，并按照《关于加快发展公共租赁住房的指导意见》（建保〔2010〕87号）和市、县人民政府制定的具体管理办法进行管理的公共租赁住房。

（2）为了配合国家住房制度改革，企业、行政事业单位按房改成本价、标准价出售住房取得的收入免征增值税。

（3）个人销售自建自用住房免征增值税。

（4）涉及家庭财产分割的个人无偿转让不动产、土地使用权。

个人无偿赠与不动产、土地使用权，属于下列情形之一的，暂免征收增值税：

①离婚财产分割；

②无偿赠与配偶、父母、子女、祖父母、外祖父母、孙子女、外孙子女、兄弟姐妹；

③无偿赠与对其承担直接抚养或者赡养义务的抚养人或者赡养人；

④房屋产权所有人死亡，依法取得房屋产权的法定继承人、遗嘱继承人或者受遗赠人。

（5）军队空余房产租赁收入免征增值税。

（二）营改增过渡政策

个人将购买不足2年的住房对外销售的，按照5%的征收率全额缴纳增值税；个人将购买2年以上（含2年）的住房对外销售的，免征增值税。上述政策适用于北京市、

上海市、广州市和深圳市之外的地区。

个人将购买不足2年的住房对外销售的，按照5%的征收率全额缴纳增值税；个人将购买2年以上（含2年）的非普通住房对外销售的，以销售收入减去购买住房价款后的差额按照5%的征收率缴纳增值税；个人将购买2年以上（含2年）的普通住房对外销售的，免征增值税。上述政策仅适用于北京市、上海市、广州市和深圳市。

【例8-6】 张先生将未满2年的位于天津市的普通住房对外销售，取得出售住房收入210万元。其应纳增值税＝210÷(1＋5%)×5%＝10（万元）。此外，对个人而言，营改增后，对住房持有期在2年以上的，转让二手房税负将下降。若张先生持有该住房满2年后再出售，则售房收入免征增值税。个人可以通过延长持有期的方式，合理降低增值税税负。

延伸阅读

二手房营改增优惠政策

二手房交易营改增后，根据《营业税改征增值税试点有关事项的规定》（财税〔2016〕36号文件附件2）第（八）项“销售不动产”中的第6款规定，“个人将购买不足2年的住房对外销售的，按照5%的征收率全额缴纳增值税；个人将购买2年以上（含2年）的住房对外销售的，免征增值税”。

增值税的立法原则是不含税计征，属于价外税，那么按照住房成交价计征增值税时需要将含税销售额进行换算，换算公式为：不含税销售额＝成交价÷(1＋5%)，应纳增值税＝不含税销售额×5%，实际税负为4.76%[1÷(1＋5%)×5%]。由于营业税实行的是价内税，因此，二手房实行增值税后比原来的营业税税负略有下降。营改增后，二手房“办理免税的具体程序、购买房屋的时间、开具发票、非购买形式取得住房行为及其他相关税收管理规定”按照原营业税政策规定执行。

（三）发票开具规定

一般纳税人销售、出租不动产、转让土地使用权，自行开具增值税发票。

一般纳税人销售、出租不动产、转让土地使用权，其2016年4月30日前收取并已向主管地税机关申报缴纳营业税的预收款，未开具营业税发票的，可以开具增值税普通发票，不得开具增值税专用发票。

一般纳税人向其他个人销售、出租不动产、转让土地使用权，不得开具增值税专用发票。

小规模纳税人销售、出租不动产、转让土地使用权，自行开具增值税普通发票。购买方（除其他个人外）需要增值税专用发票的，小规模纳税人可以向主管税务机关申请代开。

房地产开发企业增值税征收管理及发票开具一览表见表8-5。

表 8-5　　房地产开发企业增值税征收管理及发票开具一览表

<table>
<tr><th rowspan="2">纳税人资格</th><th rowspan="2" colspan="2">销售房产类型</th><th rowspan="2">预缴，填报《增值税预缴税款表》</th><th rowspan="2">申报，填报《增值税纳税申报表》</th><th colspan="2">发票开具</th></tr>
<tr><th>普通发票</th><th>专用发票</th></tr>
<tr><td rowspan="3">一般纳税人</td><td rowspan="2">自行开发老项目</td><td>简易计税</td><td>全额3%预缴，含税价÷(1+5%)</td><td>全额申报，5%征收率，不允许抵扣，扣减预缴</td><td rowspan="3">自开</td><td rowspan="3">自开</td></tr>
<tr><td>一般计税</td><td>全额3%预缴，含税价÷(1+9%)</td><td>按面积配比扣土地价款差额申报，9%税率，允许抵扣，扣减预缴</td></tr>
<tr><td colspan="2">自行开发新项目</td><td>全额3%预缴，含税价÷(1+9%)</td><td>扣土地价款差额申报，9%税率，允许抵扣，扣减预缴</td></tr>
<tr><td>小规模纳税人</td><td colspan="2">自行开发老项目</td><td>全额3%预缴，含税价÷(1+5%)</td><td>全额申报，5%征收率，不允许抵扣，扣减预缴</td><td>自开</td><td>代开</td></tr>
</table>

第二节　增值税的会计核算

一、增值税核算的会计科目设置

一般纳税人在“应交税费”下设置11个明细科目：“应交增值税”“未交增值税”“预缴增值税”“待抵扣进项税额”“待认证进项税额”“待转销项税额”“增值税留抵税额”“简易计税”“转让金融商品应交增值税”“代扣代交增值税”“增值税检查调整”等。在“应交增值税”下设置10个三级会计科目，具体如下：

（1）进项税额；

（2）销项税额；

（3）销项税额抵减；

（4）减免税额；

（5）出口退税；

（6）已交税金；

（7）进项税额转出；

（8）转出未交增值税；

（9）转出多交增值税；

（10）出口抵减内销产品应纳税额。

三级会计科目的核算内容如表8-6所示。

表 8-6　　三级科目的核算内容

会计科目	核算内容
应交税费——应交增值税——进项税额	反映购进货物、加工修理修配劳务、服务、无形资产或不动产而支付或负担的、准予从当期销项税额中抵扣的增值税额退回所购货物应冲销的进项税额，用红字登记
应交税费——应交增值税——销项税额抵减	记录一般纳税人按照现行增值税制度规定因扣减销售额而减少的销项税额
应交税费——应交增值税——转出未交增值税	记录月度终了转出当月应交未交的增值税额
应交税费——应交增值税——出口抵减内销产品应纳税额	记录免抵退出口产品按规定计算的出口货物的进项税额抵减内销产品的应纳税额
应交税费——应交增值税——销项税额	记录一般纳税人销售货物、加工修理修配劳务、服务、无形资产或不动产应收取的增值税额
应交税费——应交增值税——进项税额转出	记录已抵扣进项税额的购进、无形资产、不动产等发生非正常损失以及其他原因而不应抵扣的、按规定转出的进项税额
应交税费——应交增值税——转出多交增值税	记录一般纳税人期末转出当月多交的增值税额
应交税费——应交增值税——出口退税	记录一般纳税人出口货物、加工修理修配营务、服务、无形资产等按规定退回的增值税额
应交税费——应交增值税——已交税金	记录一般纳税人当月已缴纳的应缴增值税额
应交税费——应交增值税——减免税额	记录一般纳税人按现行增值税制度规定准予减免的增值税额

二、营改增后的会计处理

（一）采购等业务涉及进项税额抵扣的账务处理

1. 企业采购物资、服务等进项税额抵扣的账务处理

企业采购物资、服务等，按取得的增值税专用发票可抵扣的增值税额，借记“应交

税费——应交增值税（进项税额）”科目。直接购进用于免税项目、个人消费或集体服务等的商品或服务，支付价款取得增值税普通发票时，按照支付的价款全额记入有关成本或费用科目，取得增值税专用发票时，要做增值税进项转出。

【例 8-7】 企业购进办公用品，取得增值税专用发票，注明价款 3000 元，增值税额为 390 元。

借：管理费用 3 000
　　应交税费——应交增值税（进项税额） 390
　贷：银行存款 3 390

【例 8-8】 （接例 8-7）企业将办公用品的 20%用于职工福利。

借：应付职工薪酬——职工福利费 78
　贷：应交税费——应交增值税（进项税额转出） 78

2. 采购等业务、服务等进项税额不得抵扣的账务处理

一般纳税人购进货物、加工修理修配劳务、服务、无形资产或不动产，用于简易计税项目、免税项目、个人消费或集体福利、发生非正常损失等情况时，进项税额不应从销项税额中抵扣，取得增值税专用发票时，应借记相关成本费用或资产科目，借记“应交税费——待认证进项税额”科目，贷记“银行存款”“应付账款”等科目、经税务机关认证后，应借记相关成本费用或资产科目，贷记“应交税费——应交增值税（进项税额转出）”科目。

3. 购进不动产或不动产在建工程进项税额一次性抵扣的账务处理

自 2019 年 4 月 1 日起，《财政部 税务总局 海关总署关于深化增值税改革有关政策的公告》（财政部 税务总局 海关总署公告 2019 年第 39 号）规定，纳税人取得不动产或者不动产在建工程的进项税额不再分 2 年抵扣。此前按照上述规定尚未抵扣完毕的待抵扣进项税额，可自 2019 年 4 月税款所属期起从销项税额中抵扣。

【例 8-9】 2021 年 5 月 10 日，企业购进办公楼一栋，取得增值税专用发票注明价款 3 000 万元，增值税额 270 万元。

购入时（2021 年 5 月 10 日）：

借：固定资产 30 000 000
　　应交税费——应交增值税（进项税额） 2 700 000
　贷：银行存款 32 700 000

4. 货物验收入库但尚未取得增值税扣税凭证的账务处理

下月初，用红字冲销原暂估入账金额，待取得相关增值税扣税凭证并经认证后，按应计入相关成本费用或资产的金额，借记“原材料”“库存商品”“固定资产”“无形资产”等科目；按可抵扣的增值税额，借记“应交税费——应交增值税（进项税额）”科

目；按应付金额，贷记“应付账款”等科目。

5. 小规模纳税人采购业务的账务处理

小规模纳税人购买物资、服务、无形资产或不动产，取得增值税专用发票上注明的增值税应计入相关成本费用或资产，不通过“应交税费——应交增值税”科目核算。

6. 购买方作为扣缴义务人的账务处理

境外单位或个人在境内发生应税行为，在境内未设有经营机构的，以购买方为增值税扣缴义务人。境内一般纳税人购进服务、无形资产或不动产，按应计入相关成本费用或资产的金额，借记“生产成本”“无形资产”“固定资产”“管理费用”等科目；按可抵扣的增值税额，借记“应交税费——应交增值税（进项税额）”科目（小规模纳税人应借记相关成本费用或资产科目）；按应付或实际支付的金额，贷记“应付账款”等科目；按应代扣代缴的增值税额，贷记“应交税费——代扣代交增值税”科目。实际缴纳代扣代缴增值税时，按代扣代缴的增值税额，借记“应交税费——代扣代交增值税”科目，贷记“银行存款”科目。

（二）销售业务的账务处理

企业销售货物、加工修理修配劳务、服务、无形资产或不动产，应当按应收或已收的金额，借记“应收账款”“应收票据”“银行存款”等科目；按取得的收入金额，贷记“主营业务收入”“其他业务收入”“固定资产清理”“工程结算”等科目；按现行增值税制度规定计算的销项税额（或采用简易计税方法计算的应纳增值税额），贷记“应交税费——应交增值税（销项税额）”或“应交税费——简易计税”科目（小规模纳税人应贷记“应交税费——应交增值税”科目）。发生销售退回的，按规定开具红字增值税专用发票，做相反的会计分录。

1. 一般销售业务的账务处理

按照国家统一的会计制度确认收入或利得的时点早于按照增值税制度确认增值税纳税义务发生时点的，应将相关销项税额记入“应交税费——待转销项税额”科目，待实际发生纳税义务时再转入“应交税费——应交增值税（销项税额）”或“应交税费——简易计税”科目。

按照增值税制度确认增值税纳税义务发生时点早于按照国家统一的会计制度确认收入或利得的时点的，应将应纳增值税额，借记“应收账款”科目，贷记“应交税费——应交增值税（销项税额）”或“应交税费——简易计税”科目。按照国家统一的会计制度确认收入或利得时，应按扣除增值税销项税额后的金额确认收入。

2. 视同销售的账务处理

企业发生税法上视同销售的行为，应当按照《企业会计准则》的相关规定进行相应的会计处理，并按照现行增值税制度规定计算的销项税额（或采用简易计税方法计算的应纳增值税额），借记“应付职工薪酬”“利润分配”等科目，贷记“应交税费——应交增值税（销项税额）”或“应交税费——简易计税”科目（小规模纳税人应记入“应交税费——应交增值税”科目）。

注意：以不动产投资入股、以不动产抵债、公司购买汽车分配给股东等，在增值税上按照“视同销售”业务处理，以企业同类同期售价为销售额缴纳增值税。

（三）抵减销售额的账务处理

1. 企业发生相关成本费用允许扣减销售额的账务处理

按现行增值税制度规定，企业发生相关成本费用允许扣减销售额的，发生成本费用时，按应付或实际支付的金额，借记“主营业务成本”“存货”“工程施工”等科目，贷记“应付账款”“应付票据”“银行存款”等科目。待取得合规增值税扣税凭证且纳税义务发生时，按照允许抵扣的税额，借记“应交税费——应交增值税（销项税额抵减）”或“应交税费——简易计税”科目（小规模纳税人应借记“应交税费——应交增值税”科目），贷记“主营业务成本”“存货”“工程施工”等科目。

2. 金融商品转让按规定以盈亏相抵后的余额作为销售额的账务处理

金融商品实际转让月末，如发生转让收益，则按应纳税额借记“投资收益”等科目，贷记“应交税费——转让金融商品应交增值税”科目；如发生转让损失，则按可结转下月抵扣税额，借记“应交税费——转让金融商品应交增值税”科目，贷记“投资收益”等科目。缴纳增值税时，应借记“应交税费——转让金融商品应交增值税”科目，贷记“银行存款”科目。年末，本科目如有借方余额，则借记“投资收益”等科目，贷记“应交税费——转让金融商品应交增值税”科目。

（四）因发生非正常损失或改变用途等调整进项税额抵扣的账务处理

因发生非正常损失或改变用途等，原已计入进项税额、待抵扣进项税额或待认证进项税额，但按现行增值税制度规定不得从销项税额中抵扣的，借记“待处理财产损溢”“应付职工薪酬”“固定资产”“无形资产”等科目，贷记“应交税费——应交增值税（进项税额转出）”“应交税费——待抵扣进项税额”或“应交税费——待认证进项税额”科目。

原不得抵扣且未抵扣进项税额的固定资产、无形资产等，因改变用途等用于允许抵扣进项税额的应税项目的，应按允许抵扣的进项税额，借记“应交税费——应交增值税（进项税额）”科目，贷记“固定资产”“无形资产”等科目。固定资产、无形资产等经上述调整后，应按调整后的账面价值在剩余尚可使用寿命内计提折旧或摊销。

一般纳税人购进时已全额计提进项税额的货物或服务等转用于不动产在建工程的，对于结转以后期间的进项税额，应借记“应交税费——待抵扣进项税额”科目，贷记“应交税费——应交增值税（进项税额转出）”科目。

（五）首次购买税控装置和支付技术维护费允许在增值税应纳税额中全额抵减的账务处理

一般纳税人首次购入增值税税控系统专用设备，按实际支付或应付的金额，借记“固定资产”科目，贷记“银行存款”科目。按规定抵减的增值税应纳税额，借记“应交税费——应交增值税（减免税款）”科目，贷记“管理费用”科目。

【例 8-10】 2021 年 8 月，企业首次购入增值税税控系统设备，支付价款 5 400 元，同时支付当年增值税税控系统专用设备技术维护费 500 元。当月两项合计抵减当月增值税应纳税额 5 900 元。

（1）首次购入增值税税控系统专用设备并支付防伪税控系统专用设备技术维护费时（企业将税控设备作为固定资产管理）。

借：固定资产——税控设备　　5 400

　　管理费用　　500

　贷：银行存款　　5 900

（2）抵减当月增值税应纳税额时。

借：应交税费——应交增值税（减免税款）　　5 900

　贷：管理费用　　500

　　　递延收益　　5 400

（六）年终增值税纳税调整的账务处理

对于企业年终结账前增值税纳税调整的当期应纳增值税款，可用“应交税费——增值税检查调整”科目直接调整损益类或其他会计科目。

1. 销项税额的调整

（1）不计或少计收入的账务处理。

主要包括价外费用、未按规定冲减红票等经济事项而引起会计处理上少计或不计收入。检查发现以上行为，应按照少计的不含税收入和适用税率，算出应补缴的增值税税额，若收入属于本年，做如下会计处理：

借：银行存款（其他应付款等）

　贷：主营业务收入

　　　应交税费——增值税检查调整

（2）视同销售行为未计销项税额的账务处理。

企业发生以不动产抵债、以不动产投资、无偿赠送应税服务等视同销售业务时，应按照同类商品或服务的正常售价或组价计税纳税，未申报应交增值税的，检查调整时做如下会计处理：

借：营业外支出（长期股权投资、应付股息等）

　贷：应交税费——增值税检查调整

（3）税率使用错误少计销项税额的账务处理。

企业作为一般纳税人，适用的增值税税率有6%、9%、13%，转让无形资产、不动产适用9%的税率，销售货物适用13%的税率。比如，若在销售货物时，本应按13%的税率纳税，却选择了9%的税率，检查发现后，应按照两个税率的差异计算补缴税额，并做如下会计处理：

借：应收账款（应收票据、银行存款等）

　贷：应交税费——增值税检查调整

2. 进项税额的调整

（1）擅自扩大抵扣范围的账务调整。

按照增值税法规和营改增试点办法的规定，用于免税项目、简易计税办法、职工福利和集体福利，或者发生非正常损失的购进商品、劳务和服务等，其进项税额不得从销项税额中抵扣。若违反规定将上述进项税额抵扣，或者将购进改变用途用于以上项目、发生非正常损失，却未做进项税额转出的，做如下会计处理：

借：应付职工薪酬（待处理财产损溢等）

　贷：应交税费——增值税检查调整

（2）根据不合法的扣税凭证进行抵扣的账务调整。

一般纳税人应将取得的增值税专用发票、海关开具的完税凭证、货物运输业专用发票、农产品收购凭证等作为扣税凭证，若一般纳税人将普通发票等非合法凭证作为依据而抵扣了进项税额，检查发现后，做如下会计处理：

借：固定资产（低值易耗品、管理费用等）

　贷：应交税费——增值税检查调整

（3）少抵扣进项税额的账务调整。

若企业少抵扣了进项税额，则按照规定计算出少抵扣的进项税额后，做如下会计处理：

借：应交税费——增值税检查调整

　贷：固定资产（低值易耗品、管理费用等）

企业年终结账后，税务机关对增值税进行纳税调整，如果涉及损益类科目的，应将查减、查增相抵后的应补增值税做如下处理：

借：相关科目

以前年度损益调整

贷：应交税费——增值税检查调整

如果涉及非损益类科目，按照年终结账前的有关账务处理方法进行处理。

三、营改增后进项税额允许抵扣部分的计算焦点问题

房地产企业的会计核算中入账票据大致可以分为两大类，一类是成本类票据（如建筑安装工程费、“三通一平”费、项目规划设计费等），另一类是费用类票据（如缴纳电费、购办公用品、过路过桥费等）。目前房地产开发企业开发的项目，有可能既有一般计税项目又有简易计税项目，取得上述票据时，若无法区分一般计税项目与简易计税项目，则其增值税进项税额应按照《房地产开发企业销售自行开发的房地产项目增值税征收管理暂行办法》（国家税务总局公告 2016 年第 18 号发布）的规定，以《建筑工程施工许可证》注明的“建设规模”为依据进行划分，计算出不得抵扣的进项税额。具体计算公式为：

$$\text{不得抵扣的进项税额}=\text{当期无法划分的全部进项税额}\times\left(\text{简易计税、免税房地产项目建设规模}\div\text{房地产项目总建设规模}\right)$$

实务中，针对无法区分一般计税项目与简易计税项目的成本类发票的进项税额，各地一致按照上述办法的规定执行，但是针对费用类发票的进项税额却有两种处理方式：一种是按照上述办法的规定，按照一般计税项目与简易计税项目的建筑面积比例，计算出不得抵扣的进项税额；另一种是按照根据财税〔2016〕36 号附件 1《营业税改征增值税试点实施办法》第二十九条的规定按照一般计税项目与简易计税项目的销售额的比例（就是通常说的收入比例），计算出不得抵扣的进项税额。具体计算公式为：

$$\text{不得抵扣的进项税额}=\text{当期无法划分的全部进项税额}\times\left(\text{当期简易计税方法计税项目销售额}+\text{免征增值税项目销售额}\right)\div\text{当期全部销售额}$$

笔者认为，《营业税改征增值税试点实施办法》给出的是关于不得抵扣的进项税额计算方法的基础性规定，而《房地产开发企业销售自行开发的房地产项目增值税征收管理暂行办法》给出的是针对房地产开发企业的专项规定，所以房地产企业的开发项目既有一般计税项目又有简易计税项目的，其不得抵扣的进项税额应按照该办法的规定执行。

四、营改增后不得抵扣进项税额与可抵扣进项税额的转化问题

《国家税务总局关于深化增值税改革有关事项的公告》（国家税务总局公告 2019 年

第 14 号）规定：已抵扣进项税额的不动产，发生非正常损失，或者改变用途，专用于简易计税方法计税项目、免征增值税项目、集体福利或者个人消费的，按照下列公式计算不得抵扣的进项税额，并从当期进项税额中扣减：

不得抵扣的进项税额＝已抵扣进项税额×不动产净值率

不动产净值率＝(不动产净值÷不动产原值)×100％

按照规定不得抵扣进项税额的不动产，发生用途改变，用于允许抵扣进项税额项目的，按照下列公式在改变用途的次月计算可抵扣进项税额。

可抵扣进项税额＝增值税扣税凭证注明或计算的进项税额×不动产净值率

第三节 增值税会计核算案例解析

一、一般纳税人的会计核算与税务处理综合案例

（一）一般纳税人销售不动产的会计核算

【例 8-11】 2021 年 6 月，某房地产开发公司准备开发一小区，开发规划建造商品住宅 10 000 平方米。在此开发建设过程中，主要发生了下列有关业务：

（1）公司用银行存款支付土地征用及拆迁补偿费 1 000 万元、前期工程费 109 万元和基础设施费 654 万元。

（2）将商品住宅的建筑安装工程发包给一家建筑公司施工，工程标价 2 180 万元，房地产公司已预付建筑公司工程款 1 200 万元，现工程完工验收后用银行存款支付其余款项。

（3）工程全部竣工后计算并结转商品住宅的开发成本。

（4）2022 年 7 月商品住宅全部售出，出售价 7 540 元/平方米，收到售房款存入银行。

该房地产开发公司为增值税一般纳税人，相关的工程建设支出均取得增值税专用发票，按 9％的税率认证抵扣进项税额；不考虑其他税费。该公司账务处理如下：

（1）支付土地征用及拆迁补偿费。

借：开发成本——土地征用及拆迁补偿费　　10 000 000

　贷：银行存款　　10 000 000

（2）支付前期工程费。

借：开发成本——前期工程费　　1 000 000

　　应交税费——应交增值税（进项税额）　　90 000

贷：银行存款　　1 090 000

（3）支付基础设施费。

借：开发成本——基础设施费　　6 000 000

应交税费——应交增值税（进项税额）　　540 000

贷：银行存款　　6 540 000

（4）预付工程款。

借：预付账款——建筑公司　　12 000 000

贷：银行存款　　12 000 000

（5）工程完工验收，支付余款，收取发票。

借：开发成本——建筑安装工程费　　20 000 000

应交税费——应交增值税（进项税额）　　1 800 000

贷：预付账款　　12 000 000

银行存款　　9 800 000

（6）结算完工商住楼的开发成本。

借：开发产品——住宅　　37 000 000

贷：开发成本——土地征用及拆迁补偿费　　10 000 000

——前期工程费　　1 000 000

——基础设施费　　6 000 000

——建筑安装工程费　　20 000 000

（7）出售商品住宅：

增值税销项税额＝(7 540－1 000)÷(1＋9%)×9%＝540(万元)

借：银行存款　　75 400 000

贷：主营业务收入　　69 174 311.93

应交税费——应交增值税（销项税额）　　5 400 000

——应交增值税（销项税额抵减）　　825 688.07

借：主营业务成本　　37 000 000

贷：开发产品——住宅　　37 000 000

（二）销售房地产老项目的会计核算

【例 8-12】 某房地产开发企业（为一般纳税人）欲销售其于 2016 年 4 月 30 日前自行建造的一套商品房，取得销售收入1 090 000元。当地执行的城市维护建设税税率为 7%，教育费附加征收率为 3%。

（1）假设企业于 2016 年 5 月 1 日后销售该商品房。

该企业在 2016 年 5 月 1 日后销售该商品房，且企业为增值税一般纳税人，则可以选择简易计税方法和一般计税方法，假设企业选择一般计税方法。

该企业销售不动产的不含税收入为：1 090 000÷(1＋9%)＝1 000 000（元），所产生的销项税额＝1 090 000÷(1＋9％)×9％＝90 000（元）。

相关的会计处理如下：

①计算企业收入及销项税额：

借：银行存款　　1 090 000

　贷：主营业务收入　　1 000 000

　　　应交税费——应交增值税（销项税额）　　90 000

②在不考虑当月增值税进项税额的情况下，计算城市维护建设税和教育费附加：

借：税金及附加　　9 000

　贷：应交税费——应交城市维护建设税　　6 300

　　　　　　——应交教育费附加　　2 700

(2) 假设企业于2016年5月1日后销售该商品房，且选择简易计税方法。

首先需以取得的全部价款和价外费用为销售额，按照5％的征收率计算应纳税额。故其应纳税额＝1 090 000÷(1＋5％)×5％＝51 904.76（元）。则相关的会计处理如下：

①计算企业收入及应缴增值税额：

借：银行存款　　1 090 000

　贷：主营业务收入　　1 038 095.24

　　　应交税费——简易计税　　51 904.76

②简易计税方法不得抵扣进项税额，计算城市维护建设税和教育费附加：

借：税金及附加　　5 190.47

　贷：应交税费——应交城市维护建设税　　3 633.33

　　　　　　——应交教育费附加　　1 557.14

分析：

一般纳税人销售不动产，采用简易计税方法的，借记“银行存款”“应收账款”等科目，贷记“主营业务收入”等科目，发生的增值税，贷记“应交税费——简易计税”科目。此处不应记入“应交税费——应交增值税（销项税额）”科目，否则在计算本期应纳税额或期末留抵税额时，这部分应交增值税将会抵扣进项税额。

此外，虽然案例中选择适用一般计税方法相较于简易计税方法将产生更少的收入以及更多的城市维护建设税和教育费附加，利润将明显小于简易计税方法下所产生的利润，其原因是，在一般计税方法下，没有考虑增值税的进项抵扣。

二、小规模纳税人销售不动产的会计核算综合案例

【例8-13】 2021年6月，某企业将其闲置房屋（非住房）出租，取得租金收入58 275元，款项已交付。若该企业为小规模纳税人，则就该笔租金将产生增值税税额：58 275÷(1＋5％)×5％＝2 775（元）。会计分录如下：

借：银行存款　58 275
　贷：其他业务收入　55 500
　　　应交税费——应交增值税　2 775

分析：

按照确认的收入和增值税额，借记“应收账款”“应收票据”“银行存款”等科目，按确认的不含税收入，贷记“主营业务收入”或“其他业务收入”科目，按收取的增值税额，贷记“应交税费——应交增值税”科目。若发生出租价款折让等，做相反分录。

若不动产所在地与机构所在地不在同一县（市、区），则小规模纳税人应按照上述计税方法向不动产所在地主管税务机关预缴税款，预缴税款的会计处理为：借记“应交税费——应交增值税”科目，贷记“银行存款”科目。

三、销售不动产的纳税计算与会计处理综合案例

（一）房地产开发企业销售其开发的房地产项目

1. 房地产企业一般纳税人销售新项目

房地产企业销售新项目适用一般计税方法。

房地产开发企业中的一般纳税人销售其开发的房地产项目（选择简易计税方法的房地产老项目除外），以取得的全部价款和价外费用，扣除受让土地时向政府部门支付的土地价款后的余额为销售额。

【例 8-14】 甲房地产开发有限公司为一般纳税人，新项目适用一般计税方法计税，假设 2021 年 7 月 1 日销售其开发的商品房一套，含税销售额 348.80 万元，该套商品房承担的土地价款为 10.90 万元。该企业确认收入当月无增值税进项税额留抵。

要求：（1）计算该房地产在不动产所在地预缴的增值税额；

（2）编制预缴增值税的会计分录；

（3）计算该房地产企业开具的增值税发票上注明的金额和增值税额分别是多少；

（4）编制确认收入会计分录；

（5）编制增值税核算分录；

（6）计算该房地产在机关所在地申报缴纳的增值税额。

分析：

（1）不动产所在地预缴的增值税额＝348.80/(1＋9%)×3%＝9.60（万元）。

（2）预缴增值税的会计分录如下：

借：应交税费——预交增值税　96 000
　贷：银行存款　96 000

借：应交税费——未交增值税 96 000

贷：应交税费——预交增值税 96 000

(3) 发票中销售额＝348.80/(1＋9％)＝320（万元）；

发票中增值税额＝320×9％＝28.80（万元）。

土地价款按增值税制度规定应扣减销售额面减少的销项税额为：$\frac{10.90}{1+9\%}\times 9\%=0.9$（万元），应计入“应交税费——应交增值税”下的三级明细科目“销项税额抵减”。

(4) 确认收入的会计分录为：

借：银行存款 3 488 000

贷：主营业务收入 3 200 000

应交税费——应交增值税（销项税额） 279 000

——应交增值税（销项税额抵减） 9 000

借：应交税费——应交增值税（销项税额抵减） 9 000

贷：主营业务成本 9 000

(5) 月末增值税核算的会计分录为：

借：应交税费——应交增值税（转出未交增值税） 279 000

贷：应交税费——未交增值税 279 000

(6) 机构所在地申报缴纳的增值税额＝(3 488 000－109 000)/(1＋9％)×9％－96 000＝183 000（元）。

2. 房地产企业一般纳税人销售老项目

房地产开发企业中的一般纳税人，销售自行开发的房地产老项目，可以选择适用简易计税方法按照5％的征收率计税。

《房地产开发企业销售自行开发的房地产项目增值税征收管理暂行办法》（以下简称《暂行办法》）第十一条规定，应预缴税款按照以下公式计算：

应预缴税款＝预收款÷(1＋适用税率或征收率)×3％

适用一般计税方法计税的，按照9％的适用税率计算；适用简易计税方法计税的，按照5％的征收率计算。

第十二条规定，一般纳税人应在取得预收款的次月纳税申报期向主管税务机关预缴税款。

【例8-15】 乙房地产开发有限公司为一般纳税人，老项目选择适用简易计税方法计税。假设2021年7月1日销售其开发的老项目中商品房一套，含税销售额105万元，该套商品房承担的土地价款为5万元。该企业确认收入，当月有增值税进项税额8万元。

要求：(1) 计算该房地产在不动产所在地预缴的增值税额；

(2) 编制预缴增值税的会计分录；

(3) 计算该房地产企业开出的增值税发票上注明的金额和税额分别是多少；

（4）编制确认收入的会计分录；

（5）计算该房地产在机关所在地申报的增值税额。

分析：

（1）不动产所在地预缴的增值税额＝105/(1＋5%)×3%＝3（万元）。

（2）预缴增值税的会计分录为：

借：应交税费——简易计税　　30 000

　贷：银行存款　　30 000

（3）发票中销售额＝105/(1＋5%)＝100（万元）；

发票中增值税额＝100×5%＝5（万元）。

（4）确认收入的会计分录为：

借：银行存款　　1 050 000

　贷：主营业务收入　　1 000 000

　　应交税费——简易计税　　50 000

（5）机构所在地申报的增值税额＝105/(1＋5%)×5%－3＝2（万元）。

3. 房地产企业小规模纳税人销售自行开发的房地产项目

房地产开发企业中的小规模纳税人，销售自行开发的房地产项目，按照5%的征收率计税。

【例8-16】 丙房地产开发有限公司为小规模纳税人，2021年5月1日销售其开发的商品房一套，含税销售额105万元，该套商品房承担的土地价款为5万元。

要求：（1）计算该房地产在不动产所在地预缴的增值税额；

（2）编制预缴增值税的会计分录；

（3）计算该房地产企业开出的增值税发票上注明的金额和税额分别是多少；

（4）编制确认收入会计分录；

（5）计算该房地产在机关所在地申报的增值税额。

分析：

（1）不动产所在地预缴的增值税额＝105/(1＋5%)×3%＝3（万元）。

（2）预缴增值税的会计分录为：

借：应交税费——应交增值税　　30 000

　贷：银行存款　　30 000

（3）发票中销售额＝105/(1＋5%)＝100（万元）；

发票中增值税额＝100×5%＝5（万元）。

（4）确认收入的会计分录为：

借：银行存款　　1 050 000

　贷：主营业务收入　　1 000 000

　　应交税费——应交增值税　　50 000

（5）机构所在地申报的增值税额＝105/(1＋5%)×5%－3＝2（万元）。

4. 房地产开发企业采取预收款方式销售所开发的房地产项目

《暂行办法》第十条规定，一般纳税人采取预收款方式销售自行开发的房地产项目，应在收到预收款时按照3%的预征率预缴增值税。第十二条规定，一般纳税人应在取得预收款的次月纳税申报期向主管税务机关预缴税款。

【例8-17】（1）甲公司（房地产开发企业）2019年5月10日与市土地局签订土地受让合同，受让A地块土地面积30万平方米，支付土地出让金9.81亿元，取得合法财政票据。企业无增值税进项税额。会计处理如下：

借：开发成本——土地征用及拆迁补偿费（土地出让金）　981 000 000
　贷：银行存款　981 000 000

（2）甲公司2019年8月启动开发A地块，商品房可售建筑面积36万平方米。2020年5月预售商品房12万平方米，取得预售房款13.08亿元，应预缴增值税额＝130 800÷(1＋9%)×3%＝3 600（万元）。会计处理如下：

①收到预售房款：

借：银行存款　1 308 000 000
　贷：预收账款　1 308 000 000

②预交增值税：

借：应交税费——预交增值税　36 000 000
　贷：银行存款　36 000 000
借：应交税费——未交增值税　36 000 000
　贷：应交税费——预交增值税　36 000 000

（3）甲公司2020年5月预售的商品房于2021年6月交付业主，并符合收入确认条件，应当申报增值税。会计处理如下：

①确认收入：

借：预收账款　1 308 000 000
　贷：主营业务收入　1 200 000 000
　　　应交税费——应交增值税（销项税额）　81 000 000
　　　　　　　——应交增值税（销项税额抵减）　27 000 000

②抵减销项税额：

扣除土地价款＝9.81×(12÷36)＝3.27(亿元)
销项税额＝(13.08－3.27)÷(1＋9%)×9%＝0.81(亿元)
抵减的销项税额＝3.27÷(1＋9%)×9%＝0.27(亿元)

借：应交税费——应交增值税（销项税额抵减）　27 000 000
　贷：主营业务成本　27 000 000

③期末增值税核算：

借：应交税费——转出未交增值税　　81 000 000
　贷：应交税费——未交增值税　　81 000 000

（二）一般纳税人销售直接购买、接受捐赠、接受投资入股、抵债的不动产

1. 一般纳税人转让其2016年4月30日前取得（不含自建）的不动产

（1）选择适用一般计税方法。

一般纳税人转让其2016年4月30日前取得（不含自建）的不动产，选择适用一般计税方法计税的，以取得的全部价款和价外费用为销售额计算应纳税额。纳税人应以取得的全部价款和价外费用扣除不动产购置原价或者取得不动产时的作价后的余额，按照5%的预征率向不动产所在地主管税务机关预缴税款，向机构所在地主管税务机关申报纳税。

【例8-18】 联合房地产公司为一般纳税人，2015年5月31日购入一栋办公大楼作为固定资产，购买价2 000万元，2021年5月31日因企业调整战略将该栋办公大楼转让，转让价格为2 507万元。联合房地产公司转让该栋办公大楼的增值税选择一般计税方法。（契税税率3%，折旧年限20年，净残值为0，该企业当期没有进项税额，不考虑其他税费。）

要求：（1）编制购入办公大楼的会计分录；

（2）编制固定资产提折旧的会计分录；

（3）编制预缴增值税时的会计分录；

（4）计算转让办公大楼的增值税并编制相关会计分录；

（5）计算转让办公大楼的企业所得税并编制相关会计分录。

分析：

（1）2015年5月31日购入时。

契税额＝2 000×3%＝60(万元)

借：固定资产——办公大楼　　20 600 000
　贷：银行存款　　20 600 000

（2）2015年6月1日—2021年5月31日计提折旧。

累计折旧＝2 060/20×6＝618(万元)

借：管理费用——固定资产折旧　　6 180 000
　贷：累计折旧　　6 180 000

（3）预缴增值税时的账务处理。

预缴增值税额＝(2 507－2 060)/(1＋9%)×5%＝20.5（万元）

借：应交税费——预交增值税　　205 000
　贷：银行存款　　205 000
借：应交税费——未交增值税　　205 000

贷：应交税费——预交增值税　　205 000

(4) 2021 年 5 月 31 日转让时。

①借：固定资产清理　　14 420 000

累计折旧　　6 180 000

贷：固定资产——办公大楼　　20 600 000

②应缴纳的增值税销项税额＝2 507/(1＋9％)×9％＝207（万元）。

借：银行存款　　25 070 000

贷：应交税费——应交增值税（销项税额）　　2 070 000

固定资产清理　　14 420 000

营业外收入　　8 580 000

借：应交税费——应交增值税（转出未交增值税）　　2 070 000

贷：应交税费——未交增值税　　2 070 000

③2021 年 6 月纳税申报期缴纳增值税（207 万元－20.5 万元）。

借：应交税费——未交增值税　　1 865 000

贷：银行存款　　1 865 000

(5) 转让办公大楼的企业所得税额＝858×25％＝214.5（万元）。

①计提转让办公大楼的企业所得税。

借：所得税费用　　2 145 000

贷：应交税费——应交所得税　　2 145 000

②缴纳企业所得税。

借：应交税费——应交所得税　　2 145 000

贷：银行存款　　2 145 000

(2) 选择适用简易计税方法。

一般纳税人转让其 2016 年 4 月 30 日前取得（不含自建）的不动产，选择适用简易计税方法计税的，以取得的全部价款和价外费用扣除不动产购置原价或者取得不动产时的作价后的余额为销售额，按照 5％的征收率计算应纳税额。纳税人应按照上述计税方法向不动产所在地主管税务机关预缴税款，向机构所在地主管税务机关申报纳税。

【例 8-19】 联合房地产公司为一般纳税人，2015 年 5 月 31 日购入一栋办公大楼作为固定资产，购买价 2 000 万元，2021 年 5 月 31 日因企业调整战略将该栋办公大楼转让，转让价格为 2 507 万元。联合房地产公司转让该栋办公大楼的增值税选择简易计税方法。(契税税率 3％，折旧年限 20 年，净残值为 0，不考虑其他税费。)

要求：计算转让办公大楼应交的增值税。

分析：

购入时契税额＝2 000×3％＝60(万元)

(1) 转让时向不动产所在地主管税务机关预缴税款：

预缴增值税应纳税额＝(2 507－2 060)/(1＋5％)×5％
＝21.29（万元）

（2）向机构所在地主管税务机关申报纳税：

申报增值税应纳税额＝21.29(万元)

2. 一般纳税人转让其2016年5月1日后取得（不含自建）的不动产

一般纳税人转让其2016年5月1日后取得（不含自建）的不动产，适用一般计税方法，以取得的全部价款和价外费用为销售额计算应纳税额。纳税人应以取得的全部价款和价外费用扣除不动产购置原价或者取得不动产时的作价后的余额，按照5％的预征率向不动产所在地主管税务机关预缴税款，向机构所在地主管税务机关申报纳税。

【例8-20】 联合房地产公司为一般纳税人，2016年5月31日购入一栋办公大楼作为固定资产，购买价2 000万元，2021年5月31日因企业调整战略将该栋办公大楼转让，转让价格为2 507万元。(契税税率为3％，折旧年限20年，净残值为0，该企业没有当期进项税额，不考虑其他税费。)

要求：计算转让办公大楼应交的增值税。

分析：

购入时契税额＝2 000×3％＝60（万元）

（1）转让时向不动产所在地主管税务机关预缴税款：

预缴增值税应纳税额＝(2 507－2 060)/(1＋9％)×5％
＝20.50（万元）

（2）向机构所在地主管税务机关申报纳税：

申报增值税应纳税额＝当期销项税额－当期进项税额－当月预缴税额
＝2 507/(1＋9％)×9％－0－20.50＝186.50(万元)

3. 小规模纳税人转让其取得（不含自建）的不动产

小规模纳税人转让其取得（不含自建）的不动产，以取得的全部价款和价外费用扣除不动产购置原价或者取得不动产时的作价后的余额为销售额，按照5％的征收率计算应纳税额。

【例8-21】 联合房地产公司为小规模纳税人，2021年5月31日转让一栋购入的办公大楼，购买价2 000万元，转让价格为2 507万元。（契税税率为3％，折旧年限20年，净残值为0，不考虑其他税费。）

要求：计算转让办公大楼应交的增值税。

分析：

购入时契税额＝2 000×3％＝60(万元)

转让时增值税应纳税额＝(2 507－2 060)/(1＋5%)×5%
＝21.29（万元）

（三）一般纳税人销售自建的不动产

1. 一般纳税人转让其2016年4月30日前自建的不动产

（1）选择适用简易计税方法。

一般纳税人转让其2016年4月30日前自建的不动产，可以选择适用简易计税方法计税，以取得的全部价款和价外费用为销售额，按照5%的征收率计算应纳税额。纳税人应按照上述计税方法向不动产所在地主管税务机关预缴税款，向机构所在地主管税务机关申报纳税。

【例8-22】 联合房地产公司为一般纳税人，2015年5月31日自建一栋办公大楼作为固定资产，成本2 000万元，2021年5月31日因企业调整战略将该栋办公大楼转让，转让价格为2 507万元。联合房地产公司转让该栋办公大楼的增值税选择适用简易计税方法。（折旧年限20年，净残值为0。）

要求：计算转让办公大楼应交的增值税。

分析：

转让时增值税应纳税额＝2 507/(1＋5%)×5%＝119.38（万元）

（2）选择适用一般计税方法。

一般纳税人转让其2016年4月30日前自建的不动产，选择适用一般计税方法计税的，以取得的全部价款和价外费用为销售额计算应纳税额。纳税人应以取得的全部价款和价外费用，按照5%的预征率向不动产所在地主管税务机关预缴税款，向机构所在地主管税务机关申报纳税。

【例8-23】 联合房地产公司为一般纳税人，2015年5月31日自建一栋办公大楼作为固定资产，成本2 000万元，2021年5月31日因企业调整战略将该栋办公大楼转让，转让价格为2 507万元。联合房地产转让该栋办公大楼的增值税选择适用一般计税方法。（折旧年限20年，净残值为0，该企业没有当期进项税额。）

要求：计算转让办公大楼应交的增值税。

分析：

（1）转让时向不动产所在地主管税务机关预缴税款：

预缴增值税应纳税额＝2 507/(1＋9%)×5%＝115(万元)

（2）向机构所在地主管税务机关申报纳税：

申报增值税应纳税额＝当期销项税额－当期进项税额－当月预缴税额
＝2 507/(1＋9%)×9%－0－115
＝92(万元)

2. 一般纳税人转让其2016年5月1日后自建的不动产

一般纳税人转让其2016年5月1日后自建的不动产，适用一般计税方法，以取得的全部价款和价外费用为销售额计算应纳税额。纳税人应以取得的全部价款和价外费用，按照5%的预征率向不动产所在地主管税务机关预缴税款，向机构所在地主管税务机关申报纳税。

【例8-24】 联合房地产公司为一般纳税人，2016年5月31日自建一栋办公大楼作为固定资产，成本2 000万元，2021年5月31日因企业调整战略将该栋办公大楼转让，转让价格为2 507万元。（折旧年限20年，净残值为0，该企业没有当期进项税额。）

要求：计算转让办公大楼应交的增值税。

分析：

（1）转让时向不动产所在地主管税务机关预缴税款：

预缴增值税应纳税额＝2 507/(1＋9%)×5%＝115(万元)

（2）向机构所在地主管税务机关申报纳税：

申报增值税应纳税额＝当期销项税额－当期进项税额－当月预缴税额

＝2 507/(1＋9%)×9%－0－115

＝92(万元)

3. 小规模纳税人转让其自建的不动产

小规模纳税人转让其自建的不动产，以取得的全部价款和价外费用为销售额，按照5%的征收率计算应纳税额。

【例8-25】 联合房地产公司为小规模纳税人，2021年5月31日转让一栋自建的办公大楼，成本2 000万元，转让价格为2 507万元。（折旧年限20年，净残值为0。）

要求：计算转让办公大楼应交的增值税。

分析：

转让时增值税应纳税额＝2 507/(1＋5%)×5%

＝119.38（万元）

四、房地产企业的增值税核算与纳税申报综合案例

【例8-26】 甲公司是一家主营房地产开发经营的企业，机构所在地位于梁园区，开发的A房地产项目在睢阳区。该项目《建筑工程施工许可证》登记的开工日期在2016年4月30日前。本次营改增中，登记为一般纳税人，对A房地产项目选择了一般计税

方法计税。

甲公司为开发 A 项目，取得土地 150 000 平方米，土地出让金财政收据金额为 29 560.80万元；A 项目总可售建筑面积为 400 000 平方米。

2022 年 5 月，A 项目尚未完工，预售收入为 10 900 万元，对应的建筑面积为10 000 平方米。2022 年 6 月，购进用于 A 项目的建材钢筋 100 万元，进项税额 13 万元；6 月份预售的 10 900 万元房款，给业主开具了增值税专用发票。该月期初没有进项税额留抵。(本例题只考虑增值税的核算和申报)

说明：一般纳税人开发的房地产老项目，可以选择一般计税方法申报纳税，税率为 9%。其会计账务与纳税处理与一般纳税人开发的房地产新项目没有区别。

分析：

1. 5 月份的财税处理

收到预售房款时：

借：银行存款　　109 000 000
　贷：预收账款——未开票未计税房款　　109 000 000

说明：根据《营业税改征增值税有关事项的规定》的规定，房地产开发企业采取预收款方式销售自行开发的房地产项目，应在收到预收款时按照 3%的预征率预缴增值税。

应预缴税款＝预收款÷(1＋适用税率或征收率)×3%；适用一般计税方法计税的，按照 9%的适用税率计算。

甲公司在次月申报期之内，按照 3%的预征率，计算出预缴税款为 300 万元[10 900/(1＋9%)×3%]，向项目所在地睢阳区国税局预缴税款。

借：应交税费——预交增值税　　3 000 000
　贷：银行存款　　3 000 000
借：应交税费——未交增值税　　3 000 000
　贷：应交税费——预交增值税　　3 000 000

预缴税款表的填列：2022 年 5 月，收到预收款 10 900 万元，因为没开具发票，应填报《增值税预缴税款表》，无须在《增值税纳税申报表》主表填报。在《增值税预缴税款表》第 2 行的第 1 列填写 10 900 万元，第 2 列填写 0，第 3 列填写 3%，第 4 列填写 300 万元。

2. 6 月份的财税处理

收到建材发票并验收入库时：

借：原材料　　1 000 000
　　应交税费——应交增值税（进项税额）　　130 000
　贷：银行存款　　1 130 000

将 5 月份预售的 10 900 万元房款，自行给业主开具了增值税发票，发票上的销售额为 10 000 万元，发票上的销项税额为 900 万元，并在本月确认销项税额。由于企业选择一般计税方法，在计算销售额时，可扣除相应的土地价款，因此账务处理如下：

借：预收账款——未开票未计税房款　　109 000 000
　贷：预收账款——已开票已计税房款　　100 000 000
　　应交税费——应交增值税（销项税额）　　8 389 800
　　　　——应交增值税（销项税额抵减）　　610 200

房地产开发企业中的一般纳税人销售自行开发的房地产项目，适用一般计税方法计税的，按照取得的全部价款和价外费用，扣除当期销售房地产项目对应的土地价款后的余额计算销售额。销售额＝(全部价款和价外费用－当期允许扣除的土地价款)÷(1＋9%)。

允许扣除的土地价款＝29 560.80×10 000÷400 000
　　　　　　＝739.02(万元)
减少的土地价款所抵减的销项税额＝739.02÷(1＋9%)×9%
　　　　　　＝61.02(万元)

按《增值税会计处理规定》(财会〔2016〕22 号文件发布）的规定，企业发生相关成本费用允许扣减销售额的账务处理，待纳税义务发生时，按照允许抵扣的税额，借记“应交税费——应交增值税（销项税额抵减)”科目，贷记“主营业务成本”科目。

借：应交税费——应交增值税（销项税额抵减）　　610 200
　贷：主营业务成本　　610 200
借：应交税费——应交增值税（转出未交增值税）　　8 389 800
　贷：应交税费——未交增值税　　8 389 800

一般纳税人销售自行开发的房地产项目适用一般计税方法计税的，以当期销售额和9%的适用税率计算当期应纳税额，抵减已预缴税款后，向主管税务机关申报纳税。未抵减完的预缴税款可以结转下期继续抵减。

本月应申报缴纳的税款为 525.98 万元（838.98－13－300)，按照财税〔2016〕36 号文件附件 2《营业税改征增值税试点有关事项的规定》第一条第（十）项的规定，向公司机构所在地梁园区税务局纳税申报。

借：应交税费——未交增值税　　5 259 800
　贷：银行存款　　5 259 800

纳税申报表的填列（见表 8-7 至表 8-10)：纳税申报时，需填列《国家税务总局关于增值税、消费税与附加税费申报表整合纳税申报有关事项的公告》(国家税务总局公告 2021 年第 20 号）下发的报表。

表 8-7

增值税纳税申报表
（一般纳税人适用）

根据国家税收法律法规及增值税相关规定制定本表。纳税人不论有无销售额，均应按税务机关核定的纳税期限填写本表，并向当地税务机关申报。

税款所属时间：自 2022 年 6 月 1 日至 2022 年 6 月 30 日　　填表日期：2022 年 7 月 3 日　　金额单位：元（列至角分）

纳税人识别号（统一社会信用代码）：□□□□□□□□□□□□□□□□□□□□□□□　　所属行业：

<table>
<tr><td>纳税人名称</td><td>（公章）</td><td>法定代表人姓名</td><td></td><td>注册地址</td><td></td><td>生产经营地址</td><td></td></tr>
<tr><td>开户银行及账号</td><td colspan="2"></td><td>登记注册类型</td><td colspan="2"></td><td>电话号码</td><td></td></tr>
</table>

<table>
<tr><th colspan="2" rowspan="2">项目</th><th rowspan="2">栏次</th><th colspan="2">一般项目</th><th colspan="2">即征即退项目</th></tr>
<tr><th>本月数</th><th>本年累计</th><th>本月数</th><th>本年累计</th></tr>
<tr><td rowspan="10">销售额</td><td>（一）按适用税率计税销售额</td><td>1</td><td>100 000 000.00</td><td>100 000 000.00</td><td></td><td></td></tr>
<tr><td>其中：应税货物销售额</td><td>2</td><td></td><td></td><td></td><td></td></tr>
<tr><td>应税劳务销售额</td><td>3</td><td></td><td></td><td></td><td></td></tr>
<tr><td>纳税检查调整的销售额</td><td>4</td><td></td><td></td><td></td><td></td></tr>
<tr><td>（二）按简易办法计税销售额</td><td>5</td><td></td><td></td><td></td><td></td></tr>
<tr><td>其中：纳税检查调整的销售额</td><td>6</td><td></td><td></td><td></td><td></td></tr>
<tr><td>（三）免、抵、退办法出口销售额</td><td>7</td><td></td><td></td><td>—</td><td>—</td></tr>
<tr><td>（四）免税销售额</td><td>8</td><td></td><td></td><td>—</td><td>—</td></tr>
<tr><td>其中：免税货物销售额</td><td>9</td><td></td><td></td><td>—</td><td>—</td></tr>
<tr><td>免税劳务销售额</td><td>10</td><td></td><td></td><td>—</td><td>—</td></tr>
<tr><td rowspan="8">税款计算</td><td>销项税额</td><td>11</td><td>8 389 800.00</td><td>8 389 800.00</td><td></td><td></td></tr>
<tr><td>进项税额</td><td>12</td><td>130 000.00</td><td>130 000.00</td><td></td><td></td></tr>
<tr><td>上期留抵税额</td><td>13</td><td></td><td></td><td></td><td>—</td></tr>
<tr><td>进项税额转出</td><td>14</td><td></td><td></td><td></td><td></td></tr>
<tr><td>免、抵、退应退税额</td><td>15</td><td></td><td></td><td>—</td><td>—</td></tr>
<tr><td>按适用税率计算的纳税检查应补缴税额</td><td>16</td><td></td><td></td><td>—</td><td>—</td></tr>
<tr><td>应抵扣税额合计</td><td>17=12+13−14−15+16</td><td></td><td>—</td><td></td><td>—</td></tr>
<tr><td>实际抵扣税额</td><td>18（如 17<11，则为 17，否则为 11）</td><td></td><td></td><td></td><td></td></tr>
</table>

续表

项目		栏次	一般项目		即征即退项目	
			本月数	本年累计	本月数	本年累计
税款计算	应纳税额	19=11−18	8 259 800.00	8 259 800.00		
	期末留抵税额	20=17−18				—
	简易计税办法计算的应纳税额	21				
	按简易计税办法计算的纳税检查应补缴税额	22			—	—
	应纳税额减征额	23				
	应纳税额合计	24=19+21−23	8 259 800.00	8 259 800.00		
税款缴纳	期初未缴税额（多缴为负数）	25				
	实收出口开具专用缴款书退税额	26			—	—
	本期已缴税额	27=28+29+30+31	3 000 000.00	3 000 000.00		
	①分次预缴税额	28	3 000 000.00	—		—
	②出口开具专用缴款书预缴税额	29		—	—	—
	③本期缴纳上期应纳税额	30				
	④本期缴纳欠缴税额	31				
	期末未缴税额（多缴为负数）	32=24+25+26−27	5 259 800.00	5 259 800.00		
	其中：欠缴税额（≥0）	33=25+26−27		—		—
	本期应补（退）税额	34=24−28−29		—		—
	即征即退实际退税额	35	—	—		
	期初未缴查补税额	36			—	—
	本期入库查补税额	37			—	—
	期末未缴查补税额	38=16+22+36−37			—	—
附加税费	城市维护建设税本期应补（退）税额	39			—	—
	教育费附加本期应补（退）费额	40			—	—
	地方教育附加本期应补（退）费额	41			—	—

声明：此表是根据国家税收法律法规及相关规定填写的，本人（单位）对填报内容（及附带资料）的真实性、可靠性、完整性负责。

纳税人（签章）：　　年　　月　　日

经办人： 经办人身份证号： 代理机构签章： 代理机构统一社会信用代码：	受理人： 受理税务机关（章）：受理日期：　　年　　月　　日

表 8-8

增值税及附加税费申报表附列资料（一）
（本期销售情况明细）

纳税人名称：（公章）　　税款所属时间：2022 年 6 月 1 日至 2022 年 6 月 30 日　　金额单位：元（列至角分）

项目及栏次				开具增值税专用发票		开具其他发票		未开具发票		纳税检查调整		合计			服务、不动产和无形资产扣除项目本期实际扣除金额	扣除后	
				销售额	销项（应纳）税额	销售额	销项（应纳）税额	销售额	销项（应纳）税额	销售额	销项（应纳）税额	销售额	销项（应纳）税额	价税合计		含税（免税）销售额	销项（应纳）税额
				1	2	3	4	5	6	7	8	9=1+3+5+7	10=2+4+6+8	11=9+10	12	13=11−12	14=13÷(100%+税率或征收率)×税率或征收率
一、一般计税方法计税	全部征税项目	13%税率的货物及加工修理修配劳务	1											—	—	—	—
		13%税率的服务、不动产和无形资产	2														
		9%税率的货物及加工修理修配劳务	3											—	—	—	—
		9%税率的服务、不动产和无形资产	4	100 000 000.00	9 000 000.00							100 000 000.00	9 000 000.00	109 000 000.00	7 390 200.00	101 609 800.00	8 389 800.00
		6%税率	5														
	其中：即征即退项目	即征即退货物及加工修理修配劳务	6	—	—	—	—	—	—	—	—			—	—	—	—
		即征即退服务、不动产和无形资产	7	—	—	—	—	—	—	—	—						
二、简易计税方法计税	全部征税项目	6%征收率	8							—	—			—	—	—	—
		5%征收率的货物及加工修理修配劳务	9a							—	—			—	—	—	—
		5%征收率的服务、不动产和无形资产	9b							—	—						
		4%征收率	10							—	—			—	—	—	—
		3%征收率的货物及加工修理修配劳务	11							—	—			—	—	—	—

续表

项目及栏次				开具增值税专用发票		开具其他发票		未开具发票		纳税检查调整		合计			服务、不动产和无形资产扣除项目本期实际扣除金额	扣除后	
				销售额	销项（应纳）税额	销售额	销项（应纳）税额	销售额	销项（应纳）税额	销售额	销项（应纳）税额	销售额	销项（应纳）税额	价税合计		含税（免税）销售额	销项（应纳）税额
				1	2	3	4	5	6	7	8	9=1+3+5+7	10=2+4+6+8	11=9+10	12	13=11−12	14=13÷(100%+税率或征收率)×税率或征收率
二、简易计税方法计税	全部征税项目	3%征收率的服务、不动产和无形资产	12							—	—						
		预征率 %	13a							—	—						
		预征率 %	13b							—	—						
		预征率 %	13c							—	—						
	其中：即征即退项目	即征即退货物及加工修理修配劳务	14	—	—	—	—	—	—	—	—			—	—	—	—
		即征即退服务、不动产和无形资产	15	—	—	—	—	—	—	—	—						
三、免抵退税	货物及加工修理修配劳务		16	—	—		—		—	—	—		—	—	—	—	—
	服务、不动产和无形资产		17	—	—		—		—	—	—		—				—
四、免税	货物及加工修理修配劳务		18				—		—	—	—		—	—	—	—	—
	服务、不动产和无形资产		19	—	—		—		—	—	—		—				—

表 8-9

增值税及附加税费申报表附列资料（二）
（本期进项税额明细）

纳税人名称：（公章）　　税款所属时间：2022 年 6 月 1 日至 2022 年 6 月 30 日　　金额单位：元（列至角分）

一、申报抵扣的进项税额				
项目	栏次	份数	金额	税额
（一）认证相符的增值税专用发票	1=2+3	1	1 000 000.00	130 000.00
其中：本期认证相符且本期申报抵扣	2	1	1 000 000.00	130 000.00
前期认证相符且本期申报抵扣	3			
（二）其他扣税凭证	4=5+6+7+8a+8b			
其中：海关进口增值税专用缴款书	5			
农产品收购发票或者销售发票	6			
代扣代缴税收缴款凭证	7		—	
加计扣除农产品进项税额	8a	—	—	
其他	8b			
（三）本期用于购建不动产的扣税凭证	9			
（四）本期用于抵扣的旅客运输服务扣税凭证	10			
（五）外贸企业进项税额抵扣证明	11	—	—	
当期申报抵扣进项税额合计	12=1+4+11	1	1 000 000.00	130 000.00

二、进项税额转出额		
项目	栏次	税额
本期进项税额转出额	13=14 至 23 之和	
其中：免税项目用	14	
集体福利、个人消费	15	
非正常损失	16	
简易计税方法征税项目用	17	

项目	栏次	份数	金额	税额
免抵退税办法不得抵扣的进项税额	18			
纳税检查调减进项税额	19			
红字专用发票信息表注明的进项税额	20			
上期留抵税额抵减欠税	21			
上期留抵税额退税	22			
其他应作进项税额转出的情形	23			
三、待抵扣进项税额				
项目	栏次	份数	金额	税额
（一）认证相符的增值税专用发票	24	—	—	—
期初已认证相符但未申报抵扣	25			
本期认证相符且本期未申报抵扣	26			
期末已认证相符但未申报抵扣	27			
其中：按照税法规定不允许抵扣	28			
（二）其他扣税凭证	29=30 至 33 之和			
其中：海关进口增值税专用缴款书	30			
农产品收购发票或者销售发票	31			
代扣代缴税收缴款凭证	32		—	
其他	33			
	34			
四、其他				
项目	栏次	份数	金额	税额
本期认证相符的增值税专用发票	35			
代扣代缴税额	36	—	—	

表 8-10

增值税及附加税费申报表附列资料（三）
（服务、不动产和无形资产扣除项目明细）

纳税人名称：（公章） 税款所属时间：2022 年 6 月 1 日至 2022 年 6 月 30 日 金额单位：元（列至角分）

项目及栏次		本期服务、不动产和无形资产价税合计额（免税销售额）	服务、不动产和无形资产扣除项目				
			期初余额	本期发生额	本期应扣除金额	本期实际扣除金额	期末余额
		1	2	3	4=2+3	5（5≤1 且 5≤4）	6=4−5
13%税率的项目	1						
9%税率的项目	2	109 000 000.00	0	3 000 000.00	3 000 000.00	3 000 000.00	0
6%税率的项目（不含金融商品转让）	3						
6%税率的金融商品转让项目	4						
5%征收率的项目	5						
3%征收率的项目	6						
免抵退税的项目	7						
免税的项目	8						

知识链接

房地产特殊销售业务的税务处理

1. 房地产公司收取购房者的违约金。

对于由房地产公司收取购房者的违约金，一般作为价外费用进行的税务处理，但要注意区分以下情况：(1) 虽收取违约金但销售行为成立的，房地产公司收取的违约金收入属于价外费用，需要并入销售收入总额计算缴纳增值税；(2) 销售行为不成立时，房地产公司收取的违约金收入属于营业外收入，不需要计算缴纳增值税。这是因为没有房产成交，违约金也就没有依附于增值税应税业务。该违约金是独立存在的补偿款，不属于增值税的征税范围。

2. 房地产公司的混合销售。

一项销售行为如果既涉及应税服务又涉及货物销售，为混合销售。房地产公司销售商品房同时提供家具，附送家电、赠送物业费等，属于混合销售行为，若附送的家具、家电和物业费没有单独定价，与房款一并收取的，应按照其主营业务，即销售不动产适用税率缴纳增值税。

3. 房地产公司的兼营行为。

房地产公司销售商品房时提供精装修，应按照兼营行为征收增值税。

《营业税改征增值税试点实施办法》第三十九条规定，纳税人兼营销售货物、劳务、服务、无形资产或者不动产，适用不同税率或者征收率的，应当分别核算适用不同税率或者征收率的销售额；未分别核算的，从高适用税率。纳税人兼营免税、减税项目的，应当分别核算免税、减税项目的销售额；未分别核算的，不得免税、减税。

4. 房地产公司的视同销售行为。

房地产开发产品以下八种情形作为视同销售行为：

(1) 不动产对外投资、分配等，视同销售缴纳增值税；

(2) 以房抵工程款、抵银行贷款、抵股东分配股息视同销售；

(3) 购入在建工程项目，重新立项开发视同销售；

(4) 配套设施无偿移交给政府，属于可售面积之内的视同销售；

(5) 开发回迁安置房，视同销售缴纳增值税；

(6) 以地投入合作建房，视同销售缴纳增值税；

(7) 卖房送没有产权的车库，视同销售缴纳增值税；

(8) 无偿转让房地产开发产品，视同销售缴纳增值税。

5. 差额征税，全部价款扣除规定项目价款后不含税余额为销售额。

差额征税，是指营改增纳税人以取得的全部价款和价外费用扣除支付给规定范围纳税人的规定项目价款后的不含税余额为销售额进行征税的方法。房地产公司以下六项可以实行差额征税政策：

（1）房地产开发企业中的一般纳税人销售其开发的房地产项目（选择简易计税方法的房地产老项目除外），以取得的全部价款和价外费用，扣除受让土地时向政府部门支付的土地价款后的余额为销售额。销售额＝（全部价款和价外费用－当期允许扣除的土地价款）÷（1＋9％）。

（2）一般纳税人销售其2016年4月30日前取得的不动产（不含自建），适用一般计税方法计税的，纳税人应以取得的全部价款和价外费用减去该项不动产购置原价或者取得不动产时的作价后的余额为销售额。

（3）一般纳税人销售其2016年4月30日前取得（不含自建）的不动产，可以选择适用简易计税方法，以全部收入减去该项不动产购置原价或者取得不动产时的作价后的余额为销售额。

（4）一般纳税人销售其2016年5月1日后取得（不含自建）的不动产，应适用一般计税方法，纳税人应以取得的全部价款和价外费用减去该项不动产购置原价或者取得不动产时的作价后的余额为销售额。

（5）融资性售后回租业务，提供融资性售后回租服务，以取得的全部价款和价外费用（不含本金），扣除对外支付的借款利息、发行债券利息后的余额作为销售额。

（6）纳税人转让2016年4月30日前取得的土地使用权，可以选择适用简易计税方法，以取得的全部价款和价外费用减去取得该土地使用权的原价后的余额为销售额。

6. 不动产入股，投资换取股权属于有偿转让。

以不动产投资入股时其有所有权发生转移，同时取得股权即取得了经济利益。因此，将不动产投资入股换取股权行为属于有偿转让不动产，对此按有偿销售不动产行为征收增值税。

7. 公益性捐赠，无偿捐赠行为不再视同销售。

公益性捐赠是指纳税人通过中国境内非营利的社会团体、国家机关，向教育、民政等公益事业和遭受自然灾害地区、贫困地区的捐赠。正是因为公益性捐赠一定程度上为社会困难人员提供了援助，且属于国家鼓励行为，因此，对于公益性捐赠行为，特别是对于增值税而言，在营改增前后，相关政策存在很大差异。

营改增之前，企业的公益性捐赠也应按税法规定缴纳增值税；营改增后，公益性捐赠不再需要缴纳增值税。《营业税改征增值税试点实施办法》规定：销售服务、无形资产或者不动产，是指有偿提供服务、有偿转让无形资产或者不动产。而单位或者个体工商户向其他单位或者个人无偿提供服务、无偿转让无形资产或者不动产应视同销售缴纳增值税，但用于公益事业或者以社会公众为对象的除外。因此，对用于公益性事业的无偿行为，属于“不征增值税”的范畴，无须缴纳增值税。

8. 公共配套设施项目有偿转让应计销售额。

纳税人开发建造的与清算项目配套的居委会和派出所用房、会所、停车场（库）、物业管理场所、变电站、热力站、水厂、文体场馆、学校、幼儿园、托儿所、医院、邮电通讯等公共设施，建成后有偿转让的，应计算收入，并准予扣除成本、费用。公共配套设施产权归房地产企业所有的、未明确产权归属的、无偿赠与地方政府和公用事业单位以外其他单位的，企业自用的按建造固定资产处理，非自用的按建造开发产品处理。按建造开发产品处理，是指收入作为计税收入，成本作为计税成本。

(1) 公共配套设施无偿移交给政府三种情形视同销售。

第一，公共配套设施在可售面积之内的视同销售。房地产企业将建设的医院、幼儿园、学校、供水设施、变电站、市政道路等配套设施无偿赠送（移交）给政府的，如果上述设施在可售面积之外，作为无偿赠送的服务用于公益事业，不视同销售；如果上述配套设施在可售面积之内，则应视同销售征收增值税。

第二，单独作价结算的配套公共设施视同销售。房地产企业将建设的医院、幼儿园、学校、供水设施、变电站、市政道路等配套设施无偿赠送（移交）给政府的，如果上述设施属于未单独作价结算的配套公共设施，无偿赠送用于公益事业，不视同销售；否则，则应视同销售征收增值税。

第三，公共配套设施无偿移交，但并非用于公益事业或以社会公众为对象视同销售。房地产企业按约定将公共配套的学校无偿移交给政府部门，是否属于单位无偿转让不动产（用于公益事业或以社会公众为对象除外），应根据房地产企业与政府部门的具体合同内容进行判定：如果房地产企业将公共配套的学校无偿移交给政府部门，用于公益事业或以社会公众为对象，符合财税〔2016〕36 号文件相关规定，不视同销售，不征收增值税；如果房地产企业将公共配套的学校无偿移交给政府部门，但并非用于公益事业或以社会公众为对象，则按视同销售，征收增值税。

(2) 公共配套设施用于公益事业无偿赠与不作视同销售。房地产公司在开发区内建造公园或在红线外修建道路后无偿移交政府的行为，属于“用于公益事业或者以社会公众为对象”的无偿赠与行为，不作视同销售处理。如果能够提供书面证据是应政府的要求而建造的，同样不属于规定的“无偿赠送”行为，而应视为“为取得土地使用权支付的对价”，按照实际发生的成本计入土地成本。

9. 地下车库，出租、转让、移交收入确认各不同。

(1) 地下车位用于出租，按不动产经营租赁服务缴纳增值税。

(2) 地下车位用于转让，房地产开发企业单独作价转让其永久使用权，按销售开发产品缴纳增值税。对于出售没有独立产权的车位，虽然购买方并未取得完全的占有权、使用权、收益权、处置权，但本着实质重于形式的原则，并从尊重交易双方习惯出发，可暂按照出售不动产进行处理。

(3) 地下车位无偿移交给业主使用，作为公共配套设施处理，不视同销售，成本计入公共配套设施费用，进项税额允许抵扣。

五、营改增后开发项目的税负测算综合案例

（一）基本概况

北大隆盛房地产开发有限公司（以下简称北大隆盛）于2016年1月获取黄湖片区G70地块，土地出让价款63 514万元，建筑总面积152 541.51平方米。折合楼面价4 164元/平方米。该地块占地面积69 337.05平方米（约合104亩），折合610.71万元/亩。

北大隆盛G70地块总建设面积193 326平方米，共分两个标段，其中第一标段施工方为中建公司，于2016年2月14日取得《建筑工程施工许可证》，建设规模104 324平方米；第二标段施工方为华盛建设，于2016年2月26日取得《建筑工程施工许可证》，建设规模89 002平方米。

北大隆盛自2月份开工至2016年4月底，只支付了少量工程款，主要是土石方的款项支付和前期桩基款项，金额合计约1 000万元，约占项目建安成本及其他前期配套费用总金额5.7亿元的2%。

因为项目是刚开工，所以项目是选择简易征税方法还是一般计税方法，存在较大的弹性，需要根据政策规定进行测算，并选择合适的增值税计税方法。

（二）营改增税负测算适用的政策

1. 项目的销售时点对应的纳税政策

2016年4月30日左右取得《预售许可证》，在2016年6月份正式开始销售。根据营改增的规定，将从2016年5月1日起正式适用增值税政策。因此北大隆盛G70项目的商品销售只产生增值税纳税义务，不产生营业税纳税义务。

2. 取得《建筑工程施工许可证》的时间对应的增值税纳税方法

《房地产开发企业销售自行开发的房地产项目增值税征收管理暂行办法》第八条规定，一般纳税人销售自行开发的房地产老项目，可以选择适用简易计税方法按照5%的征收率计税。一经选择简易计税方法计税的，36个月内不得变更为一般计税方法计税。

通过上述规定结合G70项目的获取施工证进度可以看出，G70项目可以选择简易计税方法，也可以选择一般计税方法。

若选择简易计税方法，则

应纳税额＝含税销售额÷(1＋5%)×5%

若选择一般计税方法，则

应纳税额＝销项税额－进项税额

销项税额＝(全部价款和价外费用－当期允许扣除的土地价款)÷(1＋11％)×11％

进项税额＝含税价款÷(1＋征收率)×征收率

（三）营改增税负测算方案

1. 营业税时期缴纳营业税测算税负

根据 2016 年 4 月 18 日测算的数据，G70 项目价值为 136 185 万元，按照原营业税规定，则应纳营业税为：

136 185×5％＝6 809.25（万元）

故营业税时期税负率为 5％。

2. 营改增后按照简易计税方法测算税负

按照简易计税方法，适用的征收率为 5％，根据财税〔2016〕36 号文件的规定：

销售额＝含税销售额÷(1＋征收率)

应纳税额＝销售额×征收率

因此，

G70 项目销售额＝136 185÷(1＋5％)＝129 700（万元）

应纳税额＝129 700×5％＝6 485（万元）

营改增后，按照简易计税方法测算：

增值税税负率＝应纳税额÷含税销售额＝6 485÷136 185＝4.76％

3. 营改增后按照一般计税方法测算税负

按照一般计税方法测算，适用 11％的税率，则有：

应纳税额＝销项税额－进项税额

（1）销项税额的计算。

G70 项目销售额＝（G70 项目价值 136 185 万元－支付的土地款 63 514 万元)÷(1＋11％)＝72 671÷(1＋11％)＝65 469.37（万元）

销项税额＝65 469.37×11％＝7 201.63（万元）

（2）进项税额的计算。

进项税额＝建安及其他前期配套等可抵扣项目合计 54 208 万元÷（1＋11％）×11％＝5 372（万元）

具体可抵扣项目合计 54 208 万元，其构成如表 8-11 所示。

表 8-11　　房地产开发企业会计科目表　　单位：万元

项目	预算成本金额	不考虑土地成本的支出合计	备注
合计	125 305	54 208	
对应进项税额		5 372	按照可抵扣项目 11%匡算
A. 土地成本	67 987		
1. 土地出让金	63 514		土地成本在销售额中已减除
2. 其他土地相关费用	4 473		其他土地费用无法抵扣
B. 前期费用	4 534	4 534	
C. 市政基础设施	3 897	3 897	
D. 建安成本	44 138	44 138	
1. 主体工程	31 908	31 908	
2. 其他工程	12 230	12 230	
E. 配套设施	3 205	3 205	
H. 不可预见费	1 544	1 544	
剔除项目：已支付款项		－1 000	此部分金额春节前已支付并取得营业税发票，无法抵扣
报批报建费用		－2 110	缴纳给政府部门的报批报建费用，无法抵扣

注：2016 年 5 月 1 日营改增初期，不动产销售一般计税方法下适用的增值税税率为 11%，本案例统一采用 11%进行计算和分析。

（3）应纳税额的计算。

应纳税额＝销项税额－进项税额＝7 201.63－5 372＝1 829.63（万元）

增值税税负率＝应纳税额/含税销售额＝1 829.63/136 185＝1.34%

注意：本案例是在《财政部 税务总局关于调整增值税税率的通知》（财税〔2018〕32 号）发布之前的增值税税负测算，因此增值税适用税率为 11%。

（四）营改增后纳税方案的选择

1. 不同计税方法下的税负率对比分析

根据以上测算，不同计税方法下税负率情况如表 8-12 所示。

表 8-12

项目	营业税	增值税	
		简易计税方法	一般计税方法
含税销售额	136 185	136 185	136 185
不含税收入	136 185	129 700	128 983
税金	6 809.25	6 485.00	1 829.63
增值税税负率（含税）	5.00%	4.76%	1.34%
增值税税负率（不含税）	5.00%	5.00%	1.42%

通过以上方案可以看出，营改增之后，企业的税负有所减轻，如果采用增值税一般计税方法，抵扣项目能够如期全部取得，税负率较营业税税制下降低 3.6 个百分点。

2. 简易计税方法和一般计税方法税负临界点的分析

由于 G70 项目的开盘日期是在 2016 年 5 月 1 日之后，因此只涉及增值税，需根据测算，确定选用简易计税方法还是一般计税方法。

按照简易计税方法，应纳税额为 6 485 万元。

采用一般计税方法，假设没有任何进项抵扣项目。根据相关规定，可以抵扣土地价款，则扣除土地价款后对应的销项税额为：

G70 项目销项税额＝(G70 项目价值 136 185 万元－支付的土地款 63 514 万元)÷(1＋11%)×11%＝7 201.63（万元）

即在不考虑任何抵扣项目的情况下，采用一般计税方法只比采用简易计税方法多缴纳税款 716.63 万元（7 201.63－6 485）。

按照这种方法，只要和供应商的合同中含税金额大于 7 231 万元，即 716.63/11%×(1＋11%)，则采用一般计税方法就比采用简易计税方法税负低。

因此，采用一般计税方法比简易计税方法税负降低的临界点是合同中的含税金额大于 7 231 万元（适用税率为 11%）。

（五）管理建议

考虑以下两个因素：第一，土地成本占总价值比重较高，G70 项目的土地成本 63 514 万元占总价值 136 185 万元的 47%；第二，G70 项目开工时间较短，项目工程支出累计约 1 000 万元，占建安成本及前期费用等预计总支出 57 318 万元的 2%，后期有大量进项税票取得的空间，因此结合上述测算，建议采用一般计税方法缴纳增值税，同时做好以下工作：

（1）总包单位须提供符合要求的增值税专用发票。

（2）后期进行洽谈合作的单位，目标价格为含税价，且须提供符合要求的增值税专用发票。

第四节　城市维护建设税及教育费附加的会计核算和税务处理

税金附加，是指纳税人向税务机关缴纳增值税、消费税时，按相关规定需根据增值税、消费税的一定比例计算缴纳的各项附加税费。目前，这种附加税费主要是城市维护建设税和教育费附加，地方政府往往也附征一些地方性费用，如地方教育附加、堤防费、防洪费等。

一、城市维护建设税的会计核算和税务处理

根据《中华人民共和国城市维护建设税法》的规定，城市维护建设税的计税依据为纳税人当期实际缴纳的增值税、消费税的税额，税率则因纳税人所在地不同而不同，具体规定如下：

纳税人所在地在市区的，税率为7%；

纳税人所在地在县城、镇的，税率为5%；

纳税人所在地不在市区、县城或镇的，税率为1%。

通常，房地产开发企业只缴纳增值税，因此，房地产开发企业在计算城市维护建设税及教育费附加时，只需按照当期实际缴纳的增值税额为计税依据计算缴纳城市维护建设税。

【例 8-27】 中联公司 2022 年 8 月共缴纳增值税 950 万元，假设中联公司所在地为市区，则当月应缴城市维护建设税 66.5 万元，其账务处理如下：

借：税金及附加　　665 000

　贷：应交税费——应交城市维护建设税　　665 000

二、教育费附加的会计核算和税务处理

按照《征收教育费附加的暂行规定》，教育费附加的计征依据为纳税人当期实际缴纳的增值税、消费税的税额，费率为3%。

【例 8-28】 （接上例）中联公司 2022 年 8 月应缴纳的教育费附加为 28.5 万元，其账务处理如下：

借：税金及附加　　285 000

　贷：应交税费——应交教育费附加　　285 000

第五节　土地增值税的会计核算和税务处理

一、土地增值税的会计核算

（一）现房销售的土地增值税的会计核算

在现房销售的情况下，采用一次性收款、房地产移交使用、发票账单提交买主、钱货两清方式的，应于房地产已经移交和发票结算账单提交买主时作为销售实现，借记“银行

存款”等科目，贷记“主营业务收入”等科目。同时，计算应由实现的营业收入负担的土地增值税，借记“税金及附加”等科目，贷记“应交税费——应交土地增值税”科目。

在现房销售的情况下，采用赊销、分期收款方式销售房地产的，应以合同规定的收款时间作为销售实现，分次结转收入。销售实现时，借记“银行存款”或“应收账款”科目，贷记“主营业务收入”等科目；同时，计算应由实现的销售收入负担的土地增值税，借记“税金及附加”等科目，贷记“应交税费——应交土地增值税”科目。

【例 8-29】 中联房地产公司转让高级公寓一栋，获得货币收入 7 500 万元，获得购买方原准备盖楼的钢材 2 100 吨（每吨 2 500 元）。公司为取得土地使用权支付 1 450 万元，开发土地、建房及配套设施等支出 2 110 万元，发生开发间接费用 480 万元（其中：利息支出 295 万元，可全额税前扣除），支付转让房地产的有关税金及附加 47 万元。（假设不考虑增值税）应纳土地增值税额计算及账务处理如下：

（1）收入实现时。

借：银行存款　　75 000 000

　　原材料　　5 250 000

　贷：主营业务收入　　80 250 000

（2）计提土地增值税时。

土地增值税应税收入＝7 500＋525＝8 025(万元)

本例题中，确认可以扣除的利息支出 295 万元，大于“取得土地使用权所支付的金额”与“房地产开发成本”金额之和的 5%，[1 450＋2 110＋(480－295)]×5%＝187.25（万元）。所以，计算土地增值税时，利息费用采用据实扣除。

土地增值税扣除金额＝1 450＋2 110＋(480－295)＋47＋295＋[1 450＋2 110＋(480－295)]×5%＋[1 450＋2 110＋(480－295)]×20%
＝3 745＋47＋295＋3 745×5%＋3 745×20%
＝5 023.25(万元)

增值额＝8 025－5 023.25＝3 001.75(万元)

增值率＝3 001.75÷5 023.25×100%＝59.76%

应纳税额＝3 001.75×40%－5 023.25×5%＝949.54(万元)

借：税金及附加　　9 495 400

　贷：应交税费——应交土地增值税　　9 495 400

（二）期房销售的土地增值税的会计核算

按照《城市房地产管理法》的规定，商品房可以预售，但应符合下列条件：已交付全部土地使用权出让金，取得土地使用权证书；持有建设工程规划许可证；按提供预售的商品房计算，投入开发建设的资金达到总投资的 25%以上，并已经确定工程进度和竣工交付日期；向县级以上人民政府房产管理部门办理预售登记，取得商品房预售许可证明。

在商品房预售的情况下，商品房交付使用前采取一次性收款或分次收款的，收到购房款时，借记“银行存款”科目，贷记“预收账款”科目；按规定预缴土地增值税时，借记“应交税费——应交土地增值税”科目，贷记“银行存款”等科目。

待该商品房交付使用后，开出发票结算账单交给买主时，作为收入实现，借记“应收账款”科目，贷记“主营业务收入”科目；同时，将“预收账款”转入“应收账款”，并计算由实现的营业收入负担的土地增值税，借记“税金及附加”等科目，贷记“应交税费——应交土地增值税”科目。按照税法的规定，该项目全部竣工、办理决算后进行清算，企业收到退回多交的土地增值税时，借记“银行存款”等账户，贷记“应交税费——应交土地增值税”账户。补缴土地增值税时，则做相反的账务处理。

虽然税金在预缴时不计入税金及附加，但根据《房地产开发经营业务企业所得税处理办法》(国税发〔2009〕31 号文件发布）第十二条的规定，企业发生的期间费用、已销开发产品计税成本、税金及附加、土地增值税准予当期按规定扣除。

因此，预缴土地增值税在预缴当期可以进行企业所得税扣除。

【例 8-30】 中联房地产公司 2022 年 6 月进行商品房开发，在未竣工前该企业已取得预收款 2 180 万元，土地增值税按 2%的预征率实行预缴。2022 年年末，该项工程全部竣工，税务机关对该工程进行了清算，企业应补缴土地增值税 16 万元。试对该企业缴纳的土地增值税进行账务处理。

(1) 预缴土地增值税时。

预缴土地增值税=[2 180－2 180/(1＋9%)×3%]×2%=42.40(万元)

借：应交税费——应交土地增值税　　424 000

　　贷：银行存款　　424 000

(2) 实际补缴土地增值税时。

借：应交税费——应交土地增值税　　160 000

　　贷：银行存款　　160 000

房地产开发企业将自己作为固定资产管理使用的房屋、建筑物等对外转让，视同非房地产开发企业销售不动产业务，比照“非房地产开发企业土地增值税的核算”处理。

二、土地增值税的税务处理

（一）增值额与适用税率

房地产开发公司在转让国有土地使用权、地上建筑物及其附着物（简称房地产）时，就其转让房地产所取得的增值额征收土地增值税。土地增值税按照转让房地产所取得的增值额和适用税率计算征收（详见表 8-13)。其计算公式为：

应纳税额＝土地增值额×适用税率－扣除项目金额×速算扣除系数

表 8-13　土地增值税税率表

档次	级距	税率	速算扣除系数	应纳税额计算公式
1	增值额未超过扣除项目金额50％的部分	30％	0	应纳税额＝增值额×30％
2	增值额超过扣除项目金额50％，未超过100％的部分	40％	5％	应纳税额＝增值额×40％－扣除项目金额×5％
3	增值额超过扣除项目金额100％，未超过200％的部分	50％	15％	应纳税额＝增值额×50％－扣除项目金额×15％
4	增值额超过扣除项目金额200％的部分	60％	35％	应纳税额＝增值额×60％－扣除项目金额×35％

（二）旧房销售的土地增值税的税务处理

1. 旧房及建筑物的评估价格

纳税人转让旧房的，应按房屋及建筑物的评估价格、取得土地使用权所支付的地价款或出让金、按国家统一规定缴纳的有关费用和转让环节缴纳的税金作为扣除项目金额计征土地增值税。对取得土地使用权时未支付地价款或不能提供已支付的地价款凭据的，在计征土地增值税时不允许扣除。

旧房及建筑物的评估价格是指在转让已使用的房屋及建筑物时，由政府批准设立的房地产评估机构评定的重置成本价乘以成新度折扣率后的价格。评估价格须经当地税务机关确定。重置成本价是指，对旧房及建筑物，按转让时的建材价格及人工费用计算，建造同样面积、同样层次、同样结构、同样建设标准的新房及建筑物所需花费的成本费用。成新度折扣率是指，按旧房的新旧程度做一定比例的折扣。

例如，一栋房屋已使用近10年，建造时的造价为1 000万元，按转让时的建材及人工费用计算，建同样的新房需要花费5 000万元。假定该房有6成新，则该房的评估价格为：5 000×60％＝3 000（万元）。

2. 旧房销售的土地增值税计税方法

营改增后，纳税人转让旧房及建筑物，凡不能取得评估价格，但能提供购房发票的，《中华人民共和国土地增值税暂行条例》第六条第一、三项规定的扣除项目的金额（即取得土地使用权所支付的金额、新建房及配套设施的成本、费用，或者旧房及建筑物的评估价格）按照下列方法计算：

（1）提供的购房凭据为营改增前取得的营业税发票的，按照发票所载金额（不扣减营业税）并从购买年度起至转让年度止每年加计5％计算。

（2）提供的购房凭据为营改增后取得的增值税普通发票的，按照发票所载价税合计金额从购买年度起至转让年度止每年加计5％计算。

（3）提供的购房发票为营改增后取得的增值税专用发票的，按照发票所载不含增值税金额加上不允许抵扣的增值税进项税额之和，并从购买年度起至转让年度止每年加计5%计算。

特别提示：计算扣除项目时“每年”按购房发票所载日期至售房发票开具之日止，每满 12 个月计 1 年；超过 1 年，未满 12 个月但超过 6 个月的，可以视同为1 年。

（4）对纳税人购房时缴纳的契税，凡能够提供契税完税凭证的，准予作为“与转让房地产有关的税金”予以扣除，但不作为加计 5%的基数。

（5）对于转让旧房及建筑物，既没有评估价格，又不能提供购房发票的，地方税务机关可以根据《税收征收管理法》第三十五条的规定，实行核定征收。

【例 8-31】 A 公司（增值税一般纳税人）因企业现金流量不足，长期拖欠 C 公司商品价款 3 000 万元，C 公司已计提坏账准备 450 万元。经双方协商，于 5 月 10 日签订债务重组协议，A 公司将其一栋商品房抵顶商品价款。商品房于营改增前购置，买价 1 923.08 万元，缴纳契税 76.92 万元（税率 4%），原价 2 000 万元，已提折旧 500 万元，市场公允价值 2 500 万元（含税），A 公司另支付银行存款 250 万元，经税务机关认定的重置成本价为 3 000 万元，成新度折扣率 65%。C 公司将该商品房重新装修后销售，取得销售收入 3 270 万元（含税），发生装修费支出 327 万元（含税）。不考虑附加税费。请计算 A 公司应缴纳的相关税费，并做出相应的会计处理。

分析：

（1）A 公司相关会计处理。

①应交相关税金的计算。

增值税一般纳税人销售营改增前取得的不动产，可以选择按简易计税方法适用征收率 5%缴纳增值税，开具增值税专用发票。

应交增值税＝(2 500－1 923.08)÷1.05×5%＝27.47(万元)

应交土地增值税的计算：

评估价格＝3 000×65%＝1 950(万元)

增值额＝2 500÷1.05－1 950＝430.95(万元)

增值率＝(430.95÷1 950)×100%≈22.1%

应交土地增值税＝430.95×30%－1 950×0%＝129.29(万元)

②将抵债房产转入清理。

借：固定资产清理　15 000 000

　　累计折旧　5 000 000

　贷：固定资产　20 000 000

③计提应交税费。

借：固定资产清理　1 567 600

　贷：应交税费——应交增值税（销项税额）　274 700

　　　　　　——应交土地增值税　1 292 900

④抵偿债务。

借：应付账款——C公司　　30 000 000
　贷：固定资产清理　　25 000 000
　　　银行存款　　2 500 000
　　　资产处置损益　　2 500 000

借：固定资产清理　　8 432 400
　贷：资产处置损益　　8 432 400

(2) C公司相关会计处理。

A公司将房产抵债给C公司，视同买卖房屋，C公司应按房屋现值缴纳契税。

现值＝2 500÷(1＋5％)＝2 380.95(万元)

契税＝2 380.95×4％＝95.24(万元)

契税计入房产原值。

①收到抵债资产，冲销债权。

借：库存商品——待售房产（25 000 000÷1.05）　　23 809 524
　　应交税费——应交增值税（进项税额）（25 000 000÷1.05×5％）　　1 190 476
　　库存现金　　2 500 000
　　坏账准备　　4 500 000
　贷：应收账款——A公司　　30 000 000
　　　资产减值损失　　2 000 000

借：库存商品——待售房产　　952 400
　贷：应交税费——应交契税　　952 400

②将待售房产转入在建工程。

借：在建工程　　24 761 924
　贷：库存商品——待售房产　　24 761 924

③发生工程支出。

借：在建工程　　3 000 000
　　应交税费——应交增值税（进项税额）　　270 000
　贷：库存现金等　　3 270 000

④工程完工转入库存商品，待售房产转入在建工程。

借：库存商品——待售房产　　27 761 924
　贷：在建工程　　27 761 924

⑤开具增值税专用发票进行销售。

借：应收账款（或银行存款）　　32 700 000
　贷：其他业务收入　　30 000 000
　　　应交税费——应交增值税（销项税额）　　2 700 000

⑥计算应缴纳土地增值税。

扣除项目金额＝2 776.192 4(万元)

增值额＝3 270÷1.09－2 776.192 4＝223.807 6(万元)

增值率＝(223.807 6÷2 776.192 4)×100％≈8.06％

应交土地增值税＝223.807 6×30％－2 776.192 4×0％＝67.142 3 (万元)

借：税金及附加　671 423

　贷：应交税费——应交土地增值税　671 423

⑦结转出售抵债资产成本。

借：其他业务成本　27 761 924

　贷：库存商品——待售房产　27 761 924

（三）企业重组过程中涉及的土地增值税的税务处理

按照《财政部 税务总局关于继续实施企业改制重组有关土地增值税政策的公告》(财政部 税务总局公告 2021 年第 21 号）的规定，企业重组的土地增值税规定如下：

1. 非公司制企业整体改制

企业按照《公司法》的有关规定整体改制，非公司制企业整体改建为有限责任公司或者股份有限公司，有限责任公司变更为股份有限公司，股份有限公司变更为有限责任公司，对改建前的企业将国有土地使用权、地上的建筑物及其附着物转移、变更到改建后的企业，暂不征土地增值税。

整体改制是指不改变原企业的投资主体，并承继原企业权利、义务的行为。

2. 企业合并

按照法律规定或者合同约定，两个或两个以上企业合并为一个企业，且原企业投资主体存续的，对原企业将房地产转移、变更到合并后的企业，暂不征土地增值税。

3. 企业分立

按照法律规定或者合同约定，企业分设为两个或两个以上与原企业投资主体相同的企业，对原企业将房地产转移、变更到分立后的企业，暂不征土地增值税。

4. 改制重组中的国有土地、房屋投资

单位、个人在改制重组时以房地产作价入股进行投资，对其将房地产转移、变更到被投资的企业，暂不征土地增值税。

提醒注意的是，上述改制重组有关土地增值税政策不适用于房地产转移任意一方为房地产开发企业的情形。

企业改制重组后再转让房地产并申报缴纳土地增值税时，应以改制前取得该宗国有

土地使用权所支付的地价款和按国家统一规定缴纳的有关费用，作为该企业“取得土地使用权所支付的金额”扣除。经批准，以国有土地使用权作价出资入股的，作价入股时县级以上（含县级）自然资源部门批准的评估价格，作为该企业“取得土地使用权所支付的金额”扣除。

第六节　房产税的会计核算和税务处理

一、房产税的税务处理

（一）征收方法

房产税依照房产原值一次减除10%～30%后的余值计算缴纳，具体减除幅度，由各省、自治区、直辖市人民政府规定，没有房产原值作为依据的，由房产所在地税务机关参考同类房产核定。依照房产余值计算缴纳房产税的，税率为1.2%。

房产出租的，以房产租金收入为房产税的计税依据，税率为12%。

对于房产投资联营，投资者参与投资利润分红、共担风险的，按房产的余值作为计税依据计征房产税。

根据财税地字〔1986〕8号文件的规定，凡是在基建工地为基建工地服务的各种工棚、材料棚、休息棚和办公室、食堂、茶炉房、汽车房等临时性房屋，如果在基建工程结束以后，施工企业将这种临时性房屋交还或者估价转让给基建单位的，应当从基建单位接收的次月起，依照规定征收房产税。

《财政部 国家税务总局关于房产税 城镇土地使用税有关问题的通知》（财税〔2009〕128号）规定：无租使用其他单位房产的应税单位和个人，依照房产余值代缴纳房产税。

《财政部 国家税务总局关于安置残疾人就业单位城镇土地使用税等政策的通知》（财税〔2010〕121号）的规定：对按照房产原值计税的房产，无论会计上如何核算，房产原值均应包含地价，包括为取得土地使用权支付的价款、开发土地发生的成本费用等。

宗地容积率（注：容积率是指房屋总建筑面积与用地面积的比率）低于0.5的，按房产建筑面积的2倍计算土地面积并据此确定计入房产原值的地价。

宗地容积率高大于0.5的，按土地使用面积价值加上房产价值作为计税基础一并计算房产税。

（二）纳税义务发生时间

购置新建商品房，自房屋交付使用之次月起计征房产税。

购置存量房，自办理房屋权属转移、变更登记手续，房地产权属登记机关签发房屋权属证书之次月起计征房产税。

出租、出借房产，自交付出租、出借房产之次月起计征房产税。

房地产开发企业自用、出租、出借本企业建造的商品房，自房屋使用或交付之次月起计征房产税。

对出租房产，租赁双方签订的租赁合同约定有免收租金期限的，免收租金期间由产权所有人按照房产原值缴纳房产税。

（三）缴纳时间

房产税按年征收、分期缴纳。纳税期限由各省、自治区、直辖市人民政府规定。

（四）税收优惠

《财政部 税务总局关于高校学生公寓房产税 印花税政策的通知》（财税〔2019〕14号，执行期限延长至2023年12月31日）规定：为支持高校办学，优化高校后勤保障服务，对高校学生公寓免征房产税。

高校学生公寓，是指为高校学生提供住宿服务，按照国家规定的收费标准收取住宿费的学生公寓。

《财政部 税务总局关于去产能和调结构房产税 城镇土地使用税政策的通知》（财税〔2018〕107号）规定：（1）对按照去产能和调结构政策要求停产停业、关闭的企业，自停产停业次月起，免征房产税、城镇土地使用税。企业享受免税政策的期限累计不得超过两年。该政策自2018年10月1日至2020年12月31日执行。（2）按照去产能和调结构政策要求停产停业、关闭的中央企业名单由国务院国有资产监督管理部门认定发布，其他企业名单由省、自治区、直辖市人民政府确定的去产能、调结构主管部门认定发布。认定部门应当及时将认定发布的企业名单（含停产停业、关闭时间）抄送同级财政和税务部门。（3）各级认定部门应当每年核查名单内企业情况，将恢复生产经营、终止关闭注销程序的企业名单及时通知财政和税务部门。（4）企业享受该通知规定的免税政策，应按规定进行减免税申报，并将房产土地权属资料、房产原值资料等留存备查。

延伸阅读

“六税一费”优惠事项资料留存备查

《国家税务总局关于城镇土地使用税等“六税一费”优惠事项资料留存备查的公告》（国家税务总局公告2019年第21号）规定，为贯彻落实党中央、国务院关于优化税务执法方式、深化“放管服”改革、改善营商环境的决策部署，切实减轻纳税人、缴费人（以下统称纳税人）负担，税务总局决定，对城镇土地使用税、房产税、耕地占用税、车船税、印花税、城市维护建设税、教育费附加（以下简称“六税一费”）享受优惠有关资料实行留存备查管理方式。具体要求如下：

1. 纳税人享受“六税一费”优惠实行“自行判别、申报享受、有关资料留存备查”办理方式，申报时无须再向税务机关提供有关资料。纳税人根据具体政策规定自行判断是否符合优惠条件，符合条件的，纳税人申报享受税收优惠，并将有关资料留存备查。

2. 纳税人对“六税一费”优惠事项留存备查资料的真实性、合法性承担法律责任。

3. 各级税务机关根据国家税收法律、法规、规章、规范性文件等规定开展“六税一费”减免税后续管理。对不应当享受减免税的，依法追缴已享受的减免税款，并予以相应处理。

4. 城镇土地使用税、房产税困难减免税不适用上述规定，仍按照现行规定办理。

二、房产税核算的会计科目设置

为了反映和核算企业应交、已交、多交或欠交的房产税的情况，企业应设置“应交税费——应交房产税”科目进行核算。

该科目贷方反映按规定计算应交的房产税数额，借方反映实际缴纳的房产税数额；若有贷方余额，表示企业欠交或需补交的房产税款，若有借方余额，表示企业实际多缴纳的房产税款。

三、房产税的会计核算

房地产企业按规定计算出应缴纳的房产税时，借记“税金及附加——房产税”科目，贷记“应交税费——应交房产税”科目。实际缴纳时，借记“应交税费——应交房产税”科目，贷记“银行存款”科目。

（一）直接在税金及附加列支的会计核算

对于企业按月缴纳或按季、半年或者一年为期间缴纳房产税且税款数额相对不大的，应直接计入缴纳当期的税金及附加。

按月计算出应缴纳的房产税时，借记“税金及附加”科目，贷记“应交税费——应交房产税”科目。实际以银行存款缴纳房产税时，借记“应交税费——应交房产税”科目，贷记“银行存款”科目。

（二）分期摊销房产税的会计核算

对于企业分季度、半年或者一年等期间缴纳相关房产税，且金额比较大的，可以采用分期待摊的办法。

【例 8-32】 中联房地产公司开发一个五星级酒店，该酒店于 2021 年 6 月竣工并交付使用，酒店由该房地产企业自行经营。按税法规定，2021 年 7 月，该房地产企业缴纳下半年房产税 120 万元。该房地产企业根据相关原始凭证，做如下账务处理：

（1）7 月计算缴纳下半年房产税时。

借：应交税费——应交房产税　　1 200 000

　贷：银行存款　　1 200 000

（2）7 月开始按月分摊房产税时。

每月分摊房产税额＝120÷6＝20(万元)

借：税金及附加——房产税　　200 000

　贷：应交税费——应交房产税　　200 000

延伸阅读

国家税务总局关于新疆地下人防工程征收房产税问题的批复

（税总函〔2013〕602 号）

新疆自治区地方税务局：

你局《关于地下人防工程征收房产税问题的请示》（新地税发〔2013〕196 号）收悉。经研究，现对有关问题批复如下：按照现行房产税暂行条例有关规定，房产税由产权所有人缴纳。请示中所反映的地下人防工程，已按商品房销售并办理产权证，购房人即是产权所有人，应按规定缴纳房产税。

国家税务总局

2013 年 10 月 31 日

第七节　城镇土地使用税的会计核算和税务处理

一、城镇土地使用税的税务处理

（一）纳税人

在城市、县城、建制镇、工矿区范围内使用土地的单位和个人为城镇土地使用税的纳税人。具体规定如下：

（1）拥有土地使用权的单位和个人，为纳税义务人；

（2）拥有土地使用权的单位和个人不在土地所在地的，其土地的实际使用人和代管人为纳税义务人；

（3）土地使用权未确定或权属纠纷未解决的，其实际使用人为纳税义务人；

（4）土地使用权共有的，共有各方都是纳税义务人，由共有各方分别纳税。

（二）征税范围

城镇土地使用税的征税范围，包括在城市、县城、建制镇和工矿区内的国家所有和集体所有的土地。建立在城市、县城、建制镇和工矿区以外的工矿企业则不需要缴纳城镇土地使用税。

（三）计税依据

城镇土地使用税以纳税人实际占用的土地面积为计税依据，按照规定税额计算征收。纳税义务人实际占用土地面积，按下列方法确定：

（1）凡有由省、自治区、直辖市人民政府确定的单位组织测定土地面积的，以测定的面积为准。

（2）尚未组织测量，但纳税人持有政府部门核发的土地使用证书的，以证书确认的土地面积为准。

（3）尚未核发土地使用证书的，由纳税人申报土地面积，据以纳税，等核发土地使用证后再作调整。

（4）对在城镇土地使用税征税范围内单独建造的地下建筑用地，按规定征收城镇土地使用税。其中，已取得地下土地使用权证的，按土地使用权证确认的土地面积计算应征税款；未取得地下土地使用权证或地下土地使用权证上未标明土地面积的，按地下建筑垂直投影面积计算应征税款。对地下建筑用地暂按应征税款的50%征收城镇土地使用税。

需要注意的是，单独建造的地下建筑物，其城镇土地使用税计税依据依照两种方法处理：①已取得地下土地使用权证的，按土地使用权证书确认面积；②未取得地下土地使用权证或地下土地使用权证上未标明土地面积的，按地下建筑垂直投影面积确定。

（5）在城镇土地使用税征税范围内，承租集体所有建设用地的，由直接从集体经济组织承租土地的单位和个人，缴纳城镇土地使用税。

（四）税率及应纳税额的计算

1. 税率

城镇土地使用税采用定额税率，一般规定每平方米的年税额为：

（1）大城市1.5元至30元；

（2）中等城市1.2元至24元；

（3）小城市0.9元至18元；

（4）县城、建制镇、工矿区0.6元至12元。

省、自治区、直辖市人民政府应当在税法规定的税额幅度内，根据市政建设状况、经济繁荣程度等条件，确定所辖地区的适用税额幅度。

市、县人民政府应当根据实际情况，将本地区土地划分为若干等级，在省、自治区、直辖市人民政府确定的税额幅度内，制定相应的适用税额标准，报省、自治区、直辖市人民政府批准执行。

经省、自治区、直辖市人民政府批准，经济落后地区城镇土地使用税的适用税额标准可以适当降低，但降低额不得超过规定最低税额的30%。经济发达地区城镇土地使用税的适用税额标准可以适当提高，但须报财政部批准。

2. 城镇土地使用税税额的计算

城镇土地使用税根据实际使用土地的面积，按税法规定的单位税额缴纳。其计算公式为：

应纳城镇土地使用税＝应税土地的实际占用面积×适用单位税额

单独建造的地下建筑物的税额的计算公式为：

$$\text{应纳城镇土地使用税} = \frac{\text{证书确认应税土地面积}}{\text{或地下建筑物垂直投影面积}} \times \text{适用税额} \times 50\%$$

【例 8-33】 甲企业位于某经济落后地区，2021 年 12 月取得一宗土地的使用权（未取得土地使用证书），2022 年 1 月已按 1 500 平方米申报缴纳了全年的城镇土地使用税。2022 年 4 月该企业取得了政府部门核发的土地使用证书，上面注明的土地面积为 2 000 平方米。已知该地区适用每平方米 0.9～18 元的固定税额，当地政府规定的固定税额为每平方米 0.9 元，并另按照国家规定的最高比例降低税额标准。

该企业 2022 年应该补缴多少城镇土地使用税？

分析：

尚未核发土地使用证书的，应由纳税人申报土地面积，据以纳税，等到核发土地使用证以后再作调整。

经济落后地区，城镇土地使用税的适用税额标准可适当降低，但降低额不得超过上述规定最低税额标准的30%。

当地年固定税额＝0.9×(1－30%)＝0.63（元/平方米）。

该企业应补缴城镇土地使用税＝(2 000－1 500)×0.63＝315（元）。

（五）减免税规定

1. 税法中明确规定的法定税收优惠

（1）国家机关、人民团体、军队自用的土地，免征城镇土地使用税；
（2）由国家财政部门拨付事业经费的单位自用的土地，免征城镇土地使用税；
（3）宗教寺庙、公园、名胜古迹自用的土地，免征城镇土地使用税；
（4）市政街道、广场、绿化地等公共用地，免征城镇土地使用税；

（5）直接用于农、林、牧、渔业的生产用地，免征城镇土地使用税；

（6）经批准开山填海整治的土地和改造的废弃土地，从使用的月份起免缴城镇土地使用税5～10年；

（7）由财政部另行规定免税的能源交通、水利设施用地和其他用地。

（8）新征用的耕地自批准征用之日起1年内免征城镇土地使用税。

2. 其他减免税规定

（1）纳税人缴纳土地使用税确有困难需要定期减免的，由省级税务机关审批。对免税单位使用纳税单位土地，免征城镇土地使用税。

（2）廉租住房、经济适用住房建设用地以及廉租住房经营管理单位按照政府规定价格、向规定保障对象出租的廉租住房用地，免征城镇土地使用税。

（3）非营利性科研机构自用的房产、土地，免征房产税、城镇土地使用税。

（4）非营利性医疗机构自用的房产、土地，免征房产税、城镇土地使用税；对营利性医疗机构自用的房产、土地，自其取得执业登记之日起，3年内对其自用的房产、土地，免征房产税、城镇土地使用税；疾病控制机构和妇幼保健机构等卫生机构自用的房产、土地，免征房产税、城镇土地使用税。

（5）政府部门和企事业单位、社会团体以及个人等社会力量投资兴办的福利性、非营利性的老年服务机构自用的房产、土地，暂免征收房产税、城镇土地使用税。

（6）由主管工会拨付或差额补贴工会经费的全额预算或差额预算单位，可以比照财政部门拨付事业经费的单位办理，即这些单位自用的房产、土地，免征房产税和城镇土地使用税。

（7）少年犯管教所的用地和由国家财政部门拨付事业经费的劳教单位自用的土地，免征城镇土地使用税。

（8）石油天然气生产建设中用于地质勘探、钻井、井下作业、油气田地面工程等施工临时用地暂免征收城镇土地使用税。

其他免征城镇土地使用税的范围包括：

（1）房产管理部门承租的居民住房用地；

（2）免税单位职工家属宿舍用地；

（3）民政部门举办的安置残疾人员占生产人员总数35％以上的福利工厂用地；

（4）集体和个人办的学校、医院、托儿所、幼儿园用地；

（5）个人所有的居住房屋及院落用地。

（六）纳税义务发生时间

（1）纳税人购置新建商品房，自房屋交付使用次月起，缴纳城镇土地使用税；

（2）纳税人购置存量房，自办理房屋权属转移、变更登记手续，房地产权属登记机关签发房屋权属证书之次月起，缴纳城镇土地使用税；

(3)纳税人出租、出借房产，自交付出租、出借房产次月起，缴纳城镇土地使用税。

(4)以出让或者转让方式有偿取得土地使用权的，应由受让方从合同约定交付土地时间的次月起缴纳城镇土地使用税；合同未约定交付土地时间的，由受让方从合同签订的次月起缴纳城镇土地使用税。

(5)纳税人新征用的耕地，自批准征用之日起满一年时，开始缴纳城镇土地使用税。

(6)纳税人新征用的非耕地，自批准征用次月起，缴纳城镇土地使用税。

(七)纳税地点

城镇土地使用税的纳税地点为土地所在地，由土地所在地税务机关负责征收。纳税人使用的土地不属于同一省（自治区、直辖市）管辖范围的，应由纳税人分别向土地所在地的税务机关缴纳城镇土地使用税。在同一省（自治区、直辖市）管辖范围内，纳税人跨地区使用的土地，其纳税地点，由各省、自治区、直辖市税务局确定。

(八)纳税期限

城镇土地使用税按年计算，分期缴纳。具体纳税期限由各省、自治区和直辖市人民政府根据当地的实际情况确定。目前各地一般规定为每个季度缴纳一次或者半年缴纳一次，每次征期 15 天或者 1 个月。

(九)房地产企业计征城镇土地使用税的期间及计税方法

1. 计征期间

(1)计征开始时间。《财政部 国家税务总局关于房产税、城镇土地使用税有关政策的通知》(财税〔2006〕186 号)规定，以出让或转让方式有偿取得土地使用权的，应由受让方从合同约定交付土地时间的次月起缴纳城镇土地使用税；合同未约定交付土地时间的，由受让方从合同签订的次月起缴纳城镇土地使用税。

(2)计征结束时间。《财政部 国家税务总局关于房产税、城镇土地使用税有关问题的通知》(财税〔2008〕152 号)规定，纳税人因房产、土地的实物或权利状态发生变化而依法终止房产税、城镇土地使用税纳税义务的，其应纳税款的计算应截止到房产、土地的实物或权利状态发生变化的当月末，一般从次月起终止纳税义务。权利状态发生变化时间通常理解为房屋的交付时间。

2. 计算公式

$$\frac{\text{每月应纳城镇}}{\text{土地使用税额}}=\frac{\text{开发初期应税}}{\text{土地总面积}}\times\left(1-\frac{\text{截至上月末累计销售商品房}}{\text{交付使用的建筑面积}}\div\frac{\text{商品房可售}}{\text{总建筑面积}}\right)\times \text{城镇土地使用税单位税额标准}\div 12$$

(十)纳税的截止时间

从某种意义上讲，房地产交易涉及双方当事人，当一方终止缴纳房产税、城镇土地使用税时，则另一方开始缴纳房产税、城镇土地使用税。即某纳税人将房屋或土地使用权转让给其他企业，或者房屋被拆除等，这时由于所有权发生变化或实物灭失，则纳税人不再缴纳房产税、城镇土地使用税。

房产税、城镇土地使用税一般以合同签订日作为判定开始缴纳土地使用税的依据；反之，对出让房地产或土地使用权的一方应该是合同签订日终止纳税义务，但在实践中，新建商品房应当自房屋交付使用次月起终止纳税义务。权利发生变化，主要是办理好相关土地使用证、房产证或签订资产交易合同手续，或者土地或房屋实际交付使用。

二、城镇土地使用税核算的会计科目设置

为了反映和核算应交、已交、多交或欠交的城镇土地使用税的情况，企业应设置“应交税费——应交城镇土地使用税”科目进行核算。

该科目贷方反映按规定计算应缴的城镇土地使用税数额，借方反映实际缴纳的城镇土地使用税数额；若有贷方余额，表示企业欠交或需补交的城镇土地使用税税款，若有借方余额，表示企业实际多缴纳的城镇土地使用税的税款。

三、城镇土地使用税的会计核算

当企业计算出应交的城镇土地使用税时，借记“税金及附加”科目，贷记“应交税费——应交城镇土地使用税”科目；按规定实际缴纳城镇土地使用税时，借记“应交税费——应交城镇土地使用税”科目，贷记“银行存款”等科目。

由于城镇土地使用税也是采用按年征收、分期缴纳的办法进行征收的，如果税款金额不大，可在按规定计算出应纳的城镇土地使用税时，直接借记“税金及附加”科目；如果企业每期缴纳的城镇土地使用税数额比较大，可以采用分期待摊的办法。

【例 8-34】 中联房地产公司于 2021 年 6 月取得某地块，用于开发建设商品房，7 月，该公司需缴纳下半年城镇土地使用税 10 万元。中联公司根据相关原始凭证，做账务处理如下：

（1）计算城镇土地使用税时。

借：税金及附加　100 000

　贷：应交税费——应交城镇土地使用税　100 000

（2）实际缴纳城镇土地使用税时。

借：应交税费——应交城镇土地使用税　100 000

　贷：银行存款　100 000

需要提醒房地产开发企业注意的是，在销售开发产品前，应当按照实际占用的土地

面积金额纳税；当逐步销售开发产品时，应按照销售面积增加逐步减少城镇土地使用税的计税依据；当开发产品全部售出后，房地产开发企业不再缴纳开发项目的城镇土地使用税。

第八节　契税的会计核算和税务处理

一、契税的税务处理

（一）征税范围

契税是中华人民共和国境内的土地、房屋权属转移时，向产权承受人征收的一种财产转移税。契税体现出鲜明的产权保护特点，有利于保护合法产权，避免产权纠纷。

契税的具体征税范围包括：土地使用权出让；土地使用权转让，包括出售、赠与和互换等；房屋转让，包括出售、赠与、投资、互换等。

（1）土地使用权出让，是指土地使用者向国家交付土地使用权出让费用，国家以土地所有者的身份将土地使用权在一定年限内让渡给土地使用者的行为。其本质是土地使用权由国家向单位和个人的初次转移。土地使用权出让可采取协议、招标、拍卖等方式。土地使用权的受让方为契税的纳税义务人。受让者以向国家缴纳的土地出让金为依据缴纳契税，不得因减免土地出让金而减免契税。

（2）土地使用权转让，是指土地使用者以出售、互换、赠与或其他方式将土地使用权转移给其他单位和个人的行为，其本质是土地使用权在单位和个人之间的再转移。需要注意的是，土地使用权转让指国有土地使用权转让，不包括土地承包经营权、土地经营权的转移。

（3）房屋转让。

第一，房屋买卖。房屋买卖是指购买方向出售方支付货币并取得房屋所有权的交易行为。购买方作为契税的纳税义务人。对已缴纳契税的购房单位和个人，在未办理房屋权属变更登记前退房的，退还已纳契税；在办理房屋权属变更登记后退房的，不予退还已缴纳的契税。

第二，房产抵债。经相关部门批准，以房产抵债，视同房屋买卖，由产权承受方（即债权人）按房屋现值缴纳契税。

【例 8-35】 长江公司无力偿还黄河公司的货款，决定以其一栋办公楼折价抵偿。经双方同意，有关部门批准后，黄河公司取得办公楼的产权，并办理产权过户手续。

分析： 黄河公司作为房屋产权承受方，是契税纳税人，应按照房屋现值，即房产折价款缴纳契税。

第三，实物交换房产。纳税人采用实物交换房产的交易，视同房屋买卖，取得房屋的一方作为契税的纳税人，按照房屋现值缴纳契税。

【例 8-36】 甲、乙公司具有关联关系。甲公司以其一座自有仓库作为对价，换取乙公司一批货物。仓库现值为 200 万元，货物的公允价值为 250 万元。该交换行为经过相关部门批准，并办理产权过户手续。

分析：乙公司作为房产的产权承受方，是契税的纳税义务人，应当按照房屋现值 200 万元，根据当地契税税率缴纳契税。

第四，以房产投资入股或作股权转让。纳税人以房产投资入股或作股权转让，其本质属于房屋产权转移。根据房地产管理相关规定，办理房屋产权交易和产权变更登记手续，视同房屋买卖，由产权承受方按照投资房产的价值或房产的买价缴纳契税。

但是，以自有房产作股投入本人独资经营的企业，免缴契税。由于在这种情况下产权所有人和使用权使用人均未发生变化，不涉及产权变更问题，因此不必办理房产变更手续，也不必缴纳契税。

第五，买方拆料或翻建新房。无论基于何种目的购买房屋，只要房屋产权发生变更，均需缴纳契税。即使买房不是用于使用、投资或转让，而是用于取得该房产的建筑材料或者翻建新房，实际均构成房屋买卖。产权承受方应首先办理房屋产权变更手续，并按照购买价格缴纳契税。

（4）房屋赠与，是指房屋产权所有人（包括自然人和法人）无偿将房屋转让给他人（包括其他自然人和法人）的行为。房屋赠与的前提，必须是赠与人和受赠人双方自愿，且涉及的房屋无产权纠纷。

由于房屋作为不动产，具有较大价值，因此法律要求赠与房屋应立有书面合同或契约，并到房地产管理机关或农村基层政权机关办理登记过户手续，赠与行为才能生效。如果房屋赠与行为涉及涉外关系，还需公证处证明和外事部门认证，赠与才能有效。房屋的受赠人作为产权承受方，应当按照规定缴纳契税。

以获奖方式取得房屋的，其实质是接受赠与房产，应按照规定缴纳契税。

以继承方式取得房屋的，其实质是接受赠与房产，法定继承不必缴纳契税，其他情况下，承受土地、房屋产权的一方应按照规定缴纳契税。

【例 8-37】 张某名下有两套房产。张某的儿子继承了其中一套房产 A；另一套房产 B 由照料他的护工王某继承，二人无亲属关系。两套房产的产权变更是否涉及契税？

分析：张某的儿子作为法定继承人，继承其父的房产，涉及的房产 A 的产权变更不涉及契税；按照《中华人民共和国继承法》，王某作为非法定继承人，属于遗嘱继承，应当缴纳契税。

（5）房屋互换，是指房屋所有者或使用者基于某种目的，相互交换房屋权属（所有权或使用权）的行为。房屋互换的行为主体涵盖自然人和法人，既包括公民和企业，也包括事业单位、机关团体和房地产管理机关等。

房屋产权互换时，互换双方应当订立交换契约，办理房屋产权变更登记手续和契税手续。房屋产权相互交换，双方交换价值相等时，免缴契税，但是要办理免征契税手续；双方交换房屋价值不相等时，由支付差价的一方按照房屋价格差缴纳契税。实际上，仍然体现相对承受产权一方缴纳契税的原则。

经过相关部门批准的房屋产权与土地使用权的互换、土地使用权与土地使用权的相互互换，参照房屋互换的原则。

契税与土地增值税征税范围的比较如表 8-14 所示。

表 8-14　　契税与土地增值税征税范围的比较

具体行为	是否为契税征税范围	是否为土地增值税征税范围
1. 国有土地使用权出让	是	否
2. 土地使用权转让	是	是
3. 房屋买卖	是	是
4. 房屋赠与（含获奖、继承方式）	法定继承不是契税征收范围，除此之外均是	赠与直系亲属、承担直接赡养义务人以及公益性赠与、继承不是土地增值税征税范围，其他情况均是
5. 房屋互换	是（等价交换免税）	是（若个人交换居住用房，经核实可免税）

（二）应纳税额的计算

1. 计税依据

（1）成交价格。成交价格是指交易双方商定后形成的土地、房屋产权转移合同确定的价格，包括承受方应交付的货币、实物、无形资产或其他经济利益。营改增后，计征契税的成交价格不含增值税。买卖装修的房屋，装修费用包括在成交价格中。

税务机关以成交价格为依据直接计征契税，这种方式最为简捷，但是要求成交价格必须能够反映市场公允价值。这种方式主要适用于国有土地使用权出让、土地所有权出售、房屋买卖等情况。

（2）评估价格。土地、房屋权属的成交价格明显低于市场价格且无正当理由的，或者所交换土地使用权、房屋的价格的差额明显不合理且无正当理由的，由征收机关参照市场价格核定。

市场价格指土地、房屋权属发生转移时的公允市场价值，具有时效性。这种方式主要适用于成交价格不公允或没有成交价格的情况，如土地使用权赠与、房屋赠与等情况。

（3）互换的土地、房屋差价。土地使用权、房屋产权之间的互换，计税依据为所互换的土地使用权、房屋的价格差额。也就是说，互换的土地或房屋价格相等时，免征契税；价格不相等时，由支付差额的一方按照差价缴纳契税。

【例 8-38】 王先生将自己的一套价值 120 万元的住房与孙先生交换，孙先生住房价值 100 万元，双方约定，由孙先生向王先生支付 20 万元差价。

该房产交换行为中，谁应当作为契税的纳税人？计税依据为多少？

分析：孙先生作为支付差价的一方，作为契税的纳税人，应以 20 万元差价为计税依据缴纳契税；王先生不必缴纳契税。

（4）土地收益。这种情况通常只适用于转让划拨得到的土地，即先以划拨方式取得土地使用权，后经批准改为出让方式取得该土地使用权的，应依法缴纳契税，其计税依据为应补缴的土地出让金和其他出让费用。而将取得方式由划拨改为出让的主要目的是能够合法转让土地。

【例 8-39】 2020 年，甲公司以划拨方式取得一块土地使用权；2021 年，经过正式批准，该土地使用权取得方式改为出让方式，甲公司补缴 500 万元的土地出让金和 90 万元的土地变性费用；2022 年，经相关部门批准，甲公司作价 1 000 万元，将该土地使用权转让给乙公司。上述事项是否应当缴纳契税？请分析契税的纳税人和计税依据。

分析：2020 年，甲公司以划拨方式取得土地使用权，不是契税的征税范围，不必缴纳契税；2021 年，土地使用权取得方式由划拨改为出让，甲公司应为契税的纳税人，补缴的土地出让金和其他出让费用共计 590 万元为契税计税依据；2022 年，土地使用权转让，乙公司作为产权承受方，是契税的纳税人，应当以成交价格 1 000 万元作为契税的计税依据。

各种具体情况下契税的计税依据如表 8-15 所示。

表 8-15　各种具体情况下契税的计税依据

征税对象		计税依据
土地使用权出让	以协议方式出让	成交价格，包括土地出让金、土地补偿费、安置补偿费、地上附着物和青苗补偿费、拆迁补偿费、市政建设配套费等
	以竞价方式出让	成交价格，包括土地出让金、市政建设配套费以及各种补偿费用
	先以划拨方式取得，后经批准改为出让方式	应补缴的土地出让金和其他出让费用
	通过招拍挂程序承受土地使用权	土地成交总价款，其中土地前期开发成本不得扣除
土地使用权转让		成交价格
房屋买卖		成交价格；买卖装修的房屋，装修费用应包括在内
土地使用权赠与、房屋赠与		征收机关参照市场价格核定；法定继承不必缴纳契税
土地使用权互换、房屋互换		等价交换免征契税；不等价交换，由支付差价的一方按照交换价格差额缴纳契税

续表

征税对象	计税依据
房屋附属设施征收契税的情况	1. 对于承受与房屋相关的附属设施（包括停车位、汽车库、自行车库、顶层阁楼以及储藏室）所有权或土地使用权的行为，按照契税法律、法规的规定征收契税；对于不涉及土地使用权和房屋所有权转移变动的，不征收契税。 2. 采取分期付款方式购买房屋附属设施土地使用权、房屋所有权的，应按合同规定的总价款计征契税。 3. 承受的房屋附属设施权属如为单独计价的，按照当地确定的适用税率征收契税；如与房屋统一计价的，适用与房屋相同的契税税率。

说明：对已缴纳契税的购房单位和个人，在未办理房屋权属变更登记前退房的，退还已纳契税；在办理房屋权属变更登记后退房的，已纳契税不予退还。

【例 8-40】 甲购买一套商品房，房屋价格为 80 万元，车库价格为 20 万元，购房发票金额中既包含住房价格，还包含车库价格，是否要分开缴纳契税？

分析： 承受的房屋附属设施如为单独计价的，按照各自适用的税率缴纳契税；如为与房屋统一计价的，适用与房屋相同的契税税率。因此，车库应适用与房屋相同的契税税率，一并缴纳契税。

另外，对于承受与房屋相关的附属设施（包括车位、汽车库、自行车库、顶层阁楼以及储藏室）所有权或土地使用权的行为，应按照契税法律、法规的规定缴纳契税。对于不涉及土地使用权和房屋所有权转移变动的，不缴纳契税。

2. 税率

由于我国经济发展不均衡，各地经济状况差别较大，契税作为地方税种，实行 3%～5%的比例税率。各省、自治区、直辖市人民政府可以在幅度范围内，按照本地区实际情况决定本地区的税率，并报财政部和国家税务总局备案。

3. 应纳税额的计算

契税应纳税额的计算公式为：契税应纳税额＝计税依据×税率。

契税的应纳税额应以人民币计算。转移土地、房屋权属以外汇结算的，应按照纳税义务发生之日中国人民银行公布的人民币市场汇率中间价折合成人民币计算。

【例 8-41】 A 公司将一套闲置的办公楼作价 5 000 万元，转让给其子公司 B 公司。由于成交价格明显低于市价且无正当理由，税务机关参照市价核定办公楼价值为 8 000 万元。另外，经相关部门批准，A 公司将一座市场价格为 6 000 万元的仓库与 C 公司的一座市场价格为 5 500 万元的职工公寓楼交换，C 公司另向 A 公司提供公允价值为 500 万元的货物补足房屋差价。A、B、C 三公司位于同一省份，当地政府规定的契税税率为 3%，计算三家公司分别应当缴纳多少金额的契税。

分析：A公司将办公楼转让给B公司，由于成交价格明显低于市价且无正当理由，应当以核定价格作为计税依据，B公司作为产权承受方，应纳契税为：8 000×3%=240（万元）。

A公司和C公司房产交换中，C公司作为支付差价的一方，应纳契税为：500×3%=15（万元）。

（三）减免处理

1. 契税减免的基本规定

（1）国家机关、事业单位、社会团体、军事单位承受土地、房屋用于办公、教学、医疗、科研和军事设施的，免征契税。

【例8-42】 某军队退休干部王某在某市购买一套价值200万元的普通住房（假设该住房为王某购买的第三套住房），当地契税税率为4%，则王某的购房行为是否应当缴纳契税？

分析：军队离退休人员购买经济适用住房，应依法缴纳契税。所以王某的购房行为应当缴纳契税，应纳税额为：200×4%=8（万元）。

（2）城镇职工按规定第一次购买公有住房的，免征契税。

城镇职工按规定第一次购买公有住房，是指经县以上人民政府批准，在国家规定标准面积以内购买的公有住房。城镇职工享受免征契税，仅限于第一次购买的公有住房。超过国家规定标准面积的部分，仍应按照规定缴纳契税。

对各类公有制单位为解决职工住房而采取集资建房方式建成的普通住房或由单位购买的普通商品住房，经当地县以上人民政府房改部门批准，按照国家房改政策出售给本单位职工的，如属职工首次购买住房，均免征契税。

但是，对两个或两个以上个人共同购买90平方米及以下普通住房，其中一人或多人已有购房记录的，该套房产的共同购买人均不适用首次购买普通住房的契税优惠政策。

（3）因不可抗力灭失住房而重新购买住房的，酌情准予减征或者免征契税。不可抗力是指自然灾害、战争等不能预见、不可避免且不能克服的客观情况。

（4）土地、房屋被县级以上人民政府征用、占用后，重新承受土地、房屋权属的，由省、自治区、直辖市人民政府确定是否减免契税。

（5）纳税人承受荒山、荒沟、荒丘、荒滩土地使用权，用于农、林、牧、渔业生产的，免征契税。

（6）依照我国有关法律规定以及我国缔结或参加的双边和多边条约或协定的规定应当予以免税的外国驻华使馆、领事馆、联合国驻华机构及其外交代表、领事官员和其他外交人员承受土地、房屋权属的，经外交部确认，可以免征契税。

（7）财政部规定的其他减免契税的项目。

经批准减征、免征契税的纳税人改变有关土地、房屋的用途，不再属于减征、免征契税范围的，应当补缴已经减征、免征的税款。

2. 契税减免的特殊规定

（1）个人购买住房的契税优惠相关规定。

对个人购买家庭唯一住房（家庭成员范围包括购房人、配偶以及未成年子女），面积为90平方米及以下的，减按1%的税率征收契税；面积为90平方米以上的，减按1.5%的税率征收契税。

除北京、上海、广州、深圳外，对个人购买家庭第二套改善性住房，面积为90平方米及以下的，减按1%的税率征收契税；面积为90平方米以上的，减按2%的税率征收契税。家庭第二套改善性住房是指已拥有一套住房的家庭，购买的家庭第二套住房。

知识链接

个人购房的契税政策

2016年，我国修改了房地产交易环节的契税优惠政策。对于个人购买保障性住房和改善型住房，不再以容积率、交易单价等区分普通住房和非普通住房，凡是住房面积符合规定的均可享受相关政策。

对于首套住房和第二套改善型住房，不再划分144平方米界限，简化原有契税征税标准。这对于首套购买140平方米以上大户型的人群和二线城市的二套购买人群提供了实质性的税费减免。

个人购买住房契税优惠政策如图8-5所示。

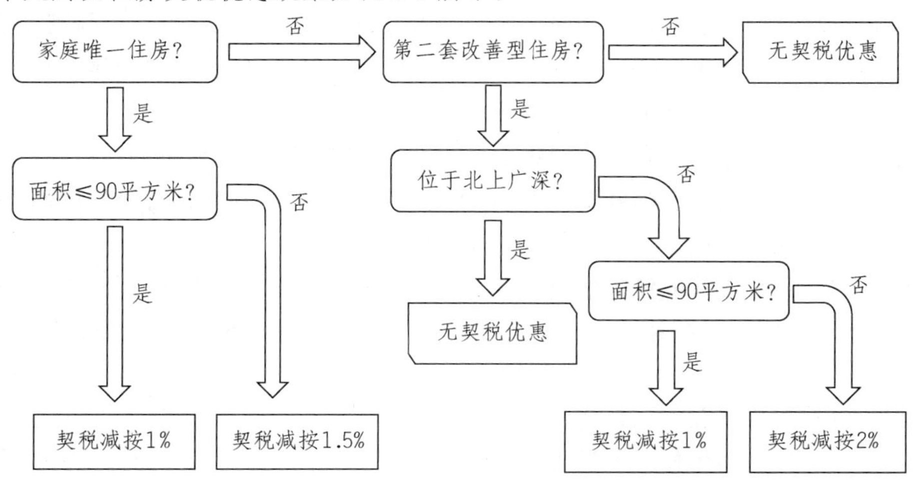

图8-5 个人购买住房契税优惠政策

（2）进一步支持企事业单位改制重组的契税优惠。

第一，企业事业单位改制。企业按照《公司法》有关规定整体改制，包括非公司制企业改制为有限责任公司或股份有限公司，有限责任公司变更为股份有限公司，股份有限公司变更为有限责任公司，原企业投资主体存续并在改制（变更）后的公司中所持股权（股份）比例超过75%，且改制（变更）后公司承继原企业权利、义务的，对改制（变更）后公司承受原企业土地、房屋权属，免征契税。

事业单位按照国家有关规定改制为企业，原投资主体存续并在改制后企业中出资（股权、股份）比例超过50%的，对改制后企业承受原事业单位土地、房屋权属，免征契税。

第二，公司合并与分立。两个或两个以上的公司，依照法律规定、合同约定，合并为一个公司，且原投资主体存续的，对合并后公司承受原合并各方土地、房屋权属，免征契税。

公司依照法律规定、合同约定分立为两个或两个以上与原公司投资主体相同的公司，对分立后公司承受原公司土地、房屋权属，免征契税。

第三，企业破产。企业依照有关法律法规规定实施破产，债权人（包括破产企业职工）承受破产企业抵偿债务的土地、房屋权属，免征契税；对非债权人承受破产企业土地、房屋权属，凡按照《中华人民共和国劳动法》等国家有关法律法规政策妥善安置原企业全部职工，与原企业全部职工签订服务年限不少于三年的劳动用工合同的，对其承受所购企业土地、房屋权属，免征契税；与原企业超过30%的职工签订服务年限不少于三年的劳动用工合同的，减半征收契税。

第四，资产划转。对承受县级以上人民政府或国有资产管理部门按规定进行行政性调整、划转国有土地、房屋权属的单位，免征契税。

同一投资主体内部所属企业之间土地、房屋权属的划转，包括母公司与其全资子公司之间，同一公司所属全资子公司之间，同一自然人与其设立的个人独资企业、一人有限公司之间土地、房屋权属的划转，免征契税。

母公司以土地、房屋权属向其全资子公司增资，视同划转免征契税。

第五，债权转股权。经国务院批准实施债权转股权的企业，对债权转股权后新设立的公司承受原企业的土地、房屋权属，免征契税。

第六，划拨用地出让或作价出资。以出让方式或国家作价出资（入股）方式承受原改制重组企业、事业单位划拨用地的，不属于上述规定的免税范围，对承受方应按规定征收契税。

第七，公司股权（股份）转让。在股权（股份）转让中，单位、个人承受公司股权（股份），公司土地、房屋权属不发生转移，不征收契税。

（3）夫妻之间房地产权属变更的契税优惠。

在婚姻关系存续期间，房屋、土地权属原归夫妻一方所有，变更为夫妻双方共有或另一方所有的，或者房屋、土地权属原归夫妻双方共有，变更为其中一方所有的，或者房屋、土地权属原归夫妻双方共有，双方约定、变更共有份额的，免征契税。

（4）售后回租及房屋拆迁等相关事项的契税政策（见表 8-16）。

表 8-16　　售后回租及房屋拆迁的契税政策

特殊行为	具体情况	契税政策
金融租赁公司售后回租业务	金融租赁公司开展售后回租业务，承受承租人房屋、土地权属的	征收契税
	售后回租合同期满，承租人回购原房屋、土地权属的	免征契税
房屋被征收的居民重置住房	（1）居民因个人房屋被征收而选择货币补偿用以重新购置房屋，并且购房成交价格不超过货币补偿； （2）居民因个人房屋被征收而选择房屋产权调换，并且不缴纳房屋产权调换差价	免征契税
	（1）选择货币补偿用以重新购置房屋，购房成交价格超过货币补偿的差价部分； （2）选择房屋产权调换，缴纳房屋产权调换的差价	征收契税
无实质性权属转移的房地产交易	单位、个人以房屋、土地以外的资产增资，相应扩大其在被投资公司的股权持有比例，无论被投资公司是否变更工商登记，其房屋、土地权属不发生转移	不征契税
	（1）个体工商户的经营者将其个人名下的房屋、土地权属转移至个体工商户名下，或个体工商户将其名下的房屋、土地权属转回原经营者个人名下； （2）合伙企业的合伙人将其名下的房屋、土地权属转移至合伙企业名下，或合伙企业将其名下的房屋、土地权属转回原合伙人名下	免征契税

以招拍挂方式出让国有土地使用权的，纳税人为最终与土地管理部门签订出让合同的土地使用权承受人。

企业承受土地使用权用于房地产开发，并在该土地上代政府建设保障性住房的，计税价格为取得全部土地使用权的成交价格。

【例 8-43】 张某在绿城花园 2 期购买了一套房产，房屋类型为高层，建筑面积为 148.33 平方米，成交价格 2 200 000 元。假设当地契税税率为 3%，假设张某的该购房行为不享受其他契税优惠政策。请问张某应缴纳契税多少元？若张某是因拆迁而重新购置该住房的，根据拆迁补偿协议其拆迁补偿款为 1 000 000 元。则张某应缴纳契税多少元？

分析：

如果张某是普通客户购买住房且不享受契税优惠政策，应纳契税为：

2 200 000×3%＝66 000(元)

若甲因拆迁重新购置住房，只对超出部分计缴契税：

(2 200 000－1 000 000)×3%＝36 000(元)

（5）继承房屋、土地权属的契税政策。

对于《中华人民共和国继承法》规定的法定继承人（包括配偶、子女、父母、兄弟姐妹、祖父母、外祖父母）继承土地、房屋权属，不征契税。

按照《中华人民共和国继承法》的规定，非法定继承人根据遗嘱承受死者生前的土地、房屋权属，属于赠与行为，应征收契税。

（6）灾后重建相关事项的契税优惠政策。

因地震灾害灭失住房而重新购买住房的，准予免征或者减征契税，具体减免办法由受灾地区省级人民政府制定。

（7）其他契税政策。

①对社会保险费（基本养老保险、基本医疗保险、失业保险）征收机构承受用以抵缴社会保险费的土地、房屋权属免征契税。

②财政部、国家税务总局等相关部门制定的其他契税优惠政策。

（四）征收管理

1. 纳税义务发生时间

契税在发生纳税义务时一次性征收。

契税的纳税义务发生时间是纳税人签订土地、房屋权属转移合同的当天或者纳税人取得其他具有土地、房屋权属转移合同性质凭证的当天。

纳税人因改变土地、房屋用途应当补缴已经减征、免征契税的，其纳税义务发生时间为改变有关土地、房屋用途的当天。

纳税人符合减征或者免征契税规定的，应当在签订土地、房屋权属转移合同后10日内，向土地、房屋所在地的契税征收管理机关办理减征或者免征契税手续。

2. 纳税期限

纳税人应当自纳税义务发生之日起10日内，向土地、房屋所在地的契税征收机关办理纳税申报，并在契税征收机关核定的期限内缴纳税款。

3. 纳税地点

契税的纳税地点是契税的土地、房屋所在地。契税的征收机关为土地、房屋所在地的财政机关或者税务机关。具体征收机关由省、自治区、直辖市人民政府确定。

4. 征收管理

纳税人办理纳税事宜后，征收机关应向纳税人开具契税完税凭证。纳税人持契税完税凭证和其他规定的文件资料，依法向房地产管理部门办理有关土地、房屋的权属变更登记手续。房地产管理部门应向契税征收机关提供有关资料，并协助契税征收机关依法征收契税。纳税人未出具契税完税凭证的，土地管理部门、房地产管理部门不予办理有关土地、房屋的权属变更登记手续。

二、契税的会计核算

（一）取得土地使用权时缴纳契税的会计核算

（1）企业取得的土地使用权，若是有偿取得的，一般应作为无形资产入账，为取得该项土地使用权而缴纳的契税，也应当计入无形资产价值。

【例 8-44】 某建筑施工企业 2022 年 7 月从当地政府招拍挂取得一块土地，支付土地使用权出让金 1 200 000 元，省政府规定当地契税税率为 3%。

分析：

应纳契税额＝1 200 000×3%＝36 000（元）。

企业在实际缴纳契税时应做如下账务处理：

	借方	贷方
借：无形资产——土地使用权	36 000	
贷：银行存款		36 000

（2）房地产开发企业取得土地使用权所发生的支出，包括其缴纳的契税，应当计入开发成本。

【例 8-45】 某房地产开发企业 2022 年 7 月 12 日购入国有土地一块，按规定缴纳土地出让金 20 000 000 元，用于房地产开发。企业按规定申报缴纳契税，当地政府规定的契税税率为 5%。

分析：

房地产企业应纳税额为：20 000 000×5%＝1 000 000（元）。

企业实际缴纳契税时做如下账务处理：

	借方	贷方
借：开发成本——土地征用及拆迁补偿费	1 000 000	
贷：银行存款		1 000 000

（3）企业若无偿取得土地使用权，则缴纳的契税可作为当期费用入账。

【例 8-46】 某企业 2022 年 2 月 16 日收到当地政府无偿划入土地一块，该企业申报缴纳契税，契税征收机关参照同区域的土地价格，确定该土地使用权市场价格为 600 000元，当地政府规定契税税率为 4%。

分析：

应纳契税额＝600 000×4%＝24 000（元）。

企业实际缴纳契税时应做如下账务处理：

	借方	贷方
借：管理费用	24 000	
贷：银行存款		24 000

（4）企业收到投资者以土地使用权作为投资，需要计算缴纳契税。

【例 8-47】 某公司收到某投资者以土地使用权作价 6 000 000 元投入企业作为实收资本。以土地使用权作价投资，应视同土地使用权转让，按规定缴纳契税，当地政府规定的契税税率为3%。

分析：

应纳契税额=6 000 000×3%=180 000（元）。

企业应做如下账务处理：

借：无形资产——土地使用权　　6 180 000

　贷：实收资本　　6 000 000

　　银行存款　　180 000

（二）房屋权属发生转移时缴纳契税的会计核算

对于企业承受房屋权属所应缴纳的契税，不管是有偿取得还是无偿取得，按规定都应当将契税计入固定资产价值。

【例8-48】 某企业2022年3月购入办公楼一幢，价值为6 400 000元，当地政府规定契税税率为3%，企业按规定申报缴纳契税。

分析：

应纳契税额=6 400 000×3%=192 000（元）。

企业在实际缴纳契税时做如下账务处理：

借：固定资产——办公楼　　192 000

　贷：银行存款　　192 000

【例8-49】 甲企业将其拥有的库房10间，与乙企业拥有的一座厂房相交换，双方协议规定由甲企业补付现金1 000 000元，契税税率为4%。

分析：

应纳契税额=1 000 000×4%=40 000（元）。

甲企业实际缴纳契税时做如下账务处理：

借：固定资产——厂房　　40 000

　贷：银行存款　　40 000

第九节　耕地占用税的会计核算和税务处理

一、耕地占用税的税务处理

（一）纳税人

耕地占用税的纳税人是占用耕地建房或者从事非农业建设的单位或者个人，包括各类性质的企业、事业单位、社会团体、国家机关、部队以及其他单位；也包括个体工商户以及其他个人。

（二）征税范围

耕地占用税的征税范围包括用于建房或从事其他非农业建设征（占）用的国家和集体所有的耕地。耕地包括从事农业种植的土地，也包括菜地，花圃、苗圃、茶园、果园、桑园等园地和其他种植经济林木的土地，鱼塘。

对于占用已从事种植、养殖的滩涂、草场、水面和林地从事非农业建设，由省、自治区、直辖市确定是否征收耕地占用税。

（三）计税依据

耕地占用税的计税依据应按照批准面积和实际占地面积孰大的原则确定，并一次性征收。即纳税人实际占地面积（含受托代占地面积）大于批准占地面积的，以实际占地面积计税；批准占地面积大于实际占地面积的，以批准占地面积计税。

未经批准占用耕地的，以实际占地人为耕地占用税的纳税人，以纳税人实际占用耕地的面积计征耕地占用税。

（四）税率及应纳税额计算

耕地占用税实行地区差别幅度定额税率。人均耕地面积越少，单位税额越高。以县（市、区）为单位，耕地占用税的税额规定如下：

（1）人均耕地不超过 1 亩的地区，每平方米为 10～50 元；

（2）人均耕地超过 1 亩但不超过 2 亩的地区，每平方米为 8～40 元；

（3）人均耕地超过 2 亩但不超过 3 亩的地区，每平方米为 6～30 元；

（4）人均耕地超过 3 亩的地区，每平方米为 5～25 元。

经济特区、经济技术开发区和经济发达、人均耕地特别少的地区，耕地占用税适用税额可以适当提高，但最多不得超过上述规定税额的 50%。

耕地占用税以纳税人实际占用的耕地面积为计税依据，按照规定的适用税额标准计算应纳税额，实行一次性征收。

应纳耕地占用税＝纳税人实际占用的耕地面积×适用税额

上述公式中，耕地面积应以平方米为单位。如果审批用地通知书是以亩为计量单位的，在计税时，则应将亩换算成统一的计量单位，即平方米，然后再乘以适用税额。亩和平方米的换算关系为：1 亩＝666.67 平方米。

【例 8-50】 某企业兴建厂房占用耕地 50 亩，当地适用税额为 7 元/平方米。

分析： 该企业应缴纳耕地占用税为：

50×666.67×7＝233 334.50（元）

【例 8-51】 某学校占用耕地 20 亩，其中 5 亩为校办工厂用地，其余 15 亩为教学楼、操场、宿舍等用地。当地适用税额为 5 元/平方米。

分析： 按耕地占用税政策规定，校办工厂用地不能免征耕地占用税。

该学校应缴纳的耕地占用税为：

5×666.67×5=16 666.75（元）

（五）减免税规定

1. 免征规定

（1）军事设施占用耕地；

（2）学校、幼儿园、养老院、医院占用耕地。

2. 减税规定

（1）铁路线路、公路线路、飞机场跑道、停机坪、港口、航道占用耕地，减按每平方米2元的税额征收耕地占用税。根据实际需要，国务院财政、税务主管部门商国务院有关部门并报国务院批准后，可以对以上情形免征或者减征耕地占用税。

（2）农村居民占用耕地新建住宅，按照当地适用税额减半征收耕地占用税。农村烈士家属、残疾军人、鳏寡孤独以及革命老根据地、少数民族聚居区和边远贫困山区生活困难的农村居民，在规定用地标准以内新建住宅缴纳耕地占用税确有困难的，经所在地乡（镇）人民政府审核，报经县级人民政府批准后，可以免征或者减征耕地占用税。

依照条例规定免征或者减征耕地占用税后，纳税人改变原占地用途，不再属于免征或者减征耕地占用税情形的，应当按照当地适用税额补缴耕地占用税。

（六）纳税义务发生时间

经批准占用耕地的，为纳税人收到土地管理部门办理占用农用地手续通知的当天；未经批准占用耕地的，为纳税人实际占用耕地的当天。

（七）纳税地点

耕地占用税纳税地点为纳税人占用的耕地或其他农用地所在地的税务机关。

（八）纳税环节

耕地占用税的纳税环节，是在土地管理部门通知单位和个人办理占用耕地手续后，土地管理部门发放建设用地批准书之前。土地管理部门在通知纳税人时，应同时通知耕地所在地同级税务机关，纳税人应当在规定的时间内到指定地点缴纳税款或办理免税手续，土地管理部门凭耕地占用税完税收据或免税凭证发放建设用地批准书。

临时占用耕地先纳税，恢复原状后再退税。建设直接为农业生产服务的生产设施占用林地、牧草场等规定的农用地的，不征收耕地占用税。

（九）纳税期限

耕地占用税的纳税期限为30天，即纳税人应当在收到土地管理部门的通知之日起

30 日内到税务机关缴纳耕地占用税。

二、耕地占用税的会计核算

企业购建固定资产缴纳的耕地占用税的会计核算，按是否形成固定资产价值，分为两种处理方法。

（一）计入固定资产价值

企业购建固定资产缴纳的耕地占用税，计入固定资产价值的，企业应做如下账务处理：

（1）计提工程项目应缴纳的耕地占用税时：

借：在建工程

　　贷：应交税费——应交耕地占用税

（2）缴纳耕地占用税时：

借：应交税费——应交耕地占用税

　　贷：银行存款

（二）计入管理费用

企业缴纳的耕地占用税，不形成固定资产价值的部分，计入管理费用。企业应做如下账务处理：

（1）计提工程项目应缴纳的耕地占用税时：

借：管理费用

　　贷：应交税费——应交耕地占用税

（2）缴纳耕地占用税时：

借：应交税费——应交耕地占用税

　　贷：银行存款

第十节　印花税的会计核算和税务处理

一、印花税的税务处理

印花税是以经济活动和经济交往中书立、领受应税凭证的行为为征税对象而征收的一种税。印花税因其采用在应税凭证上粘贴印花税票的方法缴纳税款而得名。

印花税的纳税义务人是在中国境内书立应税凭证、进行证券交易的单位和个人。需要注意的是，对于应税凭证，凡由两方或者两方以上当事人共同书立的，其当事人各方都是印花税的纳税人，应各就其所持凭证的计税金额履行纳税义务。

（一）税目

印花税的税目，是指印花税法明确规定的应当纳税的项目，它具体划定了印花税的征税范围。一般地说，列入税目的就要征税，未列入税目的就不征税。印花税共有 4 大类 17 个税目，即：

1. 买卖合同

买卖合同指动产买卖合同，包括供应、预购、采购、购销结合及协作、调剂、补偿、易货等合同。

各类出版单位与发行单位之间订立的图书、报纸、期刊和音像制品的应税凭证，如订购单、订数单等，应由双方按购销合同纳税。

对于企业集团内具有平等法律地位的主体之间自愿订立、明确双方购销关系、据以供货和结算、具有合同性质的凭证，应按规定征收印花税。对于企业集团内部执行计划使用的、不具有合同性质的凭证，不征收印花税。

对发电厂与电网之间、电网与电网之间（国家电网公司系统、南方电网公司系统内部各级电网互供电量除外）签订的购售电合同按购销合同征收印花税。电网与用户之间签订的供电合同不属于印花税列举征税的凭证，不征收印花税。

在代理业务中，代理单位与委托单位之间签订的委托—代理合同，凡仅明确代理事项、权限和责任的，不属于应税凭证，不贴印花。

2. 承揽合同

包括加工、定做、修缮、修理、印刷广告、测绘、测试等合同。

3. 建设工程合同

包括建筑、安装工程、勘察、设计合同。

4. 租赁合同

包括租赁房屋、船舶、飞机、机动车辆、机械、器具、设备等合同，还包括企业、个人出租门店、柜台等签订的合同。

企业与主管部门签订的租赁承包经营合同，不属于财产租赁合同，不应贴花。对房地产管理部门与个人订立的租房合同，凡用于生活居住的，暂免贴印花；用于生产经营的，应按规定贴花。

5. 融资租赁合同

出租人根据承租人对出卖人、租赁物的选择，向出卖人购买租赁物，提供给承租人使用，承租人支付租金的合同。

6. 运输合同

包括民用航空、铁路运输、海上运输、公路运输和联运合同，以及作为合同适用的单据。

代办托运业务的代办方在向铁路运输企业交运货物并取得运费结算凭证时，应当代托运方缴纳印花税。代办方与托运方之间办理的运费结算清单，不缴纳印花税。

7. 仓储合同

保管人储存存货人交付的仓储物，存货人支付仓储费的合同。

8. 保管合同

保管人保管寄存人交付的保管物，并返还该物的合同。

9. 借款合同

银行业金融机构与借款人（不包括银行同业拆借）订立的借款合同。

借款方以财产作为抵押，与贷款方签订的抵押借款合同，属于资金信贷业务，借贷双方应按“借款合同”税目计税贴花。因借款方无力偿还借款而将抵押财产转移给贷款方，应就双方书立的产权转移书据，按“产权转移书据”税目计税贴花。

知识链接

借款合同包括企业间的借贷合同吗?

借款合同，通常是指银行及其他金融组织与借款人（不包括银行同业拆借）所签订的合同。若企业之间签订借贷合同，是否需要计算缴纳印花税?

根据《印花税法》和《民法典》相关规定，企业之间借贷合同不属于印花税税目税率表所规范的借款合同的范围，不需要缴纳印花税。

10. 财产保险合同

财产保险合同包括财产、责任、保证、信用等保险合同。财产保险合同，分为企业财产保险、机动车辆保险、货物运输保险、家庭财产保险和农牧业保险五大类。“家庭财产两全保险”属于家庭财产保险性质，其合同在财产保险合同之列，应照章纳税。

除对农林作物、牧业畜类保险合同暂不贴花外，对其他几类财产保险合同均应按照规定计税贴花。

11. 技术合同

技术合同包括技术开发、转让、咨询、服务等合同。

技术转让合同，包括专利申请权转让和非专利技术转让。

技术咨询合同，是当事人就有关项目的分析、论证、预测和调查订立的技术合同。但一般的法律、会计、审计等方面的咨询不属于技术咨询，其所立合同不贴印花。

技术服务合同，是当事人一方委托另一方就解决有关特定技术问题，如为改进产品结构、改良工艺流程、提高产品质量、降低产品成本、保护资源环境、实现安全操作、提高经济效益等提出实施方案，实施所订立的技术合同，包括技术服务合同、技术培训合同和技术中介合同。但不包括以常规手段或者为生产经营目的进行一般加工、修理、修缮、广告、印刷、测绘、标准化测试以及勘察、设计等所书立的合同。

12. 产权转移书据

产权转移书据包括商标专用权、著作权、专利权、专有技术使用权转移书据；土地使用权出让和转让书据；房屋等建筑物、构筑物所有权、版权（不包括应缴纳证券交易印花税的）转让书据。

13. 营业账簿

营业账簿是指生产、经营用账簿。营业账簿按其反映的内容不同，可分为记载资金的账簿和其他账簿。

营业账簿按实收资本、资本公积合计金额征税。

14. 证券交易

证券交易印花税对证券交易的出让方征收，不对证券交易的受让方征收。

知识链接

哪些合同不需要缴纳印花税?

我国现行《印花税法》对 17 个列举税目征收印花税，其中合同性质的税目有 11 个。对未列入印花税列举范围的不征税。常见的不需要缴纳印花税的合同包括：

1. 既有订单又有买卖合同的，订单不贴花。经济业务中既有订单，又有买卖合同情况下，只需就买卖合同贴花，对订单无须贴花。

2. 非金融机构之间签订的借款合同。纳税人和非金融性质的企业或个人签订的借款合同不需要缴纳印花税。如企业向股东借款是企业进行融资的一种方式，和股东所签订的借款合同，如果双方都不属于金融机构，则不需要贴花。

3. 承包经营合同。承包经营合同在印花税税目中并没有列举，不属于印花税应税凭证。企业和政府、上级主管部门签订的承包经营合同，以及企业内部实行的承包、租赁合同，不属于财产租赁合同，不需要贴花。

4. 继续使用已到期合同无须贴花。企业所签订的已贴花合同到期，但因合同所载权利义务关系尚未履行完毕，需继续执行合同所载内容，即继续使用已到期合同，只要该合同所载内容和金额没有增加，无须再重新贴花。

5. 委托代理合同。代理单位和委托方签订的委托代理合同，凡仅明确代理事项、权限和责任的，不属于应税凭证，无须贴花。

6. 货运代理企业和委托方签订的委托代理合同，以及货运代理企业开给委托方的货物运输代理业专用发票，不属于印花税应税凭证，无须贴花。

7. 承运快件行李、包裹开具的托运单据。对于托运快件行李、包裹业务，开具的托运单据暂免贴花。

8. 电网与用户之间签订的供用电合同，不属于印花税列举征税的凭证，不征收印花税。

（二）税率

印花税的税率有两种形式，即比例税率和定额税率。

1. 比例税率

在印花税的 17 个税目中，各类合同以及具有合同性质的凭证（含以电子形式签订的各类应税凭证）、产权转移书据、营业账簿中记载实收资本与资本公积的账簿，适用比例税率。

印花税的比例税率分为 5 个档次，分别是 0.05‰，0.3‰，0.25‰，0.5‰，1‰。其中，适用 0.05‰税率的为“融资租赁合同”和“借款合同”；适用 0.3‰税率的为“买卖合同”、“建设工程合同”、“承揽合同”、“运输合同”、“技术合同”和“商标专用权、著作权、专利权、专有技术试用期转让书据”；适用 0.25‰税率的为“营业账簿”；适用 0.5‰税率的为“土地使用权出让和转让书据”、“房屋等建筑物和构筑物所有权转让书据（不包括土地承包经营权和土地经营权转移）”和“股权转让书据（不包括应缴纳证券交易印花税的）”；适用 1‰税率的为“证券交易”、“租赁合同”、“仓储合同”、“保管合同”和“财产保险合同”。

印花税税目税率表如表 8-17 所示。

表 8-17　　印花税税目、税率表

税目		范围	税率	说明
合同	1. 买卖合同	包括供应、预购、采购、购销结合及协作、调剂、补偿、易货等合同	支付价款的 0.3‰	指动产买卖合同
	2. 承揽合同	包括加工、定做、修缮、修理、印刷广告、测绘、测试等合同	支付报酬的 0.3‰	
	3. 建设工程合同	包括建筑、安装工程、勘察、设计合同	支付价款的 0.3‰	
	4. 租赁合同	包括租赁房屋、船舶、飞机、机动车辆、机械、器具、设备等合同	租金的 1‰	
	5. 融资租赁合同		租金的 0.05‰	
	6. 运输合同	包括民用航空运输、铁路运输、海上运输、内河运输、公路运输和联运合同	运输费用的 0.3‰	不包括管道运输合同
	7. 仓储合同		仓储费用的 1‰	
	8. 保管合同		保管费用的 1‰	
	9. 借款合同	银行业金融机构和借款人（不包括银行同业拆借）订立的借款合同	按借款金额的 0.05‰	
	10. 财产保险合同	包括财产、责任、保证、信用等保险合同	保险费的 1‰	不包括再保险合同
	11. 技术合同	包括技术开发、转让、咨询、服务等合同	支付价款、报酬或者使用费的 0.3‰	
产权转移书据		土地使用权出让和转让书据；房屋等建筑物、构筑物所有权、股权（不包括应缴纳证券交易印花税的）转让书据	按支付价款的 0.5‰	转让包括买卖（出售）、继承、赠与、互换、分割
		商标专用权、著作权、专利权、专有技术使用权转让书据	按支付价款的 0.3‰	
营业账簿		生产、经营用账册	按实收资本（股本）、资本公积合计金额的 0.25‰	
证券交易			成交金额的 1‰	对证券交易的出让方征收，不对证券交易的受让方征收

【例 8-52】 某公司 2020 年设立时注册资本 1 000 万元，资本公积 200 万元。公司 2022 年新启动设置账簿 20 本，其中包括实收资本、资本公积账簿 1 本，实收资本和资本公积的金额与设立时相比无变动。

分析：记载资金的账本，按实收资本和资本公积的合计 0.5‰计税贴花；本年度注册资本、资本公积未增加的，不缴纳印花税。自 2018 年 5 月 1 日起，对按万分之五税率贴花的资金账簿减半征收印花税，对按件贴花五元的其他账簿免征印花税。所以，2022 年新启用的 20 本账簿无须贴花。

知识链接

印花税计税依据的特殊规定

(1) 凭证以“金额”“收入”“费用”作为依据的，应当全额计税，不得进行任何扣除。

(2) 同一凭证载有两个或两个以上经济事项而适用不同税目税率的，如果分别记载金额的，应分别计算应纳税额，相加后按合计税额贴花；如果未分别记载金额的，按税率高的计税贴花。

(3) 按金额比例贴花的应税凭证，未标明金额的，应按照凭证所载数量及国家牌价计算金额；没有国家牌价的，按市场价格计算金额，然后按规定税率计算应纳税额。

(4) 应税凭证所载金额为外国货币的，应按照凭证书立当日国家外汇管理局公布的外汇牌价折合成人民币，然后计算应纳税额。

(5) 应纳税额不足 1 角的，免纳印花税；1 角以上的，其税额尾数不满 5 分的不计，满 5 分的按 1 角计算。

(6) 有些合同在签订时无法确定计税金额，如技术转让合同中的转让收入，是按销售收入的一定比例收取或是按实现利润分成的；产租赁合同，只是规定了月（天）租金标准而无租赁期限的。对于这类合同，可在签订时先按定额 5 元贴花，以后结算时再按实际金额计税，补贴印花。

(7) 应税合同在签订时，其纳税义务就已产生，应计算应纳税额并贴花。所以，不论合同是否兑现或是否按期兑现，均应贴花。

对已履行并贴花的合同，所载金额与合同履行后实际结算金额不一致的，只要双方未修改合同金额，一般不再办理完税手续。

(8) 对于有经营收入的事业单位，凡属由国家财政拨付事业经费、实行差额预算管理的单位，其记载经营业务的账簿按其他账簿定额贴花，不记载经营业务的账簿不贴花；凡属经费来源实行自收自支的单位，其营业账簿应对记载资金的账簿和其他账簿分别计算应纳税额。

跨地区经营的分支机构使用的营业账簿，应由各分支机构于其所在地计算贴花。对于上级单位核拨资金的分支机构，其记载资金的账簿按核拨的账面资金额计税贴花，其他账簿按定额贴花；对于上级单位不核拨资金的分支机构，只就其他账簿按件定额贴花。为了避免对同一资金重复计税贴花，对于上级单位记载资金的账簿，应按扣除拨给下属机构资金数额后的其余部分计税贴花。

(9) 在商品购销活动中，采用以货换货方式进行商品交易签订的合同，是反映既购又销双重经济行为的合同。对此，应按合同所载的购、销金额计税贴花。合同未列明金额的，应按合同所载购、销数量依照国家牌价或者市场价格计算应纳税额。

（10）施工单位将自己承包的建设项目分包或者转包给其他施工单位所签订的分包合同或者转包合同，应按新的分包合同或转包合同所载金额计算应纳税额。这是因为印花税是一种具有行为税性质的凭证税，尽管总承包合同已依法计税贴花，但新的分包或转包合同是一种新的凭证，又发生了新的纳税义务。

（11）对于国内各种形式的货物联运，凡在起运地统一结算全程运费的，应以全程运费作为计税依据，由起运地运费结算双方缴纳印花税；凡分程结算的，应以分程的运费作为计税依据，分别由办理运费结算的各方缴纳印花税。

对于国际货运，凡由我国运输企业运输的，论在我国境内、境外起运或中转分程运输，我国运输企业所持的一份运费结算凭证，均按本程运费计算应纳税额；托运方所持的一份运费结算凭证，按全程运费计算应纳税额。由外国运输企业运输进出口货物的，外国运输企业所持的一份运费结算凭证免纳印花税；托运方所持的一份运费结算凭证应缴纳印花税。国际货运运费结算凭证在国外办理的，应在凭证转回我国境内时按规定缴纳印花税。

（三）计税依据

1. 从价计税情况下的计税依据

（1）应税合同的计税依据，为合同所列的金额，不包括列明的增值税税款。（2）应税产权转移书据的计税依据，为产权转移书据所列的金额，不包括列明的增值税税款。（3）营业账簿税目中记载资金的账簿的计税依据为实收资本与资本公积两项的合计金额。（4）证券交易的计税依据为成交金额。

【例 8-53】 甲企业与中科院签订技术开发合同，合同注明研究开发经费 20 万元、技术开发报酬 30 万元，则该合同印花税的计税依据为多少万元?

分析：为了鼓励技术研究开发，对技术开发合同，只就合同所载的报酬金额计税贴花，研究开发经费不作为计税依据，故该合同印花税计税依据为 30 万元。

其他营业账簿及权利、许可证照，实行从量计税，其计税依据为应税凭证件数。

2. 计税依据的特殊规定

（1）应税合同、产权转移书据未列明金额的，印花税的计税依据按照实际结算的金额确定。计税依据按照前款规定仍不能确定的，按照书立合同、产权转移书据时的市场价格确定；依法应当执行政府定价或者政府指导价的，按照国家有关规定确定。

（2）同一应税凭证载有两个以上税目事项并分别列明金额的，按照各自适用的税目税率分别计算应纳税额；未分别列明金额的，从高适用税率。

（3）证券交易无转让价格的，按照办理过户登记手续时该证券前一个交易日收盘价计算确定计税依据；无收盘价的，按照证券面值计算确定计税依据。

（4）同一应税凭证载有两个以上税目事项并分别列明金额的，按照各自适用的税目税率分别计算应纳税额；未分别列明金额的，从高适用税率。

（5）同一应税凭证由两方以上当事人书立的，按照各自涉及的金额分别计算应纳税额。

（6）已缴纳印花税的营业账簿，以后年度记载的实收资本（股本）、资本公积合计金额比已缴纳印花税的实收资本（股本）、资本公积合计金额增加的，按照增加部分计算应纳税额。

（四）应纳税额的计算

印花税纳税人的应纳税额，根据应纳税凭证的性质，按比例税率计算。印花税应纳税额的计算可分为两类：

（1）合同和具有合同性质的凭证以及产权转移书据。其计算公式为：

应纳印花税＝应税凭证计税金额×适用税率

式中，应税凭证计税金额为应税凭证所载金额，如购销合同中的购销金额。

（2）资金账簿。其计算公式为：

应纳印花税＝(实收资本＋资本公积)×适用税率

【例 8-54】 某建筑安装工程公司与某大厦筹建处签订了一份总承包金额为 8 000 万元的工程承包合同后，又将其中的 3 000 万元工程分包给某市一建筑公司，并签订了正式分包合同。请问该建筑安装工程公司应缴纳的印花税为多少万元?

分析：该建筑安装工程公司签订 8 000 万元的工程承包合同，合同双方都应按 0.3‰计算缴纳印花税；签订工程分包合同又带来了新的纳税义务，签订分包合同的双方仍应按 0.3‰的税率计算缴纳印花税。

应纳印花税＝8 000×0.3‰＋3 000×0.3‰＝3.3(万元)

【例 8-55】 某企业于 2021 年成立，领取工商营业执照、税务登记证、房产证、土地使用证、商标注册证各一件，资金账簿记载实收资本 1 350 万元，新启用其他营业账簿 8 本，当年发生经济业务如下：

（1）4 月初将一间门面房租给某商户，签订财产租赁合同，租期一年，合同记载年租金 12 万元，本年内取得租金收入 9 万元。

（2）出租闲置设备，签订租赁合同，月租金为 500 元，但未确定具体租赁期限。

（3）10 月以一栋房产作抵押，取得银行抵押贷款 40 万元，并签订抵押贷款合同，年底由于资金周转困难，按合同约定将价值 50 万元的房产产权转移给银行，并依法签订产权转移书据。

（4）8 月与某公司签订货物运输保管合同，记载运费 9 万元、装卸费 1 万元、仓储保管费 8 万元。

根据上述资料，请计算：

（1）该企业领用的证照与设置的营业账簿应缴纳的印花税；

（2）该企业签订租赁合同应缴纳的印花税；

（3）该企业以房产抵押贷款业务应缴纳的印花税；

（4）该企业签订货物运输保管合同应缴纳的印花税。

分析：（1）税务登记证不是印花税的征税对象，则领用证照与设立营业账簿应纳印花税＝（4＋8）×5＋1 350×10 000×0.5‰＝6 810（元）。

（2）租赁合同按照合同中注明的租赁金额计税贴花。签订租赁合同应纳印花税＝12×10 000×1‰＝120（元）。

（3）抵押贷款合同按照借款合同贴花；抵押房产产权转移时签订的书据按照产权转移书据贴花。以房产抵押贷款业务应纳印花税＝40×10 000×0.05‰＋50×10 000×0.5‰＝270（元）。

（4）装卸费不贴花，则签订货物运输保管合同应纳印花税＝9×10 000×0.5‰＋8×10 000×1‰＝125(元)。

（五）税收优惠

1. 公益及保障类税收优惠

（1）对与高校学生签订的高校学生公寓租赁合同，免征印花税。高校学生公寓，是指高校为学生提供住宿服务，按照国家规定的收费标准收取住宿费的学生公寓。

（2）对公租房经营管理单位建造管理公租房涉及的印花税予以免征。对公租房经营管理单位购买住房作为公租房，免征印花税；对公租房租赁双方签订租赁协议涉及的印花税予以免征。在其他住房项目中配套建设公租房，依据政府提供的相关材料，可按公租房建筑面积占总建筑面积的比例免征建造、管理公租房涉及的印花税。

（3）对财产所有人将财产赠给政府、社会福利单位、学校所立的书据免征印花税。社会福利单位，是指抚养孤老伤残的社会福利单位。

（4）对外国政府或者国际金融组织向我国政府及国家金融机构提供优惠贷款所书立的合同免征印花税。

（5）军事物资运输凭证免征印花税，即附有军事运输命令或使用专用的军事物资运费结算凭证。

（6）抢险救灾物资运输凭证免征印花税，即附有县级以上（含县级）人民政府抢险救灾物资运输证明文件的运费结算凭证。

（7）新建铁路的工程临管线运输凭证，即为新建铁路运输施工所需物料，使用工程临管线专用的运费结算凭证。

（8）军队、武警部队订立、领受的应税凭证，免征印花税。

（9）易地扶贫搬迁实施主体取得安置住房土地免征印花税；易地扶贫搬迁安置住房建设和分配过程中免征印花税；易地扶贫搬迁实施主体安置住房房源免征印花税。

（10）对廉租住房、经济适用住房经营管理单位与廉租住房、经济适用住房相关的印花税以及廉租住房承租人、经济适用住房购买人涉及的印花税予以免征。

（11）保障性住房免征印花税。

（12）对开发商建造廉租房和经济适用住房有关印花税予以免征。

（13）资金账簿减半征收印花税，其他账簿免征印花税。

（14）社保基金会、社保基金投资管理人、管理机构管理的社保基金、养老基金转让非上市公司股权，免征印花税。

（15）饮水工程运营管理单位为建设饮水工程取得土地使用权签订的产权转移书据，以及与施工单位签订的建设工程承包合同免征印花税。

2. 个人及农村类税收优惠

（1）对房地产管理部门与个人签订的用于生活居住的租赁合同免征印花税。

（2）为了贯彻落实《国务院关于加快棚户区改造工作意见》，对改造安置住房经营管理单位、开发商与改造安置住房相关的印花税以及购买安置住房的个人涉及的印花税自 2013 年 7 月 4 日起予以免征。

（3）对农牧业保险合同免征印花税。

（4）国家指定的收购部门与村民居委会、农民个人签订的农副产品收购合同，减免征收印花税。由于我国地域广阔、情况复杂，随着经济的发展，国家指定的收购部门也会有所变化。因此，印花税法授权省、自治区、直辖市主管税务机关根据当地实际情况，划定本地区收购部门和农副产品的具体范围。

3. 融资类税收优惠

对无息、贴息贷款合同免征印花税。无息、贴息贷款合同，是指我国的各专业银行按照国家金融政策发放的无息贷款，以及由各专业银行发放并按有关规定由财政部门或中国人民银行给予贴息的贷款项目所签订的贷款合同。

（1）截至 2023 年 12 月 31 日，对金融机构与小型企业、微型企业签订的借款合同免征印花税。

（2）对保险公司进行风险处置和破产救助过程中签订的产权转移书据免征印花税。

4. 企业改制改组类税收优惠

（1）资金账簿的印花税。

①实行公司制改造的企业在改制过程中成立的新企业（重新办理法人登记的），其新启用的资金账簿记载的资金或因企业建立资本纽带关系而增加的资金，凡原已贴花的部分可不再贴花，未贴花的部分和以后新增加的资金按规定贴花。

②以合并或分立方式成立的新企业，其新启用的资金账簿记载的资金，凡原已贴花的部分可不再贴花，未贴花的部分和以后新增加的资金按规定贴花。

③企业债权转股权新增加的资金按规定贴花。

④企业改制中经评估增加的资金按规定贴花。

⑤企业其他会计科目记载的资金转为实收资本或资本公积的资金按规定贴花。

（2）各类应税合同的印花税。企业改制前签订但尚未履行完的各类应税合同，改制后需要变更执行主体的，对仅改变执行主体、其余条款未做变动且改制前贴花的，不再贴花。

（3）产权转移书据的印花税。企业因改制签订的产权转移书据免予贴花。

（4）股权分置试点改革转让的印花税。股权分置改革过程中因非流通股股东向流通股股东支付对价而发生的股权转让，暂免征收印花税。

（5）增值税小规模纳税人印花税减征。

（6）青藏铁路公司及其所属单位营业账簿免征印花税。

5. 其他类税收优惠

对已缴纳印花税凭证的副本或者抄本免征印花税。由于这种副本或抄本属于备查性质，不是正式文本，对外不产生法律效力，所以对其不应再征收印花税。但副本或抄本作为正本使用的，应另行贴花。

还有经财政部批准的免征印花税的其他凭证：

（1）铁路、公路、航运、水路承运快件行李、包裹开具的托运单据免征印花税。

（2）商品储备管理公司及其直属库资金账簿免征印花税。

【例 8-56】 某开发商开发的一个项目中有20%为配套的公租房，与建筑公司签订的建筑合同总金额为5 000万元，则该开发商应纳印花税为多少万元？

分析：在其他住房项目中配套建设公租房，依据政府提供的相关材料，可按公租房建筑面积占总建筑面积的比例免征建造、管理公租房涉及的印花税。

开发商应纳印花税＝5 000×0.3‰×(1－20%)＝1.2(万元)

（六）征收管理

1. 印花税的纳税方法

印花税可以采用粘贴印花税票或者由税务机关依法开具其他完税凭证的方式缴纳。印花税票粘贴在应税凭证上的，由纳税人在每枚税票的骑缝处盖戳注销或者画销。印花税票由国务院税务主管部门监制。

2. 印花税的纳税环节

（1）印花税的纳税义务发生时间为纳税人书立应税凭证或者完成证券交易的当日。证券交易印花税扣缴义务发生时间为证券交易完成的当日。

（2）印花税按季、按年或者按次计征。实行按季、按年计征的，纳税人应当自季度、年度终了之日起十五日内申报缴纳税款；实行按次计征的，纳税人应当自纳税义务发生之日起十五日内申报缴纳税款。

证券交易印花税按周解缴。证券交易印花税扣缴义务人应当自每周终了之日起五日内申报解缴税款以及银行结算的利息。

3. 印花税的纳税地点

（1）纳税人为单位的，应当向其机构所在地的主管税务机关申报缴纳印花税；纳税人为个人的，应当向应税凭证书立地或者纳税人居住地的主管税务机关申报缴纳印花税。

不动产产权发生转移的，纳税人应当向不动产所在地的主管税务机关申报缴纳印花税。

（2）纳税人为境外单位或者个人，在境内有代理人的，以其境内代理人为扣缴义务人；在境内没有代理人的，由纳税人自行申报缴纳印花税，具体办法由国务院税务主管部门规定。

（3）证券登记结算机构为证券交易印花税的扣缴义务人，应当向其机构所在地的主管税务机关申报解缴税款以及银行结算的利息。

4. 印花税的纳税申报

根据 2021 年 4 月 12 日国家税务总局发布的《国家税务总局关于简并税费申报有关事项的公告》（国家税务总局公告 2021 年第 9 号），自 2021 年 6 月 1 日起，纳税人申报缴纳城镇土地使用税、房产税、车船税、印花税、耕地占用税、资源税、土地增值税、契税、环境保护税、烟叶税中一个或多个税种时，使用《财产和行为税纳税申报表》（见表 8-18）。

表 8-18　　　　财产和行为税纳税申报表

纳税人识别号（统一社会信用代码）：□□□□□□□□□□□□□□□□□□□□□□

纳税人名称：　　　　　　　　　　　　　　　　金额单位：人民币元（列至角分）

序号	税种	税目	税款所属期起	税款所属期止	计税依据	税率	应纳税额	减免税额	已缴税额	应补（退）税额
1										
2										
3										
4										
5										
6										
7										
8										
9										
10										
11	合计	—	—	—	—	—				

<table>
<tr><td colspan="2">声明：此表是根据国家税收法律法规及相关规定填写的，本人（单位）对填报内容（及附带资料）的真实性、可靠性、完整性负责。
纳税人（签章）： 年 月 日</td></tr>
<tr><td>经办人：
经办人身份证号：
代理机构签章：
代理机构统一社会信用代码：</td><td>受理人：
受理税务机关（章）：
受理日期：年 月 日</td></tr>
</table>

填表说明：

1. 本表适用于申报城镇土地使用税、房产税、契税、耕地占用税、土地增值税、印花税、车船税、烟叶税、环境保护税、资源税。
2. 本表根据各税种税源明细表自动生成，申报前需填写税源明细表。
3. 本表包含一张附表《财产和行为税减免税明细申报附表》。
4. 纳税人识别号（统一社会信用代码）：填写税务机关核发的纳税人识别号或有关部门核发的统一社会信用代码。纳税人名称：填写营业执照、税务登记证等证件载明的纳税人名称。
5. 税种：税种名称，多个税种的，可增加行次。
6. 税目：税目名称，多个税目的，可增加行次。
7. 税款所属期起：纳税人申报相应税种所属期的起始时间，填写具体的年、月、日。
8. 税款所属期止：纳税人申报相应税种所属期的终止时间，填写具体的年、月、日。
9. 计税依据：计算税款的依据。
10. 税率：适用的税率。
11. 应纳税额：纳税人本期应当缴纳的税额。
12. 减免税额：纳税人本期享受的减免税金额，等于减免税附表中该税种的减免税额小计。
13. 已缴税额：纳税人本期应纳税额中已经缴纳的部分。
14. 应补（退）税额：纳税人本期实际需要缴纳的税额。应补（退）税额=应纳税额－减免税额－已缴税额。

5. 印花税的违章与处罚

印花税纳税人有下列行为之一的，由税务机关根据情节轻重予以处罚：

（1）在应税凭证上未贴或者少贴印花税票的或者已粘贴在应税凭证上的印花税票未注销或者未画销的，由税务机关追缴其不缴或者少缴的税款、滞纳金，并处不缴或少缴的税款50%以上5倍以下的罚款。

（2）已贴用的印花税票揭下重用造成未缴或少缴印花税的，由税务机关追缴其不缴或者少缴的税款、滞纳金，并处不缴或少缴的税款50%以上5倍以下的罚款；构成犯罪的，依法追究刑事责任。

（3）伪造印花税票的，由税务机关责令改正，处以2 000元以上1万元以下的罚款；情节严重的，处以1万元以上5万元以下的罚款；构成犯罪的，依法追究刑事责任。

（4）按期汇总缴纳印花税的纳税人，超过税务机关核定的纳税期限，由税务机关追缴其不缴或者少缴的税款、滞纳金，并处不缴或少缴的税款50%以上5倍以下的罚款；情节严重的，同时撤销其汇缴许可证；构成犯罪的，依法追究刑事责任。

（5）纳税人违反以下规定的，由税务机关责令限期改正，可处以2 000元以下的罚款；情节严重的，处以2 000元以上1万元以下的罚款。

①凡汇总缴纳印花税的凭证，应加注税务机关指定的汇缴戳记，在编号并装订成册

后，将已贴印花或者缴款书的一联粘附册后，盖章注销、保存备查。

②纳税人对纳税凭证应妥善保存。对于纳税凭证的保存期限，凡国家有明确规定的，按规定执行；没有明确规定的，均应在履行完毕后保存1年。

（6）代售户对取得的税款逾期不缴或者挪作他用，或者违反合同将所领印花税票转托他人代售或转至其他地区销售，或者未按规定详细提供领、售印花税票情况的，税务机关可视其情节轻重给予警告或者取消其代售资格的处罚。

【例8-57】 赵某以高价出租了一处商业旺铺，双方签订了1年的租赁合同，并按租金收入缴纳了印花税及其他相关税费。3个月后，承租方生意不理想，难以继续承受高额租金，便与赵某协商要求调低租金10%。适逢赵某资金周转紧张，一时难以找到更好的承租方，于是便答应了对方的要求，从第4个月起减掉了10%的租金。请问赵某能否要求税务机关退还其多缴纳的印花税?

分析：根据《印花税法》，印花税票是不能办理退税的。凡多贴印花税票者，不得申请退税或者抵用。如果在合同履行过程中金额有所增加，则其增加部分应当补贴印花税票。

【例8-58】 2021年某房地产企业在对外分包建筑安装工程时，有几份过百万元金额的安装合同没有按规定贴花。财务人员解释是因承包方原因最终未能按期履行，于是便认为没有履行的合同是不用贴花的。请问财务人员的做法正确吗?

分析：财务人员的做法是违反相关规定的。根据《印花税法》规定，应纳税凭证应当于书立或者领受时贴花。故合同签订时就应当贴花，履行完税手续。无论合同是否按期履行，一律应当按照规定贴花。

二、证券交易印花税

（一）证券交易印花税概述

证券交易印花税，是从普通印花税中发展而来的，属于行为税类，根据一笔股票交易成交金额向成交双方分别收取印花税，A股基本税率为0.1%且单向征收，基金和债券不征收印花税。证券交易在电子交易手段实现之前，买卖都需要填写书面的委托交易单据，这个单据被视为股权转让书据而征收印花税。在电子交易手段实现之后，证券交易已无纸质的应税凭证，可以理解为对纳税人的行为征收印花税。我国的证券交易印花税在征税范围、纳税人和计税依据等方面同国外的证券交易税一致，实质上就是证券交易税。

1. 我国证券交易印花税的历史沿革

我国对股票交易征收印花税始于深圳市。在深圳股市运行初期，为了平抑暴涨的股价，深圳市政府于1990年6月28日颁布《关于对股权转让和个人持有股票收益征税的暂行规定》，首先开征股票交易印花税，规定由卖出股票者按成交金额的 6‰缴纳；同年 11 月 23 日，又将纳税义务人扩大为买卖双方。1991 年 10 月，鉴于股市持续低迷，深圳市政府将印花税税率下调至 3‰。

1992 年 6 月，国家税务局和国家体改委联合发文，明确规定了股份制试点企业向社会发行的股票，因买卖、继承、赠与所书立的股权转让书据，均依书立时证券市场当日实际成交价格计算的金额，由立据双方当事人分别按 3‰的税率缴纳印花税。自此，股票交易印花税作为印花税的一个特别税目得以确立，其税率逐渐成为监管层传递政策意图，对股市进行宏观调控的重要手段。在市场萎靡时下调税率降低交易成本以刺激交易、提高成交量，在股市泡沫时调高税率增加交易成本进而抑制过度投机，从而稳定股市。随着股市行情的大幅波动，印花税先后做过 10 次调整（见表 8-19）。

表 8-19　　我国证券交易印花税的调整历程

序号	时间	调整	调整目的
1	1997-05-12	税率上调至 5‰	打击证券市场过度投机
2	1998-06-12	税率下调至 4‰	推进证券市场持续稳定发展
3	1999-06-01	B 股交易税率下调至 3‰	活跃 B 股市场
4	2001-11-16	税率下调至 2‰	提高市场流动性，繁荣证券市场
5	2006-01-23	税率下调至 1‰	进一步促进证券市场健康发展
6	2007-05-30	税率上调至 3‰	进一步促进证券市场健康发展
7	2008-04-23	税率下调至 1‰	消除市场恐慌情绪，给疲弱股市注入信心
8	2008-09-18	改为仅对卖方征收	刺激股市，遏制金融危机影响
9	2014-05-27	全国股转系统交易由出让方按 1‰缴纳	推动新三板市场的发展
10	2021-6-10	保持仅对出让方征收，税率维持 1‰不变。 证券交易无转让价格的，按照办理过户登记手续时该证券前一个交易日收盘价计算确定计税依据；无收盘价的，按照证券面值计算确定计税依据。	明确计税依据，政策清晰，易于操作。

知识链接

证券交易印花税的起源

为证券交易印花税调控提供理论支持的代表人物是美国 1981 年诺贝尔经济学奖获得者托宾（James Tobin）。20 世纪 70 年代凯恩斯亲手构建的第二次世界大战后世界经济框架“布雷顿森林体系”崩溃，世界经济陷入滞胀，凯恩斯国家干预理论遭到了全面挑战和怀疑。作为凯恩斯主义的维护者，托宾于1974年提出可以用交易税来抑制国际金融市场的过度投机活动，他形象地称之为“在过度高效的国际金融市场的车轮下塞入沙子”。从此以后，金融市场的交易税在经济学界又被称为“托宾税”（Tobin tax）。

托宾税的支持者认为，对证券交易征印花税可以降低投机资金的流量，因为理论上每一次交易都要被征税，摩擦性税收成本足可让频繁炒卖的人望而却步；证券交易印花税可以遏制专业股民、“噪声交易者”、套利者以及大户操盘手纯粹的短期投机行为，又不至于影响长期投资者。

2. 证券交易印花税的作用

（1）增加财政收入。证券交易印花税是组织财政收入的途径之一。我国证券市场进入快速发展时期的同时，证券市场参与者的数量也急剧扩张，证券交易印花税总额出现明显的大幅提升。1993年我国证券交易印花税刚刚在全国范围内征收时，总额只有22亿元左右，到2018年全国证券交易印花税收入已达到977亿元。

（2）引导资金走向，抑制投机。通过开征证券交易印花税可以借税率的调整影响交易成本，进而影响投资者的交易决策和行为。印花税增加了投资者的成本，这使其自然而然地成为政府调控市场的工具，可以在一定程度上稳定股票价格并抑制短期投机活动。

（3）优化资源配置。对于证券市场的长期健康发展而言，资源的优化配置是必不可少的基本条件。高效率的资源配置必然要求客观上可获得的所有信息能在证券价格中得以充分体现，从而避免传递虚假信号给市场参与者。在我国，制定证券交易印花税的目的也是激励长期投资，抑制短期投机交易。

（二）证券交易印花税的税制

我国目前的证券交易印花税实行单边征收（卖出时征收），税率为1‰。单边征收旨在降低交易成本，鼓励长期投资。

在上交所、深交所、全国中小企业股份转让系统买卖、继承、赠与优先股所书立的股权转让书据，均依书立时实际成交金额，由出让方按1‰的税率计算缴纳证券（股票）交易印花税。

香港市场投资者通过沪港通买卖、继承、赠与上交所上市A股，按照内地现行税制规定缴纳证券（股票）交易印花税。内地投资者通过沪港通买卖、继承、赠与香港联交所上市股票，按照香港特别行政区现行税法规定缴纳印花税。自2021年8月1日起，香港市场的股票交易印花税由按成交金额的0.1%双向收取，上调为按成交金额的0.13%双向收取（取整到元，不足1元按1元计）。

三、印花税的会计处理

印花税的会计核算比较简单，一般通过“税金及附加”科目核算应该缴纳的印花税；印花税可通过“应交税费”科目核算，也可直接通过“银行存款”科目核算。

（1）印花税计提时，一般先记入“应交税费——应交印花税”科目，即借记“税金及附加”科目，贷记“应交税费——应交印花税”科目。

借：税金及附加——印花税

　贷：应交税费——应交印花税

（2）缴纳印花税时，借记“应交税费——应交印花税”科目，贷记“银行存款”科目。

借：应交税费——应交印花税

　贷：银行存款

延伸阅读

棚户区、旧城改造涉及的税收政策

一、增值税

1. 被拆迁企业或个人。

根据《财政部 国家税务总局关于全面推开营业税改征增值税试点的通知》（财税〔2016〕36 号）附件三《营业税改征增值税试点过渡政策的规定》第一条免征增值税的第三十七项规定：“土地所有者出让土地使用权和土地使用者将土地使用权归还给土地所有者”，也就是说土地使用者将土地使用权归还给土地所有者的行为，不征收增值税。

2. 拆迁企业。

对于房地产企业等拆迁企业提供建筑物拆除、平整土地劳务取得的收入原按照“建筑业”税目缴纳营业税，营改增后应按照建筑服务税目缴纳增值税；其代委托方向原土地使用权人支付拆迁补偿费的行为应以提供代理劳务取得的全部收入减去其代委托方支付的拆迁补偿费后的余额为增值额计算缴纳增值税。

二、企业所得税

1. 被拆迁企业。

《国家税务总局关于企业政策性搬迁所得税有关问题的公告》（国家税务总局公告 2013 年第 11 号）规定：“凡在国家税务总局 2012 年第 40 号公告生效前（备注：2012 年 10 月 1 日）已经签订搬迁协议且尚未完成搬迁清算的企业政策性搬迁项目，企业在重建或恢复生产过程中购置的各类资产，可以作为搬迁支出，从搬迁收入中扣除。但购置的各类资产，应剔除该搬迁补偿收入后，作为该资产的计税基础，并按规定计算折旧或费用摊销。凡在国家税务总局2012年第40号公告生效后签订搬迁协议的政策性搬迁项目，应按国家税务总局2012年第40号公告有关规定执行。企业政策性搬迁被征用的资产，采取资产置换的，其换入资产的计税成本按被征用资产的净值，加上换入资产所支付的税费计算确定。”

国家税务总局公告2012年第40号相关规定如下：“企业搬迁期间新购置的各类资产，应按《企业所得税法》及其实施条例等有关规定，计算确定资产的计税成本及折旧或摊销年限。企业发生的购置资产支出，不得从搬迁收入中扣除。企业在搬迁期间发生的搬迁收入和搬迁支出，可以暂不计入当期应纳税所得额，而在完成搬迁的年度，对搬迁收入和支出进行汇总清算。企业应在搬迁完成年度，将搬迁所得计入当年度企业应纳税所得额计算纳税。”

2. 拆迁企业。

根据《房地产开发经营业务企业所得税处理办法》（国税发〔2009〕31号文件发布）第二十七条的规定，开发产品计税成本支出的内容如下：土地征用费及拆迁补偿费，指为取得土地开发使用权（或开发权）而发生的各项费用，主要包括土地买价或出让金、大市政配套费、契税、耕地占用税、土地使用费、土地闲置费、土地变更用途和超面积补交的地价及相关税费、拆迁补偿支出、安置及动迁支出、回迁房建造支出、农作物补偿费、危房补偿费等。

这里的拆迁补偿支出就是货币补偿，直接计入土地征用费及拆迁补偿费；安置及动迁支出，是指异地安置支出；回迁房建造支出是指就地安置费用。对此应以成本价为基础确定，而不是以商品房（实物）的市价确定的。拆迁补偿支出是企业所得税前扣除项目。

3. 参与棚户区改造的企业。

企业参与政府统一组织的工矿（含中央下放煤矿）棚户区改造、林区棚户区改造、垦区危房改造的，对企业用于符合规定条件的支出，准予在企业所得税前扣除。

三、个人所得税

《财政部 国家税务总局关于城镇房屋拆迁有关税收政策的通知》（财税〔2005〕45号）规定：对被拆迁人按照国家有关城镇房屋拆迁管理办法规定的标准取得的拆迁补偿款，免征个人所得税。因此，个人取得的拆迁补偿款超过标准部分，应属于个人所得税纳税范畴，按“财产转让所得”税目征收个人所得税。

《财政部 国家税务总局关于棚户区改造有关税收政策的通知》（财税〔2013〕101号）第五条规定：“个人因房屋被征收而取得货币补偿并用于购买改造安置住房，或因房屋被征收而进行房屋产权调换并取得改造安置住房，按有关规定减免契税。个人取得的拆迁补偿款按有关规定免征个人所得税。”综上，个人按规定标准取得的拆迁补偿款，无论是货币补偿还是实物补偿（房屋），均免征个人所得税。

四、土地增值税

1. 被拆迁企业或个人。

(1) 根据《土地增值税暂行条例》第八条规定，因国家建设需要依法征用、收回的房地产免征土地增值税；根据《土地增值税暂行条例实施细则》第十一条规定，因国家建设需要依法征用、收回的房地产，是指因城市实施规划、国家建设的需要而被政府批准征用的房产或收回的土地使用权。因城市实施规划、国家建设的需要而搬迁，由纳税人自行转让原房地产的，比照该规定免征土地增值税。符合上述免税规定的单位和个人，须向房地产所在地税务机关提出免税申请，经税务机关审核后，免予征收土地增值税。

（2）《财政部 国家税务总局关于土地增值税若干问题的通知》（财税〔2006〕21号）对实施细则中的“因城市实施规划、国家建设的需要而搬迁”进行了明确。因“城市实施规划”而搬迁，是指旧城改造或因企业污染、扰民（指产生过量废气、废水、废渣和噪音，使城市居民生活受到一定危害），而由政府或政府有关主管部门根据已审批通过的城市规划确定进行搬迁的情况；因“国家建设的需要”而搬迁，是指实施国务院、省级人民政府、国务院有关部委批准的建设项目而进行搬迁的情况。

因此，被搬迁企业或者个人符合上述政策性原因拆迁房产或收回土地使用权得到的拆迁补偿费，免征土地增值税。

2. 拆迁企业。

（1）根据《国家税务总局关于土地增值税清算有关问题的通知》（国税函〔2010〕220号）的规定，关于拆迁安置土地增值税计算问题：

①房地产企业用建造的本项目房地产安置回迁户的，安置用房视同销售处理，按《国家税务总局关于房地产开发企业土地增值税清算管理有关问题的通知》（国税发〔2006〕187号）第三条第（一）款规定确认收入，同时将此确认为房地产开发项目的拆迁补偿费。房地产开发企业支付给回迁户的补差价款，计入拆迁补偿费；回迁户支付给房地产开发企业的补差价款，应抵减本项目拆迁补偿费。

②开发企业采取异地安置，异地安置的房屋属于自行开发建造的，房屋价值按国税发〔2006〕187号文件第三条第（一）款的规定计算，计入本项目的拆迁补偿费；异地安置的房屋属于购入的，以实际支付的购房支出计入拆迁补偿费。

③货币安置拆迁的，房地产开发企业凭合法有效凭据计入拆迁补偿费。

（2）国税发〔2006〕187号文件第三条关于“非直接销售和自用房地产的收入确定”：

房地产开发企业将开发产品用于职工福利、奖励、对外投资、分配给股东或投资人、抵偿债务、换取其他单位和个人的非货币性资产等，发生所有权转移时应视同销售房地产，其收入按下列方法和顺序确认：

①按本企业在同一地区、同一年度销售的同类房地产的平均价格确定；

②由主管税务机关参照当地当年、同类房地产的市场价格或评估价值确定。

3. 棚户区改造。

《财政部 国家税务总局关于棚户区改造有关税收政策的通知》（财税〔2013〕101号）第二条规定：企事业单位、社会团体以及其他组织转让旧房作为改造安置住房房源且增值额未超过扣除项目金额20%的，免征土地增值税。

五、契税

根据《财政部 国家税务总局关于棚户区改造有关税收政策的通知》(财税〔2013〕101号)第四条的规定，对个人首次购买90平方米以下改造安置住房，按1%的税率计征契税；购买超过90平方米，但符合普通住房标准的改造安置住房，按法定税率减半计征契税。根据财税〔2013〕101号文件第五条的规定，个人因房屋被征收而取得货币补偿并用于购买改造安置住房，或因房屋被征收而进行房屋产权调换并取得改造安置住房，按有关规定减免契税。

六、城镇土地使用税和印花税

根据《财政部 国家税务总局关于棚户区改造有关税收政策的通知》(财税〔2013〕101号)第一条的规定，对改造安置住房建设用地免征城镇土地使用税。对改造安置住房经营管理单位、开发商与改造安置住房相关的印花税以及购买安置住房的个人涉及的印花税予以免征。在商品住房等开发项目中配套建造安置住房的，依据政府部门出具的相关材料、房屋征收(拆迁)补偿协议或棚户区改造合同(协议)，按改造安置住房建筑面积占总建筑面积的比例免征城镇土地使用税、印花税。

七、基金及其他优惠政策

1. 电力、通讯、市政公用事业等企业对城市和国有工矿棚户区改造给予支持，新建安置小区有线电视和供水、供电、供气、供热、排水、通讯、道路等市政公用设施，由各相关单位出资配套建设，并适当减免入网、管网增容等经营性收费。

2. 棚户区改造项目免征的行政事业性收费包括防空地下室易地建设费、白蚁防治费等项目；棚户区改造免收的全国性政府性基金包括城市基础设施配套费、散装水泥专项资金、新型墙体材料专项基金、城市教育附加费、地方教育附加、城镇公用事业附加等项目。

第九章
土地增值税清算的会计核算

The Whole Process of Financial Accounting and Tax Treatment for Real Estate Enterprises

TAXING

土地增值税清算，是指纳税人在符合土地增值税清算条件后，依照税收法律、法规及土地增值税有关政策规定，计算房地产开发项目应缴纳的土地增值税税款，并填写土地增值税清算申报表，向主管税务机关提供有关资料，办理土地增值税清算手续，结清该房地产项目应缴纳土地增值税税款的行为。

第一节　土地增值税清算及清算时点

一、土地增值税清算对象的选择

土地增值税清算对象是指税务主管机关认可的需要进行土地增值税清算的单位工程或若干单位工程的组合。

《土地增值税暂行条例实施细则》第八条规定，土地增值税以纳税人房地产成本核算的最基本的核算项目或核算对象为单位计算。

《国家税务总局关于房地产开发企业土地增值税清算管理有关问题的通知》（国税发〔2006〕187号）第一条规定：土地增值税以国家有关部门审批的房地产开发项目为单位进行清算，对于分期开发的项目，以分期项目为单位清算。开发项目中同时包含普通住宅和非普通住宅的，应分别计算增值额。

《土地增值税清算管理规程》（国税发〔2009〕91号文件发布）第十七条规定，清算审核时，应审核以下要点：①房地产开发项目是否以国家有关部门审批、备案的项目为单位进行清算；②对于分期开发的项目，是否以分期项目为单位清算；③对不同类型房地产是否分别计算增值额、增值率，缴纳土地增值税。

不同开发产品是否可以作为一个成本对象要考虑以下因素：

（1）是否属于同一国有土地使用证界定的土地范围；

（2）是否属于同一建设工程规划许可证报建的工程；

（3）是否属于相同的房产类型；

（4）开工、竣工时间是否接近。

开发产品的报批时间、开竣工时间和成本核算对象的选择是房地产企业的可控因素，其中会计成本核算对象的选择对土地清算对象的确定会产生直接的影响。单位工程因开工时间、销售时间、工程规划等因素的不同，售价和成本会存在差异，增值率也会不同，因此清算对象选择范围的不同会导致土地增值税税负的差异。一般来说，同一清算对象包含的单位工程越多，土地增值税的税负就越轻。不同清算对象组合也会形成不同的土地增值税税负。

【例 9-1】 鸿禧房地产公司2016年3月开发营改增前取得的一块面积为11万平方

米的土地，用于开发鸿禧小区，支付土地出让金及契税等共计 1 100 万元，开发产品为普通住宅、商铺和储藏间，储藏间位于地下，有产权（地下建筑物不计容）。经工程部和财务部测算，开发普通住宅可售面积 12 万平方米，占地 10 万平方米，开发成本 18 000 万元；商铺可售面积 3 000 平方米，占地 1 万平方米，开发成本 570 万元；储藏间可售面积 2 000 平方米，开发成本 1 950 万元。预计可实现销售收入36 200万元，其中，住宅 31 000 万元，商铺 4 300 万元，地下储藏间 900 万元。城市维护建设税税率为 7%，教育费附加费征收率为 3%，地方教育附加费征收率为 2%。

对这三种开发产品的不同组合进行土地增值税清算预测：方案一是三种开发产品分别作为三个清算对象，分别进行土地增值税清算；方案二是普通住宅作为一个清算对象，商铺和地下储藏间作为一个清算对象。土地增值税税负预测表如表 9-1 所示。

表 9-1　　土地增值税税负预测表　　金额单位：万元

项目		行次	方案一			方案二	
			普通住宅	商铺	储藏间	普通住宅	其他类型房地产（商铺+储藏间）
一、转让房地产收入总额 1=2+3+4		1	31 000.00	4 300.00	900.00	31 000.00	5 200.00
其中	货币收入	2	31 000.00	4 300.00	900.00	31 000.00	5 200.00
	实物收入及其他收入	3					
	视同销售收入	4					
二、扣除项目金额合计 5=6+7+8+11+17		5	26 451.50	1 113.95	2 585.85	26 451.50	3 699.80
1. 取得土地使用权所支付的金额		6	1 000.00	100.00	0.00	1 000.00	100.00
2. 房地产开发成本		7	18 000.00	570.00	1 950.00	18 000.00	2 520.00
3. 房地产开发费用 8=9+10		8	1 900.00	67.00	195.00	1 900.00	262.00
其中	利息支出	9	950.00	33.50	97.50	950.00	131.00
	其他房地产开发费用	10	950.00	33.50	97.50	950.00	131.00
4. 与转让房地产有关的税金等 11=12+13+14+15+16		11	1 751.50	242.95	50.85	1 751.50	293.80
其中	印花税	12	15.50	2.15	0.45	15.50	2.60
	营业税	13	1 550.00	215.00	45.00	1 550.00	260.00
	城市维护建设税	14	108.50	15.05	3.15	108.50	18.20
	教育费附加	15	46.50	6.45	1.35	46.50	7.80
	地方教育费附加	16	31.00	4.30	0.90	31.00	5.20
5. 财政部规定的其他扣除项目		17	3 800.00	134.00	390.00	3 800.00	524.00
三、增值额 18=1−5		18	4 548.50	3 186.05	−1 685.85	4 548.50	1 500.20

续表

项目	行次	方案一			方案二	
		普通住宅	商铺	储藏间	普通住宅	其他类型房地产（商铺+储藏间）
四、增值额与扣除项目金额之比（%） 19=18÷5	19	17.20%	286.01%	−65.20%	17.20%	40.55%
五、适用税率（%）	20	免征	60%	0	免征	30%
六、速算扣除系数（%）	21		35%			0
七、应缴土地增值税税额 22=18×20−5×21	22		1 521.75			450.06

由表 9-1 可知，方案一的土地增值税税额为 1 521.75 万元。普通住宅增值率小于 20%，享受土地增值税免征；储藏间增值率为负，不产生土地增值税，土地增值税产生在商铺上，并且达到土地增值税最高税率 60%。方案二的土地增值税税额为 450.06 万元。

当商铺与储藏间合并为一个清算对象时，土地增值税税负明显降低，相较于第一种方案，减少 1 071.69 万元，这是储藏间自身负的增值率拉低了商铺的增值率，并且效果明显。

土地增值税以房地产成本核算的最基本的核算项目或核算对象为单位计算。因此，若不同的开发产品作为一个清算对象，则必须在成本核算时作为一个成本核算对象进行成本核算。

不同的开发产品是否能作为一个清算对象，除会计核算因素外，还要考虑当地税务机关的规定。下面是河南省的政策规定：

《河南省地方税务局关于调整土地增值税核定征收率有关问题的公告》（河南省地方税务局公告 2011 年第 10 号）第三条规定：房地产开发企业对购房者随房屋一并购买的地下室、车库，在预征收土地增值税时，采用随房确定的原则：即销售房屋为普通标准住宅的，地下室、车库按照普通标准住宅确定；销售房屋为非普通标准住宅或其他房地产项目的，地下室、车库按照非普通标准住宅或其他房地产项目确定。待清算时，应将地下室、车库收入并入除住宅以外的其他房地产项目。房地产开发企业对购买者未购买房屋但单独购买了地下室、车库、阁楼的，按照其他房地产项目征收土地增值税。

《河北省地方税务局关于对地方税有关业务问题的解答》第二条规定：国税发〔2006〕187 号文件第一条中“国家有关部门”一般应以发改部门发放的《河北省固定资产投资项目备案证》或《河北省固定资产投资项目核准证》所载内容为依据，如证书中标注不详细或备注中明确“以规划部门最终审批条件为准”的，则应结合规划部门审批的《建设用地规划许可证》和《建设工程规划许可证》来确定清算单位和项目分期。

仍有许多地区对诸如地下室和车库的清算问题没有做出明确规定，这为土地增值税的清算及税收筹划留下了空间。

知识链接

土地增值税清算的“两分法”和“三分法”

1. 两分法

土地增值税清算时，按照开发产品业态不同，清算时划分为两大类型开发产品分别进行清算。即把所有的开发产品划分为普通住宅和其他商品房（非普通住宅+公寓+写字楼+商业+别墅+酒店+车库+地下室+阁楼）两大类，并分别进行土地增值税清算。

这种方法主要在北京、辽宁、宁夏、浙江、西安、安徽、江西等地税务局采纳。比如，《北京市地方税务局关于明确土地增值税有关问题的公告》（北京市地方税务局公告2013年第8号）第三条规定：房地产开发项目进行土地增值税清算时，开发项目中包含多种类型房屋的，按照财政部、国家税务总局有关文件规定，应区分为普通住宅和其他商品房两类分别计算增值额。

2. 三分法

土地增值税清算时，按照开发产品业态不同，清算时划分为三种类型开发产品分别进行清算。即把所有的开发产品划分为普通住宅、非普通住宅（公寓+别墅）、其他（写字楼+商业+酒店+车库+地下室+阁楼）三大类，并分别进行土地增值税清算。

这种方法主要被江苏、重庆、河南、广西、福建、湖北等地税务局采纳。

二、土地增值税清算的时点

《土地增值税清算管理规程》第九条规定，纳税人符合下列条件之一的，应进行土地增值税的清算：

（1）房地产开发项目全部竣工、完成销售的；

（2）整体转让未竣工决算房地产开发项目的；

（3）直接转让土地使用权的。

该规程第十条规定，对符合以下条件之一的，主管税务机关可要求纳税人进行土地增值税清算：

（1）已竣工验收的房地产开发项目，已转让的房地产建筑面积占整个项目可售建筑面积的比例在85%以上，或该比例虽未超过85%，但剩余的可售建筑面积已经出租或自用的；

（2）取得销售（预售）许可证满三年仍未销售完毕的；

（3）纳税人申请注销税务登记但未办理土地增值税清算手续的；

（4）省（自治区、直辖市、计划单列市）税务机关规定的其他情况。

对于符合该规程第九条规定，应进行土地增值税清算的项目，纳税人应当在满足条件之日起 90 日内到主管税务机关办理清算手续。对于符合该规程第十条规定，税务机关可要求纳税人进行土地增值税清算的项目，由主管税务机关确定是否进行清算；对于确定需要进行清算的项目，由主管税务机关下达清算通知，纳税人应当在收到清算通知之日起 90 日内办理清算手续。

为保证土地清算工作的准确性，避免税务风险，房地产企业必须关注土地增值税清算的时点，在清算前应确保所有应计的收入和成本费用都已入账，且成本、费用都已取得合法票据。因为在土地增值税清算中，计算扣除项目金额时，其实际发生的支出应当取得但未取得合法凭据的不得扣除。

第二节　土地增值税清算收入的确认与核算

土地增值税清算时，房地产销售收入金额的确定，将直接影响土地增值税应纳税额计算的准确性。房地产企业在销售开发产品时有多种多样的促销手段，其销售方式、结算方式、开票金额等都可能存在较大的差异，必须依据税法规定进行甄别确认。

一、已全额开具商品房销售发票的收入确认

土地增值税清算所确认的收入，应包括转让房地产的全部价款及有关的经济收益，且房地产转让收入为不含增值税的销售收入。纳税人因转让房地产收取的违约金、滞纳金、赔偿金、分期付款（延期付款）利息以及其他经济收益，均应当确认为房地产转让收入。但房地产购买方违约，导致房地产未能转让的，应当属于与转让房地产无关的经济利益，转让方收取的该项违约金不作为与转让房地产有关的经济利益，不确认为房地产转让收入。

尽管《国家税务总局关于土地增值税清算有关问题的通知》（国税函〔2010〕220 号）明确规定，已全额开具商品房销售发票的，按照发票所载金额确认收入，但现实中，发票金额往往只是交易合同所确定的交易金额，并不包括收取的其他利益。销售合同所载商品房面积与有关部门实际测量面积不一致，在清算前已发生补、退房款的，应在计算土地增值税时予以调整，这部分确权面积如未开具发票，也应调整土地增值税清算收入。尽管目前各地税务机关都要求房地产公司在预收房款时应开具发票，但不能机械地认为开具发票的金额就是土地增值税清算所确认的收入。

二、未开具发票或未全额开具发票的收入确认

对于未开具发票或未全额开具发票的收入确认，应以交易双方签订的销售合同所载的售房金额及其他收益确认收入，或以销售合同明细表和预收账款明细等确认收入。对于销售合同所载商品房面积与有关部门实际测量面积不一致，在清算前已发生补、退房款的，应在计算土地增值税时予以调整。

三、关于开发产品所有权转移视同销售收入实现的规定

《土地增值税清算管理规程》第十九条规定，房地产开发企业将开发产品用于职工福利、奖励、对外投资、分配给股东或投资人、抵偿债务、换取其他单位和个人的非货币性资产等，发生所有权转移时应视同销售房地产，其收入按下列方法和顺序确认：

（1）按本企业在同一地区、同一年度销售的同类房地产的平均价格确定；

（2）由主管税务机关参照当地当年、同类房地产的市场价格或评估价值确定。

房地产企业常涉及的视同销售是拆迁补偿的实物补偿，房地产企业的拆迁补偿形式可归纳为两种：一是货币补偿，即拆迁人将被拆除房屋的价值以货币结算方式补偿给被拆除房屋的所有人；二是安置房屋补偿，即拆迁人以易地建设或原地建设的房屋补偿给被拆除房屋的所有人，使原所有人继续保持其对房屋的所有权，也就是我们常说的“拆迁还房”实物补偿形式。

国税函〔2010〕220号文件规定，房地产企业用建造的本项目房地产安置回迁户的，安置用房视同销售处理，按国税发〔2006〕187号文件第三条第（一）款规定确认收入，即房地产开发企业将开发产品用于抵偿债务、换取其他单位和个人的非货币性资产等行为，发生所有权转移时应视同销售房地产，其收入可以按本企业在同一地区、同一年度销售的同类房地产的平均价格确定，也可以按由主管税务机关参照当地当年、同类房地产的市场价格或评估价值确定。同时将此确认为房地产开发项目的拆迁补偿费。房地产开发企业支付给回迁户的补偿价款，计入拆迁补偿费；回迁户支付给房地产开发企业的补差价款，应抵减本项目拆迁补偿费。

对于房地产企业来说，如果被拆迁户选择货币补偿方式，该项支出作为“拆迁补偿费”计入开发成本中的土地成本；如果被拆迁户选择就地安置房屋补偿方式，相当于被拆迁户用房地产企业支付的货币补偿资金向房地产企业购入房屋，要确认土地成本中的“拆迁补偿费支出”，即按公允价值或同期同类房屋市场价格计算的金额以“拆迁补偿费”的形式计入开发成本中的土地成本。另外，对用于补偿的房屋应视同对外销售，视

同销售收入应按其公允价值或参照同期同类房屋的市场价格确定，同时应按照同期同类房屋的成本确认为视同销售成本。

【例 9-2】 A公司2017年开发某项目（属于城中村改造），该项目用地面积21 000平方米，住宅建筑面积为31 900平方米，可供销售面积29 000平方米，其中用于安置回迁户的住宅面积为7 900平方米，其余21 100平方米的住宅由A公司自由销售。该项目于2021年5月完工。2021年9月开始与被拆迁户办理交接手续的回迁房面积共7 900平方米。2022年1月正式对外销售，并于当月全部销售完毕，取得销售收入14 770万元。该公司同期同类房地产的平均价格为7 000元/平方米。

该项目工程已完成竣工决算，开发成本为9 300万元。其中，土地征用费及拆迁补偿费为2 900万元（土地出让金净支出及契税），前期工程费700万元，建筑安装工程费3 200万元，基础设施建设费1 600万元，公共配套设施费200万元，开发间接费300万元，向某公司借款的利息400万元（假定不超过金融企业同类同期贷款利率）。

计算过程如下：

（1）该项目的开发成本＝9 300万元。

（2）拆迁补偿费支出＝7 900×0.7＝5 530（万元）。需要注意的是，这里的拆迁补偿费不能认为只是针对拆迁户的7 900平方米，而是针对整个楼盘的，需要在总可售面积29 000平方米中分摊。视同销售收入＝7 900×0.7＝5 530（万元）。

（3）单位可售面积计税成本＝(9 300＋5 530)÷2.9＝5 113.79(元/平方米)。需要注意的是，这里的29 000平方米是作为总可售面积计算的，不能减去拆迁户的7 900平方米，即不能以21 100平方米作为分母，否则就会虚增成本。

（4）视同销售成本＝5 113.79×7 900÷10 000＝4 039.89（万元）；

视同销售所得＝5 530－4 039.89＝1 490.11（万元）。

四、土地出让金返还收入的确认

目前对土地出让金的会计处理主要有两种观点：

观点一：取得土地使用权的，以实际支付的土地价款作为其土地成本，实际收到的出让金返还款直接冲减土地成本。例如，青岛市税务机关规定，从政府部门取得的拆迁补偿及财政补贴款项，抵减开发成本中的土地征用及拆迁补偿费的金额。

观点二：土地返还款具有政府补助的性质，计入营业外收入。例如，大连市税务机关规定，土地返还款不得计入扣除项目，应作为当期应税收入。

现实中，土地出让金返还的情况不同，应以事实为依据进行不同的财税处理，下面通过案例具体分析土地出让金返还的会计处理和税务处理。

【例 9-3】 某房地产开发企业通过招拍挂取得100亩土地的使用权，与自然资源部门签订的土地出让合同价格为10 000万元，企业已支付10 000万元土地出让金，契税税率为3%。协议约定，在土地出让金入库后以财政支持的方式给予企业补助3 000万元，用于该项目外城市道路、供水、排水、燃气、热力、防洪等基础设施工程建设。该项目外城市道路、供水、排水、燃气、热力、防洪等工程实际支付2 800万元。

税务处理和会计核算如下：

（1）增值税。

项目外城市道路、供水、排水、燃气、热力、防洪等基础设施工程所需支出，按土地出让协议规定，应该由政府承担。本案例符合BT（即“建设—移交”）投融资建设模式（以下简称BT模式）的特征，即房地产开发企业将该项目外城市道路、供水、排水、燃气、热力、防洪等基础设施工程建设完工后，移交给政府。房地产开发企业取得基础设施建设返还款业务BT模式的增值税政策为：

①房地产开发企业无论是否具备建筑总承包资质，均应被认定为建筑总承包方，按“建筑服务”税目缴纳增值税。

②房地产开发企业取得的财政补助款，应全额按“建筑服务”税目缴纳增值税，并全额开具发票。这里取得的财政补助款可理解为政府支付给企业的市政设施建设费。

如果协议约定返还款用于项目内开发企业自行承担的城市道路、供水、排水、燃气、热力、防洪等基础设施工程支出，则应按企业取得政府补贴处理，不缴纳增值税。

（2）企业所得税。

本案例中企业取得的提供基础设施建设收入为3 000万元，扣除相对应的成本费用2 800万元，差额200万元应计入当年的应纳税所得额。企业实际发生的与上述业务相关的税金及附加，可以在发生当年扣除。

（3）土地增值税。

《土地增值税暂行条例》第二条规定：“转让国有土地使用权、地上的建筑物及其附着物并取得收入的单位和个人，为土地增值税的纳税义务人。”《土地增值税暂行条例实施细则》第二条规定：“条例第二条所称的转让国有土地使用权、地上的建筑物及其附着物并取得收入，是指以出售或者其他方式有偿转让房地产的行为。”

企业取得的财政补助款3 000万元，属于提供基础设施建设收入，不属于转让不动产收入，因此，不缴纳土地增值税。此收入不计入土地增值税清算收入。企业支付的土地出让金10 000万元全额计入开发成本中的土地征用及拆迁补偿费。

（4）契税。

企业缴纳的契税为30万元，也应计入开发成本中的土地征用及拆迁补偿费。

（5）会计处理。

土地出让金返还用于支付该项目外城市道路、供水、排水、燃气、热力、防洪等基础设施工程费用时，企业应记入“其他业务收入”科目。

①收到财政补助款时。

借：银行存款　　30 000 000

　贷：其他业务收入　　30 000 000

②支付专项支出时。

借：其他业务成本　　28 000 000

　贷：银行存款　　28 000 000

【例 9-4】 A 公司于 2021 年 6 月通过招拍挂取得一块土地的使用权，该项目用地面积 21 000平方米，该土地待拆迁（属于城中村改造）。2021 年 6 月 15 日按拍卖确认书缴纳土地出让金 8 000 万元，土地储备中心返还 7 000 万元专用于该地块的拆迁补偿和"三通一平"工程并且有当地财政部门的批复文件，按预算拆迁补偿 3 700 万元，"三通一平"工程费用 3 300 万元。2021 年 7 月完成货币补偿，补偿金额 3 730 万元，"三通一平"工程支出 3 270 万元。

税务处理和会计核算如下：

（1）增值税。

纳税人在受托进行建筑物拆除、平整土地并代委托方向原土地使用权人支付拆迁补偿费的过程中，其提供建筑物拆除、平整土地劳务取得的收入应按照"建筑服务"税目缴纳增值税。其代委托方向原土地使用权人支付拆迁补偿费的行为属于"现代服务业——商务辅助服务"行为，应以提供代理服务取得的全部收入减去其代委托方支付的拆迁补偿费后的余额为销售额，计算缴纳增值税。

本案例中，向原土地使用权人支付拆迁补偿费无余额，不缴纳增值税；"三通一平"工程应按"建筑服务"税目缴纳增值税。按"三通一平"工程实际支出额计算缴纳增值税，应纳增值税额＝3 270×(1＋9%)×9%＝270（万元）。

（2）企业所得税。

《财政部 国家税务总局关于专项用途财政性资金企业所得税处理问题的通知》（财税〔2011〕70 号）规定，企业从县级以上各级人民政府财政部门及其他部门取得的应计入收入总额的财政性资金，凡同时符合以下条件的，可以作为不征税收入，在计算应纳税所得额时从收入总额中减除：

①企业能够提供规定资金专项用途的资金拨付文件；

②财政部门或其他拨付资金的政府部门对该资金有专门的资金管理办法或具体管理要求；

③企业对该资金以及以该资金发生的支出单独进行核算。

本案例中，企业从土地储备中心取得返还款 7 000 万元用于该地块的拆迁补偿和"三通一平"工程，符合财税〔2011〕70 号文件规定，可以作为不征税收入处理。

（3）本案例中，企业不涉及土地增值税和契税。

（4）会计处理。

①借：开发成本——土地征用及拆迁补偿费——土地出让金　　80 000 000

　贷：银行存款　　80 000 000

②借：银行存款　　70 000 000

　贷：专项应付款——土地拆迁补偿专项基金　　70 000 000

③借：专项应付款——土地拆迁补偿专项基金　　70 000 000

　贷：银行存款　　70 000 000

【例 9-5】 A 公司于 2021 年 10 月通过招拍挂取得一块土地的使用权，该项目用地面积 21 000 平方米，11 月 15 日按拍卖确认书缴纳土地出让金 8 000 万元，根据该地区招商引资优惠政策，土地储备中心返还 7 000 万元给 A 公司。

分析： 本案例中 A 公司的该项返还款实属土地出让金返还，不符合财税〔2011〕70 号文件相关规定，应冲减土地成本。账务处理如下：

借：银行存款　　70 000 000

　贷：开发成本——土地征用及拆迁补偿费——土地出让金　　70 000 000

五、售后返租业务中转让收入的确认

单位和个人在转让房地产的同时，要求购房者将所购房地产无偿或低价让渡给转让方或者转让方的关联方使用一段时间，其实质是转让方获取与转让房地产有关经济利益。对以此方式转让房地产的行为，应将转让房地产的全部价款及有关经济收益确认为转让收入，并依法缴纳土地增值税。

房地产开发企业销售不动产，采取优惠方式要求购房者无偿或低价将不动产交给房地产开发企业使用若干年。对于房地产开发企业而言，这一经营方式名义上是让利给购房者，实质上是优先取得了购房者的不动产的使用权，即其他经济利益。因此，对房地产开发企业以此方式销售不动产的行为，应按规定核定其收入额计征增值税、土地增值税和企业所得税。

值得注意的是，房地产开发企业将开发的部分房地产转为企业自用或出租等商业用途时，如果产权未发生转移，不征收土地增值税，在税款清算时不列收入，也不扣除相应的成本和费用。

六、营改增后土地增值税应税收入的确认

（一）营改增后土地增值税应税收入的确认方法

营改增后，纳税人转让房地产的土地增值税应税收入不含增值税。适用增值税一般计税方法的纳税人，其转让房地产的土地增值税应税收入不含增值税销项税额；适用简易计税方法的纳税人，其转让房地产的土地增值税应税收入不含增值税应纳税额。

为方便纳税人，简化土地增值税预征税款计算，房地产开发企业采取预收款方式销售自行开发的房地产项目的，可按照以下方法计算土地增值税预征计征依据：

土地增值税预征的计征依据＝预收款－应预缴增值税额

（二）营改增后视同销售房地产的土地增值税应税收入的确认方法

纳税人将开发产品用于职工福利、奖励、对外投资、分配给股东或投资人、抵偿债务、换取其他单位和个人的非货币性资产等，发生所有权转移时应视同销售房地产，其收入应按照国税发〔2006〕187号文件第三条规定执行。

纳税人安置回迁户，其拆迁安置用房应税收入和扣除项目的确认，应按照国税函〔2010〕220号文件第六条规定执行。

（三）土地增值税应税收入的计算公式

$$土地增值税应税收入=\begin{matrix}营改增前转让\\房地产取得的收入\end{matrix}+\begin{matrix}营改增后转让房地产\\取得的不含增值税收入\end{matrix}$$

第三节　土地增值税清算成本的确认

一、计算增值额的扣除项目

（一）取得土地使用权所支付的金额

取得土地使用权所支付的金额是指纳税人为取得土地使用权所支付的地价款和按国家统一规定缴纳的有关费用。取得土地使用权的原始凭证有缴纳土地出让金的凭证和银行转账记录等，具体包括国有土地出让合同、土地管理部门开具的收据、税务局开具的契税完税票等。

（二）房地产开发成本

1. 土地征用及拆迁补偿费

土地征用及拆迁补偿费包括土地征用费，耕地占用税，劳动力安置费，及有关地上、地下附着物拆迁补偿的净支出，安置动迁用房支出，土地通平费等。

2. 房屋开发成本

房屋开发成本包括前期工程费、建筑安装工程费、基础设施费、公共配套设施费、开发间接费。

（1）前期工程费，包括规划、设计、项目可行性研究和水文、地质、勘察、测绘、

“三通一平”等支出。

（2）建筑安装工程费，是指以出包方式支付给承包单位的建筑安装工程费，以自营方式发生的建筑安装工程费。

（3）基础设施费，包括开发小区内道路、供水、供电、供气、排污、排洪、通讯、照明、环卫、绿化等工程发生的支出。

（4）公共配套设施费，包括不能有偿转让的开发小区内公共配套设施发生的支出。

（5）开发间接费，是指直接组织、管理开发项目发生的费用，包括工资、职工福利费、折旧费、修理费、办公费、水电费、劳动保护费、周转房摊销等。

提醒注意的是，《国家税务总局关于营改增后土地增值税若干征管规定的公告》（国家税务总局公告 2016 年第 70 号）规定：营改增后，土地增值税纳税人接受建筑安装服务取得的增值税发票，应在发票的备注栏注明建筑服务发生地（市、区）名称及项目名称，否则不得计入土地增值税扣除项目金额。

（三）房地产开发费用

房地产开发费用是指与房地产开发项目有关的销售费用、管理费用和财务费用。

财务费用中的利息支出，凡能够按转让房地产项目计算分摊并提供金融机构证明的，允许据实扣除，但最高不能超过按商业银行同类同期贷款利率计算的金额。其他房地产开发费用，按取得土地使用权所支付的金额与开发土地和新建房及配套设施的成本之和的 5％以内计算扣除。

凡不能按转让房地产项目计算分摊利息支出或不能提供金融机构证明的，房地产开发费用按取得土地使用权所支付的金额与开发土地和新建房及配套设施的成本之和的 10％以内计算扣除。

（四）与转让房地产有关的税金及附加

与转让房地产有关的税金，是指在转让房地产时缴纳的城市维护建设税和印花税。因转让房地产缴纳的教育费附加，也应视同税金予以扣除。《土地增值税暂行条例实施细则》规定允许扣除的印花税，是指在转让房地产时缴纳的印花税。

营改增后，计算土地增值税增值额的扣除项目中“与转让房地产有关的税金”不包括增值税。

营改增后，房地产开发企业实际缴纳的城市维护建设税、教育费附加，凡能够按清算项目准确计算的，允许据实扣除。凡不能按清算项目准确计算的，则按该清算项目预缴增值税时实际缴纳的城市维护建设税、教育费附加扣除。

房地产开发企业缴纳的印花税主要有四类：（1）取得购买土地使用权缴纳的印花税，应该资本化，在土地增值税清算时作为开发成本扣除；（2）销售商品房缴纳的印花税，属于“与转让房地产有关的税金”，可以在土地增值税清算中扣除；（3）开发工程签订建安发包合同缴纳的印花税，也可以在土地增值税清算中作为开发成本扣除；（4）其他合同凭证缴纳的印花税费用化处理，在土地增值税清算中作为开发费用扣除。如果属于跨营改增前后的开发项目，与转让房地产有关的税金计算公式如下：

与转让房地产有关的税金＝营改增前实际缴纳的营业税、城市维护建设税、教育费附加＋营改增后允许扣除的城市维护建设税、教育费附加＋与转让房地产有关的印花税

如果属于营改增后的开发项目，与转让房地产有关的税金只有城市维护建设税、教育费附加和印花税，其计算公式为：

与转让房地产有关的税金＝实际缴纳的城市维护建设税、教育费附加＋与转让房地产有关的印花税

（五）财政部规定的其他扣除项目

对从事房地产开发的纳税人，可按取得土地使用权所支付的金额与开发成本之和的20％加计扣除。

知识链接

土地增值税清算后，又发生房地产转让的，应如何确定成本与土地增值税？

在土地增值税清算时未转让的房地产，清算后销售或有偿转让的，纳税人应按规定进行土地增值税的纳税申报，扣除项目金额按清算时的单位建筑面积成本费用乘以销售或转让面积计算。

计算公式：单位建筑面积成本费用＝清算时的扣除项目总金额÷清算的总建筑面积。

二、土地增值税与企业所得税税前扣除项目差异分析

（一）相同点

企业所得税与土地增值税都是以所得额（或增值额）为计税依据的。

房地产企业所得税每年均按开发产品销售收入（或完工前销售收入）减除扣除项目后的应纳税所得额作为税基征税。土地增值税按收入减除扣除项目后的增值额作为税基征税。两税的税基有较大幅度的重合。

（二）差异点

1. 土地价款列支项目不同

土地增值税将取得土地使用权所支付的金额单列一项，企业所得税则将土地价款计

入开发产品成本项目——“土地征用及拆迁补偿费”。

2. 房地产开发费用准予扣除形式不同

企业所得税应纳税所得额的扣除项目，主要包括成本、费用、税金、损失和其他支出等内容；土地增值税扣除项目则包括取得土地使用权所支付的金额、房地产开发成本、房地产开发费用以及与转让房地产有关的税金及附加和加计20%的扣除等内容。

在扣除项目上，土地增值税与企业所得税不同之处表现在房地产开发费用（管理费用、销售费用、财务费用）方面的规定不同，土地增值税上扣除的房地产开发费用不是按实际发生数扣除，而是按一定的比例计算扣除（即按土地成本和开发成本之和的10%扣除）。加计扣除部分，也是按土地成本和开发成本合计数的20%计算扣除。

关于企业所得税的计税成本，可以按照税法规定计算预提费用。《房地产开发经营业务企业所得税处理办法》（国税发〔2009〕31号文件发布）第三十二条规定，除以下几项预提（应付）费用外，计税成本均应为实际发生的成本。这几项预提费用为：

（1）出包工程未最终办理结算而未取得全额发票的，在证明资料充分的前提下，其发票不足金额可以预提，但最高不得超过合同总金额的10%。

（2）公共配套设施尚未建造或尚未完工的，可按预算造价合理预提建造费用。此类公共配套设施必须符合已在售房合同、协议或广告、模型中明确承诺建造且不可撤销，或按照法律法规规定必须配套建造的条件。

（3）向政府上交但尚未上交的报批报建费用、物业完善费用可以按规定预提。物业完善费用是指按规定应由企业承担的物业管理基金、公建维修基金或其他专项基金。

3. 地价款分摊方法不同

关于企业所得税的计税成本，《房地产开发经营业务企业所得税处理办法》第三十条规定，土地成本，一般按占地面积法进行分配。如果确需结合其他方法进行分配的，应商税务机关同意。

对土地增值税扣除项目，《土地增值税清算管理规程》第二十二条规定，审核取得土地使用权支付金额和土地征用及拆迁补偿费时应当重点关注：同一宗土地有多个开发项目，是否予以分摊，分摊办法是否合理、合规，具体金额的计算是否正确。

4. 借款利息扣除不同

在企业所得税汇算中，计算借款利息时，分为资本化和费用化两种处理方式，即企业为建造开发产品借入资金而发生的符合税法规定的利息支出，按《企业会计准则》的规定进行归集和分配，其中属于财务费用性质的借款费用，可直接在税前扣除。

而在土地增值税清算中，利息支出只能单独计算扣除。企业要将计入开发成本的利息费用从开发成本中剔除，与计入财务费用的利息合并计算扣除。利息费用符合一定条件的，可以选择据实扣除；不符合条件的，也可以选择计算扣除。利息费用的相关规定如下：

《土地增值税暂行条例实施细则》第七条第三项规定，开发土地和新建房及配套设施的费用（以下简称房地产开发费用），是指与房地产开发项目有关的销售费用、管理费用、财务费用。

财务费用中的利息支出，凡能够按转让房地产项目计算分摊并提供金融机构证明的，允许据实扣除，但最高不能超过按商业银行同类同期贷款利率计算的金额。其他房地产开发费用，按取得土地使用权所支付的金额与开发土地和新建房及配套设施的成本之和的5%以内计算扣除。

凡不能按转让房地产项目计算分摊利息支出或不能提供金融机构证明的，房地产开发费用按取得土地使用权所支付的金额与开发土地和新建房及配套设施的成本之和的10%以内计算扣除。

上述计算扣除的具体比例，由各省、自治区、直辖市人民政府规定。

国税函〔2010〕220号文件第三条“房地产开发费用的扣除问题”规定：(1) 财务费用中的利息支出，凡能够按转让房地产项目计算分摊并提供金融机构证明的，允许据实扣除，但最高不能超过按商业银行同类同期贷款利率计算的金额。其他房地产开发费用，在按照“取得土地使用权所支付的金额”与“房地产开发成本”金额之和的5%以内计算扣除。(2) 凡不能按转让房地产项目计算分摊利息支出或不能提供金融机构证明的，房地产开发费用在按“取得土地使用权所支付的金额”与“房地产开发成本”金额之和的10%以内计算扣除。全部使用自有资金，没有利息支出的，按照以上方法扣除。上述具体适用的比例按省级人民政府此前规定的比例执行。(3) 房地产开发企业既向金融机构借款，又有其他借款的，其房地产开发费用计算扣除时不能同时适用上述 (1)、(2) 项所述两种办法。(4) 土地增值税清算时，已经计入房地产开发成本的利息支出，应调整至财务费用中计算扣除。

知识链接

工程质保金能否在土地增值税前扣除？

在工程竣工验收后，根据合同约定，扣留建筑安装施工企业一定比例的工程款，作为开发项目的质量保证金，在计算土地增值税时，建筑安装施工企业就质量保证金对房地产开发企业开具发票的，按发票所载金额予以扣除；未开具发票的，扣留的质保金不得计算扣除。

将“生地”变为“熟地”后转让土地使用权如何计算土地增值税扣除项目

1. 山东省税务局

问题：房地产公司通过招拍挂取得土地使用权后实施七通一平且治理地下采空区后将土地转让给其他房地产公司，在土地增值税申报时是否可以将取得土地使用权时所支付的金额和开发成本加扣20%？

2019-08-21答复内容：

根据《国家税务总局关于印发〈土地增值税宣传提纲〉的通知》（国税函发〔1995〕110号）第六条，“（一）对取得土地或房地产使用权后，未进行开发即转让的，计算其增值额时，只允许扣除取得土地使用权时支付的地价款、交纳的有关费用，以及在转让环节缴纳的税金。这样规定，其目的主要是抑制‘炒’买‘炒’卖地皮的行为。（二）对取得土地使用权后投入资金，将‘生地’变为‘熟地’转让的，计算其增值额时，允许扣除取得土地使用权时支付的地价款、交纳的有关费用，和开发土地所需成本再加计开发成本的20%以及在转让环节缴纳的税金。这样规定，是鼓励投资者将更多的资金投向房地产开发。”

2. 河南省税务局

问题：房地产开发企业转让土地使用权，“生地”“熟地”如何界定？有无具体的法律法规类文件？若认定为从“生地”变为“熟地”再转让土地使用权的，取得土地使用权时支付的地价款，在土地增值税清算时能否加计20%扣除？

2021-09-07答复内容：

一、根据《中华人民共和国土地增值税暂行条例》（国务院令第138号）第六条规定，计算增值额的扣除项目：“（一）取得土地使用权所支付的金额；（二）开发土地的成本、费用；（三）新建房及配套设施的成本、费用，或者旧房及建筑物的评估价格；（四）与转让房地产有关的税金；（五）财政部规定的其他扣除项目。”

二、根据《中华人民共和国土地增值税暂行条例实施细则》（财法字〔1995〕6号）第七条规定，条例第六条所列的计算增值额的扣除项目，具体为：“（一）取得土地使用权所支付的金额，是指纳税人为取得土地使用权所支付的地价款和按国家统一规定交纳的有关费用。（二）开发土地和新建房及配套设施（以下简称房地产开发成本）的成本，是指纳税人房地产开发项目实际发生的成本（以下简称房增开发成本），包括土地征用及拆迁补偿费、前期工程费、建筑安装工程费、基础设施费、公共配套设施费、开发间接费用。……（六）根据条例第六条（五）项规定，对从事房地产开发的纳税人可按本条（一）、（二）项规定计算的金额之和，加计20%的扣除。”

三、根据《国家税务总局关于印发〈土地增值税宣传提纲〉的通知》（国税函发

〔1995〕110 号）规定，“为什么要开征土地增值税？……（二）对土地增值税课税，其主要目的是为了抑制炒买炒卖土地获取暴利的行为，以保护正当房地产开发的发展。土地增值主要是两方面原因，一是自然增值……二是投资增值，把‘生地’变为‘熟地’，建成各种生产、生活、商业设施，形成土地增值。……第五条……（六）加计扣除。对从事房地产开发的纳税人，可按取得土地使用权所支付的金额与房地产开发成本之和加计 20%的扣除。”

“具体计算增值额时应注意什么？在具体计算增值额时，要区分以下几种情况进行处理：（一）对取得土地或房地产使用权后，未进行开发即转让的，计算其增值额时，只允许扣除取得土地使用权时支付的地价款、交纳的有关费用，以及在转让环节缴纳的税金。这样规定，其目的主要是抑制‘炒’买‘炒’卖地皮的行为。（二）对取得土地使用权后投入资金，将‘生地’变为‘熟地’转让的，计算其增值额时，允许扣除取得土地使用权时支付的地价款、交纳的有关费用，和开发土地所需成本再加计开发成本的20%以及在转让环节缴纳的税金。这样规定，是鼓励投资者将更多的资金投向房地产开发。（三）对取得土地使用权后进行房地产开发建造的，在计算其增值额时，允许扣除取得土地使用权时支付的地价款和有关费用、开发土地和新建房及配套设施的成本和规定的费用、转让房地产有关的税金，并允许加计 20%的扣除。”

四、根据《国家税务总局关于印发〈土地增值税清算鉴证业务准则〉的通知》（国税发〔2007〕132 号）第三十八条规定，国家规定的加计扣除项目的审核，应当包括下列内容：“（一）对取得土地（不论是生地还是熟地）使用权后，未进行任何形式的开发即转让的，审核是否按税收规定计算扣除项目金额，核实有无违反税收规定加计扣除的情形。（二）对于取得土地使用权后，仅进行土地开发（如‘三通一平’等），不建造房屋即转让土地使用权的，审核是否按税收规定计算扣除项目金额，是否按取得土地使用权时支付的地价款和开发土地的成本之和计算加计扣除。”

因此，根据上述文件规定，对从事房地产开发的纳税人，可按取得土地使用权所支付的金额与房地产开发成本之和加计 20%的扣除。对于“生地”“熟地”如何界定，税法上并无明确解释。但是，按照规定，对取得土地或房地产使用权后，未进行开发即转让的，计算其增值额时，只允许扣除取得土地使用权时支付的地价款、交纳的有关费用，以及在转让环节缴纳的税金。对取得土地使用权后投入资金，将“生地”变为“熟地”转让的，计算其增值额时，允许扣除取得土地使用权时支付的地价款、交纳的有关费用，和开发土地所需成本再加计开发成本的 20%以及在转让环节缴纳的税金。建议您参考上述规定，并结合实际业务情况确定本单位适用的情况。如界定困难，建议携带相关资料到主管税务机关进一步确认。

3. 福建省税务局

问题：工业企业拟转让土地使用权，在计算土地增值税时，税务人员认为不是房地产开发企业，转让的不是房地产项目，所以只能扣除土地款，不能扣除将生地变为熟地的“三通一平”工程款、勘察费等前期工程费，是否合理？

2021-03-16 回复内容：

如您所述，贵公司将“生地”变为“熟地”转让的，计算其增值额时，允许扣除开发土地所需成本，但不可加计20%扣除。

文件依据：

一、根据《中华人民共和国土地增值税暂行条例》（国务院令第138号）第六条规定：“计算增值额的扣除项目：

（一）取得土地使用权所支付的金额；

（二）开发土地的成本、费用；

（三）新建房及配套设施的成本、费用，或者旧房及建筑物的评估价格；

（四）与转让房地产有关的税金；

（五）财政部规定的其他扣除项目。”

二、根据《中华人民共和国土地增值税暂行条例实施细则》（财法字〔1995〕6号）第七条：“条例第六条所列的计算增值额的扣除项目，具体为：

（一）取得土地使用权所支付的金额，是指纳税人为取得土地使用权所支付的地价款和按国家统一规定交纳的有关费用。

（二）开发土地和新建房及配套设施（以下简称房增开发）的成本，是指纳税人房地产开发项目实际发生的成本（以下简称房增开发成本），包括土地征用及拆迁补偿费、前期工程费、建筑安装工程费、基础设施费、公共配套设施费、开发间接费用。

土地征用及拆迁补偿费，包括土地征用费、耕地占用税、劳动力安置费及有关地上、地下附着物拆迁补偿的净支出、安置动迁用房支出等。

前期工程费，包括规划、设计、项目可行性研究和水文、地质、勘察、测绘、‘三通一平’等支出。

建筑安装工程费，是指以出包方式支付给承包单位的建筑安装工程费，以自营方式发生的建筑安装工程费。

基础设施费，包括开发小区内道路、供水、供电、供气、排污、排洪、通讯、照明、环卫、绿化等工程发生的支出。

公共配套设施费，包括不能有偿转让的开发小区内公共配套设施发生的支出。

开发间接费用，是指直接组织、管理开发项目发生的费用，包括工资、职工福利费、折旧费、修理费、办公费、水电费、劳动保护费、周转房摊销等。

（三）开发土地和新建房及配套设施的费用（以下简称房地产开发费用），是指与房地产开发项目有关的销售费用、管理费用、财务费用。

财务费用中的利息支出，凡能够按转让房地产项目计算分摊并提供金融机构证明的，允许据实扣除，但最高不能超过按商业银行同类同期贷款利率计算的金额。其他房地产开发费用，按本条（一）、（二）项规定计算的金额之和的5%以内计算扣除。

凡不能按转让房地产项目计算分摊利息支出或不能提供金融机构证明的，房地产开发费用按本条（一）、（二）项规定计算的金额之和的10%以内计算扣除。

上述计算扣除的具体比例，由各省、自治区、直辖市人民政府规定。

（四）旧房及建筑物的评估价格，是指在转让已使用的房屋及建筑物时，由政府批准设立的房地产评估机构评定的重置成本价乘以成新度折扣率后的价格。评估价格须经当地税务机关确认。

（五）与转让房地产有关的税金，是指在转让房地产时缴纳的营业税、城市维护建设税、印花税。因转让房地产交纳的教育费附加，也可视同税金予以扣除。

（六）根据条例第六条（五）项规定，对从事房地产开发的纳税人可按本条（一）、（二）项规定计算的金额之和，加计20%的扣除。”

三、根据《国家税务总局关于印发〈土地增值税宣传提纲〉的通知》（国税函发〔1995〕110号）规定：“六、具体计算增值额时应注意什么？

在具体计算增值额时，要区分以下几种情况进行处理：

……

（二）对取得土地使用权后投入资金，将‘生地’变为‘熟地’转让的，计算其增值额时，允许扣除取得土地使用权时支付的地价款、交纳的有关费用，和开发土地所需成本再加计开发成本的20%以及在转让环节缴纳的税金。”

第四节　土地增值税清算疑难问题分析[1]

一、地下附属设施征税范围界定不够明晰问题及对策

根据《土地增值税暂行条例》第二条，土地增值税是对转让国有土地使用权、地上的建筑物及其附着物（以下简称转让房地产）并取得收入的单位和个人所征收的。《土地增值税暂行条例实施细则》第四条则进一步明确规定，“地上的建筑物，是指建于土地上的一切建筑物，包括地上地下的各种附属设施”。在实施中，地下附属设施是否纳入征税范围，各地存在执行不一的情况，其实质上反映出对地下附属设施征税范围界定存在不够明晰的问题。

（一）地下附属设施的不同情形及各地对其征税界定的异同

地下附属设施转让或使用表现为不同的情形。在土地增值税制度实施过程中，各地对地下附属设施征税范围的界定，既存在界定一致的情形，又存在界定不一致的情形。其中，对于界定不一致的情形，各地存在不同的理解和判断，容易引起混淆。应在厘清

---

[1] 资料来源：税务研究，2021年第12期，作者：彭乔依、彭晓洁、李欣芸。本书借鉴相关观点时对原文有删减。

地下附属设施转让或使用相关的情形的基础上，对地下附属设施征收范围做出明晰的界定。

1. 与地下附属设施转让或使用相关的情形划分

地下车位等地下附属设施从是否涉及产权和收入角度可以划分为三类：房地产企业拥有产权并出售、房地产企业拥有产权并出租、不予办理产权（例如人防车位）。但根据各地征收和清算业务的实际，我们认为地下车位等地下附属设施包括以下五种情形：随住宅出售或附赠、按独立产权出售、房地产企业自用或交付全体业主无偿使用、房地产企业拥有产权但将使用权转让（或出租）给业主、人防工程转成车位使用（属于公共配套服务设施）。针对这五种情形，各地在征税范围上做出了相应界定。

2. 各地对地下附属设施征税范围界定清晰的情形

（1）地下附属设施随住宅出售或附赠、按独立产权出售这两种情形属于土地增值税征税范围。因为这两种情形均构成地下附属设施产权转让并取得收入，所以各地在实施中均按照细则第二条和第四条规定纳入土地增值税征税范围。

（2）地下附属设施房地产企业自用或交付全体业主无偿使用，不属于土地增值税征税范围。因为无论房地产企业是否拥有地下附属设施产权，这种情形既没有发生产权转移，也未取得收入，不符合细则第二条和第四条规定，所以各地在实施中均没有将其纳入土地增值税征税范围。

3. 各地对地下附属设施征税范围界定截然不同的情形

（1）房地产企业拥有地下附属设施产权但将使用权转让（或出租）给业主的，是否纳入土地增值税征税范围，各地实施口径不一。

有些地方规定，地下附属设施使用权转让（或出租）在相应条件下视同销售不动产，纳入土地增值税征收范围。相应条件主要分为三类。一是长期出租地下停车位、一次性收取的租金相当于停车位销售价值的，如辽宁省。二是签订合同将停车场所法律法规规定期限内的使用权转移给购房人有偿使用的，如青岛市。三是仅转让使用权或出租使用期限与建造商品房同等期限的，如湖北省。

另一些地方则规定，房地产企业拥有地下附属设施产权但将使用权转让（或出租）给业主的，不纳入土地增值税征税范围。具体分为两种类型。一是将地下附属设施所有权转移的视同销售不动产，纳入土地增值税征收范围，但地下附属设施使用权转让或者出租不纳入征税范围，如黑龙江省。二是地下附属设施使用权转让或者出租，即便是长期出租（包括无固定期、房屋同期限），或转让永久使用权，或一次性收取的租金相当于销售价值的，均不纳入征税范围，如西安市、常州市。

（2）人防工程转成车位（即地下人防车位）使用是否属于征税范围存在不同的做法。地下人防车位属于人防工程，按照《中华人民共和国人民防空法》规定，人民防空工程平时由投资者使用管理，收益归投资者所有。地下人防车位属于公共配套服务设施，但投资者平时又可以通过使用取得收入，各地对地下人防车位是否纳入土地增值税征税范围存在两种不同的认识差异。一种认为地下人防设施产权不涉及转让，不属于征税范围，如江苏省。另一种是按政府规定建造的地下人防设施并加以利用的，在扣除成本、费用之后，对其取得的收入核算增值额，征收土地增值税，如湖北省。

（二）问题分析——地下附属设施征税范围的界定不够明晰

各地对于地下附属设施在征税范围界定上之所以出现截然不同的现象，是因为各地对细则第二条“转让国有土地使用权、地上的建筑物及其附着物并取得收入，是指以出售或者其他方式有偿转让房地产的行为”的理解和判断不同。一种是狭义理解，认为转让房地产指的是房地产的所有权有偿转移，即销售。另一种是广义理解，认为转让房地产不仅包括房地产所有权的转移，也包括房地产使用权的转移，即视同销售不动产。而长期出租（包括无固定期、房屋同期限）、或者转让永久使用权、或者一次性收取的租金相当于地下附属设施销售价值，被认为属于所有权有偿转移的特殊情形，或者属于变相销售不动产。在细则及其他土地增值税制度对此相关问题没有更加明晰规定的情况下，便产生了不同的界定结果。

（三）明晰地下附属设施征税范围界定的建议

针对地下附属设施征税范围界定不够清晰的问题，应从转让行为的性质划分上做出更加细化和具体的范围界定。即对细则中有关征税范围的规定做进一步明晰，特别是要根据转让对象、转让行为和转让取得收入三个要素进行有针对性的界定。针对地下附属设施而言，具体包括以下三种行为：以出售并取得收入为目的的行为，视同出售的出租并取得收入为目的的行为，以短期出租并取得收入为目的的行为。第一种行为，属于地下附属设施所有权转让并取得收入的行为，符合有偿转让所有权要件，应纳入土地增值税征税范围；第二种行为，在实际中表现为长期出租（包括无固定期限、与房屋同期限）、或者转让永久使用权、或者一次性收取的租金相当于停车位销售价值的出租，尽管没有发生地下附属设施所有权转让，但实质上具备了有偿转让的要件，应纳入土地增值税征税范围；第三种行为，属于房地产企业短期经营行为，实质上不具备地下附属设施有偿转让的要件，所以不应纳入土地增值税征税范围。我们认为针对地下附属设施转让的实际情况，应做出专门的规定，特别是以长期（含无固定期限、与房屋同期限、租金相当售价、转让永久使用权）出租的方式将地下附属设施出租给业主并取得收入，由于该收益权是建立在国有土地使用权基础上的，国家应获得相应的收益，建议纳入征税范围。

二、计算增值额的利息扣除分摊规定不够细化问题及对策

（一）计算增值额的利息扣除分摊规定及其存在问题

（1）计算增值额时利息扣除分摊规定。

据实扣除和按计算扣除。细则第七条第（三）项规定："财务费用中的利息支出，凡能够按转让房地产项目计算分摊并提供金融机构证明的，允许据实扣除，但最高不能超过按商业银行同类同期贷款利率计算的金额。其他房地产开发费用，按本条（一）、（二）项规定计算的金额之和的5%以内计算扣除。凡不能按转让房地产项目计算分摊利息支出或不能提供金融机构证明的，房地产开发费用按本条（一）、（二）项规定计算的金额之和的10%以内计算扣除。"《国家税务总局关于土地增值税清算有关问题的通知》（国税函〔2010〕220号）进一步明确，"全部使用自有资金，没有利息支出的"，只能按上述方法计算扣除。

根据土地增值税制度规定，利息扣除分为据实扣除和计算扣除两种，并且扣除的比例不同。一方面，在实际征收和清算中，税务机关要分清房地产企业从金融机构获得的贷款流向而确定利息分摊，非常复杂和困难，但这又是决定房地产企业利息支出是按据实扣除还是按计算扣除的前提条件。另一方面，房地产企业往往希望通过计算利息分摊，实现按据实扣除的目的，以避免利息支出没有得到真实扣除。因此，计算增值额时利息扣除分摊采用何种方式方法往往成为税务机关和纳税人产生分歧的焦点。

（2）按可销售总建筑面积的比例或其他合理的计算分摊利息方法不够细化，可能导致具体执行中各地的做法差异较大。《国家税务总局关于房地产开发企业土地增值税清算管理有关问题的通知》（国税发〔2006〕187号）规定："属于多个房地产项目共同的成本费用，应按清算项目可售建筑面积占多个项目可售总建筑面积的比例或其他合理的方法，计算确定清算项目的扣除金额。"在实际中，当清算项目的贷款资金使用清晰时，也就是受益对象和贷款分配比例都是明确的时候，按清算项目可售建筑面积占比计算分摊利息，会导致计算分摊利息有悖于受益原则和配比原则。

同时，国税发〔2006〕187号文件规定，可采取"其他合理的方法，计算确定清算项目的扣除金额"。然而，针对多个房地产项目共同的利息分摊，除了明确按清算项目可售建筑面积占比计算分摊利息外，在国家层面没有明确其他相关的指引或规定，仅仅规定"其他合理的方法"，并没有明确"其他合理的办法"的具体范围和标准，结果可能是各地行使自由裁量权程度不同，各地具体做法出现较大差异。

（二）问题分析——计算增值额的利息扣除分摊规定不够细化

国税发〔2006〕187号文件规定的按清算项目可售建筑面积占多个项目可售总建筑面积的比例的办法，近似于物理分割的分摊方法，存在贷款使用与受益的或大或小偏离情况。现实中，房地产企业建造的不可售建筑面积（包括各种公共设施）的利息支出即

便清晰且可以计算分摊，也只能按照计算扣除处理，加上通过利息扣除可以降低增值额，导致房地产企业将计算利息分摊向可售建筑面积归集，不符合受益原则。而国税发〔2006〕187号文件规定的其他合理方法，在没有明确范围和标准的条件下，运用加权平均法计算利息分摊，涉及利息资本化的时点问题，也容易引起税企争议；若按照积数分配法，统一根据贷款金额和时间进行合理分配，但当房地产项目多、贷款期限不一时，可能导致计算利息分摊受益面过窄。另外，若按直接成本法计算利息分摊，由于细则没有明确界定直接成本，只是界定了取得土地使用权所支付费用、拆迁补偿费等6项房地产开发成本，如果适用直接成本法，这些费用是否属于直接成本没有具体规定，具体执行中税务机关与企业会产生分歧；若按照预算造价法计算利息分摊，由于预算造价调整非常普遍，所以会增加计算利息分摊的难度，且分摊结果具有极大不确定性。所以，明确国税发〔2006〕187号文件规定的“其他合理的方法”的具体内涵，才可以使得利息扣除中的计算分摊规定得到很好的贯彻执行。

（三）细化计算增值额的利息扣除分摊规定建议

在计算增值额的利息扣除分摊规定上，应重点把握开发项目与贷款的关系，避免因计算利息分摊方法的适用不当，导致贷款资金使用与利息分摊错配。因此，需要进一步细化计算利息分摊方法的规定，重点是要强化计算利息分摊方法使用的条件和标准。具体建议包括三个方面。第一，凡是贷款资金使用流向与核算项目（或核算对象）一致的，应按照所流向的核算项目（或核算对象）计算利息分摊。第二，细化可售建筑面积分配法适用范围和条件，如果多个项目按面积销售的单位价格相近，应按清算项目可售建筑面积占多个项目可售总建筑面积的比例进行利息计算分摊。第三，进一步明确“其他合理的方法”的种类和使用条件的界定。例如，贷款资本化达到规定比例（如85%）的可以采用加权平均法，贷款期限在规定范围（如在清算期内）的可以采用积数分配法，成本和预算造价能够反映贷款资金使用流向的可采用直接成本法和预算造价法。此外，为了保证计算利息分摊更加合理和公平，建议对计算利息分摊建立事先备案制度，并对计算利息分摊方法调整做出具体规定，以利于税企双方在确定计算利息分摊方案或调整计算利息分摊方法时减少分歧。

三、与普通住宅相关的混合型或综合性房地产分别核算增值额存在的问题及对策

在实际中，房地产企业普遍存在既建普通标准住宅又从事其他房地产开发的情况，我们称之为混合型或综合性房地产开发。按照土地增值税制度规定，纳税人建造普通标准住宅出售，增值额未超出扣除项目金额20%的，免征增值税。因此，混合型或综合性房地产应分别核算增值额。但目前对于混合型或综合性房地产如何分别核算增值额的规定不能完全适用于现实情况。

（一）分别核算增值额规定存在不够完善的问题

1. 成本核算的计算单位划分不够明确导致实施的差异

《财政部 国家税务总局关于土地增值税一些具体问题规定的通知》（财税字〔1995〕48号）规定：既建普通标准住宅又从事其他房地产开发的，应分别核算增值额；不分别核算增值额或不能准确核算增值额的，其建造的普通标准住宅不能适用暂行条例第八条（一）项的免税规定（即纳税人建造普通标准住宅出售，增值额未超出扣除项目金额20%的，免征增值税）。因此，分别核算增值额属于清算中的一项基本要求，也是房地产企业建造普通标准住宅能否达到免税条件的前提。但在实际清算中，房地产企业对分别核算增值额的界定存在分歧。根据细则第八条规定“土地增值税以纳税人房地产成本核算的最基本的核算项目或核算对象为单位计算”，就存在按最基本的核算项目分别核算增值额与按核算对象分别核算之间的差异问题。例如，房地产企业开发的同一幢楼内往往存在多种住宅类型（普通住宅、非普通住宅）、商业用房、地下车位等附属设施，按照一幢楼为计算单位作为核算对象进行增值额核算，并对其开发的独立的商铺作为另一个单独核算对象进行增值额核算，属于分别核算增值额。

各地划分成本对象存在二分法、三分法、四分法，那么该例子适合按照三分法，即普通住宅/其他类型住宅/非住宅，分别核算增值额，其计算的结果与第一种方法计算结果完全不同。在实际中，个别省份将随普通住宅一同销售的地下车位或车库按照普通住宅进行核算，如河南省。那么前一种方法是否属于分别核算增值额容易引起争议。因此，对最基本的核算项目、核算对象需要进一步明确。

2. 不分别核算增值额的处理规定不够完善

财税字〔1995〕48号文件只规定了不分别核算增值额为不适用普通标准住宅免征增值税的条件，但是没有明确相应细化处理的规定。因此，各地对不分别核算增值额的处理存在多种情形。

（1）只规定普通标准住宅不能适用免税规定。这与财税字〔1995〕48号文件规定一致，那么其建造的普通标准住宅只能按照其他房地产核算增值额。（2）税务机关按照各自占总建筑面积的比例，分别核算增值额。这不仅会增加税务机关的工作难度和工作量，而且税务机关与纳税人会在核算依据、核算方法和核算结果上发生分歧。（3）一律按非普通标准住宅计算增值额。这种做法的结果是，普通住宅无论增值额多少，都无法适用免税规定。（4）以整个开发项目为对象核算增值额。按照这种做法，开发项目如果是普通住宅，那么就适用免税规定，反之则不适用；开发项目为混合型或综合性的，由于不分别核算，是否适用免税规定，存在不确定性。（5）核定征收从高计征土地增值税。按照这种办法，普通住宅无论增值额多少，都无法适用免税规定。（6）按占清算项目可销售面积的比例计算增值额。那么未清算的可销售面积，是否按照这个办法继续执行，没有明确。从以上各地清算操作办法看：一方面，与财税字〔1995〕48号文件规定相比，存在宽严不一、处理环节不一、影响面不一的情况；另一方面，说明不分别核算增值额的处理规定不够完善。

（二）问题分析——现实的复杂性、多样性要求规定进一步完善

核算增值额的规定与普通标准住宅出售增值额未超出扣除项目金额20%免征土地增值税密切相关。所以，区分普通住宅和非普通住宅，是否分别核算增值额，对于税企都至关重要。但在实际工作中，存在多项目开发、单项目混合型等情况，在界定最基本的核算项目、核算对象上容易发生分歧，按照最基本的核算项目分别核算增值额与按照核算对象分别核算增值额结果不同，尽管从规定上看都是允许的，但由于产生的税负不同，容易带来税收筹划问题或自由裁量权使用是否适当问题，也有悖同一征税对象税负相同原则。房地产企业不分别核算增值额的情况下，是否由税务机关分别核算增值额，依据什么分别核算增值额，对此现行的土地增值税制度不够明确。各地根据实际需要制定的办法存在较大差异，既有失公允又容易产生争议。

（三）完善普通住宅相关的混合型或综合性房地产分别核算增值额的建议

鉴于最基本的核算项目、核算对象既关系到核算增值额的选择，又关系到核算结果的使用，所以应进一步完善最基本的核算项目、核算对象的适用条件和标准。同时，对房地产企业不分别核算增值额的规定进行细化。首先，细化细则第八条规定，明确成本核算的最基本的核算项目运用的具体条件，即按照国家立项或工程规划许可证确定的项目判别或者划分最基本的核算项目，其中功能单一的为最基本核算项目，单体建筑物具有多功能的以主体功能的性质确定为最基本核算项目。其次，对于各地在核算对象划分上存在二分法、三分法和四分法，建议统一确定为二分法，即普通住宅与普通住宅以外的房地产产品，从而简化核算对象类型，便于更好更准确确定普通住宅免征土地增值税情况。最后，针对房地产企业不分别核算增值额的情况，建议完善财税字〔1995〕48号文件中的第十三条，细化为：在房地产企业不分别核算增值额时，税务机关应要求房地产企业分别核算增值额，凡按照税务机关要求分别核算增值额的，可以适用暂行条例第八条第（一）项的免税规定，否则不适用。从而完善分别核算增值额的规定，引导房地产企业健全核算管理制度并积极支持土地增值税清算工作。

第五节　土地增值税清算综合案例

一、土地增值税清算应提供的资料

（1）土地增值税清算表及其附表。

（2）房地产开发项目清算说明，主要内容应包括房地产开发项目立项、用地、开发、销售、关联方交易、融资、税款缴纳等基本情况及主管税务机关需要了解的其他情况。

（3）项目竣工决算报表、取得土地使用权所支付的地价款凭证、国有土地使用权出让合同、银行贷款利息结算通知单、项目工程合同结算单、商品房购销合同统计表、销售明细表、预售许可证等与转让房地产的收入、成本和费用有关的证明资料。主管税务机关需要相应项目记账凭证的，纳税人还应提供记账凭证复印件。

（4）纳税人委托税务中介机构审核鉴证的清算项目，还应报送中介机构出具的《土地增值税清算税款鉴证报告》。

二、房地产公司及清算项目基本情况

御筑房地产开发有限公司 2017 年 1 月 1 日通过竞拍获得一宗国有土地使用权，面积 46 860 平方米，项目分三期开发，总可售面积为 131 200 平方米，其中“御筑苑一期”于 2018 年 10 月 1 日开始预售，2019 年 6 月竣工验收，并已销售完毕，同月进行清算。

该公司本次清算土地增值税的“御筑苑一期”项目开发的商品房业态为非普通住宅和商业用房（非独立商业，俗称底商）。“御筑苑一期”占地面积 15 551 平方米，可售建筑面积 37 634 平方米，其中，非普通住宅可售建筑面积 35 536 平方米，商业用房可售面积 2 098 平方米。

非普通住宅售价每平方米 10 000 元，商业用房（底商）每平方米 15 000 元。

三、扣除项目金额税务审核情况

截至 2019 年 6 月 30 日，企业账面上开发成本经税务审核确定如下。

1. 取得土地使用权所支付的金额

取得土地使用权所支付的金额累计 56 232 000.00 元。

2. “御筑苑一期”开发成本

（1）土地征用及拆迁补偿费：经税务审核，该项目的土地征用及拆迁补偿费为支付给农民的青苗及果树的补偿费，总金额为 17 069 555.15 元。

（2）前期工程费：会计核算金额为 35 589 344.78 元，经税务审核，不规范票据金额 20 000.00 元。

（3）建筑安装工程费：会计核算金额为 75 789 983.58 元，属于一期的建筑安装工程费中，商业的直接成本为 1 103 287.00 元。

（4）基础设施费：会计核算金额为 29 667 634.88 元。

（5）公共配套设施费：会计核算金额为 38 073 565.12 元。

（6）开发间接费：会计核算金额为 13 372 865.56 元，主要费用是工程人员的工资、福利、办公费用和设备折旧费，经税务审核，企业将应属于期间费用的 475 070.00 元，计入了开发间接费；利息支出 1 000 000.00 元为非金融机构的利息。

以上金额均为不含税金额，不考虑增值税进项。

四、“御筑苑一期”开发成本的计算

（1）取得土地使用权所支付的金额首先按占地面积法分摊一期的土地成本，然后按建筑面积法将一期的土地成本分摊到非普通住宅和商业（底商）用房，这就是土地成本的二次分摊。

一期取得土地使用权所支付的金额＝56 232 000.00×15 551/46 860＝18 661 200.00（元）；

一期非普通住宅分摊的土地成本＝18 661 200.00×35 536/37 634＝17 620 885.45（元）；

一期商业用房分摊的土地成本＝18 661 200.00×2 098/37 634＝1 040 314.55（元）。

（2）一期的开发成本金额，按建筑面积法分摊。

一期的开发产品是非普通住宅和商业用房（底商），因此一期开发成本应按建筑面积法在普通住宅和商业用房（底商）中分摊，属于商业直接成本的直接归属于商业用房（底商），非普通住宅不承担这部分成本。具体计算如下（详见表 9-2）：

①土地征用及拆迁补偿费（非普通住宅）＝17 069 555.15×35 536/37 634＝16 117 970.77(元)；

土地征用及拆迁补偿费（商业用房）＝17 069 555.15×2 098/37 634＝951 584.38（元）；

②前期工程费（非普通住宅）＝(35 589 344.78－20 000.00)×35 536/37 634＝33 586 444.07(元)；

前期工程费（商业用房）＝(35 589 344 78－20 000.00)×2 098/37 634＝1 982 900.71(元)；

③建筑安装工程费（非普通住宅）＝(75 789 983.58－1 103 287.00)×35 536/37 634＝70 523 102.77(元)；

建筑安装工程费（商业用房）＝(75 789 983.58－1 103 287.00)×2 098/37 634＋1 103 287.00＝5 266 880.81(元)；

④基础设施费（非普通住宅）＝29 667 634.88×35 536/37 634＝28 013 739.52(元)；

基础设施费（商业用房）＝29 667 634.88×2 098/37 634＝1 653 895.36(元)；

⑤公共配套设施费（非普通住宅）＝38 073 565.12×35 536/37 634＝35 951 060.48(元)；

公共配套设施费（商业用房）＝38 073 565.12×2 098/37 634＝2 122 504.64(元)；

⑥开发间接费（非普通住宅）＝(13 372 865.56－475 070.00－1 000 000.00)×35 536/37 634＝11 234 523.65(元)；

开发间接费（商业用房）＝(13 372 865.56－475 070.00－1 000 000.00)×2 098/37 634＝663 271.91(元)。

表 9-2 “御筑苑一期”成本分摊表 金额单位：元

项目	一期	非普通住宅	商业（底商）
可售建筑面积（平方米）	37 634	35 536	2 098
取得土地使用权支付的金额	18 661 200.00	17 620 885.45	1 040 314.55
土地征用及拆迁补偿费	17 069 555.15	16 117 970.77	951 584.38
前期工程费	35 569 344.78	33 586 444.07	1 982 900.71
建筑安装工程费	75 789 983.58	70 523 102.77	5 266 880.81
基础设施费	29 667 634.88	28 013 739.52	1 653 895.36
公共配套费	38 073 565.12	35 951 060.48	2 122 504.64
开发间接费	11 897 795.56	11 234 523.65	663 271.91
合计	226 729 079.07	213 047 726.71	13 681 352.36

五、“御筑苑一期”房地产开发费用的计算

由于该企业计入“开发间接费”中的利息支出不符合土地增值税税前扣除的规定，不得作为土地增值税的扣除项目金额。

根据国税函〔2010〕220 号文件的规定，凡不能按转让房地产项目计算分摊利息支出或不能提供金融机构证明的，房地产开发费用在按“取得土地使用权所支付的金额”与“房地产开发成本”金额之和的 10%以内计算扣除。

(1) 非普通住宅的房地产开发费用＝(17 620 885.45＋195 426 841.26)×10%＝21 304 772.67(元)；

(2) 商业（底商）的房地产开发费用＝(1 040 314.55＋12 641 037.81)×10%＝1 368 135.24(元)。

六、“御筑苑一期”与转让房地产有关的税金及附加的计算

“御筑苑一期”取得销售收入共计 386 830 000.00 元，其中非普通住宅取得销售收

入 355 360 000.00 元（35 536×10 000），商业（底商）取得销售收入 31 470 000.00 元（2 098×15 000）。

本案例由于不考虑增值税进项，并且已知的数据均为不含税金额。因此，与转让房地产有关的增值税及增值税附加的计算如下。

1. 非普通住宅转让产生的增值税及增值税附加计算

增值税＝355 360 000×9%＝31 982 400（元）；
城市维护建设税＝31 982 400×7%＝2 238 768（元）；
教育费附加＝31 982 400×3%＝959 472（元）；
地方教育附加＝31 982 400×2%＝639 648（元）。

2. 商业用房（底商）转让产生的增值税及增值税附加计算

增值税＝31 470 000×9%＝2 832 300（元）；
城市维护建设税＝2 832 300×7%＝198 260（元）；
教育费附加＝2 832 300×3%＝84 969（元）；
地方教育附加＝2 832 300×2%＝56 646（元）。

七、"御筑苑一期"开发成本加计扣除计算

根据《土地增值税暂行条例》及其实施细则的规定，财政部规定的其他扣除项目按照取得土地使用权所支付的金额与房地产开发成本金额之和，加计 20%扣除。

非普通住宅加计扣除金额＝(17 620 885.45＋195 426 841.26)×20%＝42 609 545.34（元）；

商业用房（底商）加计扣除金额＝(1 040 314.55＋12 641 037.81)×20%＝2 736 270.47（元）。

八、"御筑苑一期"土地增值税预缴

根据国家税务总局公告 2016 年第 70 号的规定，营改增后，纳税人转让房地产的土地增值税应税收入不含增值税。适用增值税一般计税方法的纳税人，其转让房地产的土地增值税应税收入不含增值税销项税额；适用简易计税方法的纳税人，其转让房地产的土地增值税应税收入不含增值税应纳税额。为方便纳税人，简化土地增值税预征税款计算，房地产开发企业采取预收款方式销售自行开发的房地产项目的，可按照以下方法计算土地增值税预征计征依据：

土地增值税预征的计征依据＝预收款－应预缴增值税税款

该公司当地税务机关规定普通住宅预征率为3%、非普通住宅预征率为4%、商业预征率为5%。

非普通住宅、商业土地增值税预征额计算如下：

非普通住宅预缴土地增值税=[355 360 000×(1+9%)-355 360 000×3%]×4%=15 067 264（元）；

商业（底商）预缴土地增值税=[31 470 000×(1+9%)-31 470 000×3%]×5%=1 667 910（元）。

注意：计算预缴土地增值税时预收款（或销售收入）应为含税金额。

九、"御筑苑一期"土地增值税清算申报表的填列

"御筑苑一期"土地增值税清算申报表的填列详见表9-3。

表9-3　　土地增值税纳税申报表

（从事房地产开发的纳税人清算适用）

税款所属时间：2018年10月1日至2019年6月30日　　　填表日期：2019年7月3日

纳税人识别号：123456789123456789　　　金额单位：元至角分；面积单位：平方米

纳税人名称	御筑房地产开发有限公司	项目名称	御筑苑一期	项目编号	112233	项目地址	××市××区北京路东侧
所属行业	房地产开发	登记注册类型	有限公司（自然人投资或控股）	纳税人地址	××市××区朝阳路	邮政编码	100111
开户银行	建设银行朝阳支行	银行账号	111000002233	主管部门		电话	66778899
总可售面积		131 200		自用和出租面积		—	
已售面积	37 634	其中：普通住宅已售面积	—	其中：非普通住宅已售面积	35 536	其中：其他类型房地产已售面积	2 098

项目		行次	金额			
			合计	普通住宅	非普通住宅	其他类型房地产
一、转让房地产收入总额　1=2+3+4		1	386 830 000.00		355 360 000.00	31 470 000.00
其中	货币收入	2	386 830 000.00		355 360 000.00	31 470 000.00
	实物收入及其他收入	3				
	视同销售收入	4				
二、扣除项目金额合计　5=6+7+14+17+22+23		5	299 118 981.79		280 977 612.72	18 141 369.07
1. 取得土地使用权所支付的金额		6	18 661 200.00		17 620 885.45	1 040 314.55

<table>
<tr><td colspan="3">2. 房地产开发成本
7=8+9+10+11+12+13</td><td>7</td><td>208 067 879.07</td><td></td><td>195 426 841.26</td><td>12 641 037.81</td></tr>
<tr><td rowspan="6">其中</td><td colspan="2">土地征用及拆迁补偿费</td><td>8</td><td>17 069 555.15</td><td></td><td>16 117 970.77</td><td>951 584.38</td></tr>
<tr><td colspan="2">前期工程费</td><td>9</td><td>35 569 344.78</td><td></td><td>33 586 444.07</td><td>1 982 900.71</td></tr>
<tr><td colspan="2">建筑安装工程费</td><td>10</td><td>75 789 983.58</td><td></td><td>70 523 102.77</td><td>5 266 880.81</td></tr>
<tr><td colspan="2">基础设施费</td><td>11</td><td>29 667 634.88</td><td></td><td>28 013 739.52</td><td>1 653 895.36</td></tr>
<tr><td colspan="2">公共配套设施费</td><td>12</td><td>38 073 565.12</td><td></td><td>35 951 060.48</td><td>2 122 504.64</td></tr>
<tr><td colspan="2">开发间接费用</td><td>13</td><td>11 897 795.56</td><td></td><td>11 234 523.65</td><td>663 271.91</td></tr>
<tr><td colspan="3">3. 房地产开发费用 14=15+16</td><td>14</td><td>22 672 907.91</td><td></td><td>21 304 772.67</td><td>1 368 135.24</td></tr>
<tr><td rowspan="2">其中</td><td colspan="2">利息支出</td><td>15</td><td>11 336 453.95</td><td></td><td>10 652 386.34</td><td>684 067.62</td></tr>
<tr><td colspan="2">其他房地产开发费用</td><td>16</td><td>11 336 453.95</td><td></td><td>10 652 386.34</td><td>684 067.62</td></tr>
<tr><td colspan="3">4. 与转让房地产有关的税金等
17=18+19+20+21</td><td>17</td><td>4 371 179.00</td><td></td><td>4 015 568.00</td><td>355 611.00</td></tr>
<tr><td rowspan="4">其中</td><td colspan="2">印花税</td><td>18</td><td>193 415.00</td><td></td><td>177 680.00</td><td>15 735.00</td></tr>
<tr><td colspan="2">城市维护建设税</td><td>19</td><td>2 437 029.00</td><td></td><td>2 238 768.00</td><td>198 261.00</td></tr>
<tr><td colspan="2">教育费附加</td><td>20</td><td>1 044 441.00</td><td></td><td>959 472.00</td><td>84 969.00</td></tr>
<tr><td colspan="2">地方教育费附加</td><td>21</td><td>696 294.00</td><td></td><td>639 648.00</td><td>56 646.00</td></tr>
<tr><td colspan="3">5. 财政部规定的其他扣除项目</td><td>22</td><td>45 345 815.81</td><td></td><td>42 609 545.34</td><td>2 736 270.47</td></tr>
<tr><td colspan="3">6. 代收费用</td><td>23</td><td></td><td></td><td></td><td></td></tr>
<tr><td colspan="3">三、增值额 24=1-5</td><td>24</td><td>87 711 018.21</td><td></td><td>74 382 387.28</td><td>13 328 630.93</td></tr>
<tr><td colspan="3">四、增值额与扣除项目金额之比（%）
22=24÷5</td><td>25</td><td>—</td><td></td><td>26.47%</td><td>73.47%</td></tr>
<tr><td colspan="3">五、适用税率（%）</td><td>26</td><td>—</td><td></td><td>30%</td><td>40%</td></tr>
<tr><td colspan="3">六、速算扣除系数（%）</td><td>27</td><td>—</td><td></td><td>0%</td><td>5%</td></tr>
<tr><td colspan="3">七、应缴土地增值税税额
28=24×26-5×27</td><td>28</td><td>26 739 100.10</td><td></td><td>22 314 716.18</td><td>4 424 383.92</td></tr>
<tr><td colspan="3">八、减免税额 29=31+33+35</td><td>29</td><td></td><td></td><td></td><td></td></tr>
<tr><td rowspan="6">其中</td><td rowspan="2">减免税（1）</td><td>减免性质代码（1）</td><td>30</td><td></td><td></td><td></td><td></td></tr>
<tr><td>减免税额（1）</td><td>31</td><td></td><td></td><td></td><td></td></tr>
<tr><td rowspan="2">减免税（2）</td><td>减免性质代码（2）</td><td>32</td><td></td><td></td><td></td><td></td></tr>
<tr><td>减免税额（2）</td><td>33</td><td></td><td></td><td></td><td></td></tr>
<tr><td rowspan="2">减免税（3）</td><td>减免性质代码（3）</td><td>34</td><td></td><td></td><td></td><td></td></tr>
<tr><td>减免税额（3）</td><td>35</td><td></td><td></td><td></td><td></td></tr>
<tr><td colspan="3">九、已缴土地增值税税额</td><td>36</td><td>16 735 174.00</td><td></td><td>15 067 264.00</td><td>1 667 910.00</td></tr>
<tr><td colspan="3">十、应补（退）土地增值税税额 36=27-28-35</td><td>37</td><td>10 003 926.10</td><td></td><td>7 247 452.18</td><td>2 756 473.92</td></tr>
</table>

以下由纳税人填写：

<table>
<tr><td colspan="2">纳税人声明</td><td colspan="4">此纳税申报表是根据《中华人民共和国土地增值税暂行条例》及其实施细则和国家有关税收规定填报的，是真实的、可靠的、完整的。</td></tr>
<tr><td>纳税人签章</td><td></td><td>代理人签章</td><td></td><td>代理人身份证号</td><td></td></tr>
</table>

以下由税务机关填写：

<table>
<tr><td>受理人</td><td></td><td>受理日期</td><td>年 月 日</td><td>受理税务机关签章</td><td></td></tr>
</table>

十、"御筑苑一期"土地增值税清算结论

由表 9-3 可知，御筑开发有限公司"御筑苑一期"开发项目，非普通住宅增值率为 26.47%，适用税率 30%，产生土地增值税 22 314 716.18 元；商业（底商）增值率为 73.47%，适用税率 40%，产生土地增值税 4 424 383.92 元，合计应缴土地增值税 26 739 100.10 元，项目在销售阶段已预缴土地增值税 16 735 174 元，还应补缴土地增值税 10 003 926.10 元。

第十章
利润形成及分配阶段的会计核算与税务处理

The Whole Process of Financial Accounting and Tax Treatment for Real Estate Enterprises

TAXING

第一节 利润形成的会计核算与税务处理

一、利润的构成

利润（或亏损）是企业在一定会计期间内实现的经营成果，它既包括企业收入减去费用后的净额，也包括直接计入企业当期利润的利得和损失。

按《企业会计准则》的规定，利润可分为营业利润、利润总额和净利润三个层次，它们反映利润形成过程中的三个主要环节。具体构成如下：

（一）营业利润

营业利润是企业在日常经营活动中所产生的利润，包括企业从事生产、销售、投资等活动所实现的利润，其计算公式如下：

营业利润＝营业收入－营业成本－税金及附加－销售费用－管理费用－财务费用－研发费用－资产减值损失－信用减值损失＋公允价值变动净损益＋投资净收益＋资产处置净收益

其中，营业收入包括企业的主营业务收入和其他业务收入，相应地，营业成本包括主营业务成本和其他业务成本；公允价值变动净损益是公允价值变动收益减去公允价值变动损失后的余额；投资净收益是企业对外投资获得的投资收益减去投资损失后的余额。

（二）利润总额

利润总额也称会计利润，是在营业利润基础上加上其他非正常事项的利得或损失（主要指营业外收入与营业外支出）后的结果，其计算公式如下：

利润总额＝营业利润＋营业外收入－营业外支出

（三）净利润

净利润是利润总额减去企业所得税（即计入本期损益的所得税费用）后的余额，其计算公式如下：

净利润＝利润总额－所得税费用

需要指出的是，上述“利润”计算的结果若为负数，则称为亏损，以“－”号表示。

二、利得与损失的会计核算

利得是除收入增加和资本变化之外的净资产的增加，或称为直接计入所有者权益项目的企业经济利益的净流入；损失是扣除费用增加和资本变化之外的净资产的减少，或称为直接计入所有者权益项目的企业经济利益的净流出。

（一）科目设置

企业发生的利得与损失，主要通过“营业外收入”“营业外支出”“公允价值变动损益”“资产减值损失”“资产处置损益”等科目核算。

1. 营业外收入

核算企业发生的与经营活动无直接关系的各项净收入，主要包括：盘盈利得、处置非流动资产利得、非货币性资产交换利得、债务重组利得、罚没利得、政府补助利得、捐赠利得，以及确实无法支付而转作营业外收入的应付款项等。“营业外收入”科目为损益类科目，贷方登记发生的各项营业外收入额，借方登记期末转入“本年利润”科目的金额，期末结转后，本科目无余额。

2. 营业外支出

核算企业发生的与生产经营活动无直接关系的各项净支出，主要包括：盘亏损失、处置非流动资产损失、非货币性资产交换损失、债务重组损失、非常损失、罚没支出、捐赠支出等。该科目为损益类科目，借方登记发生的各项营业外支出，贷方登记期末转入“本年利润”科目的金额，期末结转后，本科目无余额。

3. 公允价值变动损益

核算企业在初始确认时划分为以公允价值计量且其变动计入当期损益的金融资产或金融负债（包括交易性金融资产或金融负债和直接指定为以公允价值计量且其变动计入当期损益的金融资产或金融负债），以及采用公允价值模式计量的投资性房地产、衍生工具、套期业务中公允价值变动形成的应计入当期损益的利得或损失，即公允价值与账面价值之间的差额。“公允价值变动损益”科目属于损益类科目，借方核算因公允价值变动而形成的损失金额和贷方发生额的转出数，贷方核算因公允价值变动而形成的收益金额和借方发生额的转出数，期末结转后，本科目无余额。本科目应当按照交易性金融资产、交易性金融负债、投资性房地产等项目进行明细核算。

4. 资产减值损失

企业根据《企业会计准则第 8 号——资产减值》等规定计提各项资产减值准备所形成的损失，主要包括：坏账准备、存货跌价准备、长期股权投资减值准备、持有至到期投资减值准备、固定资产减值准备、在建工程减值准备、工程物资减值准备、无形资产减值准备等。本科目为损益类账户，借方登记计提各项资产减值准备所确认的损失，贷方登记期末转入“本年利润”科目的金额，期末结转后，本科目无余额。企业可按资产减值准备的项目进行明细核算。

（二）会计处理

【例 10-1】 2021 年 7 月 1 日，京厦房地产公司与某消费者签订一份商品房认购意向书，约定认购人当日支付定金 5 万元，一个月内与京厦公司签订正式的商品房认购合同，并支付 3 成的首付款，合同约定，若放弃认购，定金不予退还。8 月 2 日，该消费者明确表示放弃认购公司商品房，京厦公司对该笔定金应做如下账务处理：

（1）7 月 1 日收到定金时。

借：银行存款　　50 000

　贷：预收账款——商品房定金　　50 000

（2）8 月 2 日没收定金时。

借：预收账款——商品房定金　　50 000

　贷：营业外收入　　50 000

【例 10-2】 京厦房地产公司于 2021 年 3 月向某公益基金会捐款 60 万元，账务处理如下：

借：营业外支出——捐赠支出　　600 000

　贷：银行存款　　600 000

【例 10-3】 京厦房地产公司于 2021 年 8 月 1 日从证券市场购入股票 20 万股，每股市价 10 元，交易费 10 000 元，确认为交易性金融资产。假定 2021 年 12 月 31 日公司仍持有该股票，当时的市值为 13 元；2022 年 3 月 1 日公司将该股票出售，售价为每股 12 元，交易费 14 400 元。不考虑增值税。公司的相关账务处理如下：

（1）2021 年 8 月 1 日。

借：交易性金融资产——成本　　2 000 000

　　投资收益　　10 000

　贷：银行存款　　2 010 000

（2）2021 年 12 月 31 日。

借：交易性金融资产——公允价值变动　　600 000

　贷：公允价值变动损益　　600 000

（3）2022 年 3 月 1 日。

借：银行存款　　　　2 385 600
　　投资收益　　　　214 400
　贷：交易性金融资产——成本　　　　2 000 000
　　　　　　　　　——公允价值变动　　　　600 000

同时，将原计入该金融资产的公允价值变动转出。

借：公允价值变动损益　　　　600 000
　贷：投资收益　　　　600 000

【例 10-4】 受国家持续调控房地产市场的影响，京厦房地产公司开发的商品房滞销，2021 年末计提存货跌价准备共计 1 200 万元。账务处理如下：

借：资产减值损失——存货跌价　　　　12 000 000
　贷：存货跌价准备　　　　12 000 000

知识链接

1. 公司以设备对外投资产生的转让所得，可以分期缴纳企业所得税吗？

答：根据《财政部 国家税务总局关于非货币性资产投资企业所得税政策问题的通知》（财税〔2014〕116 号）第一条规定，居民企业（以下简称企业）以非货币性资产对外投资确认的非货币性资产转让所得，可在不超过 5 年期限内，分期均匀计入相应年度的应纳税所得额，按规定计算缴纳企业所得税。

但企业应同时根据上述文件及《国家税务总局关于非货币性资产投资企业所得税有关征管问题的公告》（国家税务总局公告 2015 年第 33 号）等规范性文件的具体要求做好税务处理工作。

2. 企业取得的接受捐赠收入可以分期确认收入吗？

答：企业取得的接受捐赠收入属于营业外收入范畴。《国家税务总局关于企业取得财产转让等所得企业所得税处理问题的公告》（国家税务总局公告 2010 年第 19 号）规定："企业取得财产（包括各类资产、股权、债权等）转让收入、债务重组收入、接受捐赠收入、无法偿付的应付款收入等，不论是以货币形式、还是非货币形式体现，除另有规定外，均应一次性计入确认收入的年度计算缴纳企业所得税。"

三、利润形成的会计核算

（一）期间损益的结转

1. 科目设置

企业进行期间损益的结转应设置"本年利润"科目，该科目是所有者权益类科目，核算企业当年实现的净利润（或净亏损）。期末，应将各损益类科目的本期发生净额（余额）转入“本年利润”科目，结平各损益类科目。结转后，“本年利润”科目的贷方余额为当期实现的利润总额，借方余额为当期发生的亏损总额。年度终了，应将本科目借贷方相抵后的余额转入“利润分配——未分配利润”科目；年度结转后本科目无余额。

期间损益的结转有两种方法：账结法和表结法。账结法是指每月月末结账时，将各损益类科目的净发生额全部转入“本年利润”科目，通过“本年利润”科目结出本月的利润总额（或亏损总额），以及本年累计损益。表结法是指在1—11月的每月月末，不需要把损益类各科目的净发生额转入“本年利润”科目，而是通过结出各损益类科目的本年累计净发生额，并据以逐项填制利润表，通过利润表计算出从年初到本月止的本年累计利润，然后减去上月末的“本年累计利润”，得出本月份的损益。企业可以根据实际情况自行选用账结法或表结法，但企业若采用表结法，年终时仍需采用账结法，将各损益类科目的全年累计余额转入“本年利润”科目。

2. 会计处理

【例 10-5】 2021年年末，京厦房地产公司各损益类科目的余额整理如表10-1所示，编制年末结转分录（表结法）。

表 10-1　　京厦房地产公司损益类科目余额表

2021年12月31日　　单位：万元

账　　户	借方余额	贷方余额
主营业务收入		25 000
其他业务收入		4 200
投资收益		200
营业外收入		80
主营业务成本	18 000	
其他业务成本	3 500	
税金及附加	2 070	
销售费用	350	
管理费用	1 280	
财务费用	600	
营业外支出	30	
资产减值损失	50	

（1）结转本年度收入与利得。

借：主营业务收入　250 000 000

　　其他业务收入　42 000 000

　　投资收益　2 000 000

　　营业外收入　800 000

　贷：本年利润　294 800 000

（2）结转本期费用与损失。

借：本年利润　　258 800 000

　贷：主营业务成本　　180 000 000

　　　其他业务成本　　35 000 000

　　　税金及附加　　20 700 000

　　　销售费用　　3 500 000

　　　管理费用　　12 800 000

　　　财务费用　　6 000 000

　　　营业外支出　　300 000

　　　资产减值损失　　500 000

结转后，“本年利润”科目的借方发生额为 25 880 万元，贷方发生额为 29 480 万元，借贷相减得出“本年利润”科目的贷方余额为 3 600 万元，即京厦公司本年度的利润总额为 3 600 万元。

（二）企业所得税的计算

1. 计算公式

《企业所得税法》规定，企业获得利润后须按税法规定计算缴纳企业所得税，其计算公式为：

应纳所得税额＝应纳税所得额×适用税率

其中，“应纳税所得额”也称为应税利润（利润表中反映的利润总额称为会计利润），是以利润总额为基础计算的，即根据税法规定的收入和费用确认标准，将会计利润调整为应纳税所得额（应税利润）。应纳税所得额计算公式如下：

应纳税所得额＝应税收入－准予扣除项目金额－以前年度允许弥补的亏损

“适用税率”是计算缴纳企业所得税时采用的税率，若企业不能享受优惠税率，则适用税率就是25％的企业所得税基本税率。

2. 应税收入的确认

（1）企业的收入总额包括以货币形式和非货币形式从各种来源取得的收入，具体包括：销售产品收入，提供劳务收入，转让财产收入，股息、红利等权益性投资收益，利息收入，租金收入，特许权使用费收入，接受捐赠收入和其他收入。

（2）开发产品销售收入的范围为开发产品过程中取得的全部价款，包括现金、现金等价物及其他经济利益。企业代有关部门、单位和企业收取的各项基金、费用和附加等，凡纳入开发产品价内或由企业开具发票的，应按规定全部确认为收入；未纳入开发产品价内并由企业之外的其他收取部门、单位开具发票的，可作为代收代缴款项进行管理。

（3）企业将开发产品用于捐赠、赞助、职工福利、奖励、对外投资、分配给投资人、抵偿债务、换取其他事业单位和个人的非货币性资产等行为，应视同销售，于开发产品所有权转移或实际取得利益权利时确认收入的实现。

（4）企业发生的国债利息收入、符合条件的居民企业之间的股息、红利等权益性投资收益为免税收入。

知识链接

政府补助的税务处理

1. 属于应税收入的政府补助。

各种减免、退回的流转税费（不含出口退税），各种补偿企业已发生费用和损失的政府资金。如出口创汇补贴、科技经费补助、环保补助等。

2. 属于不征税收入的政府补助（专项用途资金）。

（1）不征税收入必须同时满足以下三个条件：

①企业能够提供规定资金专项用途的资金拨付文件；

②财政部门或其他拨付资金的政府部门对该资金有专门的资金管理办法或具体管理要求；

③企业对该资金以及以该资金发生的支出单独进行核算。

（2）不征税收入不计入应纳税所得额。但在5年（60个月）内未发生支出且未缴回政府的部分，应计入应税收入总额，缴纳企业所得税。

（3）不征税收入用于支出所形成的资产，其计算的折旧、摊销不得在计算应纳税所得额时扣除。

（4）不征税收入用于支出所形成的费用，不得在计算应纳税所得额时扣除。

（参考文件：财税〔2008〕151号、财税〔2011〕70号、国家税务总局公告2014年第29号。）

3. 扣除项目

在计算应纳税所得额时准予从收入总额中扣除的项目，是指纳税人每一纳税年度发生的与取得收入有关的所有必要和正常的成本、费用、税金、损失和其他支出。企业发生的与其生产经营有关的合理费用，税务机关要求提供证明资料的，应提供能够证明其真实性的合法凭证，否则，不得在税前扣除。

知识链接

企业所得税税前扣除凭证的管理要求

2018年7月1日起，《国家税务总局关于发布〈企业所得税税前扣除凭证管理办法〉

的公告》(国家税务总局公告 2018 年第 28 号) 正式实施，该文件对企业所得税税前扣除凭证做了明确规定，重要事项汇总如下：

1. 明确税前扣除凭不仅限于发票

税前扣除的凭证分为外部凭证和内部凭证。

(1) 企业成本、费用、损失和其他支出结转凭企业自制内部凭证扣除。

(2) 发生业务属于增值税应税范围的，不论征税还是免税，原则上均应凭发票。但是对无须办理税务登记的单位或个人小额零星业务，凭税局代开发票或收款凭据、内部凭证扣除。

(3) 发生业务不属于增值税应税范围的，属于政府性基金或者行政事业性收费的凭财政票据扣除；

工资薪金凭工资结算单和支付凭据扣除；

单位为职工提供服务收取费用的凭收款凭证扣除；

属于不征税行为可以开具不征税发票的凭不征税发票扣除。

(4) 对需要分摊的费用，取得发票方凭发票和分割单扣除，其他企业凭分割单扣除，最好能附上发票复印件。

(5) 发生境外购进货物或者劳务的，凭对方开具的发票或者具有发票性质的收款凭证、相关税费缴纳凭证扣除。

2. 税前扣除凭证取得时间延长至汇算清缴结束时

企业在次年 5 月 31 日取得凭据即可税前扣除。

3. 取得不合规发票的补救办法

企业业务真实发生，但取得发票不合规的，在汇算清缴期结束前能补开、换开的，均可税前扣除。

4. 对方成为非正常户无法补开发票的补救办法

对方成为非正常户无法补开发票的，企业可以提供相关证明材料进行税前扣除。

5. 汇算清缴期结束时仍未取得扣税凭证的处理

汇算清缴期结束时，企业仍未取得发票等扣除凭据的，应做纳税调整。待取得发票后追补到费用所属年度扣除，但不超过五年。但若是被税务机关检查发现企业未取得或取得不合规凭证已在税前扣除的，企业应当自被告知之日起 60 日内提供可以证实其支出真实性的相关资料，方可税前扣除，否则应做纳税调整，且以后取得凭证也不能再追补扣除。

(1) 借款费用支出。企业在生产经营活动中发生的下列合理的、不需要资本化的借款费用，准予扣除：企业向金融企业借款的利息支出、企业经批准发行债券的利息支出；企业向非金融企业借款的利息支出，不超过按照金融企业同期同类贷款利率计算的数额部分。

企业向股东或其他与企业有关联关系的自然人借款的利息支出，如果能够按照税法的有关规定提供相关资料，并证明相关交易活动符合独立交易原则的；或者该企业的实际税负不高于境内关联方，且接受关联方债权性投资与其权益性投资比例不超过 2∶1 的，其实际支付给境内关联方的利息支出，在计算应纳税所得额时准予扣除。

企业向内部职工或其他人员借款的利息支出，其借款情况同时符合以下条件：①合法、有效的，并且不具有非法集资目的或其他违反法律、法规的行为；②企业与个人之间签订了借款合同，其利息支出在不超过按照金融企业同期同类贷款利率计算数额的部分，准予扣除。

《国家税务总局关于企业向自然人借款的利息支出企业所得税税前扣除问题的通知》（国税函〔2009〕777 号）规定，企业向自然人（非股东）借款的利息支出的扣除条件如下：企业与个人之间的借贷是真实、合法、有效的，并且不具有非法集资目的或其他违反法律、法规的行为；企业与个人之间签订了借款合同；利率不高于金融企业的同期同类贷款利率。

企业集团中的核心企业等单位向金融机构借款后，将所借资金分拨给下属单位，并按支付给金融机构的借款利率水平向下属单位收取用于归还金融机构的利息不征收增值税。需要提醒注意的是：如果上述借款利率水平高于或低于金融机构的借款利率水平，收款方必须缴纳增值税；上述借款利息水平高于金融机构的借款利率水平时，高出部分的利息付款方要做纳税调增。

《国家税务总局关于企业投资者投资未到位而发生的利息支出企业所得税前扣除问题的批复》（国税函〔2009〕312 号）规定，凡企业投资者在（章程）规定期限内未缴足其应缴资本额的，该企业对外借款所发生的利息，相当于投资者实缴资本额与在规定期限内应缴资本额的差额应计付的利息，不得在企业所得税税前扣除。

《国家税务总局关于融资性售后回租业务中承租方出售资产行为有关税收问题的公告》（国家税务总局公告 2010 年第 13 号）规定，融资性售后回租业务，租赁期间，承租人支付的属于融资利息的部分，作为企业财务费用在税前扣除。

承兑汇票的贴现利息可以税前扣除。

（2）工资薪金支出。企业实际发生的合理的工资薪金，准予扣除。所称工资薪金，是指企业每一纳税年度支付给本企业任职或者受雇员工的所有现金和非现金形式的劳动报酬，包括基本工资、奖金、津贴、补贴、加班工资、年终加薪，以及与任职或者受雇有关的其他支出。

知识链接

工资薪金支出的税前扣除细节

1. 当年已预提的工资薪金，于次年汇缴前发放的允许在计提年度税前扣除。这里所称“已预提”，是指虽然还未实际支付，但根据权责发生制的要求已经计入当年的账务。

2. 临时工、季节工、实习生、返聘退休人员的工资可在税前扣除。

3. 关于劳务派遣工的特别规定：

（1）按合同、凭发票支付给派遣方的作劳务费支出，直接计入成本费用；

（2）企业按劳动定额和福利制度等直接补发放给劳务派遣工的支出，应区分工资薪金支出和职工福利费支出，其中工资薪金准予计入工资总额的基数，作为计算其他各项相关费用扣除的依据。

注意：①劳务派遣已改为增值税的应税行为，取得专用发票可以抵扣进项税额，而临时工、季节工、实习生、返聘退休人员的工资薪金允许税前扣除，且不需要取得发票。

②劳务派遣公司的开票及纳税规定如下：

若为一般纳税人，全额征收6%的增值税，可开增值税专用发票；差额征收，按照5%的征收率开普通发票（需备案）。

若为小规模纳税人，全额征收3%的增值税，可开增值税专用发票；差额征收，按照5%的征收率开普通发票（需备案）。

4. 股权激励。

会计上是按照权责发生制原则计入成本、费用的。税法规定，在行权当年，作为当年的工资薪金支出，进行税前扣除。

股权激励的会计处理如下：

行权前的每一个资产负债表日：

借：应付职工薪酬

　　贷：资本公积——其他公积

行权时：

借：资本公积——其他公积

　　贷：股本（实收资本）

　　　　资本公积——资本溢价

注意：股权激励按工薪收入计算个人所得税。

（参考文件：国家税务总局公告2015年第34号、国家税务总局公告2012年第15号、财税〔2016〕47号、国家税务总局公告2012年第18号、国税函〔2009〕461号。）

（3）职工福利费、工会经费、职工教育经费支出。企业实际发生的职工福利费支出，不超过工资薪金总额14%的部分，准予扣除；企业拨缴的职工工会经费支出，不超过工资薪金总额2%的部分，准予扣除；企业发生的职工教育经费支出，不超过工资薪金总额8%的部分，准予扣除，超过部分准予结转以后年度扣除。

（4）住房公积金和社会保险支出。企业依照国务院有关主管部门或省级人民政府规定的范围和标准为职工缴纳的住房公积金和基本养老保险、基本医疗保险、失业保险、工伤保险、生育保险等基本社会保险费，准予扣除。

企业为投资者或者职工支付的补充养老保险费、补充医疗保险费、为特殊工种职工支付的人身安全保险费，在国务院财政、税务主管部门规定的范围内，准予扣除。根据《财政部 国家税务总局关于补充养老保险费补充医疗保险费有关企业所得税政策问题的通知》（财税〔2009〕27号）的规定，自2008年1月1日起，企业根据国家有关政策规定，为在本企业任职或者受雇的全体员工支付的补充养老保险费、补充医疗保险费，分别在不超过职工工资总额5%标准内的部分，在计算应纳税所得额时准予扣除；超过的部分，不予扣除。

（5）业务招待费支出。企业发生的与生产经营活动有关的业务招待费支出，按照发生额的60%扣除，但最高不得超过当年销售（营业）收入的5‰。

（6）广告和业务宣传费。企业发生的符合条件的广告和业务宣传支出，除国务院财政、税务主管部门另有规定外，不超过当年销售（营业）收入15%的部分，准予扣除；超过部分，准予在以后年度结转扣除。

（7）企业职工因公出差乘坐交通工具发生的人身意外保险费支出，准予企业在计算应纳税所得额时扣除。

（8）劳保支出。企业发生的合理的劳动保护支出，准予扣除。劳动保护支出，是指确因工作需要为雇员配备或提供工作服、手套、安全保护用品、防暑降温用品等所发生的支出。

（9）捐赠支出。企业当年发生及以前年度结转的公益性捐赠支出，准予在当年税前扣除的部分，不能超过企业当年年度利润总额的12%；企业发生的公益性捐赠支出未在当年税前扣除的部分，准予向以后年度结转扣除，但结转年限自捐赠发生年度的次年起计算最长不得超过三年。

企业在对公益性捐赠支出计算扣除时，应先扣除以前年度结转的捐赠支出，再扣除当年发生的捐赠支出。

（10）设备融资租赁费。根据《中华人民共和国企业所得税法实施条例》第四十七条第二款规定，以融资租赁方式租入固定资产发生的租赁费支出，按照规定构成融资租入固定资产价值的部分应当提取折旧费用，分期扣除。

（11）无形资产摊销费。根据《中华人民共和国企业所得税法实施条例》第六十七条的规定，无形资产按照直线法计算的摊销费用，准予扣除。无形资产的摊销年限不得低于10年。作为投资或者受让的无形资产，有关法律规定或者合同约定了使用年限的，可以按照规定或者约定的使用年限分期摊销。比如，合同约定了使用年限为8年，则可以按照8年的使用期限分期摊销。

企业参加雇主责任险、公众责任险等责任保险，按照规定缴纳的保险费，准予在税前扣除（国家税务总局公告2018年第52号）。

（12）资产损失。企业发生的资产损失，准予扣除。

企业因国家无偿收回土地使用权而形成的损失，可以作为财产损失按有关规定在税前扣除；企业开发产品（以成本对象为计量单位）整体报废或毁损，其净损失按有关规定审核确认后，准予在税前扣除。

4．不准扣除项目

（1）向投资者支付的股息、红利等权益性投资收益款项；

（2）企业所得税税款；
（3）税收滞纳金；
（4）罚金、罚款和被没收财物的损失；
（5）公益性捐赠以外的捐赠支出；
（6）赞助支出；
（7）未经核定的准备金支出；
（8）与取得收入无关的其他支出。

知识链接

合同的违约金（罚款）、赔偿金

难点：支付合同违约金（合同罚款）、赔偿金是否需要发票才能税前扣除？

《增值税暂行条例》中关于价外费用的表述是："为纳税人提供（销售）……的全部价款和价外费用。"《增值税暂行条例实施细则》规定，价外费用的内容包括"手续费、补贴、基金、集资费、返还利润、奖励费、违约金、滞纳金、延期付款利息、赔偿金、代收款项、代垫款项"。由上述规定可知：价外费用应包括违约金、赔偿金。

处理技巧：（1）如果经济业务已经发生，即价款（应税收入）已经发生，然后产生了违约金、赔偿金的，则违约金、赔偿金应交纳增值税，应取得增值税发票作为扣除凭证。取得增值税专用发票时，进项税额也可扣除，此项支出为不含税支出。（2）如果经济业务没有发生，即价款（应税收入）尚未发生，则违约金、赔偿金不属于价外费用，收款方的收入不属于增值税应税收入，无须取得发票。

违约金、赔偿金一般作为营业外支出（属于公司的正常经营活动所导致的损失），允许在企业所得税前扣除，这与行政性罚金、罚款和被没收财物损失的税务处理不同。

违约金、赔偿金的税前扣除需要提供的凭证包括：收款人开具的收据、银行付款凭证、有关合同或协议（包括补签的赔偿合同或协议）。

知识链接

税收实务问答

（节选自国家税务总局 12366 纳税服务平台）

1. 企业为退休人员缴纳的补充养老保险、补充医疗保险在企业所得税税前可以扣除吗？

答：因退休人员不属于文件规定的在本企业任职或者受雇的员工，所以企业支付的这部分费用不能在企业所得税前扣除。

2. 企业建成的房屋已经开始使用，但是工程款中有些发票还没拿到，是按发票凭证计提折旧还是按合同的金额计提呢？

答：《国家税务总局关于贯彻落实企业所得税法若干税收问题的通知》（国税函〔2010〕79号）规定：

“五、关于固定资产投入使用后计税基础确定问题

企业固定资产投入使用后，由于工程款项尚未结清未取得全额发票的，可暂按合同规定的金额计入固定资产计税基础计提折旧，待发票取得后进行调整。但该项调整应在固定资产投入使用后12个月内进行。”

3. 企业统一给员工体检，发生的费用能否税前扣除？

答：《国家税务总局关于企业工资薪金及职工福利费扣除问题的通知》（国税函〔2009〕3号）规定，《中华人民共和国企业所得税法实施条例》第四十条规定的企业职工福利费，包括以下内容：

为职工卫生保健、生活、住房、交通等所发放的各项补贴和非货币性福利，包括企业向职工发放的因公外地就医费用、未实行医疗统筹企业职工医疗费用、职工供养直系亲属医疗补贴、供暖费补贴、职工防暑降温费、职工困难补贴、救济费、职工食堂经费补贴、职工交通补贴等。

因此，员工体检费用可以按照职工福利费的相关规定在税前扣除。

4. 我公司的工资制度规定对在职员工每月补贴交通费150元，与工资一并发放，请问应作为福利费还是工资薪金支出税前扣除？

答：根据《国家税务总局关于企业工资薪金和职工福利费等支出税前扣除问题的公告》（国家税务总局公告2015年第34号）的规定，列入企业员工工资薪金制度、固定与工资薪金一起发放的福利性补贴，符合《国家税务总局关于企业工资薪金及职工福利费扣除问题的通知》（国税函〔2009〕3号）第一条规定的，可作为企业发生的工资薪金支出，按规定在税前扣除。不能同时符合上述条件的福利性补贴，应作为国税函〔2009〕3号文件第三条规定的职工福利费，按规定计算限额税前扣除。

因此，公司发放的交通费补贴符合上述条件，应当作为工资薪金支出在税前扣除。

5. 企业由于资金困难，无法支付今年的租金，经与出租方协商，约定明年一并支付，那么这笔没有支付的租金能否在所得税前扣除？如何扣除？

答：《中华人民共和国企业所得税法》第八条规定：“企业实际发生的与取得收入有关的、合理的支出，包括成本、费用、税金、损失和其他支出，准予在计算应纳税所得额时扣除。”

《中华人民共和国企业所得税法实施条例》第九条规定：“企业应纳税所得额的计算，以权责发生制为原则，属于当期的收入和费用，不论款项是否收付，均作为当期的收入和费用；不属于当期的收入和费用，即使款项已经在当期收付，均不作为当期的收入和费用。本条例和国务院财政、税务主管部门另有规定的除外。”

根据《国家税务总局关于企业所得税若干问题的公告》（国家税务总局公告2011年

第34号）第六条规定，企业当年度实际发生的相关成本、费用，由于各种原因未能及时取得该成本、费用的有效凭证，企业在预缴季度所得税时，可暂按账面发生金额进行核算；但在汇算清缴时，应补充提供该成本、费用的有效凭证。

根据《国家税务总局关于企业所得税应纳税所得额若干税务处理问题的公告》（国家税务总局公告2012年第15号）第六条规定，对企业发现以前年度实际发生的、按照税收规定应在企业所得税前扣除而未扣除或者少扣除的支出，企业做出专项申报及说明后，准予追补至该项目发生年度计算扣除，但追补确认期限不得超过5年。

因此，如果企业在汇算清缴前取得有效凭证则可以直接在税前扣除，如果汇算清缴结束后才取得有效凭证，则需要按照国家税务总局公告2012年第15号的要求，由企业做出专项申报及说明后，准予追补至该项目发生年度计算扣除。

6. 企业取得免税收入对应发生的成本、费用可以在税前扣除吗?

答：《国家税务总局关于贯彻落实企业所得税法若干税收问题的通知》（国税函〔2010〕79号）规定：

“六、关于免税收入所对应的费用扣除问题

根据《实施条例》第二十七条、第二十八条的规定，企业取得的各项免税收入所对应的各项成本费用，除另有规定者外，可以在计算企业应纳税所得额时扣除。”

7. 企业缴纳的政府性基金和行政事业性收费是否可以在企业所得税前扣除?

答：根据《财政部 国家税务总局关于财政性资金行政事业性收费政府性基金有关企业所得税政策问题的通知》（财税〔2008〕151号）第二条规定，企业按照规定缴纳的、由国务院或财政部批准设立的政府性基金以及由国务院和省、自治区、直辖市人民政府及其财政、价格主管部门批准设立的行政事业性收费，准予在计算应纳税所得额时扣除。企业缴纳的不符合上述审批管理权限设立的基金、收费，不得在计算应纳税所得额时扣除。

8. 劳务派遣人员平时的工资由劳务公司发放，年终奖由用工单位直接支付给劳务派遣人员，用工单位的该笔年终奖支出是否可以作为工资、薪金支出在企业所得税税前扣除?

答：根据《国家税务总局关于企业工资薪金和职工福利费等支出税前扣除问题的公告》（国家税务总局公告2015年第34号）规定，企业接受外部劳务派遣用工所实际发生的费用，应分两种情况按规定在税前扣除：按照协议（合同）约定直接支付给劳务派遣公司的费用，应作为劳务费支出；直接支付给员工个人的费用，应作为工资薪金支出和职工福利费支出。其中属于工资薪金支出的费用，准予计入企业工资薪金总额的基数，作为计算其他各项相关费用扣除的依据。

9. 存款保险保费是否允许税前扣除?

答：根据《财政部 国家税务总局关于银行业金融机构存款保险保费企业所得税税前扣除有关政策问题的通知》（财税〔2016〕106号）规定，银行业金融机构依据《存款保险条例》的有关规定、按照不超过万分之一点六的存款保险费率，计算交纳的存款保险保费（不包括存款保险滞纳金），准予在企业所得税税前扣除。

（三）所得税核算的科目设置与会计处理

企业应设置“所得税费用”科目，用以核算企业按税法规定从当期损益中扣除的所得税费用。本科目是损益类科目，借方反映当期所得税费用，贷方反映当期结转到“本年利润”科目的所得税费用，结转后期末无余额。本科目可设置“当期所得税费用”和“递延所得税费用”明细科目。

关于房地产开发企业所得税详细的账务处理，将在本章第三节专门阐述，此处只介绍基本账务处理。

【例 10-6】 （接例 10-5）京厦公司 2021 年度的利润总额（会计利润）为 3 600 万元，假设京厦公司当年的会计利润与应税利润一致，所得税税率为 25%，则相关账务处理如下（不考虑预缴所得税）：

全年应纳所得税＝3 600×25%＝900(万元)

（1）计算应交所得税。

借：所得税费用　　9 000 000

　　贷：应交税费——应交所得税　　9 000 000

（2）所得税费用结转。

借：本年利润　　9 000 000

　　贷：所得税费用　　9 000 000

所得税费用结转后，“本年利润”科目的贷方余额为 2 700 万元，即京厦公司本年度的净利润为 2 700 万元。

（四）净利润的结转

年度终了，企业应将“本年利润”账户的借贷方发生额进行合计，并结出余额。余额在贷方，即为净利润；借方余额则为净亏损。无论是哪一方的余额，年终都应转入“利润分配——未分配利润”账户，年度结转后，“本年利润”账户无余额。

【例 10-7】 （接例 10-6）结转本年净利润。

借：本年利润　　27 000 000

　　贷：利润分配——未分配利润　　27 000 000

（五）年度亏损的会计处理

企业由于开发周期的原因，在项目开发前期因未取得销售回款，所以往往会出现年度亏损。年度亏损要经过税务机关调整，最终形成计税亏损。一般情况下，这部分年度亏损允许在以后纳税年度弥补，应按相应计算的可抵扣所得税额，借记“递延所得税资产”科目，贷记“所得税费用”科目。

房地产企业应及时聘请税务师事务所做好纳税认定工作，特别是当年出现亏损的公司，确保此亏损金额可用以后年度盈利弥补，并作为计算递延所得税资产的依据。

【例 10-8】 京厦公司 2021 年亏损 500 万元，其中发生管理费用 100 万元，销售费用 300 万元，营业外收入 50 万元，营业外支出 150 万元。2021 年度需调整事项如下：招待费总计 50 万元，按规定其中 20 万元不得税前扣除。上述事项均已经税务部门或税务师事务所审核确认。

说明：由于平常无预交所得税，因此只在期末时处理。

(1) 计算应交所得税。

应纳所得额＝－500＋20＝－480(万元)

应交所得税＝0

(2) 计算 2021 年度递延所得税资产及负债增加额。

说明：前提是上述亏损在以后年度能够得到弥补，且有税务审计报告。

本期递延所得税资产增加额＝480×25%＝120(万元)

本期递延所得税负债增加额＝0

(3) 确认所得税费用。

$$\text{所得税费用}=\text{应交所得税}+\text{递延所得税负债本期增加额}-\text{递延所得税资产本期增加额}$$

$$=0+0-120=-120(\text{万元})$$

(4) 账务处理。

借：递延所得税资产　　1 200 000

　贷：所得税费用　　1 200 000

第二节　利润分配的会计核算与税务处理

一、利润分配的流程

利润分配，是指将企业可分配的利润（本年实现的净利润加上以前年度累积的未分配利润）按国家有关规定进行分配的过程。利润分配顺序如下：

1. 弥补以前年度亏损

《企业所得税法》规定：公司发生的年度亏损，可以用以后年度的税前利润弥补，超过 5 年仍未弥补完的，可从第 6 年开始用税后利润弥补，若税后利润仍不足弥补的，可用发生亏损之前提取的盈余公积金弥补。

2. 提取法定盈余公积金

法定盈余公积金按照当年税后利润10%的比例提取，如果以前年度有亏损的，以补亏后剩余部分提取。法定盈余公积金累计提取额达到注册资本的50%时，可以不再提取。

3. 提取任意盈余公积金

经公司的股东大会或类似机构决议，提取法定盈余公积金后，公司还可提取任意盈余公积金，具体提取数额由公司自行决定。

4. 向投资者分配股利

公司以前年度未分配的利润，可以并入本年度向投资者分配，股利分配的具体数额由公司自行决定，当年未分配完的利润则形成公司未分配利润累积到下年。

知识链接

企业清算时，是否可以弥补以前年度亏损？

根据《企业所得税法》第十八条规定，企业纳税年度发生的亏损，准予向以后年度结转，用以后年度的所得弥补，但结转年限最长不得超过五年。根据《财政部 国家税务总局关于企业清算业务企业所得税处理若干问题的通知》（财税〔2009〕60号）第三条规定，企业清算的所得税处理包括依法弥补亏损，确定清算所得。因此，企业清算时，可以依法弥补以前年度亏损。

二、利润分配的会计核算

（一）科目设置

1. 利润分配

核算企业利润的分配（或亏损的弥补）和历年分配（或弥补）后的积存余额。本账户是所有者权益类科目，借方登记分配的利润或“本年利润”转入的亏损数，贷方登记由于“本年利润”转入或盈余公积补亏等的可分配利润的增加数。期末借方余额表示历年积存的未弥补亏损，贷方余额表示历年积存的未分配利润。本科目应当分别设置“提取法定盈余公积”、“提取任意盈余公积”、“应付现金股利或利润”、“转作股本的股利”、“盈余公积补亏”和“未分配利润”等明细科目进行明细核算。

2. 盈余公积

核算企业盈余公积金的增减变动情况。本科目为所有者权益科目，贷方登记按规定提取的盈余公积金数额，借方登记盈余公积金弥补亏损或转增资本而减少的数额，余额在贷方，反映盈余公积金的结存数。本科目可按盈余公积的构成项目（法定盈余公积金、任意盈余公积金）进行明细核算。

3. 应付股利

“应付股利”科目核算企业分配的现金股利或利润。本科目为负债类科目，贷方登记根据股东大会决议计算出的应分配现金股利或利润数，借方登记其支付数，期末贷方余额反映企业应付未付的现金股利或利润。本科目可按投资者进行明细核算。

（二）会计处理

1. 股利的分配

【例 10-9】 （接例 10-7）京厦公司本年度实现的净利润为 2 700 万元，假设上年结存 300 万元未分配利润，公司股东大会决议：按当年净利润 10%的比例提取法定盈余公积金，提取任意盈余公积金 500 万元，分配现金股利 2 000 万元。账务处理如下：

（1）提取法定盈余公积金。

借：利润分配——提取法定盈余公积　　2 700 000

　贷：盈余公积——法定盈余公积　　2 700 000

（2）提取任意盈余公积金。

借：利润分配——提取任意盈余公积　　5 000 000

　贷：盈余公积——任意盈余公积　　5 000 000

（3）计算应付现金股利。

借：利润分配——应付现金股利　　20 000 000

　贷：应付股利　　20 000 000

2. “利润分配”明细账户的结转

【例 10-10】 （接例 10-9）京厦公司年末结转“利润分配”账户的账务处理为：

借：利润分配——未分配利润　　27 700 000

　贷：利润分配——提取法定盈余公积　　2 700 000

　　　　　　——提取任意盈余公积　　5 000 000

　　　　　　——应付现金股利　　20 000 000

“利润分配”明细账户结转后，除“未分配利润”明细账户有余额外，其他明细账户均无余额。“利润分配——未分配利润”账户的期末余额反映企业历年积存的未分配利润（贷方余额）或未弥补亏损（借方余额）。本例中，京厦公司若2021年年初未分配利润为300万元，则年末余额为230万元（300＋2 700－2 770），该余额作为未分配完的利润累积到以后年度进行分配。

3. 股票股利的分配

【例10-11】 若京厦公司2021年度股东大会决议的2 000万元股利分配不是现金形式，而是股票股利形式，则账务处理如下：

（1）宣告发放股票股利时不做账务处理。

（2）实际发放股票股利（已办理增资手续）。

借：利润分配——转作股本的股利　　20 000 000
　贷：股本　　20 000 000

（3）明细账户金额转入“利润分配——未分配利润”账户。

借：利润分配——未分配利润　　20 000 000
　贷：利润分配——转作股本的股利　　20 000 000

三、利润分配的税务处理

1. 股利分配的税务处理

支付股利时，应该根据不同的股东进行相应的税务处理：

（1）自然人股东，需要代扣代缴20%的个人所得税。

（2）居民企业，不需要代扣税款，属于税后利润分配，免征企业所得税。

（3）非居民企业，需要代扣代缴10%的企业所得税。

2. 境外投资者以分配利润直接投资暂不征收预提所得税

《财政部 国家发展和改革委员会 国家税务总局 商务部关于扩大境外投资者以分配利润直接投资暂不征收预提所得税政策适用范围的通知》（财税〔2018〕102号）规定：对境外投资者从中国境内居民企业分配的利润，用于境内直接投资暂不征收预提所得税政策的范围，由外商投资鼓励类项目扩大至所有非禁止外商投资的项目和领域。

境外投资者暂不征收预提所得税须同时满足以下条件：

“（一）境外投资者以分得利润进行的直接投资，包括境外投资者以分得利润进行的增资、新建、股权收购等权益性投资行为，但不包括新增、转增、收购上市公司股份（符合条件的战略投资除外）。具体是指：

1. 新增或转增中国境内居民企业实收资本或者资本公积；

2. 在中国境内投资新建居民企业；

3. 从非关联方收购中国境内居民企业股权；

4. 财政部、税务总局规定的其他方式。

（二）境外投资者分得的利润属于中国境内居民企业向投资者实际分配已经实现的留存收益而形成的股息、红利等权益性投资收益。

（三）境外投资者用于直接投资的利润以现金形式支付的，相关款项从利润分配企业的账户直接转入被投资企业或股权转让方账户，在直接投资前不得在境内外其他账户周转；境外投资者用于直接投资的利润以实物、有价证券等非现金形式支付的，相关资产所有权直接从利润分配企业转入被投资企业或股权转让方，在直接投资前不得由其他企业、个人代为持有或临时持有”。

第三节　企业所得税的会计核算

一、会计利润与应税利润

企业日常会计核算依据的是《企业会计准则》，核算所产生的利润总额称为会计利润，而企业在计算所得税的应纳税所得额（即应税利润）时依据的是《企业所得税法》。由于会计准则和税法在收入、费用上的规定不一致，常常导致企业计算出的会计利润与应税利润有差异。

在实践中，造成会计利润与应税利润差异的具体原因很多，但基本可以归纳为两类：一是由于税法和会计准则在确认收入、费用上的口径不一致造成两者差异；二是由于税法和会计准则确认收入、费用的时间不一致而引起两者差异。我们将前者称为永久性差异，后者称为暂时性差异。

二、永久性差异与暂时性差异

（一）永久性差异

1. 永久性差异及其内容

永久性差异是指在某一会计期间内，由于会计准则和税法在计算收入、费用或损失时的口径不一致所产生的会计利润与应税利润之间的差异。这种差异在本期发生，不会在以后各期转回。

根据产生的原因，可以将永久性差异分为以下两类：

（1）会计准则与税法对收入的确认范围不一致产生的永久性差异。

这类永久性差异又可分为两种情况：一是会计准则规定计入（会计）利润的收入，税法则规定不计入（应税）利润，如企业取得的国库券利息收入和符合条件的企业之间的股息、红利等权益性投资收益；二是会计准则规定核算时不需要确认为收益，但在计算应税利润时需要作为收益并缴纳所得税的项目，如企业将自产的产品用于职工福利，会计准则规定按成本转账，但税法规定应视同销售处理。

（2）会计准则与税法对费用或损失的确认范围不一致产生的永久性差异。

此类永久性差异也可分为两种情况：一是会计准则规定需要确认为费用或损失，但在计算应税利润时不允许扣减的项目，如税收滞纳金、超标准的业务招待费和利息支出、非公益性捐赠和超标准的公益捐赠、未经核定的准备金支出等；二是会计准则规定核算时不需要确认为费用或损失，但在计算应税利润时允许扣减的项目，如企业从事研究开发新产品、新技术、新工艺，符合规定条件的，可再按其实际研发费用支出的50％直接抵减当年的应纳税所得额。

常见的永久性差异如表10-2所示。

表10-2　　永久性差异项目一览表

序号	永久性差异项目	导致差异产生的税法规定
1	不征税收入	《企业所得税法》第七条及《企业所得税法实施条例》第二十六条规定，收入总额中的下列收入为不征税收入：（1）财政拨款；（2）依法收取并纳入财政管理的行政事业性收费、政府性基金；（3）国务院规定的其他不征税收入。
2	免税收入	《企业所得税法》第二十六条及《企业所得税法实施条例》第八十二至八十五条规定，企业的下列收入为免税收入：（1）国债利息收入：国债利息收入，是指企业持有国务院财政部门发行的国债取得的利息收入；（2）符合条件的居民企业之间的股息、红利等权益性投资收益；（3）在中国境内设立机构、场所的非居民企业从居民企业取得与该机构、场所有实际联系的股息、红利等权益性投资收益；（4）符合条件的非营利组织的收入。
3	先征后返的部分税款	企业按照国务院财政、税务主管部门有关文件规定，实际收到具有专门用途的先征后返所得税税款，按照会计准则规定应计入取得当期的利润总额，暂不计入取得当期的应纳税所得额。
4	减计收入	《企业所得税法》第三十三条及《企业所得税法实施条例》第九十九条规定，企业以《资源综合利用企业所得税优惠目录》规定的资源作为主要原材料，生产国家非限制和禁止并符合国家和行业相关标准的产品取得的收入，减按90％计入收入总额。原材料占生产产品材料的比例不得低于《资源综合利用企业所得税优惠目录》规定的标准。

续表

序号	永久性差异项目	导致差异产生的税法规定
5	减免税所得	《企业所得税法》第二十七条及《企业所得税法实施条例》第八十六至九十条规定，企业的下列所得，可以免征、减征企业所得税：(1) 企业农林牧渔项目的所得可以减免企业所得税。(2) 企业从事国家重点扶持的公共基础设施项目投资经营的所得、符合条件的环境保护、节能节水项目的所得，自项目取得第一笔生产经营收入所属纳税年度起，第1年至第3年免征企业所得税，第4年至第6年减半征收企业所得税。(3) 一个纳税年度内，居民企业技术转让所得不超过500万元的部分，免征企业所得税；超过500万元的部分，减半征收企业所得税。
		《财政部 国家税务总局关于企业所得税若干优惠政策的通知》(财税〔2008〕1号) 规定，对证券投资基金从证券市场中取得的收入，包括买卖股票、债券的差价收入，股权的股息、红利收入，债券的利息收入及其他收入，暂不征收企业所得税；对投资者从证券投资基金分配中取得的收入，暂不征收企业所得税：对证券投资基金管理人运用基金买卖股票、债券的差价收入，暂不征收企业所得税。
6	加计扣除	《企业所得税法》第三十条及《企业所得税法实施条例》第九十五、九十六条规定，企业的下列支出，可以在计算应纳税所得额时加计扣除：(1) 企业为开发新技术、新产品、新工艺发生的研究开发费用照规定据实扣除的基础上形成无形资产的未形成无形资产计入当期损益的，在按照研究开发费用的50%加计扣除按照无形资产成本的150%摊销。《财政部 税务总局 科技部关于提高研究开发费用税前加计扣除比例的通知》(财税〔2018〕99号) 规定，企业开展研发活动中实际发生的研发费用，未形成无形资产计入当期损益的，在按规定据实扣除的基础上，在2018年1月1日至2023年12月31日期间，再按照实际发生额的75%在税前加计扣除；形成无形资产的，在上述期间按照无形资产成本的175%在税前摊销。(2) 企业安置残疾人员所支付的工资的加计扣除是指企业安置残疾人员的在按照支付给残疾职工工资据实扣除的基础上，按照支付给残疾职工工资的100%加计扣除；残疾人员的范围适用《中华人民共和国残疾人保障法》的有关规定。
7	创业投资抵免所得	《企业所得税法》及其实施条例规定，创业投资企业采取股权投资方式投资于未上市的中小高新技术企业两年以上的，可以按照其投资额的70%在股权持有满两年的当年抵扣该创业投资企业的应纳税所得额；当年不足抵扣的，可以在以后纳税年度结转抵扣。
8	不征税收入用于支出	企业的不征税收入用于支出所形成的费用或者财产者计算对应的折旧、摊销扣除不得扣除或者计算对应的折旧、摊销扣除。
9	超过扣除标准的“五险一金”	企业按照国务院有关主管部门或者省级人民政府规定的范围和标准为职工缴纳的基本养老保险费、基本医疗保险费、失业保险费、工伤保险费、生育保险费等基本社会保险费和住房公积金。准予扣除。超过标准缴纳的部分，不得扣除。

续表

序号	永久性差异项目	导致差异产生的税法规定
10	超过扣除标准的补充养老保险和补充医疗保险	企业为投资者或者职工支付的补充养老保险费、补充医疗保险费，在国务院财政、税务主管部门规定的范围和标准内，准予扣除，超过标准的部分，不得扣除。
11	超过扣除标准的商业保险	除企业依照国家有关规定为特殊工种职工支付的人身安全保险费和国务院财政、税务主管部门规定可以扣除的其他商业保险费外。企业为投资者或者职工支付的商业保险费，不得扣除。
12	借款费用	(1) 非金融企业向非金融企业借款的利息支出，不超过按照金融企业同期同类贷款利率计算的数额的部分，超过部分的利息支出，不得扣除；(2) 企业从其关联方接受的债权性投资与权益性投资的比例超过规定标准而发生的利息支出，不得在计算应纳税所得额时扣除。
13	职工福利费	企业发生的职工福利费支出，不超过工资薪金总额14%的部分，准予扣除。超过部分不得扣除。
14	工会经费	企业拨缴的工会经费，不超过工资薪金总额2%的部分，准予扣除；超过部分不得扣除。
15	业务招待费	企业发生的与生产经营活动有关的业务招待费支出，按照发生额的60%扣除，但最高不得超过当年销售（营业）收入的5‰；超过部分不得扣除。
16	改变用途的专项资金	企业依照法律、行政法规有关规定提取的用于环境保护、生态恢复等方面的专项资金，准予扣除；上述专项资金提取后改变用途的，不得扣除。
17	转让定价纳税调整加收利息	关联企业间业务往来未按照独立交易原则定价，导致少缴企业所得税款，被纳税调整补缴税款而加收的利息，不得在税前扣除。
18	捐赠支出	(1) 企业发生的公益性捐赠支出，在年度利润总额12%以内的部分，准予在计算应纳税所得额时扣除；(2) 非公益性捐赠支出，不得扣除。
19	罚款、罚金、滞纳金	(1) 向行政部门支付的罚款、滞纳金不得扣除；(2) 向司法部门支付的滞纳金、罚金不得扣除。
20	没收财物	因违法经营而被没收财物的损失，不得在税前扣除。
21	非广告性赞助支出	非广告性赞助支出不得扣除。
22	非法支出	贿赂、回扣等非法支出不得在税前扣除。
23	未经核定的准备金支出	各项资产减值准备、风险准备金支出。
24	关联交易	关联企业间业务往来，未按照独立交易原则定价，并减少了应纳税所得额的，税务机关有权采用税法规定的纳税调整方法，调增收入额或调减扣除额，或按照法定的程序核定应纳税所得额。
25	个人消费	个人消费性支出不得在税前扣除。
26	与取得收入无关的支出	与取得收入无关的其他支出不得在税前扣除。

2. 永久性差异的会计处理

永久性差异实际上又可归纳为两种情况：增加应税利润、减少应税利润。所以，在实际工作中，计算企业所得税时，若仅存在永久性差异，企业可以将会计利润加减永久性差异调整为应税利润，然后按照应税利润与企业适用的所得税税率计算应交所得税，并将其作为当期的所得税费用。

【例 10-12】 天宇房地产公司 2021 年度的利润总额为 2 000 万元，其中，从境内投资企业获得的红利收入 60 万元，奖励总经理一套公司自己开发的住房价值 120 万元，赞助费支出 30 万元，非公益性捐赠支出 10 万元，该企业适用的所得税税率为 25%。

计算天宇公司 2021 年度应交所得税额并做账务处理如下：

应纳税所得额＝2 000－60＋120＋30＋10＝2 100(万元)

应交所得税额＝2 100×25%＝525(万元)

借：所得税费用　　5 250 000

　贷：应交税费——应交所得税　　5 250 000

若公司本年度已预缴所得税 400 万元，则年终汇算清缴时做如下账务处理：

借：应交税费——应交所得税　　1 250 000

　贷：银行存款　　1 250 000

（二）暂时性差异

暂时性差异是指资产、负债的账面价值与其税法计税基础不同而产生的差异，或者说是资产、负债的账面价值与其计税基础之间的差额。企业发生的经济事项未作为资产或负债项目确认，按照税法规定可以确定其计税基础的，该计税基础与账面价值之间的差额也属于暂时性差异。

1. 计税基础

（1）资产的计税基础，是指企业收回资产账面价值的过程中，计算应纳税所得额时按照税法规定可以自应税经济利益中抵扣的金额，即某一项资产在未来期间计税时可以税前扣除的金额。

通常情况下，资产在初始确认时其入账价值与计税基础是相同的（历史成本原则），后续计量时则因会计准则规定与税法规定不同，可能产生资产账面价值与其计税基础的差异。这种差异主要发生在存货、固定资产、无形资产和以公允价值计量且其变动计入当期损益的资产等资产上。

【例 10-13】 天宇公司 2021 年 5 月 15 日取得一项商业地产，支付价款共计3 000万元，作为投资性房地产核算。假设该资产以公允价值计量，2021 年 12 月 31 日，其市价为 3 450 万元，则年末该资产的账面价值为 3 450 万元，计税基础为 3 000 万元。

（2）负债的计税基础，是指负债的账面价值减去未来期间计算应纳税所得额时按照税法规定可以抵扣的金额。

一般情况下，短期借款、应付票据、应付账款等负债的确认与偿还不会影响企业当期的损益，也不会影响其应纳税所得额，其计税基础即为账面价值。但在某些情况下，负债的确认可能会影响损益，并影响不同会计期间的应纳税所得额，使其计税基础与账面价值之间产生差额。

【例 10-14】 天宇公司自己开发的某楼盘于 2021 年 12 月 1 日开盘，公司在年末对该楼盘的商品房预提维修费用并计入销售费用 300 万元，同时确认为预计负债。当年，该楼盘的商品房尚未实际发生维修支出，故 2021 年年底，该预计负债的账面价值为 300 万元，计税基础为 0 元。

2. 暂时性差异的内容

暂时性差异在以后年度资产收回或负债清偿时，会产生应税利润或可抵扣金额。按照暂时性差异对未来期间应税金额的影响，分为应纳税暂时性差异和可抵扣暂时性差异。

（1）应纳税暂时性差异：是指在确定未来收回资产或清偿债务期间的应纳税所得额时，将导致产生应税金额的暂时性差异。该差异在未来期间转回时，会增加转回期间的应纳税所得额，从而增加转回期间的应交所得税。应纳税暂时性差异通常因为以下两种情况而产生：

第一种情况，资产的账面价值大于计税基础。一项资产的账面价值代表的是企业在持续使用及最终出售该资产时会取得的经济利益的总额，而计税基础代表的是一项资产在未来期间可予以税前扣除的金额。资产的账面价值大于其计税基础，说明该项资产未来期间产生的经济利益不能全部税前扣除，两者之间的差额需要缴税，产生应纳税暂时性差异。例 10-13 中，该投资性房产的年末账面价值大于计税基础的差额 450 万元即为应纳税暂时性差异。

第二种情况，负债的账面价值小于计税基础。一项负债的账面价值为企业预计在未来期间清偿该负债时的经济利益流出，而其计税基础代表的是账面价值在扣除税法规定未来期间允许税前扣除的金额之和的差额。负债的账面价值小于计税基础，意味着该负债在未来期间可以税前扣除的金额为负数，即在未来期间应纳税所得额的基础上调增，增加应纳税所得额和应交所得税，产生暂时性差异。由于现行税法对成本、费用、损失实行“实际发生”原则，负债的账面价值小于计税基础的情况很少发生。

（2）可抵扣暂时性差异：是指在确定未来收回资产或清偿债务期间的应纳税所得额时，将导致产生可以抵扣金额的暂时性差异。该差异在未来期间转回时会减少转回期间的应纳税所得额，从而减少转回期间的应交所得税。可抵扣暂时性差异通常因为以下两种情况而产生：

第一种情况，资产的账面价值小于计税基础。从经济含义看，资产在未来期间产生的经济利益少，按照税法规定允许税前扣除的金额多，则企业在未来期间可以减少应纳税所得额，并减少应交所得税，形成可抵扣性差异。

【例 10-15】 天宇公司某项固定资产原价为 120 万元，不考虑净残值，会计按照 3 年计提折旧，税法按照 4 年计提折旧，均采用直线法。则第 1 年年末固定资产的账面价值为 80 万元，计税基础为 90 万元，该项固定资产的账面价值小于计税基础的 10 万元差额为可抵扣暂时性差异。

第二种情况，负债的账面价值大于计税基础。一项负债的账面价值大于其计税基础，意味着未来期间按照税法规定构成的负债的全部或部分金额可以自未来应税经济利益中扣除，减少未来期间的应纳税所得额和应交所得税，产生可抵扣性差异。例 10-14 中，该项预计负债年末账面价值大于计算基础的差额 300 万元即为可抵扣性差异。

（3）特殊项目产生的暂时性差异。以下情形会产生特殊项目的暂时性差异：

第一种情形：某些交易或事项发生后，因为不符合资产、负债的确认条件，未作为会计上的资产、负债列示，如果按照税法可以确定其计税基础，其账面价值零与计税基础之间的差额也构成暂时性差异。

【例 10-16】 海天公司 2021 年发生了 2 000 万元广告费支出，发生时已作为销售费用计入当期损益。海天公司 2021 年实现销售收入 10 000 万元。如何确定该项广告费的账面价值和计税基础？

分析：该广告费支出因按照会计准则规定在发生时已计入当期损益。

按税法规定，该支出当期可税前扣除 1 500 万元（10 000×15%），当期未予税前扣除的 500 万元可以向以后年度结转，其计税基础为 500 万元。

所以，账面价值与其计税基础产生了 500 万元的可抵扣暂时性差异。

第二种情形：对于按照税法规定能够结转以后年度的可抵扣亏损和税款抵减，虽不是因资产、负债的账面价值与计税基础不同产生的，但本质上与可抵扣暂时性差异具有同样的作用，均能减少未来期间的应纳税所得额，进而减少应交所得税，视同可抵扣暂时性差异。参见例 10-8。

第三种情形：非同一控制下企业合并，属于免税合并的，取得的可辨认资产、负债计税基础不变，而会计上按公允价值入账，导致其公允价值与计税基础不同，形成暂时性差异。

常见的暂时性差异如表 10-3 所示。

表 10-3　　暂时性差异一览表

序号	暂时性差异项目	产生暂时性差异的会计与税法规定
1	应收账款、其他应收款、预付账款等	（1）会计上计提坏账准备的方法、比例由企业自行确定，计算企业所得税不得扣除坏账准备；（2）利息、租金、特许权使用费收入会计（上）按权责发生制确认收入，而税法按照合同约定的应付利息、租金、特许权使用费的日期确认；（3）分期收款销售商品收入，税法允许分期确认收入而会计可能一次性也可能分期确认收入，而且实质上构成融资性质的要按公允价值计量。

续表

序号	暂时性差异项目	产生暂时性差异的会计与税法规定
2	交易性金融资产	会计上按公允价值计量，税法以历史成本作为计税基础。
3	其他债权投资或其他权益工具投资	会计上按公允价值计量。税法以历史成本作为计税基础。但由于公允价值与账面价值的差额部分计入资本公积，故无须做纳税调整。其他债权投资或其他权益工具投资减值准备不得在税前扣除。
4	长期股权投资	在成本法核算下，被投资方宣告分配，投资方确认投资收益时应首先按《企业会计准则》规定的办法计算本期应当冲减的投资成本；计提减值准备相应减少长期股权投资账面价值；被投资方用留存收益转增股本，投资方不做账务处理。
		在权益法下，投资日投资成本小于目标公司可辨认净资产公允价值份额确认当期损益，同时调整投资成本；长期股权投资的账面价值随着被投资方所有者权益的变动而做相应调整；计提减值准备相应减少长期股权投资账面价值；被投资方用留存收益转增股本，投资方不做账务处理。
		税法规定，计税基础按照历史成本确定，被投资方用留存收益转增股本，投资方相应追加投资计税基础。
5	贷款	呆账准备计提比例若与税法规定扣除的比例不同，会产生暂时性差异。
6	存货	（1）存货减值准备（含建造合同预计损失准备）不得在税前扣除；（2）建造合同资产（建造时间超过 12 个月的飞机、船舶、大型设备、开发产品等），因会计资本化利息大于税法资本化利息，导致会计基础大于税法基础。
7	债权投资	债权投资减值准备不得在税前扣除；一次还本付息的投资，其利息收入的确认时间与计税收入的确认时间不同。
8	商誉	商誉在非同一控制下的企业合并时产生；商誉不得摊销，但可计提减值准备；税法规定，外购的商誉在整体转让或公司清算时一次性扣除。
9	固定资产	（1）弃置费、残值、固定资产折旧、减值准备等因素导致不同年度的会计折旧与税法折旧不同，从而导致固定资产账面价值与计税基础不同；（2）《企业会计准则第 21 号——租赁》规定，承租人应当将租赁开始日租赁资产的公允价值与最低租赁付款额现值两者中较低者作为租入资产的入账价值，税法规定，融资租入资产应当按照租赁合同或协议约定的付款额以及在取得租赁资产过程中支付的有关费用作为其计税基础；由于融资租赁固定资产的初始计量与计税基础不同，导致折旧期间的计税基础与会计基础也不同；（3）除房屋、建筑物外未使用的固定资产计提的折旧不得在税前扣除；（4）应当资本化的借款，如果是向非金融部门取得，并且超过了同期同类银行贷款利率，则固定资产的原价大于计税基础；（5）2007 年 12 月 31 日前内资的房地产企业将开发产品转作固定资产应视同销售处理，固定资产的计税基础按照公允价值确定，会计基础按开发产品账面价值结转；2008 年 1 月 1 日以后发生的类似业务不再视同销售处理。

续表

序号	暂时性差异项目	产生暂时性差异的会计与税法规定
10	投资性房地产	(1) 公允价值计量模式下，账面价值与计税基础产生差异；(2) 成本计量模式下，不同年度会计折旧与税法折旧的差异，导致账面价值与计税基础不同。
11	在建工程	在建工程减值准备不得扣除。
12	无形资产	(1) 无形资产减值准备不得在税前扣除；(2) 使用寿命不确定的无形资产不得摊销，但税法规定可按不少于10年的期限分期扣除；(3) 自行开发无形资产的计税基础按照会计基础的150%确认；(4) 企业购买的软件最短可按两年期限扣除。
13	开办费	2007年12月31日前仍未扣除的开办费，在剩余的年限内继续扣除，应确认递延所得税资产。并在剩余年限内结转；2008年1月1日以后开始试生产、试营业的新办企业发生的开办费，在实际发生时借记“管理费用（开办费）”科目，贷记“银行存款”等科目，计算所得税时在开始生产经营的当期一次性扣除。
14	非货币性资产交换取得的非现金资产	成本模式核算下，换入资产的初始计量，按照换出资产的账面价值加上相关税费为基础确定，而税法要求按公允价值作为计税基础。
15	以改组方式取得的非现金资产	免税改组方式取得的非现金资产按照公允价值计量时，计税基础仍按原计税基础（历史成本）结转。
16	企业的存货、固定资产、无形资产和投资 发生永久或实质性损害	企业的存货、固定资产、无形资产和投资当有确凿证据表明已形成财产损失或者已发生永久或实质性损害时，应扣除变价收入、可收回金额以及责任和保险赔款后，再确认发生的财产损失；可收回金额可以由中介机构评估确定；已按永久或实质性损害确认财产损失的各项资产必须保留会计记录，各项资产实际清理报废时，应根据实际清理报废情况和已预计的可收回金额确认损益。
17	应付账款、其他应付款、预收账款	(1) 由于债权人原因导致债务不能清偿或不需清偿的部分，应并入所得征税，实际支付时纳税调减；(2) 逾期包装物押金或超过12个月未退还的包装物押金，应并入所得征税，实际支付时做纳税调减处理。
18	预计负债	除另有规定者外，预计负债在实际发生时扣除。
19	应付职工薪酬	(1) 工资奖金、补贴、津贴、非货币福利、现金结算的股份支付，会计上按权责发生制原则计提，计算所得税时按照实际发放数据实扣除；(2) 提而未缴的社会保险费和住房公积金，在实际支付时据实扣除。
20	预收账款	房地产企业取得的预收账款作为负债处理，但税法规定应按照预计利润率计算出预计利润并入当期所得总额预缴企业所得税，以后实际结转收入时，做纳税调减处理。

续表

序号	暂时性差异项目	产生暂时性差异的会计与税法规定
21	广告与宣传费	(1) 2007年年底前新办的内资房地产开发企业取得第一笔收入之前发生的广告与宣传费，可结转以后3年在税法的标准范围内扣除；(2) 从2008年起，生产经营过程中发生的广告与宣传费不得超过销售（营业）收入的15%，超过部分无限期结转扣除。
22	业务招待费	2007年年底前新办内资房地产开发企业取得第一笔收入之前发生的业务招待费，可结转以后3年在税法的标准范围内扣除。
23	职工福利费	《财政部关于实施修订后的〈企业财务通则〉有关问题的通知》（财企〔2007〕48号）规定，非上市公司2007年不再计提职工福利费，福利费余额结转以后年度使用，余额用完后，据实列支；职工福利费最高按照计税工资的14%计算扣除，采取按实际发生额列支。
24	职工教育经费	企业每一年度计提并使用的职工教育经费，不得超过工资总额的8%；超过部分无限期结转以后年度扣除。
25	股份支付	权益结算的股份支付，资产负债表日计提额计入所有者权益（资本公积——其他资本公积），税法将其作为负债处理，在实际行权时扣除。
26	股权转让或清算损失	股权转让或清算损失，会计上列入当期损益；税法将其作为一项负债（递延收益）处理。
27	股权转让所得	企业在一个纳税年度发生的转让、处置持有5年以上的股权投资所得、非货币性资产投资转让所得、债务重组所得和捐赠所得，占当年应纳税所得50%及以上的，可在不超过5年的期间均匀计入各年度的应纳税所得额。
28	非现金资产投资所得	企业在一个纳税年度发生的转让、处置持有5年以上的股权投资所得、非货币性资产投资转让所得、债务重组所得和捐赠所得，占当年应纳税所得50%及以上的，可在不超过5年的期间均匀计入各年度的应纳税所得额。
29	弥补亏损	企业纳税年度发生的亏损，准予向以后年度结转，用以后年度的所得弥补，但结转年限最长不得超过5年。
30	专用设备投资税额抵免	企业购置并实际使用《环境保护专用设备企业所得税优惠目录》、《节能节水专用设备企业所得税优惠目录》和《安全生产专用设备企业所得税优惠目录》规定的环境保护、节能节水、安全生产等专用设备的，该专用设备的投资额的10%可以从企业当年的应纳税额中抵免；当年不足抵免的，可以在以后5个纳税年度结转抵免。
31	创业投资所得额抵免	创业投资企业采取股权投资方式投资于未上市的中小高新技术企业两年以上的，可以按照其投资额的70%在股权持有满两年的当年抵扣该创业投资企业的应纳税所得额；当年不足抵扣的，可以在以后纳税年度结转抵扣。

三、递延所得税资产和递延所得税负债的确认

在实际工作中，由于会计准则和税法规定的差异，可能导致企业资产、负债的账面价值与计税基础之间存在差异，企业应于资产负债表日分析比较两者之间的差异，确认为递延所得税资产和递延所得税负债。企业合并等特殊交易事项中取得的资产和负债，应于购买日比较其入账价值与计税基础，按照《企业会计准则第 18 号——所得税》规定的方法确认相关的递延所得税资产或递延所得税负债。

资产负债表日，企业应当按照暂时性差异与适用的企业所得税税率计算的结果，确定递延所得税资产和递延所得税负债。其中，应纳税暂时性差异与适用的企业所得税税率计算的结果，应确认为负债，作为递延所得税负债处理；可抵扣暂时性差异与适用的企业所得税税率计算的结果，应确认为资产，作为递延所得税资产处理。

【例 10-17】 （接例 10-13）天宇公司的企业所得税税率为 25%，则该投资性房产的年末账面价值大于计税基础的差额 450 万元在未来期间转回时会增加未来期间的应纳税所得额，导致企业应交所得税的增加，属于应纳税暂时性差异，应确认相关的递延负债 112.5 万元（450×25%）。

【例 10-18】 （接例 10-14）若天宇公司的企业所得税税率为 25%，则该项预计负债年末账面价值大于计算基础的差额 300 万元会减少未来期间的应纳税所得额和应交所得税，属于可抵扣暂时性差异，应确认相关的递延所得税资产 75 万元（300×25%）。

四、所得税费用的确认与计量

在按照资产负债表债务法核算所得税的情况下，利润表中的所得税费用包括当期所得税和递延所得税。

（一）当期所得税

当期所得税，是指企业按照税法规定计算的针对当期发生的交易和事项，应交给税务机关的所得税金额，即当期应纳所得税额。

企业在确定当期所得税时，对于当期发生的交易或事项，会计处理与税务处理不同的，应在会计利润的基础上按照适用税法的要求进行调整，计算出当期应纳税所得额，按照应纳税所得额与适用企业所得税税率计算确定当期应纳所得税。其计算公式如下：

应纳税所得额＝会计利润＋纳税调整增加额－纳税调整减少额

当期应纳所得税＝应纳税所得额×适用的所得税税率

（二）递延所得税

递延所得税，是指企业按照《企业会计准则》规定应予以确认的递延所得税资产和递延所得税负债在期末应有的金额相对于原已确认金额之间的差额，即递延所得税资产和递延所得税负债的当期发生额，但不包括直接计入所有者权益的交易或事项及合并的所得税影响。用公式表示为：

递延所得税=（递延所得税负债的期末余额－递延所得税负债的期初余额）－（递延所得税资产的期末余额－递延所得税资产的期初余额）

需要说明的是，企业因确认递延所得税资产和递延所得税负债产生的递延所得税，一般应计入所得税费用，但以下两种情况除外：

（1）如果某项交易或事项按照《企业会计准则》规定应计入所有者权益，由该交易或事项产生的递延所得税资产或递延所得税负债及其变化应计入所有者权益，不构成利润表中的递延所得税。

（2）由于《企业会计准则》规定与税法规定对企业合并的处理不同，可能造成企业合并中取得资产、负债的入账价值与其计税基础的差异，在确认递延所得税负债或递延所得税资产时，相关的递延所得税通常应调整企业合并中所确认的商誉。

（三）所得税费用

企业在计算确定当期所得税以及递延所得税的基础上，应将两者之和确认为利润表中的所得税费用，但不包括直接计入所有者权益的交易或事项的所得税影响。用公式表示为：

所得税费用=当期所得税+递延所得税

【例 10-19】 假设天宇公司 2021 年 12 月 31 日资产负债表中有关项目的账面价值及其计税基础如表 10-4 所示。

表 10-4 天宇公司暂时性差异汇总表

2021 年 12 月 31 日 单位：万元

	项目	账面价值	计税基础	应纳税暂时性差异	可抵扣暂时性差异
1	投资性房产	3 450	3 000	450	
2	固定资产	80	90		10
3	预计负债	300	0		300
	合 计			450	310

假定除上述项目外，天宇公司其他资产、负债的账面价值与其计税基础不存在差异，也不存在可抵扣亏损和税款抵减，公司的企业所得税税率为 25%，当期按照税法规定计算的应纳所得税为 700 万元，公司预计在未来期间能够产生足够的应纳税所得额用来抵扣可抵扣的暂时性差异，递延所得税资产和递延所得税负债不存在期初余额，则

天宇公司 2021 年计算确认的递延所得税资产、递延所得税负债及所得税费用如下：

递延所得税资产＝310×25%＝77.5(万元)

递延所得税负债＝450×25%＝112.5(万元)

递延所得税额＝112.5－77.5＝35(万元)

所得税费用＝当期所得税＋递延所得税＝700＋35＝735(万元)

五、企业所得税的会计核算程序与方法

企业所得税会计核算的一般程序如图 10-1 所示。

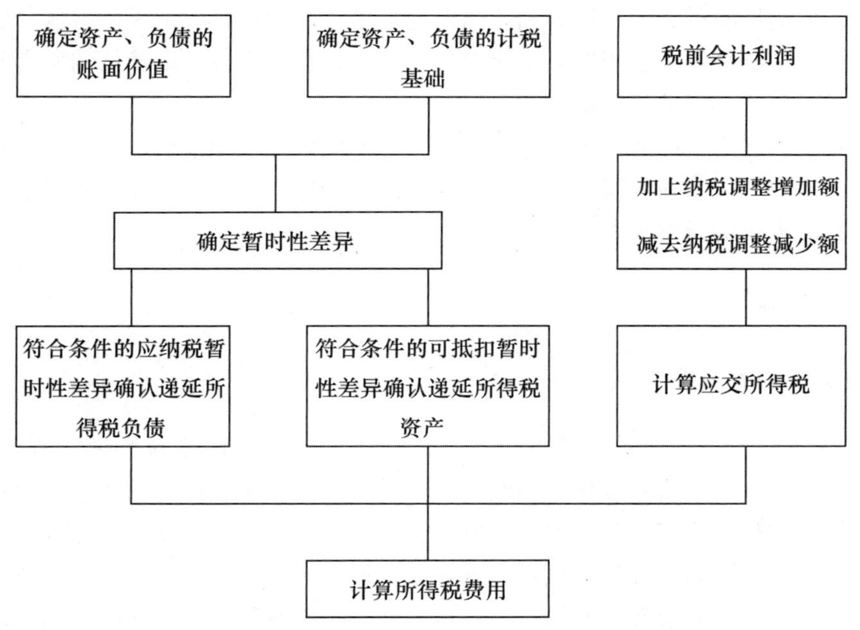

图 10-1 所得税会计核算的一般程序

(一) 会计核算的一般程序

《企业会计准则第 18 号——所得税》规定，企业应当采用资产负债表债务法核算企业所得税。要求从资产负债表出发，通过比较资产负债表上列示的资产、负债按照《企业会计准则》规定确定的账面价值与按照税法规定确定的计税基础，对于两者之间的差异，分别用应纳税暂时性差异与可抵扣暂时性差异确认相关的递延所得税负债与递延所得税资产，并在此基础上确定每一个会计期间利润表中的所得税费用。

采用资产负债表债务法核算所得税，企业应于每一资产负债表日进行所得税的核算。发生特殊交易或事项（如企业合并），在确认交易或事项产生的资产或负债时即应确认相应的所得税影响。企业进行所得税核算一般应遵循以下程序：

（1）按照会计准则规定，确定资产负债表中递延所得税资产和递延所得税负债以外的资产、负债项目的账面价值，即是指按照《企业会计准则》规定确定的有关资产、负债在资产负债表中列示的金额。

（2）按照税法规定，确定资产负债表中相关资产、负债项目的计税基础。

（3）比较资产、负债的账面价值与其计税基础，对于两者之间存在差异的，分析其性质，除会计准则中规定的特殊情况外，分别应纳税暂时性差异与可抵扣暂时性差异，并乘以所得税税率，确定资产负债表日递延所得税负债和递延所得税资产的应有金额，并与期初递延所得税负债和递延所得税资产的余额相比，确定当期应予以进一步确认的递延所得税资产和递延所得税负债金额或予以转销的金额，作为构成利润表中所得税费用其中一个组成部分——递延所得税。

（4）按照适用的税法规定计算确定当期应纳税所得额，将应纳税所得额与适用的所得税税率计算的结果确认为当期应交所得税，作为利润表中应予以确认的所得税费用的另一个组成部分——当期所得税。

（5）确定利润表中的所得税费用。利润表中的所得税费用包括当期所得税和递延所得税两个组成部分，企业在计算确定了当期所得税和递延所得税后，两者之和（或之差）即是利润表中的所得税费用。

（二）科目设置

1. 递延所得税资产

"递延所得税资产"科目，核算企业确认的可抵扣暂时性差异产生的所得税资产。根据税法规定可以用以后年度税前利润弥补的亏损及税款递减产生的所得税资产，也在该科目核算。该科目为资产类科目，借方登记资产负债表日企业确认的递延所得税资产的应有余额大于其账面余额的差额；贷方登记资产负债表日企业确认的递延所得税资产的应有余额小于其账面余额的差额。该科目的期末余额在借方，反映企业确认的递延所得税资产。该科目应当按照可抵扣暂时性差异的项目进行明细核算。

2. 递延所得税负债

"递延所得税负债"科目，核算企业确认的应纳税暂时性差异产生的所得税负债。该科目为负债类科目，贷方登记资产负债表日企业确认的递延所得税负债应有余额大于其账面余额的差额；借方登记资产负债表日企业确认的递延所得税负债应有余额小于其账面余额的差额。该科目期末余额在贷方，反映企业已确认的递延所得税负债。该科目应当按照应纳税暂时性差异的项目进行明细核算。

（三）账务处理

资产负债表日，企业对所得税的账务处理如表 10-5 所示。

表 10-5　　资产负债表日所得税的相关账务处理表

资产负债表日的状况	账务处理
确定当期应交所得税	借：所得税费用——当期所得税费用 　贷：应交税费——应交所得税
确认递延所得税资产	借：递延所得税资产 　贷：所得税费用——递延所得税费用 　　资本公积——其他资本公积 本期应确认的递延所得税资产大于账面余额的，应按其差额确认；本期应确认的递延所得税资产小于其账面余额的差额，做相反的会计分录。
非同一控制下企业合并中取得资产、负债的入账价值与其计税基础不同形成可抵扣暂时性差异	购买日根据所得税准则确认递延所得税资产，同时调整商誉： 借：递延所得税资产 　贷：商誉
预计未来期间很可能无法获得足够的应纳税所得额用以抵扣暂时性差异	按原已确认的递延所得税资产中应减记的金额： 借：所得税费用——当期所得税费用 　资本公积——其他资本公积 　贷：递延所得税资产
确认递延所得税负债	借：所得税费用——递延所得税费用 　资本公积——其他资本公积 　贷：递延所得税负债 本期应予以确认的递延所得税负债大于其账面余额的，应按其差额确认；应予确认的递延所得税负债小于其账面余额的，做相反的会计分录。
非同一控制下企业合并中取得资产、负债的入账价值与其计税基础不同形成应纳税暂时性差异	购买日根据所得税准则确认递延所得税负债，同时调整商誉： 借：商誉 　贷：递延所得税负债
根据税收优惠政策向税务机关申请获得退回的所得税	在实际收到时冲减收到当期的所得税费用： 借：银行存款 　贷：所得税费用——当期所得税费用
结转所得税费用	借：本年利润 　贷：所得税费用（含当期及递延所得税费用）

【例 10-20】 京厦公司 2021 年度利润表中利润总额为 6 000 万元，公司的所得税税率为 25%。与所得税核算有关的会计资料如下：

（1）年度内发生业务招待费 200 万元，允许税前扣除 120 万元；

（2）赞助支出 20 万元；

（3）2021 年 10 月购入一项交易性金融资产，入账价值为 100 万元，年末公允价值为 120 万元；

（4）年末应收账款余额 8 000 万元，按 0.5%的比例计提坏账准备；

（5）年末计提商品房维修费用300万元；

（6）12月预收购房款2 000万元；

（7）收入中有20万元为国债利息收入；

（8）递延所得税资产和递延所得税负债期初余额为0。

除上述事项外，京厦公司不存在其他与企业所得税计算缴纳相关的事项，暂时性差异在可以预见的未来很可能转回，且以后年度很可能获得用来抵扣可抵扣暂时性差异的应纳税所得额。

要求：（1）计算京厦公司2021年应纳所得税；（2）确认2021年年末递延所得税资产和递延所得税负债；（3）计算2021年所得税费用；（4）进行所得税的账务处理。

分析：

（1）计算2021年度应纳税所得税。

应纳税所得额＝6 000＋(200－120)＋20＋(100－120)＋40＋300＋250－20
＝6 650(万元)

应纳所得税额＝6 650×25％＝1 662.50(万元)

（2）确认2021年年末递延所得税资产和递延所得税负债。见表10-6。

表10-6　京厦公司暂时性差异汇总表

2021年12月31日　单位：万元

	项目	账面价值	计税基础	应纳税暂时性差异	可抵扣暂时性差异
1	交易性金融资产	120	100	20	
2	应收账款	7 960	8 000		40
3	预计负债	300	0		300
4	预收账款	2 000	0		250*
	合　计			20	590

* 按照《房地产开发经营业务企业所得税处理办法》（国税发〔2009〕31号文件发布）的规定，房地产开发企业的预收收入（预收账款）应按规定毛利（预收收入乘以规定毛利率）减除相关税费后的余额计算、预缴企业所得税，以此计算出的预计利润应作为可抵扣暂时性差异。此处假定计税的预计毛利率为20％，并扣除税金及附加（5.5％）、土地增值税（2％）两项税费（暂不考虑其他费用），其计算为：

2 000×20％－2 000×(5.5％＋2％)＝400－150＝250(万元)
递延所得税资产＝590×25％＝147.5(万元)
递延所得税负债＝20×25％＝5(万元)

（3）计算2021年所得税费用。

递延所得税额＝递延所得税负债－递延所得税资产
＝(递延所得税负债期末余额－递延所得税负债期初余额)－
(递延所得税资产期末余额－递延所得税资产期初余额)
＝(5－0)－(147.5－0)＝－142.5(万元)

所得税费用＝当期所得税＋递延所得税＝1 662.50－142.5＝1 520(万元)

（4）进行所得税的账务处理。

借：所得税费用 15 200 000

递延所得税资产 1 475 000

贷：应交税费——应交所得税 16 625 000

递延所得税负债 50 000

第十一章
企业所得税的预缴与汇算清缴

The Whole Process of Financial Accounting and Tax Treatment for Real Estate Enterprises

TAXING

第一节　企业所得税的预缴与汇算清缴概述

一、企业所得税的预缴

（一）日常所得税会计处理

预缴企业所得税时，借记“应交税费——应交所得税”科目，贷记“银行存款”科目。

（二）预收房款的所得税会计处理

房地产企业在开发过程中，销售未完工开发产品取得的收入，根据《国家税务总局关于印发〈房地产开发经营业务企业所得税处理办法〉的通知》（国税发〔2009〕31号）的规定，应先按预计计税毛利率分季（或月）计算出预计毛利额，计入当期应纳税所得额，缴纳企业所得税。

预收房款时，房地产企业应按预收房款计算的计税毛利额扣除相关的税金和费用，计算应预缴企业所得税金额。

待开发产品完工后再进行项目企业所得税清算调整。

若房地产企业在核算所得税按照可抵扣暂时性差异来确认对未来期间应纳所得税金额的影响，对预缴的所得税应确认为递延所得税资产。缴纳时：

借：应交税费——应交所得税

　贷：银行存款

年终对未达到收入确认条件的预收账款对应的已上缴的所得税从“应交税费——应交所得税”科目转入“递延所得税资产——预售房预缴所得税”科目，会计分录如下：

借：递延所得税资产——预售房预缴所得税

　贷：应交税费——应交所得税

【例 11-1】 中联房地产公司 2021 年度发生管理费用 100 万元，销售费用 300 万元，营业外收入 195 万元，营业外支出 150 万元，资产减值损失 30 万元，销售未完工产品取得预收款 5 000 万元。本年度累计已预缴企业所得税 50 万元。递延所得税资产期初数及递延所得税负债期初数为 0 元。（以上金额均为不含税金额，无增值税进项税额，不考虑以前年度损益）

本年度需调整事项如下：

（1）计提坏账准备 30 万元，未实际发生。

（2）“管理费用——业务招待费”科目借方发生额为50万元，其中20万元与生产经营无关，不得税前扣除。

（3）营业外支出列支规划部门行政罚款60万元。

（4）主管税务机关规定计税毛利率为20%；增值税预征率3%，城市维护建设税税率7%，教育费附加征收率3%，土地增值税预征率2%。

账务处理如下：

（1）2021年度利润表如表11-1所示。

表11-1　　利润表

编制单位：中联房地产有限公司　　2021年12月　　单位：万元

项目	本年累计金额
一、营业收入	
减：营业成本	
税金及附加	115
销售费用	300
管理费用	100
财务费用	
资产减值损失	30
加：公允价值变动收益（损失以“—”号填列）	
投资收益（损失以“—”号填列）	
其中：对联营企业和合营企业的投资收益	
二、营业利润（亏损以“—”号填列）	—545
加：营业外收入	195
减：营业外支出	150
其中：非流动资产处置损失	
三、利润总额（亏损总额以“—”号填列）	—500
减：所得税费用	50
四、净利润（净亏损以“—”号填列）	—550
五、每股收益：	
（一）基本每股收益	
（二）稀释每股收益	

注：税金及附加＝5 000×3%×12%＋5 000×（1－3%）×2%＝115（万元）。

（2）2021年度纳税调整。

①坏账准备贷方发生额30万元，为未经核准的准备金，不得税前扣除。调增应纳税所得额30万元。

②“管理费用——业务招待费”科目借方发生额为50万元，其中20万元与生产经营无关，调增应纳税所得额20万元。

业务招待费扣除限额＝18 万元（业务招待费的 60％＝30×60％＝18 万元＜营业收入的 0.5％＝5 000×0.5％＝25 万元），调增应纳税所得额 12 万元。

③营业外支出列支规划部门行政罚款 60 万元，不得税前扣除。调增应纳税所得额 60 万元。

（3）递延所得税资产。

坏账准备贷方发生额 30 万元为可抵扣暂时性差异；预收账款调增应纳税所得额＝5 000×20％＝1 000（万元），作为可抵扣暂时性差异，则：

本期递延所得税资产增加额＝可抵扣暂时性差异×25％
＝(30＋5 000×20％)×25％
＝257.50(万元)

（4）应纳税所得额＝－500＋5 000×20％＋30＋20＋12＋60＝622（万元），应交所得税＝622×25％＝155.50（万元）。

（5）确认所得税费用。

所得税费用＝155.50＋0－257.50＝－102(万元)

借：递延所得税资产　　2 575 000
　贷：应交税费——应交所得税　　1 555 000
　　　所得税费用　　1 020 000

（6）企业所得税汇算补交所得税 105.50 万元（155.50－50）。

借：应交税费——应交所得税　　1 055 000
　贷：银行存款　　1 055 000

（三）期末所得税会计处理

期末一般是指季末、半年末和年末。

（1）根据会计利润与调整事项计算出应交税金，借记“所得税费用”科目，贷记“应交税费——应交所得税”科目。

（2）计算出本期递延所得税负债增加额，借记“所得税费用”科目，贷记“递延所得税负债”科目。

（3）计算出本期递延所得税资产增加额，借记“递延所得税资产”科目，贷记“所得税费用”科目。

以上业务可做如下合并会计分录：

借：所得税费用(实际应交企业所得税额＋递延所得税负债本期增加额－递延所得税资产本期增加额)
　　递延所得税资产（本期可抵扣暂时性差异×税率）
　贷：递延所得税负债（本期应纳税暂时性差异×税率）
　　　应交税费——应交所得税（实际应交额）

二、企业所得税的汇算清缴

（一）汇算清缴的基础

企业所得税汇算清缴，是指房地产开发企业自纳税年度终了之日起5个月内或实际经营终止之日起60日内，依照税收法律、法规、规章及其他有关企业所得税的规定，自行计算本纳税年度应纳税所得额和应纳所得税额，根据月度或季度预缴企业所得税的数额，确定该纳税年度应补或者应退税额，并填写企业所得税年度纳税申报表，向主管税务机关办理企业所得税年度纳税申报、提供税务机关要求提供的有关资料、结清全年企业所得税税款的行为。

根据《企业所得税法》的规定，企业的应纳税所得额为每一纳税年度的收入总额，减除不征税收入、免税收入、各项扣除以及允许弥补的以前年度亏损后的余额，企业的应纳税额为应纳税所得额乘以适用税率，减除依照《企业所得税法》关于税收优惠的规定减免和抵免的税额后的余额，这种计算方法为直接法。实务中，房地产开发企业通常在纳税年度终了之日起5个月内或实际经营终止之日起60日内，在会计利润的基础上，按照企业所得税相关法规的规定进行纳税调整，计算出当期应纳所得税额，这种方法为间接法。

实行查账征收和实行核定应税所得率征收企业所得税的房地产开发企业，无论是否在减税、免税期间，也无论盈利还是亏损，都应进行汇算清缴。实行查账征收的企业，填写A类申报表。实行核定定额征收企业所得税的企业，也需要进行汇算清缴，填写B类申报表。

（二）汇算清缴的一般程序

根据《企业所得税法》及其实施条例、《税收征收管理法》、《房地产开发经营业务企业所得税处理办法》（国税发〔2009〕31号文件发布）及《国家税务总局企业所得税汇算清缴管理办法》等法律、法规的规定，企业所得税的汇算清缴应按以下程序进行：

1. 进行税收纳税调整

房地产开发企业以财务报表的会计利润为基础，按照《企业所得税法》及其实施条例、《房地产开发经营业务企业所得税处理办法》等相关税收法律法规进行税收纳税调整后计算出当期应纳税所得额，按照当期应纳税所得额与适用所得税税率计算确定当期应纳所得税额。

2. 填写纳税申报表

房地产开发企业根据《国家税务总局关于发布修订〈中华人民共和国企业所得税年

纳税申报表（A类，2017年版）〉部分表单样式及填报说明的公告》（国家税务总局公告2018年第57号）、《国家税务总局关于企业所得税年度汇算清缴有关事项的公告》（国家税务总局公告2021年第34号）等税收法规的相关规定，自行填写年度纳税申报表及其附表后，应向主管税务机关办理年度纳税申报。

纳税申报表的基本结构如图11-1所示。

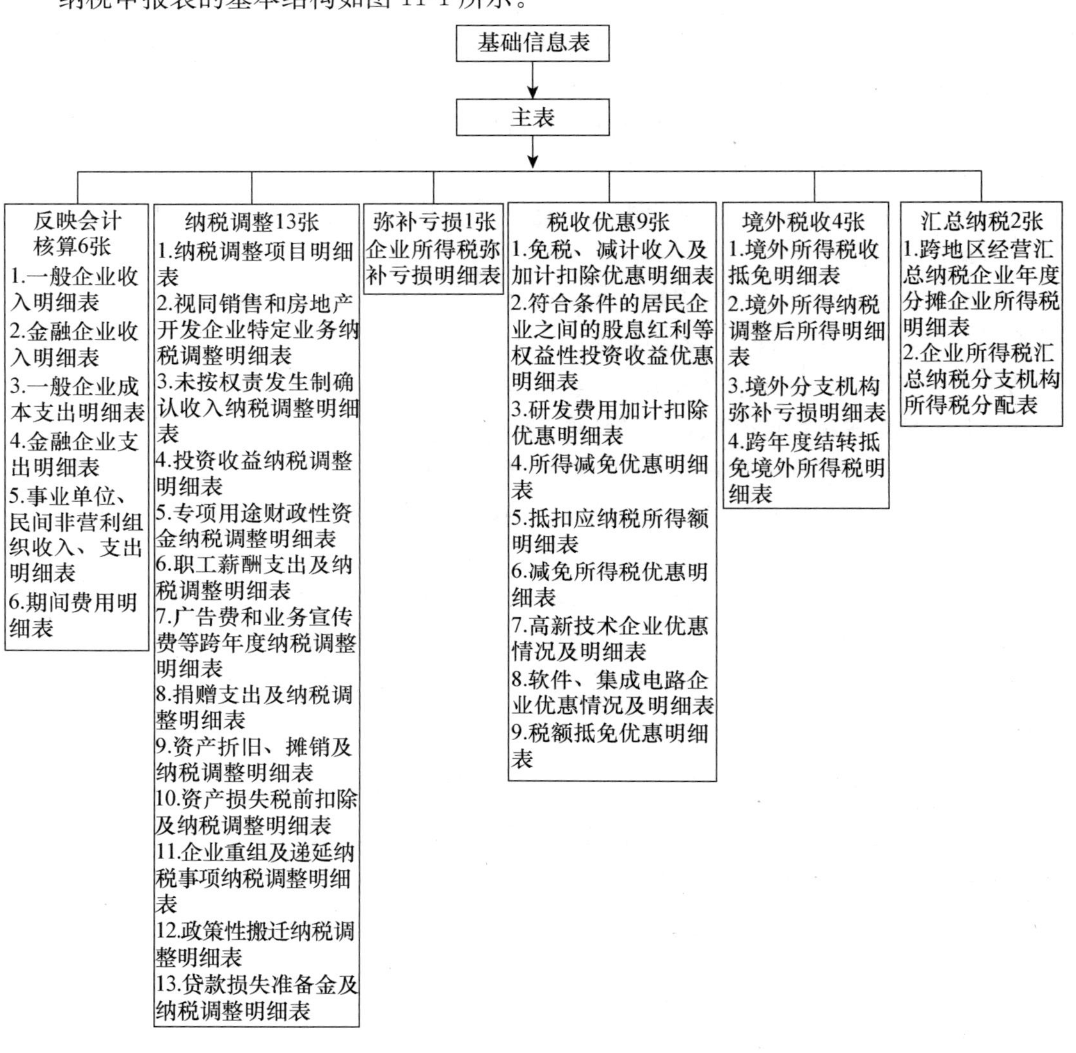

图11-1 企业所得税纳税申报表（A类，2017年版，2021年修订）

3. 税务机关受理申请，并审核所报送材料

主管税务机关收到房地产开发企业报送的纳税申报表后，应对其进行审核。审核中如发现纳税申报表有计算错误或有漏项，应及时通知房地产开发企业进行调整、补充、修改或限期重新申报。房地产开发企业应按税务机关的通知做出相应的修正。主管税务机关经审核确认无误后，确定房地产开发企业当年度应纳所得税额及应当补缴的企业所

得税款，或者对多缴的企业所得税款予以退还或抵顶下年度企业所得税。

4．纠正申报错误，结清税款

房地产开发企业办理年度纳税申报后，在汇算清缴期内税务机关检查之前，如果发现申报出现错误或自行检查发现申报不实的，可在汇算清缴期内重新办理企业所得税年度纳税申报，税务机关据此调整其全年应纳所得税额及应补、应退税额。房地产开发企业根据主管税务机关确定的全年应纳所得税额及应补、应退税额，年度终了后5个月内清缴税款。房地产开发企业预缴的税款少于全年应缴税款的，在5月底以前将应补缴的税款缴入国库；预缴税款超过全年应缴税款的，办理抵顶或退税手续。

（三）汇算清缴的期间

房地产开发企业12月份或者第四季度的企业所得税预缴纳税申报，应在纳税年度终了后15日内完成。预缴申报后开始进行当年企业所得税汇算清缴，企业所得税汇算清缴应当自纳税年度终了之日起5个月内进行，并结清应缴应退企业所得税款。

房地产开发企业在年度中间发生解散、破产或撤销等终止生产经营情形，需进行企业所得税清算的，应在清算前报告主管税务机关，并自实际经营终止之日起60日内进行汇算清缴，结清应缴应退企业所得税款；企业有其他情形依法终止纳税义务的，应当自停止生产、经营之日起60日内，向主管税务机关办理当期企业所得税汇算清缴。

（四）汇算清缴的申报

1．收入的计算与申报

（1）销售收入的确认。企业通过正式签订房地产销售合同或房地产预售合同所取得的收入，应确认为销售收入的实现，具体按以下规定确认：

采取一次性全额收款方式销售开发产品的，应于实际收讫价款或取得索取价款凭据（权利）之日，确认收入的实现。

采取分期收款方式销售开发产品的，应按销售合同或协议约定的价款和付款日确认收入的实现。付款方提前付款的，在实际付款时确认收入的实现。

采取银行按揭方式销售开发产品的，应按销售合同或协议约定的价款确定收入额，其首付款应于实际收到日确认收入的实现，余款在银行按揭贷款办理转账之日确认收入的实现。

企业将开发产品用于捐赠、赞助、职工福利、奖励、对外投资、分配给股东或投资人、抵偿债务、换取其他企事业单位和个人的非货币性资产等行为，应视同销售，于开发产品所有权或使用权转移，或于实际取得利益权利时确认收入（或利润）的实现。

（2）预售收入。企业销售未完工开发产品的计税毛利率由各省、自治区、直辖市税务局按下列规定确定：

开发项目位于省、自治区、直辖市和计划单列市人民政府所在地城市城区和郊区的，不得低于15%。

开发项目位于地及地级市城区及郊区的，不得低于10%。

开发项目位于其他地区的，不得低于5%。

属于经济适用房、限价房和危改房的，不得低于3%。

企业销售未完工开发产品取得的收入，应先按预计计税毛利率分季（或月）计算出预计毛利额，计入当期应纳税所得额。开发产品完工后，企业应及时结算其计税成本并计算此前销售收入的实际毛利额，同时将其实际毛利额与其对应的预计毛利额之间的差额，计入当年度企业本项目与其他项目合并计算的应纳税所得额。

2. 成本、费用扣除的税务处理

（1）成本费用扣除的规定。企业在进行成本、费用的核算与扣除时，必须按规定区分期间费用和开发产品计税成本、已销开发产品计税成本与未销开发产品计税成本。

企业发生的期间费用、已销开发产品计税成本、税金及附加、土地增值税准予当期按规定扣除。

已销开发产品的计税成本，按当期已实现销售的可售面积和可售面积单位开发成本确认。可售面积单位开发成本和已销开发产品的计税成本按下列公式计算确定：

可售面积单位开发成本＝成本对象总成本÷成本对象总可售面积

已销开发产品的计税成本＝已实现销售的可售面积×可售面积单位开发成本

（2）计税成本的确定。计税成本是指企业在开发、建造开发产品（包括固定资产，下同）过程中所发生的按照税收规定进行核算与计量的应归入某项成本对象的各项费用。

开发产品计税成本支出的内容包括：土地征用及拆迁补偿费、前期工程费、建筑安装工程费、基础设施建设费、公共配套设施费、开发间接费。

企业计税成本核算的一般程序如下：

对当期实际发生的各项支出，按其性质、经济用途及发生的地点、时间进行整理、归类，并将其区分为应计入开发产品的成本和应在当期税前扣除的期间费用。同时还应按规定对有关预提费用和待摊费用进行计量与确认。

对应计入开发产品的各项实际支出、预提费用、待摊费用等合理地划分为直接成本、间接成本和共同成本，并按规定将其合理地归集、分配至完工开发产品和未完工开发产品。

对完工开发产品应承担的成本费用按已售开发产品、未售开发产品和固定资产进行分配，其中应由已售开发产品承担的部分，在当期纳税申报时进行扣除，未售开发产品应承担的成本费用待其实际销售时再予扣除。

将本期完工开发产品和固定资产的计税成本进行结算。其中属于开发产品的，应按可售面积计算其单位开发成本，据此再计算已售开发产品计税成本和未售开发产品计税成本。对本期已售开发产品的计税成本，准予在当期扣除，未售开发产品计税成本待其实际销售时再予扣除。

对本期未完工和尚未建造的开发产品应当承担的成本费用，应分别建立明细台账，待开发产品完工后再予结算。

企业开发、建造的开发产品应按制造成本法进行计量与核算。其中，应计入开发产品成本的费用属于直接成本和能够分清成本对象的间接成本，直接计入成本对象；共同成本和不能分清承担对象的间接成本，应按受益的原则和配比的原则分配至各成本对象，具体分配方法包括占地面积法、建筑面积法、直接成本法、预算造价法。

（3）企业所得税的计算。纳税人计算确定应纳税所得额的公式为：

应纳税所得额＝收入总额－准予税前扣除的成本、费用、税金

应纳企业所得税额＝应纳税所得额×企业所得税税率

第二节 企业所得税汇算清缴的纳税调整

一、纳税调整项目

（一）收入确认的纳税调整

会计与税务在收入确认的时间上存在明显的差异，具体规定如下：

（1）通过正式签订房地产销售合同或房地产预售合同，销售未完工开发产品所取得的收入，在会计上作为预收账款反映，税务上则根据《房地产开发经营业务企业所得税处理办法》的规定，销售未完工开发产品取得的收入，应先按预计计税毛利率分季（或月）计算出预计毛利额，计入当期应纳税所得额。开发产品完工后，企业应及时结算其计税成本并计算此前销售收入的实际毛利额，在此，税务上确认收入的时间比会计上确认收入的时间要早。

（2）在会计上按照收入确认的原则来确认收入，税务上则一般按照实际收讫价款或取得索取价款凭据（权利）之日，或者销售合同或协议约定的付款日确认收入的实现，委托销售是按照收到代销清单之日确认收入实现。在此，要结合具体业务对税法规定的收入确认时间与会计规定的收入确认时间进行认真分析。

在进行企业所得税纳税调整时，需按照税法规定对收入确认的时间差异进行相应的纳税调整。

（二）视同销售的纳税调整

税法规定，房地产开发企业将开发产品用于捐赠、赞助、职工福利、奖励、对外投

资、分配给股东或投资人、抵偿债务、换取其他企事业单位和个人的非货币性资产等行为，应视同销售，于开发产品所有权或使用权转移或者实际取得利益权利时确认收入（或利润）的实现。确认收入（或利润）的方法和顺序为：①按本企业近期或本年度最近月份同类开发产品市场销售价格确定；②由主管税务机关参照当地同类开发产品市场公允价值确定；③按开发产品的成本利润率确定。开发产品的成本利润率不得低于15%，具体比例由主管税务机关确定。

在会计处理上，有些业务要视同销售进行处理，有些业务则不作收入核算。会计上不作收入核算的，就导致会计确认收入的范围与税务上存在差异，在企业所得税汇算清缴时，做纳税调整。

（三）业务招待费、广告费的纳税调整

在会计处理上，企业发生的业务招待费支出按照《企业会计准则》计入期间费用，而税务上考虑到商业招待与个人消费之间难以区分，为加强管理，同时借鉴国际经验，规定了业务招待费的税前扣除标准，企业发生的与生产经营活动有关的业务招待费支出，按照发生额的60%扣除，但最高不得超过当年销售（营业）收入的0.5%。业务招待费发生额超过税前扣除标准的部分，应调增应纳税所得额。

企业发生的符合条件的广告费和业务宣传费支出，除国务院财政、税务主管部门另有规定外，不超过当年销售（营业）收入15%的部分，准予扣除；超过部分，准予在以后纳税年度结转扣除。

房地产开发企业当年销售（营业）收入包括营业收入和视同销售收入，营业收入包括主营业务收入和其他业务收入，对于当年销售（营业）收入是否包括销售未完工开发产品取得的收入，税法并未做出明确规定，在实务中对此问题的关注度很高，各地执行标准不统一。根据2009年4月24日国家税务总局所得税司副司长缪慧频在线访谈“企业所得税相关问题解答”，明确销售未完工开发产品取得的收入可作为业务招待费、广告费的扣除基数，其理由为《房地产开发经营业务企业所得税处理办法》规定，企业通过正式签订房地产销售合同或房地产预售合同所取得的收入，应确认为销售收入，应当作为业务招待费、广告费的扣除基数。

房地产开发企业在2008年1月1日以后销售未完工开发产品取得的收入，可以作为计提业务招待费、广告费和业务宣传费的基数，但开发产品完工时会计核算将预收账款转入销售收入时，已经作为计提基数的未完工开发产品的销售收入不得重复作为计提业务招待费、广告费和业务宣传费的基数。

（四）利息支出的纳税调整

会计处理中，企业向非金融机构及金融机构的借款，实际发生的计入财务费用的利息支出准予在当期税前扣除；而税法规定，向非金融机构借款的利息支出，不超过金融机构同期同类贷款利率一倍的部分可据实扣除，超过部分应进行纳税调整，调增应纳税

所得额。

（五）罚金、罚款和被没收财物损失的纳税调整

罚金、罚款和被没收财物的损失，不允许税前扣除。罚金、罚款和被没收财物的损失，是指企业违反国家有关法律、法规规定，被有关部门处以罚款以及被司法机关收取的罚金和被没收财物，不包括企业按照经济合同规定支付的违约金（包括银行罚息）、罚款和诉讼费。企业实际发生的罚金、罚款和被没收财物损失应进行纳税调整，调增应纳税所得额。

（六）税收滞纳金的纳税调整

税收滞纳金不允许税前扣除。税收滞纳金，是指企业违反税收法规，被税务机关收取的滞纳金。企业实际发生的税收滞纳金应进行纳税调整，调增应纳税所得额。

（七）准备金的纳税调整

为如实反映企业的财务状况和经营成果，使财务报表上列示的各项资产符合资产的定义，在会计处理中，企业要合理地预计各项资产可能发生的损失，资产的可收回金额低于其账面价值的，应当将资产的账面价值减记至可收回金额，按减记的金额提取准备金。而《企业所得税法》第十条规定，未经核定的准备金支出，在计算应纳税所得额时不得扣除。《企业所得税法实施条例》第五十五条规定，未经核定的准备金支出，是指不符合国务院财政、税务主管部门规定的各项资产减值准备、风险准备等准备金支出如资产发生减值，但没有实际发生资产的损失时，在计算应纳税所得额时不得扣除，只有资产实际发生了损失，其损失金额才允许在计算应纳税所得额时税前扣除。资产计提减值准备或转回减值准备时，存在税会差异，应进行纳税调整。资产减值准备本期计提数大于本期转回额时，应调增应纳税所得额；反之，应调减应纳税所得额。

（八）销售未完工开发产品取得收入的纳税调整

在会计处理中，房地产开发企业销售未完工开发产品取得的预售收入不确认为收入，而是作为预收账款进行核算；待开发产品符合收入确认条件时，再确认销售收入。而《房地产开发经营业务企业所得税处理办法》规定，房地产开发企业销售未完工开发产品取得的收入，应先按预计计税毛利率分季（或月）计算出预计毛利额，计入当期应纳税所得额。开发产品完工后，应及时结算其计税成本并计算此前销售收入的实际毛利额，同时将其实际毛利额与其对应的预计毛利额之间的差额，计入当年度企业本项目与其他项目合并计算的应纳税所得额。

根据《企业会计准则》与税法的不同规定，房地产开发企业在所得税汇算时需要对销售未完工开发产品取得的收入进行纳税调整，具体调整步骤和内容如下：

（1）计算当年的销售未完工开发产品的预计毛利额，预计毛利额应调增应纳税所

得额。

$$\text{销售未完工开发产品的预计毛利额} = \text{销售未完工开发产品取得的收入} \times \text{预计计税毛利率}$$

（2）计算开发产品完工年度的实际毛利额与其对应的预计毛利额的差额。实际毛利额大于预计毛利额，应调增应纳税所得额；反之，应调减应纳税所得额。

（3）销售未完工开发产品预计毛利额调整备查簿。

因房地产开发企业利润总额是按年度计算的，不是按房地产开发项目分别计算的，在房地产开发企业存在多个项目连续滚动开发的情况下，所得税的计算就比较复杂。因此，必要时房地产开发企业可单独设置销售未完工开发产品预计毛利额调整备查簿，分项目登记每一笔预计毛利额产生、转回的时间及金额。根据税法规定，开发产品完工年度，在年度纳税申报时，企业须出具对该项开发产品实际毛利额与预计毛利额之间差异调整情况的报告以及税务机关需要的其他相关资料。

（九）未取得发票及不合规票据的纳税调整

查案必查票，查账必查票。发票始终是税务机关审查的重点，发票的合法性和有效性，即有没有、真不真（合规）、实不实（真票虚开——长期未支付，查资金流）是税务机关检查的要点。

对于应取得发票而未取得发票，以其他凭证列支成本和费用的情形（例如，收款方是应税行为，付款单位以付款方开具的非税务机关监制票据列支收入和成本）。

（十）因土地增值税清算而退还企业所得税的纳税调整

房地产开发企业由于土地增值税清算，导致多缴企业所得税的退税问题处理如下：

（1）房地产开发企业按规定对开发项目进行土地增值税清算后，当年企业所得税汇算清缴出现亏损且有其他后续开发项目[1]的，该亏损应按照税法规定向以后年度结转，用以后年度所得弥补。

（2）房地产开发企业按规定对开发项目进行土地增值税清算后，当年企业所得税汇算清缴出现亏损，且没有后续开发项目的，可以按照以下方法，计算出该项目由于土地增值税原因导致的项目开发各年度多缴企业所得税款，并申请退税：

①该项目缴纳的土地增值税总额，应按照该项目开发各年度实现的销售收入占项目销售收入总额的比例，在项目开发各年度进行分摊，具体按以下公式计算：

$$\text{各年度应分摊的土地增值税} = \text{土地增值税总额} \times \left(\text{项目年度销售收入} \div \text{项目销售收入总额}\right)^{[2]}$$

---

[1] 后续开发项目，是指正在开发以及中标的项目。

[2] 项目年度销售收入包括视同销售房地产的收入，但不包括增值额未超过扣除项目金额20%的普通标准住宅的销售收入。

②该项目开发各年度应分摊的土地增值税，减去该年度已经在企业所得税税前扣除的土地增值税后，余额属于当年应补充扣除的土地增值税；房地产开发企业应调整当年度的应纳税所得额，并按规定计算当年度应退的企业所得税款；当年度已缴纳的企业所得税税款不足退税的，应作为亏损向以后年度结转，并调整以后年度的应纳税所得额。

按照上述方法进行土地增值税分摊调整后，导致相应年度应纳税所得额出现正数的，应按规定计算缴纳企业所得税。

房地产开发企业按上述方法计算的累计退税额，不得超过该项目开发各年度累计实际缴纳的企业所得税；超过部分作为项目清算年度产生的亏损，向以后年度结转。

（3）房地产开发企业在申请退税时，应向主管税务机关提供书面材料，说明应退企业所得税款的计算过程，包括该项目缴纳的土地增值税总额、项目销售收入总额、项目年度销售收入额、各年度应分摊的土地增值税和已经税前扣除的土地增值税，以及是否存在后续开发项目等情况。

【例 11-2】 某房地产开发企业 2019 年 1 月开始开发某房地产项目，2021 年 10 月项目全部竣工并销售完毕，12 月进行土地增值税清算，整个项目共缴纳土地增值税 1 100 万元，其中 2019—2021 年预缴的土地增值税分别为 240 万元、300 万元、60 万元；2021 年清算后补缴土地增值税 500 万元。2019—2021 年实现的项目销售收入分别为 12 000 万元、15 000 万元、3 000 万元，缴纳的企业所得税分别为 45 万元、310 万元、0 万元。该房地产企业 2021 年度汇算清缴出现亏损，应纳税所得额为－400 万元。该房地产企业没有后续开发项目，拟申请退税，具体计算详见表 11-2。

表 11-2　　房地产开发企业退税额计算表　　单位：万元

项目	2019 年	2020 年	2021 年
预缴土地增值税	240	300	60
补缴土地增值税	—	—	500
分摊土地增值税	440 [1 100×(12 000÷30 000)]	550 [1 100×(15 000÷30 000)]	110 [1 100×(3 000÷30 000)]
应纳税所得额调整	－200 (240－440)	－270 (300－550－20)	450 (60＋500－110)
调整后应纳税所得额	—	—	50 (－400＋450)
应退企业所得税	50（200×25%）	67.5（270×25%）	—
已缴纳企业所得税	45	310	0
实退企业所得税	45	67.5	—
亏损结转（调整后）	－20 [(45－50)÷25%]	—	—
应补企业所得税	—	—	12.5 (50×25%)
累计退税额	—	—	100（45＋67.5－12.5）

二、企业所得税申报表及纳税调整项目的填报

房地产企业通过正式签订《房地产销售合同》或《房地产预售合同》所取得的预售房款，会计上作为预收账款处理，但根据《房地产开发经营业务企业所得税处理办法》的规定，应确认为销售收入的实现，所以，此处存在税会差异。根据《企业所得税年度纳税申报表（A类，2017年版）填报说明》，对于上述差异应填报在《视同销售和房地产开发企业特定业务纳税调整明细表》（A105010）。

（1）第21行“三、房地产开发企业特定业务计算的纳税调整额”：

填报房地产企业发生销售未完工产品，未完工产品结转完工产品业务，按照税法规定计算的特定业务的纳税调整额。第1列“税收金额”填报第22行第1列减去第26行第一列的余额；第2列“纳税调整金额”等于第1列“税收金额”。

（2）第22行“（一）房地产企业销售未完工开发产品特定业务计算的纳税调整额”：

填报房地产企业销售未完工开发产品取得销售收入，按税收规定计算的纳税调整额。第1列“税收金额”填报第24行第1列减去第25行第1列的余额；第2列“纳税调整金额”等于第1列“税收金额”。

（3）第23行“1. 销售未完工产品的收入”：

第1列“税收金额”填报房地产企业销售未完工开发产品，会计核算未进行收入确认的销售收入金额。

（4）第24行“2. 销售未完工产品预计毛利额”：

第1列“税收金额”填报房地产企业销售未完工产品取得的销售收入按税法规定预计计税毛利率计算的金额；第2列“纳税调整金额”等于第1列“税收金额”。

（5）第25行“3. 实际发生的税金及附加、土地增值税”：

第1列“税收金额”填报房地产企业销售未完工产品实际发生的税金及附加、土地增值税，且在会计核算中未计入当期损益的金额；第2列“纳税调整金额”等于第1列“税收金额”。

（6）第26行“（二）房地产企业销售的未完工产品转完工产品特定业务计算的纳税调整额”：

填报房地产企业销售未完工产品转完工产品，按税法规定计算的纳税调整额。第1列“税收金额”填报第28行第1列减去第29行第1列的余额；第2列“纳税调整金额”等于第1列“税收金额”。

（7）第27行“1. 销售未完工产品转完工产品确认的销售收入”：

第1列“税收金额”填报的房地产企业销售的未完工产品，此前年度已按预计毛利额征收所得税，本年度结转为完工产品，会计上符合收入确认条件，当年会计核算确认

的销售收入金额。

(8) 第 28 行“2. 转回的销售未完工产品预计毛利额”：

第 1 列“税收金额”填报房地产企业销售的未完工产品，此前年度已按预计毛利额征收所得税，本年结转完工产品，会计核算确认为销售收入，转回原按税法规定预计计税毛利率计算的金额；第 2 列“纳税调整金额”等于第 1 列“税收金额”。

(9) 第 29 行“3. 转回实际发生的税金及附加、土地增值税”：

填报房地产企业销售的未完工产品转完工产品后，会计核算确认为销售收入，同时将对应实际发生的税金及附加、土地增值税转入当期损益的金额；第 2 列“纳税调整金额”等于第 1 列“税收金额”。

房地产企业年度企业所得税纳税申报的主要申报表具体格式详见表 11-3～表 11-14。

表 11-3　　中华人民共和国企业所得税年度纳税申报表封面

(A 类，2017 年版)

税款所属期间：　年　月　日至　年　月　日

纳税人识别号
(统一社会信用代码)：□□□□□□□□□□□□□□□□□□

纳税人名称：

金额单位：人民币元（列至角分）

谨声明：本纳税申报表是根据国家税收法律法规及相关规定填报的，是真实的、可靠的、完整的。

纳税人（签章）：

年　月　日

经办人： 经办人身份证号： 代理机构签章：	受理人： 受理税务机关（章）： 受理日期：　年　月　日

国家税务总局监制

表 11-4　　A000000　企业所得税年度纳税申报基础信息表

基本经营情况（必填项目）				
101 纳税申报企业类型（填写代码）		102 分支机构就地纳税比例（%）		
103 资产总额（填写平均值，单位：万元）		104 从业人数（填写平均值，单位：人）		
105 所属国民经济行业（填写代码）		106 从事国家限制或禁止行业		□是□否
107 适用会计准则或会计制度（填写代码）		108 采用一般企业财务报表格式（2019 年版）		□是□否
109 小型微利企业	□是 □否	110 上市公司	是（□境内 □境外）□否	

<table>
<tr><td colspan="6">有关涉税事项情况（存在或者发生下列事项时必填）</td></tr>
<tr><td colspan="2">201 从事股权投资业务</td><td>□是</td><td colspan="2">202 存在境外关联交易</td><td>□是</td></tr>
<tr><td rowspan="2">203 境外所得信息</td><td colspan="2">203－1 选择采用的境外所得抵免方式</td><td colspan="3">□分国（地区）不分项　□不分国（地区）不分项</td></tr>
<tr><td colspan="2">203－2 新增境外直接投资信息</td><td colspan="3">□是（产业类别：□旅游业□现代服务业□高新技术产业）</td></tr>
<tr><td colspan="2">204 有限合伙制创业投资企业的法人合伙人</td><td>□是</td><td colspan="2">205 创业投资企业</td><td>□是</td></tr>
<tr><td colspan="2">206 技术先进型服务企业类型（填写代码）</td><td></td><td colspan="2">207 非营利组织</td><td>□是</td></tr>
<tr><td colspan="2">208 软件、集成电路企业类型（填写代码）</td><td></td><td>209 集成电路生产项目类型</td><td colspan="2">□130 纳米 □65 纳米 □28 纳米</td></tr>
<tr><td rowspan="2">210 科技型中小企业</td><td colspan="2">210－1 ____年（申报所属期年度）入库编号 1</td><td></td><td>210－2 入库时间 1</td><td></td></tr>
<tr><td colspan="2">210－3 ____年（所属期下一年度）入库编号 2</td><td></td><td>210－4 入库时间 2</td><td></td></tr>
<tr><td rowspan="2">211 高新技术企业申报所属期年度有效的高新技术企业证书</td><td>211－1 证书编号 1</td><td colspan="2"></td><td>211－2 发证时间 1</td><td></td></tr>
<tr><td>211－3 证书编号 2</td><td colspan="2"></td><td>211－4 发证时间 2</td><td></td></tr>
<tr><td>212 重组事项税务处理方式</td><td colspan="2">□一般性□特殊性</td><td colspan="2">213 重组交易类型（填写代码）</td><td></td></tr>
<tr><td>214 重组当事方类型（填写代码）</td><td colspan="2"></td><td colspan="2">215 政策性搬迁开始时间</td><td>_年_月</td></tr>
<tr><td colspan="2">216 发生政策性搬迁且停止生产经营无所得年度</td><td>□是</td><td colspan="2">217 政策性搬迁损失分期扣除年度</td><td>□是</td></tr>
<tr><td colspan="2">218 发生非货币性资产对外投资递延纳税事项</td><td>□是</td><td colspan="2">219 非货币性资产对外投资转让所得递延纳税年度</td><td>□是</td></tr>
<tr><td colspan="2">220 发生技术成果投资入股递延纳税事项</td><td>□是</td><td colspan="2">221 技术成果投资入股递延纳税年度</td><td>□是</td></tr>
<tr><td colspan="2">222 发生资产（股权）划转特殊性税务处理事项</td><td>□是</td><td colspan="2">223 债务重组所得递延纳税年度</td><td>□是</td></tr>
<tr><td colspan="2">224 研发支出辅助账样式</td><td colspan="4">□2015 版　□2021 版　□自行设计</td></tr>
</table>

<table>
<tr><td colspan="6">主要股东及分红情况（必填项目）</td></tr>
<tr><td>股东名称</td><td>证件种类</td><td>证件号码</td><td>投资比例（%）</td><td>当年（决议日）分配的股息、红利等权益性投资收益金额</td><td>国籍（注册地址）</td></tr>
<tr><td></td><td></td><td></td><td></td><td></td><td></td></tr>
<tr><td></td><td></td><td></td><td></td><td></td><td></td></tr>
<tr><td></td><td></td><td></td><td></td><td></td><td></td></tr>
<tr><td></td><td></td><td></td><td></td><td></td><td></td></tr>
<tr><td></td><td></td><td></td><td></td><td></td><td></td></tr>
<tr><td></td><td></td><td></td><td></td><td></td><td></td></tr>
<tr><td></td><td></td><td></td><td></td><td></td><td></td></tr>
<tr><td>其余股东合计</td><td>—</td><td>—</td><td></td><td></td><td>—</td></tr>
</table>

表 11-5　　A100000　中华人民共和国企业所得税年度纳税申报表（A 类）

行次	类别	项目	金额
1	利润总额计算	一、营业收入（填写 A101010 \ 101020 \ 103000）	
2		减：营业成本（填写 A102010 \ 102020 \ 103000）	
3		减：税金及附加	
4		减：销售费用（填写 A104000）	
5		减：管理费用（填写 A104000）	
6		减：财务费用（填写 A104000）	
7		减：资产减值损失	
8		加：公允价值变动收益	
9		加：投资收益	
10		二、营业利润（1－2－3－4－5－6－7＋8＋9）	
11		加：营业外收入（填写 A101010 \ 101020 \ 103000）	
12		减：营业外支出（填写 A102010 \ 102020 \ 103000）	
13		三、利润总额（10＋11－12）	
14	应纳税所得额计算	减：境外所得（填写 A108010）	
15		加：纳税调整增加额（填写 A105000）	
16		减：纳税调整减少额（填写 A105000）	
17		减：免税、减计收入及加计扣除（填写 A107010）	
18		加：境外应税所得抵减境内亏损（填写 A108000）	
19		四、纳税调整后所得（13－14＋15－16－17＋18）	
20		减：所得减免（填写 A107020）	
21		减：弥补以前年度亏损（填写 A106000）	
22		减：抵扣应纳税所得额（填写 A107030）	
23		五、应纳税所得额（19－20－21－22）	
24	应纳税额计算	税率（25%）	
25		六、应纳所得税额（23×24）	
26		减：减免所得税额（填写 A107040）	
27		减：抵免所得税额（填写 A107050）	
28		七、应纳税额（25－26－27）	
29		加：境外所得应纳所得税额（填写 A108000）	
30		减：境外所得抵免所得税额（填写 A108000）	
31		八、实际应纳所得税额（28＋29－30）	
32		减：本年累计实际已缴纳的所得税额	
33		九、本年应补（退）所得税额（31－32）	
34		其中：总机构分摊本年应补（退）所得税额（填写 A109000）	
35		财政集中分配本年应补（退）所得税额（填写 A109000）	
36		总机构主体生产经营部门分摊本年应补（退）所得税额（填写 A109000）	
37	实际应纳税额计算	减：民族自治地区企业所得税地方分享部分：（□ 免征 □ 减征：减征幅度__ %）	
38		十、本年实际应补（退）所得税额（33－37）	

表 11-6　　　　A101010　一般企业收入明细表

行次	项目	金额
1	一、营业收入（2+9）	
2	（一）主营业务收入（3+5+6+7+8）	
3	1. 销售商品收入	
4	其中：非货币性资产交换收入	
5	2. 提供劳务收入	
6	3. 建造合同收入	
7	4. 让渡资产使用权收入	
8	5. 其他	
9	（二）其他业务收入（10+12+13+14+15）	
10	1. 销售材料收入	
11	其中：非货币性资产交换收入	
12	2. 出租固定资产收入	
13	3. 出租无形资产收入	
14	4. 出租包装物和商品收入	
15	5. 其他	
16	二、营业外收入（17+18+19+20+21+22+23+24+25+26）	
17	（一）非流动资产处置利得	
18	（二）非货币性资产交换利得	
19	（三）债务重组利得	
20	（四）政府补助利得	
21	（五）盘盈利得	
22	（六）捐赠利得	
23	（七）罚没利得	
24	（八）确实无法偿付的应付款项	
25	（九）汇兑收益	
26	（十）其他	

表 11-7　　　　A102010　一般企业成本支出明细表

行次	项目	金额
1	一、营业成本（2+9）	
2	（一）主营业务成本（3+5+6+7+8）	
3	1. 销售商品成本	
4	其中：非货币性资产交换成本	
5	2. 提供劳务成本	
6	3. 建造合同成本	
7	4. 让渡资产使用权成本	

续表

行次	项目	金额
8	5. 其他	
9	（二）其他业务成本（10＋12＋13＋14＋15）	
10	1. 销售材料成本	
11	其中：非货币性资产交换成本	
12	2. 出租固定资产成本	
13	3. 出租无形资产成本	
14	4. 包装物出租成本	
15	5. 其他	
16	二、营业外支出（17＋18＋19＋20＋21＋22＋23＋24＋25＋26）	
17	（一）非流动资产处置损失	
18	（二）非货币性资产交换损失	
19	（三）债务重组损失	
20	（四）非常损失	
21	（五）捐赠支出	
22	（六）赞助支出	
23	（七）罚没支出	
24	（八）坏账损失	
25	（九）无法收回的债券股权投资损失	
26	（十）其他	

表 11-8　　　　A104000　期间费用明细表

行次	项目	销售费用	其中：境外支付	管理费用	其中：境外支付	财务费用	其中：境外支付
		1	2	3	4	5	6
1	一、职工薪酬		*		*	*	*
2	二、劳务费					*	*
3	三、咨询顾问费					*	*
4	四、业务招待费		*		*	*	*
5	五、广告费和业务宣传费		*		*	*	*
6	六、佣金和手续费						
7	七、资产折旧摊销费		*		*	*	*
8	八、财产损耗、盘亏及毁损损失		*		*	*	*
9	九、办公费		*		*	*	*
10	十、董事会费		*		*	*	*
11	十一、租赁费					*	*
12	十二、诉讼费		*		*	*	*

续表

行次	项目	销售费用	其中：境外支付	管理费用	其中：境外支付	财务费用	其中：境外支付
		1	2	3	4	5	6
13	十三、差旅费		*		*	*	*
14	十四、保险费		*		*	*	*
15	十五、运输、仓储费					*	*
16	十六、修理费					*	*
17	十七、包装费		*		*	*	*
18	十八、技术转让费					*	*
19	十九、研究费用					*	*
20	二十、各项税费		*		*	*	*
21	二十一、利息收支	*	*	*	*		
22	二十二、汇兑差额	*	*	*	*		
23	二十三、现金折扣	*	*	*	*		*
24	二十四、党组织工作经费	*	*		*	*	*
25	二十五、其他						
26	合计（1＋2＋3＋…25）						

表 11-9　　A105000　纳税调整项目明细表

行次	项目	账载金额	税收金额	调增金额	调减金额
		1	2	3	4
1	一、收入类调整项目（2＋3＋…8＋10＋11）	*	*		
2	（一）视同销售收入（填写 A105010）	*			*
3	（二）未按权责发生制原则确认的收入（填写 A105020）				
4	（三）投资收益（填写 A105030）				
5	（四）按权益法核算长期股权投资对初始投资成本调整确认收益	*	*	*	
6	（五）交易性金融资产初始投资调整	*	*		*
7	（六）公允价值变动净损益		*		
8	（七）不征税收入	*	*		
9	其中：专项用途财政性资金（填写 A105040）	*	*		
10	（八）销售折扣、折让和退回				
11	（九）其他				
12	二、扣除类调整项目（13＋14＋…24＋26＋27＋28＋29＋30）	*	*		
13	（一）视同销售成本（填写 A105010）	*		*	
14	（二）职工薪酬（填写 A105050）				
15	（三）业务招待费支出				*

续表

行次	项目	账载金额	税收金额	调增金额	调减金额
		1	2	3	4
16	（四）广告费和业务宣传费支出（填写 A105060）	*	*		
17	（五）捐赠支出（填写 A105070）				
18	（六）利息支出				
19	（七）罚金、罚款和被没收财物的损失		*		*
20	（八）税收滞纳金、加收利息		*		*
21	（九）赞助支出		*		*
22	（十）与未实现融资收益相关在当期确认的财务费用				
23	（十一）佣金和手续费支出				*
24	（十二）不征税收入用于支出所形成的费用	*	*		*
25	其中：专项用途财政性资金用于支出所形成的费用（填写 A105040）	*	*		*
26	（十三）跨期扣除项目				
27	（十四）与取得收入无关的支出		*		*
28	（十五）境外所得分摊的共同支出	*	*		*
29	（十六）党组织工作经费				
30	（十七）其他				
31	三、资产类调整项目（32＋33＋34＋35）	*	*		
32	（一）资产折旧、摊销（填写 A105080）				
33	（二）资产减值准备金		*		
34	（三）资产损失（填写 A105090）				
35	（四）其他				
36	四、特殊事项调整项目（37＋38＋…42）	*	*		
37	（一）企业重组及递延纳税事项（填写 A105100）				
38	（二）政策性搬迁（填写 A105110）	*	*		
39	（三）特殊行业准备金（填写 A105120）				
40	（四）房地产开发企业特定业务计算的纳税调整额（填写 A105010）	*			
41	（五）有限合伙企业法人合伙方应分得的应纳税所得额				
42	（六）其他	*	*		
43	五、特别纳税调整应税所得	*	*		
44	六、其他	*	*		
45	合计（1＋12＋31＋36＋43＋44）	*	*		

表 11-10　A105010　视同销售和房地产开发企业特定业务纳税调整明细表

行次	项目	税收金额	纳税调整金额
		1	2
1	一、视同销售（营业）收入（2＋3＋4＋5＋6＋7＋8＋9＋10）		
2	（一）非货币性资产交换视同销售收入		
3	（二）用于市场推广或销售视同销售收入		
4	（三）用于交际应酬视同销售收入		
5	（四）用于职工奖励或福利视同销售收入		
6	（五）用于股息分配视同销售收入		
7	（六）用于对外捐赠视同销售收入		
8	（七）用于对外投资项目视同销售收入		
9	（八）提供劳务视同销售收入		
10	（九）其他		
11	二、视同销售（营业）成本（12＋13＋14＋15＋16＋17＋18＋19＋20）		
12	（一）非货币性资产交换视同销售成本		
13	（二）用于市场推广或销售视同销售成本		
14	（三）用于交际应酬视同销售成本		
15	（四）用于职工奖励或福利视同销售成本		
16	（五）用于股息分配视同销售成本		
17	（六）用于对外捐赠视同销售成本		
18	（七）用于对外投资项目视同销售成本		
19	（八）提供劳务视同销售成本		
20	（九）其他		
21	三、房地产开发企业特定业务计算的纳税调整额（22－26）		
22	（一）房地产企业销售未完工开发产品特定业务计算的纳税调整额（24－25）		
23	1. 销售未完工产品的收入		*
24	2. 销售未完工产品预计毛利额		
25	3. 实际发生的营业税金及附加、土地增值税		
26	（二）房地产企业销售的未完工产品转完工产品特定业务计算的纳税调整额（28－29）		
27	1. 销售未完工产品转完工产品确认的销售收入		*
28	2. 转回的销售未完工产品预计毛利额		
29	3. 转回实际发生的税金及附加、土地增值税		

表 11-11　　A105050　职工薪酬支出及纳税调整明细表

行次	项目	账载金额	实际发生额	税收规定扣除率	以前年度累计结转扣除额	税收金额	纳税调整金额	累计结转以后年度扣除额
		1	2	3	4	5	6（1－5）	7(1＋4－5)
1	一、工资薪金支出			*	*			*
2	其中：股权激励			*	*			*
3	二、职工福利费支出				*			*
4	三、职工教育经费支出			*				
5	其中：按税收规定比例扣除的职工教育经费							
6	按税收规定全额扣除的职工培训费用				*			*
7	四、工会经费支出				*			*
8	五、各类基本社会保障性缴款			*	*			*
9	六、住房公积金			*	*			*
10	七、补充养老保险				*			*
11	八、补充医疗保险				*			*
12	九、其他			*	*			*
13	合计（1＋3＋4＋7＋8＋9＋10＋11＋12）			*				

表 11-12　　A105060　广告费和业务宣传费跨年度纳税调整明细表

行次	项目	金额
1	一、本年广告费和业务宣传费支出	
2	减：不允许扣除的广告费和业务宣传费支出	
3	二、本年符合条件的广告费和业务宣传费支出（1－2）	
4	三、本年计算广告费和业务宣传费扣除限额的销售（营业）收入	
5	乘：税收规定扣除率	
6	四、本企业计算的广告费和业务宣传费扣除限额（4×5）	
7	五、本年结转以后年度扣除额（3>6，本行＝3－6；3≤6，本行＝0）	
8	加：以前年度累计结转扣除额	
9	减：本年扣除的以前年度结转额［3>6，本行＝0；3≤6，本行＝8 与（6－3）孰小值］	
10	六、按照分摊协议归集至其他关联方的广告费和业务宣传费（10≤3 与 6 孰小值）	
11	按照分摊协议从其他关联方归集至本企业的广告费和业务宣传费	
12	七、本年广告费和业务宣传费支出纳税调整金额（3>6，本行＝2＋3－6＋10－11；3≤6，本行＝2＋10－11－9）	
13	八、累计结转以后年度扣除额（7＋8－9）	

表 11-13　　A105080　资产折旧、摊销及纳税调整明细表

行次	项目		账载金额			税收金额					纳税调整金额
			资产原值	本年折旧、摊销额	累计折旧、摊销额	资产计税基础	税收折旧、摊销额	享受加速折旧政策的资产按税收一般规定计算的折旧、摊销额	加速折旧、摊销统计额	累计折旧、摊销额	
			1	2	3	4	5	6	7（5－6）	8	9（2－5）
1	一、固定资产（2+3+4+5+6+7）							*	*		
2	所有固定资产	（一）房屋、建筑物						*	*		
3		（二）飞机、火车、轮船、机器、机械和其他生产设备						*	*		
4		（三）与生产经营活动有关的器具、工具、家具等						*	*		
5		（四）飞机、火车、轮船以外的运输工具						*	*		
6		（五）电子设备						*	*		
7		（六）其他						*	*		
8	其中：享受固定资产加速折旧及一次性扣除政策的资产加速折旧额大于一般折旧额的部分	（一）重要行业固定资产加速折旧（不含一次性扣除）									*
9		（二）其他行业研发设备加速折旧									*
10		（三）特定地区企业固定资产加速折旧（10.1+10.2）									*
10.1		1. 海南自由贸易港企业固定资产加速折旧									*
10.2		2. 其他特定地区企业固定资产加速折旧									*
11		（四）500万元以下设备器具一次性扣除									*
12		（五）疫情防控重点保障物资生产企业单价500万元以上设备一次性扣除									*
13		（六）特定地区企业固定资产一次性扣除（13.1+13.2）									*
13.1		1. 海南自由贸易港企业固定资产一次性扣除									*

续表

行次	项目		账载金额			税收金额					纳税调整金额
			资产原值	本年折旧、摊销额	累计折旧、摊销额	资产计税基础	税收折旧、摊销额	享受加速折旧政策的资产按税收一般规定计算的折旧、摊销额	加速折旧、摊销统计额	累计折旧、摊销额	
			1	2	3	4	5	6	7（5－6）	8	9（2－5）
13.2		2. 其他特定地区企业固定资产一次性扣除									*
14		（七）技术进步、更新换代固定资产加速折旧									*
15		（八）常年强震动、高腐蚀固定资产加速折旧									*
16		（九）外购软件加速折旧									*
17		（十）集成电路企业生产设备加速折旧									*
18	二、生产性生物资产（19＋20）							*	*		
19	（一）林木类							*	*		
20	（二）畜类							*	*		
21	三、无形资产（22＋23＋24＋25＋26＋27＋28＋29）							*	*		
22	所有无形资产	（一）专利权						*	*		
23		（二）商标权						*	*		
24		（三）著作权						*	*		
25		（四）土地使用权						*	*		
26		（五）非专利技术						*	*		
27		（六）特许权使用费						*	*		
28		（七）软件						*	*		
29		（八）其他						*	*		

续表

行次	项目		账载金额			税收金额					纳税调整金额
			资产原值	本年折旧、摊销额	累计折旧、摊销额	资产计税基础	税收折旧、摊销额	享受加速折旧政策的资产按税收一般规定计算的折旧、摊销额	加速折旧、摊销统计额	累计折旧、摊销额	
			1	2	3	4	5	6	7（5−6）	8	9（2−5）
30	其中：享受无形资产加速摊销及一次性摊销政策的资产加速摊销额大于一般摊销额的部分	（一）企业外购软件加速摊销									*
31		（二）特定地区企业无形资产加速摊销（31.1＋31.2）									*
31.1		1. 海南自由贸易港企业无形资产加速摊销									*
31.2		2. 其他特定地区企业无形资产加速摊销									*
32		（三）特定地区企业无形资产一次性摊销（32.1＋32.2）									*
32.1		1. 海南自由贸易港企业无形资产一次性摊销									*
32.2		2. 其他特定地区企业无形资产一次性摊销									*
33	四、长期待摊费用（34＋35＋36＋37＋38）							*	*		
34	（一）已足额提取折旧的固定资产的改建支出							*	*		
35	（二）租入固定资产的改建支出							*	*		
36	（三）固定资产的大修理支出							*	*		
37	（四）开办费							*	*		
38	（五）其他							*	*		
39	五、油气勘探投资							*	*		
40	六、油气开发投资							*	*		
41	合计（1＋18＋21＋33＋39＋40）										
附列资料	全民所有制企业公司制改制资产评估增值政策资产							*	*		

表 11-14 A106000 企业所得税弥补亏损明细表

行次	项目	年度	当年境内所得额	分立转出的亏损额	合并、分立转入的亏损额			弥补亏损企业类型	当年亏损额	当年待弥补的亏损额	用本年度所得额弥补的以前年度亏损额		当年可结转以后年度弥补的亏损额
					可弥补年限5年	可弥补年限8年	可弥补年限10年				使用境内所得弥补	使用境外所得弥补	
		1	2	3	4	5	6	7	8	9	10	11	12
1	前十年度												
2	前九年度												
3	前八年度												
4	前七年度												
5	前六年度												
6	前五年度												
7	前四年度												
8	前三年度												
9	前二年度												
10	前一年度												
11	本年度												
12	可结转以后年度弥补的亏损额合计												

第十二章
房地产特殊业务的会计核算与税务处理

The Whole Process of Financial Accounting and Tax Treatment for Real Estate Enterprises

TAXING

第一节 企业分立的会计核算与税务处理

一、企业分立的类型

企业分立，是指一个企业依照有关法律、法规的规定，分立为两个或两个以上的企业的法律行为。

根据被分立企业是否解散，企业分立可分为存续分立（又称分拆分立）和新设分立（又称解散分立）。

（一）存续分立（分拆分立）

企业以其部分财产和业务另设一个新的公司，原企业存续。即一个公司分立成两个或两个以上的公司，原公司继续存在，并设立一个或一个以上的新公司（见图 12-1）。

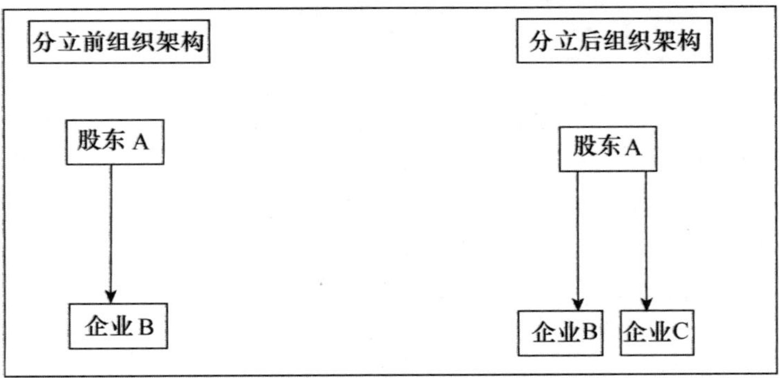

图 12-1 企业存续分立示意图

（二）新设分立（解散分立）

企业全部财产分别归入两个以上的新设公司，原公司解散。即一个公司分立成两个或两个以上的公司，原公司解散，并设立两个或两个以上的新公司（见图 12-2）。

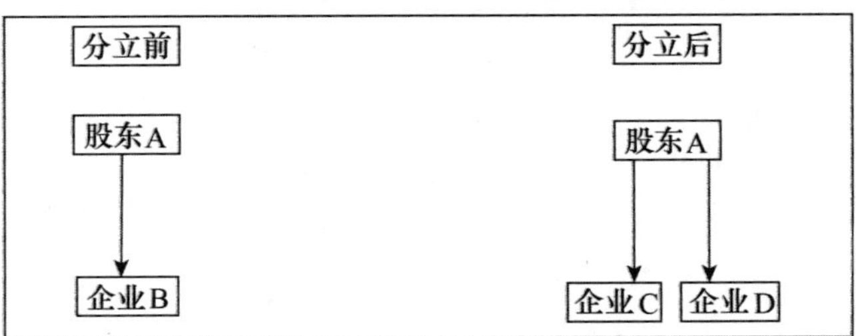

图 12-2 企业新设分立示意图

二、企业分立的特点

（1）在分立过程中，不存在股权和控制权向第三者转移的情况。无论分立方还是被分立方，最终实施控制的股东均为被分立方的现有股东。现有股东可同时享有分立方、被分立方的股份，当存在协议转让时，现有股东可选择转换为被分立方的股份，也可选择转换为分立方的股份。

（2）在分立过程中，没有货币的转手，企业的资产也没有进行重估，只是权益在两个独立的实体中划分。企业分立不属于交易，而是内部资产、负债的重新组合，从最终实施控制方的角度来看，其所能够实施控制的净资产，没有发生变化。

（3）分立发生于关联方之间，交易作价往往不公允，难以用双方议定的价格作为核算基础。

三、企业分立的会计处理

（一）会计处理原则

基于企业分立的特点，企业分立的实质是净资产（股权）的分立，而不是资产（负债）的购买或出售行为。既然不是购买或出售行为，就不存在购买或出售价格，没有新的计价基础。既然没有新的计价基础，分立后各方的净资产就只能以分立前被分立方的账面价值为基础进行计量，分立后，各分立主体的权益既不因分立而增加，也不因分立而减少。因此，企业分立应当采用类似于同一控制下的企业合并的“权益结合法”的会计处理方法。

具体而言：

（1）分立方在分立中确认取得的被分立方的资产、负债，仅限于被分立方账面上原已确认的资产和负债，分立中不产生新的资产和负债。

（2）分立方在分立中取得的被分立方各项资产、负债，应维持其在被分立方的原账面价值不变，分立方在企业分立中取得的资产和负债不应因该项分立而改记其账面价值。从最终控制方的角度来看，该项交易或事项仅是其原本已经控制的资产、负债空间位置的转移，原则上不应影响所涉及资产、负债的计价基础变化。

（3）分立方以分立中取得各项资产、负债的入账价值，调整所有者权益相关项目。分立方应当以分立前原资产、负债的账面价值入账，转入资产的账面价值与转入负债的账面价值的差额，作为股东投入，增加所有者权益。

（4）被分立方以分立中转出的资产、负债的净额，调整所有者权益相关项目，不反映资产、负债的处置损益，不影响分立当期利润表。被分立方应当以转出资产的账面价值与转出负债的账面价值的差额，调整所有者权益。

（5）分立前后注册资本保持不变。在调整被分立方的所有者权益时，应首先调整实收资本，再调整资本公积（资本溢价或股本溢价），资本公积余额不足冲减的，应冲减留存收益。

（二）会计处理方法

1. 存续分立的会计处理

存续分立的会计处理如表12-1所示。

表12-1 存续分立的会计处理

有关方	分立完成日的会计处理	备注
被分立方	借：实收资本 资本公积、未分配利润等（差额） 被分立的负债 贷：被分立的资产 （资产、负债均按原账面价值转出，不确认损益）	（1）视同减资处理，同时还涉及实物股利的分配。 （2）相当于现股东以减少在被分立方的权益为代价，以取得新设公司的股权。
分立方	借：分立划入净资产 贷：实收资本 资本公积（差额） （资产、负债均按分立前的账面价值入账）	比照同一控制下的企业合并的有关会计处理。

2. 新设分立的会计处理

新设分立的会计处理如表12-2所示。

表12-2 新设分立的会计处理

有关方	分立完成日的会计处理	备注
被分立方	借：股本（100%） 资本公积（100%） 留存收益（100%） 贷：分立的净资产	解散。（1）相当于现行股东以全部被分立方的权益为代价，以取得新设多个公司的股权。 （2）视同100%减资，并对现行股东全部分配剩余资本公积、留存收益。
分立方	借：分立划入净资产 贷：实收资本 资本公积（差额）	比照同一控制下的企业合并的有关会计处理。

四、企业分立的税务处理

（一）增值税处理

《国家税务总局关于纳税人资产重组有关增值税问题的公告》（国家税务总局公告

2011年第13号）规定："纳税人在资产重组过程中，通过合并、分立、出售、置换等方式，将全部或者部分实物资产以及与其相关联的债权、负债和劳动力一并转让给其他单位和个人，不属于增值税的征税范围，其中涉及的货物转让，不征收增值税。"

《营业税改征增值税试点有关事项的规定》（财税〔2016〕36号文件附件2）第一条第二款第五项规定：在资产重组过程中，通过合并、分立、出售、置换等方式，将全部或者部分实物资产以及与其相关联的债权、负债和劳动力一并转让给其他单位和个人，其中涉及的不动产、土地使用权转让行为不征增值税。

特殊重组交易中股权支付暂不确认有关资产的转让所得或损失的，其非股权支付仍应在交易当期确认相应的资产转让所得或损失，并调整相应资产的计税基础。

$$\text{非股权支付对应的资产转让所得或损失}=\left(\text{被转让资产的公允价值}-\text{被转让资产的计税基础}\right)\times\left(\text{非股权支付金额}\div\text{被转让资产的公允价值}\right)$$

如果合并方账务处理时对"未分配利润"做了转增股本处理，则需要征收个人所得税。

（二）企业所得税处理

公司分立按税法规定分为一般分立和特殊分立。一般分立，分立后新分立企业资产以公允价值入账，被分立企业按公允价值转让资产处理。特殊分立，分立后企业以账面价值入账，被分立企业不按转让资产处理。实际操作中，应熟悉特殊分立相关规定，按照特殊分立进行处理。

1. 一般分立的处理规定

（1）被分立企业对分立出去的资产应按公允价值确认资产转让所得或损失。

（2）分立企业应按公允价值确认接受资产的计税基础。

（3）被分立企业继续存在时，其股东取得的对价应视同被分立企业分配进行处理。

（4）被分立企业不再继续存在时，被分立企业及其股东都应按清算进行所得税处理。

（5）相关企业的亏损不得相互结转弥补。

2. 特殊分立的处理规定

企业分立，被分立企业所有股东按原持股比例取得分立企业的股权，分立企业和被分立企业均不改变原来的实质经营活动，且被分立企业股东在该企业分立发生时取得的股权支付金额不低于其交易支付总额的85%，可以选择按以下规定处理：

（1）分立企业接受被分立企业资产和负债的计税基础，以被分立企业的原有计税基础确定。

（2）被分立企业已分立出去的资产相应的所得税事项由分立企业承继。

（3）被分立企业未超过法定弥补期限的亏损额可按分立资产占全部资产的比例进行分配，由分立企业继续弥补。

（4）被分立企业的股东取得分立企业的股权（以下简称新股），如需部分或全部放弃原持有的被分立企业的股权（以下简称旧股），新股的计税基础应以放弃旧股的计税基础确定。如不需要放弃旧股，则其取得新股的计税基础可从以下两种方法中选择确定：直接将新股的计税基础确定为零；或者以被分立企业分立出去的净资产占被分立企业全部净资产的比例先调减原持有的旧股的计税基础，再将调减的计税基础平均分配到新股上。

（三）土地增值税处理

《财政部 国家税务总局关于继续实施企业改制重组有关土地增值税政策的通知》（财税〔2018〕57号）规定：企业分设为两个或两个以上与原企业投资主体相同的企业，对原企业将房地产转移、变更到分立后的企业，暂不征土地增值税。

无论是存续分立，还是新设分立，公司分立都是资产、负债、劳动力等要素的同时转移，被分立公司分离时未取得相应的收入和其他经济利益，因此不缴纳土地增值税。

但是，房地产企业的分立活动不适用上述免税政策，即企业分立需要就分立中的资产增值部分，计算缴纳土地增值税。

（四）契税处理

《财政部 税务总局关于继续执行企业、事业单位改制重组有关契税政策的公告》（财政部 税务总局公告2021年第17号）规定：公司依照法律规定、合同约定分立为两个或两个以上与原公司投资主体相同的公司，对分立后公司承受原公司土地、房屋权属，免征契税。

延伸阅读

影人酒店采取企业分立模式的税务操作案例分析

清龙房地产公司投资建设影人酒店，影人酒店的产权在清龙房地产公司名下。根据青龙房地产公司战略和经营调整需要，拟独立经营影人酒店，需要通过企业分立模式将影人酒店分离出来，单独成立一家酒店公司运营。下面系统阐述企业分立的流程与税务操作。

一、酒店分立流程

1. 分立前的准备工作

(1) 拟定分立协议，确立分立公司的章程、经营范围。

分立协议的基本内容一般如下：

- 分立原因及说明；
- 分立形式（存续分立）；

■ 分立前后的基本情况（分立前后公司名称，分立后的注册资本、实收资本）；
■ 资产继承方案及资产交接约定；
■ 债务继承方案；
■ 相关税费的承担方式；
■ 职工安置办法；
■ 期后事项的处理；
■ 新设公司的设立及其法律后果的承担；
■ 争议解决方式；
■ 其他事项。

（2）股东会通过分立协议的决议。

有限责任公司分立，必须经代表三分之二以上表决权的股东通过。

注意：

①分立过程中不能出现原股东股权结构比例变更情况，分立企业应维持原股东在原企业的股权结构比例。

②对存续企业与新设企业的注册资金和股东持股比例做出安排，分立前后注册资本之和保持不变。

③分立新设公司货币资金出资额不低于注册资本的30%。

2. 新设公司核名

自做出分立决议之日起向工商管理部门申请新设公司核准名称。

需要提交资料：

（1）股东决定；

（2）新设申请表。

根据当地主管工商部门的要求提交即可，也可以在工商局网上申请。

3. 登报

《公司法》规定，公司应当自做出分立决议之日起10日内通知债权人，并于30日内在报纸上公告。债权人自接到通知书之日起30日内，未接到通知书的自公告之日起45日内，可以要求公司清偿债务或者提供相应的担保。

4. 验资及审计

根据工商管理部门的要求，分立存续公司及新设公司须有中介机构出具的验资报告。

（1）由审计机构出具当年1月至分立前月份的财务报表报告审计。

（2）企业自行编制分立后存续公司及新设公司报表。

（3）验资机构根据财务报告审计、分立后存续公司报表、新设公司报表、分立协议、资产交割单等分别出具存续公司验资报告、新设公司验资报告。不需要银行的入资证明。

5. 工商登记与工商变更

因公司分立申请办理公司登记，自公告刊登之日起45日后，申请人才可以申请办理企业注销、设立或者变更登记。公司办理分立登记时，可以一并办理其他登记事项的变更，但应当根据法律法规和公司章程的规定提交相应变更登记材料。

存续公司提交的资料清单内容一般如下：

■ 公司分立决议。

■ 验资报告。

■ 依法刊登公告的报样。分立公告内容应当包括：分立各方的名称，分立形式，分立前后各公司的注册资本和实收资本。

■ 分立方的营业执照复印件。

■ 债务清偿或者债务担保情况的说明。

■ 法律、行政法规和国务院决定规定必须报经批准的，提交有关的批准文件或者许可证书复印件。

■ 因分立申请公司设立登记的，提交载明分立情况的存续公司的变更证明或者解散公司的注销证明。因分立新设公司的经营范围中，涉及法律法规规定应当在登记前报经有关部门审批的，应当在登记前报有关部门审批，凭有关部门的许可文件、证件办理登记。

若资料齐全，只需5个工作日即可领取存续公司的营业执照，同时领取分立变更证明。

分立新设公司需提交的资料清单如下：

■《企业设立登记申请书》、《企业名称预先核准通知书》及《预核准名称投资人名录表》。

■ 分立变更证明复印件。

■ 验资报告。

■ 股东决定。

■ 因公司分立而拟存续、新设公司所涉及的各方投资者签订的公司分立协议（加盖各投资方公章，自然人投资者签字）。

■ 公开发行的报纸登载的公告的报样。

■ 分立后新设公司的章程或章程修正案。

■ 因分立涉及登记事项发生变化的，应提交相应的文件、证件。

若资料齐全，只需5个工作日即可领取营业执照。

注意：

①《企业设立登记申请书》涉及的董事、监事须携带身份证原件到工商登记部门亲自面签。

②办理工商登记的委托书须加盖股东公章，指定委托人，由委托人携身份证原件办理一切手续及领取营业执照。

6. 新设公司刻章

领取营业执照后，到公安管理部门办理手续申请刻制公章、财务专用章、发票专用章、合同专用章。

7. 新设公司办理组织机构代码证

8. 新设公司办理税务登记证

需要准备的资料如下：

(1) 营业执照副本复印件加盖公章；

(2) 法人身份证原件；

(3) 法人、经办人身份证复印件；

(4) 税源归属表；

(5) 房产证复印件或租赁协议。

9. 新设公司开设银行基本户

10. 存续公司税务登记证备案

(1) 营业执照副本原件及复印件；

(2) 法人身份证复印件；

(3) 经办人身份证复印件；

(4) 专管员备案。

11. 房产证、土地证的变更

(1)《国有土地使用证》《房屋所有权证》(原件)；

(2) 分立协议（原件、复印件 2 份)；

(3) 注销工商登记的证明或工商变更登记的材料（原件、复印件 2 份)；

(4) 股东会议决议；

(5) 地籍调查材料、宗地图；

(6) 企业（变更前、后）法人营业执照、法定代表人身份证、组织机构代码证、公司章程（原件、复印件 2 份)。

二、酒店分立的税务处理

1. 涉税政策分析

(1) 契税。

财政部 税务总局公告 2021 年第 17 号规定：公司依照法律规定、合同约定分设为两个或两个以上与原公司投资主体相同的公司，对分立后公司承受原公司土地、房屋权属，免征契税。

(2) 印花税。

《财政部 国家税务总局关于企业改制过程中有关印花税政策的通知》(财税〔2003〕183 号）第二条规定："以合并或分立方式成立的新企业，其新启用的资金账簿记载的资金，凡原已贴花的部分可不再贴花，未贴花的部分和以后新增加的资金按规定贴花。"

(3) 增值税。

国家税务总局公告 2011 年第 13 号规定：纳税人在资产重组过程中，通过合并、分立、出售、置换等方式，将全部或者部分实物资产以及与其相关联的债权、负债和劳动力一并转让给其他单位和个人，不属于增值税的征税范围，其中涉及的货物转让，不征收增值税；财税〔2016〕36号文件规定：在资产重组过程中，通过合并、分立、出售、置换等方式，将全部或者部分实物资产以及与其相关联的债权、负债和劳动力一并转让给其他单位和个人，其中涉及的不动产、土地使用权转让行为不征增值税。

（4）企业所得税。

《财政部 国家税务总局关于企业重组业务企业所得税处理若干问题的通知》（财税〔2009〕59号）规定：

“企业分立，被分立企业所有股东按原持股比例取得分立企业的股权，分立企业和被分立企业均不改变原来的实质经营活动，且被分立企业股东在该企业分立发生时取得的股权支付金额不低于其交易支付总额的85%，可以选择按以下规定处理：（1）分立企业接受被分立企业资产和负债的计税基础，以被分立企业的原有计税基础确定；（2）被分立企业已分立出去资产相应的所得税事项由分立企业承继；被分立企业未超过法定弥补期限的亏损额可按分立资产占全部资产的比例进行分配，由分立企业继续弥补。”

（5）土地增值税。

《土地增值税暂行条例》第二条规定，转让国有土地使用权、地上的建筑物及其附着物并取得收入的单位和个人，为土地增值税的纳税义务人，应当依照本条例缴纳增值税。

企业分立，不属于转让土地使用权、地上建筑物业务，所以不需要缴纳土地增值税。青岛市基于上述理解，也发文明确了“分立不征收土地增值税”。

财政部 税务总局公告2021年第21号规定：“三、按照法律规定或者合同约定，企业分设为两个或两个以上与原企业投资主体相同的企业，对原企业将房地产转移、变更到分立后的企业，暂不征土地增值税。四、单位、个人在改制重组时以国有土地、房屋进行投资，对其将房地产转移、变更到被投资的企业，暂不征土地增值税。五、上述改制重组有关土地增值税政策不适用于房地产转移任一方为房地产开发企业的情形。”

2. 税务处理实务

（1）影人酒店分立，企业向当地税务机关申请是否可以免征土地增值税时，税务机关批复为“应征收土地增值税”，依据的是财政部 税务总局公告2021年第21号，因该文件不适用于房地产公司。

经过与税务机关相关领导沟通，最终决定采用评估的方法实现零税款缴纳。由中介机构出具房地产估价报告，按照重置成本与历史成本的增值额征收土地增值税。评估值高于账面价值即可。经过评估和纳税认证，获得土地增值税零税款的涉税证明。

（2）契税的免税处理：向税务局契税征管窗口递交相关资料，计税基础超过一亿元需报市税务局审批，根据市税务局的审批工作时间要求30个工作日内审批回复。最后，在中介机构的税务代理与协助下，取得契税的免税批复。

第二节　企业合并的会计核算与税务处理

一、企业合并的特征

1. 企业合并

企业合并，是指一家企业取得另外一家或几家企业全部资产、负债的行为，是合并方与被合并方股东之间的交易。

2. 企业合并的特点

（1）企业合并是参与交易的一方转让其全部资产、负债的经济事项。

（2）合并业务发生后被合并方法律主体地位消失。

二、企业合并的税务处理

1. 企业合并的流转税处理

国家税务总局公告2011年第13号规定：纳税人在资产重组过程中，通过合并、分立、出售、置换等方式，将全部或者部分实物资产以及与其相关联的债权、负债和劳动力一并转让给其他单位和个人，不属于增值税的征税范围，其中涉及的货物转让，不征收增值税。

《国家税务总局关于纳税人资产重组有关增值税问题的公告》（国家税务总局公告2013年第66号）规定：纳税人在资产重组过程中，通过合并、分立、出售、置换等方式，将全部或者部分实物资产以及与其相关联的债权、负债经多次转让后，最终的受让方与劳动力接收方为同一单位和个人的，仍适用国家税务总局公告2011年第13号的相关规定，其中货物的多次转让行为均不征收增值税。资产的出让方需将资产重组方案等文件资料报其主管税务机关。

《国家税务总局关于纳税人资产重组增值税留抵税额处理有关问题的公告》（国家税务总局公告2012年第55号）规定：增值税一般纳税人（以下称原纳税人）在资产重组过程中，将全部资产、负债和劳动力一并转让给其他增值税一般纳税人（以下称新纳税人），并按程序办理注销税务登记的，其在办理注销登记前尚未抵扣的进项税额可结转至新纳税人处继续抵扣。

2. 企业合并的土地增值税处理

财税〔2018〕57号文件规定：按照法律规定或者合同约定，两个或两个以上企业合并为一个企业，且原企业投资主体存续的，对原企业将房地产转移、变更到合并后的企业，暂不征土地增值税。但该项改制重组有关土地增值税政策不适用于房地产开发企业。

3. 企业合并的契税处理

财税〔2018〕17号文件规定：两个或两个以上的公司，依照法律规定、合同约定，合并为一个公司，且原投资主体存续的，对合并后公司承受原合并各方土地、房屋权属，免征契税。

4. 企业合并的个人所得税处理

如果企业股东为自然人，或者为个人独资企业或合伙企业，则涉及个人所得税。

根据《财政部 国家税务总局关于企业重组业务所得税处理若干问题的通知》（财税〔2009〕59号）、《国家税务总局关于发布〈企业重组业务企业所得税管理办法〉的公告》（国家税务总局公告2010年第4号）的规定，符合特殊性税务处理条件的，被合并方不需要进行清算。在会计账务处理中，被合并方资产、负债、所有者权益中有关数据，基本上按原账面数额移植到合并方企业，在此过程中"未分配利润"没有发生分配行为，不需征收个人所得税；如果在免税重组过程中，合并方账务处理时对"未分配利润"做了转增股本处理，则需要征收个人所得税。

5. 企业合并的企业所得税处理

企业合并分为一般性税务处理和特殊性税务处理两种情况。

（1）一般性税务处理。

合并企业应按公允价值确定接受被合并企业各项资产和负债的计税基础。被合并企业的亏损不得在合并企业结转弥补。被合并企业及其股东都应按清算进行所得税处理。

具体来说，企业全部资产的可变现价值或交易价格减除清算费用，职工的工资、社会保险费用和法定补偿金，结清清算所得税、以前年度欠税等税款、清偿企业债务，按规定计算可以向所有者分配的剩余资产。

被清算企业的股东分得的剩余资产的金额，其中相当于被清算企业累计未分配利润和累计盈余公积中按该股东所占股份比例计算的部分，应确认为股息所得；剩余资产减除股息所得后的余额，超过或低于股东投资成本的部分，应确认为股东的投资转让所得或损失。

被收购方应确认资产转让所得或损失；收购方取得资产的计税基础应以公允价值为基础确定；被收购企业的相关所得税事项原则上保持不变。

（2）特殊性税务处理。

特殊性税务处理的适用条件：第一，具有合理的商业目的，且不以减少、免除或者推迟缴纳税款为主要目的。第二，企业重组后的连续12个月内不改变重组资产原来的实质性经营活动。第三，企业重组中取得股权支付的原主要股东，在重组后连续12个月内，不得转让所取得的股权。第四，企业股东在该企业合并发生时取得的股权支付金额不低于其交易支付总额的85%，以及同一控制下且不需要支付对价的企业合并。

特殊性税务处理方法：①合并企业接受被合并企业资产和负债的计税基础，以被合并企业的原有计税基础确定。②被合并企业合并前的相关所得税事项由合并企业承继。其中，对税收优惠政策承继处理问题，凡属于依照《企业所得税法》第五十七条规定中就企业整体（即全部生产经营所得）享受税收优惠过渡政策的，合并或分立后的企业性质及适用税收优惠条件未发生改变的，可以继续享受合并前各企业或分立前被分立企业剩余期限的税收优惠。③可由合并企业弥补的被合并企业亏损限额＝被合并企业净资产公允价值×截至合并业务发生当年年末国家发行的最长期限的国债利率。④被合并企业股东取得合并企业股权的计税基础，以其原持有的被合并企业股权的计税基础确定。

《财政部 国家税务总局关于落实降低企业杠杆率税收支持政策的通知》（财税〔2016〕125号）规定：①企业符合税法规定条件的股权（资产）收购、合并、债务重组等重组行为，可按税法规定享受企业所得税递延纳税优惠政策。②企业以非货币性资产投资，可按规定享受5年内分期缴纳企业所得税政策。③企业破产、注销，清算企业所得税时，可按规定在税前扣除有关清算费用及职工工资、社会保险费用、法定补偿金。

第三节 在建项目转让的实施路径与税务处理

一、在建工程及其转让的概念

1. 在建工程

在建工程是指取得批准立项，拥有合法完整用地手续，已经取得国土证，取得施工许可证并正在施工建设的工程项目。

2. 在建工程转让

在建工程转让是指在建工程所有人将其拥有的在建工程转让给买受人，买受人支付对价的民事行为。“在建工程转让”有两种模式，一种是项目公司的“股权交易”模式，一种是“资产转让”模式。

在建工程转让的优点有：相比股权转让方案，转让价款可以全额作为未来计算三大税种的税基；对于股权转让方案，若标的公司存续期较长，很有可能存在或有负债或者其他风险。

在建工程转让的缺点有：手续相对复杂，周期较长，少则3～4个月，多者一年半载。不但项目要重新报建，已经预售的房产还要换签合同。由于土地稀缺，房企也开始关注在建工程转让项目，竞争格局出现了新的态势。此外，在建工程是按项目转让，即按“立项范围”转让。若两宗地一个立项，一宗地已开发，一宗地未开发，实操中有些地方可以转让，有些地方认为属于净地，不能转让。

二、在建工程转让的前提条件

在建工程转让有两个前提条件，一是要满足交易双方的需求，是商务条款，二是政府强制要求的转让前提。

1. 交易双方需求

买方希望直接锁定项目，并购成本综合算下来比招拍挂市场拿地便宜一些。卖方希望能解套，能解决自己的现金流问题，溢价尽量高，或者保留一部分股份。

2. 主管部门规定的转让前提

基本条件是：土地出让金交清，有土地证，工程进度达到发改部门立项批复金额的25％以上才能发起转让审批。

政策依据：

（1）以出让方式取得土地使用权的转让条件为《城市房地产管理法》第三十九条：“以出让方式取得土地使用权的，转让房地产时，应当符合下列条件：（一）按照出让合同约定已经支付全部土地使用权出让金，并取得土地使用权证书；（二）按照出让合同约定进行投资开发，属于房屋建设工程的，完成开发投资总额的百分之二十五以上，属于成片开发土地的，形成工业用地或者其他建设用地条件。转让房地产时房屋已经建成的，还应当持有房屋所有权证书”。其中，建设规模指实际支付金额，以财务数据为准。总建设规模＝工程总投资＝《发改委立项批复》金额。注意：法拍不受25％投资强度限制。根据最高法《关于适用〈合同法〉若干问题的解释（二）》（法释〔2009〕5号）第十四条，《城市房地产管理法》25％的规定性质，系“管理性规范”而非“效力性规范”。未达到25％属于合同标的物瑕疵，并不直接影响土地使用权转让合同效力。有的地方还要求30％的投资强度，比如河南。如果未达到25％，买家还想收购，则在资产转让前买家要提前介入，对项目进行先期投入，待项目达到25％的投资强度时再进行交易。

（2）以划拨方式取得土地使用权的转让条件为：

①《城市房地产管理法》第四十条：“以划拨方式取得土地使用权的，转让房地产

时，应当按照国务院规定，报有批准权的人民政府审批。有批准权的人民政府准予转让的，应当由受让方办理土地使用权出让手续，并依照国家有关规定缴纳土地使用权出让金”。

②《中华人民共和国城镇国有土地使用权出让和转让暂行条例》（国务院令第55号）第四十五条：“符合下列条件的，经市、县人民政府土地管理部门和房产管理部门批准，其划拨土地使用权和地上建筑物、其他附着物所有权可以转让、出租、抵押”。所以，如果是划拨用地，需要经县级及以上人民政府批准，获批后补交土地出让金。

3. 开发资质

我国未设置受让方的开发资质要求。另外，若是双方均是房地产开发企业，税负要高一些。是否属于房地产开发企业，一看营业执照上的经营范围，二看是否有房地产开发资质。

三、在建工程转让的交易结构设计

1. “在建工程转让”

即直接转让在建工程。这种情况下，要重新报建，从土地证开始办理更名，五证都要更名，重新缴纳相关费用。若未达到投资强度，转让之前需要买家介入，对项目进行先期投入，待项目达到25%的投资强度时再进行交易。

先期介入，首先要共管印鉴（包括项目公司公章、银行预留印鉴、合同章、签证章）、工程款支付账户、证照，深度介入项目管理；然后，借款给项目公司，借款需要有足额担保。达到25%投资强度时再进行资产转让。

2. “在建工程转让+新公司股权收购”

如果出让方要求保留股份，则出让方新设立一个项目公司，将在建工程转让给新公司，再对外转让新公司的股权，或收购方增资进入，或转部分股权后，再增资进入。

出于税收筹划、降低整体收购成本考虑，可能会出现出让方实际已经完全退出，但是形式上保留了一些股份的情况。上述税收操作的目的是利用《公司法》中股东可以不按比例分红的条款，买家增资进入项目公司后借款给项目公司，然后项目公司通过往来款借给卖家（相当于预分红），最后项目公司分红再冲抵与卖家的往来款，达到卖家降低整体交易成本的目的。这种操作有一定的法律风险，即形式上卖家还是股东之一，卖家的资产从在建工程变成了股权，若开发期间，卖家的债权人因其他债务来主张权利，项目公司的股权或资产有被查封的危险。

3. “法拍”

在建工程转让通过法院拍卖的情形也较为常见，法拍不受25%投资建设进度的影响。但是法拍最大的问题是税收。走到法拍这一步，卖家一般都山穷水尽，已经没有纳税能力和意愿了，这种情况下，买家要承担买卖双方的全部税负，而且是“先税后证”。因此可以考虑税负转嫁，即采取买家承担税收的操作方法。需要提醒的是，法院收到买家拍卖款，开具的收据能否税前扣除，需要和当地税务部门沟通。根据实践经验，一般是可以在企业所得税、土地增值税前扣除的。

4. 公司合并

如果在建工程转让是由于公司合并而导致的，则只需变更土地证。比如，A公司下面有个在建工程，现在A公司被B公司吸收合并，在这种情况下，在建工程转让是不需要重新做报批报建手续的，仅仅是变更土地证。

公司合并的风险点在于：被吸收合并的公司的债权债务是由兼并公司来承继的，换言之，在公司合并情况下，因公司主体延续，所以债权债务也是延续的。

5. “作价入股”

在建工程不属于法律、行政法规规定的不得作为出资的财产。《公司法》第二十七条规定，“股东可以用货币出资，也可以用实物、知识产权、土地使用权等可以用货币估价并可以依法转让的非货币财产作价出资；但是，法律、行政法规规定不得作为出资的财产除外”。

作为出资的三个条件是：（1）可用货币估价；（2）可依法转让；（3）不违反法律、行政法规关于不得作为出资的规定，即可作为出资设立公司。以在建工程出资完全符合上述要求，可以作为出资的财产。

四、在建工程转让流程

（1）完成项目初判。与业主见面，现场踏勘，了解项目由来、现状；走访政府，总包；进行核心商务条件谈判。

（2）签署意向协议，确定核心条款。意向协议不包含违约条款，主要是将双方的口头承诺、商务条件以书面形式予以确认，以便开展下一步工作。

（3）完成共管（保证金、证照等）。买方可能提出，尽职调查前，需要共管保证金，以体现诚意，并在意向协议中约定。可以在买方账户两方共管，几百万金额即可；与此相对等，项目公司的印鉴、项目的证照也要双方共管。前者要与银行签署监管协议，后者一般在项目公司现场使用保险柜。银行监管最好明确一个不需要对方配合即可解除共管的绝对时间期限（可以长一点）或者约定在收到书面函告后多少日内配合解除共管，否则按共管金额的一定比例支付赔偿金，以便银行执行。

（4）完成尽职调查，出具报告。尽职调查本质上就是将交易信息从不对称变为对称的过程，分为法律、财务、审计、工程等调查。组织法务、财务、审计、造价、评估等单位，成立小组，进场尽调。小组最好有报建、工程、成本的同事，对于一些业务上的问题，业务部门比中介更容易发现问题。尽职调查如发现有重大风险或重大未披露情况、不实情况，直接退出。

（5）签署正式协议。协议主要内容如下：

①双方当事人情况；

②项目概况（包括：坐落地点、项目性质、四至、占地面积；证照情况等）；

③转让方对在建工程转让限制条件不存在或已解决的承诺；

④项目转让时土地使用权性质、获得方式及使用期限；

⑤转让费用的构成、数额、支付方式和期限，转让对价的调减项；

⑥项目用地、工程建设的有关审批程序重新办理手续协助；

⑦在建工程转让交割日期及方式；

⑧双方的权利义务；

⑨违约责任；

⑩解决争议的方法；

⑪转让当事人约定的其他事项；

⑫附件：合同清单。

（6）转让协议提交国土局备案。如果涉及“划拨”转“出让”的，需要提前取得市、县级人民政府批准，并补缴土地出让金。转让协议提交国土部门（现为自然资源部门）备案，由国土部门完成鉴证及备案手续。注意，不动产物权制度中有一项重要规则，即“房随地走、地随房走”。《民法典》“物权编”规定：“建设用地使用权转让、互换、出资或者赠与的，附着于该土地上的建筑物、构筑物及其附属设施一并处分”。故无论在“合资协议”中将“出资构成”描述为土地使用权和在建工程，还是仅仅描述为在建工程估价出资，土地使用权和在建工程的出资一定是一并完成的。也即以在建工程出资应当首先办理土地使用权的出资手续，出资人将土地使用权转移登记至被出资的公司（简称合资公司）名下。一旦合资公司取得以合资公司为使用权人的土地使用权证，则公司自动取得了在建工程这一混合之物的所有权，无须再办理在建工程的转移登记手续。

（7）缴纳税费，办理新国土证。增值税、土地增值税、契税缴纳完成后，由国土部门对票据进行核验，办理新的国土证。需要提供前面的土地契税发票。实操中，契税常常会被漏掉，税务部门认为自建房屋不需要交契税；而国土部门不管建筑，因为还未建成，只过户土地权证。

（8）交割日交割资料、证照、合同等。

（9）更换原项目总包单位。当然，有的公司会继续选择原来的总包单位，则只需变更施工图，以及按照本公司的建筑标准施工。如果要更换，需要做中期结算。整个过程需要原业主配合。

（10）重新报建（五证），履行质监、安监等施工手续。

（11）换签购房协议（若有）。

（12）进入正常开发阶段，进行成本核算，获取售房收入。

五、在建工程转让涉税分析

在建工程因为项目进度（新项目还是老项目，2016 年 5 月 1 日前拿到施工许可证的为老项目，适用简易计税方法）、转让方式（是否法拍，法拍买家有可能要承担双方的税负且部分无法税前扣除）、工程进度（是否动工、是否竣工）、收购后是否拆除重建等的不同，税负也各不相同，还涉及前期工程款能否二次加计扣除的问题。

1. 不同交易方式的纳税义务

要算税首要先确定是否发生应税行为，不同的应税行为会涉及不同的税种及税率。“转让在建工程”属于“资产转让”。卖家和买家涉及的税种如表 12-3 所示：

表 12-3

交易模式	增值税	土地增值税	企业所得税	契税	印花税
股权转让	×	×	○	×	×
资产转让	√	√	○	√	√
合并	○	○	○	×	√
分立	○	○	○	×	√
作价出资	√	○	√	○	√

说明：“√”表示需要缴纳相关税费，“○”表示相关税费具有筹划空间，“×”表示无须缴纳相关税费。

2. 适用税率

见表 12-4。

表 12-4

情况	增值税	土地增值税	企业所得税	契税	印花税
“开工但未达 20%”	原则上不允许转让；或按“转让土地使用权”税目征收，税率9%	①按“转让土地使用权”征收；②可扣除前期费用但不能加计	公司层面汇算；税率 25%	不含税金额 3%	不含税金额万分之五
“超过 25% 未竣备”	“销售不动产”，税率 9%	①一分法；②=不含税收入－含契税土地成本－不含税开发成本－开发费用（土地款＋开发成本）×10%－印花税－增值税及附加－加计 20% 扣除（土地款＋开发成本）×20%	公司层面汇算；税率 25%；转让方按销售不动产开具增值税发票	不含税金额 3%	不含税金额万分之五

续表

情况	增值税	土地增值税	企业所得税	契税	印花税
“已竣备已使用（用产权）”	销售旧房；税率5%	①三分法； ②加计1.3：跟房屋的清算没有区别，都是按照新建房1.3加计扣除来进行清算	公司层面汇算；税率25%	不含税金额3%	不含税金额万分之五

第四节　南海琼岛椰风房地产公司资产重组税务案例

一、公司概况

南海琼岛椰风房地产开发有限公司（以下简称“琼岛椰风”）于2006年3月31日登记成立。注册资本为5 000万元，经营范围为房地产开发与经营（按资质证书规定范围从事房地产开发经营）。

（一）琼岛椰风的股权结构

琼岛椰风的股东为琼岛投资管理有限责任公司（以下简称“琼岛投资公司”）和南海建安房地产开发有限公司（以下简称“南海建安”），琼岛椰风投资控股南海琼岛甘霖房地产开发有限公司（以下简称“琼岛甘霖”），其相应的股权关系如图12-3所示。

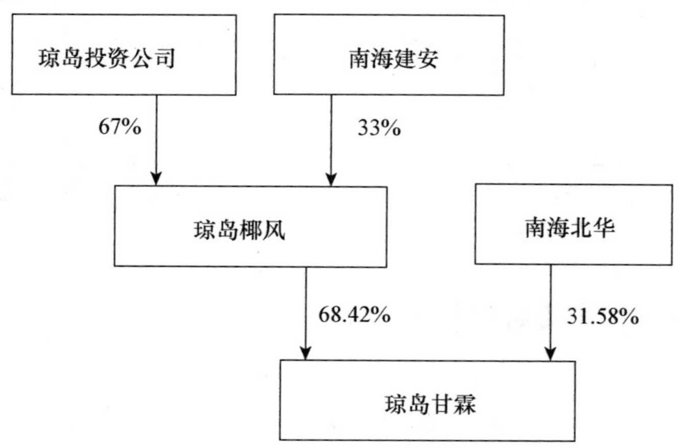

图12-3　琼岛椰风的股权结构

（二）琼岛椰风的资产状况

根据企业提供的存货盘点表，目前开发的项目是椰风庄园，其中住宅房款总价为

239 993 231.00 元，商铺为 32 636 456.00 元，车位 12 753 000.00 元，合计 285 382 687.00 元。按目前的资产价值，琼岛投资公司 67%的股权所占价值为 191 206 400.29 元，南海建安 33%的股权所占价值为 94 176 286.71 元。

椰风庄园项目剩余为出售的物业为 C15、C16、C17、办公楼和售楼处。预计总销售收入价税合计为 61 047 万元，见表 12-5。其中：C15 号楼和办公楼分立后拟分配给琼岛投资公司，价税合计为 38 275 万元；C16 底商、C17 和售楼处（没有产权）拟分配给南海建安，价税合计为 22 772 万元。

表 12-5　　椰风庄园项目剩余物业预计可售收入

物 业	拟分配意向	用途与状态	总建筑面积（平方米）		预计销售单价（元/平方米）	预计销售收入（万元）	增值税（万元）	价税合计（万元）
C15 号楼	琼岛投资公司	写字楼	−1 层	3 252.07	4 219	1 307	65	1 372
			1～2 层	3 604.35	28 000	9 612	481	10 092
			3～17 层	16 505.05	12 500	19 649	982	20 631
			小计	20 109.4	44 719	30 567	1 528	32 095
C16 号楼底商	南海建安	Loft 公寓已售（未含），地下、地上商业未售	−2 层	3 601.92	2 954	1 013	51	1 064
			−1 层	2 827.39	20 000	5 386	269	5 655
			1～2 层	5 659.66	20 000	10 780	539	11 319
			小计	12 088.97	42 954	17 179	859	18 038
C17 号楼	南海建安	民营占用（一幢楼层）	−1 层	920	6 000	526	26	552
			1～3 层	2 091.04	20 000	3 983	199	4 182
			小计	3 011.04	26 000	4 509	225	4 734
办公楼	琼岛投资公司	暂用办公	−1 层	1 604.69	6 000	917	46	963
			1～3 层	2 608.48	20 000	4 969	248	5 217
			小计	4 213.17	26 000	5 885	294	6 180
售楼处	待定		2 700					
合计				39 422.58	/	58 140	2 907	61 047

说明：售楼处：属于老楼部分，未售，没有产权不能对外出售。装修已摊完，只剩余土地成本。

二、琼岛椰风资产重组的目标

基于琼岛椰风的目前股权结构与资产状况，以及股东拟实现的资产权属划分要求，最终达到资产权属划分的理想结果是：C15 号楼和办公楼拟划分给琼岛投资公司；C16 底商、C17 和售楼处（没有产权）拟划分给南海建安。南海建安最终拟从目前复杂的股权结构中剥离出来。同时琼岛甘霖的股权也分别被琼岛投资公司和南海建安持有或最终完成开发进行利润分配后注销。

为实现这些目标，我们根据实际情况，设计如下可供选择的重组方案。

三、琼岛椰风资产重组方案

（一）方案一："企业分立（琼岛甘霖股份分拆）＋股权置换"模式

1. 实施步骤一：企业分立

分立方案：将琼岛椰风按照股东间协议分立为琼岛椰风 1 和琼岛椰风 2，琼岛投资公司分别持有这两家新分立公司 67％的股权，南海建安公司分别持有这两家新分立公司 33％的股权。琼岛投资公司持有琼岛甘霖 68.42％的股份被分拆为两部分，即分别被琼岛椰风 1 和琼岛椰风 2 持有，其持股比例分别为 45.84％、22.58％[1]。琼岛椰风 1 主要包括分拆出的 C15 号楼和办公楼，除此以外还有一些其他资产和负债；琼岛椰风 2 主要包括分拆出的 C16 底商、C17 和售楼处，除此以外还有一些其他资产和负债。

操作要点：琼岛椰风进行企业分立时，考虑到未来拟达到的资产权属划分要求，建议新分立的琼岛椰风 1 与琼岛椰风 2 的净资产（账面价值）分割比例为 67％∶33％，琼岛投资公司持有琼岛甘霖 68.42％的股份也按照 67％∶33％的比例分别由琼岛椰风 1 和琼岛椰风 2 持有。琼岛椰风公司分立后的股权结构如图 12-4 所示。

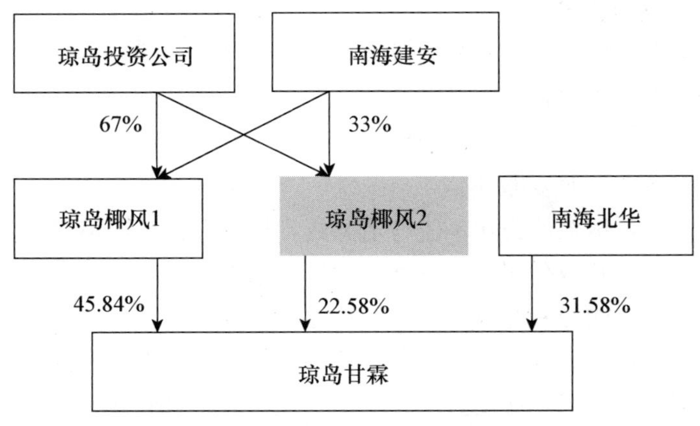

图 12-4 琼岛椰风公司分立后的股权结构

理论依据：按照股份可分割原则，子公司股份分拆是指某一母公司将其在子公司中所拥有的股份，在母公司实施分立时，按一定比例分拆为新分立公司直接持有的股份。按照《公司法》要求，只要新分立公司的股东经表决同意，则可按照任意比例分拆子公司的股份，作为新分立公司直接持有的股份。

---

［1］ 按照琼岛投资公司和南海建安对琼岛甘霖的间接控股比例，将琼岛甘霖地产这一子公司的股份进行分拆。间接持股的股份计算采用乘法原则，即 45.84％＝67％×68.42％，22.58％＝33％×68.42％。

在子公司股份分拆过程中，不存在股权和控制权向第三者转移的情况，没有货币的转手，公司资产也不需要重新评估，只是权益在独立的若干新分立公司（法人实体）之间进行划分。这类交易可以被视为一项免税的交易。

分立流程：

（1）董事会拟定分立方案，由股东会决议通过，签署分立协议；修改公司章程对应内容；在报纸上依法进行公告，并保存报纸样张。

分立决议或决定应当包括：分立形式，分立前后公司的名称、住所和法定代表人，分立后公司的注册资本，分立协议各方对拟分立公司财产的分割方案、分立后原公司债权、债务的承继方案，公司分公司、持有其他公司股权的处置情况，违约责任，解决争议的方式，签约日期、地点。

分立公告应当包括：分立各方的名称、分立形式、分立前后各公司的注册资本。

（2）原存续公司进行变更登记。采取存续分立的，存续公司办理变更登记，应提交以下文件、证件：

■ 公司法定代表人签署的《企业变更（改制）登记申请书》；

■ 公司股东会关于公司分立的决议；

■ 因公司分立而拟存续、新设公司所涉及的各方投资者签订的公司分立协议（加盖各投资方公章，自然人投资者签字）；

■ 省级以上公开发行的报纸登载的三次公告的报样（详述分立后情况及分立后存续公司的注册资本变更的情况）；

■ 分立后存续公司的章程或章程修正案；

■ 分立后公司的验资报告；

■ 债务清偿或者债务担保情况的说明；

■ 分立各方的营业执照复印件。

说明：①因分立而解散的公司不进行清算的，注销登记可以不提交清算报告，但是分立决议或决定中载明解散公司需先行办理清算的除外。

②因分立新设公司的经营范围中，涉及法律法规规定应当在登记前报经有关部门审批的，应当在登记前报有关部门审批，凭有关部门的许可文件、证件办理登记。

③因分立申请设立登记、变更登记、注销登记，应当自分立公告之日起 45 日后。

税务处理：

（1）增值税处理。

根据国家税务总局公告 2011 年第 13 号、2011 年第 51 号和 2013 年第 66 号，纳税人在资产重组过程中，通过合并、分立、出售、置换等方式，将全部或者部分实物资产，以及与其相关联的债权、债务和劳动力一并转让给其他单位和个人的行为，不属于增值税征收范围。其中涉及的不动产、土地使用权转让，不征收增值税；涉及的货物转让，不征收增值税。

提示：本分立操作实务，必须注意在分立过程中实现债权、债务和劳动力一并转让，以满足不征收增值税的政策要求。

（2）土地增值税处理。

《财政部 国家税务总局关于继续实施企业改制重组有关土地增值税政策的公告》（财政部 税务总局公告 2021 年第 21 号）规定，房地产开发企业以外的企业分设为两个或两个以上与原企业投资主体相同的企业，对原企业将国有土地、房屋权属转移、变更到分立后的企业，暂不征土地增值税。

提示：由于琼岛椰风为房地产开发公司，企业分立涉及缴纳土地增值税。土地增值税的负担取决于资产增值率情况。若合理确认分离资产的评估价值，有效控制增值率的大小，则可适当降低土地增值税负担。

（3）企业所得税处理。

按照《财政部 国家税务总局关于企业重组业务企业所得税处理若干问题的通知》（财税〔2009〕59 号）、《企业重组业务企业所得税管理办法》（国家税务总局公告 2010 年第 4 号发布）和《国家税务总局关于企业重组业务企业所得税征收管理若干问题的公告》（国家税务总局公告 2015 年第 48 号）的规定，分立业务可以根据不同条件，分别适用一般性税务处理和特殊性税务处理。

企业若采用特殊性税务处理，暂不确认有关资产的转让所得或损失。但在重组实务中，应当严格执行其标准。且新分立企业取得资产的计税基础不变，则后期经营时不能调整资产价值，也不能提高每期的折旧额或摊销额。

（4）契税处理。

根据《财政部 国家税务总局关于继续执行企业、事业单位改制重组有关契税政策的公告》（财政部 税务总局公告 2021 年第 17 号）的规定，公司依照法律规定、合同约定分立为两个或两个以上与原公司投资主体相同的公司，对分立后公司承受原公司土地、房屋权属，免征契税。

2. 实施步骤二：股权置换[1]

实施方案：公司分立完成之后，琼岛投资公司与南海建安进行股权置换，即双方分别买入和卖出股份，琼岛投资公司将其拥有的琼岛椰风 2 的 67％股份和南海建安持有的琼岛椰风 1 的 33％股份进行交换，按照非货币性资产等价原则，分别视为股权转让计算转让所得、缴纳企业所得税。双方股权交换完成后，琼岛投资公司拥有琼岛椰风 1 的全部 100％股权，南海建安拥有琼岛椰风 2 的全部 100％股权。

若琼岛椰风 1 和琼岛椰风 2 的净资产合理划分，则可使股份交换出现等价交换情形；若琼岛椰风 1 和琼岛椰风 2 的净资产随意划分，则可能导致股份交换产生补价，则

[1] 股权置换是解决目前重组的一种操作模式。另外一种操作模式是琼岛投资公司采取吸收合并琼岛椰风 1（同一控制下的企业吸收合并，不需要支付琼岛投资公司对价，但需要支付南海建安对价，这部分采取股权支付额，即拿琼岛投资公司持有的琼岛椰风 2 的股权去支付，也应满足特殊性税务处理的条件），南海建安采取股权收购模式最终持有琼岛椰风 2 的 100％股权（琼岛投资公司持有的琼岛椰风 2 的股份被收购比例达到 50％以上，则可适用特殊性税务处理，否则适用一般性税务处理）。

应由一方以现金形式补偿给另一方。企业重组后的股权结构如图 12-5 所示。

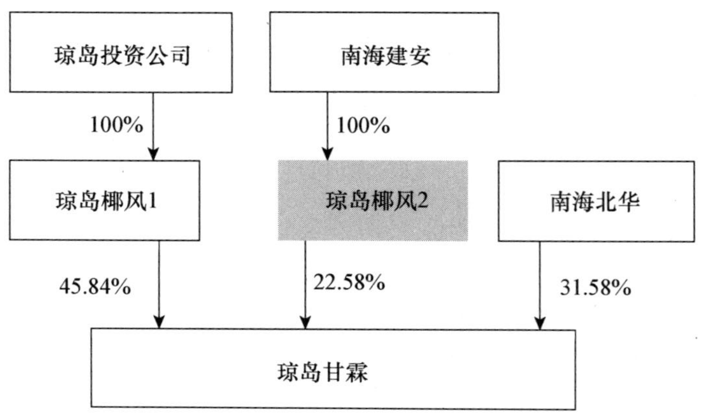

图 12-5 企业重组后的股权结构

股权置换流程：

（1）达成转让合意或表决通过。根据《公司法》第七十二条的规定，有限责任公司股东超过半数表决通过后，股权方可转让。股东会讨论股权转让时，不同意转让的股东应当按照同等条件购买该股权，不同意转让又不同意购买，视为同意转让；股东之间相互转让股权时，不需经过股东会表决同意，只需股东之间协商并通知公司及其他股东即可。

（2）签订股权转让协议。协议中应对转让股权的数额、价格、程序、双方的权利和义务做出具体规定，使其作为有效的法律文书来约束双方的转让行为，股权转让合同应当遵守《合同法》的一般规定。

（3）收回原股东的出资证明书，发给新股东出资证明书，对公司股东名册进行变更登记，注销原股东名册，将新股东的姓名或名称、住所地段受让的出资额记载于股东名册，并相应修改公司章程。但出资证明书作为公司对股东履行出资义务和享有股权的证明，只是股东对抗公司的证明，并不足以产生对外公示的效力。

（4）将新修改的公司章程、股东及其出资变更等向工商行政管理部门进行工商变更登记。

工商变更登记需要提供的材料如下：

■《公司登记（备案）申请书》。

■《指定代表或者共同委托代理人授权委托书》及指定代表或委托代理人的身份证件复印件。

■ 法律、行政法规和国务院决定规定公司变更事项必须报经批准的，提交有关的批准文件或者许可证件复印件。

■ 关于修改公司章程的决议、决定（变更登记事项涉及公司章程修改的，提交该文件；其中股东变更登记无须提交该文件，公司章程另有规定的，从其规定）。其中，有限责任公司提交由代表三分之二以上表决权的股东签署的股东会决议。

■ 修改后的公司章程或者公司章程修正案（公司法定代表人签署）。

■ 变更事项相关证明文件。

变更股东的，股东向其他股东转让全部股权的，提交股东双方签署的股权转让协议或者股权交割证明。

■ 公司营业执照副本。

■ 企业出具的已知晓相关审批事项的《承诺书》。

税务处理：

琼岛投资公司与南海建安股权置换属于非货币性资产交换性质，按照税法要求，视同股权转让行为，且需要满足的条件为“具有商业实质”“换入或换出的资产能够可靠计量”，应当以换出资产的公允价值和应支付的相关税费作为换入资产的成本，公允价值与换出资产账面价值的差额计入当期损益。

（1）增值税。

交易双方通过长期股权投资进行非货币性资产交换不属于增值税的征税范围，不缴纳增值税。

（2）印花税。

非货币性资产交换协议要交印花税，非上市公司不以股票形式发生的企业股权转让行为，属于财产所有权转让行为，应按照产权转移书据缴纳印花税。印花税税目税率表第十一项规定，产权转移书据应按所载金额的万分之五贴花。

印花税应纳税额＝股权转让协议价格×0.5‰

（3）契税。

根据《财政部 国家税务总局关于继续执行企业、事业单位改制重组有关契税政策的公告》（财政部 税务总局公告 2021 年第 17 号）的规定，在股权（股份）转让中，单位、个人承受公司股权（股份），公司土地、房屋权属不发生转移，不征收契税。

（4）土地增值税。

根据最高人民法院的判例，由于转让股权和转让土地使用权是完全不同的行为，当股权发生转让时，目标公司并未发生国有土地使用权转让的应税行为，目标公司并不需要缴纳营业税（根据《营业税改征增值税试点实施办法》，已变更为缴纳增值税）和土地增值税。

《国家税务总局关于以转让股权名义转让房地产行为征收土地增值税问题的批复》（国税函〔2000〕687 号）规定：“鉴于深圳市能源集团有限公司和深圳能源投资股份有限公司一次性共同转让深圳能源（钦州）实业有限公司 100％的股权，且这些以股权形式表现的资产主要是土地使用权、地上建筑物及附着物，经研究，对此应按土地增值税的规定征税。”

但是，《土地增值税暂行条例》第二条明确规定：“转让国有土地使用权、地上的建筑物及其附着物并取得收入的单位和个人”属于土地增值税的纳税义务人，并未规定股权转让应缴纳土地增值税。最高法院认定以股权转让方式转让土地使用权时无须缴纳土地增值税。但各地税务部门在实践中对该问题的认识并不统一，有鉴于此，建议通过股权转让方式获取目标公司的股权时，应向当地税务部门咨询具体处理政策及执法惯例，避免因操作不当而缴纳冤枉税。

提示：琼岛椰风新分立公司实施的股权转让行为，其转让的股权比例为67%和33%，不属于转让100%股权的情形。同时，操作中应尽量丰富新分立公司的资产、负债类型，即避免出现以股权形式表现的资产主要是土地使用权、地上建筑物及附着物，防止被主管税务机关适用征收土地增值税政策。

（5）企业所得税。

根据《财政部 国家税务总局关于促进企业重组有关企业所得税处理问题的通知》（财税〔2014〕109号）第一条的规定，股权收购，收购企业购买的股权不低于被收购企业全部股权的50%可作为特殊税务处理，在股权转让环节不征收所得税，相关资产的计税基础延续。根据财税〔2014〕109号文件第十一条的规定，企业发生符合该通知规定的特殊性重组条件并选择特殊性税务处理的，当事各方应在该重组业务完成当年企业所得税年度申报时，向主管税务机关提交书面备案资料，证明其符合各类特殊性重组规定的条件。企业未按规定书面备案的，一律不得按特殊重组业务进行税务处理。

南海建安股权转让由于转让股权比例不超过50%，故不符合特殊性税务处理的条件，应按照转让股权的公允价值扣除相关成本及税费（如资产评估费、中介费、印花税等）后的余额计算缴纳企业所得税：

应纳税额=(股权公允价值－股权账面成本－转让费用)×25%

方案一涉税综合分析见表12-6。

表12-6

项目	增值税	印花税	契税	土地增值税	企业所得税
公司分立	×	×	×	√	×
股权转让	×	√	×	×（但需与主管税务机关协商）	√（南海建安）

（二）方案二："企业分立（琼岛甘霖股份不分拆）+股权置换"模式

实施方案：将琼岛椰风公司按照股东间协议分立为琼岛椰风1和琼岛椰风2，琼岛投资公司分别持有两家新分立公司67%的股权，南海建安公司分别持有两家公司33%的股权，原琼岛椰风公司所持有的琼岛甘霖68.42%的股权全部归属于琼岛椰风1。分立完成后的股权结构如图12-6所示。

分立完成后，琼岛投资公司与南海建安进行股权置换，实现琼岛投资公司持有琼岛椰风1的100%股权，南海建安持有琼岛椰风2的100%股权。上述重组操作完成后的股权结构如图12-7所示。

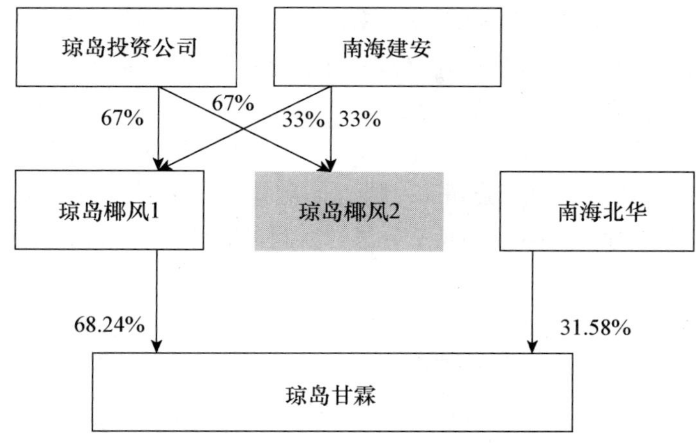

图 12-6 重组操作完成后的股权结构

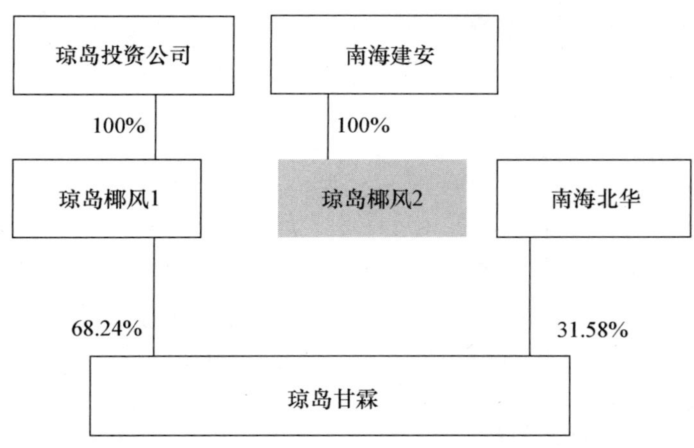

图 12-7 重组操作完成后最终的股权结构

分立流程：同方案一。

税务处理：具体税种涉及增值税、印花税、契税、土地增值税、企业所得税等，其税务处理同方案一。

方案二涉税综合分析见表 12-7。

表 12-7

项目	增值税	印花税	契税	土地增值税	企业所得税
公司分立	×	×	×	×	×
股权转让	×	√	×	×（一般不交，需与税务协商）	√（南海建安）

（三）方案三："公司四分＋股权置换"模式

实施方案：将琼岛椰风公司按照股东间协议分立为四家新设立的公司，琼岛投资公司分别持有四家新分立公司67%的股权，南海建安公司分别持有四家新分立公司33%的股权。琼岛投资公司与南海建安通过公司1间接持股琼岛甘霖，公司3的主要资产包括划归为琼岛投资公司的C15号楼和办公楼，公司4的主要资产包括划归为南海建安的C16底层商铺、C17和售楼处，公司2控制除上述资产以外的其他其产（若公司2没有存在的必要，则可将其资产划入公司1，则为琼岛椰风三分法）。公司四分之后，形成的股权结构如图12-8所示。四分法或三分法，其目的在于降低所交易的公司3和公司4的总价值。

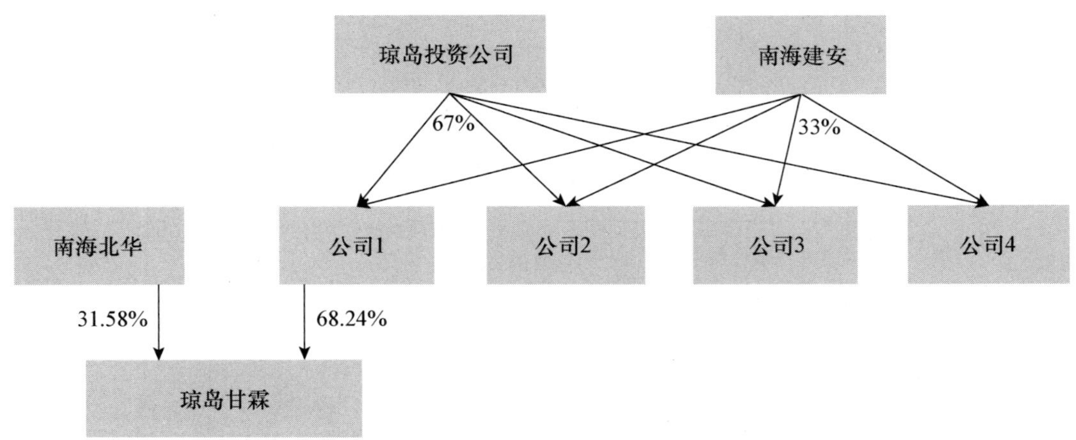

图12-8 实施公司分立后的股权结构

琼岛椰风完成分立之后，琼岛投资公司与南海建安进行公司3、公司4的股权置换。股权置换完成后，琼岛投资公司拥有公司1和公司2的67%股权，拥有公司3的100%股权。南海建安拥有公司1和公司2的33%股权、公司4的100%股权。琼岛椰风完成股权置换之后的相关股权结构如图12-9所示。

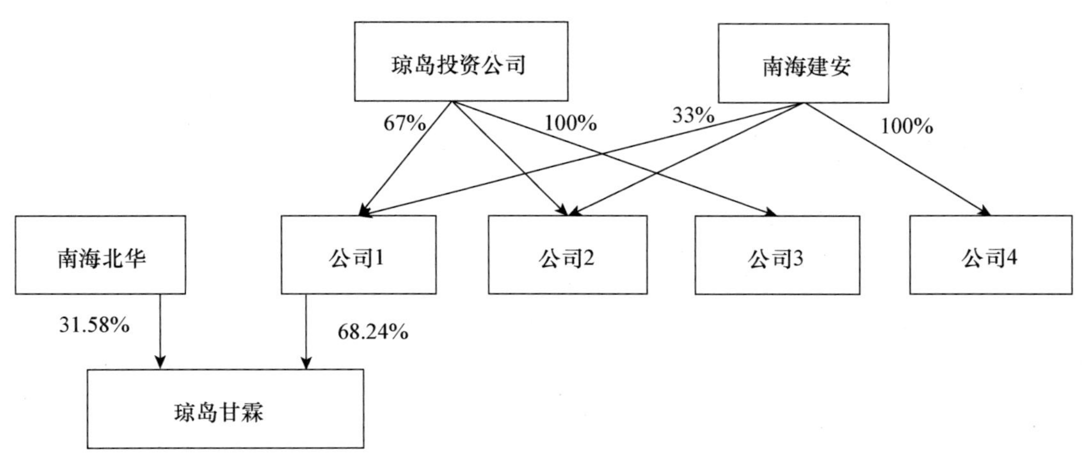

图12-9 股权置换后的股权结构

分立流程：同方案一。

公司分立税务处理：同方案一。

股权置换流程：股权转让前需要对公司3和公司4进行资产评估，评估后琼岛投资公司以公司4的67%股权与南海建安持有的公司3的33%的股权进行非货币性资产交换，若需要支付补价，则以现金形式补偿。

股权交换的相关规定及操作同方案一。

股权置换税务处理：具体涉及增值税、印花税、契税、土地增值税、企业所得税的税务处理同方案一。

方案三的涉税综合分析见表12-8。

表12-8

项目	增值税	印花税	契税	土地增值税	企业所得税
公司分立	×	×	×	×	×
股权转让	×	√	×	与税务协商	√（南海建安）

（四）方案四："出售资产＋股权退出"模式或转化为"以房产抵顶退股款"模式

实施方案：将琼岛椰风所持有的资产中拟分配给南海建安的C16号楼、C17号楼、售楼处等资产出售给南海建安。南海建安再将其所持有的琼岛椰风33%的股份对外处置，将其转让给琼岛投资公司或第三方，完成股份退出。

因琼岛投资公司属于国有企业，如果由琼岛投资公司来收购南海建安拥有的琼岛椰风33%的股权，会涉及国有资产处置，需经国资委审批，手续比较复杂，转让持续过程较长。若有第三方进行股权收购，则可较快实现股权重组。

该模式可转化为"琼岛椰风以房产抵顶南海建安退股款"模式，即南海建安退股，琼岛椰风以房产抵顶退股款。

出售资产：

其一，资产转让程序。

（1）形成决议。确定转让方主体，做好可行性研究，按照内部决策程序进行审议，并形成书面决议。

（2）主管部门审批。将企业的转让方案形成的决议报经主管部门审批。

（3）清产核资及财务审计。清产核资应编制资产负债表和资产移交清册，做到账、卡、物、现金等齐全、准确、一致，要按照"谁投资、谁所有、谁受益"的原则，核实和界定国有资本金及其权益。财务审计由委托的会计师事务所实施，包括对企业法定代表人的离任审计。

（4）评估机构进行资产评估。由转让方按照《国有资产评估管理办法》（国务院令第91号）聘请具备资格的资产评估事务所，评估范围包括企业的有形资产如机器、房产、土地使用权和无形资产如专利权、非专利技术、商标权、商誉等，另外还包括股权。评估基础是清产核资和财务审计结果。

（5）公告。公告期为20个工作日，由产权交易机构刊登在省级以上公开发行的经济或金融类报刊和产权交易机构的网站上，公开披露有关企业国有产权转让信息，广泛征集受让方。

（6）选择受让方。经公告产生两个以上受让方时，以拍卖或招投标方式进行产权交易。只有一个受让方的，可采取协议方式转让。此时受让方的资质、商业信誉、经营情况、财务状况、管理能力、资产规模都将成为转让是否成功的必要条件。

（7）签订合同。转让成交后，转让方和受让方签订国有资产转让合同。

（8）审批备案。转让方将资产转让的书面材料报国有资产主管部门审批。

其二，税务处理。

（1）增值税。

根据《营业税改征增值税试点有关事项的规定》（财税〔2016〕36 号文件附件 2）的规定，房地产开发企业中的一般纳税人，销售自行开发的房地产老项目，可以选择适用简易计税方法按照 5%的征收率计税。房地产老项目，是指《建筑工程施工许可证》注明的合同开工日期在 2016 年 4 月 30 日前的房地产项目。

根据企业提供的椰风庄园剩余物业预计可售收入表，C16 号楼和 C17 号楼预计不含税销售收入分别约为 17 179 万元、4 509 万元。增值税应纳税额计算如下：

17 179×5%＋4 509×5%＝1 084.40（万元）。

（2）印花税。

根据《印花税法》的规定，房产的买卖和转让按产权转移书据缴纳印花税，应按产权转移书据所载金额的万分之五贴花。C16 号楼和 C17 号楼转让预计应缴纳的印花税为：（17 179＋4 509）×0.5‰＝10.84（万元）。

（3）契税。

根据《契税法》的规定，在房产买卖中，土地、房屋权属的受让方，即南海建安应按照转让价格缴纳契税，税率为 5%，C16 号楼和 C17 号楼转让预计应缴纳的契税为：（17 179＋4 509）×5%＝1 084.40（万元）。

（4）土地增值税。

在本次资产转让中，琼岛椰风应按转让房地产取得的收入，减除法定扣除项目金额后的增值额作为计税依据，并按照四级超额累进税率缴纳土地增值税。

（5）企业所得税。

在本次资产转让中，琼岛椰风应按照转让房地产取得的收入缴纳企业所得税，同时所转让的房地产的相关成本费用允许税前扣除。

股权退出：

（1）股权退出流程：同方案一的股权置换流程，须经所有股东表决同意南海建安股份退出，且报经国有资产管理部门审核批准。

（2）税务处理。

南海建安拥有琼岛椰风 33%的股权转让，具体涉及印花税、土地增值税、企业所得税等税种，其税务处理同方案一。

方案四涉税综合分析见表 12-9。

表 12-9

项目	增值税	印花税	契税	土地增值税	企业所得税
出售不动产	√	√	√	√	√
股权退出	×	√	×	×	√（南海建安）

附　件

（一）企业资料清单

1. 南海琼岛椰风房地产开发有限公司营业执照
2. 南海琼岛椰风房地产开发有限公司章程
3. 南海琼岛椰风房地产开发有限公司 2014 年第一次股东会会议纪要
4. 南海琼岛椰风房地产开发有限公司 2014 年第二次股东会会议纪要
5. 南海琼岛椰风房地产开发有限公司 2015 年第一次股东会会议纪要
6. 南海琼岛椰风房地产开发有限公司 2016 年第二次股东会会议纪要
7. 南海琼岛椰风房地产开发有限公司近三年营业税及增值税统计表
8. 南海琼岛椰风房地产开发有限公司近三年其他税种统计表
9. 南海琼岛椰风房地产开发有限公司 2014 年企业所得税纳税申报表
10. 南海琼岛椰风房地产开发有限公司 2015 年企业所得税纳税申报表
11. 南海琼岛椰风房地产开发有限公司 2016 年企业所得税纳税申报表
12. 南海琼岛椰风房地产开发有限公司 2014 年审计报告
13. 南海琼岛椰风房地产开发有限公司 2015 年审计报告
14. 南海琼岛椰风房地产开发有限公司 2016 年审计报告
15. 南海琼岛甘霖房地产开发有限公司营业执照
16. 南海琼岛甘霖房地产开发有限公司章程
17. 南海琼岛投资管理有限公司营业执照
18. 南海琼岛投资管理有限公司章程
19. 南海建安房地产开发有限公司营业执照
20. 南海建安房地产开发有限公司章程
21. 委托贷款借款合同
22. 椰风庄园剩余物业预计可售收入
23. 椰风庄园三期成本分析
24. 存货盘点表
25. 南海琼岛甘霖房地产开发有限公司科目余额表
26. 南海琼岛甘霖房地产开发有限公司资产负债表
27. 南海琼岛甘霖房地产开发有限公司利润表

28. 南海琼岛甘霖房地产开发有限公司资产负债表

（二）主要税收政策及其他法律制度

1.《中华人民共和国公司法》

2.《国家税务总局关于纳税人资产重组有关增值税问题的公告》（国家税务总局公告 2011 年第 13 号）

3.《国家税务总局关于纳税人资产重组有关增值税问题的公告》（国家税务总局公告 2013 年第 66 号）

4.《财政部 国家税务总局关于企业改制重组有关土地增值税政策的公告》（财政部 税务总局公告 2021 年第 21 号）

5.《财政部 国家税务总局关于企业重组业务企业所得税处理若干问题的通知》（财税〔2009〕59 号）

6.《企业重组业务企业所得税管理办法》（国家税务总局公告 2010 年第 4 号发布）

7.《国家税务总局关于企业重组业务企业所得税征收管理若干问题的公告》（国家税务总局公告 2015 年第 48 号）

8.《财政部 国家税务总局关于继续执行企业、事业单位改制重组有关契税政策的公告》（财政部 税务总局公告 2021 年第 17 号）

9.《国家税务总局关于以转让股权名义转让房地产行为征收土地增值税问题的批复》（国税函〔2000〕687 号）

10.《财政部 国家税务总局关于促进企业重组有关企业所得税处理问题的通知》（财税〔2014〕109 号）

11.《营业税改征增值税试点有关事项的规定》（财税〔2016〕36 号文件附件 2）

12.《中华人民共和国印花税法》

13.《中华人民共和国契税法》

第五节　东海鼎盛房地产公司资产重组及资产划转税务报告

一、东海鼎盛房地产开发公司及项目概况

东海鼎盛房地产开发有限公司（以下简称东海鼎盛）在东海市开发建设商品房项目，其中“鼎盛·未来城”项目的商业为底商，住宅部分位于底商之上，属于花园式建筑，在主体建筑的第四层建有绿化景观平台。鼎盛·未来城项目包括写字楼和酒店，出于融资抵押要求和变现考虑，拟对酒店资产从房地产公司进行剥离，将酒店和售楼处一并销售给政

府（政府拟于 2019 年 12 月承办城市运动会使用该酒店），酒店资产的市场公允价值为 1.8 亿元，预期会给政府 5%的价格折扣，估计总销售价格在 1.71 亿元左右。

二、东海鼎盛开展资产重组的目标取向

东海鼎盛进行资产重组的目标取向在于对酒店和售楼处进行剥离，实现与房地产公司资产的清晰分割。企业实施资产分割的目的在于控制风险和增加经营收益，即：一方面降低房地产公司可能给存量资产带来的不可控的经营风险，另一方面有效运营该资产，以实现存量资产运营的合理收益。

企业实施资产剥离后拟成立资产管理公司，对剥离资产进行管理。根据目前的基本情况，我们初步判断东海鼎盛可以采取以下三种重组方式：（1）酒店资产投资，即东海鼎盛房地产公司设立全资子公司，以酒店资产和售楼部对新设立的全资子公司进行增资，即以非货币性资产对外投资方式实现对子公司的增资；（2）企业分立，采取存续分立方式分离出一家新公司，单独进行酒店资产和售楼部的管理；（3）资产划转，设立东海鼎盛房地产公司的全资子公司或东海鼎盛房地产公司股东设立全资子公司，然后实施酒店资产和售楼部的资产划转。但是，由于拟剥离的酒店资产已经作为抵押担保资产用于融资，所以采取企业分立方式剥离酒店资产已经难以操作。因此，依据东海鼎盛面临的现实情况，我们建议应主要考虑采取酒店资产增资或资产划转方式实施资产重组。

三、东海鼎盛酒店资产的重组方案比较

（一）酒店资产投资方式

根据税法规定，非货币性资产投资视为“转让”和“投资”两项业务，对于“转让”环节，主要涉及企业所得税、增值税、土地增值税（涉及不动产）、契税（涉及不动产）、印花税等税种。酒店资产投资的税负测算情况如表 12-10 所示。

表 12-10 酒店资产投资的税负测算与政策依据

税种	税负测算	政策依据
企业所得税	（非货币性资产评估价值－原计税基础）×25%＝(17 100－酒店分摊的成本)×25%	应于投资协议生效并办理股权登记手续时，确认非货币性资产转让收入的实现。可在不超过 5 年期限内，分期均匀计入相应年度的应纳税所得额，按规定计算缴纳企业所得税。
增值税	1. 免征增值税； 2. 已经转为固定资产的旧房，再次销售时： （1）2016 年 4 月 30 日前自建的不动产，适用简易计税方法；	1. 如符合“打包转让（资产与其相关的债权、负债和劳动力一并转让）”要求，可以免征增值税。 2. 旧房的政策：（1）一般纳税人转让其 2016 年 4 月 30 日前自建的不动产，可以选择适用简易计税方法计税，以取得的全部价款和价外费用为销售额，

续表

税种	税负测算	政策依据
增值税	增值税＝销售额×5%/(1＋5%)＝17 100×5%/(1＋5%)＝814.285 7（万元） (2) 2016 年 4 月 30 日前自建的不动产，适用一般计税方法； 增值税＝销售额×10%/(1＋10%)＝17 100×10%/(1＋10%)＝1 554.545 5（万元） (3) 2016 年 5 月 1 日后自建的不动产，适用一般计税方法； 增值税＝销售额×10%/(1＋10%)＝17 100×10%/(1＋10%)＝1 554.545 5（万元）	按照 5%的征收率计算应纳税额。纳税人应按照上述计税方法向不动产所在地主管税务机关预缴税款，向机构所在地主管税务机关申报纳税。 (2) 一般纳税人转让其 2016 年 4 月 30 日前自建的不动产，选择适用一般计税方法计税的，以取得的全部价款和价外费用为销售额计算应纳税额。纳税人应以取得的全部价款和价外费用，按照 5%的预征率向不动产所在地主管税务机关预缴税款，向机构所在地主管税务机关申报纳税。 (3) 一般纳税人转让其 2016 年 5 月 1 日后自建的不动产，适用一般计税方法，以取得的全部价款和价外费用为销售额计算应纳税额。纳税人应以取得的全部价款和价外费用，按照 5%的预征率向不动产所在地主管税务机关预缴税款，向机构所在地主管税务机关申报纳税。
土地增值税	土地增值税按照正常情况计算，或者采用核定征收方法（核定征收率不低于 5%）。 核定征收率为 5%，则需要缴纳土地增值税＝17 100×5%＝855（万元）	《财政部、国家税务总局关于土地增值税一些具体问题规定的通知》（财税字〔1995〕48 号）第七条规定：关于新建房与旧房的界定问题：新建房是指建成后未使用的房产。凡是已使用一定时间或达到一定磨损程度的房产均属旧房。 单位销售旧房或旧建筑物，以销售收入减去扣除项目金额，按增值额计算缴纳土地增值税，其中扣除项目金额包括：取得土地使用权所支付的金额、房屋及建筑物的评估价格以及与转让房地产有关的税金。纳税人提供扣除项目金额不实的，应由评估机构按照房屋重置成本价乘以成新度折扣率计算的房屋成本价和取得土地使用权时的基准地价进行评估，税务机关根据评估价格按规定确定扣除项目金额。对不能取得评估价格，但能提供购房发票的，经当地税务部门确认，对取得土地使用权所支付的金额以及房屋及建筑物的评估价格可按发票所载金额并从购买年度起至转让年度止每年加计 5%计算；对纳税人购房时缴纳的契税，凡能提供契税完税凭证的，准予作为“与转让房地产有关的税金”予以扣除，但不作为加计 5%的基数。对于转让房屋，既没有评估价格，又不能提供购房发票的，可以实行核定征收。 依据：《中华人民共和国土地增值税暂行条例》。 (1) 增值额未超过扣除项目金额 50%的部分，税率 30%（速算扣除率 0）； (2) 增值额超过扣除项目金额 50%、未超过扣除项目金额 100%的部分，税率 40%（速算扣除率 5%）； (3) 增值额超过扣除项目金额 100%、未超过扣除项目金额 200%的部分，税率 50%（速算扣除率 15%）； (4) 增值额超过扣除项目金额 200%的部分，税率 60%（速算扣除率 35%）。
契税	不动产转让价值×3%＝17 100×3%＝513（万元）	依据：《契税暂行条例》。
印花税	不动产转让价值×0.5‰＝17 100×0.5‰＝8.55（万元）	按照“产权转移书据”所载金额的 0.5‰贴花（国税发〔1991〕155 号）。

（二）资产划转方式

资产划转是指100％直接控制的居民企业之间，以及受同一或相同多家居民企业100％直接控制的居民企业之间按账面净值划转股权或资产。资产划转涉及资产在不同法律主体之间的权属改变，就业务实质而言，需通过相关法律主体之间资产转让、增资、减资等步骤才能实现。随着多种所有制企业的日益增长，兼并重组等业务越来越多，资产划转逐渐成为集团内部、同一投资主体间整合资源、优化业务架构的重要形式。尽管财税〔2009〕59号文件未将资产划转列入企业重组的范围，但就其业务实质仍属于企业重组的一种特殊形式。

资产划转的税收政策最初主要针对国有企业设定，2014年，财政部、国家税务总局发布《关于促进企业重组有关企业所得税处理问题的通知》（财税〔2014〕109号），将资产划转业务拓展至包括国企、民营、混合所有制在内的所有企业，为集团公司内部资产重组与资源整合提供了新的路径。2015年，国家税务总局发布的《关于资产（股权）划转企业所得税征管问题的公告》（国家税务总局公告2015年第40号）明确规定，包括母公司向子公司、子公司向母公司以及子公司之间等四种情形的股权或资产划转，可以享受递延纳税待遇。

（1）100％直接控制的母子公司之间，母公司向子公司按账面净值划转其持有的股权或资产，母公司获得子公司100％的股权支付。母公司按增加长期股权投资处理，子公司按接受投资（包括资本公积）处理。

（2）100％直接控制的母子公司之间，母公司向子公司按账面净值划转其持有的股权或资产，母公司没有获得任何股权或非股权支付。母公司按冲减实收资本（包括资本公积）处理，子公司按接受投资处理。

（3）100％直接控制的母子公司之间，子公司向母公司按账面净值划转其持有的股权或资产，子公司没有获得任何股权或非股权支付。母公司按收回投资处理，或按接受投资处理，子公司按冲减实收资本处理。

1. 企业所得税

依据财税〔2014〕109号文件及国家税务总局公告2015年第40号的规定，对100％直接控制的居民企业之间，以及受同一或相同多家居民企业100％直接控制的居民企业之间按账面净值划转股权或资产，凡具有合理商业目的、不以减少、免除或者推迟缴纳税款为主要目的，股权或资产划转完成日起连续12个月内不改变被划转股权或资产原来实质性经营活动（生产经营业务、公司性质、资产或股权结构等），且划出方企业和划入方企业均未在会计上确认损益的，可以选择按以下规定进行特殊性税务处理：

（1）划出方企业和划入方企业均不确认所得。

（2）划入方企业取得被划转股权或资产的计税基础，以被划转股权或资产的原计税基础确定。

（3）划入方企业取得的被划转资产，应按其原计税基础计算折旧扣除。

股权或资产划转完成日，是指股权或资产划转合同（协议）或批复生效，且交易双方已进行会计处理的日期。

进行特殊性税务处理的股权或资产划转，交易双方应在协商一致的基础上，采取一致处理原则统一进行特殊性税务处理。

资产划转的交易双方需在企业所得税年度汇算清缴时，分别向各自主管税务机关报送《居民企业资产（股权）划转特殊性税务处理申报表》和相关资料。

2. 增值税

《增值税暂行条例实施细则》规定，将自产、委托加工或者购进的货物作为投资，提供给其他单位或者个体工商户；将自产、委托加工或者购进的货物分配给股东或者投资者；将自产、委托加工或者购进的货物无偿赠送其他单位或者个人。均视同销售货物，征收增值税。

《营业税改征增值税试点有关事项的规定》（财税〔2016〕36号文件附件2）规定，在资产重组过程中，通过合并、分立、出售、置换等方式，将全部或者部分实物资产以及与其相关联的债权、负债和劳动力一并转让给其他单位和个人，其中涉及的不动产、土地使用权转让行为，不征收增值税。

《国家税务总局关于纳税人资产重组有关增值税问题的公告》（国家税务总局公告2011年第13号）规定，纳税人在资产重组过程中，通过合并、分立、出售、置换等方式，将全部或者部分实物资产以及与其相关联的债权、负债和劳动力一并转让给其他单位和个人，不属于增值税的征税范围，其中涉及的货物转让，不征收增值税。

《国家税务总局关于纳税人资产重组有关增值税问题的公告》（国家税务总局公告2013年第66号）规定，纳税人在资产重组过程中，通过合并、分立、出售、置换等方式，将全部或者部分实物资产以及与其相关联的债权、负债经多次转让后，最终的受让方与劳动力接收方为同一单位和个人的，仍适用《国家税务总局关于纳税人资产重组有关增值税问题的公告》（国家税务总局公告2011年第13号）的相关规定，其中货物的多次转让行为均不征收增值税。

通常情况下，居民企业间资产划转涉及不动产、土地使用权、存货、设备的，原则上征收增值税。因此，无论是母子公司之间划转资产，还是子公司之间划转资产，划出方需视同按公允价值销售货物、不动产、无形资产缴纳增值税；但是满足税收政策规定的特殊条件的，不征收增值税。

3. 土地增值税

《财政部 税务总局关于继续实施企业改制重组有关土地增值税政策的公告》（财政部 税务总局公告2021年第21号）规定，除以土地使用权投资于房地产开发企业用于开发产品或房地产企业以开发产品对外投资需视同按公允价值转让房地产计算缴纳土地增值税外，其他情形不征土地增值税。因此，居民企业间资产划转如涉及不动产、土地使用权，划入方按接受投资处理的，属于投资入股方式之一，应当免征土地增值税。

需要注意的是，根据财政部、税务总局公告2021年第21号的规定，东海鼎盛房地产开发有限公司作为房地产企业，其不动产类的资产划转需要缴纳土地增值税。

4. 契税

《财政部 国家税务总局关于继续执行企业、事业单位改制重组有关契税政策的公告》（财政部 税务总局公告2021年第17号）规定：同一投资主体内部所属企业之间土地、房屋权属的划转，包括母公司与其全资子公司之间，同一公司所属全资子公司之间，同一自然人与其设立的个人独资企业、一人有限公司之间土地、房屋权属的划转，免征契税。实践中，对于母公司将土地、房屋投资给全资子公司是否免征契税条款争议较大。

酒店资产划转的税负测算情况如表12-11所示。

表12-11　酒店资产划转的税负测算

税种	税负测算	政策依据
企业所得税	符合特殊性税务处理，暂不纳税。	财税〔2014〕109号、国家税务总局公告2015年第40号明确规定，包括母公司向子公司、子公司向母公司以及子公司之间等四种情形的股权或资产划转，可以享受递延纳税待遇。
增值税	1. 免征增值税； 2. 已经转为固定资产的旧房，再次销售时： (1) 2016年4月30日前自建的不动产，适用简易计税方法； 增值税＝销售额×5%/(1＋5%)＝17 100×5%/(1＋5%)＝814.285 7(万元) (2) 2016年4月30日前自建的不动产，适用一般计税方法； 增值税＝销售额×10%/(1＋10%)＝17 100×10%/(1＋10%)＝1 554.545 5(万元) (3) 2016年5月1日后自建的不动产，适用一般计税方法； 增值税＝销售额×10%/(1＋10%)＝17 100×10%/(1＋10%)＝1 554.545 5(万元)	1. 如符合“打包转让（资产与其相关的债权、负债和劳动力一并转让）”要求，可以免征增值税。 2. 税法上按照“视同销售”处理。 (1) 一般纳税人转让其2016年4月30日前自建的不动产，可以选择适用简易计税方法计税，以取得的全部价款和价外费用为销售额，按照5%的征收率计算应纳税额。纳税人应按照上述计税方法向不动产所在地主管税务机关预缴税款，向机构所在地主管税务机关申报纳税。 (2) 一般纳税人转让其2016年4月30日前自建的不动产，选择适用一般计税方法计税的，以取得的全部价款和价外费用为销售额计算应纳税额。纳税人应以取得的全部价款和价外费用，按照5%的预征率向不动产所在地主管税务机关预缴税款，向机构所在地主管税务机关申报纳税。 (3) 一般纳税人转让其2016年5月1日后自建的不动产，适用一般计税方法，以取得的全部价款和价外费用为销售额计算应纳税额。纳税人应以取得的全部价款和价外费用，按照5%的预征率向不动产所在地主管税务机关预缴税款，向机构所在地主管税务机关申报纳税。

续表

税种	税负测算	政策依据
土地增值税	土地增值税按照正常情况计算，或者采用核定征收方法（核定征收率不低于5%）。 核定征收率为5%，则需要缴纳土地增值税=17 100×5%=855（万元）	单位销售旧房或旧建筑物，以销售收入减去扣除项目金额，按增值额计算缴纳土地增值税，其中扣除项目金额包括：取得土地使用权所支付的金额、房屋及建筑物的评估价格以及与转让房地产有关的税金。纳税人提供扣除项目金额不实的，应由评估机构按照房屋重置成本价乘以成新度折扣率计算的房屋成本价和取得土地使用权时的基准地价进行评估，税务机关根据评估价格按规定确定扣除项目金额。对不能取得评估价格，但能提供购房发票的，经当地税务部门确认，对取得土地使用权所支付的金额以及房屋及建筑物的评估价格可按发票所载金额并从购买年度起至转让年度止每年加计5%计算；对纳税人购房时缴纳的契税，凡能提供契税完税凭证的，准予作为“与转让房地产有关的税金”予以扣除，但不作为加计5%的基数。对于转让房屋，既没有评估价格，又不能提供购房发票的，可以实行核定征收。（核定时，税务部门根据同地段的房产，综合房屋的建筑材料、使用年限等因素核定征收率5%计算。国税发〔2010〕53号文件规定，核定征收的征收率不低于5%）。 依据：《中华人民共和国土地增值税暂行条例》。 （1）增值额未超过扣除项目金额50%的部分，税率30%（速算扣除率0）； （2）增值额超过扣除项目金额50%、未超过扣除项目金额100%的部分，税率40%（速算扣除率5%）； （3）增值额超过扣除项目金额100%、未超过扣除项目金额200%的部分，税率50%（速算扣除率15%）； （4）增值额超过扣除项目金额200%的部分，税率60%（速算扣除率35%）。
契税	免征契税	财政部、税务总局公告2021年第17号规定：母公司与其全资子公司之间土地、房屋权属的划转，免征契税。
印花税	不动产转让价值×0.5‰=17 100×0.5‰=8.55（万元）	按照“产权转移书据”所载金额的0.5‰缴纳。 《印花税法》。

5. 企业分立方式

财税〔2009〕59号文件规定，分立，是指一家企业（被分立企业）将部分或全部资产分离转让给现存或新设的企业（分立企业），被分立企业股东换取分立企业的股权或非股权支付，实现企业的依法分立。

尽管企业分立不适用于目前的东海鼎盛，但我们也做出相应的税负测算以利于方案比较。企业分立方式的税负测算情况如表12-12所示。

表 12-12 企业分立的税负测算

税种	税负测算	政策依据
企业所得税	符合特殊性税务处理，暂不纳税。	财税〔2009〕59 号文件规定：(1) 企业重组后的连续 12 个月内不改变重组资产原来的实质性经营活动。(2) 企业重组中取得股权支付的原主要股东，在重组后连续 12 个月内，不得转让所取得的股权。
增值税	1. 免征增值税； 2. 已经转为固定资产的旧房，再次销售时： (1) 2016 年 4 月 30 日前自建的不动产，适用简易计税方法； 增值税＝销售额×5%/(1＋5%)＝17 100×5%/(1＋5%)＝814.285 7（万元） (2) 2016 年 4 月 30 日前自建的不动产，适用一般计税方法； 增值税＝销售额×10%/(1＋10%)＝17 100×10%/(1＋10%)＝1 554.545 5（万元） (3) 2016 年 5 月 1 日后自建的不动产，适用一般计税方法； 增值税＝销售额×10%/(1＋10%)＝17 100×10%/(1＋10%)＝1 554.545 5（万元）	1. 如符合“打包转让（资产与其相关的债权、负债和劳动力一并转让）”要求，可以免征增值税。 2. 税法上按照“视同销售”处理。 (1) 一般纳税人转让其 2016 年 4 月 30 日前自建的不动产，可以选择适用简易计税方法计税，以取得的全部价款和价外费用为销售额，按照 5%的征收率计算应纳税额。纳税人应按照上述计税方法向不动产所在地主管税务机关预缴税款，向机构所在地主管税务机关申报纳税。 (2) 一般纳税人转让其 2016 年 4 月 30 日前自建的不动产，选择适用一般计税方法计税的，以取得的全部价款和价外费用为销售额计算应纳税额。纳税人应以取得的全部价款和价外费用，按照 5%的预征率向不动产所在地主管税务机关预缴税款，向机构所在地主管税务机关申报纳税。 (3) 一般纳税人转让其 2016 年 5 月 1 日后自建的不动产，适用一般计税方法，以取得的全部价款和价外费用为销售额计算应纳税额。纳税人应以取得的全部价款和价外费用，按照 5%的预征率向不动产所在地主管税务机关预缴税款，向机构所在地主管税务机关申报纳税。
土地增值税	土地增值税按照正常情况计算，或者采用核定征收方法（核定征收率不低于 5%）。 核定征收率为 5%，则需要缴纳土地增值税＝17 100×5%＝855（万元）	财政部、税务总局公告 2021 年第 21 号规定：企业分设为两个或两个以上与原企业投资主体相同的企业，对原企业将国有土地、房屋权属转移、变更到分立后的企业，暂不征土地增值税。但东海鼎盛房地产公司属于房地产企业，不适用免税政策。 单位销售旧房或旧建筑物，以销售收入减去扣除项目金额，按增值额计算缴纳土地增值税，其中扣除项目金额包括：取得土地使用权所支付的金额、房屋及建筑物的评估价格以及与转让房地产有关的税金。纳税人提供扣除项目金额不实的，应由评估机构按照房屋重置成本价乘以成新度折扣率计算的房屋成本价和取得土地使用权时的基准地价进行评估，税务机关根据评估价格按规定确定扣除项目金额。对不能取得评估价格，但能提供购房发票的，经当地税务部门确认，对取得土地使用权所支付的金额以及房屋及建筑物的评估价格可按发票所载金额并从购买年度起至转让年度止每年加计 5%计算；对纳税人购房时缴纳的契税，凡能提供契税完税凭证的，准予作为“与转让房地产有关的税金”予以扣除，但不作为加计 5%的基数。对于转让房屋，既没有评估价格，又不能提供购房发票的，可以实行核定征收。

续表

税种	税负测算	政策依据
土地增值税		依据：《土地增值税暂行条例》。 （1）增值额未超过扣除项目金额50%的部分，税率30%（速算扣除率0）； （2）增值额超过扣除项目金额50%、未超过扣除项目金额100%的部分，税率40%（速算扣除率5%）； （3）增值额超过扣除项目金额100%、未超过扣除项目金额200%的部分，税率50%（速算扣除率15%）； （4）增值额超过扣除项目金额200%的部分，税率60%（速算扣除率35%）。
契税	免征契税	财政部、税务总局公告2021年第17号规定：母公司与其全资子公司之间土地、房屋权属的划转，免征契税。
印花税	不动产转让价值×0.5‰＝17 100×0.5‰＝8.55（万元）	按照"产权转移书据"所载金额的0.5‰缴纳。《印花税法》。

四、酒店资产划转的操作流程与控制要点

（一）酒店资产划转所设立的配套企业

对于资产划转业务，根据《财政部 国家税务总局关于促进企业重组有关企业所得税处理问题的通知》（财税〔2014〕109号）和国家税务总局公告2015年第40号的规定，资产（股权）划转特殊性税务处理的适用情形细分为以下4类，如表12-13所示。

表12-13 资产（股权）划转适用特殊性税务处理的四类情形

类型	40号公告划分	资产、股权划转	母公司财务处理	子公司财务处理
纵向（100%直接控制的母子公司之间）	第1类	母公司向子公司按账面净值划转其持有的股权或资产，母公司获得子公司100%的股权支付。	母公司按增加长期股权投资处理，母公司获得子公司股权的计税基础以划转股权或资产的原计税基础确定。	子公司按接受投资处理。
	第2类	母公司向子公司按账面净值划转其持有的股权或资产。	母公司没有获得任何股权或非股权支付。母公司按冲减实收资本处理。	子公司按接受投资处理。
	第3类	子公司向母公司按账面净值划转其持有的股权或资产，子公司没有获得任何股权或非股权支付。	母公司按收回投资处理，或按接受投资处理，母公司应按被划转股权或资产的原计税基础，相应调减持有子公司股权的计税基础。	子公司按冲减实收资本处理。

续表

类型	40号公告划分	资产、股权划转	母公司财务处理	子公司财务处理
横向（受同一或相同多家母公司100%直接控制的子公司之间）	第4类	在母公司主导下，一家子公司向另一家子公司按账面净值划转其持有的股权或资产，划出方没有获得任何股权或非股权支付。		划出方按冲减所有者权益处理，划入方按接受投资处理。

东海鼎盛房地产开发有限公司有两个股东，分别为刘宏斌和蓝胜利，持股比例分别为65%与35%，若进行酒店资产划转，必须有一家被东海鼎盛房地产开发有限公司全资控制的子公司，由于目前东海鼎盛房地产开发有限公司下面已经设立全资子公司——东海鼎盛酒店管理有限公司，则可将酒店资产划转到该全资子公司名下[1]。如果还有其他资产需要划转，可考虑设立东海鼎盛资产管理有限公司[2]。如可考虑将商业地产或其他资产装入该公司，未来合适的时期将商业地产及其他资产打包出售或将资产管理公司的股份部分或全部转让。

（二）资产划转操作流程与要点

根据税法规定，资产划转的操作流程与要点如下：

1. 第一步：判断是否属于适用情形

根据财税〔2014〕109号文件的规定，对100%直接控制的居民企业之间，以及受同一或相同多家居民企业100%直接控制的居民企业之间按账面净值划转股权或资产，凡具有合理商业目的、不以减少、免除或者推迟缴纳税款为主要目的，股权或资产划转后连续12个月内不改变被划转股权或资产原来实质性经营活动，且划出方企业和划入方企业均未在会计上确认损益的，可以适用特殊性税务处理。

需要强调的是，财税〔2014〕109号文件及国家税务总局公告2015年第40号的适用对象没有限定为国有及国有控股企业集团，而是适用所有性质的母子公司，当然包括民营企业。

2. 第二步：交易双方统一进行特殊性税务处理

采用特殊性税务处理规则，必须满足资产、股权划转交易双方应在协商一致的基础

[1] 东海鼎盛酒店管理有限公司已经设立，其股东为东海鼎盛房地产开发有限公司法人股全资控股，适宜进行酒店资产划转。

[2] 目前已经设立的东海鼎盛物业服务有限责任公司的股东是刘宏斌与蓝胜利，其控股比例与东海鼎盛房地产开发有限公司完全相同，主要为配合房地产开发经营与服务管理，也不太适宜作为资产管理公司性质。若还要转移其他资产或将商业地产，则可以考虑由东海鼎盛房地产公司再分设出一家由房地产股东李宏斌与蓝胜利控股的子公司——东海鼎盛资产管理有限公司，以有助于商业地产和其他资产的转移和处理。

上，采取一致处理原则统一进行特殊性税务处理。

3. 第三步：年度汇缴提交《申报表》及相关材料

交易双方应在企业所得税年度汇算清缴时，分别向各自主管税务机关报送《居民企业资产（股权）划转特殊性税务处理申报表》和相关资料，其中，相关资料具体如下：

（1）股权或资产划转总体情况说明，包括基本情况、划转方案等，并详细说明划转的商业目的；

（2）交易双方或多方签订的股权或资产划转合同（协议），需有权部门（包括内部和外部）批准的，应提供批准文件；

（3）被划转股权或资产账面净值和计税基础说明；

（4）交易双方按账面净值划转股权或资产的说明（需附会计处理资料）；

（5）交易双方均未在会计上确认损益的说明（需附会计处理资料）；

（6）12 个月内不改变被划转股权或资产原来实质性经营活动的承诺书。

4. 第四步：后续税务机关管理的应对策略（规避税务局反避税行为）

基于反避税的考量，资产划转的交易双方应在股权或资产划转完成后的下一年度的企业所得税年度申报时，各自向主管税务机关提交书面情况说明，以证明被划转股权或资产自划转完成日后连续 12 个月内，没有改变原来的实质性经营活动。

此外，如果“交易一方在股权或资产划转完成日后连续 12 个月内发生生产经营业务、公司性质、资产或股权结构等情况变化，致使股权或资产划转不再符合特殊性税务处理条件的”，交易双方需要报告所属税务机关，并将交易调整为一般税务处理，按相关规定缴纳企业所得税。

（三）资产划转的会计处理

对于资产划转业务，《企业会计准则》并未给出明确规定。根据财政部会计司颁布的《企业会计制度讲解》（2001 年）的规定，对于按规定无偿调入或调出固定资产的企业，应在“资本公积”科目下增设“无偿调入固定资产”“无偿调出固定资产”等明细科目进行核算。具体账务处理如下：

（1）当企业按规定收到无偿调入的固定资产时，借记“固定资产（按调出单位的固定资产账面价值加上发生的运输费、安装费等，作为调入固定资产的原账面价值）”，贷记“资本公积——无偿调入固定资产（按调入固定资产的原账面价值）”“银行存款（按发生的运输费、安装费等）”。

（2）当企业按规定无偿调出固定资产时，要按固定资产清理进行处理。具体账务处理是：当企业按照有关规定并报经有关部门或董事会批准无偿调出固定资产，应当借记“固定资产清理（按无偿调出固定资产的账面净值）”“累计折旧（按已提折旧额）”“固定资产减值准备（按已提固定资产减值准备）”，贷记“固定资产（固定资产原价）”。

若无偿调出时发生清理费的，借记“固定资产清理”，贷记“银行存款”。

当企业按规定无偿调出固定资产时，借记“资本公积——无偿调出固定资产（按‘固定资产清理’科目借方发生净额）”，贷记“固定资产清理”。

从会计处理的相关规定，可以得出如下结论：一般情况下的资产划转，账务处理的结果为调出方必须是资产与资本公积同时减少，调入方必须是资产与资本公积同时增加。否则，不能确认为资产划转，不能享受免征契税的政策。也就是说，对于资产划转免征契税的条件，必须把握以下两点：一是转出与受让企业是否拥有共同的投资者，即其投资主体是否相同；二是该项行为不属于市场交易行为，转出资产企业与受让资产企业均系单方面行为，转出方并未因此获得相关的经济利益，受让方也并未因此付出相关的经济利益。

附　件

（一）资产划转移交协议

资产划转移交协议（样本）

（附：资产划转清单）

甲方______________________（划入方）

乙方______________________（划出方）

一、依据乙方股东所订立的协议：《______________________》，经乙方股东表决通过进行资产划转，特制定本协议。

二、本协议所称划转资产是指_____________对其占有、使用的资产进行产权转移及产权注销所涉及的资产包括固定资产转让、调拨、捐赠、报废损失和非正常损失的报损及其他涉及资产处置所涉及的资产。

本协议所称固定资产是指根据企业会计准则要求列入固定资产科目且单位价值在___________元（含）以上的固定资产。

三、乙方划转资产总额共计___________元。其中：固定资产___________元，股权___________元，债权___________元，其他___________元。具体分类及数额见本协议附件的划转资产清单。

与乙方划转资产相关联的应由乙方承担的义务，不属划转移交之列，仍由乙方负责处理。

四、划转资产的范围和方式

根据甲乙双方订立的协议的资产划转范围对相关资产进行划转。资产划转属于无偿划转，乙方不向甲方收取任何形式的报酬。

五、划转资产的移交

根据甲乙双方的要求，及资产的不同类别分别明确移交的要求并制定划转资产清单作为本协议的附件。

1. 应收货款

要求移交合同、送发货凭证、债务人欠款明细及依据、催款文件以及证明双方往来关系的函件及其他与此相关的材料，包括债务人的企业资料、基本情况和现状、财产清算情况等材料。

2. 其他应收款

要求提供证明债权的文件。如协议书、支付凭证、催款文件及证明双方往来关系的函件及其他与此相关的材料，包括债务人的企业资料、基本情况和现状、财产清算情况等材料。

3. 担保损失类

要求提供判决书、协议书、代为清偿依据，以及被担保企业资料、基本情况和现状、财产清算情况等材料。

4. 股权类

要求提供投资企业章程、投资凭证及其他股东同意划转的书面文件、投资企业的基本情况和现状等材料。

5. 实物类

要制订实物资产清单，说明实物的规格、型号、数量、使用年限及使用情况等原始资料。

六、资产划转后，资产保全与清收的费用由甲方承担。

七、资产划转甲方管理后，甲方具有对划转资产的全部处置权。

八、甲方权利

1. 有权制定及实施划转资产的保全与清收方案。

2. 有权与债务人达成并签署还款协。

九、生效条款

1. 本协议所有附件是本协议不可分割的组成部分，具有同等法律效力。

2. 本协议以中文书正本一式__________份，甲乙双方各持__________份。每份正本均具有同等法律效力。

甲方（盖章）：____________________

法定代表人（签字）：____________________

乙方（盖章）：____________________

法定代表人（签字）：____________________

签约时间：

附件：资产划转清单

（二）主要税收政策及其他法律制度

1.《中华人民共和国公司法》

2.《国家税务总局关于纳税人资产重组有关增值税问题的公告》（国家税务总局公告2011年第13号）

3.《国家税务总局关于纳税人资产重组有关增值税问题的公告》（国家税务总局公告2013年第66号）

4.《财政部 税务总局关于继续实施企业改制重组有关土地增值税政策的公告》（财政部 税务总局公告2021年第21号）

5.《财政部 国家税务总局关于企业重组业务企业所得税处理若干问题的通知》（财税〔2009〕59号）

6.《企业重组业务企业所得税管理办法》（国家税务总局公告2010年第4号发布）

7.《国家税务总局关于企业重组业务企业所得税征收管理若干问题的公告》（国家税务总局公告2015年第48号）

8.《财政部 税务总局关于继续执行企业、事业单位改制重组有关契税政策的公告》（财政部 税务总局公告2021年第17号）

9.《国家税务总局关于以转让股权名义转让房地产行为征收土地增值税问题的批复》（国税函〔2000〕687号）

10.《财政部 国家税务总局关于促进企业重组有关企业所得税处理问题的通知》（财税〔2014〕109号）

11.《营业税改征增值税试点有关事项的规定》（财税〔2016〕36号文件附件2）

12.《国家税务总局关于发布〈纳税人转让不动产增值税征收管理暂行办法〉的公告》（国家税务总局公告2016年第14号）

13.《财政部 国家税务总局关于营改增后契税、房产税、土地增值税、个人所得税计税依据问题的通知》（财税〔2016〕43号）

14.《国家税务总局关于纳税人转让不动产缴纳增值税差额扣除有关问题的公告》（国家税务总局公告2016年第73号）

15.《国家税务总局关于营改增后土地增值税若干征管规定的公告》（国家税务总局公告2016年第70号）

16.《国家税务总局关于加强土地增值税征管工作的通知》（国税发〔2010〕53号）

17.《国家税务总局关于土地增值税清算有关问题的通知》（国税函〔2010〕220号）

18.《财政部、国家税务总局关于土地增值税若干问题的通知》（财税〔2006〕21号）

19.《中华人民共和国印花税法》

20.《中华人民共和国契税法》

第十三章
房地产开发项目税负测算与盈利预测实战案例

The Whole Process of Financial Accounting and Tax Treatment for Real Estate Enterprises

山河房地产开发有限公司（以下简称山河公司）成立于2013年10月25日，目前正在开发古韵山河房地产项目，项目的具体情况如下。

一、古韵山河项目背景资料

1. 取得土地时间

2013年10月31日通过招拍挂取得开发用地一宗，当日与相关部门签订土地出让合同，该土地出让合同中未约定土地的交付时间，直至2014年6月30日山河公司才取得土地进行开发。

2. 项目综合经济技术指标

2014年7月1日起古韵山河项目开始规划设计，该项目共开发A、B、C、D、E五栋楼，A、B、C三栋有底商，主要经济技术指标详见表13-1。

表13-1　古韵山河项目主要经济技术指标

<table>
<tr><th>序号</th><th colspan="4">项目</th><th>单位</th><th>数据</th><th>备注</th></tr>
<tr><td>1</td><td colspan="4">规划用地面积</td><td>m²</td><td>21 174.75</td><td></td></tr>
<tr><td>2</td><td colspan="4">总建筑面积</td><td>m²</td><td>92 599.66</td><td></td></tr>
<tr><td>3</td><td rowspan="10">其中</td><td colspan="3">地上总建筑面积</td><td>m²</td><td>80 473.55</td><td></td></tr>
<tr><td>4</td><td rowspan="6">其中</td><td colspan="2">普通住宅</td><td>m²</td><td>45 892.69</td><td></td></tr>
<tr><td>5</td><td colspan="2">非普通住宅</td><td>m²</td><td>24 949.58</td><td></td></tr>
<tr><td>6</td><td colspan="2">拆迁安置（普住）</td><td>m²</td><td>5 135.46</td><td></td></tr>
<tr><td>7</td><td colspan="2">商业</td><td>m²</td><td>4 495.82</td><td></td></tr>
<tr><td>8</td><td rowspan="2">其中</td><td>一层商业</td><td>m²</td><td>2 443.73</td><td></td></tr>
<tr><td>9</td><td>二层商业</td><td>m²</td><td>2 052.09</td><td></td></tr>
<tr><td>10</td><td colspan="3">地下总建筑面积</td><td>m²</td><td>12 126.11</td><td></td></tr>
<tr><td>11</td><td rowspan="2">其中</td><td colspan="2">人防设施</td><td>m²</td><td>4 028.36</td><td>不计容</td></tr>
<tr><td>12</td><td colspan="2">地下车位</td><td>m²</td><td>8 097.75</td><td>不计容</td></tr>
<tr><td>13</td><td colspan="4">住宅层高</td><td>m</td><td>3.00</td><td></td></tr>
<tr><td rowspan="2">14</td><td colspan="3" rowspan="2">底商层高</td><td>一层</td><td>m</td><td>6.00</td><td></td></tr>
<tr><td>二层</td><td>m</td><td>4.20</td><td></td></tr>
<tr><td>15</td><td colspan="4">容积率</td><td></td><td>3.80</td><td></td></tr>
</table>

3. 项目可售建筑面积及基底座面积情况

古韵山河项目各业态可售建筑面积及基底座面积详见表13-2。

表 13-2　　古韵山河项目可售建筑面积及基底座面积详情　　单位：平方米

楼号	普通住宅	非普通住宅	底商	车位	总建筑面积	基底座面积
A 栋	9 788.67	4 765.45	1 171.67		15 725.79	816.96
B 栋	13 050.75	5 064.60	1 516.34		19 631.69	995.23
C 栋	10 037.61	3 498.91	1 807.81		15 344.33	968.19
D 栋	8 461.28	5 576.79			14 038.07	650.29
E 栋	9 689.84	6 043.83			15 733.67	602.08
产权地下车位				8 097.75	8 097.75	
人防设施				4 028.36	4 028.36	
合计	51 028.15	24 949.58	4 495.82	12 126.11	92 599.66	4 032.75

4. 项目开发成本

2014 年 9 月 1 日古韵山河项目开始开发建设，2017 年 12 月 31 日完成全部开发建设并已竣工备案，该项目发生的开发成本根据企业的“开发成本”科目实际发生额汇总，详见表 13-3。

其中，前期工程费中，获取进项税额的支出金额占比为 50%，适用的计算进项税额的平均税率为 6%；建筑安装工程费、基础设施费、公共配套设施费，可获取进项税额的支出金额比例达到 100%，适用的计算进项税额的平均税率为 9%；开发间接费可获取进项税额的支出金额比例达到 20%，适用的计算进项税额的平均税率为 6%。

表 13-3　　古韵山河项目开发成本汇总表

明细项目	金额（元）	获取进项税额的支出金额占比
1. 取得土地使用权所支付的金额	294 336 230.00	/
2. 土地征用及拆迁补偿费	—	/
3. 前期工程费	9 848 573.76	50%
4. 建筑安装工程费	322 636 111.57	100%
5. 基础设施费	15 849 482.14	100%
6. 公共配套设施费	8 340 078.83	100%
7. 开发间接费	1 213 765.50	20%
合计	652 224 241.80	/

5. 项目销售收入

2015 年 10 月 1 日古韵山河项目开始预售，2016 年 10 月 1 日交付使用，2018 年 12 月 31 日完成全部销售，具体销售面积与销售收入详见表 13-4。

表 13-4　　古韵山河项目销售收入明细表

项目	总可售面积（m^2、个）	已售面积（m^2、个）	平均单价（元/m^2）	已售收入（含税）（元）	小计（含税）（元）
普通住宅 2016 年 4 月 30 日前	51 028.15	26 481.43	25 520.72	675 825 284.00	1 190 518 044.00
拆迁安置（普住）2016 年 4 月 30 日前		5 135.46	0.00	0.00	
普通住宅 2016 年 5 月 1 日后		19 411.26	26 515.16	514 692 760.00	
非普通住宅 2016 年 4 月 30 日前	24 949.58	10 979.83	25 493.07	279 909 613.00	652 492 863.00
非普通住宅 2016 年 5 月 1 日后		13 969.75	26 670.72	372 583 250.00	
商业 2016 年 4 月 30 日前	4 495.82	1 538.62	58 051.74	89 319 573.00	263 648 430.00
商业 2016 年 5 月 1 日后		2 957.20	58 950.65	174 328 857.00	
人防地下车位 2016 年 4 月 30 日前	110.00	70.00	50 000.00	3 500 000.00	5 500 000.00
人防地下车位 2016 年 5 月 1 日后		40.00	50 000.00	2 000 000.00	
产权地下车位 2016 年 4 月 30 日前	210.00	90.00	68 000.00	6 120 000.00	14 280 000.00
产权地下车位 2016 年 5 月 1 日后		120.00	68 000.00	8 160 000.00	
合计	80 793.55	80 473.55	——	2 126 439 337.00	2 126 439 337.00

二、增值税及相关税金计算

根据以上资料，测算古韵山河应缴纳的契税、营业税、增值税、土地增值税、企业所得税。契税适用的税率为 4%；管理费用是销售收入的 3%；销售费用是销售收入 2%。

（1）支付土地出让金应缴纳契税＝294 336 230.00×4%＝11 773 449.20（元）；

（2）拆迁安置还房应缴纳契税＝5 135.46×25 520.72×4%＝5 242 425.47（元）；

（3）古韵山河项目应缴纳契税＝11 773 449.20＋5 242 425.47＝17 015 874.67（元）；

（4）应缴纳营业税＝[675 825 284.00＋(5 135.46×25 520.72)＋279 909 613.00＋89 319 573.00＋3 500 000.00＋6 120 000.00]×5%＝59 286 755.34（元）。

（5）增值税的计算。

方法一：选择简易计税方式。

应缴纳增值税＝(514 692 760.00＋372 583 250.00＋174 328 857.00＋2 000 000.00＋8 160 000.00)/(1＋5%)×5%＝51 036 422.24（元）

方法二：采用一般计税方式。

应分摊的土地成本＝294 336 230.00×36 338.21÷80 473.55＝132 908 909.03（元）

应缴纳增值税＝(514 692 760.00＋372 583 250.00＋174 328 857.00＋2 000 000.00＋8 160 000.00－132 908 909.03)÷(1＋9%)×9%－9 848 573.76×50%÷(1＋6%)×6%－(322 636 111.57＋15 849 482.14＋8 340 078.83)÷(1＋9%)×9%－1 213 765.50×20%÷(1＋6%)×6%＝77 520 216.71－278 733.22－28 636 982.14－13 740.74＝48 590 760.61（元）

为了更好地完成房地产开发项目的增值税税负预测，可以按照增值税原理设计表13-5。

表 13-5　　开发项目增值税进销项税额测算表

序号	项目	税率/征收率		含税金额	计税基础	税额		
		一般纳税人	小规模纳税人			销项税额	进项税额（一般纳税人）	进项税额（小规模纳税人）
1.	房地产销售收入							
1.1	新项目	9%	—		计税基础＝(含税销售额－土地成本)/(1＋税率)		—	—
1.2	老项目	—	—	—	—	—	—	—
1.2.1	选择一般计税	9%	—		计税基础＝(含税销售额－土地成本)/(1＋税率)		—	—
1.2.2	选择简易计税	5%	—		计税基础＝含税销售额/(1＋征收率)		—	—
小计		—	—		—		—	—
2.	不动产租赁收入							
2.1	2016年4月30日前取得	5%	—		计税基础＝含税销售额/(1＋征收率)		—	—
2.2	2016年5月1日后取得	9%	—		计税基础＝含税销售额/(1＋税率)		—	—
小计		—	—		—		—	—
3.	利息收入	6%	—		计税基础＝含税销售额/(1＋税率)		—	—
增值税销项税额合计			—	—		—		—
4.	开发成本							
4.1	土地征用及拆迁补偿费					—		
4.1.1	土地出让金		—	—	—	—	—	—
4.1.2	拆迁补偿费	9%	3%		备注：此处的税率或征收率为取得拆迁公司发票的情况	—		
4.2	前期工程费					—		

续表

序号	项目	税率/征收率		含税金额	计税基础	税额		
		一般纳税人	小规模纳税人			销项税额	进项税额（一般纳税人）	进项税额（小规模纳税人）
4.2.1	可行性研究费	6%	3%		计税基础＝含税金额/(1＋税率或征收率)	—		
4.2.2	勘察设计费	6%	3%		计税基础＝含税金额/(1＋税率或征收率)	—		
4.2.3	总体规划设计费	6%	3%		计税基础＝含税金额/(1＋税率或征收率)	—		
4.2.4	“三通一平”费	9%	3%		计税基础＝含税金额/(1＋税率或征收率)	—		
4.2.5	临时设施费	9%	3%		计税基础＝含税金额/(1＋税率或征收率)	—		
4.2.6	……					—		
4.3	建筑安装费					—		
4.3.1	土石方工程	9%	3%		计税基础＝含税金额/(1＋税率或征收率)	—		
4.3.2	基础工程费	9%	3%		计税基础＝含税金额/(1＋税率或征收率)	—		
4.3.3	主体工程费	9%	3%		计税基础＝含税金额/(1＋税率或征收率)	—		
4.3.4	安装工程费	9%	3%		计税基础＝含税金额/(1＋税率或征收率)	—		
4.3.5	装修工程费	9%	3%		计税基础＝含税金额/(1＋税率或征收率)	—		
4.3.6	……					—		
4.4	基础设施费					—		
4.4.1	管网工程费	9%	3%		计税基础＝含税金额/(1＋税率或征收率)	—		
4.4.2	环卫工程费	9%	3%		计税基础＝含税金额/(1＋税率或征收率)	—		
4.4.3	园林工程费	9%	3%		计税基础＝含税金额/(1＋税率或征收率)	—		
4.4.4	……					—		
5.	期间费用							
5.1	购入办公用品	13%	3%		计税基础＝含税金额/(1＋税率或征收率)	—		
5.2	支付水费	9%/3%	3%		计税基础＝含税金额/(1＋税率或征收率)	—		

续表

序号	项目	税率/征收率		含税金额	计税基础	税额		
		一般纳税人	小规模纳税人			销项税额	进项税额（一般纳税人）	进项税额（小规模纳税人）
5.3	支付电费	13%	—		计税基础＝含税金额/(1＋税率或征收率)	—		
5.4	支付有形动产租赁费	13%	3%		计税基础＝含税金额/(1＋税率或征收率)	—		
5.5	支付不动产租赁费	9%/5%	5%		计税基础＝含税金额/(1＋税率或征收率)	—		
5.6	支付咨询费	6%	3%		计税基础＝含税金额/(1＋税率或征收率)	—		
5.7	支付差旅费（高铁票）	9%	—		计税基础＝含税金额/(1＋税率或征收率)	—		
5.8	支付差旅费（飞机票）	9%	—		计税基础＝含税金额/(1＋税率或征收率)	—		
5.9	支付交通费（高速公路费）	3%	—		计税基础＝含税金额/(1＋税率或征收率)	—		
5.10	支付交通费（过路过桥费）	5%	—		计税基础＝含税金额/(1＋税率或征收率)	—		
5.11	支付物业费	6%	3%		计税基础＝含税金额/(1＋税率或征收率)	—		
5.12	支付广告宣传费	6%	3%		计税基础＝含税金额/(1＋税率或征收率)	—		
5.13	支付劳务派遣费	6%	5%		计税基础＝含税金额/(1＋税率或征收率)	—		
5.14	支付通讯费	9%/6%	3%		计税基础＝含税金额/(1＋税率或征收率)	—		
5.15	支付银行手续费	6%	—		计税基础＝含税金额/(1＋税率或征收率)	—		
5.16	支付利息	—	—		计税基础＝含税金额/(1＋税率或征收率)	—		
5.17	……					—		
增值税进项税额合计		—	—	—	—	—		
增值税应纳税额					增值税应纳税额＝销项税额－进项税额			
增值税税负率					增值税税负率＝增值税应纳税额/[(含税销售收入＋含税租赁收入＋含税利息收入)－销项税额]×100%			

三、土地增值税及项目盈利预测

1. 土地成本分摊

本项目的土地成本要进行两次分摊，第一次分摊按占地面积法，结果详见表13-6，第二次分摊按建筑面积法，结果详见表13-7。

表13-6 古韵山河项目土地成本第一次分摊（占地面积法）

楼号	按占地面积法分摊土地成本金额（元）	普通住宅（m^2）	非普通住宅（m^2）	底商（m^2）	车位（m^2）	基底座面积（m^2）
A栋	59 627 035.26	9 788.67	4 765.45	1 171.67		816.96
B栋	72 638 335.18	13 050.75	5 064.60	1 516.34		995.23
C栋	70 664 780.74	10 037.61	3 498.91	1 807.81		968.19
D栋	47 462 378.53	8 461.28	5 576.79			650.29
E栋	43 943 700.29	9 689.84	6 043.83			602.08
产权车位					8 097.75	
人防车位					4 028.36	
合计	294 336 230.00	51 028.15	24 949.58	4 495.82	12 126.11	4 032.75

表13-7 古韵山河项目土地成本第二次分摊（建筑面积法）

楼号	土地成本金额（元）	普通住宅（元）	非普通住宅（元）	底商（元）	车位（元）
A栋	59 627 035.26	37 115 424.49	18 069 022.62	4 442 588.16	不分摊
B栋	72 638 335.18	48 288 494.41	18 739 299.18	5 610 541.59	不分摊
C栋	70 664 780.74	46 225 902.98	16 113 424.83	8 325 452.94	不分摊
D栋	47 462 378.53	28 607 385.08	18 854 993.45		不分摊
E栋	43 943 700.29	27 063 452.13	16 880 248.16		不分摊
产权车位					
人防车位					
合计	294 336 230.00	187 300 659.09	88 656 988.24	18 378 582.69	

2. 开发成本分摊

详见表13-8。

表 13-8　　古韵山河项目开发成本分摊（建筑面积法）

项目	面积、金额（m^2、元）	普通住宅	非普通住宅	底商	地下车位
建筑面积	92 599.66	51 028.15	24 949.58	4 495.82	12 126.11
建安面积比例	100.00%	55.11%	26.94%	4.86%	13.10%
1. 取得土地使用权所支付的金额	294 336 230.00	187 300 659.09	88 656 988.24	18 378 582.69	0.00
2. 土地征用及拆迁补偿费	131 060 636.73	72 222 531.16	35 312 309.36	6 363 144.66	17 162 651.54
3. 前期工程费	9 848 573.76	5 427 174.35	2 653 549.47	478 159.58	1 289 690.36
4. 建筑安装工程费	322 636 111.57	177 792 487.54	86 929 428.00	15 664 354.31	42 249 841.73
5. 基础设施费	15 849 482.14	8 734 046.67	4 270 403.61	769 510.59	2 075 521.27
6. 公共配套设施费	8 340 078.83	4 595 900.17	2 247 108.29	404 920.42	1 092 149.94
7. 开发间接费	1 213 765.50	668 859.99	327 030.78	58 929.71	158 945.01
合计	783 284 878.53	456 741 658.97	220 396 817.75	42 117 601.96	64 028 799.85

说明：

根据《国家税务总局关于土地增值税清算有关问题的通知》（国税函〔2010〕220 号）第六条关于拆迁安置土地增值税计算问题的规定，房地产企业用建造的本项目房地产安置回迁户的，安置用房视同销售处理，同时将此确认为房地产开发项目的拆迁补偿费。

因此，表 13-8 中的“土地征用及拆迁补偿费”金额 131 060 636.73 元，是本项目拆迁安置的普通住宅，按照本项目普通住宅销售的均价计算而来。

即 5 135.46m^2×25 520.72 元/m^2＝131 060 636.73 元。

3. 计税收入及相关税费的确认

详见表 13-9。

4. 各业态土地增值税测算

对本项目各业态土地增值税测算，主要是为了分析各业态产生的土地增值税，详见表 13-10。根据表 13-10 测算可知，普通住宅不满足土地增值税免征的条件，普通住宅、非普通住宅、底商都有增值率，并且底商的增值率非常高，达到了 319.44%，适用土地增值税最高税率 60%。而地下车位的增值率为负数，若与底商合并为一个清算对象，就能降低底商的增值率。

5. 古韵山河项目土地增值税测算

古韵山河项目土地增值税按三分法进行测算，详见表 13-11。

表 13-9 古韵山河项目计税收入与相关税费

金额单位：元

项目	已售收入（含税）	营业额	营业税	销售额	增值税	城市维护建设税	教育费附加	地方教育附加
普通住宅 2016 年 4 月 30 日前	675 825 284.00	675 825 284.00	33 791 264.20			2 365 388.49	1 013 737.93	675 825.28
拆迁安置（普住） 2016 年 4 月 30 日前	0.00	131 060 636.73	6 553 031.84			458 712.23	196 590.96	131 060.64
普通住宅 2016 年 5 月 1 日后	514 692 760.00			490 183 580.95	24 509 179.05	1 715 642.53	735 275.37	490 183.58
非普通住宅 2016 年 4 月 30 日前	279 909 613.00	279 909 613.00	13 995 480.65			979 683.65	419 864.42	279 909.61
非普通住宅 2016 年 5 月 1 日后	372 583 250.00			354 841 190.48	17 742 059.52	1 241 944.17	532 261.79	354 841.19
商业 2016 年 4 月 30 日前	89 319 573.00	89 319 573.00	4 465 978.65			312 618.51	133 979.36	89 319.57
商业 2016 年 5 月 1 日后	174 328 857.00			166 027 482.86	8 301 374.14	581 096.19	249 041.22	166 027.48
人防地下车位 2016 年 4 月 30 日前	3 500 000.00	3 500 000.00	175 000.00			12 250.00	5 250.00	3 500.00
人防地下车位 2016 年 5 月 1 日后	2 000 000.00			1 904 761.90	95 238.10	6 666.67	2 857.14	1 904.76
产权地下车位 2016 年 4 月 30 日前	6 120 000.00	6 120 000.00	306 000.00			21 420.00	9 180.00	6 120.00
产权地下车位 2016 年 5 月 1 日后	8 160 000.00			7 771 428.57	388 571.43	27 200.00	11 657.14	7 771.43
合计	2 126 439 337.00	1 185 735 106.73	59 286 755.34	1 020 728 444.76	51 036 422.24	7 722 622.44	3 309 695.33	2 206 463.54

表 13-10 古韵山河项目各业态土地增值税测算

金额单位：元

项目		行次	合计	普通住宅	非普通住宅	底商	地下车位
一、转让房地产收入总额 1＝2＋3＋4		1	2 206 463 551.49	1 297 069 501.68	634 750 803.48	255 347 055.86	19 296 190.47
其中	货币收入	2	2 075 402 914.76	1 166 008 864.95	634 750 803.48	255 347 055.86	19 296 190.47
	实物收入及其他收入	3	0.00	0.00	0.00	0.00	0.00
	视同销售收入	4	131 060 636.73	131 060 636.73	0.00	0.00	0.00
二、扣除项目金额合计 5＝6＋7＋14＋17＋23		5	1 091 899 110.52	642 539 404.46	304 637 223.96	60 878 617.06	83 843 865.04
1. 取得土地使用权所支付的金额		6	294 336 230.02	187 300 659.09	88 656 988.24	18 378 582.69	0.00
2. 房地产开发成本 7＝8＋9＋10＋11＋12＋13		7	488 948 648.51	269 440 999.88	131 739 829.51	23 739 019.27	64 028 799.85
其中	土地征用及拆迁补偿费	8	131 060 636.72	72 222 531.16	35 312 309.36	6 363 144.66	17 162 651.54
	前期工程费	9	9 848 573.76	5 427 174.35	2 653 549.47	478 159.58	1 289 690.36
	建筑安装工程费	10	322 636 111.58	177 792 487.54	86 929 428.00	15 664 354.31	42 249 841.73
	基础设施费	11	15 849 482.14	8 734 046.67	4 270 403.61	769 510.59	2 075 521.27
	公共配套设施费	12	8 340 078.82	4 595 900.17	2 247 108.29	404 920.42	1 092 149.94
	开发间接费用	13	1 213 765.49	668 859.99	327 030.78	58 929.71	158 945.01
3. 房地产开发费用 14＝15＋16		14	78 328 487.86	45 674 165.90	22 039 681.78	4 211 760.20	6 402 879.98
其中	利息支出	15	39 164 243.93	22 837 082.95	11 019 840.89	2 105 880.10	3 201 439.99
	其他房地产开发费用	16	39 164 243.93	22 837 082.95	11 019 840.89	2 105 880.10	3 201 439.99
4. 与转让房地产有关的税金等 17＝18＋19＋20＋21＋22		17	73 628 768.43	48 775 247.80	18 121 360.88	6 125 734.51	606 425.24
其中	营业税	18	59 286 755.34	40 344 296.04	13 995 480.65	4 465 978.65	481 000.00
	印花税	19	1 103 231.78	648 534.75	317 375.40	127 673.53	9 648.10
	城市维护建设税	20	7 722 622.44	4 539 743.25	2 221 627.82	893 714.70	67 536.67
	教育费附加	21	3 309 695.33	1 945 604.26	952 126.21	383 020.58	28 944.28
	地方教育附加	22	2 206 463.54	1 297 069.50	634 750.80	255 347.05	19 296.19

续表

项目	行次	合计	普通住宅	非普通住宅	底商	地下车位
5. 财政部规定的其他扣除项目	23	156 656 975.70	91 348 331.79	44 079 363.55	8 423 520.39	12 805 759.97
三、增值额　24=1−5	24	1 114 564 440.97	654 530 097.22	330 113 579.52	194 468 438.80	−64 547 674.57
四、增值额与扣除项目金额之比（%）　25=24÷5	25	0.00%	101.87%	108.36%	319.44%	−76.99%
五、适用税率（%）	26	0.00%	50.00%	50.00%	60.00%	0.00%
六、速算扣除系数（%）	27	0.00%	15.00%	15.00%	35.00%	0.00%
七、应缴土地增值税税额　28=24×26−5×27	28	445 618 891.42	230 884 137.94	119 361 206.17	95 373 547.31	0.00
八、土地增值税税负率	29	20.20%	17.80%	18.80%	37.35%	0.00%

表 13-11 古韵山河项目土地增值税测算（三分法） 金额单位：元

项目		行次	合计	普通住宅	非普通住宅	其他商业用房（底商＋车位）
一、转让房地产收入总额　1＝2＋3＋4		1	2 206 463 551.49	1 297 069 501.68	634 750 803.48	274 643 246.33
其中	货币收入	2	2 075 402 914.76	1 166 008 864.95	634 750 803.48	274 643 246.33
	实物收入及其他收入	3	0.00	0.00	0.00	0.00
	视同销售收入	4	131 060 636.73	131 060 636.73	0.00	0.00
二、扣除项目金额合计　5＝6＋7＋14＋17＋23		5	1 091 899 110.52	642 539 404.46	304 637 223.96	144 722 482.10
1．取得土地使用权所支付的金额		6	294 336 230.02	187 300 659.09	88 656 988.24	18 378 582.69
2．房地产开发成本　7＝8＋9＋10＋11＋12＋13		7	488 948 648.51	269 440 999.88	131 739 829.51	87 767 819.12
其中	土地征用及拆迁补偿费	8	131 060 636.72	72 222 531.16	35 312 309.36	23 525 796.20
	前期工程费	9	9 848 573.76	5 427 174.35	2 653 549.47	1 767 849.94
	建筑安装工程费	10	322 636 111.58	177 792 487.54	86 929 428.00	57 914 196.04
	基础设施费	11	15 849 482.14	8 734 046.67	4 270 403.61	2 845 031.86
	公共配套设施费	12	8 340 078.82	4 595 900.17	2 247 108.29	1 497 070.36
	开发间接费用	13	1 213 765.49	668 859.99	327 030.78	217 874.72
3．房地产开发费用　14＝15＋16		14	78 328 487.86	45 674 165.90	22 039 681.78	10 614 640.18
其中	利息支出	15	39 164 243.93	22 837 082.95	11 019 840.89	5 307 320.09
	其他房地产开发费用	16	39 164 243.93	22 837 082.95	11 019 840.89	5 307 320.09
4．与转让房地产有关的税金等　17＝18＋19＋20＋21＋22		17	73 628 768.43	48 775 247.80	18 121 360.88	6 732 159.75
其中	营业税	18	59 286 755.34	40 344 296.04	13 995 480.65	4 946 978.65
	印花税	19	1 103 231.78	648 534.75	317 375.40	137 321.63
	城市维护建设税	20	7 722 622.44	4 539 743.25	2 221 627.82	961 251.37
	教育费附加	21	3 309 695.33	1 945 604.26	952 126.21	411 964.86
	地方教育附加	22	2 206 463.54	1 297 069.50	634 750.80	274 643.24

续表

项目	行次	合计	普通住宅	非普通住宅	其他商业用房（底商＋车位）
5. 财政部规定的其他扣除项目	23	156 656 975.70	91 348 331.79	44 079 363.55	21 229 280.36
三、增值额　24＝1－5	24	1 114 564 440.97	654 530 097.22	330 113 579.52	129 920 764.23
四、增值额与扣除项目金额之比（%）　25＝24÷5	25	0.00%	101.87%	108.36%	89.77%
五、适用税率（%）	26	0.00%	50.00%	50.00%	40.00%
六、速算扣除系数（%）	27	0.00%	15.00%	15.00%	5.00%
七、应缴土地增值税税额　28＝24×26－5×27	28	394 977 525.70	230 884 137.94	119 361 206.17	44 732 181.59
八、土地增值税税负率	29	17.90%	17.80%	18.80%	16.29%

根据表 13-11 测算可知，当底商与地下车位作为一个清算对象时，商业自身产生的 95 373 547.31 元土地增值税，降低为 44 732 181.59 元，减少土地增值税 50 641 365.72 元，效果非常明显。

6. 古韵山河项目盈利预测

盈利预测结果见表 13-12。

表 13-12　　古韵山河项目盈利预测　　金额单位：元

项目	行次	数据
一、转让房地产收入总额	1	2 206 463 551.49
减：房地产成本总额	2	783 284 878.53
1. 取得土地使用权所支付的金额	3	294 336 230.02
2. 房地产开发成本	4	488 948 648.51
加：其他业务收入	5	/
减：其他业务成本	6	/
减：税金及附加	7	468 606 294.13
其中：营业税	8	59 286 755.34
印花税	9	1 103 231.78
城市维护建设税	10	7 722 622.44
教育费附加	11	3 309 695.33
地方教育附加	12	2 206 463.54
土地增值税	13	394 977 525.70
减：期间费用	14	110 323 177.57
其中：财务费用	15	0.00
管理费用	16	66 193 906.54
销售费用	17	44 129 271.03
二、营业利润	18	844 249 201.26
加：营业外收入	19	/
减：营业外支出	20	/
三、利润总额	21	844 249 201.26
四、所得税（25%）	22	211 062 300.32
五、净利润	23	633 186 900.94
六、所得税率	24	9.57%
七、净利润率	25	28.70%

说明：所得税率 $=\frac{\text{企业所得税}}{\text{转让房地产收入总额}}\times 100\%$；

净利润率 $=\frac{\text{净利润}}{\text{转让房地产收入总额}}\times 100\%$。

根据表 13-12 可知，古韵山河项目的预计利润总额为 844 249 201.26 元，企业所得税税率为 25%，应交纳企业所得税 211 062 300.32 元，预计净利润为 633 186 900.94 元。综上所述，该项目预计所得税率为 9.57%，预计净利润率为 28.70%。

附　录
相关法规文件

The Whole Process of Financial Accounting and Tax Treatment for Real Estate Enterprises

TAXING

财政部 税务总局关于基础设施领域不动产投资信托基金（REITs）试点税收政策的公告

（财政部 税务总局公告2022年第3号）

为支持基础设施领域不动产投资信托基金（以下称基础设施REITs）试点，现将有关税收政策公告如下：

一、设立基础设施REITs前，原始权益人向项目公司划转基础设施资产相应取得项目公司股权，适用特殊性税务处理，即项目公司取得基础设施资产的计税基础，以基础设施资产的原计税基础确定；原始权益人取得项目公司股权的计税基础，以基础设施资产的原计税基础确定。原始权益人和项目公司不确认所得，不征收企业所得税。

二、基础设施REITs设立阶段，原始权益人向基础设施REITs转让项目公司股权实现的资产转让评估增值，当期可暂不缴纳企业所得税，允许递延至基础设施REITs完成募资并支付股权转让价款后缴纳。其中，对原始权益人按照战略配售要求自持的基础设施REITs份额对应的资产转让评估增值，允许递延至实际转让时缴纳企业所得税。

原始权益人通过二级市场认购（增持）该基础设施REITs份额，按照先进先出原则认定优先处置战略配售份额。

三、对基础设施REITs运营、分配等环节涉及的税收，按现行税收法律法规的规定执行。

四、本公告适用范围为证监会、发展改革委根据有关规定组织开展的基础设施REITs试点项目。

五、本公告自2021年1月1日起实施。2021年1月1日前发生的符合本公告规定的事项，可按本公告规定享受相关政策。

财政部 税务总局

2022年1月26日

财政部 税务总局 住房城乡建设部关于完善住房租赁有关税收政策的公告

（财政部 税务总局 住房城乡建设部公告2021年第24号）

为进一步支持住房租赁市场发展，现将有关税收政策公告如下：

一、住房租赁企业中的增值税一般纳税人向个人出租住房取得的全部出租收入，可以选择适用简易计税方法，按照5%的征收率减按1.5%计算缴纳增值税，或适用一般计税方法计算缴纳增值税。住房租赁企业中的增值税小规模纳税人向个人出租住房，按照5%的征收率减按1.5%计算缴纳增值税。

住房租赁企业向个人出租住房适用上述简易计税方法并进行预缴的，减按1.5%预征率预缴增值税。

二、对企事业单位、社会团体以及其他组织向个人、专业化规模化住房租赁企业出租住房的，减按4%的税率征收房产税。

三、对利用非居住存量土地和非居住存量房屋（含商业办公用房、工业厂房改造后出租用于居住的房屋）建设的保障性租赁住房，取得保障性租赁住房项目认定书后，比照适用第一条、第二条规定的税收政策，具体为：住房租赁企业向个人出租上述保障性租赁住房，比照适用第一条规定的增值税政策；企事业单位、社会团体以及其他组织向个人、专业化规模化住房租赁企业出租上述保障性租赁住房，比照适用第二条规定的房产税政策。

保障性租赁住房项目认定书由市、县人民政府组织有关部门联合审查建设方案后出具。

四、本公告所称住房租赁企业，是指按规定向住房城乡建设部门进行开业报告或者备案的从事住房租赁经营业务的企业。

本公告所称专业化规模化住房租赁企业的标准为：企业在开业报告或者备案城市内持有或者经营租赁住房1000套（间）及以上或者建筑面积3万平方米及以上。各省、自治区、直辖市住房城乡建设部门会同同级财政、税务部门，可根据租赁市场发展情况，对本地区全部或者部分城市在50%的幅度内下调标准。

五、各地住房城乡建设、税务部门应加强信息共享。市、县住房城乡建设部门应将本地区住房租赁企业、专业化规模化住房租赁企业名单以及保障性租赁住房项目认定书传递给同级税务部门，并将住房租赁企业、专业化规模化住房租赁企业名单予以公布并动态更新，共享信息具体内容和共享实现方式由各省、自治区、直辖市住房城乡建设部门会同税务部门共同研究确定。

六、纳税人享受本公告规定的优惠政策，应按规定进行减免税申报，并将不动产权属、房屋租赁合同、保障性租赁住房项目认定书等相关资料留存备查。

七、本公告自2021年10月1日起执行。《财政部 国家税务总局关于廉租住房经济适用住房和住房租赁有关税收政策的通知》（财税〔2008〕24号）第二条第（四）项规定同时废止。

财政部 税务总局 住房城乡建设部

2021年7月15日

财政部 税务总局关于延续实施全年一次性奖金等个人所得税优惠政策的公告

（财政部 税务总局公告 2021 年第 42 号）

为扎实做好“六保”工作，进一步减轻纳税人负担，现将延续实施有关个人所得税优惠政策公告如下：

一、《财政部 税务总局关于个人所得税法修改后有关优惠政策衔接问题的通知》（财税〔2018〕164 号）规定的全年一次性奖金单独计税优惠政策，执行期限延长至 2023 年 12 月 31 日；上市公司股权激励单独计税优惠政策，执行期限延长至 2022 年 12 月 31 日。

二、《财政部 税务总局关于个人所得税综合所得汇算清缴涉及有关政策问题的公告》（财政部 税务总局公告 2019 年第 94 号）规定的免于办理个人所得税综合所得汇算清缴优惠政策，执行期限延长至 2023 年 12 月 31 日。

特此公告。

财政部 税务总局

2021 年 12 月 31 日

财政部 税务总局关于权益性投资经营所得个人所得税征收管理的公告

（财政部 税务总局公告2021年第41号）

为贯彻落实中央办公厅、国务院办公厅《关于进一步深化税收征管改革的意见》有关要求，深化“放管服”改革，现就权益性投资经营所得个人所得税征收管理有关问题公告如下：

一、持有股权、股票、合伙企业财产份额等权益性投资的个人独资企业、合伙企业（以下简称独资合伙企业），一律适用查账征收方式计征个人所得税。

二、独资合伙企业应自持有上述权益性投资之日起30日内，主动向税务机关报送持有权益性投资的情况；公告实施前独资合伙企业已持有权益性投资的，应当在2022年1月30日前向税务机关报送持有权益性投资的情况。税务机关接到核定征收独资合伙企业报送持有权益性投资情况的，调整其征收方式为查账征收。

三、各级财政、税务部门应做好服务辅导工作，积极引导独资合伙企业建立健全账簿、完善会计核算和财务管理制度、如实申报纳税。独资合伙企业未如实报送持有权益性投资情况的，依据税收征收管理法相关规定处理。

四、本公告自2022年1月1日起施行。

特此公告。

财政部 税务总局

2021年12月30日

国家税务总局关于城市维护建设税征收管理有关事项的公告

（国家税务总局公告 2021 年第 26 号）

为贯彻落实中办、国办印发的《关于进一步深化税收征管改革的意见》，进一步规范城市维护建设税（以下简称城建税）征收管理，根据《中华人民共和国城市维护建设税法》《财政部 税务总局关于城市维护建设税计税依据确定办法等事项的公告》（2021 年第 28 号）等相关规定，现就有关事项公告如下：

一、城建税以纳税人依法实际缴纳的增值税、消费税（以下称两税）税额为计税依据。

依法实际缴纳的增值税税额，是指纳税人依照增值税相关法律法规和税收政策规定计算应当缴纳的增值税税额，加上增值税免抵税额，扣除直接减免的增值税税额和期末留抵退税退还的增值税税额（以下简称留抵退税额）后的金额。

依法实际缴纳的消费税税额，是指纳税人依照消费税相关法律法规和税收政策规定计算应当缴纳的消费税税额，扣除直接减免的消费税税额后的金额。

应当缴纳的两税税额，不含因进口货物或境外单位和个人向境内销售劳务、服务、无形资产缴纳的两税税额。

纳税人自收到留抵退税额之日起，应当在下一个纳税申报期从城建税计税依据中扣除。

留抵退税额仅允许在按照增值税一般计税方法确定的城建税计税依据中扣除。当期未扣除完的余额，在以后纳税申报期按规定继续扣除。

二、对于增值税小规模纳税人更正、查补此前按照一般计税方法确定的城建税计税依据，允许扣除尚未扣除完的留抵退税额。

三、对增值税免抵税额征收的城建税，纳税人应在税务机关核准免抵税额的下一个纳税申报期内向主管税务机关申报缴纳。

四、城建税纳税人按所在地在市区、县城、镇和不在上述区域适用不同税率。市区、县城、镇按照行政区划确定。

行政区划变更的，自变更完成当月起适用新行政区划对应的城建税税率，纳税人在变更完成当月的下一个纳税申报期按新税率申报缴纳。

五、城建税的纳税义务发生时间与两税的纳税义务发生时间一致，分别与两税同时缴纳。同时缴纳是指在缴纳两税时，应当在两税同一缴纳地点、同一缴纳期限内，一并缴纳对应的城建税。

采用委托代征、代扣代缴、代收代缴、预缴、补缴等方式缴纳两税的，应当同时缴纳城建税。

前款所述代扣代缴，不含因境外单位和个人向境内销售劳务、服务、无形资产代扣代缴增值税情形。

六、因纳税人多缴发生的两税退税，同时退还已缴纳的城建税。

两税实行先征后返、先征后退、即征即退的，除另有规定外，不予退还随两税附征的城建税。

七、城建税的征收管理等事项，比照两税的有关规定办理。

八、本公告自 2021 年 9 月 1 日起施行。《废止文件及条款清单》（附件）所列文件、条款同时废止。

特此公告。

附件：废止文件及条款清单（略）

国家税务总局

2021 年 8 月 31 日

国家税务总局关于契税纳税服务与征收管理若干事项的公告

（国家税务总局公告 2021 年第 25 号）

为贯彻落实中办、国办印发的《关于进一步深化税收征管改革的意见》，切实优化契税纳税服务，规范契税征收管理，根据《中华人民共和国契税法》（以下简称《契税法》）、《财政部 税务总局关于贯彻实施契税法若干事项执行口径的公告》（2021 年第 23 号，以下简称 23 号公告）等相关规定，现就有关事项公告如下：

一、契税申报以不动产单元为基本单位。

二、以作价投资（入股）、偿还债务等应交付经济利益的方式转移土地、房屋权属的，参照土地使用权出让、出售或房屋买卖确定契税适用税率、计税依据等。

以划转、奖励等没有价格的方式转移土地、房屋权属的，参照土地使用权或房屋赠与确定契税适用税率、计税依据等。

三、契税计税依据不包括增值税，具体情形为：

（一）土地使用权出售、房屋买卖，承受方计征契税的成交价格不含增值税；实际取得增值税发票的，成交价格以发票上注明的不含税价格确定。

（二）土地使用权互换、房屋互换，契税计税依据为不含增值税价格的差额。

（三）税务机关核定的契税计税价格为不含增值税价格。

四、税务机关依法核定计税价格，应参照市场价格，采用房地产价格评估等方法合理确定。

五、契税纳税人依法纳税申报时，应填报《财产和行为税税源明细表》（《契税税源明细表》部分，附件 1），并根据具体情形提交下列资料：

（一）纳税人身份证件；

（二）土地、房屋权属转移合同或其他具有土地、房屋权属转移合同性质的凭证；

（三）交付经济利益方式转移土地、房屋权属的，提交土地、房屋权属转移相关价款支付凭证，其中，土地使用权出让为财政票据，土地使用权出售、互换和房屋买卖、互换为增值税发票；

（四）因人民法院、仲裁委员会的生效法律文书或者监察机关出具的监察文书等因素发生土地、房屋权属转移的，提交生效法律文书或监察文书等。

符合减免税条件的，应按规定附送有关资料或将资料留存备查。

六、税务机关在契税足额征收或办理免税（不征税）手续后，应通过契税的完税凭证或契税信息联系单（以下简称联系单，附件 2）等，将完税或免税（不征税）信息传递给不动产登记机构。能够通过信息共享即时传递信息的，税务机关可不再向不动产登记机构提供完税凭证或开具联系单。

七、纳税人依照《契税法》以及23号公告规定向税务机关申请退还已缴纳契税的，应提供纳税人身份证件，完税凭证复印件，并根据不同情形提交相关资料：

（一）在依法办理土地、房屋权属登记前，权属转移合同或合同性质凭证不生效、无效、被撤销或者被解除的，提交合同或合同性质凭证不生效、无效、被撤销或者被解除的证明材料；

（二）因人民法院判决或者仲裁委员会裁决导致土地、房屋权属转移行为无效、被撤销或者被解除，且土地、房屋权属变更至原权利人的，提交人民法院、仲裁委员会的生效法律文书；

（三）在出让土地使用权交付时，因容积率调整或实际交付面积小于合同约定面积需退还土地出让价款的，提交补充合同（协议）和退款凭证；

（四）在新建商品房交付时，因实际交付面积小于合同约定面积需返还房价款的，提交补充合同（协议）和退款凭证。

税务机关收取纳税人退税资料后，应向不动产登记机构核实有关土地、房屋权属登记情况。核实后符合条件的即时受理，不符合条件的一次性告知应补正资料或不予受理原因。

八、税务机关及其工作人员对税收征管过程中知悉的个人的身份信息、婚姻登记信息、不动产权属登记信息、纳税申报信息及其他商业秘密和个人隐私，应当依法予以保密，不得泄露或者非法向他人提供。纳税人的税收违法行为信息不属于保密信息范围，税务机关可依法处理。

九、各地税务机关应与当地房地产管理部门加强协作，采用不动产登记、交易和缴税一窗受理等模式，持续优化契税申报缴纳流程，共同做好契税征收与房地产管理衔接工作。

十、本公告要求纳税人提交的资料，各省、自治区、直辖市和计划单列市税务局能够通过信息共享即时查验的，可公告明确不再要求纳税人提交。

十一、本公告所称纳税人身份证件是指：单位纳税人为营业执照，或者统一社会信用代码证书或者其他有效登记证书；个人纳税人中，自然人为居民身份证，或者居民户口簿或者入境的身份证件，个体工商户为营业执照。

十二、本公告自2021年9月1日起施行。《全文废止和部分条款废止的契税文件目录》（附件3）所列文件或条款同时废止。

特此公告。

附件：1. 契税税源明细表（略）

2. 契税信息联系单（略）

3. 全文废止和部分条款废止的契税文件目录（略）

国家税务总局

2021年8月26日

财政部 税务总局关于契税法实施后有关优惠政策衔接问题的公告

（财政部 税务总局公告 2021 年第 29 号）

为贯彻落实《中华人民共和国契税法》，现将税法实施后继续执行的契税优惠政策公告如下：

一、夫妻因离婚分割共同财产发生土地、房屋权属变更的，免征契税。

二、城镇职工按规定第一次购买公有住房的，免征契税。

公有制单位为解决职工住房而采取集资建房方式建成的普通住房或由单位购买的普通商品住房，经县级以上地方人民政府房改部门批准、按照国家房改政策出售给本单位职工的，如属职工首次购买住房，比照公有住房免征契税。

已购公有住房经补缴土地出让价款成为完全产权住房的，免征契税。

三、外国银行分行按照《中华人民共和国外资银行管理条例》等相关规定改制为外商独资银行（或其分行），改制后的外商独资银行（或其分行）承受原外国银行分行的房屋权属的，免征契税。

四、除上述政策外，其他继续执行的契税优惠政策按原文件规定执行。涉及的文件及条款见附件 1。

五、本公告自 2021 年 9 月 1 日起执行。附件 2 中所列文件及条款规定的契税优惠政策同时废止。附件 3 中所列文件及条款规定的契税优惠政策失效。

特此公告。

附件：1. 继续执行的契税优惠政策文件及条款目录（略）
　　　2. 废止的契税优惠政策文件及条款目录（略）
　　　3. 失效的契税优惠政策文件及条款目录（略）

财政部 税务总局

2021 年 8 月 27 日

国家税务总局关于企业所得税若干政策征管口径问题的公告

（国家税务总局公告 2021 年第 17 号）

为贯彻落实中办、国办印发的《关于进一步深化税收征管改革的意见》，深入开展 2021 年“我为纳税人缴费人办实事暨便民办税春风行动”，推进税收领域“放管服”改革，更好服务市场主体，根据《中华人民共和国企业所得税法》及其实施条例（以下简称税法）等相关规定，对企业所得税若干政策征管口径问题公告如下：

一、关于公益性捐赠支出相关费用的扣除问题

企业在非货币性资产捐赠过程中发生的运费、保险费、人工费用等相关支出，凡纳入国家机关、公益性社会组织开具的公益捐赠票据记载的数额中的，作为公益性捐赠支出按照规定在税前扣除；上述费用未纳入公益性捐赠票据记载的数额中的，作为企业相关费用按照规定在税前扣除。

二、关于可转换债券转换为股权投资的税务处理问题

（一）购买方企业的税务处理

1. 购买方企业购买可转换债券，在其持有期间按照约定利率取得的利息收入，应当依法申报缴纳企业所得税。

2. 购买方企业可转换债券转换为股票时，将应收未收利息一并转为股票的，该应收未收利息即使会计上未确认收入，税收上也应当作为当期利息收入申报纳税；转换后以该债券购买价、应收未收利息和支付的相关税费为该股票投资成本。

（二）发行方企业的税务处理

1. 发行方企业发生的可转换债券的利息，按照规定在税前扣除。

2. 发行方企业按照约定将购买方持有的可转换债券和应付未付利息一并转为股票的，其应付未付利息视同已支付，按照规定在税前扣除。

三、关于跨境混合性投资业务企业所得税的处理问题

境外投资者在境内从事混合性投资业务，满足《国家税务总局关于企业混合性投资业务企业所得税处理问题的公告》（2013 年第 41 号）第一条规定的条件的，可以按照该公告第二条第一款的规定进行企业所得税处理，但同时符合以下两种情形的除外：

（一）该境外投资者与境内被投资企业构成关联关系；

（二）境外投资者所在国家（地区）将该项投资收益认定为权益性投资收益，且不征收企业所得税。

同时符合上述第（一）项和第（二）项规定情形的，境内被投资企业向境外投资者支付的利息应视为股息，不得进行税前扣除。

四、企业所得税核定征收改为查账征收后有关资产的税务处理问题

（一）企业能够提供资产购置发票的，以发票载明金额为计税基础；不能提供资产购置发票的，可以凭购置资产的合同（协议）、资金支付证明、会计核算资料等记载金额，作为计税基础。

（二）企业核定征税期间投入使用的资产，改为查账征税后，按照税法规定的折旧、摊销年限，扣除该资产投入使用年限后，就剩余年限继续计提折旧、摊销额并在税前扣除。

五、关于文物、艺术品资产的税务处理问题

企业购买的文物、艺术品用于收藏、展示、保值增值的，作为投资资产进行税务处理。文物、艺术品资产在持有期间，计提的折旧、摊销费用，不得税前扣除。

六、关于企业取得政府财政资金的收入时间确认问题

企业按照市场价格销售货物、提供劳务服务等，凡由政府财政部门根据企业销售货物、提供劳务服务的数量、金额的一定比例给予全部或部分资金支付的，应当按照权责发生制原则确认收入。

除上述情形外，企业取得的各种政府财政支付，如财政补贴、补助、补偿、退税等，应当按照实际取得收入的时间确认收入。

本公告适用于2021年及以后年度汇算清缴。

特此公告。

国家税务总局

2021年6月22日

财政部 税务总局关于继续实施企业改制重组有关土地增值税政策的公告

（财政部 税务总局公告 2021 年第 21 号）

为支持企业改制重组，优化市场环境，现就继续执行有关土地增值税政策公告如下：

一、企业按照《中华人民共和国公司法》有关规定整体改制，包括非公司制企业改制为有限责任公司或股份有限公司，有限责任公司变更为股份有限公司，股份有限公司变更为有限责任公司，对改制前的企业将国有土地使用权、地上的建筑物及其附着物（以下称房地产）转移、变更到改制后的企业，暂不征土地增值税。

本公告所称整体改制是指不改变原企业的投资主体，并承继原企业权利、义务的行为。

二、按照法律规定或者合同约定，两个或两个以上企业合并为一个企业，且原企业投资主体存续的，对原企业将房地产转移、变更到合并后的企业，暂不征土地增值税。

三、按照法律规定或者合同约定，企业分设为两个或两个以上与原企业投资主体相同的企业，对原企业将房地产转移、变更到分立后的企业，暂不征土地增值税。

四、单位、个人在改制重组时以房地产作价入股进行投资，对其将房地产转移、变更到被投资的企业，暂不征土地增值税。

五、上述改制重组有关土地增值税政策不适用于房地产转移任意一方为房地产开发企业的情形。

六、改制重组后再转让房地产并申报缴纳土地增值税时，对“取得土地使用权所支付的金额”，按照改制重组前取得该宗国有土地使用权所支付的地价款和按国家统一规定缴纳的有关费用确定；经批准以国有土地使用权作价出资入股的，为作价入股时县级及以上自然资源部门批准的评估价格。按购房发票确定扣除项目金额的，按照改制重组前购房发票所载金额并从购买年度起至本次转让年度止每年加计 5%计算扣除项目金额，购买年度是指购房发票所载日期的当年。

七、纳税人享受上述税收政策，应按税务机关规定办理。

八、本公告所称不改变原企业投资主体、投资主体相同，是指企业改制重组前后出资人不发生变动，出资人的出资比例可以发生变动；投资主体存续，是指原企业出资人必须存在于改制重组后的企业，出资人的出资比例可以发生变动。

九、本公告执行期限为 2021 年 1 月 1 日至 2023 年 12 月 31 日。企业改制重组过程中涉及的土地增值税尚未处理的，符合本公告规定可按本公告执行。

财政部 税务总局

2021 年 5 月 31 日

财政部 税务总局关于继续执行企业 事业单位改制重组有关契税政策的公告

（财政部 税务总局公告2021年第17号）

为支持企业、事业单位改制重组，优化市场环境，现就继续执行有关契税政策公告如下：

一、企业改制

企业按照《中华人民共和国公司法》有关规定整体改制，包括非公司制企业改制为有限责任公司或股份有限公司，有限责任公司变更为股份有限公司，股份有限公司变更为有限责任公司，原企业投资主体存续并在改制（变更）后的公司中所持股权（股份）比例超过75%，且改制（变更）后公司承继原企业权利、义务的，对改制（变更）后公司承受原企业土地、房屋权属，免征契税。

二、事业单位改制

事业单位按照国家有关规定改制为企业，原投资主体存续并在改制后企业中出资（股权、股份）比例超过50%的，对改制后企业承受原事业单位土地、房屋权属，免征契税。

三、公司合并

两个或两个以上的公司，依照法律规定、合同约定，合并为一个公司，且原投资主体存续的，对合并后公司承受原合并各方土地、房屋权属，免征契税。

四、公司分立

公司依照法律规定、合同约定分立为两个或两个以上与原公司投资主体相同的公司，对分立后公司承受原公司土地、房屋权属，免征契税。

五、企业破产

企业依照有关法律法规规定实施破产，债权人（包括破产企业职工）承受破产企业抵偿债务的土地、房屋权属，免征契税；对非债权人承受破产企业土地、房屋权属，凡按照《中华人民共和国劳动法》等国家有关法律法规政策妥善安置原企业全部职工规定，与原企业全部职工签订服务年限不少于三年的劳动用工合同的，对其承受所购企业土地、房屋权属，免征契税；与原企业超过30%的职工签订服务年限不少于三年的劳动用工合同的，减半征收契税。

六、资产划转

对承受县级以上人民政府或国有资产管理部门按规定进行行政性调整、划转国有土地、房屋权属的单位，免征契税。

同一投资主体内部所属企业之间土地、房屋权属的划转，包括母公司与其全资子公司之间，同一公司所属全资子公司之间，同一自然人与其设立的个人独资企业、一人有限公司之间土地、房屋权属的划转，免征契税。

母公司以土地、房屋权属向其全资子公司增资，视同划转，免征契税。

七、债权转股权

经国务院批准实施债权转股权的企业，对债权转股权后新设立的公司承受原企业的土地、房屋权属，免征契税。

八、划拨用地出让或作价出资

以出让方式或国家作价出资（入股）方式承受原改制重组企业、事业单位划拨用地的，不属上述规定的免税范围，对承受方应按规定征收契税。

九、公司股权（股份）转让

在股权（股份）转让中，单位、个人承受公司股权（股份），公司土地、房屋权属不发生转移，不征收契税。

十、有关用语含义

本公告所称企业、公司，是指依照我国有关法律法规设立并在中国境内注册的企业、公司。

本公告所称投资主体存续，是指原改制重组企业、事业单位的出资人必须存在于改制重组后的企业，出资人的出资比例可以发生变动。

本公告所称投资主体相同，是指公司分立前后出资人不发生变动，出资人的出资比例可以发生变动。

十一、本公告自2021年1月1日起至2023年12月31日执行。自执行之日起，企业、事业单位在改制重组过程中，符合本公告规定但已缴纳契税的，可申请退税；涉及的契税尚未处理且符合本公告规定的，可按本公告执行。

财政部 税务总局

2021年4月26日

北京市住房和城乡建设委员会关于印发《关于建筑业营业税改征增值税调整北京市建设工程计价依据的实施意见》的通知

（京建发〔2016〕116号）

一、实施时间及适用范围

（一）执行《建设工程工程量清单计价规范》、北京市《房屋修缮工程工程量清单计价规范》（以下简称“清单计价规范”）和（或）2012年《北京市建设工程计价依据——预算定额》、2012年《北京市房屋修缮工程计价依据——预算定额》、2014年《北京市城市轨道交通运营改造工程计价依据——预算定额》及配套定额（以下简称“预算定额”）的工程，按以下规定执行：

1. 凡在北京市行政区域内且《建筑工程施工许可证》注明的合同开工日期或未取得《建筑工程施工许可证》的建筑工程承包合同注明的开工日期（以下简称“开工日期”）在2016年5月1日（含）后的房屋建筑和市政基础设施工程（以下简称“建筑工程”），应按本实施意见执行。

2. 开工日期在2016年4月30日前的建筑工程，在符合《关于全面推开营业税改征增值税试点的通知》（财税〔2016〕36号）等财税文件规定前提下，参照原合同价或营改增前的计价依据执行。

（二）执行2001年《北京市建设工程预算定额》、2005年《北京市房屋修缮工程预算定额》及配套定额且开工日期在2016年4月30日前的建筑工程，可按原合同价或营改增前的计价依据执行。

（三）按2004年《北京市建设工程概算定额》及配套定额编制设计概算的建筑工程，按营改增前的计价依据执行。

二、实施依据

（一）《关于做好建筑业营改增建设工程计价依据调整准备工作的通知》（建办标〔2016〕4号）。

（二）《关于全面推开营业税改征增值税试点的通知》（财税〔2016〕36号）。

（三）《营业税改征增值税试点方案》（财税〔2011〕110号）、《关于简并增值税征收率政策的通知》（财税〔2014〕57号）等。

（四）现行计价依据，包括清单计价规范、预算定额、造价管理办法等。

（五）其他有关资料。

三、费用组成内容

（一）营改增后建筑安装工程费用项目的组成内容除本办法另有规定外，均与预算定额的内容一致。

（二）企业管理费包括预算定额的原组成内容，城市维护建设税、教育费附加以及地方教育费附加，营改增增加的管理费用等。

（三）建筑安装工程费用的税金是指国家税法规定应计入建筑安装工程造价内的增值税销项税额。

四、其他有关说明

（一）预算定额的调整内容是根据营改增调整依据的规定和要求等修订完成，不改变清单计价规范和预算定额的作用、适用范围及费用计价程序等。预算定额依据“价税分离”计价规则调整的相关内容详见附件。

（二）2012 年《北京市房屋修缮工程计价依据——预算定额》古建筑工程各费用项目的计费基数均做调整，调整的计费基数详见附件。

（三）预算定额的调整内容对应定额编制期的除税价格及费率。

（四）建筑业营改增后，工程造价按“价税分离”计价规则计算，具体要素价格适用增值税税率执行财税部门的相关规定。税前工程造价为人工费、材料费、施工机具使用费、企业管理费、利润和规费之和，各费用项目均以不包含增值税（可抵扣进项税额）的价格计算。

（五）建筑业营改增后建设工程发承包及实施阶段的计价活动，适用一般计税方法计税的建筑工程执行“价税分离”计价规则；选择适用简易计税方法计税的建筑工程参照原合同价或营改增前的计价依据执行，并执行财税部门的规定。

（六）材料（设备）暂估价、确认价均应为除税单价，结算价格差额只计取税金。专业工程暂估价应为营改增后的工程造价。

（七）总承包工程合同项下的专业分包工程、材料（设备）按照总承包工程合同的计价规则执行。专业承包工程合同项下材料（设备）按照专业承包工程合同的计价规则执行。

（八）风险幅度确定原则：风险幅度均以材料（设备）、施工机具台班等对应除税单价为依据计算。

（九）《北京工程造价信息》（营改增版）中的除税材料（设备）市场信息价格，包括除税的材料（设备）原价、运杂费、运输损耗费和采购及保管费。

五、现行造价管理办法中与本实施意见内容不一致的地方，以本实施意见为准。

六、本实施意见自发布之日起执行，尚未开标且不能在 2016 年 4 月 30 日前完成合同签订的依法进行招标的项目，招标文件及招标控制价编制均应按本实施意见要求执行。

附件：

建筑业营改增建设工程计价依据调整表

一、以“元”为单位的要素价格

项目名称		单位	调整方法
840 027	摊销材料费	元	以各定额子目的数量为基数×89.3%
840028	租赁材料费	元	以各定额子目的数量为基数×90.7%
840004	其他材料费	元	以各定额子目的数量为基数×96.6%
840016	机械费	元	以各定额子目的数量为基数×94.7%
840023	其他机具费	元	以各定额子目的数量为基数×94.7%
888810	中小型机械费	元	以各定额子目的数量为基数×94.7%
	03 通用安装工程第一册第573页：金属桅杆及人字架等一般起重机具的摊销费	元	按所安装设备净重量（包括设备底座、辅机）计算，按 11.36 元/吨计取，列入措施项目费用中。

说明：调整系数适用2012年《北京市建设工程计价依据——预算定额》、2012年《北京市房屋修缮工程计价依据——预算定额》、2014年《北京市城市轨道交通运营改造工程计价依据——预算定额》中对应编码的要素数量调整。

二、2012年《北京市建设工程计价依据——预算定额》

01 房屋建筑与装饰工程

1. 安全文明施工费

项目名称		建筑装饰工程						钢结构工程		其他工程	
		建筑面积（m2）									
		20000 以内		50000 以内		50000 以外					
		五环路以内	五环路以外	五环路以内	五环路以外	五环路以内	五环路以外	五环路以内	五环路以外	五环路以内	五环路以外
计费基数		以第一章至第十七章的相应部分除税预算价为基数（不得重复）计算									
费率（%）		5.54	4.93	5.35	4.75	4.88	4.47	4.02	3.73	3.69	3.63
其中	环境保护	1.23	1.2	1.2	1.16	1.17	1.15	1.07	1.05	0.98	0.96
	文明施工	0.69	0.66	0.66	0.64	0.64	0.62	0.53	0.49	0.49	0.47
	安全施工	1.33	1.18	1.27	1.13	1.11	1.1	1.02	1.01	0.93	0.92
	临时设施	2.29	1.89	2.22	1.82	1.96	1.60	1.4	1.18	1.29	1.28

2. 企业管理费

序号	项目名称			计费基数	企业管理费率（%）	其中	
						现场管理费率（%）	其中：工程质量检测费率（%）
1	单层建筑	厂房	跨度18m以内	除税预算价	8.74	3.75	0.45
2			跨度18m以外		9.94	4.17	0.47
3		其他			8.40	3.45	0.43
4	住宅建筑	檐高（m）	25以下		8.88	3.62	0.46
5			45以下		9.69	3.88	0.47
6			80以下		9.90	4.09	0.48
7			80以上		10.01	4.23	0.50
8	公共建筑		25以下		9.25	3.73	0.46
9			45以下		10.38	4.25	0.48
10			80以下		10.76	4.54	0.50
11			120以下		10.92	4.71	0.51
12			200以下		10.96	4.84	0.52
13			200以上		10.99	4.96	0.52
14	钢结构				3.81	1.54	
15	独立土石方				7.10	2.63	
16	施工降水				6.74	2.67	
17	边坡支护及桩基础				6.98	2.82	

02 仿古建筑工程

1. 安全文明施工费

项目名称		仿古建筑工程	
		五环以内	五环以外
计费基数		以第一章至第十章的相应部分除税预算价为基数（不得重复）计算	
费率（%）		5.48	4.78
其中	环境保护	1.24	1.13
	文明施工	0.70	0.47
	安全施工	1.52	1.26
	临时设施	2.02	1.92

2. 企业管理费

序号	项目名称	计费基数	企业管理费率（%）	其中
				现场管理费率（%）
1	仿古建筑工程	除税预算价	10.12	4.12

03 通用安装工程

1. 工程调试费

项目名称	费 率
采暖系统调试费	采暖系统调试费按采暖工程人工费的 13.8%计取，其中人工费占 26%
空调水工程系统调试费	空调水工程系统调试费，按空调水工程人工费的 13.8%计取，其中人工费占 26%
通风空调工程系统调试费	通风空调工程系统调试费，按系统人工费的 13.8%计取，其中人工费占 26%

2. 脚手架使用费

项目名称	费率
第一册 机械设备安装工程	脚手架使用费按下列系数计算： (1) 第一章“起重设备安装”、第二章“起重机轨道安装”脚手架使用费按定额人工费的 7.74%计算，其中人工费占 36.18%。 (2) 电梯脚手架使用费： 电梯载重量≤1 500kg，井道高度≤50m 时：5.78%，其中人工费占 25.97%； 电梯载重量≤1 500kg，井道高度＞50m 时：9.24%，其中人工费占 25.97%； 电梯载重量＞1 500kg 所增加的脚手架费用另行计算。 (3) 除第一、二、四章外，脚手架使用费按人工费的 4.81%计算，其中人工费占 25.97%。
第二册 热力设备安装工程	脚手架使用费按下列系数计算： (1) 第一章至第七章按人工费的 9.63%计算，其中人工费占 25.97%； (2) 第八章按人工费的 4.81%计算，其中人工费占 25.97%。
第三册 静置设备与工艺金属结构 制作安装工程	2. 静置设备制作，脚手架使用费按人工费的 4.81%计算，其中人工费占 25.97%。 3. 除静置设备制作工程以外，本定额其他项目脚手架使用费按人工费的 9.63%计算，其中人工费占 25.97%。
第四册 电气设备安装工程	2. 脚手架使用费按人工费的 4.81%计算，其中人工费占 25.97%。 3. 对单独承担的室外埋地敷设电缆、架空配电线路和路灯工程，不计取脚手架使用费。
第五册建筑智能化工程 第六册自动化控制仪表安装工程 第七册通风空调工程 第八册工业管道工程 第九册消防工程 第十册给排水 采暖 燃气工程 第十一册通信设备及线路工程	2. 脚手架使用费按人工费的 4.81%计算，其中人工费占 25.97%。 3. 第八册《工业管道工程》和第十册《给排水 采暖 燃气工程》，对单独承担的埋地管道工程，不计取脚手架使用费。 第十一册《通信设备及线路工程》，室外通信工程项目不计取脚手架使用费。
第十二册 刷油 防腐蚀 绝热工程	脚手架使用费按下列系数计算： (1) 刷油工程：按人工费的 7.70%计算，其中人工费占 25.97%； (2) 防腐蚀工程：按人工费的 11.55%计算，其中人工费占 25.97%； (3) 绝热工程：按人工费的 19.25%计算，其中人工费占 25.97%。

3. 安装与生产同时进行增加费

项目名称	费率
安装与生产同时进行增加费	按人工费的 9.60%计算；其中人工费占安装与生产同时进行增加费的 20.83%。

4. 在有害身体健康的环境中施工增加费

项目名称	费率
在有害身体健康的环境中施工增加费	按人工费的 9.53%计算；其中人工费占在有害身体健康环境中施工增加费的 5.25%。

5. 安全文明施工费

项目名称		通用安装工程：第 1～4 册、6～12 册		通用安装工程：第 5 册	
		五环以内	五环以外	五环以内	五环以外
计费基数		人工费			
费率（%）		20.86	18.20	15.74	13.74
其中	环境保护	2.93	2.65	2.14	2.00
	文明施工	6.39	5.64	4.92	4.28
	安全施工	7.13	6.31	5.36	4.65
	临时设施	4.40	3.60	3.32	2.82

说明：安全文明施工费按以上标准计取，其中人工费占安全文明施工费的 10.47%。

6. 企业管理费

序号	项目名称			计费基数	企业管理费率（%）	其中 现场管理费率（%）
1	住宅建筑	檐高	25 m 以下	人工费	60.30	25.32
2			45 m 以下		65.27	28.08
3			80 m 以下		66.84	29.46
4			80 m 以上		67.99	30.64
5	公共建筑		25 m 以下		62.29	26.36
6			45 m 以下		67.38	29.17
7			80 m 以下		69.32	30.72
8			120 m 以下		70.82	32.07
9			200 m 以下		72.22	33.43
10			200 m 以上		73.54	34.79
11	其他				65.37	27.37

04 市政工程

1. 安全文明施工费

项目名称			道路工程		桥梁工程		管道工程	
			五环路以内	五环路以外	五环路以内	五环路以外	五环路以内	五环路以外
计费基数			除税预算价					
费率（%）			5.87	5.22	6.28	5.67	6.07	5.47
其中	环境保护	%	1.32	1.10	1.43	1.27	1.33	0.95
	文明施工	%	0.93	0.77	1.03	0.96	1.01	1.62
	安全施工	%	1.39	1.31	1.42	1.36	1.40	1.12
	临时设施	%	2.22	2.04	2.40	2.08	2.33	1.78

2. 企业管理费

序号	项目名称		计费基数	企业管理费率（%）	其中
					现场管理费率（%）
1	道路、桥梁工程	道路	除税预算价	9.33	3.93
2		桥梁		9.40	3.96
3	管道工程	给水		7.37	3.18
4		排水		9.32	3.90
5		燃气、热力		8.29	3.51

05 园林绿化工程

1. 安全文明施工费

项目名称			绿化工程		庭园工程	
			五环路以内	五环路以外	五环路以内	五环路以外
计费基数			人工费		除税预算价	
费率（%）			8.67	6.32	5.18	4.31
其中	环境保护	%	2.17	1.40	1.24	1.03
	文明施工	%	1.48	1.01	0.80	0.66
	安全施工	%	1.82	1.27	1.19	1.00
	临时设施	%	3.20	2.64	1.95	1.62

2. 企业管理费

序号	项目名称	计费基数	企业管理费率（%）	其中
				现场管理费率（%）
1	绿化工程	人工费	27.04	11.46
2	庭园工程	除税预算价	8.37	3.33

06 构筑物工程

1. 安全文明施工费

项目名称		构筑物	
		五环路以内	五环路以外
计费基数		以第一章至第三章的相应部分除税预算价为基数（不得重复）计算	
费率（%）		4.31	3.75
其中	环境保护	1.12	1.06
	文明施工	0.58	0.56
	安全施工	1.13	1.06
	临时设施	1.48	1.07

2. 企业管理费

序号	项目名称		计费基数	企业管理费率（%）	其中：现场管理费率（%）
1	构筑物	烟囱、水塔、贮仓（库）	除税预算价	9.80	4.16
2		池类		8.83	3.58
3		其他		8.37	3.32

07 城市轨道交通工程
土建、轨道工程

1. 安全文明施工费

项目名称			地上工程		地下明挖工程		地下盖挖、暗挖工程		盾构工程		轨道工程	
			五环路以内	五环路以外	五环路以内	五环路以外	五环路以内	五环路以外	五环路以内	五环路以外	五环路以内	五环路以外
计费基数			除税预算价									
费率（%）			6.29	5.94	6.47	6.01	6.12	5.81	6.09	5.58	5.00	4.84
其中	环境保护	%	1.46	1.39	1.35	1.31	1.25	1.14	1.32	1.18	1.26	1.25
	文明施工	%	1.02	0.92	1.16	0.99	0.98	0.95	1.04	0.90	0.59	0.58
	安全施工	%	1.54	1.52	1.64	1.60	1.71	1.65	1.59	1.50	1.56	1.53
	临时设施	%	2.27	2.11	2.32	2.11	2.18	2.07	2.14	2.00	1.59	1.47

2. 企业管理费

序号	项目名称		计费基数	企业管理费率（%）	其中
					现场管理费率（%）
1	地下工程	明挖	除税预算价	8.56	3.40
2		盖挖、暗挖		9.02	3.55
3		盾构		8.08	3.05
4	地上工程			9.06	3.55
5	轨道工程			5.51	2.15

供电、通信信号、智能机电工程

1. 安全文明施工费

<table>
<tr><td colspan="3">项目名称</td><td>通信、信号工程</td><td>供电工程</td><td>智能与控制系统、机电工程</td></tr>
<tr><td colspan="3">计费基数</td><td colspan="3">人工费</td></tr>
<tr><td colspan="3">费率（%）</td><td>22.61</td><td>22.96</td><td>22.74</td></tr>
<tr><td rowspan="4">其中</td><td>环境保护</td><td>%</td><td>3.11</td><td>3.02</td><td>3.18</td></tr>
<tr><td>文明施工</td><td>%</td><td>7.23</td><td>7.02</td><td>6.97</td></tr>
<tr><td>安全施工</td><td>%</td><td>7.51</td><td>7.30</td><td>7.78</td></tr>
<tr><td>临时设施</td><td>%</td><td>4.76</td><td>4.62</td><td>4.81</td></tr>
</table>

2. 企业管理费

<table>
<tr><td>序号</td><td colspan="2">项目名称</td><td>计费基数</td><td>企业管理费率（%）</td><td>其中：现场管理费率（%）</td></tr>
<tr><td>1</td><td colspan="2">通信 信号工程</td><td rowspan="4">人工费</td><td>63.21</td><td>27.12</td></tr>
<tr><td>2</td><td colspan="2">供电工程</td><td>66.95</td><td>28.65</td></tr>
<tr><td rowspan="2">3</td><td rowspan="2">智能与控制系统、机电工程</td><td>智能与控制系统工程</td><td>65.19</td><td>27.87</td></tr>
<tr><td>机电工程</td><td>66.30</td><td>28.43</td></tr>
</table>

三、2012年《北京市房屋修缮工程计价依据——预算定额》

01 土建工程

1. 工程水电费

序号	项目名称	计费基数	费率（%）
1	土建工程	除税直接工程费	0.80

2. 其他措施费

<table>
<tr><td>序号</td><td>项目名称</td><td>取费基数</td><td>费率（%）</td><td>其中人工费占比（%）</td></tr>
<tr><td>1</td><td>安全文明施工费</td><td rowspan="12">除税直接工程费</td><td>1.00</td><td>54</td></tr>
<tr><td>2</td><td>夜间施工费</td><td>0.48</td><td>44</td></tr>
<tr><td>3</td><td>二次搬运费</td><td>1.52</td><td>91</td></tr>
<tr><td>4</td><td>冬雨季施工费</td><td>0.82</td><td>54</td></tr>
<tr><td>5</td><td>临时设施费</td><td>1.80</td><td>28</td></tr>
<tr><td>6</td><td>施工困难增加费</td><td>0.52</td><td>64</td></tr>
<tr><td>7</td><td>原有建筑物、设备、陈设、高级装修及文物保护费</td><td>0.50</td><td>33</td></tr>
<tr><td>8</td><td>高台建筑增加费（高在2m以上）</td><td>0.50</td><td>78</td></tr>
<tr><td>9</td><td>高台建筑增加费（高在5m以上）</td><td>0.72</td><td>78</td></tr>
<tr><td>10</td><td>超高增加费（高在25～45m）</td><td>0.50</td><td>78</td></tr>
<tr><td>11</td><td>超高增加费（高在45m以上）</td><td>0.72</td><td>78</td></tr>
<tr><td>12</td><td>施工排水、降水费</td><td>0.55</td><td>49</td></tr>
</table>

3. 企业管理费

序号	项目名称	计费基数	企业管理费率（%）	其中：	
				现场管理费率（%）	工程质量检测费率（%）
1	土建工程	除税直接费	16.26	6.85	0.43

02 古建筑工程

1. 工程水电费

序号	项目名称	计费基数	费率（%）
1	古建筑工程	人工费	1.30

2. 其他措施费

序号	项目名称	取费基数	费率（%）	其中人工费占比（%）
1	安全文明施工费	人工费	2.80	54
2	夜间施工费		1.34	44
3	二次搬运费		4.62	91
4	冬雨季施工费		2.50	54
5	临时设施费		5.43	28
6	施工困难增加费		1.37	64
7	原有建筑物、设备、陈设、高级装修及文物保护费		1.37	33
8	高台建筑增加费（高在2m以上）		1.57	78
9	高台建筑增加费（高在5m以上）		2.15	78
10	超高增加费（高在25～45m）		1.57	78
11	超高增加费（高在45m以上）		2.15	78
12	施工排水、降水费		1.66	49

3. 企业管理费

序号	项目名称	计费基数	企业管理费率（%）	其中：	
				现场管理费率（%）	工程质量检测费率（%）
1	古建筑工程	人工费	37.72	16.31	0.92

4. 利润

序号	项目名称	计费基数	费率（%）
1	古建筑工程	人工费＋企业管理费	13.00

03 安装工程

1. 系统调试费

序号	项目	取费基数	费率标准（%）	其中人工费占比（%）
1	采暖、消防水、空调水工程系统调试费	单位工程人工费	14.38	30
2	通风空调工程系统调试费		13.48	30

2. 工程水电费

序号	项目名称	计费基数	费率（%）
1	安装工程	人工费	1.33

3. 其他措施费

序号	项目名称	取费基数	费率（%）	其中人工费占比（%）
1	安全文明施工费	人工费	2.64	54
2	夜间施工费		1.41	44
3	二次搬运费		2.08	91
4	冬雨季施工费		2.21	54
5	临时设施费		4.78	28
6	施工困难增加费		1.45	64
7	原有建筑物、设备、陈设、高级装修及文物保护费		1.38	33
8	高台建筑增加费（高在2m以上）		1.25	78
9	高台建筑增加费（高在5m以上）		1.50	78
10	超高增加费（高在25～45m）		1.20	78
11	超高增加费（高在45m以上）		1.54	78
12	施工排水、降水费		1.66	49

3. 企业管理费

序号	项目名称	计费基数	企业管理费率（%）	其中：现场管理费率（%）
1	安装工程	人工费	64.56	28.10

四、2014年《北京市城市轨道交通运营改造工程计价依据——预算定额》

01 土建、轨道工程

1. 安全文明施工费

项目名称			土建工程				轨道工程
			地上工程		地下工程		
			五环路以内	五环路以外	五环路以内	五环路以外	
计费基数			除税预算价				
费率（%）			6.10	5.81	6.47	5.77	4.92
其中	环境保护	%	1.05	1.00	0.96	0.92	1.25
	文明施工	%	0.83	0.76	0.94	0.80	0.59
	安全施工	%	1.90	1.88	1.99	1.93	1.53
	临时设施	%	2.32	2.17	2.58	2.12	1.55

2. 企业管理费

<table>
<tr><th rowspan="2">序号</th><th colspan="2" rowspan="2">项目名称</th><th rowspan="2">计费基数</th><th rowspan="2">企业管理费率（%）</th><th>其中</th></tr>
<tr><th>现场管理费率（%）</th></tr>
<tr><td>1</td><td rowspan="2">土建工程</td><td>地上工程</td><td rowspan="3">除税预算价</td><td>12.89</td><td>5.14</td></tr>
<tr><td>2</td><td>地下工程</td><td>12.83</td><td>5.13</td></tr>
<tr><td>3</td><td colspan="2">轨道工程</td><td>6.22</td><td>2.45</td></tr>
</table>

02 供电、通信信号、智能机电工程

1. 安全文明施工费

<table>
<tr><th colspan="3">项目名称</th><th>通信、信号工程</th><th>供电工程</th><th>智能与控制系统、机电工程</th></tr>
<tr><td colspan="3">计费基数</td><td colspan="3">人工费</td></tr>
<tr><td colspan="3">费率（%）</td><td>22.61</td><td>22.96</td><td>22.74</td></tr>
<tr><td rowspan="4">其中</td><td>环境保护</td><td>%</td><td>3.11</td><td>3.02</td><td>3.18</td></tr>
<tr><td>文明施工</td><td>%</td><td>7.23</td><td>7.02</td><td>6.97</td></tr>
<tr><td>安全施工</td><td>%</td><td>7.51</td><td>7.30</td><td>7.78</td></tr>
<tr><td>临时设施</td><td>%</td><td>4.76</td><td>4.62</td><td>4.81</td></tr>
</table>

2. 企业管理费

<table>
<tr><th rowspan="2">序号</th><th colspan="2" rowspan="2">项目名称</th><th rowspan="2">计费基数</th><th rowspan="2">企业管理费率（%）</th><th>其中</th></tr>
<tr><th>现场管理费率（%）</th></tr>
<tr><td>1</td><td colspan="2">通信信号工程</td><td rowspan="4">人工费</td><td>63.21</td><td>27.66</td></tr>
<tr><td>2</td><td colspan="2">供电工程</td><td>66.95</td><td>29.21</td></tr>
<tr><td rowspan="2">3</td><td rowspan="2">智能与控制系统 机电工程</td><td>智能与控制系统工程</td><td>65.19</td><td>27.87</td></tr>
<tr><td>机电工程</td><td>66.30</td><td>28.43</td></tr>
</table>

五、税金

序号	项目名称	计 费 基 数	税率（%）
1	税金	税前工程造价	11.00

说明：1. 税金适用 2012 年《北京市建设工程计价依据——预算定额》、2012 年《北京市房屋修缮工程计价依据——预算定额》、2014 年《北京市城市轨道交通运营改造工程计价依据——预算定额》的调整。

广州市城市更新税收指引（2021年版）

（穗税发〔2021〕93号）

国家税务总局广州市各区税务局，国家税务总局广州市税务局各派出机构，各区住房和城乡建设局：

按照《中共广州市委全面深化改革委员会关于转发〈中共广东省委全面深化改革委员会印发关于支持广州深化城市更新工作推进高质量发展的意见的通知〉的通知》（穗改委发〔2020〕13号）要求，为进一步发挥税收职能作用，支持广州城市更新工作高质量发展，推进广州实现老城市新活力和“四个出新出彩”，国家税务总局广州市税务局、广州市住房和城乡建设局组织编写了《广州市城市更新税收指引（2021年版）》，现印发给你们，请按照执行。

附件：

广州市城市更新税收指引（2021年版）

第一类：城中村改造

场景1：村企合作改造

村集体经济组织根据批复的项目实施方案和制定的拆迁补偿安置方案，通过公共资源交易中心招标引进开发企业合作参与改造。改造范围的土地一般分为复建安置区和融资区，改造主体公司负责拆迁补偿及复建安置房建设、取得融资区房地产开发销售的权益。该场景涉税环节包括合作意向企业垫付前期费用、改造主体公司返还前期费用、拆迁补偿、土地出让、复建安置房建设、复建安置房分配、融资区房屋销售。

1.1 合作意向企业垫付前期费用环节

对纳入更新改造范围的旧村庄，原则上由区政府委托专业机构开展项目实施方案编制、融资楼面地价评估、土地勘测定界、城市更新范围内的国土空间详细规划及相关专项评估编制等前期工作；历史上也存在旧村改造项目开展上述前期工作的经费由合作意向企业垫付给村集体经济组织的情形。这部分前期费用通常由合作意向企业垫付给村集体经济组织。另外，合作意向企业向改造主体公司收取额外的服务费用。

1.1.1 村集体经济组织

一、增值税

根据《财政部 国家税务总局关于全面推开营业税改征增值税试点的通知》（财税〔2016〕36号）规定，如果提供前期服务的专业机构直接开具发票给村集体经济组织，村集体经济组织再开具发票给合作意向企业或改造主体公司，村集体经济组织属于转售相应的应税服务，应按照相应的服务征收增值税。同时按相关规定缴纳城市维护建设税、教育费附加、地方教育附加。

二、印花税

根据《中华人民共和国印花税暂行条例》规定，城市更新主管部门、村集体经济组织组织开展土地勘测定界签订的合同，应按照“建设工程勘察设计合同”征收印花税。

三、企业所得税

（一）根据《中华人民共和国企业所得税法》及其实施条例规定，村集体经济组织为开展改造前期工作发生的合理支出可以税前扣除。对于改造前期支出最终由改造主体公司承担的，村集体经济组织在应收到改造主体公司前期费用补偿时确认收入。

（二）对于村集体经济组织引入合作意向企业共同开展改造前期工作的，双方应根据合作协议明确支出责任和收益归属。对明确由村集体经济组织支出、合作意向企业代垫款项的支出，属于村集体经济组织的支出，可凭合法凭证税前扣除。改造主体公司最终承担该支出的，属于改造主体公司代村集体经济组织偿还代垫款项，村集体经济组织确认收入。

（三）根据《国家税务总局关于发布〈企业所得税税前扣除凭证管理办法〉的公告》（国家税务总局公告 2018 年第 28 号），属于增值税应税项目（以下简称“应税项目”）的，对方为已办理税务登记的增值税纳税人，其支出以发票（包括按照规定由税务机关代开的发票）作为税前扣除凭证；对方为依法无需办理税务登记的单位或者从事小额零星经营业务的个人，其支出以税务机关代开的发票或者收款凭证及内部凭证作为税前扣除凭证，收款凭证应载明收款单位名称、个人姓名及身份证号、支出项目、收款金额等相关信息。不属于应税项目的，对方为单位的，以对方开具的发票以外的其他外部凭证作为税前扣除凭证；对方为个人的，以内部凭证作为税前扣除凭证。（下同，凭证问题不再重复列示。）

1.1.2　提供前期服务的专业机构

一、增值税及附加税费

根据《财政部 国家税务总局关于全面推开营业税改征增值税试点的通知》（财税〔2016〕36 号）规定，专业机构受托开展基础数据调查、基础数据核查、片区策划方案编制、项目实施方案编制、融资楼面地价评估、土地勘测定界、城市更新范围内的国土空间详细规划及相关专项评估编制等，收取的相关费用，应按照相应税目征收增值税。同时按相关规定缴纳城市维护建设税、教育费附加、地方教育附加。

二、印花税

根据《中华人民共和国印花税暂行条例》规定，专业机构提供土地勘测定界服务签订的合同，应按照“建设工程勘察设计合同”征收印花税。

三、企业所得税

根据《中华人民共和国企业所得税法》及其实施条例规定，专业机构从事基础数据调查、基础数据核查、片区策划方案编制、项目实施方案编制、融资楼面地价评估、土地勘测定界业务、城市更新范围内的国土空间详细规划及相关专项评估编制等各项收入，应计入企业所得税收入总额，发生与取得收入有关的、合理的支出，可在计算应纳税所得额时扣除。

1.2 改造主体公司返还前期费用环节

合作开发企业确定后，通过成立具体的改造主体公司来负责拆迁、安置、销售等。改造主体公司返还合作意向企业代垫的前期费用。

1.2.1 合作意向企业

一、增值税及附加税费

根据《财政部 国家税务总局关于全面推开营业税改征增值税试点的通知》（财税〔2016〕36号）规定，按照合作协议的约定，如果提供前期服务的专业机构直接开具发票给改造主体公司，合作意向企业除收回垫付的前期费用外，向改造主体公司额外收取的服务费，应按照“现代服务业”征收增值税。同时按相关规定缴纳城市维护建设税、教育费附加、地方教育附加。如果提供前期服务的专业机构开具发票给合作意向企业，合作意向企业再开具发票给改造主体公司，合作意向企业属于转售相应的应税服务，收回垫付的前期费用及额外收取的服务费，应按照相应的服务征收增值税。同时按相关规定缴纳城市维护建设税、教育费附加、地方教育附加。

二、企业所得税

根据《中华人民共和国企业所得税法》及其实施条例规定，对于村集体经济组织引入合作意向企业共同开展改造前期工作的，双方应根据合作协议明确支出责任和收益归属。对明确由合作意向企业支出的，可凭合法凭证税前扣除。改造主体公司最终承担全部前期费用的，应依据合作协议明确为代村集体经济组织偿还垫款部分和支付本公司服务费部分，对于收到代村集体经济组织偿还垫款的，应及时通知村集体经济组织确认收入；对于属于本企业收到服务费的，应确认为本企业收入。

1.2.2 改造主体公司

一、增值税

根据《财政部 国家税务总局关于全面推开营业税改征增值税试点的通知》（财税〔2016〕36号）规定，合作意向企业垫付的与改造项目直接相关的前期费用，改造主体公司成立后由其直接承担的，如果提供前期服务的专业机构或合作意向企业直接开具抵扣凭证给改造主体公司，可以作为进项抵扣。

二、土地增值税

根据《中华人民共和国土地增值税暂行条例实施细则》第七条规定，对合作意向企业垫付的与改造项目直接相关的前期费用，改造主体公司成立后由其直接承担的，允许计入改造主体公司的土地增值税扣除项目。改造主体公司可提供如下资料佐证：前期服务协议、发票、合作意向企业付款凭证、能佐证前期费用承担安排的招商文件及合作协议、改造主体公司返还代垫资金的付款凭证等。

三、企业所得税

合作意向企业垫付的与改造项目直接相关的前期费用，改造主体公司成立后由其直接承担的，属于《国家税务总局关于印发〈房地产开发经营业务企业所得税处理办法〉的通知》（国税发〔2009〕31号）第二十七条规定范围的，计入改造主体公司开发产品计税成本。

1.3 拆迁补偿环节

改造主体公司按照拆迁补偿协议对村民（村民是指有权利取得拆迁补偿款、安置房的村集体经济组织成员或其他人员，下同）、村集体经济组织、集体物业承租方进行货币补偿。

1.3.1 村民、村集体经济组织、集体土地使用方

一、增值税

根据《财政部 国家税务总局关于全面推开营业税改征增值税试点的通知》（财税〔2016〕36号）规定，村民、村集体经济组织收取的拆迁补偿费、集体土地使用方收取的解除租约补偿等，未提供增值税应税行为，不征收增值税。

二、企业所得税

集体土地使用方因农村集体经济组织提前解除租赁合同而收到违约费用、拆迁补偿费用、搬迁费用等经济利益以及集体经济组织的建设用地被政府征收、并取得货币补偿，对纳入政府城市更新改造、取得县级及以上批复文件，符合《国家税务总局关于发布〈企业政策性搬迁所得税管理办法〉的公告》（国家税务总局公告2012年第40号）和《国家税务总局关于企业政策性搬迁所得税有关问题的公告》（国家税务总局公告2013年第11号）规定的，可适用政策性搬迁的相关规定进行处理：企业在搬迁期间发生的搬迁收入和搬迁支出，可以暂不计入当期应纳税所得额，而在完成搬迁（不超过五年）的年度，对搬迁收入和支出进行汇总清算。

若不适用政策性搬迁规定的，按照《中华人民共和国企业所得税法》及其实施条例的相关规定处理：取得的拆迁补偿收入（含货币或非货币），应计入企业所得税收入总额，发生与取得收入有关的、合理的支出，可在计算应纳税所得额时扣除。

三、个人所得税

（一）根据《财政部 国家税务总局关于城镇房屋拆迁有关税收政策的通知》（财税〔2005〕45号）规定，对被拆迁人按照国家有关规定的标准取得的拆迁补偿款，免征个人所得税。

（二）对个人取得的非拆迁补偿费所得，按照《中华人民共和国个人所得税法》（中华人民共和国主席令第九号）和《中华人民共和国个人所得税法实施条例》（国务院令第707号）规定征收个人所得税。

1.3.2 改造主体公司

一、增值税

改造主体公司按照拆迁补偿协议向村民、村集体经济组织、集体物业承租方支付的拆迁补偿费，根据《财政部 国家税务总局关于明确金融、房地产开发、教育辅助服务等增值税政策的通知》（财税〔2016〕140号）第七条规定，允许在计算销售额时扣除。

纳税人按上述规定扣除拆迁补偿费用时，应提供拆迁协议、拆迁双方支付和取得拆迁补偿费用凭证等能够证明拆迁补偿费用真实性的材料。

二、土地增值税

根据《中华人民共和国土地增值税暂行条例实施细则》第七条规定，改造主体公司按照改造拆迁补偿协议向村民、村集体经济组织、集体土地使用方支付的拆迁补偿费用，真实、合理的，允许计入改造主体公司土地增值税扣除项目。改造主体公司可提供如下资料佐证：拆迁补偿协议、拆迁双方支付和取得拆迁补偿费用凭证、改造主体公司缴纳契税的完税凭证等。

三、契税

根据《中华人民共和国契税法》（2021 年 9 月 1 日前按照《中华人民共和国契税暂行条例》相关规定执行，下同）第四条、《财政部 税务总局关于贯彻实施契税法若干事项执行口径的公告》（财政部 税务总局公告 2021 年第 23 号）第二条、《财政部 国家税务总局关于国有土地使用权出让等有关契税问题的通知》（财税〔2004〕134 号）规定，改造主体公司按照改造拆迁补偿协议向村民、村集体经济组织、集体物业土地使用方支付的拆迁补偿费用，属于取得土地使用权支付的经济利益，应计入契税计税依据缴纳契税。

四、企业所得税

企业发生的拆迁安置费用，属于《国家税务总局关于印发〈房地产开发经营业务企业所得税处理办法〉的通知》（国税发〔2009〕31 号）第二十七条第（一）款规定的土地征用费及拆迁补偿费，计入开发产品计税成本。

1.3.3　其他规定

对上述拆迁补偿费，如由合作意向企业在改造前期阶段先行垫付，改造主体公司成立后由其直接承担的，属于改造主体公司成本、费用，增值税、企业所得税、土地增值税参考上述规定处理。改造主体公司在土地增值税清算时可提供如下资料佐证：拆迁补偿协议、拆迁双方支付和取得拆迁补偿费用凭证、能佐证拆迁补偿协议承担安排的招商文件及合作协议、改造主体公司返还代垫资金的付款凭证、改造主体公司缴纳契税的完税凭证。

1.4　土地出让环节

改造主体公司以协议出让方式取得融资地块，支付土地出让金。

1.4.1　规划自然资源部门

一、印花税

根据《中华人民共和国印花税暂行条例》规定，应按照“产权转移书据”缴纳印花税。

二、增值税

根据《财政部 国家税务总局关于全面推开营业税改征增值税试点的通知》（财税〔2016〕36 号）附件 3《营业税改征增值税试点过渡政策的规定》第一条第（三十七）款规定，土地所有者出让土地使用权免征增值税。

1.4.2　改造主体公司

一、增值税

改造主体公司以出让方式取得土地使用权，向政府部门支付土地价款，按《国家税务总局关于发布〈房地产开发企业销售自行开发的房地产项目增值税征收管理暂行办法〉的公告》（国家税务总局公告2016年第18号）的相关规定处理。

二、土地增值税

根据《中华人民共和国土地增值税暂行条例实施细则》第七条规定，改造主体公司实际缴纳的土地出让金，计入土地增值税扣除项目。

三、契税

根据《国家税务总局关于明确国有土地使用权出让契税计税依据的批复》（国税函〔2009〕603号）、《国家税务总局关于免征土地出让金出让国有土地使用权征收契税的批复》（国税函〔2005〕436号）规定，对改造主体公司以出让方式取得土地使用权，应按土地成交总价款缴纳契税，土地前期开发成本不得扣除。

四、印花税

根据《中华人民共和国印花税暂行条例》规定，应按照"产权转移书据""权利、许可证照"缴纳印花税。

五、企业所得税

根据《国家税务总局关于印发〈房地产开发经营业务企业所得税处理办法〉的通知》（国税发〔2009〕31号）的规定，作为土地开发成本进行税务处理。

1.5　复建安置房建设环节

改造主体公司除支付拆迁补偿款以外，还要承担复建地块上的安置房建设，一般有三种方式：方式1，改造主体公司代建安置房，复建地块确权在村集体经济组织名下，由改造主体公司代建，安置房确权在村集体经济组织名下。方式2，改造主体公司自建安置房，复建地块与融资地块均确权到改造主体公司名下，改造主体公司由合作开发企业单独成立或村集体经济组织、合作开发企业共同控股，复建安置房建设完成后，产权先登记至改造主体公司名下，再将复建安置房产权转移登记至村集体经济组织名下，村集体经济组织退出股权。方式3，村集体经济组织自建安置房，村集体经济组织自行负责安置房建设，改造主体公司支付建设资金给村集体经济组织，安置房确权在村集体经济组织名下。

方式1：改造主体公司代建安置房

1.5.1.1　改造主体公司

一、增值税及附加税费

根据《财政部 国家税务总局关于全面推开营业税改征增值税试点的通知》（财税〔2016〕36号）规定，改造主体公司属于无偿提供建筑服务，应按照视同销售的相关规定缴纳增值税。同时按相关规定缴纳城市维护建设税、教育费附加、地方教育附加。

二、土地增值税

根据《中华人民共和国土地增值税暂行条例实施细则》第七条、《国家税务总局广东省税务局关于发布〈国家税务总局广东省税务局土地增值税清算管理规程〉的公告》（国家税务总局广东省税务局公告 2019 年第 5 号）二十九条规定，对改造主体公司实际承担的复建安置房建设支出（不包括权益面积部分向村集体组织、村民取得的收入），允许计入改造主体公司的土地增值税扣除项目。

三、契税

根据《财政部 税务总局关于贯彻实施契税法若干事项执行口径的公告》（财政部 税务总局公告 2021 年第 23 号）第二条第（五）款规定，土地使用权出让的，计税依据包括土地出让金、土地补偿费、安置补助费、地上附着物和青苗补偿费、征收补偿费、城市基础设施配套费、实物配建房屋等应交付的货币以及实物、其他经济利益对应的价款。

根据《财政部 国家税务总局关于国有土地使用权出让等有关契税问题的通知》（财税〔2004〕134 号）规定，以协议方式出让的，其契税计税价格为成交价格。成交价格包括土地出让金、土地补偿费、安置补助费、地上附着物和青苗补偿费、拆迁补偿费、市政建设配套费等承受者应支付的货币、实物、无形资产及其他经济利益。

根据《国家税务总局关于明确国有土地使用权出让契税计税依据的批复》（国税函〔2009〕603 号）规定，通过招标、拍卖或者挂牌程序承受国有土地使用权的，对承受者应按照土地成交总价款计征契税，其中的土地前期开发成本不得扣除。

四、印花税

根据《中华人民共和国印花税暂行条例》规定，改造主体公司签订建筑安装合同，应按照“建筑安装工程承包合同”缴纳印花税。

五、企业所得税

根据《国家税务总局关于印发〈房地产开发经营业务企业所得税处理办法〉的通知》（国税发〔2009〕31 号）规定，取得土地使用权所发生的支出（包括复建地块相关支出）作为土地开发成本进行税务处理。

1.5.1.2 村集体经济组织

一、印花税

根据《中华人民共和国印花税暂行条例》规定，应按照“权利、许可证照”缴纳印花税。

二、企业所得税

根据《中华人民共和国企业所得税法》及其实施条例规定，村集体经济组织应根据合作改造协议与拆迁补偿协议确认代建安置房属于村集体经济组织部分和属于村民部分。对村集体经济组织接受改造主体代建安置房应确认收入，同时确认对应固定资产的计税基础。

1.5.1.3 工程施工企业

一、增值税及附加税费

根据《财政部 国家税务总局关于全面推开营业税改征增值税试点的通知》（财税

〔2016〕36 号）规定，工程施工企业提供建筑物拆除、土地平整、建筑物修缮等服务，应按建筑服务缴纳增值税。同时按相关规定缴纳城市维护建设税、教育费附加、地方教育附加。

二、印花税

根据《中华人民共和国印花税暂行条例》规定，工程施工企业签订的建筑安装合同，应按照“建筑安装工程承包合同”缴纳印花税。

三、企业所得税

根据《中华人民共和国企业所得税法》及其实施条例规定，施工企业从事建筑、安装、装配工程业务等各项收入，应计入企业所得税收入总额，发生与取得收入有关的、合理的支出，可在计算应纳税所得额时扣除。企业从事上述劳务持续时间超过 12 个月的，按照纳税年度内完工进度或者完成的工作量确认收入的实现。

方式 2：改造主体公司自建安置房

1.5.2.1　改造主体公司

一、增值税及附加税费

根据《财政部 国家税务总局关于全面推开营业税改征增值税试点的通知》（财税〔2016〕36 号）第十四条、第四十四条规定，改造主体公司将安置房无偿转移登记至村集体经济组织，如果补偿协议约定了补偿价格，属于销售行为，按照补偿协议约定的补偿价格计税；如果补偿协议没有约定补偿价格或补偿价格明显偏低的，应按照视同销售的相关规定征收增值税。同时按相关规定缴纳城市维护建设税、教育费附加、地方教育附加。

二、土地增值税

根据《国家税务总局关于土地增值税清算有关问题的通知》（国税函〔2010〕220 号）第一条、第六条，《国家税务总局关于房地产开发企业土地增值税清算管理有关问题的通知》（国税发〔2006〕187 号）第三条规定，改造主体公司将复建安置房产权转移登记至村集体经济组织名下，应视同销售征收土地增值税，同时将此确认为房地产开发项目的拆迁补偿费，计入改造主体土地增值税扣除项目。土地增值税视同销售的应税收入按照拆迁协议约定的补偿价格确定，没有约定补偿价格或约定补偿价格明显偏低的，按照按本企业在同一地区、同一年度销售的同类房地产的平均价格确定，或者由主管税务机关参照当地当年、同类房地产的市场价格或评估价值确定。对已全额开具商品房销售发票的，按照发票所载金额确认土地增值税视同销售应税收入。

三、契税

根据《财政部 税务总局关于贯彻实施契税法若干事项执行口径的公告》（财政部 税务总局公告 2021 年第 23 号）第二条第（五）款规定，土地使用权出让的，计税依据包括土地出让金、土地补偿费、安置补助费、地上附着物和青苗补偿费、征收补偿费、城市基础设施配套费、实物配建房屋等应交付的货币以及实物、其他经济利益对应的价款。

根据《财政部 国家税务总局关于国有土地使用权出让等有关契税问题的通知》（财税〔2004〕134号）规定，以协议方式出让的，其契税计税价格为成交价格。成交价格包括土地出让金、土地补偿费、安置补助费、地上附着物和青苗补偿费、拆迁补偿费、市政建设配套费等承受者应支付的货币、实物、无形资产及其他经济利益。

根据《国家税务总局关于明确国有土地使用权出让契税计税依据的批复》（国税函〔2009〕603号）规定，通过招标、拍卖或者挂牌程序承受国有土地使用权的，对承受者应按照土地成交总价款计征契税，其中的土地前期开发成本不得扣除。

四、印花税

根据《中华人民共和国印花税暂行条例》规定，改造主体公司建设复建安置房签订的建筑安装合同，应按照“建筑安装工程承包合同”缴纳印花税。复建安置房确权登记，应按照“权利、许可证照”缴纳印花税。

五、企业所得税

改造主体公司取得土地成本按照《国家税务总局关于印发〈房地产开发经营业务企业所得税处理办法〉的通知》（国税发〔2009〕31号）第三十一条的规定确定。根据合作开发协议及拆迁补偿协议向村民及村集体经济组织分出开发产品时，根据《国家税务总局关于印发〈房地产开发经营业务企业所得税处理办法〉的通知》（国税发〔2009〕31号）第七条规定，应视同销售。

1.5.2.2 村集体经济组织

一、契税

根据《广东省契税实施办法》（广东省人民政府令第41号）第八条第四项及《关于解释〈广东省契税实施办法〉第八条第四项的批复》（粤府函〔2007〕127号）规定，被征收方的土地、房屋被县级以上人民政府征用、占用后，异地或原地重新承受土地、房屋权属，其成交价格或补偿面积没有超出规定补偿标准的，免征契税；超出的部分应按规定缴纳契税。村集体经济组织不需要补差价的，免征契税。

二、印花税

根据《中华人民共和国印花税暂行条例》规定，村集体经济组织应按照“权利、许可证照”缴纳印花税。

1.5.2.3 工程施工企业

一、增值税及附加税费

根据《财政部 国家税务总局关于全面推开营业税改征增值税试点的通知》（财税〔2016〕36号）规定，工程施工企业提供建筑物拆除、土地平整、建筑物修缮等服务，应按建筑服务缴纳增值税。同时按相关规定缴纳城市维护建设税、教育费附加、地方教育附加。

二、印花税

根据《中华人民共和国印花税暂行条例》规定，工程施工企业签订的建筑安装合同，应按照“建筑安装工程承包合同”缴纳印花税。

三、企业所得税

根据《中华人民共和国企业所得税法》及其实施条例规定，施工企业从事建筑、安装、装配工程业务等各项收入，应计入企业所得税收入总额，发生与取得收入有关的、合理的支出，可在计算应纳税所得额时扣除。企业从事上述劳务持续时间超过12个月的，按照纳税年度内完工进度或者完成的工作量确认收入的实现。

方式3：村集体经济组织自建安置房

1.5.3.1　村集体经济组织

一、增值税

根据《财政部 国家税务总局关于全面推开营业税改征增值税试点的通知》（财税〔2016〕36号）规定，村集体经济组织取得的安置房建设资金，属于拆迁补偿费用，不征收增值税。

二、印花税

根据《中华人民共和国印花税暂行条例》规定，村集体经济组织建设复建房签订的建筑安装工程，应按照“建筑安装工程承包合同”缴纳印花税。复建安置房确权登记，应按照“权利、许可证照”缴纳印花税。

三、企业所得税

（一）根据《中华人民共和国企业所得税法》及其实施条例规定，村集体经济组织应根据合作改造协议与拆迁补偿协议确认收到建设安置房资金属于村集体经济组织部分和属于村民部分。对村集体经济组织取得的安置房建设资金应确认收入，建造支出可据实税前扣除。代村民建设收取部分不确认收入，相关支出不得税前扣除。

（二）根据《中华人民共和国企业所得税法实施条例》第五十八条规定，自行建造的固定资产，以竣工结算前发生的支出为计税基础。

1.5.3.2　改造主体公司

一、增值税

根据《财政部 国家税务总局关于明确金融、房地产开发、教育辅助服务等增值税政策的通知》（财税〔2016〕140号）第七条规定，改造主体公司支付的安置房建设资金，属于拆迁补偿费用，允许在计算销售额时扣除。

二、土地增值税

根据《中华人民共和国土地增值税暂行条例实施细则》第七条规定，对改造主体公司实际承担的复建安置房建设支出，允许计入改造主体公司的土地增值税扣除项目。

三、契税

根据《中华人民共和国契税法》第四条、《财政部 税务总局关于贯彻实施契税法若干事项执行口径的公告》（财政部 税务总局公告2021年第23号）第二条、《财政部 国家税务总局关于国有土地使用权出让等有关契税问题的通知》（财税〔2004〕134号）规定，改造主体公司按照改造拆迁补偿协议向村集体经济组织支付的拆迁补偿费用，属于取得土地使用权支付的经济利益，应计入契税计税依据缴纳契税。

四、企业所得税

根据《国家税务总局关于印发〈房地产开发经营业务企业所得税处理办法〉的通知》(国税发〔2019〕31号)规定，取得土地使用权所发生的支出（包括复建地块相关支出）作为土地开发成本进行税务处理。

1.5.3.3 工程施工企业

一、增值税及附加税费

根据《财政部 国家税务总局关于全面推开营业税改征增值税试点的通知》(财税〔2016〕36号)规定，工程施工企业提供建筑物拆除、土地平整、建筑物修缮等服务，应按建筑服务缴纳增值税。同时按相关规定缴纳城市维护建设税、教育费附加、地方教育附加。

二、印花税

根据《中华人民共和国印花税暂行条例》规定，工程施工企业签订的建筑安装合同，应按照“建筑安装工程承包合同”缴纳印花税。

三、企业所得税

根据《中华人民共和国企业所得税法》及其实施条例规定，施工企业从事建筑、安装、装配工程业务等各项收入，应计入企业所得税收入总额，发生与取得收入有关的、合理的支出，可在计算应纳税所得额时扣除。企业从事上述劳务持续时间超过12个月的，按照纳税年度内完工进度或者完成的工作量确认收入的实现。

1.5.3.4 其他规定

对村集体经济组织不引入合作企业，按照政府部门批复的实施方案，自行成立全资子公司自主进行改造的，复建安置房税务处理参照方式1、方式2的相关规定。

1.6 复建安置房分配环节

复建安置房建设完成后一般登记到村集体经济组织名下，村集体经济组织需按照拆迁补偿协议分配至村民名下：

1.6.1 村集体经济组织

一、增值税

根据《财政部 国家税务总局关于全面推开营业税改征增值税试点的通知》(财税〔2016〕36号)规定，方式1和方式3属于村集体经济组织代村民个人报建并大确权，实质为个人自建，个人自建房屋在自建环节不存在流通，不属于增值税征税范围。方式2属于村集体经济组织代村民个人先取得确权，再分别确权到村民个人，实质为改造主体公司直接确权到村民名下，不属于增值税征税范围。

二、土地增值税

根据《中华人民共和国土地增值税暂行条例》第二条规定，如复建安置房用地为集体性质，分配环节不属于土地增值税范围。如复建安置房用地为国有性质，方式1和方式3属于村民自建房屋，不征收土地增值税。方式2属于村集体经济组织代村民办理房屋确权登记，没有取得收入，不征收土地增值税。

三、企业所得税

根据《中华人民共和国企业所得税法》及其实施条例规定，对于村集体经济组织代村民个人报建，村集体经济组织做代收处理不计入村集体经济组织固定资产的，不确认为村集体经济组织收入。

1.6.2　村民

一、契税

（一）《中华人民共和国契税法》规定，方式 1 和方式 3 属于村民自建房屋，方式 2 属于村集体经济组织代村民办理房屋确权登记，不需要缴纳契税。

（二）如复建安置房没有先确权到村集体经济组织，而是建成后直接由改造主体公司负责安置的，根据《广东省契税实施办法》（广东省人民政府令第 41 号）第八条第四项及《关于解释〈广东省契税实施办法〉第八条第四项的批复》（粤府函〔2007〕127 号）、《财政部 国家税务总局关于企业以售后回租方式进行融资等有关契税政策的通知》（财税〔2012〕82 号）第三条规定，对村民按拆迁补偿协议约定的补偿标准取得复建安置房屋的，免征契税；如超过拆迁补偿协议约定的补偿标准取得复建安置房屋的（包括购买其他村民“弃产”指标），按照支出的差价款缴纳契税。

（三）经村集体经济组织或主管部门确认，与被拆迁人属于宅基地“一户一宅”的共同成员，按照拆迁协议取得复建安置房，参照本部分前述（一）、（二）款规定处理。可提供如下资料佐证：改造主体公司、村集体经济组织等村民自治组织联合出具的书面材料（列明宅基地权属登记人及一户一宅共同成员关系、房屋份额分配等内容）。

二、印花税

根据《中华人民共和国印花税暂行条例》规定，按照“权利、许可证照”缴纳印花税。同时根据《财政部 税务总局关于实施小微企业普惠性税收减免政策的通知》（财税〔2019〕13 号）、《关于我省实施小微企业普惠性税收减免政策的通知》（粤财法〔2019〕6 号）规定，村民减按 50％缴纳印花税。

三、增值税

根据《财政部 国家税务总局关于全面推开营业税改征增值税试点的通知》（财税〔2016〕36 号）规定，村民“弃产”取得的收入，属于拆迁补偿费，不征收增值税。

四、个人所得税

根据《财政部 国家税务总局关于城镇房屋拆迁有关税收政策的通知》（财税〔2005〕45 号）规定，对被拆迁人按照国家有关规定的标准取得的拆迁补偿款（包括村民“弃产”取得的收入），免征个人所得税。

1.7　融资区房屋建设、销售环节

改造主体公司取得融资地块后，正常开发建设房屋、进行销售。

1.7.1　改造主体公司

一、增值税及附加税费

改造主体公司销售自行开发的房地产项目应缴纳增值税。采取预收款方式销售自行开发的房地产项目，应在收到预收款时按照3%的预征率预缴增值税，并按照《营业税改征增值税试点实施办法》（财税〔2016〕36号）第四十五条规定的纳税义务发生时间申报缴纳增值税。同时按相关规定缴纳城市维护建设税、教育费附加、地方教育附加。

二、土地增值税

（一）改造主体公司销售融资区房屋，按季度先预缴土地增值税，待项目符合土地增值税清算条件后，按规定开展土地增值税清算，补（退）清算税款。

（二）对改造范围大、改造时间长的连片改造项目，根据《国家税务总局广东省税务局关于发布〈国家税务总局广东省税务局土地增值税清算管理规程〉的公告》（国家税务总局广东省税务局公告2019年第5号）第十九条规定，土地增值税以房地产主管部门审批、备案的房地产开发项目为单位进行清算。对于分期开发的项目，以分期项目为单位清算。具体结合项目立项、用地规划、方案设计审查（修建性详细规划）、工程规划、销售（预售）、竣工验收以及城市更新主管部门批复的片区策划方案、项目实施方案等确定。

（三）在部分分期项目已完成清算后发生的，但属于整体项目共同受益的拆迁补偿费、公共配套设施费，允许在未完成清算的分期项目之间计算分摊。

（四）改造主体公司在项目建设用地红线外为政府建设公共设施或其他工程发生的支出，如能提供城市更新主管部门批复的片区策划方案、项目实施方案，或者政府主管部门证明文件的，允许作为取得土地使用权所支付的金额予以扣除。

（五）对改造主体公司为取得融资地块所支出的前期费用、拆迁费用、复建费用等，确属于改造项目直接相关的支出，且真实、合理的，允许计入土地增值税扣除项目。

三、城镇土地使用税

根据《财政部 国家税务总局关于房产税城镇土地使用税有关政策的通知》（财税〔2006〕186号）规定，改造主体公司以出让方式有偿取得土地使用权，应从合同约定交付土地时间的次月起缴纳城镇土地使用税；合同未约定交付土地时间的，从合同签订的次月起缴纳城镇土地使用税。

四、印花税

根据《中华人民共和国印花税暂行条例》规定，应按照"产权转移书据""权利、许可证照"缴纳印花税。

五、企业所得税

根据《国家税务总局关于印发〈房地产开发经营业务企业所得税处理办法〉的通知》（国税发〔2009〕31号）规定处理。

1.7.2 工程施工企业

一、增值税及附加税费

根据《财政部 国家税务总局关于全面推开营业税改征增值税试点的通知》（财税〔2016〕36号）规定，工程施工企业提供建筑物拆除、土地平整、建筑物修缮等服务，应按建筑服务缴纳增值税。同时按相关规定缴纳城市维护建设税、教育费附加、地方教育附加。

二、印花税

根据《中华人民共和国印花税暂行条例》规定，工程施工企业签订的建筑安装合同，应按照“建筑安装工程承包合同”缴纳印花税。

三、企业所得税

根据《中华人民共和国企业所得税法》及其实施条例规定，施工企业从事建筑、安装、装配工程业务等各项收入，应计入企业所得税收入总额，发生与取得收入有关的、合理的支出，可在计算应纳税所得额时扣除。企业从事上述劳务持续时间超过12个月的，按照纳税年度内完工进度或者完成的工作量确认收入的实现。

场景2：村集体经济组织留用地转让

村经济联社集体土地被征收后，取得按征地面积的一定比例计算的预留发展用地（以下简称“留用地”），登记在村经济联社名下，村经济联社补缴土地出让金后变为国有性质用地，通过公开拍卖方式转让给合作企业，按照拍卖协议约定，合作企业除支付部分货币外，还需无偿移交给村经济联社、村民一定数量的分成物业。该场景涉税环节包括补缴土地出让金、留用地转让、分成物业移交。

2.1 补缴土地出让金环节

村集体经济组织按照一定的标准，补缴土地出让金，留用地转为国有性质用地。《广东省人民政府办公厅关于加强征收农村集体土地留用地安置管理工作的意见》（粤府办〔2016〕30号）规定，对农村集体经济组织依法转让以无偿返拨方式取得的国有留用地使用权的，不需补办土地有偿使用手续和补缴土地出让金。

2.1.1 村集体经济组织

一、土地增值税

根据《中华人民共和国土地增值税暂行条例实施细则》第七条规定，村集体经济组织补缴的土地出让金，属于取得土地使用权所支付的金额，应计入土地增值税扣除项目。

二、契税

根据《财政部 国家税务总局关于国有土地使用权出让等有关契税问题的通知》（财税〔2004〕134号）、《国家税务总局关于改变国有土地使用权出让方式征收契税的批复》（国税函〔2008〕662号）规定，村集体经济组织补缴的土地出让金，属于取得土地使用权支付的经济利益，应计入契税计税依据缴纳契税。

三、企业所得税

根据《中华人民共和国企业所得税法》及其实施条例规定，村集体经济组织补缴的土地出让金，可增加土地使用权的计税基础。

2.2 留用地使用权转让、权属变更环节

村集体经济组织将国有性质留用地使用权转让给合作企业，取得货币收入、换取物业，或者货币加分成物业。

2.2.1 村集体经济组织

一、增值税及附加税费

根据《财政部 国家税务总局关于全面推开营业税改征增值税试点的通知》（财税〔2016〕36号）规定，村集体经济组织按照转让土地使用权征收增值税，计税依据以留用地使用权转让时点，村集体经济组织收取的货币收入及分成物业的约定价值（或市场评估价值）确定。同时按相关规定缴纳城市维护建设税、教育费附加、地方教育附加。

二、土地增值税

根据《中华人民共和国土地增值税暂行条例》第二条、《国家税务总局关于房地产开发企业土地增值税清算管理有关问题的通知》（国税发〔2006〕187号）第三条规定，对村集体经济组织转让留用地使用权，应按照取得的全部价款及有关的经济利益作为转让收入缴纳土地增值税，具体按照留用地转让时点，村集体经济组织收取的货币收入及分成物业的约定价值（或市场评估价值）确定。

三、印花税

根据《中华人民共和国印花税暂行条例》规定，应按照“产权转移书据”缴纳印花税。

四、企业所得税

（一）根据《国家税务总局关于企业取得财产转让等所得企业所得税处理问题的公告》（国家税务总局公告2010年第19号）规定，村集体经济组织取得土地使用权转让收入，不论是以货币形式、还是非货币形式体现，除另有规定外，均应一次性计入确认收入的年度计算缴纳企业所得税。

（二）根据《国家税务总局关于印发〈房地产开发经营业务企业所得税处理办法〉的通知》（国税发〔2009〕31号）第三十七条规定，村集体经济组织以地换房的，应在首次取得开发产品时，将其分解为转让土地使用权和购入开发产品两项经济业务进行所得税处理，并按应从该项目取得的开发产品（包括首次取得的和以后应取得的）的市场公允价值计算确认土地使用权转让所得或损失。

2.2.2 合作企业

一、契税

根据《中华人民共和国契税法》第四条、《财政部 税务总局关于贯彻实施契税法若干事项执行口径的公告》（财政部 税务总局公告2021年第23号）第二条规定，对合作企业以购买方式取得的土地使用权，应按照成交价格缴纳契税。

二、印花税

根据《中华人民共和国印花税暂行条例》规定，应按照“产权转移书据”“权利、许可证照”缴纳印花税。

2.2.3 其他规定

如村集体经济组织以自留地作价入股成立全资子公司，自行开发建设的，税务处理参照本指引场景7旧厂房合作改造的相关规定。

2.3 分成物业移交环节

分成物业建成后，按照拍卖或转让协议，合作企业将物业过户到村集体经济组织名下。一般有两种实现方式：方式 1，合作企业以“货币＋分成物业”的方式购买村集体经济组织留用地，按照拍卖或转让协议，分成物业建成后无偿移交给村集体经济组织。方式 2，合作企业以纯货币形式购买留用地，但约定分成物业建成后，村集体经济组织、村民可以按固定价格回购分成物业。

方式 1：无偿移交

2.3.1.1 合作企业

一、增值税及附加税费

根据《财政部 国家税务总局关于全面推开营业税改征增值税试点的通知》（财税〔2016〕36 号）规定，合作企业按照拍卖或转让协议，将分成物业移交给村集体经济组织的，应按照销售不动产征收增值税。计税依据按照留用地转让时点分成物业的约定价值（或市场评估价值）。同时按相关规定缴纳城市维护建设税、教育费附加、地方教育附加。

二、土地增值税

根据《国家税务总局关于土地增值税清算有关问题的通知》（国税函〔2010〕220 号）第一条，《国家税务总局关于房地产开发企业土地增值税清算管理有关问题的通知》（国税发〔2006〕187 号）第三条规定，合作企业按照拍卖或转让协议，将分成物业移交给村集体经济组织的，应视同销售征收土地增值税。土地增值税视同销售收入按照留用地转让时点分成物业的约定价值（或市场评估价值）确定。对已全额开具商品房销售发票的，按照发票所载金额确认土地增值税视同销售应税收入。

三、印花税

根据《中华人民共和国印花税暂行条例》规定，应按照“产权转移书据”缴纳印花税。

四、企业所得税

根据《国家税务总局关于印发〈房地产开发经营业务企业所得税处理办法〉的通知》（国税发〔2009〕31 号）第七条规定，应视同销售。确认视同销售价格时，同类开发产品指代建村民安置房类产品。同时可按照《国家税务总局关于印发〈房地产开发经营业务企业所得税处理办法〉的通知》（国税发〔2009〕31 号）第三十一条的规定，确认为开发产品的土地成本。

2.3.1.2 村集体经济组织、村民

一、契税

根据《中华人民共和国契税法》第四条、《财政部 税务总局关于贯彻实施契税法若干事项执行口径的公告》（财政部 税务总局公告 2021 年第 23 号）第二条规定，对村集体经济组织、村民取得的分成物业，应按照成交价格缴纳契税。

二、印花税

根据《中华人民共和国印花税暂行条例》规定，按照“权利、许可证照”缴纳印花税。

根据《财政部 税务总局关于实施小微企业普惠性税收减免政策的通知》（财税〔2019〕13 号）、《关于我省实施小微企业普惠性税收减免政策的通知》（粤财法〔2019〕6 号）规定，对小规模纳税人减按 50％缴纳印花税。

根据《关于调整房地产交易环节税收政策的通知》（财税〔2008〕137 号）第二条规定，对个人销售或购买住房免征印花税。

三、企业所得税

根据《国家税务总局关于印发〈房地产开发经营业务企业所得税处理办法〉的通知》（国税发〔2009〕31 号）第三十七条规定，村集体经济组织以换取开发产品为目的，将土地使用权投资其他企业房地产开发项目的，应在首次取得开发产品时，将其分解为转让土地使用权和购入开发产品两项经济业务进行所得税处理，并按应从该项目取得的开发产品（包括首次取得的和以后应取得的）的市场公允价值计算确认土地使用权转让所得或损失。根据《中华人民共和国企业所得税法实施条例》第五十八条规定，非货币性资产交换取得的固定资产，以该资产的公允价值和支付的相关税费为计税基础。上述改造主体公司和村集体经济组织确认的资产公允价值应保持一致。

方式 2：固定价格回购

2.3.2.1 合作企业

一、增值税及附加税费

根据《财政部 国家税务总局关于全面推开营业税改征增值税试点的通知》（财税〔2016〕36 号）规定，如拍卖或转让协议约定物业建成后回购价格的，可按照回购价格确认增值税收入。如果拍卖或转让协议约定回购价格明显偏低的，应按照视同销售的相关规定征收增值税。同时按相关规定缴纳城市维护建设税、教育费附加、地方教育附加。

二、土地增值税

根据《中华人民共和国土地增值税暂行条例》规定，如拍卖或转让协议约定物业建成后回购价格的，可按照回购价格确认土地增值税应税收入。如果拍卖或转让协议约定回购价格明显偏低的，应按照视同销售的相关规定征收土地增值税。对已全额开具商品房销售发票的，按照发票所载金额确认土地增值税视同销售应税收入。

三、印花税

根据《中华人民共和国印花税暂行条例》规定，应按照“产权转移书据”缴纳印花税。

四、企业所得税

根据《国家税务总局关于印发〈房地产开发经营业务企业所得税处理办法〉的通知》（国税发〔2009〕31 号）规定取得的相关收入应计入企业所得税收入总额，发生与取得收入有关的、合理的支出，可在计算应纳税所得额时扣除。

2.3.2.2 村集体经济组织、村民

一、契税

根据《中华人民共和国契税法》第四条、《财政部 税务总局关于贯彻实施契税法若干事项执行口径的公告》（财政部 税务总局公告 2021 年第 23 号）第二条规定，对村集体经济组织、村民取得的分成物业，应按照成交价格缴纳契税。

二、印花税

根据《中华人民共和国印花税暂行条例》规定，按照“权利、许可证照”缴纳印花税。

根据《财政部 税务总局关于实施小微企业普惠性税收减免政策的通知》（财税〔2019〕13 号）、《关于我省实施小微企业普惠性税收减免政策的通知》（粤财法〔2019〕6 号）规定，对小规模纳税人减按 50%缴纳印花税。

根据《关于调整房地产交易环节税收政策的通知》（财税〔2008〕137 号）第二条规定，对个人销售或购买住房免征印花税。

三、企业所得税

根据《中华人民共和国企业所得税法实施条例》第五十八条规定，外购的固定资产，以购买价款和支付的相关税费以及直接归属于使该资产达到预定用途发生的其他支出为计税基础。

第二类：旧城镇改造

场景 3：微改造

某街区为历史文化景区，由政府投资主导，专业经营单位参与开展老旧小区改造，保留现有建筑主体结构和适用功能，完善道路铺装、绿化景观等配套设施和古建筑修缮，专业经营单位提供相关服务。该场景涉税环节为施工改造。

3.1 改造环节

3.1.1 工程施工企业

一、增值税及附加税费

根据《财政部 国家税务总局关于全面推开营业税改征增值税试点的通知》（财税〔2016〕36 号）规定，工程施工企业提供建筑物拆除、土地平整、建筑物修缮等服务，应按建筑服务缴纳增值税。同时按相关规定缴纳城市维护建设税、教育费附加、地方教育附加。

二、印花税

根据《中华人民共和国印花税暂行条例》规定，工程施工企业签订的建筑安装合同，应按照“建筑安装工程承包合同”缴纳印花税。

三、企业所得税

根据《中华人民共和国企业所得税法》及其实施条例规定，施工企业从事建筑、安装、装配工程业务等各项收入，应计入企业所得税收入总额，发生与取得收入有关的、合理的支出，可在计算应纳税所得额时扣除。企业从事上述劳务持续时间超过 12 个月的，按照纳税年度内完工进度或者完成的工作量确认收入的实现。

3.1.2 专业经营单位

根据《财政部 税务总局 发展改革委 民政部 商务部 卫生健康委关于养老、托育、家政等社区家庭服务业税费优惠政策的公告》（财政部 税务总局 发展改革委 民政部 商

务部 卫生健康委公告 2019 年第 76 号）规定，专业经营单位在参与老旧小区改造过程中，提供社区养老、托育、家政服务取得的收入，免征增值税，在计算应纳税所得额时，减按 90%计入收入总额；承受房屋、土地用于提供社区养老、托育、家政服务的，免征契税；为社区提供养老、托育、家政等服务的机构自有或其通过承租、无偿使用等方式取得并用于提供社区养老、托育、家政服务的房产、土地，免征房产税、城镇土地使用税。

根据《中华人民共和国企业所得税法》及其实施条例规定，专业经营单位参与老旧小区改造过程中，对取得所有权的设施设备等配套资产改造所发生的支出，可作为该设施设备的计税基础，按规定计提折旧并在企业所得税税前扣除；所发生的维护管理费用，可按规定计入企业当期费用税前扣除。

场景 4：全面改造

政府通过招标等公开方式征选合作企业，承担某街区的全面改造，合作企业负责具体拆迁工作、垫付征地拆迁补偿款。完成拆迁后，合作企业以出让方式直接取得改造街区的国有土地使用权，所支付拆迁费用抵减其应向政府缴交的地价款。该场景涉税环节包括拆迁补偿、土地出让、房地产开发销售。

4.1 拆迁补偿环节

4.1.1 被征收单位或个人（原权属人）

一、增值税

（一）根据《财政部 国家税务总局关于全面推开营业税改征增值税试点的通知》（财税〔2016〕36 号）附件 3《营业税改征增值税试点过渡政策的规定》第一条第（三十七）款规定，土地使用者将土地使用权归还给土地所有者免征增值税。被征收方的土地被政府征收（收回），属于土地使用者将土地使用权归还给土地所有者，取得货币或其他经济利益，按规定可免征增值税。

（二）根据《财政部税务总局关于明确无偿转让股票等增值税政策的公告》（财政部税务总局公告 2020 年第 40 号）第三条规定，土地所有者依法征收土地，并向土地使用权者支付土地及相关有形动产、不动产补偿费的行为，属于《财政部 国家税务总局关于全面推开营业税改征增值税试点的通知》（财税〔2016〕36 号）附件 3《营业税改征增值税试点过渡政策的规定》第一条第（三十七）款规定土地使用者将土地使用权归还给土地所有者的情形。

二、土地增值税

根据《中华人民共和国土地增值税暂行条例》第八条规定、《中华人民共和国土地增值税暂行条例实施细则》（财法字〔1995〕6 号）第十一条规定，对被征收单位或个人因国家建设的需要而被政府批准征用、收回房地产的，免征其土地增值税。

三、契税

（一）根据《广东省契税实施办法》（广东省人民政府令第 41 号）第八条第（四）项及《关于解释〈广东省契税实施办法〉第八条第四项的批复》（粤府函〔2007〕127

号）规定，被征收方的土地、房屋被县级以上人民政府征用、占用后，异地或原地重新承受土地、房屋权属，其成交价格或补偿面积没有超出规定补偿标准的，免征契税；超出的部分应按规定缴纳契税。

（二）根据《财政部 国家税务总局关于企业以售后回租方式进行融资等有关契税政策的通知》（财税〔2012〕82 号）第三条规定，市、县级人民政府根据《国有土地上房屋征收与补偿条例》有关规定征收居民房屋，居民因个人房屋被征收而选择货币补偿用以重新购置房屋，并且购房成交价格不超过货币补偿的，对新购房屋免征契税；购房成交价格超过货币补偿的，对差价部分按规定征收契税。居民因个人房屋被征收而选择房屋产权调换，并且不缴纳房屋产权调换差价的，对新换房屋免征契税；缴纳房屋产权调换差价的，对差价部分按规定征收契税。

四、企业所得税

（一）被征收单位的房产、土地被政府直接征收，并取得货币补偿，对纳入政府城市更新改造，取得县级以上（含县级）批复文件的情况，符合《国家税务总局关于发布〈企业政策性搬迁所得税管理办法〉的公告》（国家税务总局公告 2012 年第 40 号）和《国家税务总局关于企业政策性搬迁所得税有关问题的公告》（国家税务总局公告 2013 年第 11 号）规定的，可适用政策性搬迁的相关规定进行处理：企业在搬迁期间发生的搬迁收入和搬迁支出，可以暂不计入当期应纳税所得额，而在完成搬迁（不超过五年）的年度，对搬迁收入和支出进行汇总清算。

（二）若不适用政策性搬迁规定的，按照《中华人民共和国企业所得税法》及其实施条例的相关规定处理：取得的拆迁补偿收入（含货币或非货币），应计入企业所得税收入总额，发生与取得收入有关的、合理的支出，可在计算应纳税所得额时扣除。

五、个人所得税

根据《财政部 国家税务总局关于城镇房屋拆迁有关税收政策的通知》（财税〔2005〕45 号）规定，对被拆迁人按照国家有关规定的标准取得的拆迁补偿款，免征个人所得税。

4.1.2 合作企业

一、增值税

根据《财政部 国家税务总局关于明确金融、房地产开发、教育辅助服务等增值税政策的通知》（财税〔2016〕140 号）第七条规定，房地产开发企业中的一般纳税人销售其开发的房地产项目（选择简易计税方法的房地产老项目除外），在取得土地时向其他单位或个人支付的拆迁补偿费用也允许在计算销售额时扣除。合作企业按上述规定扣除拆迁补偿费用时，应提供拆迁协议、拆迁双方支付和取得拆迁补偿费用凭证等能够证明拆迁补偿费用真实性的材料。

二、土地增值税

根据《中华人民共和国土地增值税暂行条例实施细则》第七条规定，合作企业为取得土地使用权所发生的房屋拆除、土地平整等费用，允许计入土地增值税扣除项目。

三、企业所得税

根据《国家税务总局关于印发〈房地产开发经营业务企业所得税处理办法〉的通知》（国税发〔2009〕31 号）规定，合作企业为取得土地使用权所发生的房屋拆除、土地平整费用，作为土地开发成本进行税务处理。

4.1.3 工程施工企业

一、增值税及附加税费

根据《财政部 国家税务总局关于全面推开营业税改征增值税试点的通知》（财税〔2016〕36 号）规定，工程施工企业提供建筑物拆除、土地平整、建筑物修缮等服务，应按建筑服务缴纳增值税。同时按相关规定缴纳城市维护建设税、教育费附加、地方教育附加。

二、印花税

根据《中华人民共和国印花税暂行条例》规定，工程施工企业签订的建筑安装合同，应按照“建筑安装工程承包合同”缴纳印花税。

三、企业所得税

根据《中华人民共和国企业所得税法》及其实施条例规定，施工企业从事建筑、安装、装配工程业务等各项收入，应计入企业所得税收入总额，发生与取得收入有关的、合理的支出，可在计算应纳税所得额时扣除。企业从事上述劳务持续时间超过 12 个月的，按照纳税年度内完工进度或者完成的工作量确认收入的实现。

4.2 土地出让环节

4.2.1 规划自然资源部门

一、印花税

根据《中华人民共和国印花税暂行条例》规定，应按照“产权转移书据”缴纳印花税。

二、增值税

根据《财政部 国家税务总局关于全面推开营业税改征增值税试点的通知》（财税〔2016〕36 号）附件 3《营业税改征增值税试点过渡政策的规定》第一条第（三十七）款规定，土地所有者出让土地使用权免征增值税。

4.2.2 合作企业

一、增值税

合作企业以出让方式取得土地使用权，向政府部门支付土地价款，按《国家税务总局关于发布〈房地产开发企业销售自行开发的房地产项目增值税征收管理暂行办法〉的公告》（国家税务总局公告 2016 年第 18 号）的相关规定处理。

二、土地增值税

根据《中华人民共和国土地增值税暂行条例实施细则》第七条规定，合作企业实际缴纳的土地出让金，计入土地增值税扣除项目。

三、契税

根据《国家税务总局关于明确国有土地使用权出让契税计税依据的批复》（国税函

〔2009〕603号）、《国家税务总局关于免征土地出让金出让国有土地使用权征收契税的批复》（国税函〔2005〕436号）规定，对合作企业以出让方式取得土地使用权，应按土地成交总价款缴纳契税，土地前期开发成本不得扣除。

四、印花税

根据《中华人民共和国印花税暂行条例》规定，应按照“产权转移书据”“权利、许可证照”缴纳印花税。

五、企业所得税

根据《国家税务总局关于印发〈房地产开发经营业务企业所得税处理办法〉的通知》（国税发〔2009〕31号）规定，作为土地开发成本进行税务处理。

4.3 房地产开发、销售环节

4.3.1 合作企业

一、增值税及附加税费

合作企业销售自行开发的房地产项目应缴纳增值税。采取预收款方式销售自行开发的房地产项目，应在收到预收款时按照3%的预征率预缴增值税，并按照《财政部 国家税务总局关于全面推开营业税改征增值税试点的通知》（财税〔2016〕36号）附件1《营业税改征增值税试点实施办法》第四十五条规定的纳税义务发生时间申报缴纳增值税。同时按相关规定缴纳城市维护建设税、教育费附加、地方教育附加。

二、土地增值税

（一）合作企业销售自行开发的房地产项目，按季度先预缴土地增值税，待项目符合土地增值税清算条件后，按规定开展土地增值税清算，补（退）清算税款。

（二）对改造范围大、改造时间长的连片改造项目，根据《国家税务总局广东省税务局关于发布〈国家税务总局广东省税务局土地增值税清算管理规程〉的公告》（国家税务总局广东省税务局公告2019年第5号）第十九条规定，土地增值税以房地产主管部门审批、备案的房地产开发项目为单位进行清算。对于分期开发的项目，以分期项目为单位清算。具体结合项目立项、用地规划、方案设计审查（修建性详细规划）、工程规划、销售（预售）、竣工验收以及城市更新主管部门批复的片区策划方案、项目实施方案等确定。

（三）在部分分期项目已完成清算后发生的，但属于整体项目共同受益的拆迁补偿费、公共配套设施费，允许在未完成清算的分期项目之间计算分摊。

（四）合作企业在项目建设用地红线外为政府建设公共设施或其他工程发生的支出，如能提供城市更新主管部门批复的片区策划方案、项目实施方案，或者政府主管部门证明文件的，允许作为取得土地使用权所支付的金额予以扣除。

三、城镇土地使用税

根据《财政部 国家税务总局关于房产税城镇土地使用税有关政策的通知》（财税〔2006〕186号）规定，合作企业以出让方式有偿取得土地使用权，应从合同约定交付土地时间的次月起缴纳城镇土地使用税；合同未约定交付土地时间的，从合同签订的次月起缴纳城镇土地使用税。

四、印花税

根据《中华人民共和国印花税暂行条例》规定，应按照“产权转移书据”“权利、许可证照”缴纳印花税。

五、企业所得税

根据《国家税务总局关于印发〈房地产开发经营业务企业所得税处理办法〉的通知》（国税发〔2009〕31 号）规定处理。

4.3.2　工程施工企业

一、增值税及附加税费

根据《财政部 国家税务总局关于全面推开营业税改征增值税试点的通知》（财税〔2016〕36 号）规定，工程施工企业提供建筑物拆除、土地平整、建筑物修缮等服务，应按建筑服务缴纳增值税。同时按相关规定缴纳城市维护建设税、教育费附加、地方教育附加。

二、印花税

根据《中华人民共和国印花税暂行条例》规定，工程施工企业签订的建筑安装合同，应按照“建筑安装工程承包合同”缴纳印花税。

三、企业所得税

根据《中华人民共和国企业所得税法》及其实施条例规定，施工企业从事建筑、安装、装配工程业务等各项收入，应计入企业所得税收入总额，发生与取得收入有关的、合理的支出，可在计算应纳税所得额时扣除。企业从事上述劳务持续时间超过 12 个月的，按照纳税年度内完工进度或者完成的工作量确认收入的实现。

第三类：旧厂房改造

场景 5：自主改造

根据国土空间规划和城市更新要求，旧厂房的不动产权属人取得改造批复、补缴土地出让金后，对旧厂房改建、扩建，自主进行改造。该场景涉税环节包括补缴土地出让金、自主改造。

5.1　补缴土地出让金环节

5.1.1　不动产权属人

一、增值税

不动产权属人如果属于房地产开发企业并开发房地产项目，向政府部门支付土地价款，按《国家税务总局关于发布〈房地产开发企业销售自行开发的房地产项目增值税征收管理暂行办法〉的公告》（国家税务总局公告 2016 年第 18 号）的相关规定处理。

二、契税

根据《国家税务总局关于改变国有土地使用权出让方式征收契税的批复》（国税函〔2008〕662 号）的规定，对纳税人因改变土地用途而签订土地使用权出让合同变更协议或者重新签订土地使用权出让合同的，应征收契税。计税依据为因改变土地用途应补缴的土地收益金及应补缴政府的其他费用。

三、企业所得税

根据《中华人民共和国企业所得税法》及其实施条例规定，企业补缴的土地出让金，可增加资产的计税基础。

5.2 自主改造环节

5.2.1 不动产权属人

一、房产税

根据《财政部 国家税务总局关于安置残疾人就业单位城镇土地使用税等政策的通知》（财税〔2010〕121号）、《广东省税务局关于印发房产税、车船使用税若干具体问题的解释和规定的通知》（（87）粤税三字第6号）规定，自行改造企业补缴的地价款应计入房产原值征收房产税。自行改造企业扩建、改建装修后的房产在下一个纳税期按扩建、改建、装修后的房产原值计税。

二、企业所得税

（一）根据《国家税务总局关于企业所得税若干问题的公告》（2011年34号公告）规定，企业对房屋、建筑物固定资产在未足额提取折旧前进行改扩建的，如属于推倒重置的，该资产原值减除提取折旧后的净值，应并入重置后的固定资产计税成本，并在该固定资产投入使用后的次月起，按照税法规定的折旧年限，一并计提折旧；如属于提升功能、增加面积的，该固定资产的改扩建支出，并入该固定资产计税基础，并从改扩建完工投入使用后的次月起，重新按税法规定的该固定资产折旧年限计提折旧，如该改扩建后的固定资产尚可使用的年限低于税法规定的最低年限的，可以按尚可使用的年限计提折旧。

（二）不动产权属人从事房地产开发经营的，按《国家税务总局关于印发〈房地产开发经营业务企业所得税处理办法〉的通知》（国税发〔2009〕31号）有关规定处理。

三、土地增值税

根据《中华人民共和国土地增值税暂行条例实施细则》第七条规定，不动产权属人补缴的土地出让金、改建、扩建发生的支出，允许计入土地增值税扣除项目。因改建、扩建被拆除的固定资产原值，不得计入土地增值税扣除项目。

5.2.2 工程施工企业

一、增值税及附加税费

根据《财政部 国家税务总局关于全面推开营业税改征增值税试点的通知》（财税〔2016〕36号）规定，工程施工企业提供建筑物拆除、土地平整、建筑物修缮等服务，应按建筑服务缴纳增值税。同时按相关规定缴纳城市维护建设税、教育费附加、地方教育附加。

二、印花税

根据《中华人民共和国印花税暂行条例》规定，工程施工企业签订的建筑安装合同，应按照“建筑安装工程承包合同”缴纳印花税。

三、企业所得税 根据《中华人民共和国企业所得税法》及其实施条例规定，施工企业从事建筑、安装、装配工程业务等各项收入，应计入企业所得税收入总额，发生与取得收入有关的、合理的支出，可在计算应纳税所得额时扣除。企业从事上述劳务持续时间超过12个月的，按照纳税年度内完工进度或者完成的工作量确认收入的实现。

场景6：收购改造

根据国土空间规划和城市更新要求，旧厂房的原权属人（被收购企业）将不动产转让给社会投资主体（收购企业），由收购企业按照规划要求升级改造。该场景涉税环节包括旧厂房收购、改造。

6.1 收购环节

6.1.1 被收购企业

一、增值税及附加税费

根据《财政部 国家税务总局关于全面推开营业税改征增值税试点的通知》（财税〔2016〕36号）规定，被收购企业转让旧厂房并取得收入，应按转让不动产缴纳增值税；被收购企业转让其拥有的土地使用权并取得收入，应按转让土地使用权缴纳增值税。在转让建筑物或者构筑物时一并转让其所占土地的使用权的，按照销售不动产缴纳增值税。增值税应税收入为转让厂房取得的全部经济利益，包括被收购企业取得的各项补偿收入等。

同时按相关规定缴纳城市维护建设税、教育费附加、地方教育附加。

二、土地增值税

根据《中华人民共和国土地增值税暂行条例》规定，被收购企业转让旧厂房取得的全部经济利益，申报缴纳土地增值税。对纳入县（区）级以上“三旧”改造规划且被收购企业能提供“三旧”改造方案批复（或等效文件）的，根据《中华人民共和国土地增值税暂行条例实施细则》第十一条第四款及《财政部 国家税务总局关于土地增值税若干问题的通知》（财税〔2006〕21号）第四条有关规定，免征被收购企业的土地增值税。

三、印花税

根据《中华人民共和国印花税暂行条例》规定，应按照“产权转移书据”缴纳印花税。

四、企业所得税

根据《国家税务总局关于企业取得财产转让等所得企业所得税处理问题的公告》（国家税务总局公告2010年第19号）规定，企业取得资产转让收入，不论是以货币形式、还是非货币形式体现，除另有规定外，均应一次性计入确认收入的年度计算缴纳企业所得税。

五、契税

根据《广东省契税实施办法》（广东省人民政府令第41号）第八条第四项及《关于解释〈广东省契税实施办法〉第八条第四项的批复》（粤府函〔2007〕127号）规定，

被征收方的土地、房屋被县级以上人民政府征用、占用后，异地或原地重新承受土地、房屋权属，其成交价格或补偿面积没有超出规定补偿标准的，免征契税；超出的部分应按规定缴纳契税。

6.1.2 收购企业

一、契税

根据《中华人民共和国契税法》第四条、《财政部 税务总局关于贯彻实施契税法若干事项执行口径的公告》（财政部 税务总局公告 2021 年第 23 号）第二条规定，应按土地、房屋权属转移合同确定的价格缴纳契税。

二、印花税

根据《中华人民共和国印花税暂行条例》规定，应按照“产权转移书据”“权利、许可证照”缴纳印花税。

三、企业所得税

根据《中华人民共和国企业所得税法实施条例》第五十八条规定，外购的固定资产，以购买价款和支付的相关税费以及直接归属于使该资产达到预定用途发生的其他支出为计税基础。

6.2 改造环节

6.2.1 收购企业

一、增值税及附加税费

根据《财政部 国家税务总局关于全面推开营业税改征增值税试点的通知》（财税〔2016〕36 号）规定，收购企业改造完成后，自用的，不需要缴纳增值税；用于销售的，按照销售不动产缴纳增值税；用于出租的，按照不动产经营租赁服务缴纳增值税。同时按相关规定缴纳城市维护建设税、教育费附加、地方教育附加。

二、土地增值税

根据《中华人民共和国土地增值税暂行条例实施细则》第七条规定，对纳入县（区）级以上“三旧”改造规划且能提供“三旧”改造方案批复（或等效文件）的，收购企业以旧厂房购入成本作为取得土地使用权支付的金额，计入土地增值税扣除项目。旧厂房原值、处置收入不冲减土地增值税扣除项目。

三、房产税

根据《中华人民共和国房产税暂行条例》规定，收购企业取得房屋所有权，应按规定缴纳房产税。自用的，以房产原值计征房产税；用于出租的，以租金收入计征房产税。

四、城镇土地使用税

根据《财政部 国家税务总局关于房产税城镇土地使用税有关政策的通知》（财税〔2006〕186 号）规定，收购企业以转让方式有偿取得土地使用权的，应从合同约定交付土地时间的次月起缴纳城镇土地使用税；合同未约定交付土地时间的，从合同签订的次月起缴纳城镇土地使用税。

五、企业所得税

（一）根据《国家税务总局关于企业所得税若干问题的公告》（2011 年 34 号公告）规定，企业对房屋、建筑物固定资产在未足额提取折旧前进行改扩建的，如属于推倒重置的，该资产原值减除提取折旧后的净值，应并入重置后的固定资产计税成本，并在该固定资产投入使用后的次月起，按照税法规定的折旧年限，一并计提折旧；如属于提升功能、增加面积的，该固定资产的改扩建支出，并入该固定资产计税基础，并从改扩建完工投入使用后的次月起，重新按税法规定的该固定资产折旧年限计提折旧，如该改扩建后的固定资产尚可使用的年限低于税法规定的最低年限的，可以按尚可使用的年限计提折旧。

（二）收购企业从事房地产开发经营的，按《国家税务总局关于印发〈房地产开发经营业务企业所得税处理办法〉的通知》（国税发〔2009〕31 号）有关规定处理。

6.2.2　工程施工企业

一、增值税及附加税费

根据《财政部 国家税务总局关于全面推开营业税改征增值税试点的通知》（财税〔2016〕36 号）规定，工程施工企业提供建筑物拆除、土地平整、建筑物修缮等服务，应按建筑服务缴纳增值税。同时按相关规定缴纳城市维护建设税、教育费附加、地方教育附加。

二、印花税

根据《中华人民共和国印花税暂行条例》规定，工程施工企业签订的建筑安装合同，应按照“建筑安装工程承包合同”缴纳印花税。

三、企业所得税

根据《中华人民共和国企业所得税法》及其实施条例规定，施工企业从事建筑、安装、装配工程业务等各项收入，应计入企业所得税收入总额，发生与取得收入有关的、合理的支出，可在计算应纳税所得额时扣除。企业从事上述劳务持续时间超过 12 个月的，按照纳税年度内完工进度或者完成的工作量确认收入的实现。

场景 7：合作改造

按照国土规划和城市更新要求，旧厂房权属人以厂房用地作价出资成立全资子公司（改造主体公司），并通过公开招标方式引入合作企业，双方共同控股改造主体公司。改造主体公司补缴土地出让金后，按照实施方案和合作协议落实拆迁补偿和安置，完成项目开发建设。原权属人取得固定面积复建房屋后退出改造主体公司。改造主体公司由合作企业全资控股，并对外销售其他的房屋。该场景涉税环节包括改造主体公司成立、引入合作企业、补缴土地出让金、拆迁补偿、复建物业过户、物业开发销售。

7.1　改造主体公司成立环节

7.1.1　旧厂房原权属人

一、增值税及附加税费

根据《财政部 国家税务总局关于全面推开营业税改征增值税试点的通知》（财税〔2016〕36 号）规定，旧厂房原权属人以厂房用地作价出资属于增值税征税范围，应征收增值税。同时按相关规定缴纳城市维护建设税、教育费附加、地方教育附加。如符合资产重组有关增值税规定的，不征收增值税。

二、土地增值税

根据《财政部 国家税务总局关于继续实施企业改制重组有关土地增值税政策的公告》（财政部 税务总局公告 2021 年第 21 号）第四条、第五条规定，对单位、个人在改制重组时以房地产作价入股进行投资，对其将房地产转移、变更到被投资的企业，暂不征土地增值税（不适用于房地产转移任意一方为房地产开发企业的情形）。

三、印花税

根据《中华人民共和国印花税暂行条例》规定，应按照“产权转移书据”缴纳印花税。

四、企业所得税

（一）根据《财政部 国家税务总局关于非货币性资产投资企业所得税政策问题的通知》（财税〔2014〕116 号）规定，企业以厂房用地对外投资，应对厂房用地进行评估并按评估后的公允价值扣除计税基础后的余额，计算确认非货币性资产转让所得，可在不超过 5 年期限内，分期均匀计入相应年度的应纳税所得额，按规定计算缴纳企业所得税。企业以非货币性资产对外投资，应于投资协议生效并办理股权登记手续时，确认非货币性资产转让收入的实现。

（二）符合《财政部 国家税务总局关于企业重组业务企业所得税处理若干问题的通知》（财税〔2009〕59 号）等文件规定的特殊性税务处理条件的，也可选择按特殊性税务处理规定执行。

（三）旧厂房原权属人使用资产收购、资产划转等特殊性税务处理方式将资产转入改造主体公司，但在 12 个月内当事一方发生生产经营业务、公司性质、资产或股权结构等情况变化，致使资产收购、资产划转不再符合特殊性税务处理条件的，应按视同销售资产调整原交易完成年度的应纳税所得额及相应的资产计税基础。

7.1.2 改造主体公司

一、契税

根据《关于继续执行企业事业单位改制重组有关契税政策的公告》（财政部 税务总局公告 2021 年第 17 号）第六条规定，对同一投资主体内部所属企业之间土地、房屋权属的划转，包括母公司与其全资子公司之间，同一公司所属全资子公司之间，同一自然人与其设立的个人独资企业、一人有限公司之间土地、房屋权属的划转，免征契税。母公司以土地、房屋权属向其全资子公司增资，视同划转，免征契税。

二、印花税

根据《中华人民共和国印花税暂行条例》规定，应按照“产权转移书据”“权利、许可证照”“营业账簿”缴纳印花税。

7.2 增资扩股引入合作企业环节

7.2.1 改造主体公司

一、印花税

根据《中华人民共和国印花税暂行条例》规定，对改造主体公司新增资本金按照“营业账簿”缴纳印花税。同时根据《财政部 税务总局关于对营业账簿减免印花税的通知》（财税〔2018〕50 号）规定，对按万分之五税率贴花的资金账簿减半征收印花税，对按件贴花五元的其他账簿免征印花税。

7.3 补缴土地出让金环节

7.3.1 改造主体公司

一、增值税

改造主体公司如果属于房地产开发企业并开发房地产项目，向政府部门支付土地价款，按《国家税务总局关于发布〈房地产开发企业销售自行开发的房地产项目增值税征收管理暂行办法〉的公告》（国家税务总局公告 2016 年第 18 号）的相关规定处理。

二、契税

根据《国家税务总局关于改变国有土地使用权出让方式征收契税的批复》（国税函〔2008〕662 号）的规定，对纳税人因改变土地用途而签订土地使用权出让合同变更协议或者重新签订土地使用权出让合同的，应征收契税。计税依据为因改变土地用途应补缴的土地收益金及应补缴政府的其他费用。

三、企业所得税

根据《中华人民共和国企业所得税法》及其实施条例规定，企业补缴的土地出让金，可增加资产的计税基础。

7.4 拆迁补偿环节

7.4.1 旧厂房用地承租方

一、增值税

根据《财政部 国家税务总局关于全面推开营业税改征增值税试点的通知》（财税〔2016〕36 号）规定，旧厂房用地承租方因解除租赁合同而收取拆迁补偿费用、违约费用等经济利益，未提供增值税应税行为，无需缴纳增值税。

二、企业所得税

（一）对纳入政府城市更新改造、取得县级及以上批复文件，符合《国家税务总局关于发布〈企业政策性搬迁所得税管理办法〉的公告》（国家税务总局公告 2012 年第 40 号）和《国家税务总局关于企业政策性搬迁所得税有关问题的公告》（国家税务总局公告 2013 年第 11 号）规定的，可适用政策性搬迁的相关规定进行处理：企业在搬迁期间发生的搬迁收入和搬迁支出，可以暂不计入当期应纳税所得额，而在完成搬迁（不超过五年）的年度，对搬迁收入和支出进行汇总清算。

（二）若不适用政策性搬迁规定的，按照《中华人民共和国企业所得税法》及其实施条例的相关规定处理：取得的拆迁补偿收入（含货币或非货币），应计入企业所得税收入总额，发生与取得收入有关的、合理的支出，可在计算应纳税所得额时扣除。

7.4.2 工程施工企业

一、增值税及附加税费

根据《财政部 国家税务总局关于全面推开营业税改征增值税试点的通知》（财税〔2016〕36号）规定，工程施工企业提供建筑物拆除、土地平整、建筑物修缮等服务，应按建筑服务缴纳增值税。同时按相关规定缴纳城市维护建设税、教育费附加、地方教育附加。

二、印花税

根据《中华人民共和国印花税暂行条例》规定，工程施工企业签订的建筑安装合同，应按照“建筑安装工程承包合同”缴纳印花税。

三、企业所得税

根据《中华人民共和国企业所得税法》及其实施条例规定，施工企业从事建筑、安装、装配工程业务等各项收入，应计入企业所得税收入总额，发生与取得收入有关的、合理的支出，可在计算应纳税所得额时扣除。企业从事上述劳务持续时间超过12个月的，按照纳税年度内完工进度或者完成的工作量确认收入的实现。

7.4.3 改造主体公司

一、增值税

对改造主体公司支付的拆迁补偿费费用，如果改造主体公司符合房地产开发企业中的一般纳税人销售其开发的房地产项目，根据《财政部 国家税务总局关于明确金融、房地产开发、教育辅助服务等增值税政策的通知》（财税〔2016〕140号）第七条规定，允许在计算销售额时扣除。纳税人按上述规定扣除拆迁补偿费用时，应提供拆迁协议、拆迁双方支付和取得拆迁补偿费用凭证等能够证明拆迁补偿费用真实性的材料。

二、土地增值税

根据《中华人民共和国土地增值税暂行条例实施细则》第七条规定，改造主体公司支付的补偿费用、拆除费用，允许计入土地增值税扣除项目，被拆除的厂房原值不得计入土地增值税扣除项目。

三、契税

根据《财政部 税务总局关于贯彻实施契税法若干事项执行口径的公告》（财政部 税务总局公告2021年第23号）第二条第（五）款规定，土地使用权出让的，计税依据包括土地出让金、土地补偿费、安置补助费、地上附着物和青苗补偿费、征收补偿费、城市基础设施配套费、实物配建房屋等应交付的货币以及实物、其他经济利益对应的价款。

根据《财政部 国家税务总局关于国有土地使用权出让等有关契税问题的通知》（财税〔2004〕134号）规定，改造主体公司支付的搬迁补偿费用、拆除平整费用等，属于取得土地使用权支付的经济利益，应缴纳契税。

四、企业所得税

企业发生的拆迁安置费用，属于《国家税务总局关于印发〈房地产开发经营业务企业所得税处理办法〉的通知》（国税发〔2009〕31号）第二十七条第（一）款规定的土地征用费及拆迁补偿费，计入开发产品计税成本。

7.5 复建物业过户及股权退出环节

7.5.1 改造主体公司

一、增值税及附加税费

根据《财政部 国家税务总局关于全面推开营业税改征增值税试点的通知》（财税〔2016〕36号）规定，改造主体公司将复建物业无偿转移登记至旧厂房原权属人，属于无偿转让不动产，应按照视同销售的相关规定征收增值税。同时按相关规定缴纳城市维护建设税、教育费附加、地方教育附加。

二、土地增值税

根据《国家税务总局关于土地增值税清算有关问题的通知》（国税函〔2010〕220号）第一条，《国家税务总局关于房地产开发企业土地增值税清算管理有关问题的通知》（国税发〔2006〕187号）第三条规定，改造主体公司按照改造实施方案和合作协议，将约定的分成物业移交给旧厂房原权属人的，应视同销售征收土地增值税。土地增值税视同销售的应税收入按照按本企业在同一地区、同一年度销售的同类房地产的平均价格确定，或者由主管税务机关参照当地当年、同类房地产的市场价格或评估价值确定。对已全额开具商品房销售发票的，按照发票所载金额确认土地增值税视同销售应税收入。

三、印花税

根据《中华人民共和国印花税暂行条例》规定，应按照“产权转移书据”缴纳印花税。

四、企业所得税

（一）根据《国家税务总局关于企业处置资产所得税处理问题的通知》（国税函〔2008〕828号）和《国家税务总局关于企业所得税有关问题的公告》（国家税务总局公告2016年第80号）规定，改造主体公司将复建物业分配给股东的，应视同销售，按照复建物业的公允价值确定销售收入。

（二）根据《中华人民共和国企业所得税法》第十条规定，向投资者支付的股息、红利等权益性投资收益不得税前扣除。

7.5.2 旧厂房原权属人

一、契税

根据《中华人民共和国契税法》第四条、《财政部 税务总局关于贯彻实施契税法若干事项执行口径的公告》（财政部 税务总局公告2021年第23号）第二条规定，对旧厂房原权属人取得的分成物业，应按规定缴纳契税。

二、印花税

根据《中华人民共和国印花税暂行条例》规定，应按照“产权转移书据”“权利、许可证照”缴纳印花税。

三、企业所得税

（一）根据《国家税务总局关于企业所得税若干问题的公告》（2011年34号公告）

规定，投资企业从被投资企业撤回或减少投资，其取得的资产中，相当于初始出资的部分，应确认为投资收回；相当于被投资企业累计未分配利润和累计盈余公积按减少实收资本比例计算的部分，应确认为股息所得；其余部分确认为投资资产转让所得。

（二）根据《中华人民共和国企业所得税法实施条例》第五十八条规定，通过投资等方式取得的固定资产，以该资产的公允价值和支付的相关税费为计税基础。

7.5.3 其他规定

如分成物业初始确权直接至旧厂房原权属人名下，没有发生分成物业的产权转移，参考1. 5方式1改造主体公司代建安置房处理。

7.6 物业开发、销售环节

7.6.1 改造主体公司

一、增值税及附加税费

改造主体公司销售自行开发的房地产项目应缴纳增值税。采取预收款方式销售自行开发的房地产项目，应在收到预收款时按照3%的预征率预缴增值税，并按照《财政部国家税务总局关于全面推开营业税改征增值税试点的通知》（财税〔2016〕36号）附件1《营业税改征增值税试点实施办法》第四十五条规定的纳税义务发生时间申报缴纳增值税。同时按相关规定缴纳城市维护建设税、教育费附加、地方教育附加。

二、土地增值税。

（一）改造主体公司销售自行开发的房地产项目，按季度先预缴土地增值税，待项目符合土地增值税清算条件后，按规定开展土地增值税清算，补（退）清算税款。

（二）对改造范围大、改造时间长的连片改造项目，根据《国家税务总局广东省税务局关于发布〈国家税务总局广东省税务局土地增值税清算管理规程〉的公告》（国家税务总局广东省税务局公告2019年第5号）第十九条规定，土地增值税以房地产主管部门审批、备案的房地产开发项目为单位进行清算。对于分期开发的项目，以分期项目为单位清算。具体结合项目立项、用地规划、方案设计审查（修建性详细规划）、工程规划、销售（预售）、竣工验收以及城市更新主管部门批复的片区策划方案、项目实施方案等确定。

（三）在部分分期项目已完成清算后发生的，但属于整体项目共同受益的拆迁补偿费、公共配套设施费，允许在未完成清算的分期项目之间计算分摊。

（四）改造主体公司在项目建设用地红线外为政府建设公共设施或其他工程发生的支出，如能提供城市更新主管部门批复的片区策划方案、项目实施方案，或者政府主管部门证明文件的，允许作为取得土地使用权所支付的金额予以扣除。

三、城镇土地使用税

根据《财政部 国家税务总局关于房产税城镇土地使用税有关政策的通知》（财税〔2006〕186号）规定，改造主体公司以出让方式有偿取得土地使用权，应从合同约定交付土地时间的次月起缴纳城镇土地使用税；合同未约定交付土地时间的，从合同签订的次月起缴纳城镇土地使用税。

四、印花税

根据《中华人民共和国印花税暂行条例》规定，应按照“产权转移书据”“权利、许可证照”缴纳印花税。

五、企业所得税

根据《国家税务总局关于印发〈房地产开发经营业务企业所得税处理办法〉的通知》（国税发〔2009〕31 号）规定处理。

7.6.2 工程施工企业

一、增值税及附加税费

根据《财政部 国家税务总局关于全面推开营业税改征增值税试点的通知》（财税〔2016〕36 号）规定，工程施工企业提供建筑物拆除、土地平整、建筑物修缮等服务，应按建筑服务缴纳增值税。同时按相关规定缴纳城市维护建设税、教育费附加、地方教育附加。

二、印花税

根据《中华人民共和国印花税暂行条例》规定，工程施工企业签订的建筑安装合同，应按照“建筑安装工程承包合同”缴纳印花税。

三、企业所得税

根据《中华人民共和国企业所得税法》及其实施条例规定，施工企业从事建筑、安装、装配工程业务等各项收入，应计入企业所得税收入总额，发生与取得收入有关的、合理的支出，可在计算应纳税所得额时扣除。企业从事上述劳务持续时间超过 12 个月的，按照纳税年度内完工进度或者完成的工作量确认收入的实现。

场景 8：单一主体归宗改造

改造范围内厂房分散、且有多个权属人，按照片区规划方案，政府主导引入单一市场主体对旧厂房进行改造升级。由单一市场主体（改造主体公司）按照实施方案和合作协议与旧厂房原权属人签订补偿协议，完成现状建筑物拆除。规划自然资源部门注销原权属人不动产权证，土地连片归宗后按规定协议出让给单一市场主体进行开发建设。该场景涉税环节包括拆迁补偿、土地出让、房地产开发销售。

8.1 拆迁补偿环节

8.1.1 不动产原权属人

一、增值税

（一）在单一主体归宗改造模式中，完成上盖物拆除后，规划自然资源部门注销原有不动产权证土地收归国有，再直接与单一改造主体签订协议出让合同。根据《广东省人民政府关于深化改革加快推动“三旧”改造促进高质量发展的指导意见》（粤府〔2019〕71 号）有关指导精神，可凭县级（含县级）以上人民政府通过政府会议纪要、“三旧”改造批复或其他文件证明属于政府征收（收回）房产、土地并出让的行为。

（二）根据《财政部 国家税务总局关于全面推开营业税改征增值税试点的通知》（财税〔2016〕36 号）附件 3《营业税改征增值税试点过渡政策的规定》第一条第（三

十七）款规定，土地使用者将土地使用权归还给土地所有者免征增值税。原权属人的土地被政府征收（收回），属于土地使用者将土地使用权归还给土地所有者，按规定可免征增值税。

（三）根据《财政部税务总局关于明确无偿转让股票等增值税政策的公告》（财政部税务总局公告2020年第40号）三条规定，土地所有者依法征收土地，并向土地使用权者支付土地及相关有形动产、不动产补偿费的行为，属于《财政部 国家税务总局关于全面推开营业税改征增值税试点的通知》（财税〔2016〕36号）附件3《营业税改征增值税试点过渡政策的规定》第一条第（三十七）款规定土地使用者将土地使用权归还给土地所有者的情形。

二、土地增值税

在单一主体归宗改造模式中，完成上盖物拆除后，规划自然资源部门注销原有不动产权证土地收归国有，再直接与单一改造主体签订协议出让合同。根据《广东省人民政府关于深化改革加快推动“三旧”改造促进高质量发展的指导意见》（粤府〔2019〕71号）有关指导精神，可凭县级（含县级）以上人民政府通过的政府会议纪要、“三旧”改造方案批复或其他等效文件证明属于政府征收（收回）房产、土地并出让的行为。依据《中华人民共和国土地增值税暂行条例》（国务院令第138号）第八条，免征原权属人的土地增值税。

三、契税

（一）根据《广东省契税实施办法》（广东省人民政府令第41号）第八条第（四）项及《关于解释〈广东省契税实施办法〉第八条第四项的批复》（粤府函〔2007〕127号）规定，被征收方的土地、房屋被县级以上人民政府征用、占用后，异地或原地重新承受土地、房屋权属，其成交价格或补偿面积没有超出规定补偿标准的，免征契税；超出的部分应按规定缴纳契税。

（二）根据《财政部 国家税务总局关于企业以售后回租方式进行融资等有关契税政策的通知》（财税〔2012〕82号）第三条规定，市、县级人民政府根据《国有土地上房屋征收与补偿条例》有关规定征收居民房屋，居民因个人房屋被征收而选择货币补偿用以重新购置房屋，并且购房成交价格不超过货币补偿的，对新购房屋免征契税；购房成交价格超过货币补偿的，对差价部分按规定征收契税。居民因个人房屋被征收而选择房屋产权调换，并且不缴纳房屋产权调换差价的，对新换房屋免征契税；缴纳房屋产权调换差价的，对差价部分按规定征收契税。

四、企业所得税

（一）国有土地原权属人上盖物拆除后，规划自然资源部门注销原有不动产权证土地收归国有，再直接与单一改造主体签订协议出让合同取得收益，对纳入政府城市更新改造、取得县级及以上批复文件，符合《国家税务总局关于发布〈企业政策性搬迁所得税管理办法〉的公告》（国家税务总局公告2012年第40号）和《国家税务总局关于企业政策性搬迁所得税有关问题的公告》（国家税务总局公告2013年第11号）规定的，可适用政策性搬迁的相关规定进行处理：企业在搬迁期间发生的搬迁收入和搬迁支出，可以暂不计入当期应纳税所得额，而在完成搬迁（不超过五年）的年度，对搬迁收入和支出进行汇总清算。

（二）若不适用政策性搬迁规定的，按照《中华人民共和国企业所得税法》及其实施条例的相关规定处理：取得的拆迁补偿收入（含货币或非货币），应计入企业所得税收入总额，发生与取得收入有关的、合理的支出，可在计算应纳税所得额时扣除。

五、个人所得税

根据《财政部 国家税务总局关于城镇房屋拆迁有关税收政策的通知》（财税〔2005〕45号）规定，对被拆迁人按照国家有关规定的标准取得的拆迁补偿款，免征个人所得税。

8.1.2 改造主体公司

一、增值税

（一）根据《财政部 国家税务总局关于明确金融、房地产开发、教育辅助服务等增值税政策的通知》（财税〔2016〕140号）第七条规定，房地产开发企业中的一般纳税人销售其开发的房地产项目（选择简易计税方法的房地产老项目除外），在取得土地时向其他单位或个人支付的拆迁补偿费用允许在计算销售额时扣除。

（二）改造主体公司按上述规定扣除拆迁补偿费用时，应提供拆迁协议、拆迁双方支付和取得拆迁补偿费用凭证等能够证明拆迁补偿费用真实性的材料。

二、土地增值税

根据《中华人民共和国土地增值税暂行条例实施细则》第七条规定，改造主体公司向不动产原权属人支付的补偿费用，属于取得土地使用权所支付的金额，真实、合理的，允许计入土地增值税扣除项目。改造主体公司可提供如下资料佐证：补偿协议、拆迁双方支付和取得拆迁补偿费用凭证、能佐证补偿费用承担安排的改造方案及合作协议、改造主体公司缴纳契税的完税凭证等。

三、契税

根据《财政部 税务总局关于贯彻实施契税法若干事项执行口径的公告》（财政部 税务总局公告2021年第23号）第二条第（五）款规定，土地使用权出让的，计税依据包括土地出让金、土地补偿费、安置补助费、地上附着物和青苗补偿费、征收补偿费、城市基础设施配套费、实物配建房屋等应交付的货币以及实物、其他经济利益对应的价款。

根据《财政部 国家税务总局关于国有土地使用权出让等有关契税问题的通知》（财税〔2004〕134号）规定，改造主体公司向原权属人支付的补偿费用，属于取得土地使用权支付的经济利益，应计入契税计税依据缴纳契税。

四、企业所得税

（一）用于房地产开发情形的，根据《国家税务总局关于印发〈房地产开发经营业务企业所得税处理办法〉的通知》（国税发〔2009〕31号）规定，改造主体公司向不动产原权属人支付的补偿，可作为土地开发成本进行税务处理。

（二）用于房地产开发以外情形的，根据《中华人民共和国企业所得税法》及其实施条例规定，发生的土地使用权支出作为无形资产摊销，发生的各类拆迁补偿支出在税前扣除。

8.1.3 工程施工企业

一、增值税及附加税费

根据《财政部 国家税务总局关于全面推开营业税改征增值税试点的通知》（财税〔2016〕36号）规定，工程施工企业提供建筑物拆除、土地平整、建筑物修缮等服务，应按建筑服务缴纳增值税。同时按相关规定缴纳城市维护建设税、教育费附加、地方教育附加。

二、印花税

根据《中华人民共和国印花税暂行条例》规定，工程施工企业签订的建筑安装合同，应按照"建筑安装工程承包合同"缴纳印花税。

三、企业所得税

根据《中华人民共和国企业所得税法》及其实施条例规定，施工企业从事建筑、安装、装配工程业务等各项收入，应计入企业所得税收入总额，发生与取得收入有关的、合理的支出，可在计算应纳税所得额时扣除。企业从事上述劳务持续时间超过12个月的，按照纳税年度内完工进度或者完成的工作量确认收入的实现。

8.2 土地出让环节

8.2.1 规划自然资源部门

一、印花税

根据《中华人民共和国印花税暂行条例》规定，应按照"产权转移书据"缴纳印花税。

二、增值税

根据《财政部 国家税务总局关于全面推开营业税改征增值税试点的通知》（财税〔2016〕36号）附件3《营业税改征增值税试点过渡政策的规定》第一条第（三十七）款规定，土地所有者出让土地使用权免征增值税。

8.2.2 改造主体公司

一、增值税

改造主体公司以出让方式取得土地使用权，向政府部门支付土地价款，按《国家税务总局关于发布〈房地产开发企业销售自行开发的房地产项目增值税征收管理暂行办法〉的公告》（国家税务总局公告2016年第18号）的相关规定处理。

二、土地增值税

根据《中华人民共和国土地增值税暂行条例实施细则》第七条规定，改造主体公司实际缴纳的土地出让金，计入土地增值税扣除项目。

三、契税

根据《国家税务总局关于明确国有土地使用权出让契税计税依据的批复》（国税函

〔2009〕603号)、《国家税务总局关于免征土地出让金出让国有土地使用权征收契税的批复》(国税函〔2005〕436号)规定，对改造主体公司以出让方式取得土地使用权，应按土地成交总价款缴纳契税，土地前期开发成本不得扣除。

四、印花税

根据《中华人民共和国印花税暂行条例》规定，应按照“产权转移书据”“权利、许可证照”缴纳印花税。

五、企业所得税

根据《国家税务总局关于印发〈房地产开发经营业务企业所得税处理办法〉的通知》(国税发〔2009〕31号)规定，作为土地开发成本进行税务处理。

8.3 房地产开发、销售环节

8.3.1 改造主体公司

一、增值税及附加税费

改造主体公司销售自行开发的房地产项目应缴纳增值税。采取预收款方式销售自行开发的房地产项目，应在收到预收款时按照3%的预征率预缴增值税，并按照《营业税改征增值税试点实施办法》(财税〔2016〕36号)第四十五条规定的纳税义务发生时间申报缴纳增值税。同时按相关规定缴纳城市维护建设税、教育费附加、地方教育附加。

二、土地增值税。

(一)改造主体公司销售自行开发的房地产项目，按季度先预缴土地增值税，待项目符合土地增值税清算条件后，按规定开展土地增值税清算，补(退)清算税款。

(二)对改造范围大、改造时间长的连片改造项目，根据《国家税务总局广东省税务局关于发布〈国家税务总局广东省税务局土地增值税清算管理规程〉的公告》(国家税务总局广东省税务局公告2019年第5号)第十九条规定，土地增值税以房地产主管部门审批、备案的房地产开发项目为单位进行清算。对于分期开发的项目，以分期项目为单位清算。具体结合项目立项、用地规划、方案设计审查(修建性详细规划)、工程规划、销售(预售)、竣工验收以及城市更新主管部门批复的片区策划方案、项目实施方案等确定。

(三)在部分分期项目已完成清算后发生的，但属于整体项目共同受益的拆迁补偿费、公共配套设施费，允许在未完成清算的分期项目之间计算分摊。

(四)改造主体公司在项目建设用地红线外为政府建设公共设施或其他工程发生的支出，如能提供城市更新主管部门批复的片区策划方案、项目实施方案，或者政府主管部门证明文件的，允许作为取得土地使用权所支付的金额予以扣除。

三、城镇土地使用税

根据《财政部 国家税务总局关于房产税城镇土地使用税有关政策的通知》(财税〔2006〕186号)规定，单改造主体公司以出让方式有偿取得土地使用权，应从合同约定交付土地时间的次月起缴纳城镇土地使用税；合同未约定交付土地时间的，从合同签订的次月起缴纳城镇土地使用税。

四、印花税

根据《中华人民共和国印花税暂行条例》规定，应按照“产权转移书据”“权利、许可证照”缴纳印花税。

五、企业所得税

根据《国家税务总局关于印发〈房地产开发经营业务企业所得税处理办法〉的通知》（国税发〔2009〕31号）规定处理。

8.3.2 工程施工企业

一、增值税及附加税费

根据《财政部 国家税务总局关于全面推开营业税改征增值税试点的通知》（财税〔2016〕36号）规定，工程施工企业提供建筑物拆除、土地平整、建筑物修缮等服务，应按建筑服务缴纳增值税。同时按相关规定缴纳城市维护建设税、教育费附加、地方教育附加。

二、印花税

根据《中华人民共和国印花税暂行条例》规定，工程施工企业签订的建筑安装合同，应按照“建筑安装工程承包合同”缴纳印花税。

三、企业所得税

根据《中华人民共和国企业所得税法》及其实施条例规定，施工企业从事建筑、安装、装配工程业务等各项收入，应计入企业所得税收入总额，发生与取得收入有关的、合理的支出，可在计算应纳税所得额时扣除。企业从事上述劳务持续时间超过12个月的，按照纳税年度内完工进度或者完成的工作量确认收入的实现。

第四类：村级工业园、物流园、专业批发市场转型

场景9：村集体经济组织租赁改造

在政府规划和产业定位引导下，村集体经济组织收回原用地者承租的土地使用权，解除集体物业承租方的租赁合同。村集体经济组织通过公开方式引入社会资本（改造企业），租赁其集体土地，改造企业以村集体经济组织名义建设物业，按照改造方案进行开发、运营管理，实现村级工业园、物流园、专业批发市场转型升级。租赁期限满后，改造企业将物业移回给村集体经济组织。该场景涉税环节包括拆迁补偿、土地租赁、物业运营、物业收回。

9.1 拆迁补偿环节

9.1.1 集体物业承租方

一、增值税

根据《财政部 国家税务总局关于全面推开营业税改征增值税试点的通知》（财税〔2016〕36号）规定，集体物业承租方因农村集体经济组织提前解除租赁合同而收到违约费用、拆迁补偿费用、搬迁费用等经济利益，未提供增值税应税行为，不属于增值税的征税范围。

二、企业所得税

（一）集体物业承租方因农村集体经济组织提前解除租赁合同而收到违约费用、拆

迁补偿费用、搬迁费用等经济利益以及集体经济组织的厂房用地被政府征收、并取得货币补偿，对纳入政府城市更新改造、取得县级及以上批复文件，符合《国家税务总局关于发布〈企业政策性搬迁所得税管理办法〉的公告》（国家税务总局公告 2012 年第 40 号）和《国家税务总局关于企业政策性搬迁所得税有关问题的公告》（国家税务总局公告 2013 年第 11 号）规定的，可适用政策性搬迁的相关规定进行处理：企业在搬迁期间发生的搬迁收入和搬迁支出，可以暂不计入当期应纳税所得额，而在完成搬迁（不超过五年）的年度，对搬迁收入和支出进行汇总清算。

（二）若不适用政策性搬迁规定的，按照《中华人民共和国企业所得税法》及其实施条例的相关规定处理：取得的拆迁补偿收入（含货币或非货币），应计入企业所得税收入总额，发生与取得收入有关的、合理的支出，可在计算应纳税所得额时扣除。

三、个人所得税

根据《财政部 国家税务总局关于城镇房屋拆迁有关税收政策的通知》（财税〔2005〕45 号）规定，对被拆迁人按照国家有关规定的标准取得的拆迁补偿款，免征个人所得税。

9.1.2 工程施工企业

一、增值税及附加税费

根据《财政部 国家税务总局关于全面推开营业税改征增值税试点的通知》（财税〔2016〕36 号）规定，工程施工企业提供建筑物拆除、土地平整、建筑物修缮等服务，应按建筑服务缴纳增值税。同时按相关规定缴纳城市维护建设税、教育费附加、地方教育附加。

二、印花税

根据《中华人民共和国印花税暂行条例》规定，工程施工企业签订的建筑安装合同，应按照“建筑安装工程承包合同”缴纳印花税。

三、企业所得税

根据《中华人民共和国企业所得税法》及其实施条例规定，施工企业从事建筑、安装、装配工程业务等各项收入，应计入企业所得税收入总额，发生与取得收入有关的、合理的支出，可在计算应纳税所得额时扣除。企业从事上述劳务持续时间超过 12 个月的，按照纳税年度内完工进度或者完成的工作量确认收入的实现。

9.2 土地租赁环节

9.2.1 村集体经济组织

一、增值税及附加税费

根据《财政部 国家税务总局关于进一步明确全面推开营改增试点有关劳务派遣服务、收费公路通行费抵扣等政策的通知》（财税〔2016〕47 号）第三条第（二）款规定，纳税人以经营租赁方式将土地出租给他人使用，按照不动产经营租赁服务缴纳增值税。对村集体经济组织将土地出租给合作企业，应按不动产经营租赁服务缴纳增值税。同时按相关规定缴纳城市维护建设税、教育费附加、地方教育附加。

二、印花税

根据《中华人民共和国印花税暂行条例》规定，应按照“财产租赁合同”缴纳印花税。

三、企业所得税

根据《中华人民共和国企业所得税法实施条例》第十九条规定，企业提供固定资产、包装物或者其他有形资产的使用权取得的租金收入，应按交易合同或协议规定的承租人应付租金的日期确认收入的实现。其中，如果交易合同或协议中规定租赁期限跨年度，且租金提前一次性支付的，根据《中华人民共和国企业所得税法实施条例》第九条规定的收入与费用配比原则，出租人可对上述已确认的收入，在租赁期内，分期均匀计入相关年度收入。

9.2.2 改造企业

一、印花税

根据《中华人民共和国印花税暂行条例》规定，应按照“财产租赁合同”缴纳印花税。

9.3 物业建设、运营环节

9.3.1 改造企业

一、增值税及附加税费

根据《财政部 国家税务总局关于全面推开营业税改征增值税试点的通知》（财税〔2016〕36号）规定，物业建成后，改造企业租赁物业取得的收入，应按不动产租赁服务缴纳增值税。同时按相关规定缴纳城市维护建设税、教育费附加、地方教育附加。

二、房产税

物业建成后，改造企业无租使用的，根据《财政部 国家税务总局关于房产税、城镇土地使用税有关问题的通知》（财税〔2009〕128号）第一条规定，无租使用村集体房产，由改造企业缴纳房产税。改造企业自用的，从价计征房产税；改造企业出租的，从租计征房产税。

三、城镇土地使用税

根据《财政部 国家税务总局关于承租集体土地城镇土地使用税有关政策的通知》（财税〔2017〕29号），改造企业直接从村集体经济组织承租集体建设用地的，应缴纳城镇土地使用税。

根据《财政部 国家税务总局关于集体土地城镇土地使用税有关政策的通知》（财税〔2006〕56号）规定，在城镇土地使用税征税范围内实际使用应税集体所有建设用地、但未办理土地使用权流转手续的，由实际使用集体土地的单位和个人按规定缴纳城镇土地使用税。

四、企业所得税

（一）根据《中华人民共和国企业所得税法实施条例》第十九条规定，企业提供固定资产、包装物或者其他有形资产的使用权取得的租金收入，应按交易合同或协议规定的承租人应付租金的日期确认收入的实现。其中，如果交易合同或协议中规定租赁期限跨年度，且租金提前一次性支付的，根据《中华人民共和国企业所得税法实施条例》第九条规定的收入与费用配比原则，出租人可对上述已确认的收入，在租赁期内，分期均匀计入相关年度收入。

（二）合作企业在承租土地上出资增设建筑物应作为长期待摊费用，按照《中华人民共和国企业所得税法》及其实施条例的相关规定在租赁期内摊销。

9.3.2　工程施工企业

一、增值税及附加税费

根据《财政部 国家税务总局关于全面推开营业税改征增值税试点的通知》（财税〔2016〕36号）规定，工程施工企业提供建筑物拆除、土地平整、建筑物修缮等服务，应按建筑服务缴纳增值税。同时按相关规定缴纳城市维护建设税、教育费附加、地方教育附加。

二、印花税

根据《中华人民共和国印花税暂行条例》规定，工程施工企业签订的建筑安装合同，应按照“建筑安装工程承包合同”缴纳印花税。

三、企业所得税

根据《中华人民共和国企业所得税法》及其实施条例规定，施工企业从事建筑、安装、装配工程业务等各项收入，应计入企业所得税收入总额，发生与取得收入有关的、合理的支出，可在计算应纳税所得额时扣除。企业从事上述劳务持续时间超过12个月的，按照纳税年度内完工进度或者完成的工作量确认收入的实现。

9.4　物业收回环节

9.4.1　村集体经济组织

一、房产税

根据《中华人民共和国房产税暂行条例》第二条、第三条规定，物业收回后由村集体经济组织从价计算缴纳房产税，没有房产原值作为依据的，由房产所在地税务机关参考同类房产核定。

二、城镇土地使用税

根据《财政部 国家税务总局关于房产税城镇土地使用税有关政策的通知》（财税〔2006〕186号）规定，以出让或转让方式有偿取得土地使用权的，应由受让方从合同约定交付土地时间的次月起缴纳城镇土地使用税；合同未约定交付土地时间的，由受让方从合同签订的次月起缴纳城镇土地使用税。

场景10：政府直接收储

物流园、专业批发市场存在建设标准低、环境污染大、经济效益差等问题，不符合现行的国土空间规划，由政府主导对村集体经济组织给予补偿，并委托施工企业完成建筑物拆除、土地平整等，在村集体经济组织申请将集体用地转为国有用地后完成土地收储。该场景涉税环节为土地征收（收回）、建筑物拆除平整。

10.1 土地征收（收回）环节

10.1.1 村集体经济组织

一、增值税

（一）根据《财政部 国家税务总局关于全面推开营业税改征增值税试点的通知》（财税〔2016〕36号）附件3《营业税改征增值税试点过渡政策的规定》第一条第三十七款规定，土地使用者将土地使用权归还给土地所有者免征增值税。原权属人的土地使用权被政府收回，属于土地使用者将土地使用权归还给土地所有者，免征增值税。

（二）根据《财政部 税务总局关于明确无偿转让股票等增值税政策的公告》（财政部 税务总局公告2020年第40号）三条规定，土地所有者依法征收土地，并向土地使用权者支付土地及相关有形动产、不动产补偿费的行为，属于《财政部 国家税务总局关于全面推开营业税改征增值税试点的通知》（财税〔2016〕36号）附件3《营业税改征增值税试点过渡政策的规定》第一条第（三十七）款规定土地使用者将土地使用权归还给土地所有者的情形。

二、土地增值税

根据《中华人民共和国土地增值税暂行条例》第八条、《中华人民共和国土地增值税暂行条例实施细则》（财法字〔1995〕6号）第十一条规定，对被征收单位或个人因国家建设的需要而被政府批准征用、收回房地产的，免征土地增值税。

三、契税

（一）根据《广东省契税实施办法》（广东省人民政府令第41号）第八条第四项及《关于解释〈广东省契税实施办法〉第八条第四项的批复》（粤府函〔2007〕127号）规定，被征收方的土地、房屋被县级以上人民政府征用、占用后，异地或原地重新承受土地、房屋权属，其成交价格或补偿面积没有超出规定补偿标准的，免征契税；超出的部分应按规定缴纳契税。

（二）根据《财政部 国家税务总局关于企业以售后回租方式进行融资等有关契税政策的通知》（财税〔2012〕82号）第三条规定，市、县级人民政府根据《国有土地上房屋征收与补偿条例》有关规定征收居民房屋，居民因个人房屋被征收而选择货币补偿用以重新购置房屋，并且购房成交价格不超过货币补偿的，对新购房屋免征契税；购房成交价格超过货币补偿的，对差价部分按规定征收契税。居民因个人房屋被征收而选择房屋产权调换，并且不缴纳房屋产权调换差价的，对新换房屋免征契税；缴纳房屋产权调换差价的，对差价部分按规定征收契税。

四、企业所得税

集体经济组织收回土地使用权后，属于集体经济组织的土地再被政府收储，其取得的属于集体经济组织的货币补偿，应按照《中华人民共和国企业所得税法》及其实施条例的相关规定计入企业所得税收入总额，发生与取得收入有关的、合理的支出，可在计算应纳税所得额时扣除。

五、个人所得税

根据《财政部 国家税务总局关于城镇房屋拆迁有关税收政策的通知》（财税〔2005〕45号）规定，对被拆迁人按照国家有关规定的标准取得的拆迁补偿款，免征个人所得税。

10.1.2 集体土地承租方

一、增值税

根据《财政部 国家税务总局关于全面推开营业税改征增值税试点的通知》（财税〔2016〕36号）规定，集体土地承租方因农村集体经济组织提前解除租赁合同而收到违约费用、拆迁补偿费用、搬迁费用等经济利益，未提供增值税应税行为，无需缴纳增值税。

二、企业所得税

（一）集体土地承租方因农村集体经济组织提前解除租赁合同而收到违约费用、拆迁补偿费用、搬迁费用等经济利益以及集体经济组织的厂房用地被政府征收、并取得货币补偿，对纳入政府城市更新改造、取得县级及以上批复文件，符合《国家税务总局关于发布〈企业政策性搬迁所得税管理办法〉的公告》（国家税务总局公告2012年第40号）和《国家税务总局关于企业政策性搬迁所得税有关问题的公告》（国家税务总局公告2013年第11号）规定的，可适用政策性搬迁的相关规定进行处理：企业在搬迁期间发生的搬迁收入和搬迁支出，可以暂不计入当期应纳税所得额，而在完成搬迁（不超过五年）的年度，对搬迁收入和支出进行汇总清算。

（二）若不适用政策性搬迁规定的，按照《中华人民共和国企业所得税法》及其实施条例的相关规定处理：取得的拆迁补偿收入（含货币或非货币），应计入企业所得税收入总额，发生与取得收入有关的、合理的支出，可在计算应纳税所得额时扣除。

10.1.3 其他规定

旧厂房改造过程中，由政府直接收储后进行补偿的，对旧厂房原权属人取得的收储补偿，旧厂房用地承租方因提前解除租赁合同而收到违约费用、拆迁补偿费用、搬迁费用等，参照上述税收规定处理。

10.2 建筑物拆除、平整环节

10.2.1 工程施工企业

一、增值税及附加税费

根据《财政部 国家税务总局关于全面推开营业税改征增值税试点的通知》（财税〔2016〕36号）规定，工程施工企业提供建筑物拆除、土地平整、建筑物修缮等服务，应按建筑服务缴纳增值税。同时按相关规定缴纳城市维护建设税、教育费附加、地方教育附加。

二、印花税

根据《中华人民共和国印花税暂行条例》规定，工程施工企业签订的建筑安装合同，应按照“建筑安装工程承包合同”缴纳印花税。

三、企业所得税

根据《中华人民共和国企业所得税法》及其实施条例规定，施工企业从事建筑、安装、装配工程业务等各项收入，应计入企业所得税收入总额，发生与取得收入有关的、合理的支出，可在计算应纳税所得额时扣除。企业从事上述劳务持续时间超过 12 个月的，按照纳税年度内完工进度或者完成的工作量确认收入的实现。

第五类：违法建设、未达标河涌水环境、“散乱污”场所整治

场景 11：违法建设、河涌水环境、“散乱污”场所整治

按照市委、市政府工作部署，住建局、生态环境局、工信局等部门，依法拆除违法建设，对未达标河涌水环境、“散乱污”场所整治。

11.1 拆除、整治环节

11.1.1 工程施工企业

一、增值税及附加税费

根据《财政部 国家税务总局关于全面推开营业税改征增值税试点的通知》（财税〔2016〕36 号）规定，工程施工企业提供建筑物拆除、平整以及其他工程作业，应按建筑服务缴纳增值税。同时按相关规定缴纳城市维护建设税、教育费附加、地方教育附加。

二、印花税

根据《中华人民共和国印花税暂行条例》规定，应按照“建筑安装工程承包合同”缴纳印花税。

三、企业所得税

根据《中华人民共和国企业所得税法》及其实施条例规定，施工企业从事建筑、安装、装配工程业务等各项收入，应计入企业所得税收入总额，发生与取得收入有关的、合理的支出，可在计算应纳税所得额时扣除。企业从事上述劳务持续时间超过 12 个月的，按照纳税年度内完工进度或者完成的工作量确认收入的实现。

11.1.2 被整治主体

一、增值税

根据《财政部 国家税务总局关于全面推开营业税改征增值税试点的通知》（财税〔2016〕36 号）规定，被整治主体因整治、拆除收到的搬迁补偿费用等经济利益，未提供增值税应税行为，不属于增值税的征税范围。

二、企业所得税

（一）对纳入政府城市更新改造、取得县级及以上批复文件，符合《国家税务总局关于发布〈企业政策性搬迁所得税管理办法〉的公告》（国家税务总局公告 2012 年第 40 号）和《国家税务总局关于企业政策性搬迁所得税有关问题的公告》（国家税务总局公告 2013 年第 11 号）规定的，可适用政策性搬迁的相关规定进行处理：企业在搬迁期间发生的搬迁收入和搬迁支出，可以暂不计入当期应纳税所得额，而在完成搬迁（不超过五年）的年度，对搬迁收入和支出进行汇总清算。

（二）若不适用政策性搬迁规定的，按照《中华人民共和国企业所得税法》及其实施条例的相关规定处理：取得的拆迁补偿收入（含货币或非货币），应计入企业所得税

收入总额，发生与取得收入有关的、合理的支出，可在计算应纳税所得额时扣除。

（三）发生资产损失的，按照《财政部 国家税务总局关于企业资产损失税前扣除政策的通知》（财税〔2009〕57 号）、《企业资产损失所得税税前扣除管理办法》（国家税务总局 2011 年第 25 号公告发布）的有关规定进行税前扣除。

第六类：限地价、竞配建、竞自持等方式出让土地

场景 12：政府收储后“限地价、竞配建、竞自持”方式出让土地

政府主导征收收储土地，按照新的片区规划调整为住宅用地，公开对外出让，政府限定最高地价，达到限定地价后，房地产开发企业竞拍配建物业面积。达到限定的配建物业面积后，房地产开发企业竞拍自持物业面积。该场景涉税环节包括土地收储、土地出让、配建物业移交、房地产开发销售、自持物业运营。

12.1　土地收储环节

12.1.1　被征收单位、个人

一、增值税

（一）根据《财政部 国家税务总局关于全面推开营业税改征增值税试点的通知》（财税〔2016〕36 号）附件 3《营业税改征增值税试点过渡政策的规定》第一条第三十七款规定，土地使用者将土地使用权归还给土地所有者免征增值税。原权属人的土地使用权被政府收回，属于土地使用者将土地使用权归还给土地所有者，免征增值税。

（二）根据《财政部 税务总局关于明确无偿转让股票等增值税政策的公告》（财政部 税务总局公告 2020 年第 40 号）三条规定，土地所有者依法征收土地，并向土地使用权者支付土地及相关有形动产、不动产补偿费的行为，属于《财政部 国家税务总局关于全面推开营业税改征增值税试点的通知》（财税〔2016〕36 号）附件 3《营业税改征增值税试点过渡政策的规定》第一条第（三十七）款规定土地使用者将土地使用权归还给土地所有者的情形。

二、土地增值税

根据《中华人民共和国土地增值税暂行条例》第八条、《中华人民共和国土地增值税暂行条例实施细则》（财法字〔1995〕6 号）第十一条规定，对被征收单位或个人因国家建设的需要而被政府批准征用、收回房地产的，免征土地增值税。

三、契税

（一）根据《广东省契税实施办法》（广东省人民政府令第 41 号）第八条第四项及《关于解释〈广东省契税实施办法〉第八条第四项的批复》（粤府函〔2007〕127 号）规定，被征收方的土地、房屋被县级以上人民政府征用、占用后，异地或原地重新承受土地、房屋权属，其成交价格或补偿面积没有超出规定补偿标准的，免征契税；超出的部分应按规定缴纳契税。

（二）根据《财政部 国家税务总局关于企业以售后回租方式进行融资等有关契税政策的通知》（财税〔2012〕82 号）第三条规定，市、县级人民政府根据《国有土地上房屋征收与补偿条例》有关规定征收居民房屋，居民因个人房屋被征收而选择货币补偿用

以重新购置房屋，并且购房成交价格不超过货币补偿的，对新购房屋免征契税；购房成交价格超过货币补偿的，对差价部分按规定征收契税。居民因个人房屋被征收而选择房屋产权调换，并且不缴纳房屋产权调换差价的，对新换房屋免征契税；缴纳房屋产权调换差价的，对差价部分按规定征收契税。

四、企业所得税

集体经济组织收回土地使用权后，属于集体经济组织的土地再被政府收储，其取得的属于集体经济组织的货币补偿，应按照《中华人民共和国企业所得税法》及其实施条例的相关规定计入企业所得税收入总额，发生与取得收入有关的、合理的支出，可在计算应纳税所得额时扣除。

五、个人所得税

根据《财政部 国家税务总局关于城镇房屋拆迁有关税收政策的通知》（财税〔2005〕45号）规定，对被拆迁人按照国家有关规定的标准取得的拆迁补偿款，免征个人所得税。

12.1.2 土地原使用方

一、增值税

根据《财政部 国家税务总局关于全面推开营业税改征增值税试点的通知》（财税〔2016〕36号）规定，土地原使用方因提前解除租赁合同而收到违约费用、拆迁补偿费用、搬迁费用等经济利益，未提供增值税应税行为，无需缴纳增值税。

二、企业所得税

（一）土地原使用方提前解除租赁合同而收到违约费用、拆迁补偿费用、搬迁费用等经济利益以及集体经济组织的厂房用地被政府征收、并取得货币补偿，对纳入政府城市更新改造、取得县级及以上批复文件，符合《国家税务总局关于发布〈企业政策性搬迁所得税管理办法〉的公告》（国家税务总局公告2012年第40号）和《国家税务总局关于企业政策性搬迁所得税有关问题的公告》（国家税务总局公告2013年第11号）规定的，可适用政策性搬迁的相关规定进行处理：企业在搬迁期间发生的搬迁收入和搬迁支出，可以暂不计入当期应纳税所得额，而在完成搬迁（不超过五年）的年度，对搬迁收入和支出进行汇总清算。

（二）若不适用政策性搬迁规定的，按照《中华人民共和国企业所得税法》及其实施条例的相关规定处理：取得的拆迁补偿收入（含货币或非货币），应计入企业所得税收入总额，发生与取得收入有关的、合理的支出，可在计算应纳税所得额时扣除。

12.2 土地使用权出让环节

12.2.1 规划自然资源部门

一、印花税

根据《中华人民共和国印花税暂行条例》规定，应按照“产权转移书据”缴纳印花税。

二、增值税

根据《财政部 国家税务总局关于全面推开营业税改征增值税试点的通知》（财税

〔2016〕36号）附件3《营业税改征增值税试点过渡政策的规定》第一条第（三十七）款规定，土地所有者出让土地使用权免征增值税。

12.2.2 房地产开发企业

一、增值税

房地产开发企业以出让方式取得土地使用权，向政府部门支付土地价款，按《国家税务总局关于发布〈房地产开发企业销售自行开发的房地产项目增值税征收管理暂行办法〉的公告》（国家税务总局公告2016年第18号）的相关规定处理。

二、土地增值税

根据《中华人民共和国土地增值税暂行条例实施细则》第七条规定，房地产开发企业实际缴纳的土地出让金，计入土地增值税扣除项目。

三、契税

根据《国家税务总局关于明确国有土地使用权出让契税计税依据的批复》（国税函〔2009〕603号）、《国家税务总局关于免征土地出让金出让国有土地使用权征收契税的批复》（国税函〔2005〕436号）规定，对房地产开发企业以出让方式取得土地使用权，应按土地成交总价款缴纳契税，土地前期开发成本不得扣除。

四、印花税

根据《中华人民共和国印花税暂行条例》规定，应按照“产权转移书据”“权利、许可证照”缴纳印花税。

五、企业所得税

根据《国家税务总局关于印发〈房地产开发经营业务企业所得税处理办法〉的通知》（国税发〔2009〕31号）的规定，作为土地开发成本进行税务处理。

12.3 配建物业移交环节

配建物业移交有三种方式：方式1，直接移交方式，配建物业建设地块和经营性地块合并供地，土地出让合同中列明直接将配建物业建设地块国有建设用地使用权（可共用宗地）以出让方式首次登记到政府指定行政事业单位。不动产登记部门依法依规将配建物业首次登记到政府指定的行政事业单位。方式2，无偿移交方式，政府指定接收单位与开发企业签订不动产无偿转让协议，不动产权属登记首次登记在开发企业名下，再通过转移登记将权属办至政府指定接收单位名下。方式3，政府回购方式，政府指定回购单位与开发企业按约定价格（不低于成本价的情形）签订商品房买卖合同，不动产权属登记首次登记在开发企业名下，再通过转移登记将权属办至政府指定回购单位名下。

方式1：直接移交方式

12.3.1.1 房地产开发企业

一、增值税及附加税费

根据《财政部 国家税务总局关于全面推开营业税改征增值税试点的通知》（财税〔2016〕36号）规定，不动产登记部门直接将配建物业首次登记到政府指定的行政事业单位，房地产开发企业属于为政府无偿提供建筑服务，应按照视同销售的相关规定缴纳增值税。同时按相关规定缴纳城市维护建设税、教育费附加、地方教育附加。

二、土地增值税

根据《中华人民共和国土地增值税暂行条例实施细则》第七条规定，对房地产开发企业承担的配建物业建设支出，属于取得土地使用权所支付的金额，允许计入土地增值税扣除项目。

三、契税

根据《财政部 税务总局关于贯彻实施契税法若干事项执行口径的公告》（财政部 税务总局公告2021年第23号）第二条第（五）款规定，土地使用权出让的，计税依据包括土地出让金、土地补偿费、安置补助费、地上附着物和青苗补偿费、征收补偿费、城市基础设施配套费、实物配建房屋等应交付的货币以及实物、其他经济利益对应的价款。

根据《财政部 国家税务总局关于国有土地使用权出让等有关契税问题的通知》（财税〔2004〕134号）规定，以协议方式出让的，其契税计税价格为成交价格。成交价格包括土地出让金、土地补偿费、安置补助费、地上附着物和青苗补偿费、拆迁补偿费、市政建设配套费等承受者应支付的货币、实物、无形资产及其他经济利益。

根据《国家税务总局关于明确国有土地使用权出让契税计税依据的批复》（国税函〔2009〕603号）规定，通过招标、拍卖或者挂牌程序承受国有土地使用权的，对承受者应按照土地成交总价款计征契税，其中的土地前期开发成本不得扣除。

四、企业所得税

按照《国家税务总局关于印发〈房地产开发经营业务企业所得税处理办法〉的通知》（国税发〔2009〕31号）第二十七条第（一）款规定，配建物业的相关支出属于土地征用费及拆迁补偿费，计入开发产品计税成本，在企业所得税税前扣除。

方式2：无偿移交方式

12.3.2.1 房地产开发企业

一、增值税及附加税费

根据《财政部 国家税务总局关于全面推开营业税改征增值税试点的通知》（财税〔2016〕36号）规定，房地产开发企业按照合同约定无偿移交配建物业，属于无偿转让不动产，应按照视同销售的相关规定缴纳增值税。同时按相关规定缴纳城市维护建设税、教育费附加、地方教育附加。如配建物业用于公益事业或者以社会公众为对象，不属于视同销售缴纳增值税。

二、土地增值税

（一）若无偿向政府、政府职能部门及承担行政职能或从事公益服务的事业单位移交类型为学校、公交站场等公共公益事业设施或政府职能机构、事业单位办公及非营利性用房、场馆，以及《国家税务总局关于房地产开发企业土地增值税清算管理有关问题的通知》（国税发〔2006〕187号）第四条第三项规定的物业，按建造与清算项目配套的公共设施处理。

（二）若无偿移交的物业类型或用途或接收方是除上述第（一）点外的其他情形，

应根据《国家税务总局关于土地增值税清算有关问题的通知》（国税函〔2010〕220号）第六条视同销售征收土地增值税，土地增值税应税收入按照《国家税务总局关于房地产开发企业土地增值税清算管理有关问题的通知》（国税发〔2006〕187号）第三条规定确定，同时将此确认为房地产开发项目的拆迁补偿费，允许计入土地增值税扣除项目。

三、契税

根据《财政部 税务总局关于贯彻实施契税法若干事项执行口径的公告》（财政部 税务总局公告2021年第23号）第二条第（五）款规定，土地使用权出让的，计税依据包括土地出让金、土地补偿费、安置补助费、地上附着物和青苗补偿费、征收补偿费、城市基础设施配套费、实物配建房屋等应交付的货币以及实物、其他经济利益对应的价款。

根据《财政部 国家税务总局关于国有土地使用权出让等有关契税问题的通知》（财税〔2004〕134号）规定，以协议方式出让的，其契税计税价格为成交价格。成交价格包括土地出让金、土地补偿费、安置补助费、地上附着物和青苗补偿费、拆迁补偿费、市政建设配套费等承受者应支付的货币、实物、无形资产及其他经济利益。

根据《国家税务总局关于明确国有土地使用权出让契税计税依据的批复》（国税函〔2009〕603号）规定，通过招标、拍卖或者挂牌程序承受国有土地使用权的，对承受者应按照土地成交总价款计征契税，其中的土地前期开发成本不得扣除。

四、印花税

根据《中华人民共和国印花税暂行条例》规定，应按照“产权转移书据”缴纳印花税。

五、企业所得税

（一）若受让方无偿移交政府或政府指定部门的配建物业，符合《国家税务总局关于印发〈房地产开发经营业务企业所得税处理办法〉的通知》（国税发〔2009〕31号）第十七条（一）款规定的，作为公共配套设施，其建造费用按公共配套设施费的有关规定进行处理。

（二）若受让方无偿移交的配建物业，属于除上述第（一）点外的其他情形，应作为移交开发产品处理。根据《国家税务总局关于印发〈房地产开发经营业务企业所得税处理办法〉的通知》（国税发〔2009〕31号）第七条规定，应视同销售。确认视同销售价格时，同类开发产品指政府保障性住房类产品。同时可按照《国家税务总局关于印发〈房地产开发经营业务企业所得税处理办法〉的通知》（国税发〔2009〕31号）第三十一条的规定，确认为移交开发产品的土地成本。

12.3.2.2 接收单位

一、契税

根据《中华人民共和国契税法》第四条、《财政部 税务总局关于贯彻实施契税法若干事项执行口径的公告》（财政部 税务总局公告2021年第23号）第二条规定，配建物业转移应按规定缴纳契税。

根据《中华人民共和国契税法》第六条、《财政部 税务总局关于贯彻实施契税法若干事项执行口径的公告》（财政部 税务总局公告 2021 年第 23 号）第三条规定，国家机关、事业单位、社会团体、军事单位承受土地、房屋权属用于办公、教学、医疗、科研、军事设施的，免征契税。

二、印花税

根据《中华人民共和国印花税暂行条例》规定，应按照“产权转移书据”“权利、许可证照”缴纳印花税。

方式 3：政府回购方式

12.3.3.1 房地产开发企业

一、增值税及附加

根据《财政部 国家税务总局关于全面推开营业税改征增值税试点的通知》（财税〔2016〕36 号）规定，房地产开发企业通过转移登记将配建物业的权属办至政府指定回购单位名下，出让合同（公告）约定不低于成本价移交的，应按移交价格缴纳增值税。同时按相关规定缴纳城市维护建设税、教育费附加、地方教育附加。

二、土地增值税

出让合同（公告）约定按照不低于成本价移交的，按移交价格确定土地增值税应税收入。

三、印花税

根据《中华人民共和国印花税暂行条例》规定，应按照“产权转移书据”缴纳印花税。

四、企业所得税

根据《中华人民共和国企业所得税法》及其实施条例规定，房地产开发企业实际取得的相关收入应计入企业所得税收入总额，发生与取得收入有关的、合理的支出，可在计算企业所得税应纳税所得额时扣除。

12.3.3.2 回购单位

一、契税

根据《中华人民共和国契税法》第四条、《财政部 税务总局关于贯彻实施契税法若干事项执行口径的公告》（财政部 税务总局公告 2021 年第 23 号）第二条规定，应按配建物业转移合同的成交价格缴纳契税。

根据《中华人民共和国契税法》第六条、《财政部 税务总局关于贯彻实施契税法若干事项执行口径的公告》（财政部 税务总局公告 2021 年第 23 号）第三条规定，国家机关、事业单位、社会团体、军事单位承受土地、房屋权属用于办公、教学、医疗、科研、军事设施的，免征契税。

二、印花税

根据《中华人民共和国印花税暂行条例》规定，应按照“产权转移书据”“权利、许可证照”缴纳印花税。

12.4 房地产开发、销售环节

12.4.1 房地产开发企业

一、增值税及附加税费

房地产开发企业销售自行开发的房地产项目应缴纳增值税。采取预收款方式销售自行开发的房地产项目，应在收到预收款时按照3%的预征率预缴增值税，并按照《财政部 国家税务总局关于全面推开营业税改征增值税试点的通知》（财税〔2016〕36号）附件1《营业税改征增值税试点实施办法》第四十五条规定的纳税义务发生时间申报缴纳增值税。同时按相关规定缴纳城市维护建设税、教育费附加、地方教育附加。

二、土地增值税

（一）房地产开发企业销售自行开发的房地产项目，按季度先预缴土地增值税，待项目符合土地增值税清算条件后，按规定开展土地增值税清算，补（退）清算税款。

（二）对改造范围大、改造时间长的连片改造项目，根据《国家税务总局广东省税务局关于发布〈国家税务总局广东省税务局土地增值税清算管理规程〉的公告》（国家税务总局广东省税务局公告2019年第5号）第十九条规定，土地增值税以房地产主管部门审批、备案的房地产开发项目为单位进行清算。对于分期开发的项目，以分期项目为单位清算。具体结合项目立项、用地规划、方案设计审查（修建性详细规划）、工程规划、销售（预售）、竣工验收以及城市更新主管部门批复的片区策划方案、项目实施方案等确定。

（三）在部分分期项目已完成清算后发生的，但属于整体项目共同受益的拆迁补偿费、公共配套设施费，允许在未完成清算的分期项目之间计算分摊。

（四）房地产开发企业在项目建设用地红线外为政府建设公共设施或其他工程发生的支出，如能提供城市更新主管部门批复的片区策划方案、项目实施方案，或者政府主管部门证明文件的，允许作为取得土地使用权所支付的金额予以扣除。

三、城镇土地使用税

根据《财政部 国家税务总局关于房产税城镇土地使用税有关政策的通知》（财税〔2006〕186号）规定，房地产开发企业以出让方式有偿取得土地使用权，应从合同约定交付土地时间的次月起缴纳城镇土地使用税；合同未约定交付土地时间的，从合同签订的次月起缴纳城镇土地使用税。

根据《财政部 税务总局关于公共租赁住房税收优惠政策的公告》（财政部 税务总局公告2019年第61号）、《财政部 税务总局关于延长部分税收优惠政策执行期限的公告》（财政部 税务总局公告2021年第6号）规定，对公租房建设期间用地及公租房建成后占地，免征城镇土地使用税。在其他住房项目中配套建设公租房，按公租房建筑面积占总建筑面积的比例免征建设、管理公租房涉及的城镇土地使用税。

四、印花税

根据《中华人民共和国印花税暂行条例》规定，应按照“产权转移书据”“权利、许可证照”缴纳印花税。

根据《财政部 税务总局关于公共租赁住房税收优惠政策的公告》（财政部 税务总局公告 2019 年第 61 号）、《财政部 税务总局关于延长部分税收优惠政策执行期限的公告》（财政部 税务总局公告 2021 年第 6 号）规定，对公租房经营管理单位免征建设、管理公租房涉及的印花税。在其他住房项目中配套建设公租房，按公租房建筑面积占总建筑面积的比例免征建设、管理公租房涉及的印花税。

五、企业所得税

根据《国家税务总局关于印发〈房地产开发经营业务企业所得税处理办法〉的通知》（国税发〔2009〕31 号）规定处理。

12.4.2 工程施工企业

一、增值税及附加税费

根据《财政部 国家税务总局关于全面推开营业税改征增值税试点的通知》（财税〔2016〕36 号）规定，工程施工企业提供建筑物拆除、土地平整、建筑物修缮等服务，应按建筑服务缴纳增值税。同时按相关规定缴纳城市维护建设税、教育费附加、地方教育附加。

二、印花税

根据《中华人民共和国印花税暂行条例》规定，工程施工企业签订的建筑安装合同，应按照“建筑安装工程承包合同”缴纳印花税。

根据《财政部 税务总局关于公共租赁住房税收优惠政策的公告》（财政部 税务总局公告 2019 年第 61 号）、《财政部 税务总局关于延长部分税收优惠政策执行期限的公告》（财政部 税务总局公告 2021 年第 6 号）规定，对公租房经营管理单位免征建设、管理公租房涉及的印花税。在其他住房项目中配套建设公租房，按公租房建筑面积占总建筑面积的比例免征建设、管理公租房涉及的印花税。

三、企业所得税

根据《中华人民共和国企业所得税法》及其实施条例规定，施工企业从事建筑、安装、装配工程业务等各项收入，应计入企业所得税收入总额，发生与取得收入有关的、合理的支出，可在计算应纳税所得额时扣除。企业从事上述劳务持续时间超过 12 个月的，按照纳税年度内完工进度或者完成的工作量确认收入的实现。

12.5 自持物业运营环节

方式 1：经营租赁

12.5.1.1 房地产开发企业

一、增值税及附加税费

根据《财政部 国家税务总局关于全面推开营业税改征增值税试点的通知》（财税〔2016〕36 号）、根据《国家税务总局关于在境外提供建筑服务等有关问题的公告》（2016 年第 69 号）规定，房地产开发企业的自持物业出租，应按照不动产经营租赁征收增值税，如以长（短）租形式出租酒店式公寓并提供配套服务的，按照住宿服务缴纳增值税。同时按相关规定缴纳城市维护建设税、教育费附加、地方教育附加。

根据《财政部 税务总局关于公共租赁住房税收优惠政策的公告》（财政部 税务总局公告 2019 年第 61 号）、《财政部 税务总局关于延长部分税收优惠政策执行期限的公告》（财政部 税务总局公告 2021 年第 6 号）规定，对经营公租房所取得的租金收入，免征增值税。公租房经营管理单位应单独核算公租房租金收入，未单独核算的，不得享受免征增值税优惠政策。

二、房产税

根据《中华人民共和国房产税暂行条例》第二条、第三条规定，房产税由产权所有人缴纳。房产出租的，以房产租金收入为房产税的计税依据。根据《财政部 税务总局关于公共租赁住房税收优惠政策的公告》（财政部 税务总局公告 2019 年第 61 号）、《财政部 税务总局关于延长部分税收优惠政策执行期限的公告》（财政部 税务总局公告 2021 年第 6 号）规定，对公租房免征房产税，公租房经营管理单位应单独核算公租房租金收入，未单独核算的，不得享受免征房产税优惠政策。

根据《财政部 国家税务总局关于廉租住房经济适用住房和住房租赁有关税收政策的通知》（财税〔2008〕24 号）规定，对企事业单位、社会团体以及其他组织按市场价格向个人出租用于居住的住房，减按 4％的税率征收房产税。

三、城镇土地使用税

根据《财政部 国家税务总局关于房产税城镇土地使用税有关政策的通知》（财税〔2006〕186 号）规定，房地产开发企业以出让方式有偿取得土地使用权的，应从合同约定交付土地时间的次月起缴纳城镇土地使用税；合同未约定交付土地时间的，从合同签订的次月起缴纳城镇土地使用税。

根据《财政部 税务总局关于公共租赁住房税收优惠政策的公告》（财政部 税务总局公告 2019 年第 61 号）、《财政部 税务总局关于延长部分税收优惠政策执行期限的公告》（财政部 税务总局公告 2021 年第 6 号）规定，对公租房建设期间用地及公租房建成后占地，免征城镇土地使用税。在其他住房项目中配套建设公租房，按公租房建筑面积占总建筑面积的比例免征建设、管理公租房涉及的城镇土地使用税。

四、印花税

根据《中华人民共和国印花税暂行条例》规定，应按照“财产租赁合同”缴纳印花税。

五、企业所得税

根据《中华人民共和国企业所得税法实施条例》第十九条规定，企业提供固定资产、包装物或者其他有形资产的使用权取得的租金收入，应按交易合同或协议规定的承租人应付租金的日期确认收入的实现。其中，如果交易合同或协议中规定租赁期限跨年度，且租金提前一次性支付的，根据《中华人民共和国企业所得税法实施条例》第九条规定的收入与费用配比原则，出租人可对上述已确认的收入，在租赁期内，分期均匀计入相关年度收入。

方式 2：长租或转让永久使用权

12.5.2.1 房地产开发企业

一、增值税及附加税费

根据《财政部 国家税务总局关于全面推开营业税改征增值税试点的通知》（财税〔2016〕36 号）规定，转让建筑物永久使用权的，按照销售不动产缴纳增值税。同时按相关规定缴纳城市维护建设税、教育费附加、地方教育附加。

二、土地增值税

根据《中华人民共和国土地增值税暂行条例》第二条规定，房地产开发企业的房产长租或转让永久使用权的行为，不属于土地增值税征税范围，不征收土地增值税，相关成本、费用不计入土地增值税扣除项目。

三、房产税

根据《中华人民共和国房产税暂行条例》、《广东省税务局关于房产税有关政策问题的规定》（〔87〕粤税三字第 051 号）规定，房地产开发企业的房产长租或转让永久使用权的行为，属于房产出租，按租金收入缴纳房产税，一次收取若干月（年）的租金，可按出租人的租金收入征收房产税。对原约定为长租或转让永久使用权、已一次性征收房产税的房产，一定年限后实现产权过户的，应按转让不动产的规定征收相关税费，多缴纳的房产税予以退还。

四、城镇土地使用税

根据《财政部 国家税务总局关于房产税城镇土地使用税有关政策的通知》（财税〔2006〕186 号）规定，房地产开发企业以出让方式有偿取得土地使用权的，应从合同约定交付土地时间的次月起缴纳城镇土地使用税；合同未约定交付土地时间的，从合同签订的次月起缴纳城镇土地使用税。

五、印花税

根据《中华人民共和国印花税暂行条例》规定，应按照“财产租赁合同”缴纳印花税。

六、企业所得税

根据《中华人民共和国企业所得税法实施条例》第十九条规定，企业提供固定资产、包装物或者其他有形资产的使用权取得的租金收入，应按交易合同或协议规定的承租人应付租金的日期确认收入的实现。其中，如果交易合同或协议中规定租赁期限跨年度，且租金提前一次性支付的，根据《中华人民共和国企业所得税法实施条例》第九条规定的收入与费用配比原则，出租人可对上述已确认的收入，在租赁期内，分期均匀计入相关年度收入。

深圳市城市更新的税收政策及税务处理

一、拆除重建类城市更新模式

（一）城市更新类型

近年来，拆除重建类城市更新成为深圳市主要的供地来源，并在不断发展中形成了独具特色的深圳城市更新开发模式。

城市更新是指对特定城市建成区（包括旧工业区、旧商业区、旧住宅区、城中村及旧屋村等），进行综合整治、功能改变或者拆除重建的活动，包括：功能改变类城市更新、综合整治类城市更新、拆除重建类城市更新等类别。

（二）拆除重建类城市更新的操作模式

根据《深圳市城市更新办法》（深圳市人民政府令 290 号）第 31 条、32 条规定，拆除重建类城市更新项目范围内的土地使用权人与地上建筑物、构筑物或者附着物所有权人相同且为单一权利主体的，可以由权利人依据本办法实施拆除重建。拆除重建类城市更新项目范围内的土地使用权人与地上建筑物、构筑物或者附着物所有权人不同或者存在多个权利主体的，可以在多个权利主体通过协议方式明确权利义务后由单一主体实施城市更新，也可以由多个权利主体签订协议并依照《中华人民共和国公司法》的规定以权利人拥有的房地产作价入股成立公司实施更新，并办理相关规划、用地、建设等手续。

拆除重建类城市更新一般采取自行开发、合作开发（含拆赔）模式进行开发。根据城市更新单元规划的规定，城市更新单元内土地使用权期限届满之前，因单独建设基础设施、公共服务设施等公共利益需要或者为实施城市规划进行旧城区改建需要调整使用土地或者具备其他法定收回条件的，由市规划国土主管部门依法收回土地使用权并予以补偿。除依法应当收回的外，市政府可以根据城市更新的需要组织进行土地使用权收购，城市更新单元内的土地使用权人也可以向市规划国土主管部门申请土地使用权收购。土地使用权收购的程序、条件、价格按照土地储备和土地收购的有关规定执行。

拆除重建类城市更新的实施通常可分为如下环节：一是按照“更新办法”及其他法律法规，改造区域内被拆迁居民和原企业或单位让渡原有土地使用权，并取得补偿。二是更新项目的实施主体（通常为地产开发商）取得土地使用权，支付补偿，并兴建新的物业。三是新建物业的权属方使用或处置新建物业。

（三）城市更新税务指引的规范范围与内容

2012 年，深圳市税务局出台《城市更新税收政策指引》（修订版）（深地税办发〔2012〕37 号），按照深圳市城市更新单元规划、城市更新年度计划的规定实施的拆除重建类更新项目属于本指引规范的对象，主要用于指导拆除重建类城市更新项目的涉税管理，具体涉及拆迁补偿的税务处理、不同开发模式下的税务处理等。

二、拆迁补偿的税务处理

城市更新项目一般采用拆迁补偿的方式进行，拆迁补偿分为现金补偿和拆迁还房，以下分析拆迁方和被拆迁方双方的税务处理：

（一）开发公司开发主导模式下的拆迁补偿的税务处理

1. 被拆迁方的纳税处理

（1）免征营业税/增值税。

“营改增”后，《营业税改征增值税试点过渡政策的规定》（财税〔2016〕36号）规定“一、下列项目免征增值税（三十七）土地所有者出让土地使用权和土地使用者将土地使用权归还给土地所有者。”该类行为属于土地产权归还所有者的行为，一律免征增值税。

（2）免征土地增值税。

根据《中华人民共和国土地增值税暂行条例》（国务院令第138号）、《国家税务总局关于土地增值税若干问题的通知》（财税〔2006〕21号）的相关规定：有下列情形之一的，免征土地增值税：纳税人建造普通标准住宅出售，增值额未超过扣除项目金额20%的；因国家建设需要依法征用、收回的房地产。

根据《中华人民共和国土地增值税暂行条例实施细则》（财法字〔1995〕6号）的规定，条例第八条（二）项所称的因国家建设需要依法征用、收回的房地产，是指因城市实施规划、国家建设的需要而被政府批准征用的房产或收回的土地使用权。因城市实施规划、国家建设的需要而搬迁，由纳税人自行转让原房地产的，比照本规定免征土地增值税。符合上述免税规定的单位和个人，须向房地产所在地税务机关提出免税申请，经税务机关审核后，免予征收土地增值税。

（3）企业所得税。

按照搬迁所得缴纳企业所得税，可以延迟5年纳税。

根据《企业政策性搬迁所得税管理办法》（国家税务总局公告2012年第40号）、《国家税务总局关于企业政策性搬迁所得税有关问题的公告》（国家税务总局公告2013年第11号）的相关规定，企业应对政策性搬迁过程中涉及的搬迁收入、搬迁支出、搬迁资产税务处理、搬迁所得等所得税征收管理事项，单独进行税务管理和核算。

企业的搬迁收入，包括搬迁过程中从本企业以外（包括政府或其他单位）取得的搬迁补偿收入，以及本企业搬迁资产处置收入等。企业取得的搬迁补偿收入，是指企业由于搬迁取得的货币性和非货币性补偿收入。如企业获得房产形式的拆迁补偿，应按公允价值确认搬迁收入。企业的搬迁支出，包括搬迁费用支出以及由于搬迁所产生的企业资产处置支出。

企业的搬迁收入，扣除搬迁支出后的余额，为企业的搬迁所得。企业应在搬迁完成年度，将搬迁所得计入当年度企业应纳税所得额计算纳税。下列情形之一的，为搬迁完成年度，企业应进行搬迁清算，计算搬迁所得：从搬迁开始，5年内（包括半年当年度）任何一年完成搬迁的；从搬迁开始，搬迁时间满5年（包括搬迁当年度）的年度。

被拆迁居民或单位将这部分补偿款纳入政策性搬迁收入，并分别单独核算政策性搬迁收入和支出，根据《企业政策性搬迁所得税管理办法》计算应税所得。

（4）免征个人所得税。

根据《财政部 国家税务总局关于城镇房屋拆迁有关税收政策的通知》（财税〔2005〕45号）的规定，对被拆迁人按照国家有关城镇房屋拆迁管理办法规定的标准取得的拆迁补偿款，免缴个人所得税。

根据《国家税务总局关于个人取得被征用房屋补偿费收入免征个人所得税的批复》（国税函〔1998〕428号）规定，按照城市发展规划，在旧城改造过程中，个人因住房被征用而取得赔偿费，属补偿性质的收入，无论是现金还是实物（房屋），均免予征收个人所得税。

根据《深圳市地方税务局税收减免管理实施办法》（深圳市地方税务局公告〔2016〕1号）（以下简称《减免实施办法》）的规定，纳税人的征管流程如下：一是享受方式。扣缴申报自行享受。二是提供资料。拆迁补偿款免征个人所得税属于按税务机关要求期限提交报备材料的事项，具体材料有：①居民身份证或其他证明身份的合法证明；②取得拆迁补偿款相关证明材料（如拆迁补偿协议、收款凭据等，不限于这些证明材料）。

（5）契税。

根据《财政部、国家税务总局关于企业以售后回租方式进行融资等有关契税政策的通知》（财税〔2012〕82号）第三条的规定，市、县级人民政府根据《国有土地上房屋征收与补偿条例》有关规定征收居民房屋，居民因个人房屋被征收而选择货币补偿用以重新购置房屋，并且购房成交价格不超过货币补偿的，对新购房屋免征契税；购房成交价格超过货币补偿的，对差价部分按规定征收契税。居民因个人房屋被征收而选择房屋产权调换，并且不缴纳房屋产权调换差价的，对新换房屋免征契税；缴纳房屋产权调换差价的，对差价部分按规定征收契税。

因此，如果被拆迁方得到的是回迁房，则不用给拆迁方差价的部分，免征契税，需要给拆迁方差价的部分，按规定缴纳契税。

（6）印花税。

《财政部 国家税务总局关于棚户区改造有关税收政策的通知》（财税〔2013〕101号）规定：一是对改造安置住房经营管理单位、开发商与改造安置住房相关的印花税以及购买安置住房的个人涉及的印花税予以免征；二是在商品住房等开发项目中配套建造安置住房的，依据政府部门出具的相关材料、房屋征收（拆迁）补偿协议或棚户区改造合同（协议），按改造安置住房建筑面积占总建筑面积的比例免征印花税。

2. 拆迁方的税务处理

（1）拆迁补偿款应缴纳契税。

根据《财政部 国家税务总局关于国有土地使用权出让等有关契税问题的通知》（财税〔2004〕134号）的规定，出让国有土地使用权的，其契税计税价格为承受人为取得该土地使用权而支付的全部经济利益。以协议方式出让的，其契税计税价格为成交价格。成交价格包括土地出让金、土地补偿费、安置补助费、地上附着物和青苗补偿费、拆迁补偿费、市政建设配套费等承受者应支付的货币、实物、无形资产及其他经济利益。

受让土地使用权，应依法缴纳契税。契税的计税依据中，包括支付的拆迁补偿费。

（2）拆迁补偿款可以在销售额前扣除。

根据《关于明确金融 房地产开发 教育辅助服务等增值税政策的通知》（财税〔2016〕140 号）第七条规定，《营业税改征增值税试点有关事项的规定》（财税〔2016〕36 号）第一条第（三）项第 10 点中"向政府部门支付的土地价款"，包括土地受让人向政府部门支付的征地和拆迁补偿费用、土地前期开发费用和土地出让收益等。

现金补偿，直接在销售额前扣除。拆迁还房，按照市场价视同销售，同时可以在销售额前扣除。

房地产开发企业中的一般纳税人销售其开发的房地产项目（选择简易计税方法的房地产老项目除外），在取得土地时向其他单位或个人支付的拆迁补偿费用也允许在计算销售额时扣除。纳税人按上述规定扣除拆迁补偿费用时，应提供拆迁协议、拆迁双方支付和取得拆迁补偿费用凭证等能够证明拆迁补偿费用真实性的材料。

（3）拆迁补偿款可以在土地增值税、企业所得税前扣除。

《国家税务总局关于土地增值税清算有关问题的通知》（国税函〔2010〕220 号）第六条关于拆迁安置土地增值税计算问题规定：房地产企业用建造的本项目房地产安置回迁户的，安置用房视同销售处理，按《国家税务总局关于房地产开发企业土地增值税清算管理有关问题的通知》（国税发〔2006〕187 号）第三条第（一）款规定确认收入，同时将此确认为房地产开发项目的拆迁补偿费。房地产开发企业支付给回迁户的补差价款，计入拆迁补偿费；回迁户支付给房地产开发企业的补差价款，应抵减本项目拆迁补偿费。

开发企业采取异地安置，异地安置的房屋属于自行开发建造的，房屋价值按国税发〔2006〕187 号文件第三条第（一）款的规定计算，计入本项目的拆迁补偿费；异地安置的房屋属于购入的，以实际支付的购房支出计入拆迁补偿费。

货币安置拆迁的，房地产开发企业凭合法有效凭据计入拆迁补偿费。

因此，现金补偿可以计入拆迁补偿费，直接在土增税、所得税前扣除；拆迁还房，确认收入的同时，允许计入拆迁补偿费，在土增税、所得税前扣除，另拆迁还房对应的建造成本也可以在土地增值税、企业所得税前扣除。

重要税务处理提示：

（1）"营改增"后，回迁房的视同销售收入在 1∶1 赔付范围内企业所得税不能按成本价格确认；同样地，回迁房的视同销售收入在 1∶1 赔付范围内土地增值税也不能按成本价格确认。

（2）开发公司用建造的本项目房地产安置回迁户，安置用房视同销售处理，土地使用权的成本为开发产品视同销售收入和土地使用权转移过程中应支付的相关税费。如涉及补价，土地使用权的取得成本还应加上应支付的补价款或减除应收到的补价款。

（3）被拆除的工程、物料费用，属于原建设过程中已支付的，可列入本次房地产开发成本范围据实扣除。本次拆迁过程发生拆迁费用，属于地上、地下附着物拆迁补偿净支出的，列入土地征用及拆迁补偿费扣除。

（二）开发公司与村集体合作模式下的拆迁补偿的税务处理

开发商参与城市更新，除了采用拆迁补偿的方式，可能会采取其他方式与村集体（村委）合作建房模式，其开发建设、分房过程中的税务处理如下：

1. 增值税

根据《国家税务总局关于印发营业税问题解答（之一）的通知》（国税函发〔1995〕156 号）第十七条的规定，合作建房分房自用时出地方、出资方均需缴纳增值税（“营改增”前为缴纳营业税）。

根据《深圳市地方税务局关于合作开发房地产征收营业税问题的批复》（深地税发〔2005〕183 号）的规定，分房自用时出地方、出资方目前均无需缴营业税。“营改增”之前需要缴纳营业税，“营改增”后无相关规定。根据税收原理推断，“营改增”后双方均需缴纳增值税，若交易中开具增值税专用发票，则受票方允许抵扣进项税额。

2. 免征土地增值税

根据《财政部、国家税务总局关于土地增值税一些具体问题规定的通知》（财税字〔1995〕48 号）第二条“关于合作建房的征免税问题”：对于一方出地，一方出资金，双方合作建房，建成后按比例分房自用的，暂免征收土地增值税；建成后转让的，应征收土地增值税。

3. 无企业所得税

双方各自办理初始登记，因此分房过程不产生所得税的纳税义务。村集体（村委）分得房产再对外销售时，正常缴纳增值税、土地增值税、企业所得税等。

三、村集体（村委）自行开发模式的税务处理

目前深圳市以净地方式取得土地使用权的项目大部分采用自行开发模式，部分城市更新项目改造后自用，以及单一权利主体城市更新项目等，都普遍采用自行开发模式。

自行开发模式下，因项目实施主体为原土地权利主体，故搬迁环节不涉及与他方签订拆迁补偿协议，而是由原土地权利主体自行拆迁安置，因此不涉及搬迁补偿环节的税收问题。

（一）取得土地阶段的税务处理

自行开发模式下，原土地权利主体作为项目实施主体，在从国土部门重新取得土地使用权时应按规定缴纳契税及印花税。

1. 契税

根据《广东省契税实施办法》第六条规定，国有土地使用权出让、土地使用权出售、房屋买卖的契税计税依据为成交价格，也即土地、房屋权属转移合同确定的价格，包括承受者应交付的货币、实物、无形资产或者其他经济利益。同时根据《深圳市人民政府办公厅关于加强契税征收管理的通知》（深府办〔2005〕176）规定，凡契税纳税义务时间发生在2006年1月1日（含当日）之后的，按照现行国家和省契税政策规定的税率执行，其他土地房屋权属转移一律按3%的税率执行。其他土地房屋权属转移，主要包括土地使用权出让、转让（含出售、赠与和交换）。

原土地权利主体作为城市更新项目的实施主体，在注销土地使用权证后通过出让方式从国土部门重新取得土地使用权，不属于享受契税优惠政策的情形，因此应由原土地权利主体按支付或补缴的地价的3%缴纳契税。

2. 印花税

根据《财政部、国家税务总局关于印花税若干政策的通知》（财税〔2006〕162号）第三条规定，对土地使用权出让合同、土地使用权转让合同按产权转移书据征收印花税。

原土地权利主体通过出让方式重新取得土地使用权时，应按与国土部门签订的国有土地使用权出让合同或补充协议上所载金额的万分之五缴纳印花税。

（二）物业自建自用与转让阶段的税务处理

1. 自建自用的税务处理

原土地权利主体在物业建成后通常将部分或全部物业作为自用，对于这部分自用的物业，因权属未发生转移，故无需缴纳增值税、土地增值税。

但若原土地权利主体日后将自用房地产转让或销售的，则应按销售不动产缴纳相关增值税、土地增值税、印花税、企业所得税等。

2. 自建转让的税务处理

原土地权利主体在物业建成后将部分物业转让的，应在转让环节按规定缴纳增值税及其附加、土地增值税、印花税、企业所得税。

（1）增值税及其附加。

根据《增值税暂行条例》、《增值税暂行条例实施细则》、《纳税人转让不动产增值税征收管理暂行办法》（国家税务总局公告2016年第14号），原土地权利主体将建成的部分物业转让的，应按销售不动产缴纳增值税，以转让物业取得的全部价款和价外费用作为销售额，按9%缴纳增值税。同时，原土地权利主体还应按实际缴纳的增值税税额的12%缴纳附加税费（其中城市维护建设税7%、教育费附加3%、地方教育附加2%）。

（2）土地增值税。

原土地权利主体以转让物业取得的收入（不含增值税）扣除规定的扣除项目后的余额作为增值额，按四级超率累进税率计算缴纳土地增值税。

根据《土地增值税暂行条例》及《土地增值税暂行条例实施细则》，新建房地产转让中，若原土地权利主体为非房地产开发企业，则扣除项目包括取得土地使用权所支付的金额；开发土地的成本、费用；新建房及配套设施的成本、费用；与转让房地产有关的税金。

其中，取得土地使用权所支付的金额，主要是指原土地权利主体在取得土地使用权时缴纳的地价款及其契税；开发土地和新建房及配套设施的成本，主要是指原土地权利主体在开发项目中实际发生的成本，包括土地征用及拆迁补偿费、前期工程费、建筑安装工程费、基础设施费、公共配套设施费、开发间接费用；开发土地和新建房及配套设施的费用，主要是指与开发项目有关的销售费用、管理费用、财务费用；而与转让房地产有关的税金，主要是指在转让物业时缴纳的城市维护建设税、印花税、教育费附加。

（3）印花税。

原土地权利主体转让建成物业的，应按产权转移书据即转让合同所载金额的万分之五缴纳印花税。

（4）企业所得税。

原土地权利主体应将转让物业取得的收入扣除相关成本及费用后的余额按规定缴纳企业所得税。

四、开发公司（出资方）与村集体（土地权利主体）合作开发模式的税务处理

合作开发通常指以原土地权利主体与出资方对特定地块的建设项目以合资或合作方式共同进行开发的行为。合作开发模式共分为四种：一是原土地权利主体与出资方合作，以原土地权利主体名义开发；二是原土地权利主体与出资方合作，以出资方名义拆补开发；三是原土地权利主体以土地使用权作价入股，与出资方成立项目公司，以项目公司名义开发；四是原土地权利主体与出资方成立项目公司，以项目公司名义拆补开发。

（一）以原土地权利主体名义开发

就原土地权利主体而言，这种合作开发模式涉及的税种与原土地权利主体自行开发模式涉及的税种相似。

1. 土地取得阶段的税收问题

在土地取得环节需缴纳契税 3％及印花税 0.05％。

2. 物业分配阶段的税收问题

在物业分配阶段，建成后自用部分无需缴纳相关税费，而分配给出资方的物业则应视同销售不动产，按规定缴纳增值税及其附加、土地增值税、印花税、企业所得税等（同自行开发模式中建成后转让情形）。

（二）以出资方名义拆补开发

在这种开发模式下，通常是先由原土地权利主体与出资方签订搬迁补偿协议，拆迁后将原土地使用权证注销，再以出资方的名义与国土部门签订土地使用权出让合同，以出资方名义取得土地使用权进行项目开发，待物业建成后双方按照一定比例分配物业，或由一方取得全部建成的物业，另一方获得货币或其他形式的补偿。

此种开发模式下，开发项目实施主体为出资方，就原土地权利主体而言，主要涉及税收的环节包括搬迁补偿环节、物业建成分配环节，而土地取得环节的税负义务由取得土地的出资方承担。

1. 搬迁补偿阶段的税务处理

以出资方名义进行项目开发，需将土地使用权证交还国家并注销，出资方再与国土部门签订土地使用权出让合同，在这一过程中，并没有发生土地使用权的权属转移，故在注销土地使用权证之前的搬迁补偿阶段，对于原土地权利主体而言可能涉及的税种仅为企业所得税，如原土地权利主体的搬迁性质属于政策性搬迁，则可享受企业所得税的优惠政策。

（1）增值税。

根据《财政部国家税务总局关于全面推开营业税改征增值税试点的通知》（财税〔2016〕36号）附件3《营业税改征增值税试点过渡政策的规定》第一条第（三十七）款规定，土地使用者将土地使用权归还给土地所有者免征增值税。根据深圳市《城市更新税收政策指引》（深地税办发〔2012〕37号）及116号文的规定，被拆迁方取得的拆迁安置补偿所得（含货币或回迁房补偿）免征增值税。

原土地权利主体与出资方签订搬迁补偿协议并搬迁后，将土地使用权证交还国家并注销，从而取得搬迁补偿收入，该行为实际是由土地使用者将土地使用权归还给土地所有者，原土地权利主体因此取得的搬迁补偿收入免征增值税。

（2）土地增值税。

根据《中华人民共和国土地增值税暂行条例》及《中华人民共和国土地增值税暂行条例实施细则》规定，因国家建设需要依法征用、收回的房地产，也即因城市实施规划、国家建设的需要而被政府批准征用的房产或收回的土地使用权免征土地增值税。

当待开发的项目纳入城市规划范围，原土地权利主体将土地使用权证交还国家并注销，取得搬迁补偿收入，该行为则是因城市实施规划而被政府批准收回的土地使用权而获得的搬迁补偿，因此也免于征收土地增值税。

（3）印花税。

根据《中华人民共和国印花税暂行条例》第二条规定的印花税征收范围为购销、加工承揽、建设工程承包、财产租赁、货物运输、仓储保管、借款、财产保险、技术合同或者具有合同性质的凭证；产权转移书据；营业账簿；权利、许可证照；经财政部确定征税的其他凭证。

《搬迁补偿协议》并不在印花税的征收范围内，因此《搬迁补偿协议》以及取得搬迁补偿所得不需缴纳印花税。

（4）企业所得税。

第一，政策性搬迁。根据《国家税务总局关于发布〈企业政策性搬迁所得税管理办法〉的公告》（国家税务总局公告2012年第40号）第三条规定，企业政策性搬迁，是指由于社会公共利益的需要，在政府主导下企业进行整体搬迁或部分搬迁。原土地权利主体的搬迁属于政策性搬迁的情况下可按该办法的规定执行。

在符合政策性搬迁的情况下，原土地权利主体取得的搬迁补偿的收入及发生的搬迁支出单独核算，二者差额为应税所得额。企业应在搬迁完成年度计算缴纳该项所得税，若企业在五年内未实际完成搬迁的，应在搬迁时间满五年的年度计算搬迁所得，这也变相给了原土地权利主体 5 年递延纳税优惠。

第二，非政策性搬迁。若原土地权利主体的搬迁行为不符合政策性搬迁规定情形的，则其应就取得的搬迁补偿收入作为应税收入，按规定计算缴纳企业所得税。

2. 物业分配阶段的税务处理

由于以出资方的名义重新取得土地使用权进而进行项目开发，故就原土地权利主体而言，在土地取得环节就不存在契税等税收问题，该环节的税收责任由出资方承担。在物业建成后，原土地权利主体与出资方约定按比例分配建成的物业或取得一定的现金分配。

原土地权利主体对于分配取得物业的部分，作为物业的承受者需缴纳契税和印花税；对分配取得物业或现金形成的合作利润部分，应按规定计算应税所得并缴纳企业所得税。

（三）土地入股项目公司开发

原土地权利主体以土地使用权（含物业，本文同）投资入股，与出资方成立项目公司，原土地权利主体将土地使用权转让给项目公司后，由项目公司将土地使用权证注销，再由项目公司重新与国土部门签订土地使用权出让合同，取得土地使用权后以项目公司名义进行项目开发，项目开发完成后由项目公司以向股东分配利润的形式向原土地权利主体及出资方分配建成的物业或利润。在该种模式下，原土地权利主体涉及的税务处理如下：

1. 土地使用权出资的税务处理

根据《增值税暂行条例》及“营改增”政策，原土地权利主体应按转让土地使用权缴纳增值税。根据《印花税暂行条例》，原土地权利主体按产权转移行为缴纳印花税。根据《契税暂行条例》，项目公司承受土地使用权，应由项目公司缴纳契税。

如果原土地权利主体以土地权利溢价出资注入项目公司，项目公司属于房地产开发企业，则该环节将涉及出资人（原土地权利主体）的企业所得税及土地增值税问题。

2. 项目公司开发的税务处理

项目公司开发、销售过程中的主要税收事项及义务，可参照原土地权利主体自行开发模式，相关税种的纳税义务人由原土地权利主体变为项目公司。

（四）以项目公司名义拆补开发

原土地权利主体与出资方成立项目公司，项目公司对原土地权利主体进行拆迁补偿获得开发资格，原土地权利主体注销土地使用权证后，由项目公司重新与国土部门签订土地使用权出让合同，取得土地使用权后以项目公司名义进行项目开发，项目开发完成后由项目公司以向股东分配利润的形式向原土地权利主体及出资方分配建成的物业或利润。在该种模式下，原土地权利主体涉及的税务处理如下：

1. 搬迁补偿阶段的税务处理

在此种合作开发模式下，原土地权利主体在搬迁补偿环节涉及的相关税费与第二种合作开发模式相似，也即仅需缴纳企业所得税，不同之处在于搬迁补偿的支付主体是项目公司而非出资方。

2. 土地取得阶段的税务处理

因是以项目公司的名义重新取得土地使用权，故在土地取得阶段涉及的契税（3%）及印花税（0.05%），则是由项目公司承担。

3. 物业分配阶段的税务处理

物业建成后，项目公司向原土地权利主体及出资方分配建成物业的，应由项目公司按视同销售不动产缴纳增值税及其附加、土地增值税、印花税、企业所得税等（相关比例及计算方式同前几种开发模式）。就原土地权利主体而言，就该环节取得的物业，应按规定缴纳契税（3%）和印花税（0.05%）。

综上所述，各种开发模式下的税务处理归纳为下表。

表　　不同开发模式下的税务处理比较

<table>
<tr><th colspan="2" rowspan="2">开发模式</th><th colspan="3">不同阶段涉及的税种及税率</th></tr>
<tr><th>搬迁补偿阶段</th><th>土地取得阶段</th><th>物业分配阶段</th></tr>
<tr><td colspan="2">自行开发模式</td><td>/</td><td>契税3%、印花税0.05%</td><td>建成自用部分：无须缴纳相关税费；
建成转让部分：增值税10%、附加税费12%（增值税额为税基）、土地增值税（核定征收、四级超率累进税率）、印花税0.05%、企业所得税25%。</td></tr>
<tr><td rowspan="4">合作开发模式</td><td>以原土地权利主体名义开发</td><td>/</td><td>契税3%、印花税0.05%</td><td>建成自用部分：无须缴纳相关税费；
分配给出资方部分：增值税10%、附加税费12%（增值税额为税基）、土地增值税（核定征收、四级超率累进税率）、印花税0.05%、企业所得税25%。</td></tr>
<tr><td>以出资方名义拆补开发</td><td>企业所得税25%</td><td>/</td><td>取得物业部分：契税3%、印花税0.05%；
分配形成利润部分：补缴企业所得税。</td></tr>
<tr><td>以项目公司名义拆补开发</td><td>企业所得税25%</td><td>/</td><td>取得物业部分：契税3%、印花税0.05%；
分配形成利润部分：缴纳企业所得税。</td></tr>
<tr><td>土地入股项目公司开发</td><td colspan="3">土地使用权出资阶段涉及的税种税率：增值税10%、附加税费12%（增值税额为税基）、土地增值税（核定征收、四级超率累进税率）、印花税0.05%、企业所得税25%（溢价出资）、契税3%。</td></tr>
</table>

资料来源：根据《深圳市城市更新办法》（深圳市人民政府令290号）、《城市更新税收政策指引》（修订）（深地税办发〔2012〕37号），以及部分网络资料、税法整理而成。

房地产企业部分重要涉税政策清单

《财政部 税务总局关于广告费和业务宣传费支出税前扣除有关事项的公告》（财政部 税务总局公告 2020 年第 43 号）

《财政部 税务总局关于明确无偿转让股票等增值税政策的公告》（财政部 税务总局公告 2020 年第 40 号）

《财政部 税务总局关于个人取得有关收入适用个人所得税应税所得项目的公告》（财政部 税务总局公告 2019 年第 74 号?）

《财政部 税务总局关于公共租赁住房税收优惠政策的公告》（财政部 税务总局公告 2019 年第 61 号）

《财政部 税务总局 海关总署关于深化增值税改革有关政策的公告》（财政部 税务总局 海关总署公告 2019 年第 39 号）

《国家税务总局关于发布〈企业所得税税前扣除凭证管理办法〉的公告》（国家税务总局公告 2018 年第 28 号）

《财政部 税务总局关于对营业账簿减免印花税的通知》（财税〔2018〕50 号）

《国家税务总局关于个人转让住房享受税收优惠政策判定购房时间问题的公告》（国家税务总局公告 2017 年第 8 号）

《财政部 税务总局关于承租集体土地城镇土地使用税有关政策的通知》（财税〔2017〕29 号）

《财政部 国家税务总局关于租入固定资产进项税额抵扣等增值税政策的通知》（财税〔2017〕90 号）

《财政部关于印发〈增值税会计处理规定〉的通知》（财会〔2016〕22 号）

《财政部 国家税务总局关于明确金融房地产开发教育辅助服务等增值税政策的通知》（财税〔2016〕140 号）

《财政部 国家税务总局关于供热企业增值税房产税城镇土地使用税优惠政策的通知》（财税〔2016〕94 号）

《国家税务总局关于发布〈纳税人转让不动产增值税征收管理暂行办法〉的公告》（国家税务总局公告 2016 年第 14 号）

《国家税务总局关于发布〈纳税人提供不动产经营租赁服务增值税征收管理暂行办法〉的公告》（国家税务总局公告 2016 年第 16 号）

《国家税务总局关于发布〈纳税人跨县（市、区）提供建筑服务增值税征收管理暂行办法〉的公告》（国家税务总局公告 2016 年第 17 号）[条款修订]

《国家税务总局关于发布〈房地产开发企业销售自行开发的房地产项目增值税征收

管理暂行办法〉的公告》（国家税务总局公告 2016 年第 18 号）

《财政部 国家税务总局关于营改增后契税、房产税、土地增值税、个人所得税计税依据问题的通知》（财税〔2016〕43 号）

《财政部 国家税务总局关于进一步明确全面推开营改增试点有关劳务派遣服务、收费公路通行费抵扣等政策的通知》（财税〔2016〕47 号）

《财政部 国家税务总局关于促进残疾人就业增值税优惠政策的通知》（财税〔2016〕52 号）

《财政部 税务总局关于建筑服务等营改增试点政策的通知》（财税〔2017〕58 号）

《国家税务总局关于营改增后土地增值税若干征管规定的公告》（国家税务总局公告 2016 年第 70 号）

《国家税务总局关于房地产开发企业土地增值税清算涉及企业所得税退税有关问题的公告》（国家税务总局公告 2016 年第 81 号）

《国家税务总局关于企业重组业务企业所得税征收管理若干问题的公告》（国家税务总局公告 2015 年第 48 号）

《国家税务总局关于资产（股权）划转企业所得税征管问题的公告》（国家税务总局公告 2015 年第 40 号）

《财政部关于修订印发〈企业会计准则第 14 号——收入〉的通知》（财会〔2017〕22 号）

《中华人民共和国耕地占用税法》（2018 年 12 月 29 日第十三届全国人民代表大会常务委员会第七次会议通过）

《中华人民共和国城市维护建设税法》（2020 年 8 月 11 日第十三届全国人民代表大会常务委员会第二十一次会议通过）

《中华人民共和国契税法》（2020 年 8 月 11 日第十三届全国人民代表大会常务委员会第二十一次会议通过）

《中华人民共和国印花税法》（2021 年 6 月 10 日第十三届全国人民代表大会常务委员会第二十九次会议通过）

《广东省“三旧”改造税收指引（2019 年版）》（粤税发〔2019〕188 号）